Sport-
Physiotherapie

2. Auflage

D. Eitner
W. Kuprian
L. Meissner
H. Ork

Sport-Physiotherapie

Herausgegeben von
Werner Kuprian
mit einem Geleitwort von
Prof. Dr. Wolfgang Heipertz

2., neu bearbeitete und
erweiterte Auflage

545 Abbildungen

SEMPER BONIS ARTIBUS

Gustav Fischer Verlag · Stuttgart · New York · 1990

Anschrift des Herausgebers:

Werner Kuprian
Direktor in Braun AG
Altkönigstraße 46
6240 Königstein im Taunus

1. Auflage 1981

Von diesem Werk liegen folgende fremdsprachige Ausgaben vor:

Englisch (W. B. Saunders Company, Philadelphia 1982)
Italienisch (Edi. Ermes, Milano 1983)
Niederländisch (Uitgeversmaatschappij De Tijdstroom, Lochem 1984)
Portugiesisch (Editora Manole, São Paulo 1984)
Japanisch (Book House HD, Tokyo 1985)
Französisch (Masson, Paris 1986)
Griechisch (in Vorbereitung für 1991)

CIP-Titelaufnahme der Deutschen Bibliothek

Sport-Physiotherapie / D. Eitner ... Hrsg. von Werner Kuprian. Mit e. Geleitw. von Wolfgang Heipertz. – 2., neubearb. u. erw. Aufl. – Stuttgart ; New York : Fischer, 1990
ISBN 3-437-00501-4
NE: Eitner, Doris [Mitverf.]; Kuprian, Werner [Hrsg.]

Gesamtherstellung: Friedrich Pustet, Regensburg
Umschlaggestaltung: Manfred Schäfer
Pictogramme auf der Umschlagseite mit freundlicher Genehmigung der ERCO-Leuchten GmbH, Lüdenscheid
Die Zeichnungen für diesen Band stammen von Li Körner, München
Printed in Germany

0 1 2 3 4 5

Zum Geleit

Sport beinhaltet heute mehr, als es der ursprüngliche Begriff Sport = Freude, Zerstreuung aussagt: Er ist zur Voraussetzung für Gesundheit und Leistungsfähigkeit bis in das Alter geworden. Sport bringt aber auch Gefahren mit sich, die vor allem durch Unkenntnis zu ernsten Körperschäden führen können. Information über Vorbeugung und Behandlung von Sportschäden und -verletzungen gehört deshalb zu den wichtigsten Aufgaben der Sportmedizin.

Die Entwicklung der Sportmedizin entspricht der zunehmenden Bedeutung des Sports in allen seinen Formen von Breitensport – als zuverlässigem Mittel gegen gesundheitsgefährdende Zivilisationsfolgen – bis zum Hochleistungssport. Wissenschaftliche Untersuchungen und neue Erkenntnisse ergänzen bewährte natürliche Mittel und Methoden, die der Leistungssteigerung und der Krankheitsvorbeugung dienen. Die Physiotherapie, die sich ursprünglich als Krankengymnastik mit gezielten und speziellen Übungsformen in der Orthopädie und Unfallheilkunde entwickelt hat, findet im Sport ein weites und dankbares Wirkungsfeld.

Unter «Sport-Physiotherapie» verstehen die Verfasser dieses Buches die für die Anwendung im Sport geeigneten herkömmlichen und neuen Methoden, die ihren Ursprung in physikalischen Wirkungsmechanismen haben. Dabei stellt der Herausgeber, mit dem uns eine langjährige Zusammenarbeit verbindet, bewußt die weniger bekannten aktiven Behandlungsmaßnahmen in den Vordergrund gegenüber passiven, die schon früh Eingang in die Betreuung der Sportler gefunden haben.

Die Autoren, die über reiche praktische Erfahrung verfügen, legen hiermit eine umfassende und auch dem Laien verständliche Darstellung sportphysiotherapeutischer Grundlagen und Anwendungen vor. Sie wird ergänzt durch eine Auswahl sportbedingter Krankheitszustände mit Indikationen und Gegenindikationen für ihre Behandlung, sowie durch die Schilderung von trainings- und wettkampfbegleitenden Maßnahmen.

Herausgeber und Autoren lassen sich von der hohen Verantwortung leiten, die das Team in der Betreuung von Sportlern aller Alters- und Leistungsklassen trägt. Als Therapeuten forden sie die sportärztliche Betreuung und eine enge Zusammenarbeit mit Sportarzt und Trainer. Hierzu leistet dieses Buch aus der Praxis einen wichtigen Beitrag; es dient der gegenseitigen Information und enthält das Rüstzeug für die Fachleute wie für die Sportler selbst. Gerade deshalb wünsche ich ihm eine weite Verbreitung.

Prof. Dr. med. Wolfgang Heipertz

Direktor der Orthopädischen Universitätsklinik
«Friedrichsheim», Frankfurt am Main
Chirurg, Orthopäde und Sportarzt

Vorwort zur 2. Auflage

Die 1. Auflage der *Sportphysiotherapie* fand großen Anklang in einer breiten Leserschaft von Sportärzten, Trainern, Sportlehrern, Athleten und vor allem im Sport tätigen Krankengymnasten. Dies zeigen die vielen vorwiegend positiven Buchbesprechungen und Kritiken in der Fachwelt. Auch ausländische Auflagen liegen in Übersetzungen ins Englische, Italienische, Französische, Portugiesische, Niederländische, Japanische und Griechische vor und zeigen, daß der Bedarf an sportphysiotherapeutisch-krankengymnastischer Literatur, die in praktische Handlungskonzepte umzusetzen ist, nach wie vor weltweit gegeben und noch nicht gedeckt ist. Zweifellos hat die Bedeutung der aktiv-krankengymnastisch orientierten physiotherapeutischen Behandlung von Sportschäden und Sportverletzungen weiterhin zugenommen.

In der vorliegenden Neubearbeitung und Erweiterung der 2. Auflage der *Sportphysiotherapie* wurde an der praxisnahen Form festgehalten. Auch die deutliche Betonung der aktiven krankengymnastischen Methoden in der Sportphysiotherapie geht weiter als roter Faden durch das Buch. 158 Druckseiten und 183 neue Fotos und Abbildungen in den verschiedenen Kapiteln sind in der nun vorliegenden 2. Auflage hinzugekommen.

Anregungen aus Leser- und Kritikerkreisen wurden von den Autoren dankbar aufgenommen und verarbeitet. – Neu im Teil II ist das Kapitel Schlingentischbehandlung. Gerade diese krankengymnastische Methode ist bei der Behandlung von Sportschäden und -verletzungen relativ unbekannt. Sie ist aber ein ausgezeichnetes Mittel, um die Behandlung erfolgreich zu gestalten. Das Kapitel Bewegungstherapie im Wasser wurde ebenfalls ganz umgeschrieben und mit neuen Fotos ausgestattet.

Neben Korrekturen und Erweiterungen der Kapitel PNF, Manuelle Therapie wurde besonders das Kapitel Befunderhebung stark ergänzt.

Im Teil III kommen hinzu die Kapitel Kapsel-Bandverletzungen, Flachrücken, Rundrükken, Hohlrunder Rücken sowie Akuter Lumbago, Akuter Schiefhals, Skidaumen und Patellafraktur.

Im Teil IV des Buches wurden die Kapitel Gehaltene Dehnübungen – Stretching, Stabilisierende Ganzkörperübungen, Krafttraining mit dem Eigengewicht und eine Fotoserie über Vorbereitung im Fußballtraining aufgenommen. Auch die Erste Hilfe und die Funktionellen Verbände wurden neu gestaltet.

Herausgeber und Autorenteam sind sich darüber im Klaren, daß es auch weiterhin viele ungelöste Probleme in der sportmedizinischen Betreuung und der Gesunderhaltung des Athleten gibt. Ihre Lösung erfordert eine sinnvolle Zusammenarbeit aller in der Sportmedizin arbeitenden Berufsgruppen. – Zweifellos ist eine qualifizierte, und bereits im präventiven Vorfeld der Höchstleistung voll integrierte, Sportphysiotherapie in der Lage die Dopingprobleme, wie sie sich in den letzten Jahren und bei den Olympischen Spielen in Seoul deutlich zeigten, zu entschärfen.

Die Autoren wollen mit der durchgesehenen und verbesserten 2. Auflage dieses Buches vor allem einen Beitrag zur Information des Athleten und zur Verbesserung der Kommunikation aller seiner Betreuer leisten. Es ist zu hoffen, daß eine aktive und bewegungstherapeutisch orientierte Sportphysiotherapie so endlich den ihr gebührenden Platz auch in der Betreuung einnehmen kann und die verantwortlichen Funktionäre und Sportmediziner auch offiziell die Betreuung von Athleten und Mannschaften entsprechend ausstatten.

Der Dank des Herausgebers und der Autoren gilt allen, die ihnen bei der Überarbeitung der 2. Auflage zur Seite standen. Dem Gustav Fischer Verlg für das wiederum großzügige Eingehen auf die Wünsche und Vorstellungen der Autoren und nicht zuletzt Dr. W. D. von Lucius für seine geduldige Motivationsarbeit bei der langwierigen und terminüberziehenden Fertigstellung der Überarbeitungen und Erweiterungen.

Königstein im Taunus, Juni 1990 — Der Herausgeber

Vorwort zur 1. Auflage

Der Sport nimmt in der modernen Industriegesellschaft einen immer breiteren Raum ein. Ortega y Gasset, der spanische Kulturphilosoph, brachte diesen Zusammenhang einmal auf die Formel «Der Sport ist der Bruder der Arbeit». Er deutete damit an, daß sich der Sport im Gleichlauf mit der Industrialisierung über die ganze Welt verbreitet hat und daß es sich dabei um eine Ausgleichsreaktion zur Monotonie, zur seelischen Erlebnisarmut und zur Einseitigkeit der modernen Industriearbeit handelt. Im Sport sucht der Mensch auch Gesundheit im Sinne von «physischem, psychischem und sozialem Wohlbefinden». Im sportlichen Wettkampf sucht und findet der Mensch eines der letzten großen Abenteuer, in dem sonst vorgeplanten Ablauf seines Lebens in der modernen Zivilisation.

Der Leistungssport schafft nicht nur Idole und Vorbilder, sondern er setzt auch Maßstäbe und zeigt Grenzen der physischen und psychischen Leistungsfähigkeit des Menschen und ist deshalb von wissenschaftlichem Interesse. Der Sport schafft aber auch neue, bisher ungelöste Probleme. Ob der heutige Sport generell noch gleich Gesundheit gesetzt werden kann, ist keinesfalls uneingeschränkt zu bejahen. Die zynische Bemerkung eines Sportarztes, «Treib Leistungssport oder Du bleibst gesund», mag übertrieben sein. In der Frage, ob die Sonnenseiten des Sports noch überwiegen, gehen die Meinungen jedenfalls bereits auseinander. Als Schattenseiten des Sports seien hier genannt: Leistungssteigerung mit allen Mitteln, physische und psychische Manipulation, Doping, Verletzungen und lebenslange gesundheitliche Schädigungen von Athleten durch Sport, übermächtige Organisationen und Funktionäre, sowie der Trend zum Berufssport und Showgeschäft mit all seinen psycho-sozialen Folgen. «Die schönste Nebensache der Welt» kann besonders im Hochleistungssport, auch zum negativ lebensbeeinflussenden Schicksal werden. Beispiele dafür gibt es genug.

Dieses Buch wendet sich an Krankengymnasten, Trainer, Sportlehrer, Betreuer, Sportärzte und nicht zuletzt an den Athleten selbst. Seine Aufgabe ist es, die wichtigsten Verfahren und Maßnahmen der Physiotherapie und Krankengymnastik bei der Behandlung von Sportverletzungen und Sportschäden sowie bei der allgemeinen gesundheitlichen Betreuung des Sportlers darzustellen. Dabei kam es den Autoren auf eine praxisorientierte Darstellung ohne allzu viele theoretisch-wissenschaftliche Erörterungen an. Ein Buch aus der Praxis für die Praxis soll hier vorgelegt werden, das den Versuch macht, die komplexe Materie der sogenannten Sportphysiotherapie durchschaubarer zu machen. Dieses Buch erhebt nicht den Anspruch auf alle Fragen der Betreuung, der Prophylaxe, Therapie und Rehabilitation von Verletzungen und Schäden, die durch den vorwiegend leistungsorientierten Sport heutiger Prägung entstehen, Antworten zu geben. In vielen Bereichen sind die Dinge noch im Fluß und bedürfen einer ständigen Beratung und Weiterentwicklung durch alle Beteiligten. Es will aber Probleme der Betreuung im modernen Sport anreißen, bewußt machen und die Diskussion darüber

anregen. Auch ist zu hoffen, daß in diesem Buch auf eine begrenzte Zahl von Fragen Antworten gegeben werden können.
Die Autoren sind langjährig praktizierende Krankengymnasten, die sich in Klinik und freier Praxis schwerpunktmäßig mit sportmedizinischen Problemen beschäftigen. Sie haben im Breiten-, Leistungs- und Spitzensport, bei Olympischen Spielen und anderen sportlichen Großveranstaltungen Erfahrungen in der Betreuung von Athleten und in der Behandlung von Sportverletzungen und -schäden gesammelt. Diese Erfahrungen sind hier verarbeitet.
Der dank der Autoren gilt allen, die mit Rat und Tat bei der Erstellung der einzelnen Beiträge geholfen haben. Besonders ist dem Gustav Fischer Verlag für seine großzügige Unterstützung, sein Eingehen auf die besonderen Wünsche der Darstellung und Ausstattung und Dr. W. D. von Lucius für die verständnisvolle und angenehme Zusammenarbeit, zu danken. Erst dadurch konnte dieses Werk ermöglicht werden. Nicht zuletzt sei der Grafikerin Li Körner für die gelungenen Skizzen und Zeichnungen sowie Jutta Henke für das mühevolle Schreiben und Korrigieren der Manuskripte, der Sportlehrerin und Kandidatin der Psychologie Marlene Buch und der Krankengymnastin Gisela Süßmeyer für fachliche Beratung und Textüberarbeitung herzlich gedankt.

Königstein im Taunus, Februar 1980 — Der Herausgeber

Inhalt

II. Aktive Behandlungsmaßnahmen

III. Behandlungsmöglichkeiten mit Physiotherapie und Krankengymnastik bei ausgewählten Sportverletzungen und Sportschäden

Einführung

Die immer größer werdende Beanspruchung im modernen Leistungssport bedeutet gleichzeitig eine fortschreitende Erhöhung der Verletzungs- und Schadensrisiken. Im Hochleistungssport heutiger Prägung mit seiner enormen Trainings- und Wettkampfbelastung kommt es immer mehr zu teils schweren traumatischen Verletzungen des Bewegungsapparates und zu Schäden durch extreme statisch abnorme Beanspruchung. Permanente Überbeanspruchungen der Wirbelsäule, der Gelenke, Bänder, Kapseln, Sehnen und der Muskulatur können zu bleibenden Schäden führen. Aber nicht nur im Hochleistungssport, der gekennzeichnet ist durch seine Explosion der Rekorde, sondern auch im Breitensport, im Schulsport und im Hobby- und Freizeitsport sind die Verletzungsgefahren größer geworden und die Verletzungsquoten gestiegen. Hier werden oft völlig untrainierte Menschen durch unausgegorene Fitneßprogramme, Trimm-Dich-Aktionen und Lauf-Treffs oder auch durch die Werbung der Sportartikelindustrie veranlaßt, psychomotorisch komplexe und konditionell ansprüchige Sportarten ohne geeignete fachliche Vorbereitung zu betreiben.
Als Beispiel sei auf die Entwicklung im modernen Skilauf hingewiesen, wo Jahr für Jahr eine steigende Anzahl von Ungeübten, Unvorbereiteten und alpin Unerfahrenen die Pisten im Hochgebirge bevölkern.
Ein anderes typisches Beispiel bietet der Reitsport. Seit das Reiten auf dem Wege zum Volkssport Mode geworden ist, steigen die Zahlen der oft schweren Verletzungen. Geht man den einzelnen Fällen nach, handelt es sich meist um solche Reiter, die keine solide Grundausbildung erhalten haben oder ihr reiterliches Können und Reaktionsvermögen falsch einschätzten, oft gegen den Rat von erfahrenen und qualifizierten Ausbildern. Bei erfahrenen Reitern mit solider Grundausbildung findet man selten Unfälle mit schweren Verletzungen.
Beim Surfen, Jogging und in anderen Modesportarten ist eine ähnliche Entwicklung zu erkennen.

Kleine Statistik der Sportverletzungen

Jährlich werden durch Sport ca. 80 000 Unfälle in der Bundesrepublik Deutschland verursacht. 75% davon sind leichte, 20% mittlere und 5% schwere Verletzungen. Die Verletzungen durch den Wintersport sind hier noch nicht eingerechnet. – In Österreich rechnet man in der Wintersaison täglich mit 2500 Wintersportverletzungen. Vorwiegend sind es Schien- und Wadenbeinbrüche und Verletzungen an der Muskulatur der unteren Extremitäten und der Achillessehnen. 75% aller Skiunfälle werden durch Anfänger verursacht.

In den Sommersportarten ist der Fußball nach wie vor nicht nur die am häufigsten betriebene Sportart, sondern er hat auch die höchste Unfallquote von ca. 10%. Es folgen mit Abstand Ringen, Handball, Boxen, Leichtathletik, Turnen und andere.
Nach den Verletzungsarten stehen Kontusionen, Distorsionen, Stauchungen, Quetschungen und die Muskel- und Sehnenrisse mit 78% an der Spitze. Es folgen die Frakturen, Bänderrisse und Meniskusverletzungen mit 15%.
Als Ursachen von Sportverletzungen werden an erster Stelle mit ca. 70% ungenügende Vorbereitung, an zweiter Stelle mit ca. 17% Überlastung, Übermüdung und Erkrankung und mit ca. 13% Undiszipliniertheit genannt. Eine Statistik der Altersverteilung von RUMP, in der 5504 Sportverletzte untersucht wurden zeigt deutlich, daß jugendliche Athleten mit weniger Erfahrung ein deutlich höheres Unfallrisiko eingehen. Unzureichende Vorbereitung und Anleitung spielen dabei eine wichtige Rolle.
Nach der Lokalisation der Verletzungen liegen die Beine mit 61% an der Spitze vor den Armen mit 22%, dem Kopf mit 11% und dem Rumpf mit 6%.
Bei einer Untersuchung der Dauer der Arbeitsunfähigkeit durch *H.* und *P. Groh* von 2739 verletzten Sportlern, waren 637 bis zu einer Woche, 702 bis zwei Wochen, 392 bis drei Wochen, 258 bis vier Wochen, 186 bis sechs Wochen und 110 bis acht Wochen arbeitsunfähig. Der Rest lag zwischen drei und zwölf Monaten. Die Arbeitsunfähigkeit der Sportverletzungen dauert im Durchschnitt 3 Wochen.
Todesfälle im Sport sind relativ selten. Man unterscheidet zwischen traumatischen und nichttraumatischen Todesfällen. Im ersten Fall führt eine äußere Ursache zum Tode und im zweiten, bei maximaler Leistung das Überschreiten der persönlichen Leistungsgrenze, oft verbunden mit einer unbekannten Organschädigung.
Die Zahl der Todesfälle aus organpathologischer oder traumatischer Ursache wird mit 250 pro Jahr angegeben. Es überwiegen die Todesfälle mit organpathologischer Ursache, z. B. der Koronarsklerose, eindeutig die mit traumatischen Ursachen. Bei den traumatischen stehen die Todesfälle im Fußball an der Spitze.

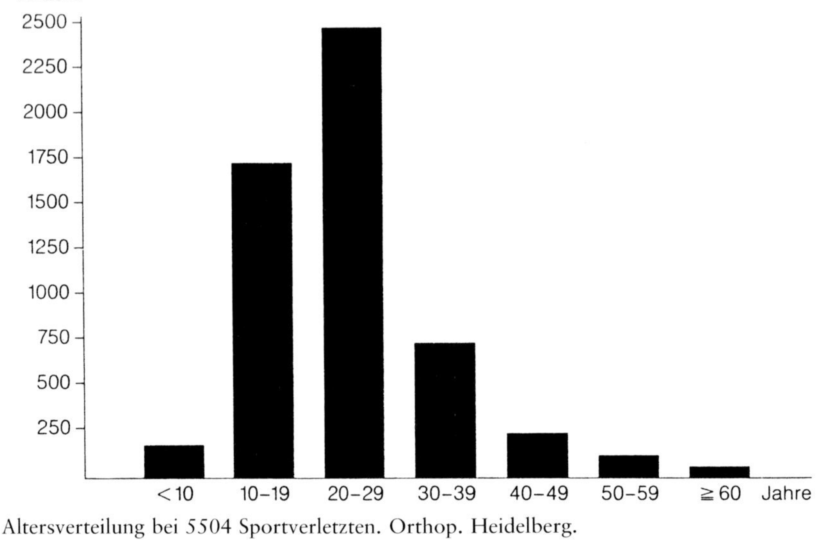

Abb. 1: Altersverteilung bei 5504 Sportverletzten. Orthop. Heidelberg.

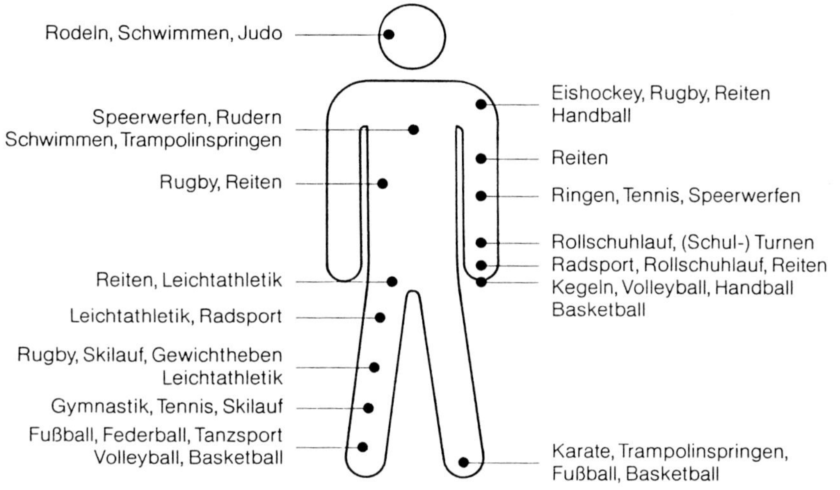

Abb. 2: Lokalisation von Sportverletzungen. Orthop. Heidelberg.

Sportschäden

Bei den Sportschäden, also dem chronischen, nicht mehr heilbaren Aufbrauch und Verschleiß der Gewebe, liegen weniger genaue Untersuchungen vor. Die Meinungen der Experten gehen auseinander. Oft ist zwischen chronischem, primären Gewebeaufbrauch und sekundären Unfallspätfolgen nicht genau abzugrenzen. *H.* und *P. Groh* schreiben dazu: «Außerhalb des Rahmens von Unfallfolgen und deren zwangsläufiger sekundär traumatischen Arthrose haben wir bei Hochleistungssport und Kampfsport kaum einmal eine primäre funktiogene Arthose gesehen. Es gibt eine primäre funktiogene Arthrose durch Hochleistungssport und Dauersport im Grunde nicht. (Ebenso *Knoll, Matthias, Schmith*). Ein entscheidend beweisendes Argument gegen die Sportschadentheorie ist die Erfahrung, daß bei Dauerleistungssportlern (Langstreckenläufer und Marathonläufer, Skilangläufer, Radrennfahrern) niemals Arthrosen ihrer Beingelenke (Fuß-, Knie-, Hüftgelenke) beobachtet werden.
Es darf für den Bewegungsapparat – *Reindell* hat es für den Kreislauf gezeigt – als erwiesen gelten, daß 95–99% der Hochleistungssportler keinen meßbaren Aufbrauchschaden des Bewegungsapparates, insbesondere der Gelenke zu fürchten brauchen.»
Die sekundären Sportschäden sind vorwiegend an der Wirbelsäule, den Gelenken und Sehnen lokalisiert. Die statisch abnorme Beanspruchung der Wirbelsäule, z.B. beim Frauenturnen, in der Wettkampfgymnastik oder auch im Eiskunstlauf, spielt dabei eine wichtige Rolle. An den Sehnen sind es die Tendinosen und an den Gelenken die Arthrosen, die aber, wie schon erwähnt, nicht durch Dauerleistungssport entstehen, sondern durch bagatellisierte Makrotraumen, wie sie beim Fußball häufig vorkommen.

Physiotherapie und Krankengymnastik

Im Rahmen der Sportmedizin gewinnt bei der Behandlung von Sportverletzungen und Sportschäden die Physiotherapie und Krankengymnastik eine immer größere Bedeutung. Dies gilt ebenso für die allgemeine gesundheitliche Betreuung des Sportlers und für die Prophylaxe. Dabei spielt sicher die entschiedene Abkehr, zumindest des offiziellen Sports, von jeglicher pharmakologischer Manipulation seit der Olympiade in Montreal 1976 eine gewisse Rolle.

Was versteht man unter dem noch unscharfen Begriff Sportphysiotherapie? – Er ist abgeleitet von dem Begriff der Physikalischen Therapie, welcher in der modernen Medizin die Behandlung durch Einwirkung von Kräften, die in der Natur vorkommen, bedeutet. Eine andere Definition lautet: «Unter Physikalischer Therapie versteht man Behandlungsmethoden, die ihren Ursprung in physikalischen Wirkungsmechanismen haben.»

Zum Beispiel die Druckkräfte in Form von manuellen, apparativen oder unter Wasser durchgeführten Massagen, die Wärmeanwendungen in Form von Bestrahlungen, Pakkungen und Bädern, die Kälteanwendungen mit kalten Umschlägen, Güssen und die verschiedenen Formen der Eisanwendungen und die Elektrotherapie mit den niederfrequenten elektromagnetischen Schwingungen, den niederfrequenten elektromagnetischen Strömen zur Stimulation neuromuskulärer Strukturen u. ä. – Dazu gehört aber auch, und zwar als eine der wichtigsten Formen der Physikalischen Therapie, die gezielte und kontrollierte aktive Übung in Form der diversen klassischen und modernen Verfahren der Krankengymnastik.

Die Physikalische Therapie ist eine wissenschaftlich fundierte, medizinisch überschaubare Behandlung, die ihren Anwendungsbereich in vielen medizinischen Spezialgebieten, vor allem aber in der Orthopädie, in der prä- und postoperativen Behandlung der modernen Chirurgie und in der Inneren Medizin findet. Sie ist weder eine Außenseiter-Methode, noch haftet ihr metaphysische Problematik an, wie dies bei den sogenannten paramedizinischen Methoden der Fall ist. Die Physikalische Therapie ist heute ein fester Bestandteil der naturwissenschaftlich orientierten Medizin. – Die Sportphysiotherapie ist ein Teil der Sportmedizin. In ihr werden die genannten Verfahren und Methoden bei Sportverletzungen und -schäden zwecks Heilung und Besserung sowie im Bereich der Prophylaxe eingesetzt.

Der Krankengymnast in der Sportphysiotherapie

Welche Berufsgruppen sind nun für diese Aufgaben ausgebildet, vorgebildet, prädestiniert und zuständig? – Nach Vorbildung, Ausbildung und klinischer Erfahrung sind für diese umfassenden physiotherapeutisch-krankengymnastischen Aufgaben im sportmedizinischen Bereich entsprechend weitergebildete Krankengymnasten kompetent. Die gesetzlich geregelte Ausbildung und Anerkennung von Krankengymnasten in der Bundesrepublik Deutschland entspricht den Ausbildungsgängen der Physiotherapists, der Physical-Therapists und Physiotherapeuten im Ausland. In der World Confederation for Physical Therapy (WCPT) sind alle Krankengymnasten, auch der Deutsche Verband für Physiotherapie – Zentralverband der Krankengymnasten (ZVK) e. V., international zusammengeschlossen und anerkannt.

Es versteht sich von selbst, daß Krankengymnasten, die in der Sportmedizin tätig sind, eine möglichst vielseitige, eigene Sport- und Wettkampfpraxis haben müssen. Nur Krankengymnasten mit praktischer Erfahrung im Leistungssport sind in der Lage, die vielfältigen Probleme des Athleten und die Problemstellungen in der Sportmedizin schlechthin zu erfassen und an Lösungen mitzuarbeiten.
Wenn in diesem Buch von Therapeuten die Rede ist, so sind Krankengymnasten gemeint. Die Berufsbezeichnung «Sportphysiotherapeut» gibt es in der Bundesrepublik Deutschland allerdings nicht, obgleich sie in manchen Kreisen gern geführt wird. Das Gesetz sieht ausschließlich die Berufsbezeichnungen Krankengymnast und Masseur vor.
Während der Krankengymnast in seiner klinischen Ausbildung sowohl die passiven als auch die aktiven physiotherapeutischen Maßnahmen gelernt hat und diese in Klinik und freier Praxis anwendet, ist der Masseur nach seiner Ausbildung für die passiven Teilbereiche dieser Behandlungsverfahren zuständig. Die wichtigen aktiven Behandlungsmethoden fallen nicht in die Kompetenz des Masseurs, sondern in die des Krankengymnasten.
Gerade im Sport, wo immer differenziertere, biomechanische und körperliche Beanspruchungen an den Athleten gestellt werden, reichen passive Maßnahmen sowohl in der Prävention als auch in der Rehabilitation nicht mehr aus. Die aktiven Maßnahmen, besonders die neurophysiologischen Techniken, müssen in Betreuung und Behandlung verstärkt Beachtung finden.
Die Grundlagenkenntnisse, die der Krankengymnast in der funktionellen Anatomie, der Neurophysiologie und der Pathophysiologie besitzt, müssen mehr in den Trainingsaufbau und die Wettkampfvorbereitung einbezogen werden. Sie sind ein Beitrag zur Prävention und zur Leistungssteigerung.
Es kann nicht im Interesse des Athleten liegen, daß sogenannte Fachleute im Schnellverfahren durch Sportorganisationen oder private Vereinigungen in den komplexen krankengymnastischen Behandlungsmethoden ausgebildet werden. Zweifellos werden im Sport Masseure gebraucht. In der Behandlung von Sportverletzungen und Sportschäden können sie aber den Krankengymnasten nicht ersetzen, weil Ausbildungsvoraussetzungen und die dafür nötige klinische Ausbildung und Erfahrung fehlen.
Die berufspolitische Situation in der Krankengymnastik – Physiotherapie hat sich in den letzten Jahren noch verschärft. – Immer mehr drängen arbeitssuchende Sportlehrer, sogenannte Fitneß- oder Rehatrainer in den Bereich der Krankengymnastik und Sportphysiotherapie. Im pädagogischen Arbeitsfeld, für das sie ausgebildet und befähigt sind ohne Aussicht auf Betätigung, suchen sie in der Therapie Arbeits- und Erwerbsmöglichkeiten. – Während Gesundheit und körperliche Entwicklung der Schulkinder durch allenthalben unzureichenden und mangelhaften Schulsport weiterhin schlechter werden, versuchen sich Sportlehrer, ohne genügende pathophysiologische Kenntnisse und klinische Erfahrung am verletzten oder geschädigten Athleten, wo sie überhaupt nicht hingehören. – Von den sich jeder Kontrolle entziehenden selbsternannten «Fitmachern», in den wie Pilze aus dem Boden schießenden Bodybuilding-Studios ganz zu schweigen. Hier ist eine gefährliche Entwicklung im Gange, die mehr zum Schaden als zum Nutzen des Sportlers und seiner Gesundheit und Leistungsfähigkeit führt. Vor dem in diesem Bereich herrschenden Kompetenz- und Begriffswirrwarr kann man nur jeden hilfesuchenden Sportler warnen.

Betreuungsteam

In der Betreuung des Athleten ist eine enge Zusammenarbeit zwischen Sportarzt, Therapeut und Trainer unbedingte Voraussetzung. Für die Behandlung mit Physiotherapie und Krankengymnastik muß eine ärztliche Diagnose und Verordnung, wie dies auch bei allen nicht sportmedizinischen Behandlungen erforderlich ist, vorliegen. Die selbständige Durchführung von Behandlungen durch sogenannte «Sportphysiotherapeuten», wie dies besonders im Hochleistungssport immer wieder vorkommt und auch gelegentlich vom Trainer und Athleten gewünscht wird, ist abzulehnen. Dem Athleten, dessen Gesundheit und Leistungsfähigkeit immer im Mittelpunkt der Betrachtung stehen sollte, ist damit auch nicht gedient. Das schnelle «Fitmachen» eines Sportlers, wie es im Hochleistungssport und im Berufssport von manchen Funktionären, Trainern und Betreuern gefordert und angestrebt wird, nützt den gesundheitlichen Bedürfnissen des Athleten nicht. Mit einer dauerhaften Beschwerdefreiheit und Einsatzfähigkeit ist dabei nicht zu rechnen. Eher ist es gewissenlos. Mit den ethischen Grundsätzen und der Berufsordnung des Deutschen Verbandes für Physiotherapie – Zentralverband der Krankengymnasten (ZVK) e. V., stimmt es nicht überein.
Die Gesamtleitung der Behandlung und des sportmedizinischen Betreuungsteams muß in der Hand des in Physiotherapie und Krankengymnastik sachverständigen Sportarztes liegen, der auch den Verlauf der Behandlung, im ständigen Kontakt mit dem Therapeuten, überwachen und eventuell korrigieren muß.

Passive Behandlungsmaßnahmen

Das Buch ist in vier Abschnitte untergliedert. Im ersten Abschnitt werden die ‹Passiven Maßnahmen der Physiotherapie› geschildert. Es handelt sich dabei teils um Maßnahmen, die jahrtausendealte Wurzeln haben und bereits im Altertum sowohl als Mittel der Leistungssteigerung als auch der Therapie für Verletzungen und Schäden des Athleten angesehen und praktisch angewendet wurden. Zu nennen ist hier vor allem die klassische Massage, die eine uralte Geschichte hat und noch immer eine wichtige Rolle in der Betreuung und Behandlung des Athleten spielt. Auch auf die für den Sportler wichtigsten Spezialmassagen wird eingegangen. Die Bedeutung der Massage wird jedoch oftmals auch überbewertet. Allzu oft werden «Die Männer mit den goldenen Händen» zu Wunderheilern hochstilisiert. Dies sollte korrigiert werden.
Auch die wichtigsten anderen passiven Maßnahmen, wie die Wärme- und Kälteanwendungen, die Wasseranwendungen und die Bäder, die ebenfalls auf eine alte Tradition der Erfahrungsheilkunde zurückzuführen sind, werden ihrer Bedeutung gemäß für die Sportverletzungen und -schäden geschildert. Jüngeren Datums dagegen sind die Anwendungen der Elektrotherapie mit den verschiedenen Strömen, die aber zweifellos bei der Behandlung von akuten Sportverletzungen und -schäden wegen ihrer stimulierenden und analgetischen Wirkung in den letzten zwei Jahrzehnten an Bedeutung gewonnen haben.

Aktive Behandlungsmaßnahmen

Im zweiten Abschnitt des Buches werden die ‹Aktiven Maßnahmen der Physiotherapie›, in der Bundesrepublik Deutschland «Krankengymnastik» genannt, abgehandelt. Dazu gehören die verschiedenen Formen des klassischen krankengymnastischen Krafttrainings. Die muskuläre Kräftigung bildet nach wie vor eine der wichtigsten Grundlagen aller krankengymnastischen Verfahren. Wiederauftrainierung der Muskulatur nach Ruhigstellung und Verletzung, Muskelkorsettbildung, z. B. bei Wirbelsäulenschäden des Sportlers und Herstellung der muskulären Kraftbalance, d. h. Ausgleichstraining bei den in den meisten Sportdisziplinen vorkommenden Einseitigkeiten durch isometrisches und dynamisches Muskeltraining, aber auch durch das exzentrische und isokinetische Krafttraining bilden die Kernstücke. – Ebenso aber sind die neueren Methoden, die auf neurophysiologischen bzw. neuromuskulären Überlegungen beruhenden Komplexbewegungen oder PNF-Methoden, dargestellt. Dazu kommen Kapitel über die im Sport wichtige Dehnung und Lockerung der Muskulatur. Sie sind sowohl für die Behandlung von Sportverletzungen und -schäden, als auch für die Prophylaxe von größerer Wichtigkeit als alle noch so beliebten passiven Maßnahmen.

Der Bewegungstherapie im Wasser, der Manuellen Therapie und der Befunderhebung sind eigene Kapitel gewidmet, da sie heute zu dem unumgänglichen Rüstzeug der aktiven Krankengymnastik gehören.

Die Autoren halten die aktiven Behandlungsmaßnahmen der Krankengymnastik für die wichtigeren in der Prophylaxe, Therapie und Rehabilitation von Sportverletzungen und -schäden. Leider sind sie immer noch die unbekannteren und vernachlässigten. Auch bei manchen Sportärzten ist der Informationsstand über die aktiven krankengymnastischen Methoden nicht gerade stark ausgeprägt. Die antiquierte Standardverordnung von «Fango und Massage» auch dort, wo sie nach klinischen Erkenntnissen geradezu kontraindiziert ist, findet man in der Praxis leider noch viel zu oft, auch wenn sich hier eine Wandlung andeutet. Die aktiven Behandlungsmaßnahmen sollten sowohl bei den Sportärzten als auch bei Trainern, Betreuern und beim Athleten selbst bekannter und gezielter eingesetzt werden.

Einzeldarstellungen

Im dritten Abschnitt des Buches werden ‹Behandlungsmöglichkeiten mit Physiotherapie und Krankengymnastik bei ausgewählten Sportverletzungen und Sportschäden› dargestellt. In diesen Einzeldarstellungen werden nach einem gleichen Gliederungsschema in der Praxis häufig vorkommende Diagnosen und Schadensbilder kurz abgehandelt. Sie verstehen sich als Leitfaden der diversen Behandlungsmöglichkeiten. Die Einzeldarstellungen sollen sowohl den Sportarzt und Therapeuten als auch den betroffenen Athleten und seinen Trainer über den Verlauf und die sich bietenden Möglichkeiten der Behandlung informieren. Sie sind überwiegend allgemein verständlich dargestellt. Es versteht sich jedoch von selbst, daß dabei auch manche Ausführungen nur dem Arzt und Therapeuten zugänglich sind. Der interessierte medizinische Laie, sei er Athlet oder Trainer, möge sie überlesen.

Trainings- und wettkampfbegleitende Maßnahmen

Der vierte und letzte Abschnitt des Buches bildet die ‹Trainings- und wettkampfbegleitenden Maßnahmen›. Dazu gehören die funktionellen Verbände, die Erste Hilfe sowie die dazugehörigen Verbandsmaterialien, Pharmaka und sonstigen Hilfsmitteln. Aber vor allem auch die verschiedenen Maßnahmen der Wettkampfvorbereitung, wie Aufwärmen, Vordehnen und Zweckgymnastik sowie die entmüdenden Maßnahmen, wie das Auslaufen, das Entmüdungsbad, die Selbstmassage, das Saunabad sowie Ausgleichsgymnastik und -sport und spezielle Rehabilitationstrainingsformen finden die ihnen gebührende Berücksichtigung.
Sportärzten, Therapeuten, Trainern, Sportlehrern und besonders dem Athleten sei dieses Buch in die Hand gelegt, um bei der Vorbeugung, Besserung und Heilung von Sportverletzungen und -schäden eine Hilfe zu sein, damit «Die schönste Nebensache der Welt» nicht zum schicksalsbestimmenden lebenslangen Schaden werden kann.

I. Passive Behandlungsmaßnahmen

1. Massage

Einführung und geschichtliche Entwicklung

Seit Jahrtausenden spielt die Massage bei der Behandlung von Kranken, Verletzten und Behinderten eine wichtige Rolle. Manche Fachleute sehen in ihr die Urform der «Behandlung» überhaupt. Instinktiv reibt oder streicht der Mensch zur Linderung von Schmerzen eine schmerzende Körperstelle. Die Mutter streicht ihr Kind zur Beruhigung. Eine instinktive Einwirkung auf die Psyche. – Zweifellos entstammt die klassische Massage als Heilmittel dem Instinkt und bezieht ihre immer noch ungebrochene Attraktivität aus einer Jahrtausende alten Empirie. – Im Zeitalter der naturwissenschaftlich orientierten Medizin wird sie immer öfter in die Therapie- und Kurpläne eingebaut und vom Patienten meist gern angenommen, aber die empirisch gewonnenen Erkenntnisse und Erfahrungen sind nur zum Teil wissenschaftlich untermauert.
Noch immer fehlen Parameter zur Meßbarkeit und zum Nachweis ihrer verschiedenen Heilwirkungen.
Die klassische Massage gehörte aber auch schon im Altertum zu den Methoden, die eingesetzt wurden, um die sportliche Leistung des Athleten zu verbessern. Neben Hippokrates werden die Sportmassage-Anwendungen der Antike von Galen und Epiktet geschildert. Galen unterschied bereits 18 verschiedene Arten, darunter harte, weiche, mittlere, vorbereitende und abschließende Massagen. Der Behandler hatte sich dabei an die Konstitution des Athleten zu halten. Wir besitzen Bilder aus dem griechischen Altertum vom Ausstreichen des Rückens, von einer Massage der Brustmuskel bei Boxern, von der Massage der Achillessehne bei Läufern und von einer Selbstmassage der Wadenmuskel.
C. Diems «Weltgeschichte des Sports und der Leibeserziehung» schildert die Massage neben Bädern und Sonnenbestrahlung als wesentlichen Bestandteil der Pflege des Athleten im alten Griechenland. Daß die Sportmassage zu dieser Zeit, also 500 Jahre vor unserer Zeitrechnung, bereits sehr differenziert unter Einsatz von allerlei Hilfsmitteln und im Zusammenspiel mit anderen trainingsbegleitenden Maßnahmen erfolgte, geht ebenfalls aus diesen Schilderungen hervor. Bemerkenswert ist, daß die Massage fast immer mit leichter aktiver und passiver Gymnastik und Atemübungen verbunden war. In der griechischen Antike bildeten die beiden Disziplinen Gymnastik und Massage noch eine Einheit.

Der Begriff Massage stammt von dem griechischen Wort «massein», welches soviel wie kneten heißt und ist mit dem lateinischen «manus«, die Hand, verwandt. Das eigentliche Instrument, mit der die Massage durchgeführt wird, ist die tastende und fühlende Hand des Therapeuten.
Aber nicht nur bei den Griechen, sondern auch bei anderen alten Völkern, den Ägyptern, Persern, Römern, Japanern und Chinesen, war die Massage als Heilmittel bekannt und weit verbreitet. Im Mittelalter ging sie wahrscheinlich durch den körperfeindlichen Einfluß der kirchlich-religiösen Auffassungen verloren. Erst in der neueren Zeit, seit etwa einem Jahrhundert, wurde sie wieder entdeckt.
1813 wurde in Stockholm das Zentralinstitut für Gymnastik gegründet. Daran lehrte der Schwedische Gymnastiklehrer *P. H. Ling*. Er beschäftigte sich auch mit Massage. Nach seiner Auffassung ist die Massage ein Nebenzweig der Gymnastik. Jetzt befaßten sich auch immer mehr Ärzte in wissenschaftlichen Arbeiten mit den Wirkungen der Massage.
L. Metzger, P. Vogler, W. Kohlrausch, H. S. Lüdge, W. Thomsen, H. Teirich-Leube, W. Heipertz u. a. sind zu nennen. – Auch Krankengymnasten und Masseure sammeln und veröffentlichen ihre Erfahrungen.
Neben den genannten Autoren wissenschaftlicher Arbeiten über die klassische Massage, deren Lehrmeinungen keinesfalls einheitlich waren und deren Auffassung in der Zwischenzeit teils wieder verlassen wurden, entwickelten sich Spezialmassagemethoden. – Die bekannteste Spezialmassage ist die auf der segmentalen Topographie der Haut und dem viszeromuskulären Reflex beruhende Bindegewebsmassage, die von *W. Kohlrausch, E. Dicke* und *H. Teirich-Leube* entwickelt wurde. Ihr liegen die Forschungen der Engländer *Head* und *Mackenzie* zugrunde.
P. Vogler und *H. Kraus* entwickelten 1953 die Periostmassage. Der Däne *E. Vodder* die umstrittene sogenannte manuelle Lymphdrainage. Weitere Spezialmassagemethoden wären zu erwähnen, z. B. die Quermassage nach Cyriax oder die gleitende Saugwelle. Auf sie einzugehen, würde den Rahmen dieser vorwiegend den Sportverletzungen und -schäden gewidmeten Betrachtung sprengen.
Durch die Spezialmassagemethoden erhielt die klassische Massage zu Unrecht oft eine zweitrangige Stellung. Im Grunde genommen aber vereint sie die wesentlichen therapeutisch brauchbaren Elemente in sich.

Abb. 3: Athleten im alten Griechenland 480 v. Chr. bei der Rückenmassage.

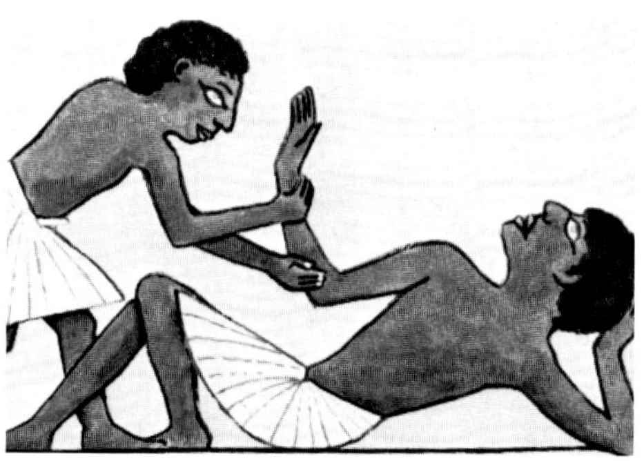

Abb. 4: Armmassage im alten Ägypten.

Die klassische Massage, teils überbewertet, teils aber auch unberechtigt abgewertet, kam in den letzten Jahrzehnten durch das Bemühen von Wissenschaftlern und praktisch Tätigen aus ihrer früheren Isolierung heraus und hat heute einen bedeutenden Stellenwert in der Prophylaxe, Therapie und Rehabilitation.

Hauptwirkungen der Massage

Die physiologische Wirkung der klassischen Massage besteht vor allem in der Beeinflussung und regulierenden Wirkung des Muskeltonus. Die Herabsetzung der muskulären Hypertonie ist gefahrlos nur durch Massage möglich. Von verspannter Muskulatur ausgehende Beschwerden und Leistungsminderungen muskulär-bindegewebiger Funktionseinheiten sind erst nach Vorbereitung und Auflockerung durch Massage mit aktiven Lockerungsübungen und Entspannungsmethoden erfolgreich anzugehen. – Untersuchungen haben ergeben, daß kapillare Drosselung in einem Muskel hohen Leistungsabfall und Zelldegeneration als Folge des reduzierten Stoffwechsel bewirkt. Die tonusregulierende Wirkung der Massage beruht einerseits auf der Förderung der Durchblutung und des lokalen Stoffwechsels, andererseits auf der Verbesserung der Gleitfähigkeit der Muskulatur. *W. Heipertz* hat durch Untersuchungen nachgewiesen, daß Massage nicht allein die Hautdurchblutung intensiviert, sondern zu einer wirklichen Muskelhyperämie führt.
Neben der verstärkten Durchblutung der Muskulatur und der Haut ist eine Einwirkung auf die Unterhautfettgewebe und die Bindegewebe festzustellen. Die Förderung des schnelleren Abtransportes von Stoffwechselrückständen, die Lösung von alten Verklebungen und Verwachsungen, die Fernwirkungen von reflektorischen Massagetechniken sowie die Rückwirkungen auf das Gefäßsystem und auf den Gesamtorganismus gehören zu den unbestrittenen wissenschaftlichen Lehrmeinungen der Medizin. Die Massage ist also in der Lage, den Körper schnell von belastenden Ermüdungsstoffen, von Muskelkater, von Muskelhärten und Verspannungen zu befreien. Sie beugt dadurch nicht nur gegen Sportverletzungen wie Muskelzerrungen und Muskelrisse vor, sondern sie verbessert auch die Durchblutung und hilft beim Transport der Energiestoffe zur Muskulatur. Herz und Kreislauf erleichtert sie die Arbeit. – Es gehört aber zu den fast unausrottbaren, weit verbreiteten Fehlmeinungen in medizinischen Fach- und Laienkreisen, daß die Massage in der Lage sei, zu kräftigen. Kräftigung im physiologischen Sinne ist einzig und allein durch gezielte aktive Übung und systematisches Training zu erreichen. Dies gilt sowohl für die Muskulatur als auch für die Herz-Kreislauforgane. Die Massage vermag aber die Kräftigung durch Übung und Training vorzubereiten und durch Beseitigung von im Muskel- und Bindegewebe vorhandenen leistungsmindernden Faktoren zu unterstützen. – Darüber hinaus wirkt die Massage, wenn richtig gehandhabt, positiv auf die Psyche des Menschen im Sinne der Entspannung, Beruhigung und des allgemeinen Wohlbefindens.
Unter Zugrundelegung des modernen Schrifttums faßt *O. K. Sperling* in «gesicherte oder überwiegend wahrscheinliche Wirkungsmöglichkeiten der Massage» zusammen und kommt zu folgendem Ergebnis:

1. allgemeine Auswirkung auf den Organismus
2. Vergrößerung des örtlichen Kapillarquerschnitts

3. Regulierung des Muskeltonus
4. Intensivierung des venösen Rückflusses und der Lymphbewegung mit entsprechender positiver Auswirkung, z. B. auf den Tonus
5. Aktivierung von Neuro- und Gewebshormonen (z. B. vasoaktiver Substanzen)
6. reflektorische Wirkungen auf die inneren Organe, aber auch auf die Gewebe der Körperdecke
7. eine allgemein sedierende Wirkung.

Als Hauptziel der klassischen Heilmassage ist die Unterstützung und Förderung des Heilungsprozesses bei einer Krankheit, Schädigung oder Behinderung anzusehen. *A. Hammann* sagt: «Nach dem heutigen Stand der Forschung können wir annehmen, daß es keine ausschließlich örtlich-mechanische Wirkungen durch die Massage gibt, sie sind immer komplexer Natur.»

Grundgriffe der Massage

Die Grundgriffe der klassischen Massage, auch die der Sportmassage, sind die gleichen und im Prinzip über Jahrhunderte unverändert geblieben. In der Praxis unterscheiden sich die Griffe durch Indikation, Technik und Dosierung. Man unterscheidet folgende fünf unterschiedliche Griffarten:

Streichung
Knetung und Walkung
Reibung
Hackungen, Klopfungen, Klatschungen
Vibrationen und Schüttelungen

Alle genannten Massagegriffe können vielfältig variiert werden. Auch die Griffkombinationen je nach Zielsetzung der Massage sind unterschiedlich und sollen differenziert gehandhabt werden.

Streichungen (Effleurage)

Die Streichungen haben zunächst die Funktion der Kontaktaufnahme mit dem Körper des Patienten. Physiologisch besteht ihre Hauptwirkung im Ausstreichen der Peripherie von den Extremitäten herzwärts zur Körpermitte hin. Unzweifelhaft wird dadurch der Venen- und Lymphstrom in seinem Rückfluß günstig beeinflußt und unterstützt. Aus diesen Überlegungen entwickelte sich die sogenannte Lymphdrainage. Auch die oberflächige Hautdurchblutung wird durch Streichungen angeregt. Auf die Stoffwechselanregung in der Peripherie sind auch die Erfolge von kosmetischen Massagen, die meist aus Streichungen bestehen, zurückzuführen. Es werden ein- und beidhändige Ausstreichungen angewandt. Der Druck soll bei Beginn der Massage sanft und mit glatten Handflächen, leicht angebeugten Fingern und abgespreizten Daumen durchgeführt werden. Er soll herzwärts erfolgen und beim Zurückgehen der Hände muß der Hautkontakt zum Patienten beibehalten werden. Im Verlauf der Massage kann der Druck dann bis zu

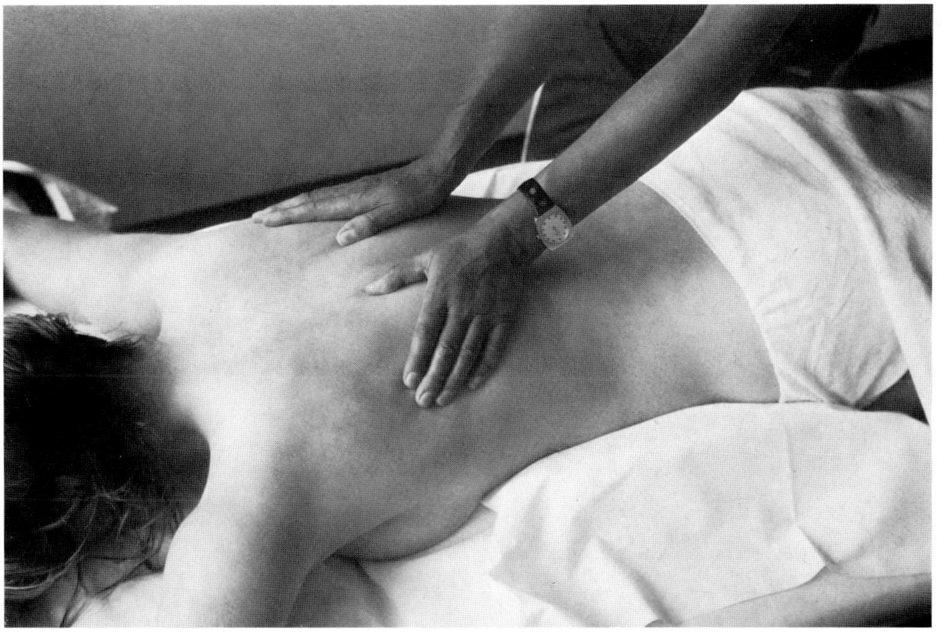

Abb. 5: Beidhändige Streichungen der Rückenmuskulatur.

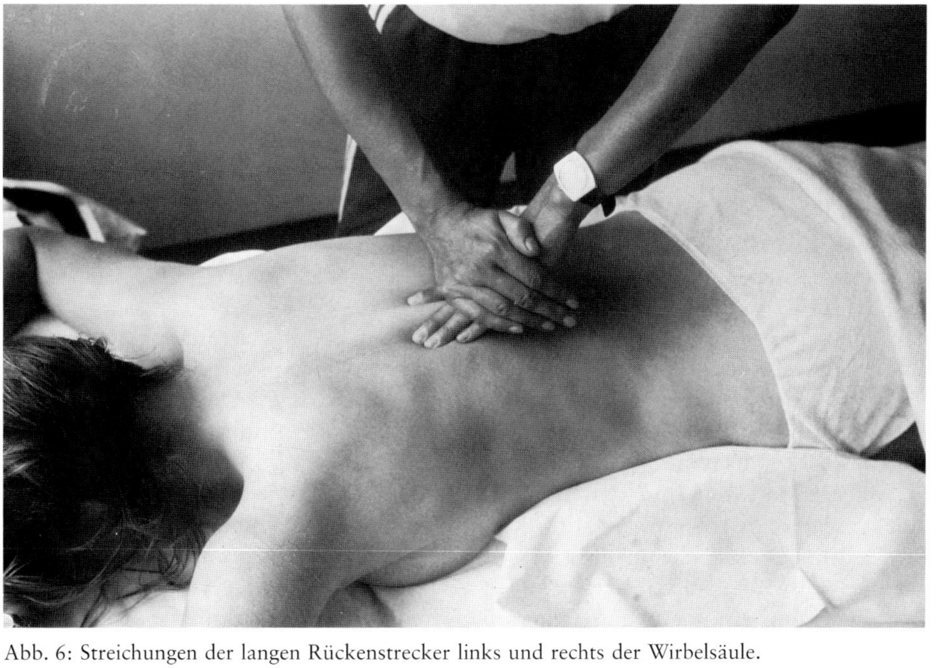

Abb. 6: Streichungen der langen Rückenstrecker links und rechts der Wirbelsäule.

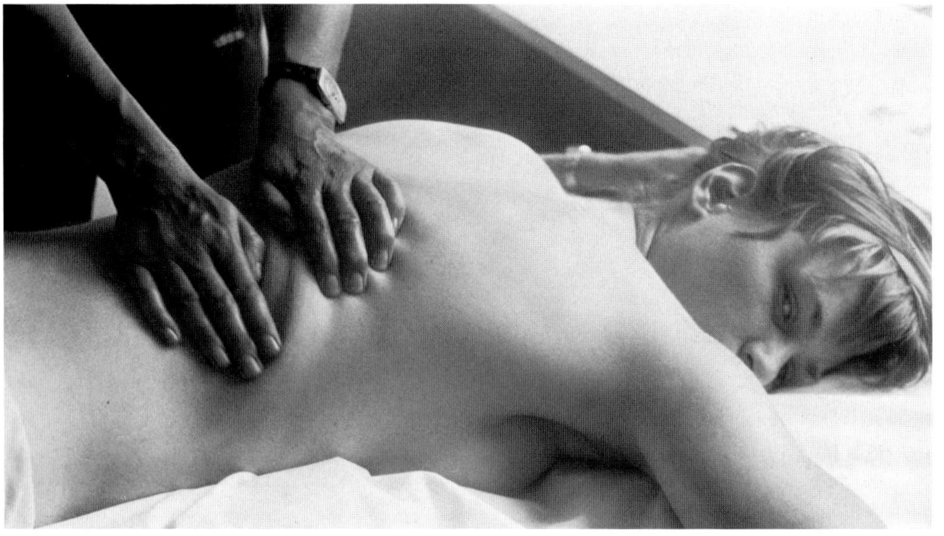

Abb. 7: Verziehendes Streichen der Rückenmuskulatur.

einem Auspressen gesteigert werden. Jede Massage beginnt und endet mit Streichungen. Auch zwischen anderen Griffen, wie Knetungen und Walkungen, werden immer wieder Streichungen eingelegt. – Die Streichung entspannt, setzt die Abwehrspannung gegen härtere Massagegriffe herab und hat eine psychisch beruhigende Wirkung.

Knetungen und Walkungen (Pétrissage)

Knetungen und Walkungen sind tiefer wirkende Griffe als die Streichungen und wenden sich hauptsächlich an die Muskulatur. Ihr Ziel ist es, durch intensive kräftige Einwirkung Ermüdungsstoffe und Stoffwechselabbauprodukte aus den betroffenen Muskelpartien auszudrücken. Sie haben eine ausgesprochen muskeltonisierende Wirkung. Die Steigerung der örtlichen, muskulären Durchblutung, die Herabsetzung und, wenn der Griff zu hart wird, gelegentlich auch die Erhöhung des Muskeltonus, sind die wichtigsten Effekte.

Bei Knetungen wirken die geschlossenen Finger und der abgespreizte Daumen wie eine Zange. Wir kennen einhändige Knetungen für kleinbauchige Muskel, z. B. den M. biceps und beidhändige Knetungen für großbauchige Muskel, z. B. den M. quadriceps und ganze Muskelgruppen. Die Bewegungsrichtung der Knetungen führt vom distalen zum proximalen Muskelansatzpunkt. Variationen des Knetens sind: Das Wechselkneten, z. B. für die Adduktoren und den tensor fasciae letae und tractus iliotibialis, das dehnende, verziehende Kneten, z. B. für die Adduktoren, das Kneten mit Daumendruck, z. B. für den M. gluteus maximus und das Fingerspitzenkneten, z. B. für den M. tibialis anterior und den M. erector trunci.

Die Walkungen sind ähnlich wie die Knetungen tiefer auf die Muskulatur einwirkende Griffe, bei denen der Muskel quer zu seinem Verlauf kräftig aus seiner Lage herausgeho-

Abb. 8: Verziehendes Kneten der Schulter-Nacken-Muskulatur.

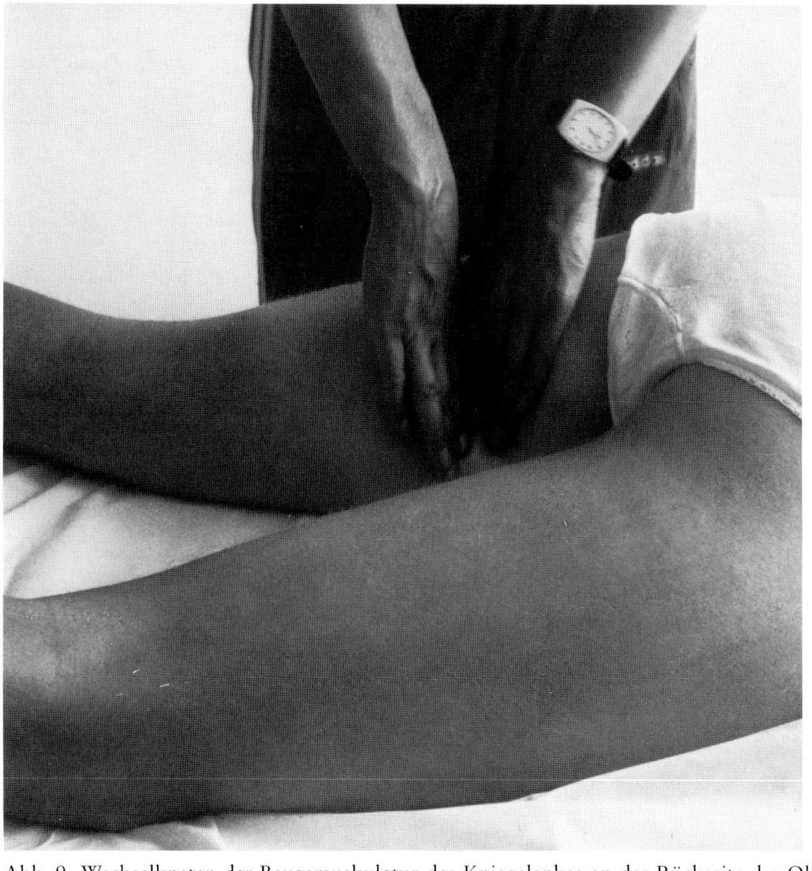

Abb. 9: Wechselkneten der Beugemuskulatur des Kniegelenkes an der Rückseite des Oberschenkels.

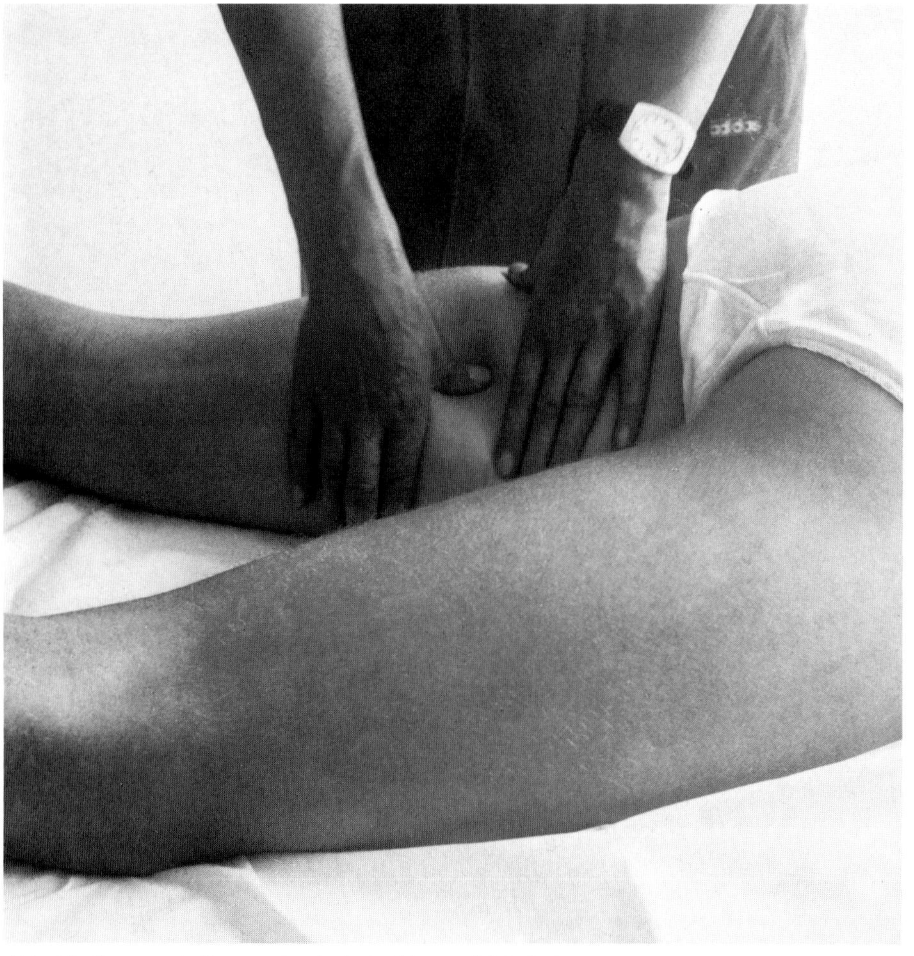

Abb. 10: Kneten mit Daumendruck der Ischiocrural-Muskulatur.

ben und verschoben wird. Es kommt dabei zu einer Reizwirkung an den Muskelrezeptoren und Sehnenspindeln. Beidhändige Walkungen können z. B. gut bei den Beuge- und Streckmuskelgruppen des Oberschenkels eingesetzt werden. Einhändige, lockernde Walkungen, bei denen der Muskel zwischen den stark gebeugten Fingern und dem Handballen schnell hin und her geschoben wird, eignen sich z. B. für den M. triceps surae und den M. biceps.

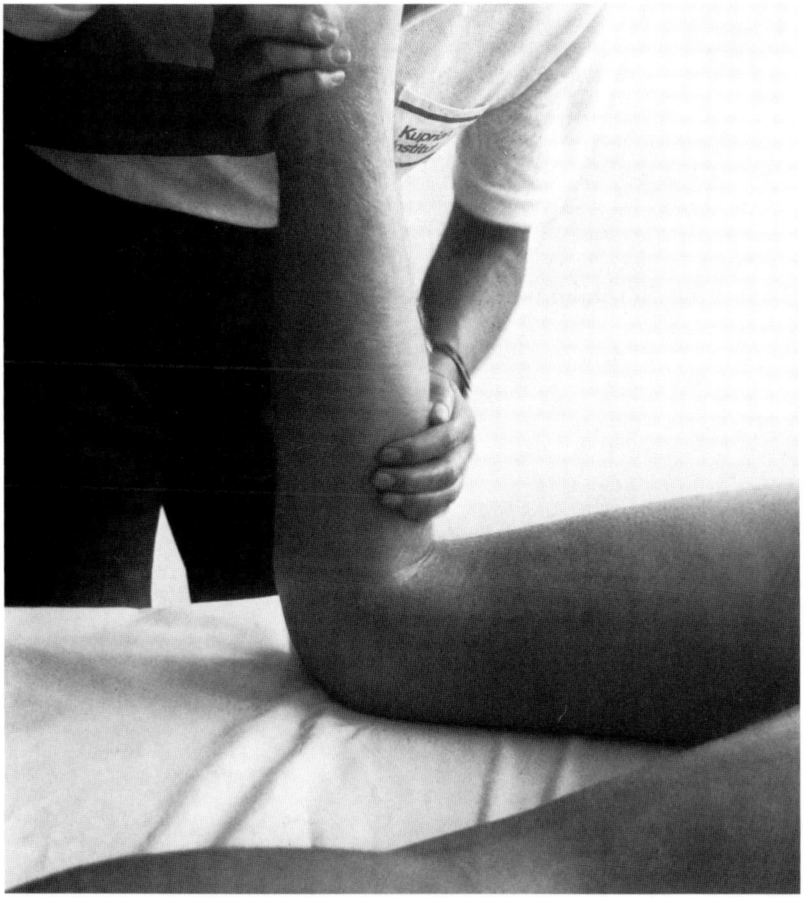

Abb. 11: Lockerndes Walken der Wadenmuskulatur.

Reibungen (Friktionen)

Die Reibungen werden besonders gezielt bei lokalen, tiefgelegenen Verhärtungen und Myogelosen eingesetzt. Sie beabsichtigen eine starke, hyperämisierende Wirkung in kleinflächigen Muskelbezirken. – Örtliche Verhärtungen im Muskel können seine Funktions- und Dehnungsfähigkeit herabsetzen. Auch gibt es oft Verklebungen mit der Faszie in den verhärteten und verspannten Muskelbezirken. Bei plötzlich einsetzenden starken Beanspruchungen des Muskels, wie sie in vielen Sportarten erforderlich sind, kann es leicht zu Muskelzerrungen, Muskelfaserrissen oder Muskelrissen kommen. – Die Friktionen können hier, wie auch bei Muskelansatzschmerzen, den Insertionstendopathien und bei Verklebungen und Reizungen der Sehnengleitgewebe Abhilfe schaffen. Fingerspitzenreibungen im Bereich der Achillessehne und im Übergang zum Muskelgewebe des M. gastrocnemius sind ein Beispiel dafür.

Weichere, flächigere Reibungen werden mit dem Handballen und der Handkante ausgeführt. Gezieltere, lokale Reibungen erfolgen mit den Fingerspitzen. Die Bewegungen sind kreisförmig bis elliptisch. Die Druckstärke reicht von der leichten Zirkelung bis zur «Gelotripsie», der gewaltsamen Beseitigung von Muskelhärten, bei der es durch den starken Druck zu Blutungen im Muskel kommen kann. Dieses Verfahren ist jedoch nicht unumstritten. Voraussetzung seiner Anwendung ist die genaue diagnostische Klärung, ob es sich wirklich um eine Myogelose handelt. Bei den beidhändigen Reibungen verstärkt die eine Hand den Druck des Mittelfingers der anderen Hand. Die an den Beckenrändern ansetzende gluteus maximus – Muskulatur, die langen Rückenstrecker der M. erector trunci und die M. romboidei sind besonders geeignet durch Fingerspitzenreibungen behandelt zu werden.
Der Österreicher *R. Strobal* allerdings lehnt die Friktionen ganz ab und hält sie für sinnlos und schädlich, da sie nicht in der Lage seien, Milchsäure in Gel-Form abzutransportieren. Aus langjähriger Erfahrung mit dem Einsatz von Friktionen bei der Massage können wir uns dieser Meinung nicht anschließen. Die Friktionen werden ja nie allein, sondern immer im Zusammenwirken mit anderen Massagegriffen ausgeführt.

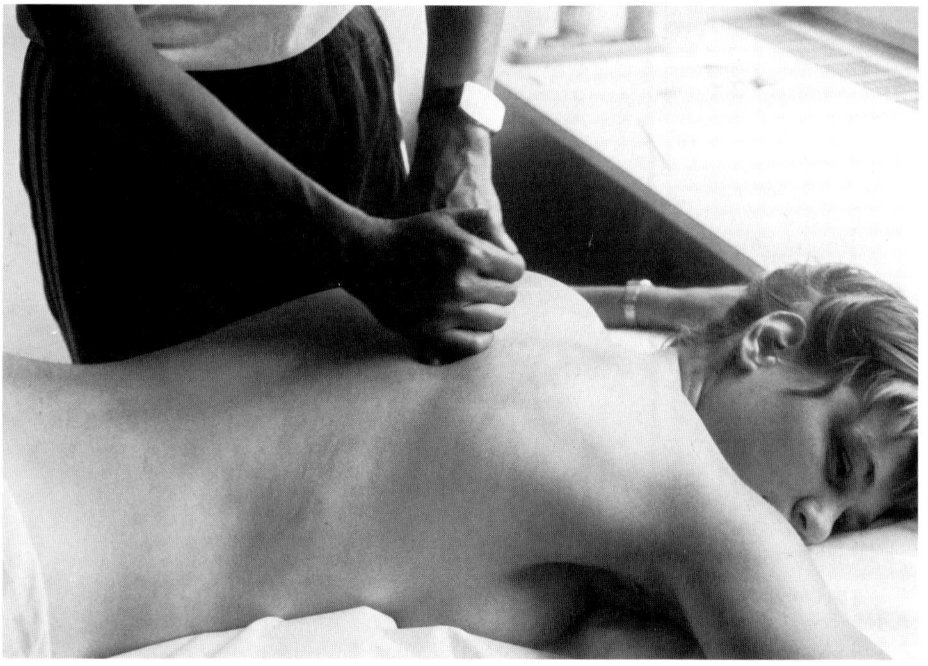

Abb. 12: Fingerspitzenreibungen der langen Rückenstrecker.

Hackungen, Klopfungen, Klatschungen

Hackungen, Klopfungen und Klatschungen galten früher einmal als typisch für die Sportmassage. In der Heilmassage haben sie so gut wie keinen Platz mehr. Bei schmerzhaften Geweben sind sie in jedem Fall gegenindiziert. Zweifellos können sie aber bei erschlafften Muskeln eine gewisse Spannungs- und Kontraktionsbereitschaft erzeugen. Mit lockeren Fäusten ausgeführte Klopfungen des Rückens und des Brustkorbs können die Vertiefung der Ausatmungsfähigkeit unterstützen und haben eine lockernde Wirkung auf das Abhusten bei Bronchitisemphysem. –
Das Klatschen hat neben einer kurzfristigen Steigerung der Hautdurchblutung vorwiegend einen akustischen Effekt. Eine gute Massage kann auf Effekthascherei dieser Art verzichten. – Auf jeden Fall sollte das Hacken, Klopfen und Klatschen mit äußerster Vorsicht und Zurückhaltung gehandhabt werden. –
Bei hochtrainierten, sensiblen und nervösen Leistungssportlern, wie z. B. Sprintern, Hürdenläufern, Weit- und Hochspringern können diese Griffe unter Umständen zu einer Leistungsminderung führen.

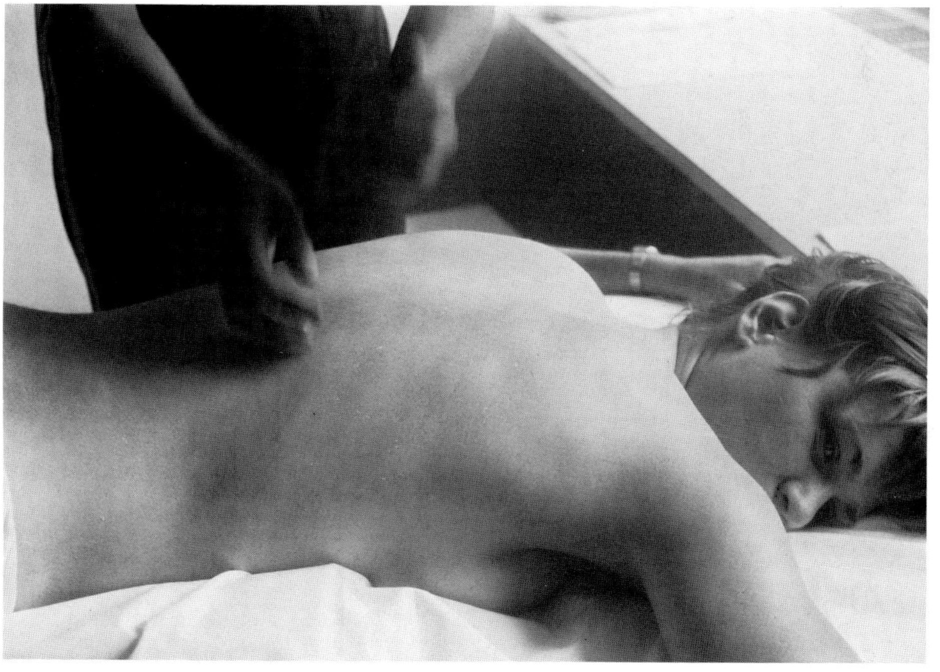

Abb. 13: Klopfungen der Rückenmuskulatur.

Vibrationen und Schüttelungen

Den Vibrationen mit der Hand, die für den Therapeuten besonders anstrengend sind, kommt ein entspannender und manchmal auch anregender Effekt zu. Sie lassen sich auch auf schmerzenden Muskelpartien, wo Knetungen und Walkungen noch nicht vertragen werden, gut ausführen. Wegen der schwierigen und anstrengenden Ausführung mit der Hand werden allerlei Vibrationsmassagegeräte von der einschlägigen Industrie angeboten. Mit ihnen können mit gewissen Abstrichen ebenfalls Verkrampfungszustände der Muskulatur gelöst werden. Eine gute Handvibration, die allerdings nicht leicht zu erlernen ist, können sie nicht ersetzen. – Die Schüttelungen kommen hauptsächlich für die Extremitäten in Frage. Bei der Arm- oder Beinmuskulatur kann der Muskeltonus herabgesetzt werden. Der Therapeut steht dabei meist über dem Patienten, die Extremität ist angehoben, was sich rückflußfördernd auswirkt. Bei Überlastungen und Überlastungsschäden kommt den Vibrationen und Schüttelungen auch in der Sportmassage ein erheblicher Wert zu.

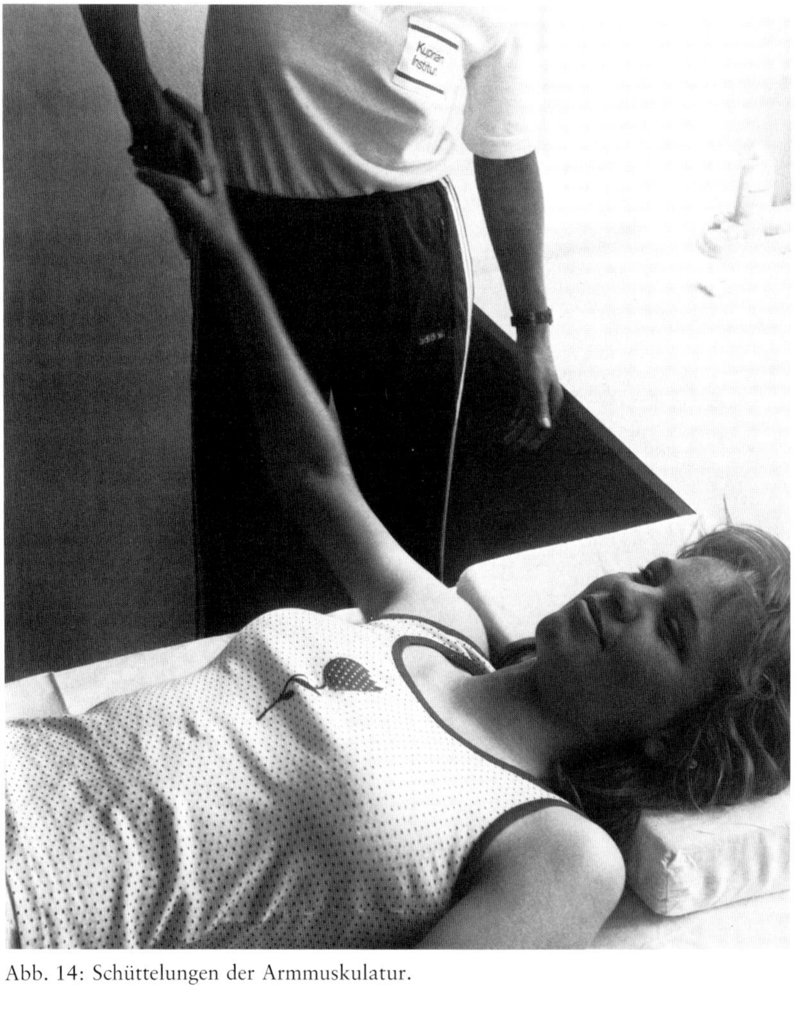

Abb. 14: Schüttelungen der Armmuskulatur.

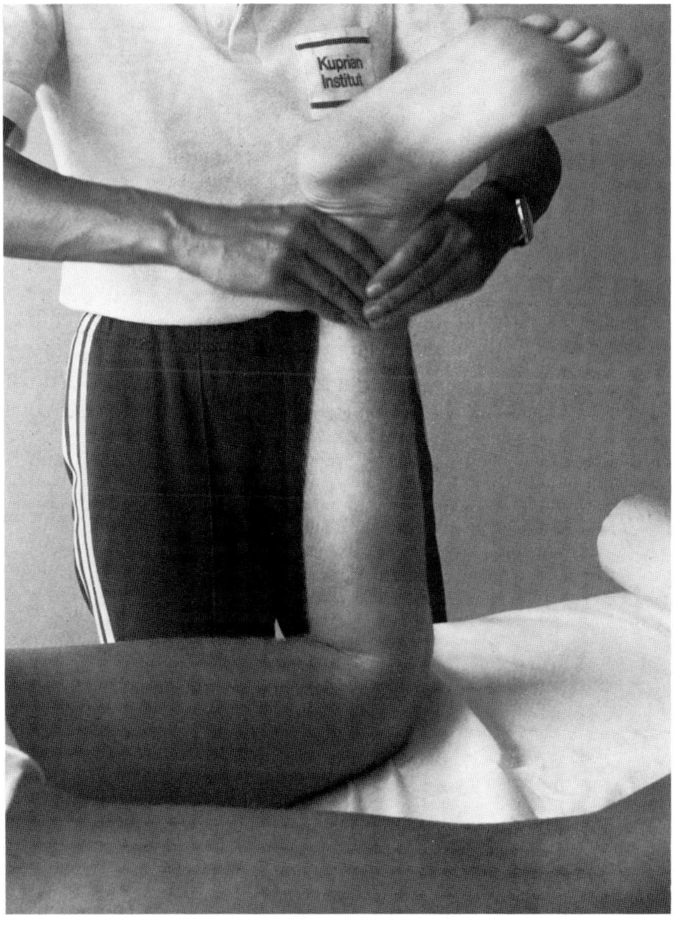

Abb. 15: Schüttelungen der Wadenmuskulatur.

Griffkombination, Variation und Dosierung

Die genannten Griffe lassen sich vielfältig kombinieren und variieren. Von der beruhigenden, sanften Streichung, der leichten flächigen Kontaktaufnahme über die anregende Vibration bis hin zur tiefenwirksamen durchgreifenden Knetung, Walkung und zur umschriebenen lokalen Zirkelung oder rückflußfördernden Schüttelung. – Die einzelnen klassischen Massagegriffe allein machen aber noch keine gute Massage. Entscheidend sind Dosierung, Intensität, Tempo, rhythmisches Zusammenspiel, Auftakt, Akzent und Ausklang der Massage. Die Gestaltung nach den individuellen Erfordernissen des Patienten oder Athleten ist dabei ausschlaggebend. Eine Massage kann täglich, soll aber mindestens 2- bis 3mal wöchentlich durchgeführt werden. Die Teilmassage dauert etwa 10 bis 15 Minuten. Die Massage mehrerer großer Körperteile, wie z. B. beider Beine, dauert 20 bis 30 Minuten. Die sogenannten Ganzmassagen, wie sie in zahlreichen Kur- und Saunabädern angeboten werden, sind weder therapeutisch noch als Sportmassage sinnvoll.

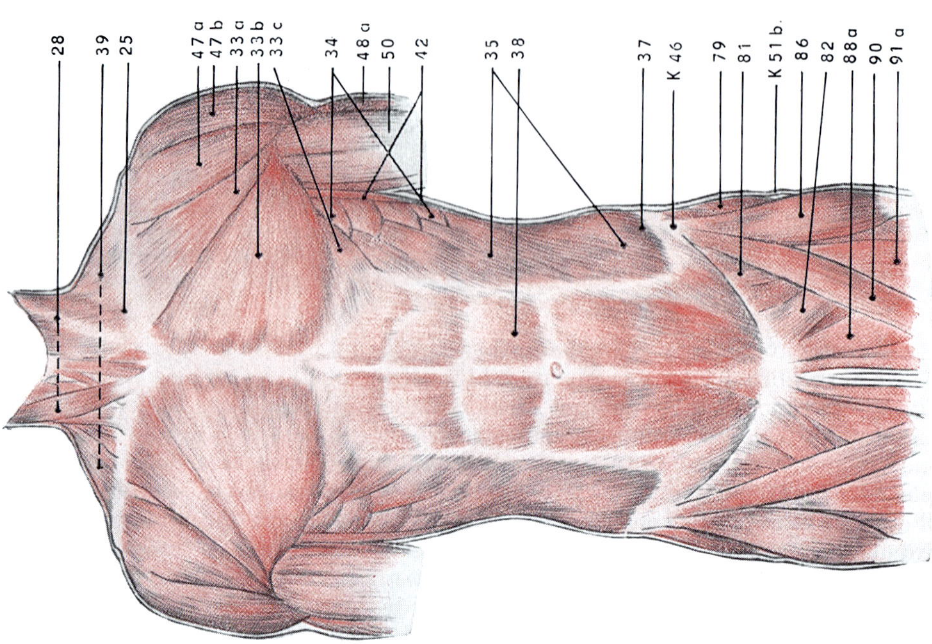
28
39
25
47 a
47 b
33 a
33 b
33 c
34
48 a
50
42
35
38
37
K 46
79
81
K 51 b.
86
82
88 a
90
91 a

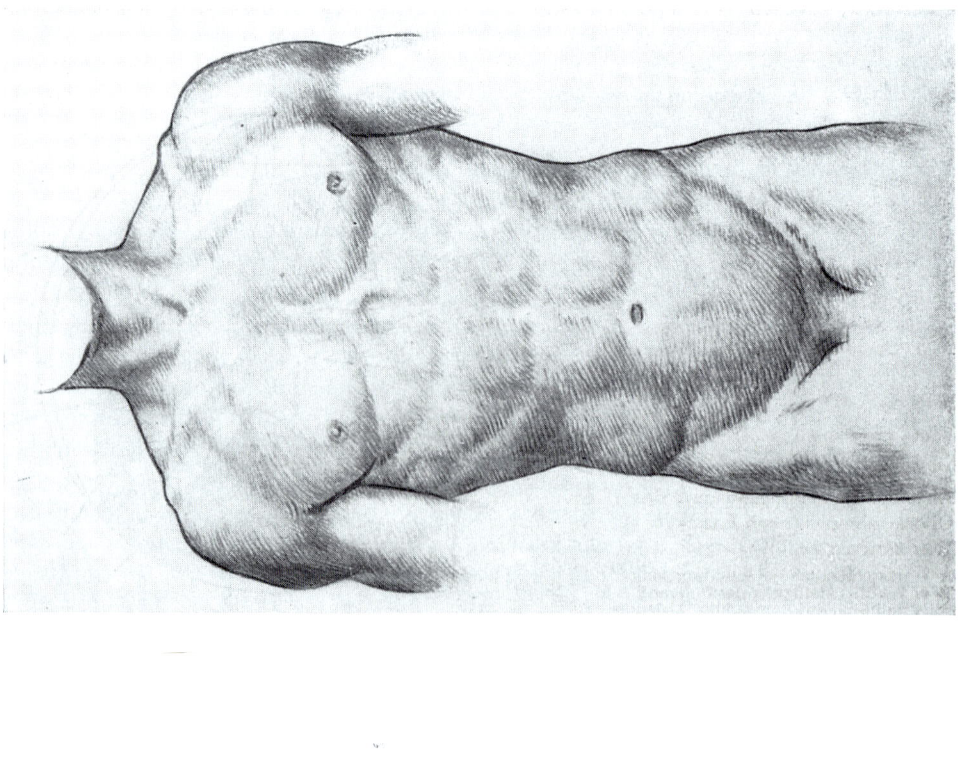

Abb. 16: Vorderansicht des Rumpfes aus *Tittel* «Beschreibende und funktionelle Anatomie des Menschen».

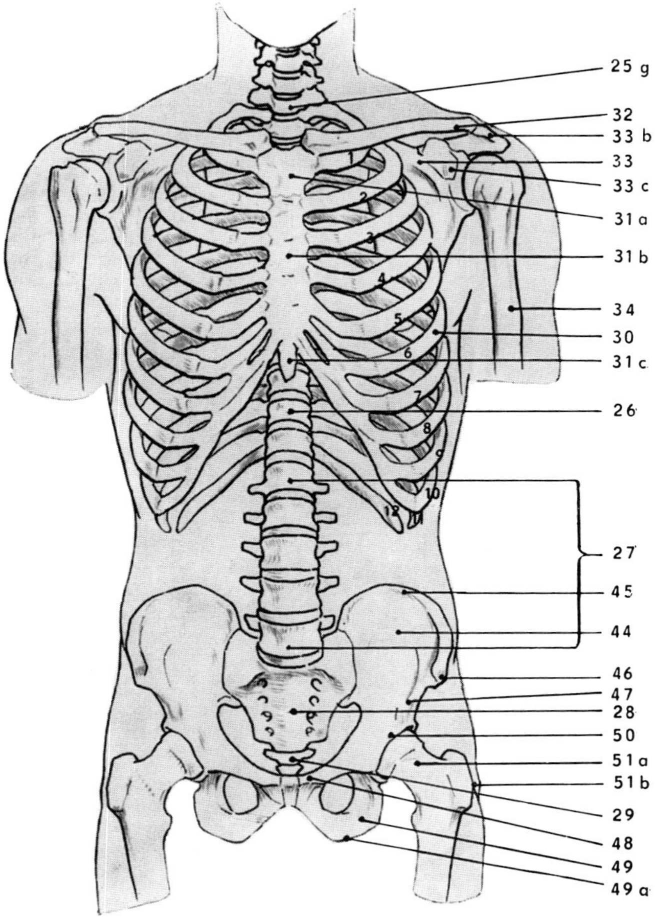

Muskelbild

K 46 =	vorderer oberer Darmbeinstachel
K 51 b =	großer Rollhügel
25 =	Halshautmuskel
28 =	Kopfwender
33 a =	Schlüsselbeinteil
33 b =	Brustbein-Rippenteil des großen Brustmuskels
33 c =	Bauchteil
34 =	vorderer Sägemuskel
35 =	äußerer schräger Bauchmuskel
37 =	Weichenwulst
38 =	gerader Bauchmuskel
39 =	Kappenmuskel
42 =	breiter Rückenmuskel
47 a =	vorderes Faserbündel des Deltamuskels
47 b =	mittleres Faserbündel des Deltamuskels
48 a =	äußerer Kopf des Armstreckers
50 =	zweiköpfiger Armmuskel
79 =	mittlerer Gesäßmuskel
81 =	Lendendarmbeinmuskel
82 =	Kamm-Muskel
86 =	Schenkelbindenspanner
88 a =	langer Schenkelanzieher
90 =	Schneidermuskel
91 a =	gerader Schenkelmuskel

Skelettbild

25 g =	7. Halswirbel
26 =	untere Brustwirbelsäule
27 =	Lendenwirbelsäule
28 =	Kreuzbein
29 =	Steißbein
30 =	Brustkorb
31 a =	Handgriff des Brustbeines
31 b =	Brustbeinkörper
31 c =	Schwertfortsatz des Brustbeines
32 =	Schlüsselbein
33 =	Schulterblatt
33 b =	Schulterhöhe
33 c =	Rabenschnabelfortsatz
34 =	Oberarmbein
44 =	Darmbeinschaufel
45 =	Darmbeinkamm
46 =	vorderer oberer Darmbeinstachel
47 =	vorderer unterer Darmbeinstachel
48 =	Schambein
49 =	Sitzbein
49 a =	Sitzbeinknorren
50 =	Hüftgelenk
51 a =	Schenkelhals
51 b =	großer Rollhügel

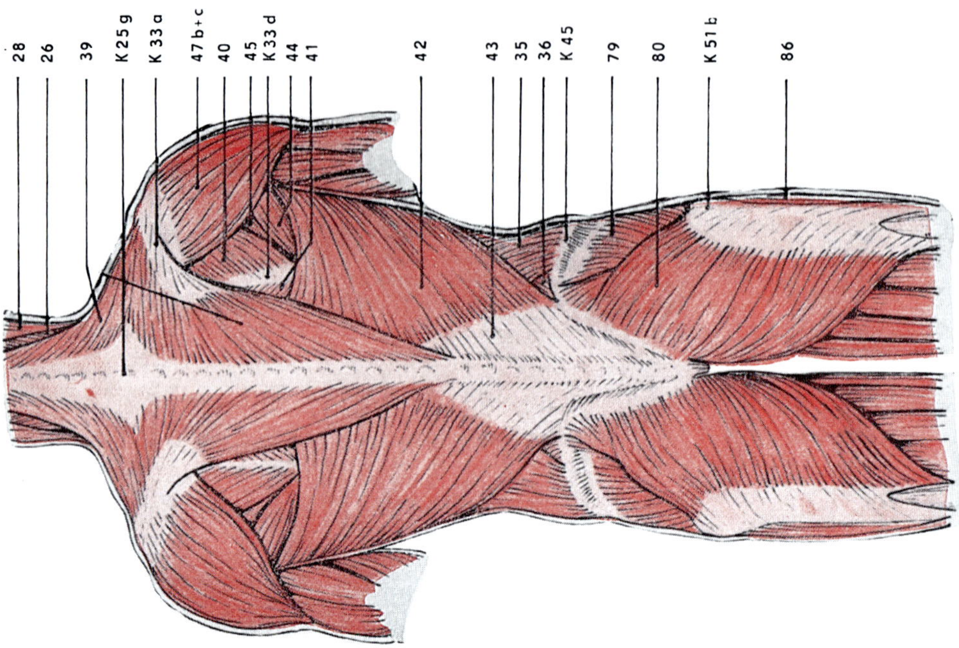
28
26
39
K 25 g
K 33 a
47 b+c
40
45
K 33 d
44
41
42
43
35
36
K 45
79
80
K 51 b
86

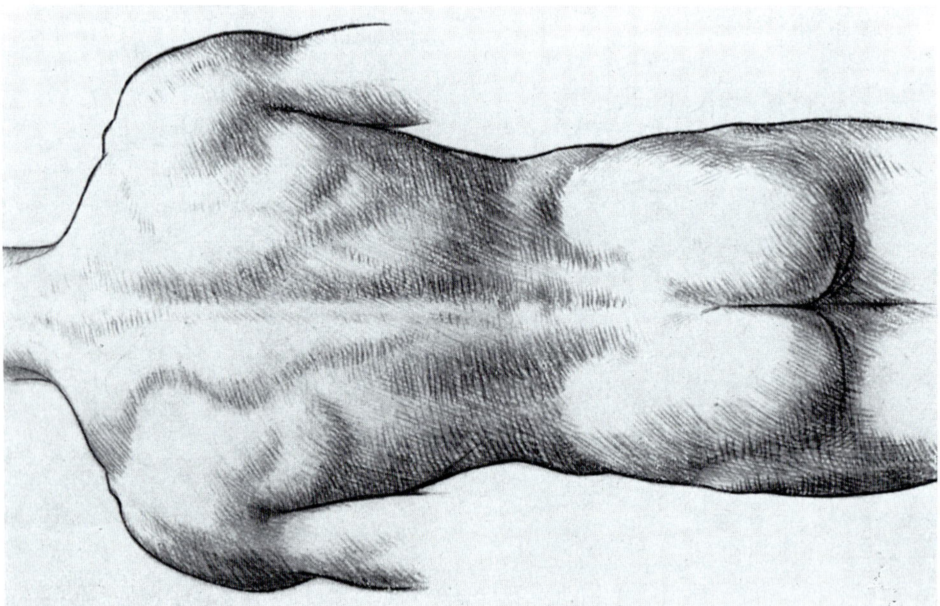

Abb. 17: Rückansicht des Rumpfes aus *Tittel* «Beschreibende und funktionelle Anatomie des Menschen».

Muskelbild

K 25 g = 7. Halswirbel
K 33 a = Schulterblattgräte
K 33 d = innerer Schulterblattrand
K 45 = Darmbeinkamm
K 51 b = großer Rollhügel
26 = Bauschmuskel des Kopfes
28 = Kopfwender
35 = äußerer schräger Bauchmuskel
39 = Kappenmuskel
40 = Untergrätenmuskel
41 = großer Rautenmuskel
42 = breiter Rückenmuskel
43 = Lendenrückenbinde
44 = großer Rundmuskel
45 = kleiner Rundmuskel
47 c = hinteres Faserbündel des Deltamuskels
47 b = mittleres Faserbündel des Deltamuskels
79 = mittlerer Gesäßmuskel
80 = großer Gesäßmuskel
86 = Spanner der Schenkelbinde

Skelettbild

20 = Warzenfortsatz des Schläfenbeins
25 = Halswirbelsäule
25 a = Atlas
25 b = 2. Halswirbel
26 = Brustwirbelsäule
27 = Lendenwirbelsäule
28 = Kreuzbein
29 = Steißbein
30 = Rippen
32 = Schlüsselbein
33 = Schulterblatt
33 a = Schulterblattgräte
33 b = Schulterhöhe
33 e = Schultergelenkspfanne
34 = Oberarmbein
44 = Darmbeinschaufel
46 = Darmbeinkamm mit vorderem oberem Darmbeinstachel
48 = Schambein
49 a = Sitzbeinknorren
50 = Hüftgelenkspfanne
51 = Schenkelbein
51 a = Schenkelhals
51 b = großer Rollhügel

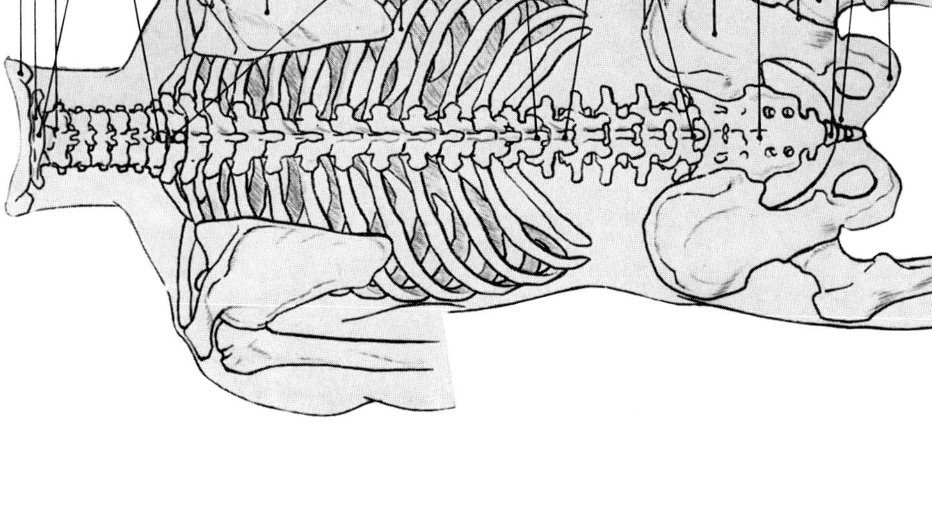

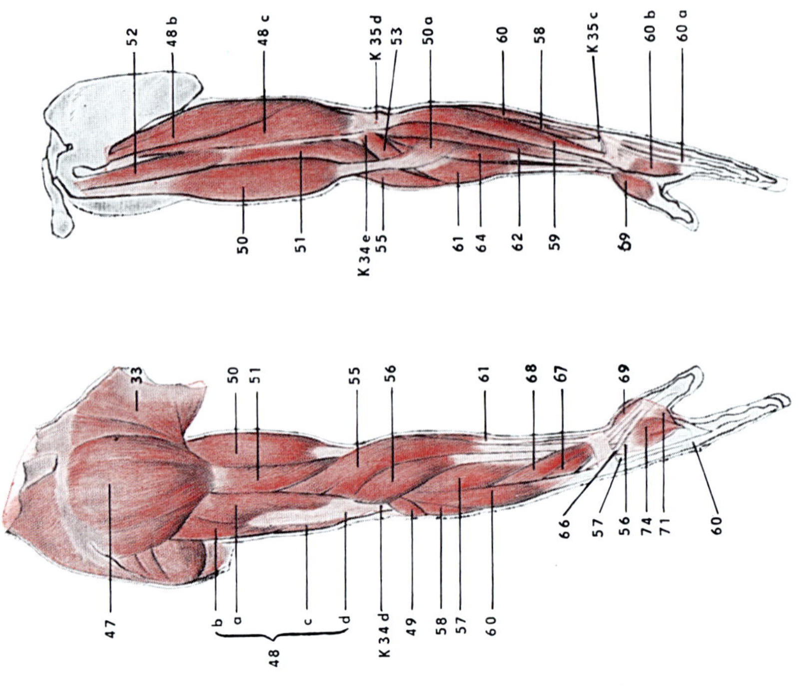
52
48 b
48 c
K 35 d
53
50 a
60
58
K 35 c
60 b
60 a
50
51
K 34 e
55
61
64
62
59
69
33
50
51
55
56
61
68
67
69
47
b
a
c
d
48
K 34 d
49
58
57
60
66
57
56
74
71
60

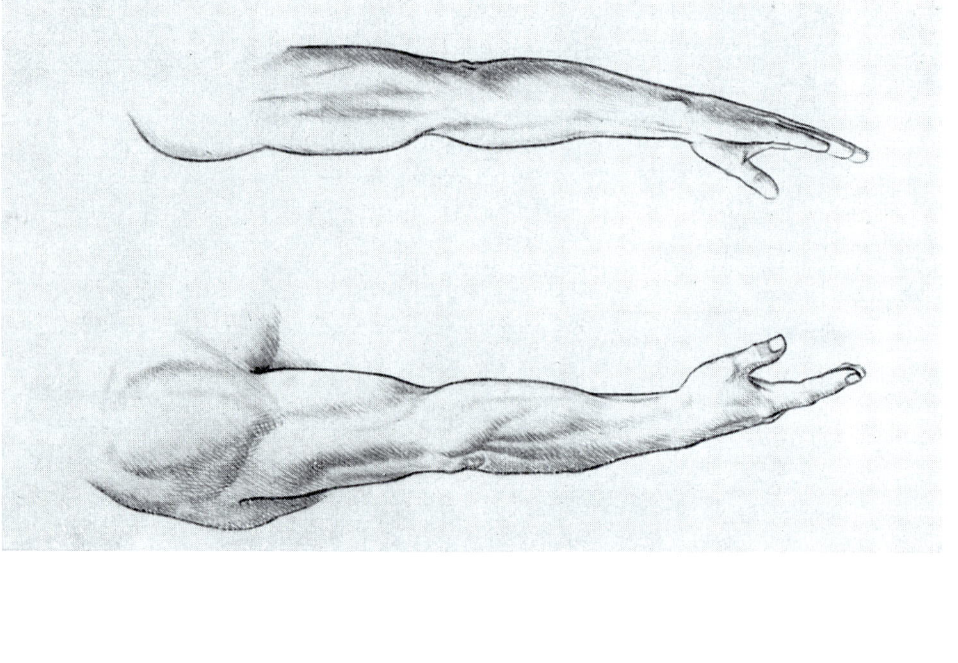

Abb. 18: Obere Extremität in Außen und Innenansicht aus *Tittel* «Beschreibende und funktionelle Anatomie des Menschen».

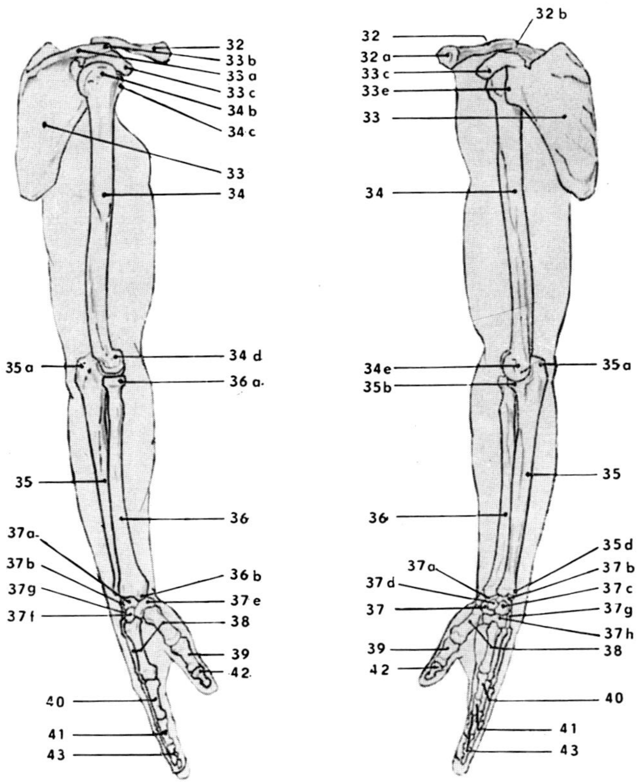

Muskelbild

K 34d = äußerer Gelenkknorren
K 34e = innerer Gelenkknorren
K 35c = Griffelfortsatz der Elle
K 35d = Ellenköpfchen
33 = großer Brustmuskel
47 = Deltamuskel
48a = äußerer Kopf
48b = langer Kopf
48c = innerer Kopf
48d = Sehnenfeld
(48a–48d: des Armstreckers)
49 = Knorrenmuskel
50 = zweiköpfiger Armmuskel
50a = Sehnenblatt des zweiköpfigen Armmuskels
51 = Armbeuger
52 = Hakenarmmuskel
53 = runder Einwärtsdreher
55 = Oberarmspeichenmuskel
56 = langer Speichenhandstrecker
57 = kurzer Speichenhandstrecker
58 = Ellenhandstrecker
59 = Ellenhandbeuger
60 = Fingerstrecker
60a = Sehne des Streckers des kleinen Fingers
70b = Abzieher des kleinen Fingers
61 = Speichenhandbeuger
62 = oberflächlicher Fingerbeuger
64 = langer Hohlhandmuskel
66 = langer Daumenstrecker
67 = kurzer Daumenstrecker
68 = langer Abzieher des Daumens
69 = kurzer Abzieher des Daumens
71 = Anzieher des Daumens
72 = Zwischenknochenmuskeln

Skelettbild

32 = Schlüsselbein
32a = Gelenkfläche des inneren Schlüsselbeingelenkes
32b = äußeres Schlüsselbeingelenk
33 = Schulterblatt
33a = Schulterblattgräte
33b = Schulterhöhe
33c = Rabenschnabelfortsatz
33e = Gelenkpfanne des Schultergelenkes
34 = Oberarmbein
34b = großer Oberarmbeinhöcker
34c = kleiner Oberarmbeinhöcker
34d = äußerer Gelenkknorren
34e = innerer Gelenkknorren
35 = Elle
35a = Ellenhaken
35b = Kronenfortsatz der Elle
35d = Ellenköpfchen
36 = Speiche
36a = Speichenköpfchen
36b = Griffelfortsatz der Speiche
37 = Handwurzelknochen
37a = Kahnbein
37b = Mondbein
37c = Dreieckbein
37d = Erbsenbein
37e = großes Vieleckbein
37f = kleines Vieleckbein
37g = Kopfbein
37h = Hakenbein
38 = Mittelhandknochen I–V
39 = Daumengrundglied
40 = Fingergrundglieder des 2.–5. Fingers
41 = Mittelglieder des 2.–5. Fingers
42 = Daumennagelglied
43 = Nagelglieder des 2.–5. Fingers

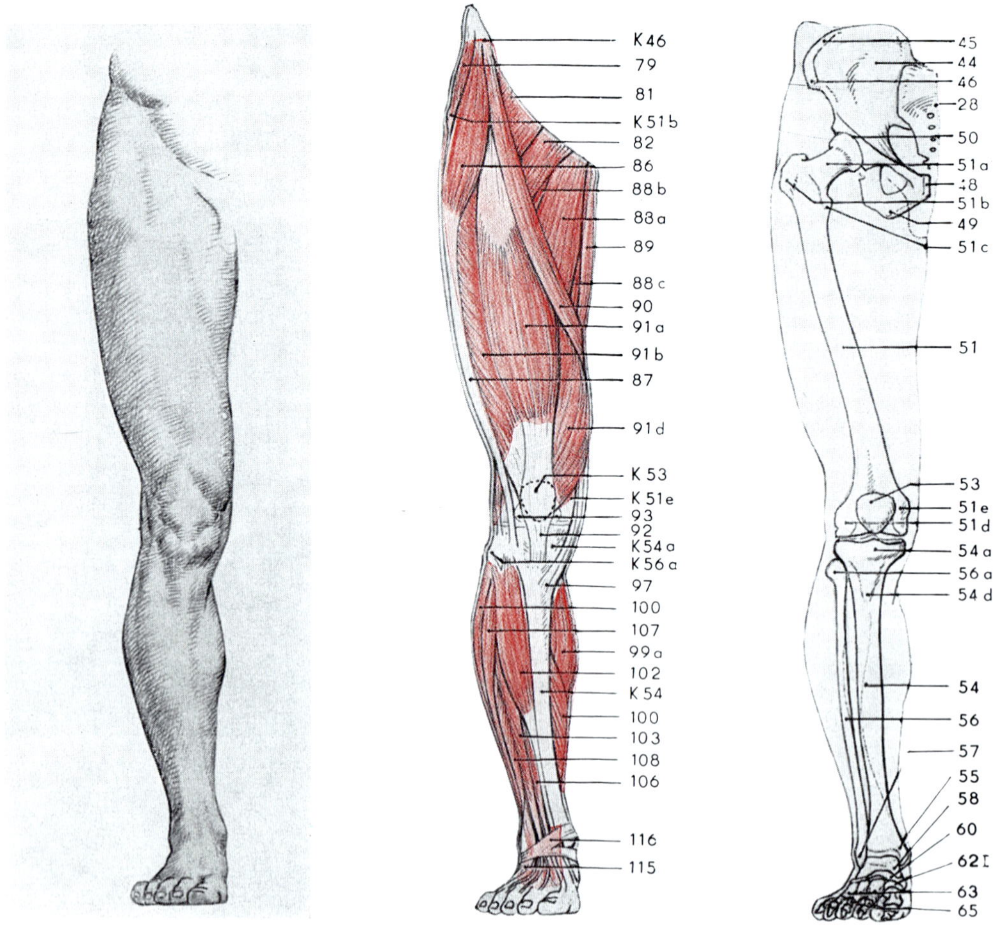

Muskelbild

K 46 = vorderer oberer Darmbeinstachel
K 51 b = großer Rollhügel
K 51 e = innerer Schenkelbeinknorren
K 53 = Kniescheibe
K 54 = Schienbein
K 54 a = Schienbeinkopf
K 56 a = Wadenbeinköpfchen
K 57 = äußerer Fußknöchel
K 59 = Fersenbein
78 = großer Gesäßmuskel
79 = mittlerer Gesäßmuskel
81 = Lendendarmbeinmuskel
82 = Kamm-Muskel
86 = Schenkelbindenspanner
87 = Verstärkungszug der Schenkelbinde
88 a = langer Schenkelanzieher
88 b = kurzer Schenkelanzieher
88 c = großer Schenkelanzieher
89 = schlanker Muskel
90 = Schneidermuskel
91 a = gerader Schenkelmuskel
91 b = äußerer Schenkelmuskel
91 c = mittlerer Schenkelmuskel
91 d = innerer Schenkelmuskel
92 = Kniescheibenband
93 = Fettpolster unterhalb der Kniescheibe
94 a = langer Kopf des zweiköpfigen Schenkelmuskels
95 = Plattensehnenmuskel
96 = Halbsehnenmuskel
97 = „Gänsefuß"
98 = Sohlenspanner
99 a = innerer Kopf des Zwillingswadenmuskels
99 b = äußerer Kopf des Zwillingswadenmuskels
100 = Schollenmuskel
101 = Achillessehne
102 = vorderer Schienbeinmuskel
103 = langer Zehenstrecker
104 = kurzer Zehenstrecker
106 = langer Großzehenstrecker

Abb. 19: Untere Extremität in Vorder- und Rückansicht aus *Tittel* «Beschreibende und funktionelle Anatomie des Menschen».

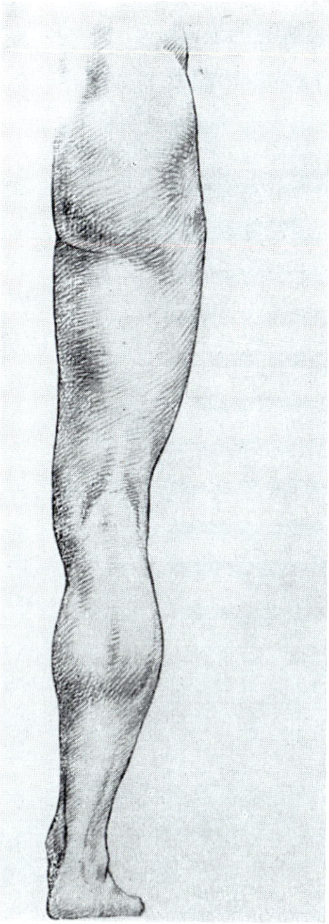

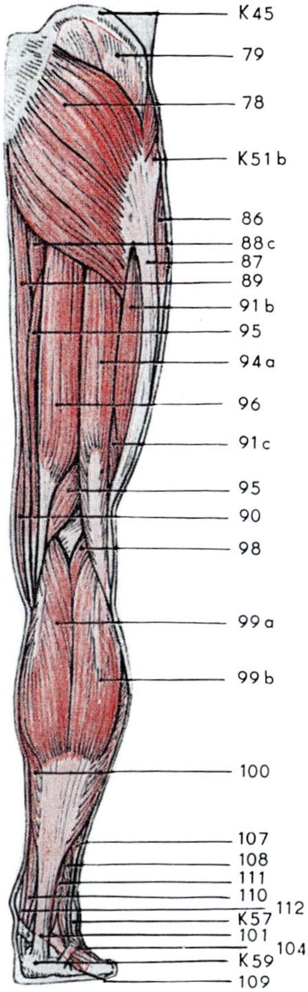

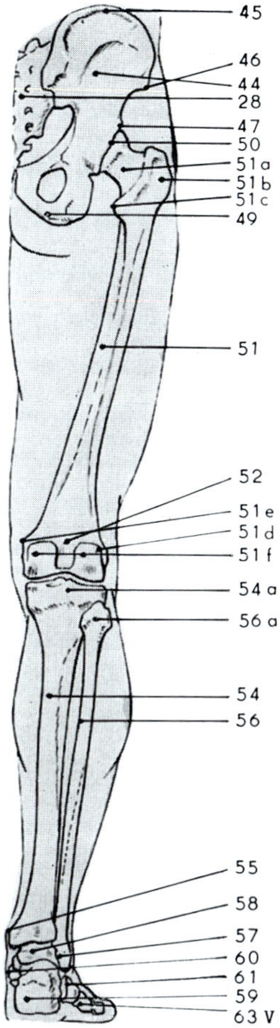

107 = langer Wadenbeinmuskel
108 = kurzer Wadenbeinmuskel
109 = Ansatzstelle des kurzen Wadenbeinmuskels
110 = langer Zehenbeuger
111 = langer Großzehenbeuger
111 a = Sehne des langen Großzehenbeugers
112 = hinterer Schienbeinmuskel
115 = Zwischenknochenmuskeln des Fußes
116 = kreuzförmiger Verstärkungszug der Unterschenkelfaszie

Skelettbild

28 = Kreuzbein
44 = Darmbeinschaufel
45 = Darmbeinkamm
46 = vorderer oberer Darmbeinstachel
47 = vorderer unterer Darmbeinstachel
48 = Schambein
49 = Sitzbein
50 = Hüftgelenk
51 = Schenkelbein
51 a = Hals des Schenkelbeines
51 b = großer Rollhügel des Schenkelbeines
51 c = kleiner Rollhügel des Schenkelbeines
51 d = äußerer Schenkelbeinknorren
51 e = innerer Schenkelbeinknorren
51 f = Gelenkflächen der Schenkelbeinknorren
52 = Kniekehle
53 = Kniescheibe
54 = Schienbein
54 a = Kopf des Schienbeins
54 d = Rauhigkeit des Schienbeins
55 = innerer Fußknöchel
56 = Wadenbein
56 a = Wadenbeinköpfchen
57 = äußerer Fußknöchel
58 = Sprungbein
59 = Fersenbein
60 = Kahnbein
61 = Würfelbein
62 I = 1. Keilbein
63 = Mittelfußknochen I–V
63 V = 5. Mittelfußknochen
65 = Grundglieder der 2. bis 5. Zehe

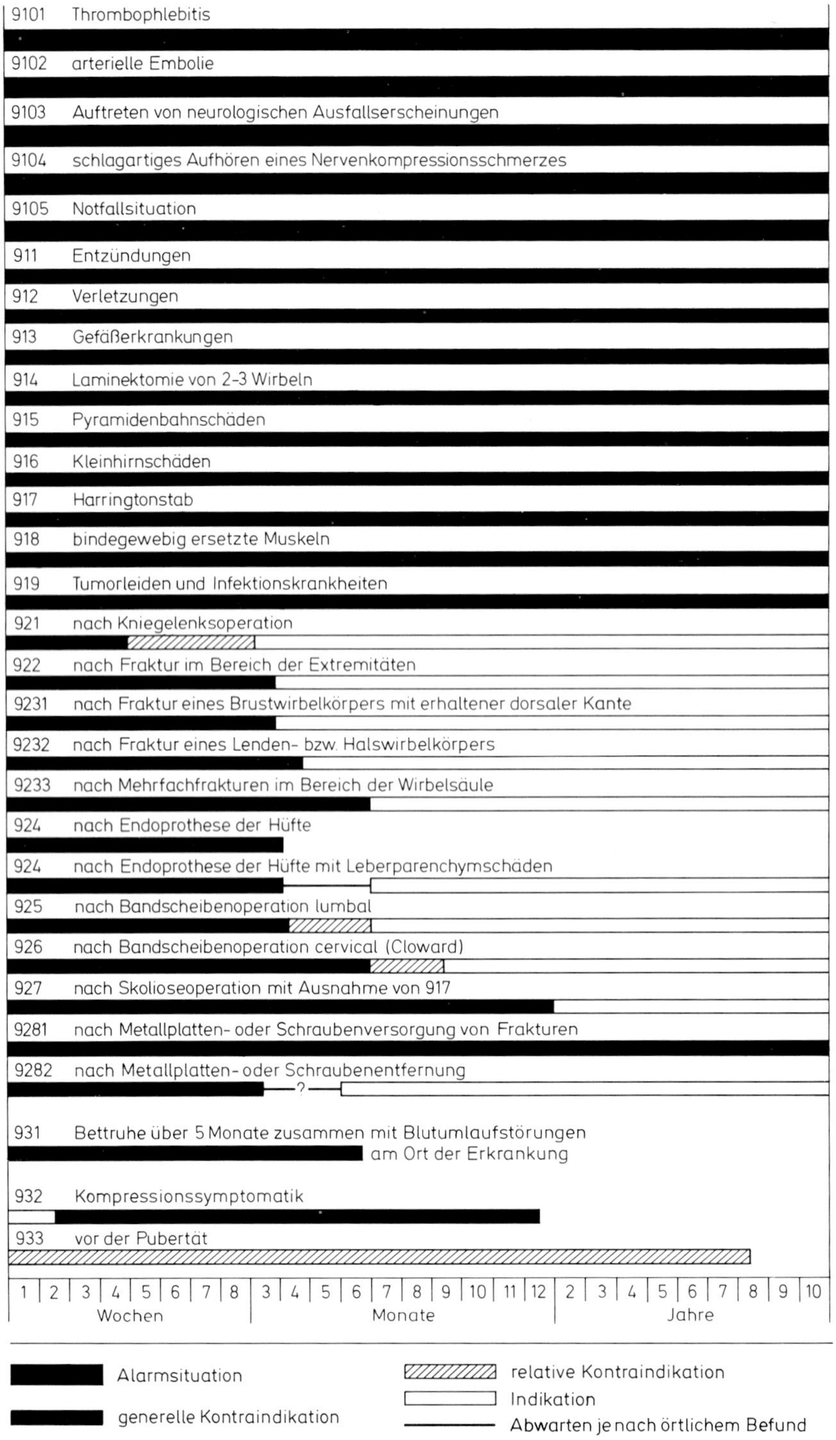

Abb. 20: Kontraindikationen der Massage aus *Hoffa, Gocht, Storck, Lüdke* «Techniken der Massage».

Gleitmittel

Normalerweise sollte die Hand des Therapeuten bei der Massage ohne Gleitmittel auskommen. Talkum kommt wegen der Porenverstopfung nicht in Frage, außer in jenen Fällen, wo trotz starker Schweißbildung massiert werden muß, z. B. bei der Zwischenmassage im Sport. Bei besonders trockener Haut, nach Gipsverband oder bei Athleten, die durch starkes Schwitzen und häufiges Duschen zu trockener Haut neigen, sind Massage- und Hautfunktionsöle anzuwenden. Sie sollten relativ schwach dosiert werden und gehören in die Hand des Therapeuten und nicht auf den Körper des Patienten. Vor hyperämisierenden Gleitmitteln sei gewarnt. Diese sog. «Start-Öle« können erhebliche Irritationen der Haut auslösen, sind je nach Hauttyp unterschiedlich verträglich und manchmal allergieauslösend. – Es besteht auch der Verdacht, daß sie gerade der Muskulatur Blut entziehen und es in die Haut transporierten. Hierdurch wird dann das Gegenteil einer guten Muskeldurchblutung erreicht. – Balsam hat sich, besonders für Trainings- und Vorbereitungsmassage durch seine Hautfreundlichkeit und schnelles, nicht fettendes Eindringen in die Haut bewährt. – Alkoholische Zusätze, wie Franzbranntwein oder Fluide für Zwischen- u. Entmüdungsmassage, können die Wirkung verbessern.

Lagerung

Eine der wichtigsten Voraussetzungen für eine gute Entspannung bei der Massage ist die richtige Lagerung. Ist der Patient fachgerecht und entspannt gelagert, ist dies bereits die Hälfte der Effizienz. – In der Praxis, auf Sportplätzen und in Wettkampfstätten kann man immer wieder feststellen, daß die physiologisch richtige Entspannungslagerung zu wenig oder gar nicht beachtet wird.

Das wichtigste Hilfsmittel für eine gute Lagerung ist die Behandlungsbank. Ein weiches, durchhängendes Bett ist ebensowenig geeignet wie eine zu harte Unterlage. Auf Sportplätzen und in Wettkampfstätten muß man sich leider oft mit Lagerungsmöglichkeiten behelfen, die keine optimalen Voraussetzungen für eine gute Entspannung bieten. Mit Kissen, Decken und zusammengerollten Kleidungsstücken muß improvisiert werden.

Neben einer guten Behandlungsbank sind eine Reihe weiterer Hilfsmittel, wie Lagerungskissen, Rollen, Sandsäcke, Kornsäckchen und Schaumstoffstücke in verschiedenen Größen und Stärken erforderlich.

Die Behandlungsbank sollte ein nach oben und unten verstellbares Kopfteil haben. Eine Verstellbarkeit nach abwärts mit einem gepolsterten Gesichtsschlitz, zur leichten Extensionslagerung der Halswirbelsäule und des Kopfes in Bauchlage des Patienten, ist von großem Vorteil. Auch einzeln verstellbare, zweigelenkige Beinteile zum Hochlagern der Beine in leichter Beugestellung der Knie, wenn der Patient auf dem Rücken liegt, sind sehr zu empfehlen.

Die Oberfläche der Behandlungsbank soll gepolstert und nicht zu hart sein. Wegen Reinigung und Desinfektion ist eine abwaschbare Kunststoffoberfläche zu bevorzugen. Ein Baumwollaken ist wegen der Transpiration und der meist zu kühlen Oberfläche des Kunststoffmaterials nötig.

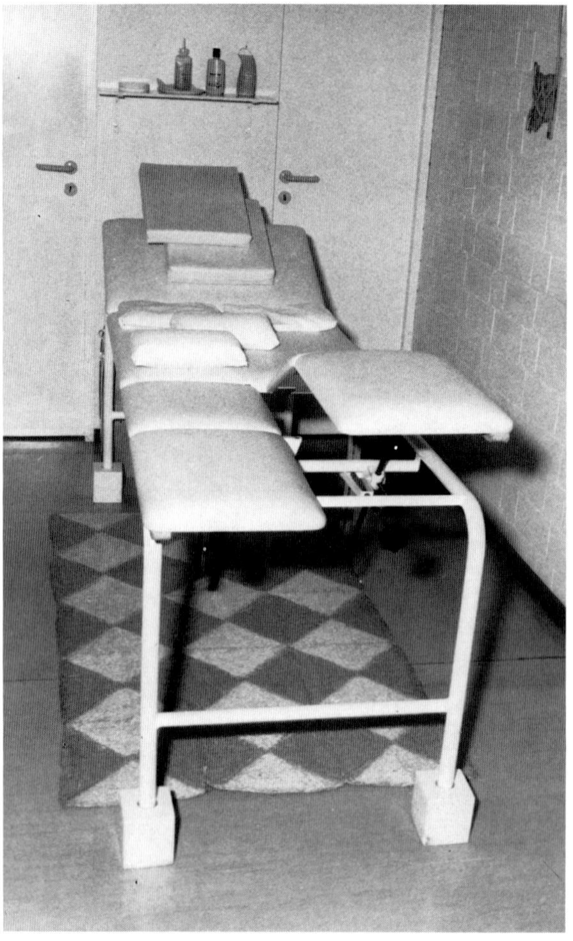

Abb. 21: Behandlungsbank, Kopfteil eingelenkig und Beinteile zweigelenkig verstellbar. Lagerungsmaterial, Schaumgummikissen, Rollen und Säckchen.

Die Behandlungsbank soll 200 cm lang und 65–70 cm breit sein. Die Höhe ist am besten verstellbar und sollte sich nach der Größe des Therapeuten richten. Mit einer mittleren Höhe von 75 cm kommt man aber meistens aus. Ausziehbare Seitenteile haben sich für die Armlagerung bewährt. Moderne höhenverstellbare Behandlungsbänke ermöglichen dem Therapeuten eine ergonomisch richtige Arbeitshaltung. – Gelegentlich müssen im Sport zusammenklappbare, transportable Behandlungsbänke verwendet werden. Wir haben damit keine guten Erfahrungen gemacht. Entweder sind sie zu schwer oder sie haben den Nachteil der Instabilität.

Brauchbare Maße für die Lagerungskissen aus Schaumstoff sind: 30 × 40 cm in Stärken von 4, 6 und 8 cm. Sie sind mit weißem Baumwollstoff oder Frottee zu überziehen. – Lagerungsrollen haben einen Durchmesser von 10 bis 15 cm und sind 30 cm für ein Knie oder den Nacken und 50 cm für beide Knie lang. – Mit Korn gefüllte Kissen zur Lagerung von Knien, Füßen, Nacken, Armen und Händen sind sehr brauchbar. Das bewegliche und doch feste Füllungsmaterial läßt viele individuelle Lagerungsmöglichkeiten zu. Als Maße für die Korn- oder Sandsäckchen empfehlen sich 20 × 30 cm. – Zur Ausrüstung

der Behandlungsbank gehören auch Fixationsgurte in verschiedenen Breiten sowie Schaumstoffstücke zum Abpolstern der Fixation.
Wird ein Patient in Rückenlage massiert, z. B. bei der Bein-, Bauch-, Brust- und Arm-Massage, ist das Kopfteil der Behandlungsbank ca. 20° hochzustellen. Auch eine Nackenrolle ist erforderlich. Die Kniegelenke sollen ebenfalls durch Rollen oder Kornsäckchen in eine leichte Beugestellung, die sogenannte Ruhestellung, von ca. 25° gelagert werden.
Bei der Behandlung in Bauchlage, wenn die Rückseite der Beine, das Gesäß, der Rücken, der Schultergürtel und der Nacken massiert werden, sollen Rollen unter die Fußgelenke gelegt werden, damit die Kniegelenke wieder in leichte Beugestellung kommen. Die Füße ragen dabei über das Fußende der Behandlungsbank hinaus.
Ein 5–10 cm starkes Schaumstoffkissen ist wegen der Korrektur der Lendenwirbelsäule, besonders bei verstärkter Lendenlordose, unter den Bauch des Patienten zu legen. Dabei ist darauf zu achten, daß dieses Schaumstoffkissen zwischen den unteren Rippenbögen und der spinea ilica ventralis plaziert ist, damit es wirklich zu einer Korrektur der Lendenlordose kommt. – Die Arme sollen entspannt neben dem Rumpf auf der Behandlungsbank oder auf den ausziehbaren Seitenteilen liegen. Der Kopf auf der Seite oder mit dem Gesicht im Gesichtsschlitz auf dem ca. 25° abwärts gestellten Kopfteil. In dieser Lagerung kann die Nackenmuskulatur gut bearbeitet werden, die HWS-Lordose ist korrigiert und die HWS in leichter Extension.
In der Rückenlage des Patienten ist das Hochlagern der Beine durch einzeln verstellbare zweigelenkige Beinteile von Vorteil bei Stauungen zur Rückflußförderung und zur kreislaufmäßigen Entlastung. Sowohl rückflußfördernde Massagegriffe als auch eine rückflußfördernde krankengymnastische Übungsbehandlung können in dieser Ausgangsstellung gut durchgeführt werden.
Das Extensionsgerät nach *Reinhardt* (Stufenbettlagerungshocker), ein Lagerungsblock oder der Schlingentisch eignen sich ebenfalls gut zum Hochlagern der Beine, zur Entlastung und Korrektur der LWS während der Massage und krankengymnastischen Übungsbehandlung. – Eine leichte Wolldecke zum Zudecken der nicht zu behandelnden Körperteile ist erforderlich, damit der Patient während der Behandlung nicht friert und auskühlt.

Der Behandlungsraum

Der Raum, in dem Massagebehandlungen stattfinden, sollte sauber, hell und freundlich sowie gut be- und entlüftbar sein. Die Zeiten, in denen auch in führenden Kliniken die physikalische Therapie ausschließlich in Kellerräumen durchgeführt wurde, sollten endgültig vorbei sein. Die Raumtemperatur muß mindestens 24° betragen. – Um die Vertraulichkeit des Gesprächs zwischen Patient und Therapeut zu gewährleisten, sollte der Behandlungsraum geschlossen sein. Es fördert nicht die Entspannung, wenn andere Patienten mithören können.

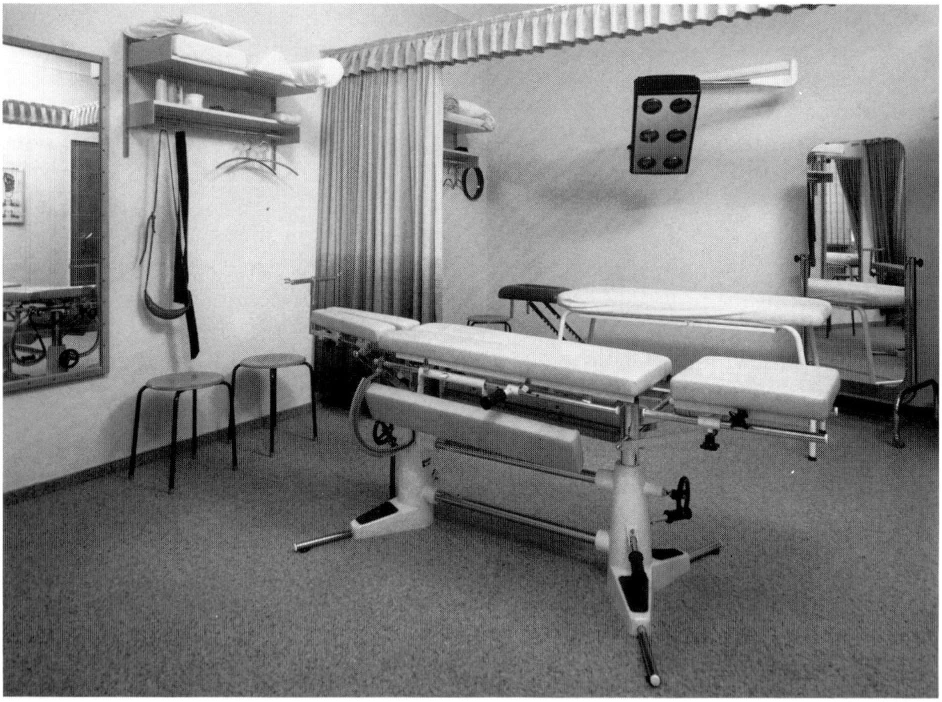

Abb. 22: Behandlungsraum

Spezialmassagemethoden

Es kann nicht die Aufgabe dieser Ausführungen sein, alle Spezialmassagemethoden und die diversen Gerätemassagen darzustellen. Sie alle werden in Lehrbüchern ausführlich behandelt oder sind in medizinischen Fachzeitschriften publiziert. Darüber hinaus werden sie in den Lehranstalten für Krankengymnastik und Massage bzw. in Fortbildungskursen der Berufsverbände gelehrt. Hier soll nur auf die für den Sportler und seine speziellen Verletzungen und Schäden wichtigsten Spezialmassagemethoden kurz informativ eingegangen werden. Diese sind Bindegewebsmassage, Stäbchenmassage, Unterwassermassage und Sportmassage.

Bindegewebsmassage

Die von *E. Dicke*, *H. Teirich-Leube* und *W. Kohlrausch* in den vierziger Jahren gemeinsam ausgearbeitete Bindegewebsmassage ist eine neuraltherapeutische Methode, die mit einer speziellen Strichtechnik im subkutanen Gewebe des Rumpfes und der Extremitäten ausgeführt wird. Die Endfasern des vegetativen Nervensystems werden dabei in Erregung versetzt. Es treten afferente Impulse zum Rückenmark und Gehirn auf, die eine Umstimmung der Reaktionslage bewirken.

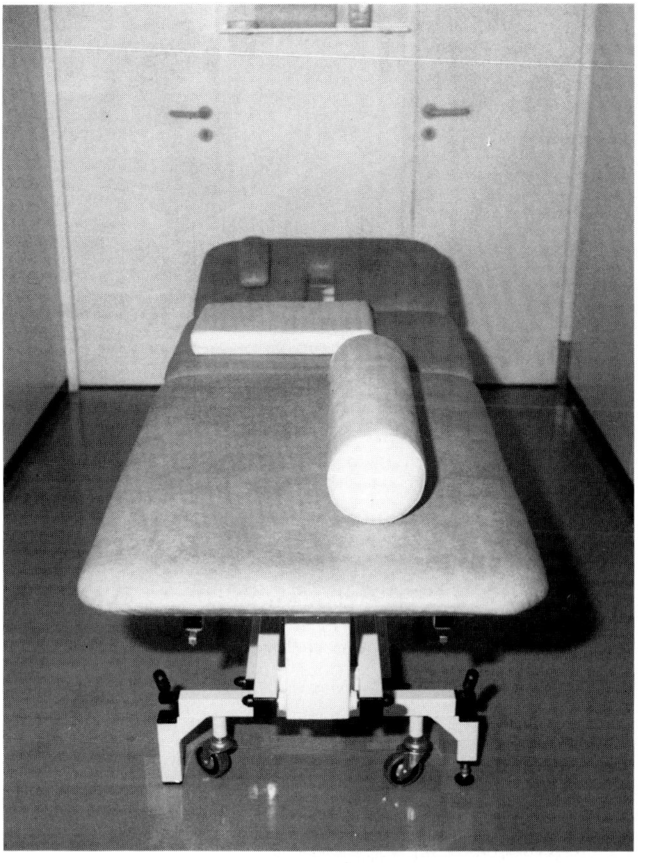

Abb. 23: Höhenverstellbare Behandlungsbank mit Lagerungsmaterial.

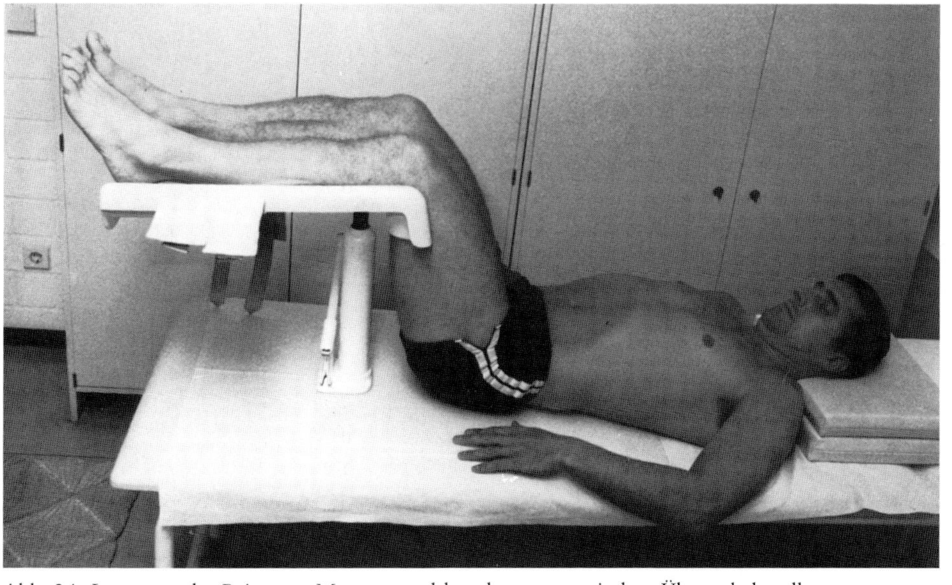

Abb. 24: Lagerung der Beine zur Massage und krankengymnastischen Übungsbehandlung.

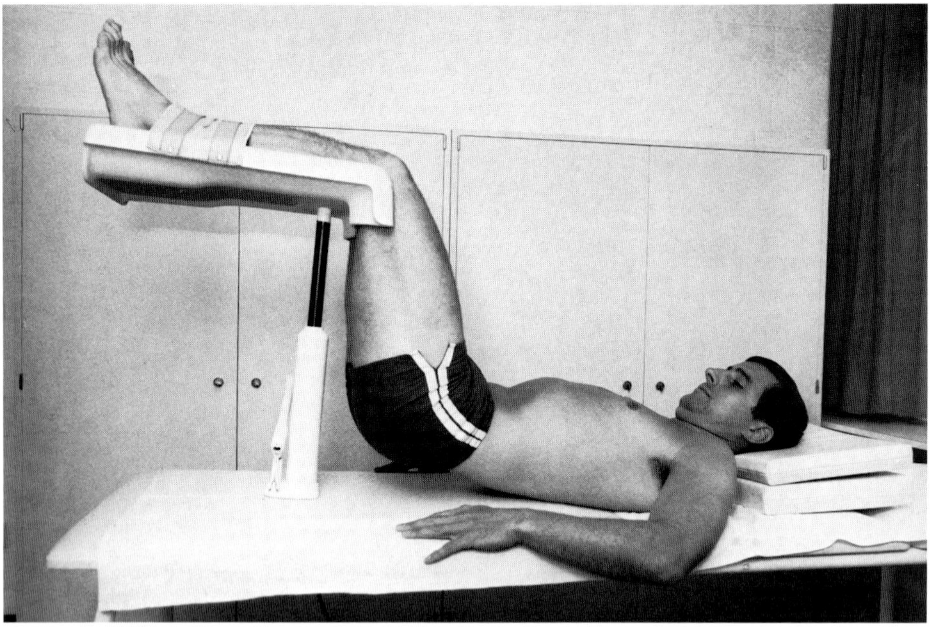

Abb. 25: Extension der Lendenwirbelsäule mit dem Extensionsgerät nach *Reinhardt*.

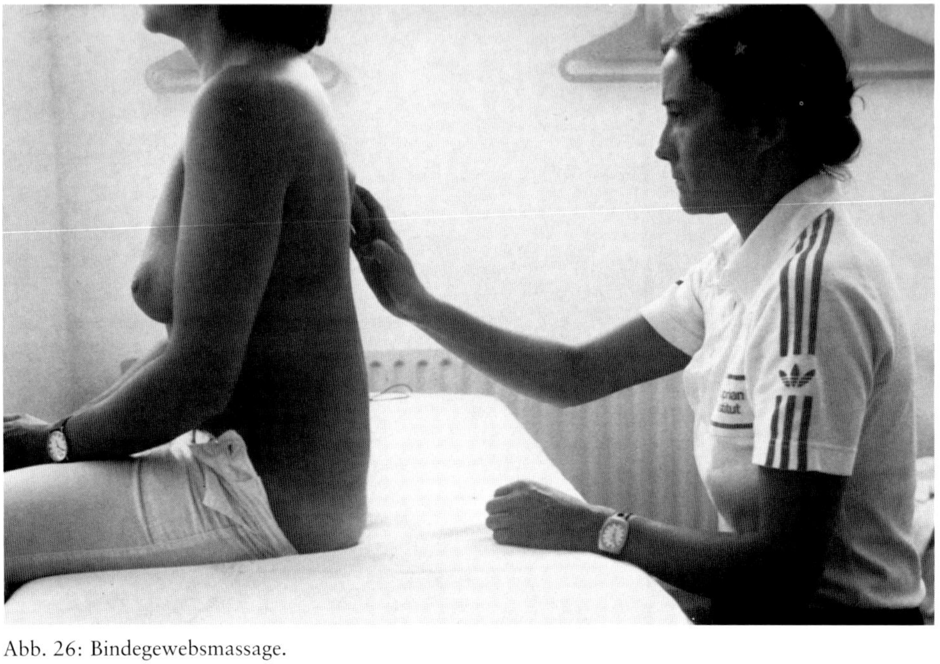

Abb. 26: Bindegewebsmassage.

Die Bindegewebsmassage ist die wichtigste Reflexzonenmassage, die wir kennen. Typisch für sie ist die Strichtechnik, die ein Schneidegefühl im Gewebe hervorruft. Bei vielen Beschwerden und Krankheitsbildern aus der inneren Medizin ist die Verhaftung zwischen Unterhaut und Körperfaszie gravierender und auffälliger als die Muskelverspannung. Die Bindegewebsmassage wendet sich also in erster Linie an Erkrankungen aus der inneren Medizin. Zahlreiche Störungen und Beschwerden aus diesem Gebiet können mit den Bindegewebstechniken erfolgreich behandelt werden.
Zu nennen sind hier vor allem Herzbeschwerden nach Myokarditis, Koronarinsuffizienz, Bluthochdruck, funktionelle Magen- und Darmstörungen, Entzündungen der Gallenwege und Hepatitis. Gute Ergebnisse zeigt die Anwendung der Bindegewebsmassage bei arteriellen Durchblutungsstörungen, bei Erkrankungen der Venen, bei Kopfschmerzen, besonders nach Kopftraumen und bei gynäkologischen Störungen, wie z. B. die tiefsitzenden Kreuzschmerzen der Frau statischer und nervös-reflektorischer Art.
Die Indikationen aus der Chirurgie und der Orthopädie sind meist durch hartnäckige Beschwerden und Durchblutungsstörungen nach Frakturen, Luxationen und Distorsionen gegeben.

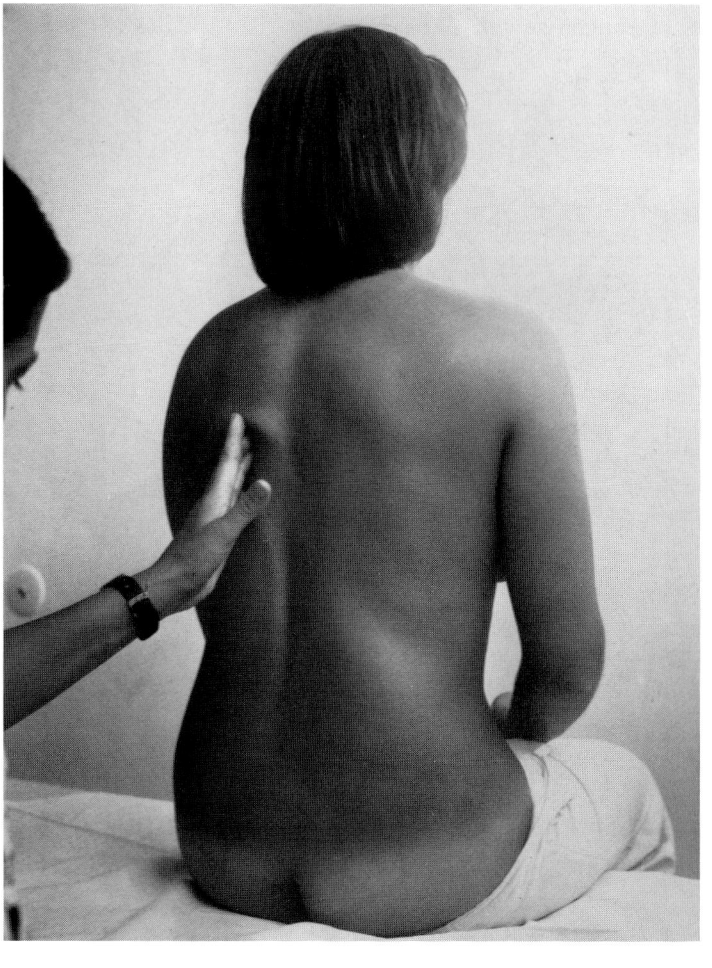

Abb. 27: BGM-Strichtechnik.

Die Bindegewebsmassage ist in erster Linie als Heil- oder Krankenmassage anzuwenden. – Als eine die sportliche Leistung steigernde Maßnahme kann sie nicht angesehen werden. – Jedoch leiden zahlreiche Leistungssportler unter Beschwerden, die von multiplen Traumatisierungen stammen und die man erfolgversprechend mit Bindegewebsmassagen angehen kann. – Auch die immer wieder bei Hochleistungssportlerinnen festgestellten hormonellen und funktionellen Störungen der Unterleibsorgane, wie die sekundäre Amenorrhoe und die Dysmenorrhoe, lassen sich erfahrungsgemäß mit Bindegewebsmassage gut beeinflussen.
Bei der Behandlung des Athleten sollte immer der Bindegewebsbefund mit berücksichtigt werden. Voraussetzung dafür ist eine sorgfältige Unterscheidung zwischen Haut-, Muskel- und Bindegewebszonen.
In der Technik der Therapie ist zwischen der flächigen Abhebetechnik und der Strichtechnik zu unterscheiden. Die flächige Abhebetechnik verschiebt die gesamte Unterhaut gegen die Körperfaszie. – Bei der Strichtechnik wird eine Zugwirkung durch kurze Anhakstriche auf das Bindegewebe und die Ursprünge und Ansätze der Muskulatur ausgeübt. Dadurch allerdings können für die sportliche Leistung leistungshemmende Faktoren beeinflußt und beseitigt werden. – Mit der Kombination der Bindegewebstechniken und der klassischen Massage wurden besonders in der Sportmassage gute Erfahrungen gemacht.

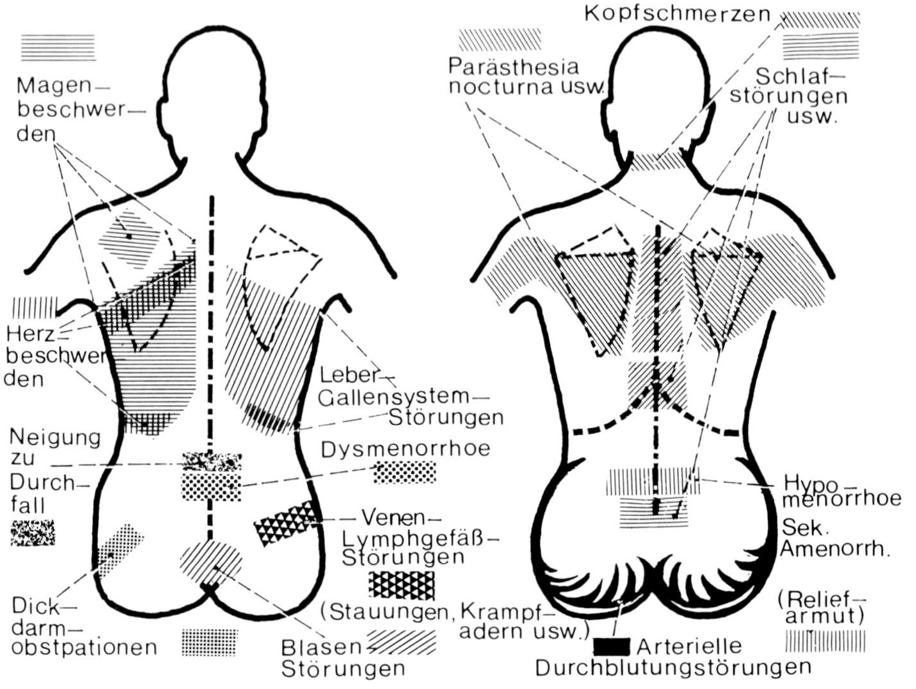

Abb. 28: Schema der sichtbaren Bindegewebszonen (nach *Teirich-Leube*).

Eine Bindegewebsmassage wird meist im Sitzen, gelegentlich auch in Seitenlage ausgeführt und dauert zwischen 15 und 25 Minuten. Nach 12 bis maximal 15 Behandlungen, die wöchentlich 2- bis 3mal durchgeführt werden sollen, muß eine Reizerholungspause von mindestens 4 Wochen eingelegt werden.
Wegen des meist sehr starken Reizes auf das vegetative Nervensystem soll nach jeder Bindegewebsmassage eine halbe Stunde geruht werden.

Stäbchenmassage

Die sogenannte Stäbchenmassage hat in den letzten Jahren in Fachkreisen viel von sich reden gemacht. Besonders von im Sport tätigen Masseuren werden manchmal Wunderwirkungen berichtet. – *E. Deuser,* der langjährige Masseur der Deutschen Fußball-Nationalmannschaft, hat sie durch eine Veröffentlichung bekannt gemacht. Er selbst hat sie von *H. Schult,* einem Masseur, der 1936 bei den Olympischen Spielen in Berlin tätig war, übernommen. *Schult* wiederum hat die Methode bei Japanern kennengelernt. *H. Schoberth* hat die Stäbchenmassage an der Orthopädischen Universitätsklinik Frankfurt/Main 1970–1971 von qualifizierten Krankengymnasten und Masseuren an einer Vielzahl von Patienten überprüfen lassen und kommt zu dem Schluß, daß bei einwandfreier Indikation und technischer Beherrschung der Methode gute Behandlungsergebnisse erzielt werden können.
Es gibt aber auch unter Medizinern heftige Gegner, die behaupten, schwerwiegende Schäden, wie entzündliche Reizprozesse, Myositis ossificans und Sudeck'sche Syndrome nach Stäbchenmassage gesehen zu haben. Zweifellos lehnen weite Kreise der Ärzteschaft die Stäbchenmassage noch ab.
Bei der Stäbchenmassage handelt es sich um die Verstärkung der mechanischen und lokalen Wirkung der Hand und Finger des Therapeuten durch ein etwa 12 cm langes Holzstäbchen aus Hartholz mit glatter Oberfläche. In seiner Form hat es Ähnlichkeit mit einer Mini-Gymnastikkeule. An seinem schlanken Ende hat es eine kugelförmige Verdickung, die sich bei der Massage der Fingerkuppe des Mittelfingers des Therapeuten anschmiegt. Dieses Köpfchen ist in der Lage, gezielt in tiefere Muskelschichten und Gewebestrukturen vorzudringen und die Intensität der Einwirkung über längere Zeit konstant zu halten. Auch ein Erfühlen, Lokalisieren und Abgrenzen von kleinsten Verhärtungen, Myogelosen und Abweichungen von der Gewebenorm ist mittels des Köpfchens durch das enge Anliegen an der Fingerbeere möglich. Ein weiterer Vorteil ist die Möglichkeit, in durch die Finger unzugängliche Bereiche, wie z. B. unter den Schulterblattrand, vorzudringen.
Das Fehlen der Sensibilität bei Massagen mit Geräten im Gegensatz zum Finger des Therapeuten ist gerade zu Recht eines der Hauptargumente der Gegner von Gerätemassagen. Tatsächlich ist die fühlende und registrierende Hand des Therapeuten bei der Massage durch nichts zu ersetzen. Die Stäbchenmassage soll auch kein Ersatz für die Handmassage sein. Sie ergänzt und verstärkt diese, wenn die Hand ermüdet.
Auch das dickere Ende des Stäbchens kann für schonendere Behandlung angewendet werden. Für die großen Muskelgruppen sind Längs-, Quer- und Diagonalstriche anzuwenden. Auch kreisende Friktionen sind sinnvoll. – Meist ist die Stäbchenmassage ein Teil einer manuellen Massage und wird nur an besonders verhärteten Stellen eingesetzt. Die Indikationen für die Anwendung der Stäbchenmassage sind vor allem

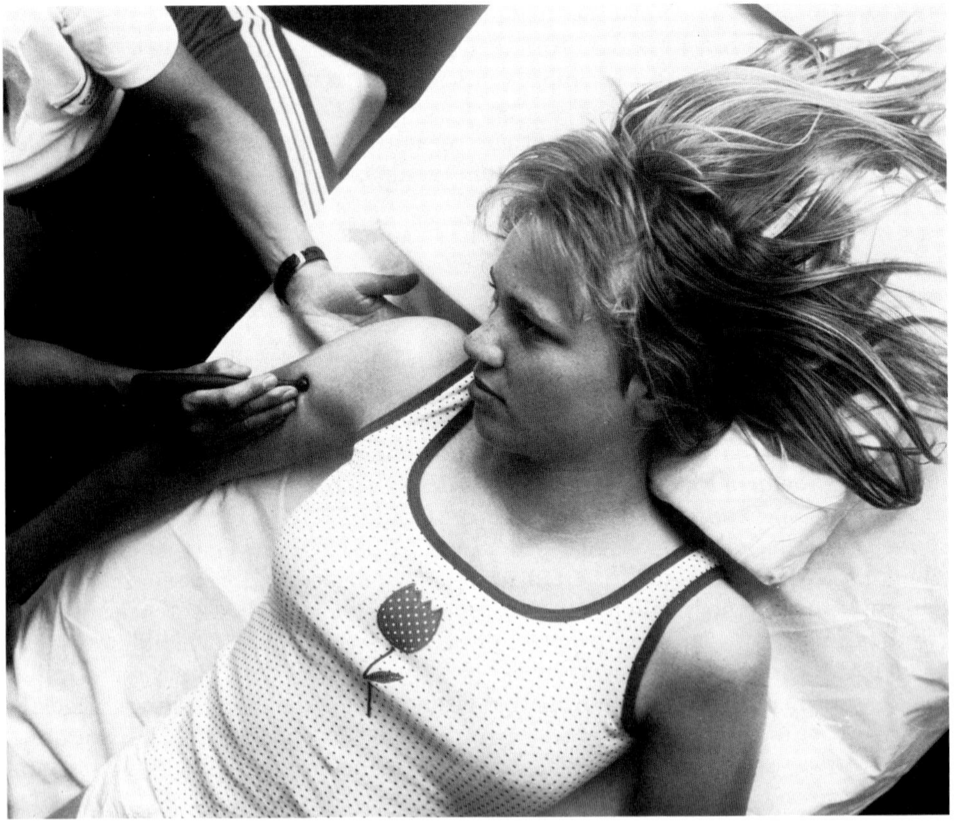

Abb. 29: Stäbchenmassage am Rand des M. deltoideus bei einer Tennisspielerin.

Verklebungen in einzelnen tieferen Gewebeschichten, besonders zwischen Muskulatur und Faszie. – Nach Kontusionen, Distorsionen etc. kommt es oft zu Hämatomen, die im Verlauf ihrer Resorption zu Verwachsungen führen. Diese können mit dem Stäbchen, nach der akuten Phase, gut beseitigt werden. Auch die Verklebung zwischen Gelenkkapsel und Unterhautgewebe, die des Bindegewebes und des Gleitgewebes der Sehnen sind für die Stäbchenmassage Indikationen. *H. Schoberth* und *F. Treumann* nennen besonders Stäbchenmassage bei Entzündungen des Gleitgewebes der Achillessehne, die Peritendinitis achillea als eine Möglichkeit der konservativen Behandlung, bevor die operative Behandlung in Erwägung gezogen werden muß.
Gegenindiziert sind selbstverständlich alle frischen Verletzungen und akute, entzündliche Reizzustände. Knöcherne Vorsprünge an Gelenken, die Dornfortsätze der Wirbelsäule, Lymphknoten, Venenstränge und die Mamma sind für die Stäbchenmassage absolut tabu.
Die Dosierung der Stäbchenmassage sollte äußerst vorsichtig vorgenommen werden. Sie erfordert noch mehr Fingerspitzengefühl als die manuelle Massage und kann einerseits in bestimmten Fällen einen besseren therapeutischen Effekt erzielen, andererseits aber auch mehr verderben. – Sie ist eine Spezialmassage und darf nur von Therapeuten mit langjähriger Erfahrung in der manuellen Massage durchgeführt werden. Das Stäbchen gehört keinesfalls in die Hand des Unerfahrenen und Laien.

In der Nachbehandlung von Sportverletzungen und in der Behandlung von Athleten, wo wir es meist mit großen Muskelmassen und muskulärer Hypertonie zu tun haben, leistet die Stäbchenmassage ergänzend zu anderen therapeutischen Verfahren bei richtiger Indikationsstellung und Dosierung gute Dienste, wenn die Kraft der Hand des Therapeuten nicht ausreicht.

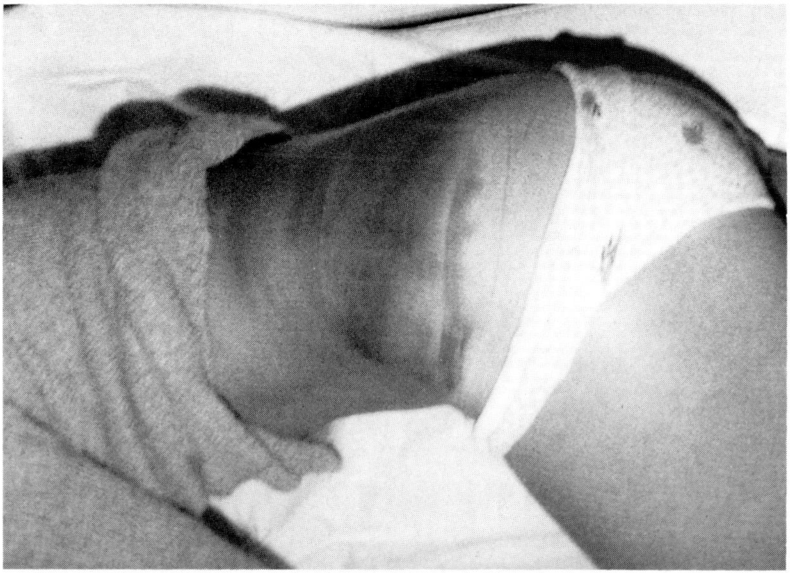

Abb. 30: Hämatom nach überdosierter Stäbchenmassage.

Unterwassermassage

Neben den manuellen Massagetechniken ist die Unterwassermassage oder genauer die «Unterwasserdruckstrahlmassage», die am weitesten verbreitete Massage, die mit einem Gerät ausgeführt wird.
In Kliniken und Instituten gehört sie heute zur Standardeinrichtung. *E. Deuser* berichtet über ihren Einsatz und positive Ergebnisse in der Sportlerbetreuung bei Fußballweltmeisterschaften. In der Abteilung Physikalische Therapie im Olympischen Dorf in München 1972 kam sie ebenfalls mit Erfolg zum Einsatz. Bei verletzten und verspannten Athleten aller Disziplinen erfreute sie sich großer Beliebtheit.
Die therapeutische Wirkung der Unterwassermassage beruht auf der den Patienten entspannenden Wirkung des warmen Wassers und der Möglichkeit, mit einem Wasserdruckstrahl lokal mit mehr oder weniger starkem Druck auf die Muskulatur, besonders auf die tiefergelegenen Muskelschichten, das Unterhautgewebe, die Haut und gegebenenfalls auch auf die Bauchorgane (Darm) einzuwirken.
Bei der Unterwassermassage liegt der Patient entspannt in einer großen Wanne von 400 bis 600 Liter Inhalt, die mit warmem Wasser gefüllt ist. Ein Wasserstrahl wird mit einem

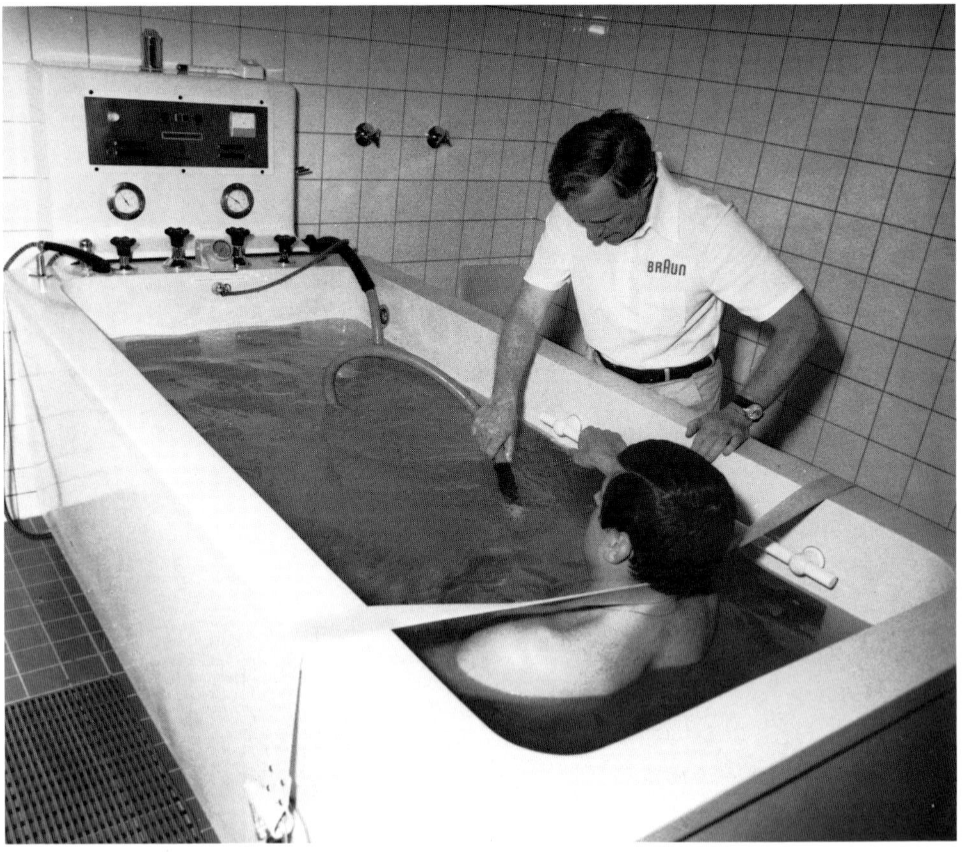

Abb. 31: Unterwasserdruckstrahlmassage.

Druck von 0,5 bis max. 7,0 atü (= kg/cm²) durch einen beweglichen Schlauch, der an seiner Spitze mit einer auswechselbaren Düse versehen ist, unter Wasser an die zu behandelnden Körperteile heranführt.
Der Wasserdruckstrahl wird in einem Pumpenaggregat erzeugt. Die meisten heutigen Anlagen arbeiten im Umwälzverfahren, d. h., das zur Massage benötigte Wasser wird aus der Wanne wieder angesaugt, entnommen und durch den Massageschlauch unter Druck wieder in die Wanne zurückgepumpt.
Die Temperatur des Wannenwassers sollte 36 bis 38° C haben. Die Temperatur des Druckstrahls ist regulierbar; sie kann also eine höhere Temperatur als das Wannenwasser haben. Ebenso kann man dem Umwälzwasser kaltes oder warmes Wasser je nach Bedarf beimischen. Die genaue Überwachung der Wassertemperatur mittels eines eingebauten Thermometers ist wegen der hohen Kreislaufbelastung der Unterwassermassage besonders exakt zu handhaben.
Dem Wasser können ausschwemmende, entmüdungs- und stoffwechselanregende Extrakte wie Heublumen, Fichtennadel, Latschenkiefer, Rosmarin, Brom, Baldrian, Schwefel u. a. zugesetzt werden.
Die Druckregulierung erfolgt durch ein Manometer. Es ist aber zu berücksichtigen, daß der Druck des Wasserstrahls durch das in der Wanne befindliche Waser gemildert und

gebremst wird. Dadurch stimmt er nicht mit den auf dem Manometer gegebenen Werten überein. Durch den Abstand von 10 bis 15 cm zwischen Düse und Körperoberfläche entsteht ein Bremsweg für den Wasserdruck. – Die Düsenquerschnitte liegen zwischen 80 und 140 mm^2. Engere Düsen erhöhen den Druck des Wasserstrahls und wirken gezielter und härter. Sie werden bei lokalen Myogelosen eingesetzt. Erzeugt der Wasserdruck allerdings einen stechenden Schmerz, erreicht man das Gegenteil. Die Muskulatur reagiert mit einer zusätzlichen Abwehrspannung. Im allgemeinen werden die Düsen mit mittleren und größeren Querschnitten bevorzugt. Sie erzielen eine weichere und flächigere Wirkung bei gleichzeitig genügender Tiefe und werden vom Patienten meist als angenehm empfunden. Es gibt auch Düsen, die Luft beimischen können, wodurch ebenfalls der harte Druck gemildert werden kann. Bei druckempfindlichen Patienten mit stark schmerzhaften Geweben, bei schlanken Läufern und hochsensiblen Leichtathleten ist in jedem Fall mit niedrigen Wasserdrücken (0,5–1,5 bar) (atü) zu beginnen und nur langsam zu steigern.

Bei Athleten mit großen Muskelmassen, z. B. Schwerathleten und Boxern können meist bald höhere Wasserdrücke (2,0–4,0 atü) angewendet werden. Die Dosierung ist grundsätzlich individuell. Sie muß das subjektive Empfinden des Patienten berücksichtigen und darf nie schmerzhaft sein.

Abb. 32: Der Wasserdruckstrahl am Oberschenkel bei 3 bar (atü).

Die Führung des Massagestrahls kann längs, quer und rotierend zum Muskelverlauf erfolgen. Auch spielt es eine Rolle, ob der Druckstrahl senkrecht oder schräg im spitzen Winkel auf die Muskulatur gerichtet ist.
Die Vorderseite der Beine, der Bauch, die Brust und die Arme werden in Rückenlage des Patienten behandelt. Der Kopf ruht dabei auf einer Nackenstütze. Eine Fußstütze ist bei kleinen Patienten angebracht.
Die Beine beginnt man an den Oberschenkeln mit nach zentripedalwärts gerichtetem Strahl. Danach erst erfolgt die Massage des Unterschenkels und der Füße. Man schafft durch diesen Verlauf einen besseren venösen und lymphatischen Abfluß. Dasselbe gilt für die Arme. Hier beginnt man am Oberarm und kommt erst dann zum Unterarm und zur Hand.
Die Massage der Rückseite der Beine und des Rückens erfolgt immer in Seitenlage des Patienten. Seine Beine sind dabei in Hüft- und Kniegelenk leicht angebeugt. Hals und Kopf ruhen auf einem Gurt, der über die Wasseroberfläche gespannt ist. Die Massage in Bauchlage ist wegen der Hyperlordosehaltung, in der sich der Patient dabei befindet, nicht zu empfehlen. – Der Rücken ist vom Becken, M. gluteus maximus, und Kreuzbein an aufwärts neben der Wirbelsäule zu behandeln. Die Rückenmuskulatur, die M. erector trunci, M. lattismus dorsi, M. trapecius sind längs, quer oder rotierend zu bearbeiten. Die Zwischenrippenräume sind von der Wirbelsäule aus zum Sternum hin in ihrem Verlauf auszustreichen. – An der Nacken- und Schultermuskulatur, den M. trapecius, Mm. rhomboidei und auf den Schulterblättern eignet sich die rotierende und querverlaufende Strichführung.
Brust und Bauch werden in Rückenlage behandelt. Der große Brustmuskel, der M. pectoralis major, ist mit weichem zirkulierendem Strahl, unter Auslassung der Achselhöhlen zu bearbeiten. Die weibliche Brustdrüse ist auszusparen. Der Bauchraum sollte vorwiegend mit weichem zirkulierendem Strahl im Verlauf des Dickdarms bearbeitet werden.
Die Dauer der Allgemein-Behandlung beträgt 20–30 Minuten. Die Teilbehandlung 10–15 Minuten. 3 Minuten Wassergewöhnung vor der Behandlung und eine halbe Stunde Nachruhe sind für jeden Patienten erforderlich. Kreislaufmäßig günstig wirkt sich ein kalter oder kühler Körperguß als Abschluß der Unterwassermassage aus.
Besonders empfindliche Körperteile wie die Dornfortsätze der Wirbelsäule, Gelenkvorsprünge, Genitalien, Anus, Kniekehlen und die weibliche Brust sind bei der Unterwassermassage auszulassen. Gegenindiziert sind ebenfalls alle frischen Sportverletzungen, offene Wunden, Hämatome im akuten Zustand, Reizergüsse der Kniegelenke, akute Muskel-, Band- und Sehnenrisse und frische Frakturen. –
Bei statischer Herz-Kreislaufinsuffizienz, bei Venenerkrankungen, Thrombosen und Varizen ist die Unterwassermassage gegenindiziert.
Indikationen für die Unterwassermassage sind: Frakturen, Osteosynthesen, Luxationen, Distorsionen und Kontusionen nach Freigabe im subakuten Zustand. – Außerdem: Ischalgien, Lumbalgien, Brachialgien, Gelenk- und Narbenkontrakturen, Myogelosen, degenerative Wirbelsäulenerkrankungen, chronischer Gelenk- und Muskelrheumatismus, Morbus Bechterew, Skoliosen, schlaffe und spastische Lähmungen.
Bei muskulärem Hypertonus und bei nichtverletzten Athleten ist die Unterwassermassage als Entmüdungsmassage nach hartem Training und Wettkampf zur Ausschwemmung und zum Abbau der Ermüdungsstoffe sowie als pflegerische Maßnahme zur Verbesserung der muskulären Leistungsbereitschaft mit Erfolg einzusetzen. Die Unterwassermassage sollte allerdings wegen ihrer kreislaufbelastenden Wirkung nie vor einem

Training oder Wettkampf erfolgen; immer erst danach. Der Abstand von Behandlung zum Wettkampf sollte mindestens 2 Tage sein.

Sportmassage

Die Veröffentlichungen der Gegenwart über die Sportmassage sind spärlich. Ebenso bemerkenswert ist das Fehlen einer Schule, die sich speziell mit der Sportmassage beschäftigt und die empirisch gewonnenen Erkenntnisse und Erfahrungen wissenschaftlich untermauert und lehrbar macht. – Immer wieder finden sich widersprechende Darstellungen von praktizierenden Sportmasseuren. Ein Weltmeisterschafts-Kandidat im Boxen berichtet, daß ihn acht Sportmasseure behandelt hatten. Jeder von ihnen hatte ihm andere Ratschläge gegeben und ihn in Dosierung und Methode anders, teilweise völlig entgegengesetzt behandelt.
Vergleicht man die Aussagen von ernst zu nehmenden Fachleuten auf dem Gebiet der Sportmassage, so findet man neben Gegensätzlichem und Widersprüchlichem doch eine Reihe von Gemeinsamkeiten. – So wird z. B. die Quermassage nach Cyriax zur gezielten Beseitigung von lokalen Schmerzpunkten und Verklebungen von Weichteilen mit Erfolg angewendet. – Auch die statische und gleitende Saugwellenmassage hat in der Behandlung von bestimmten Sportverletzungen ihre Berechtigung.

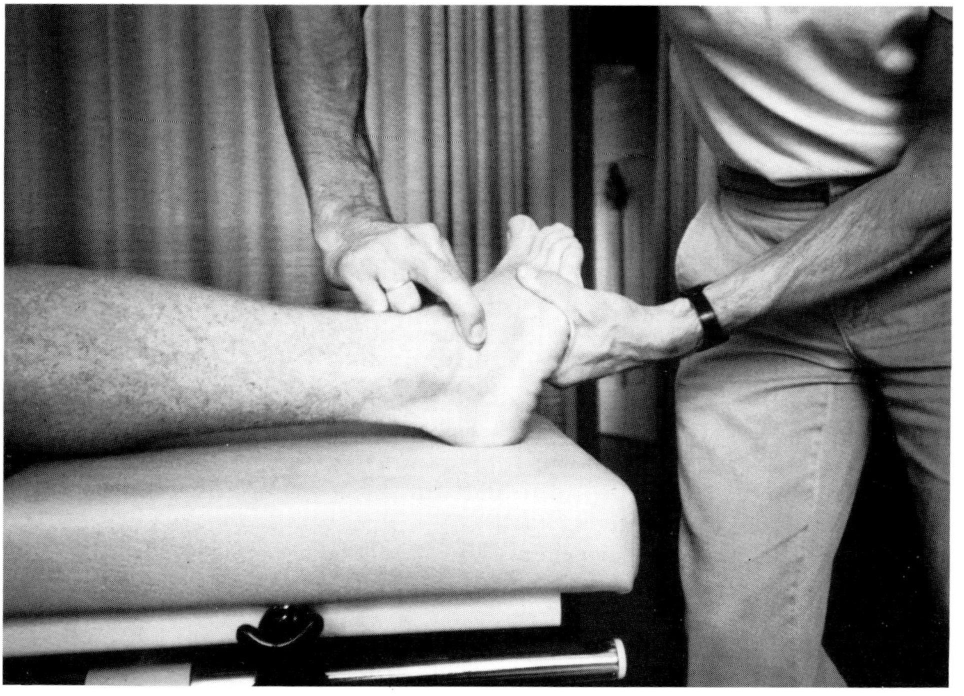

Abb. 33: Quermassage am unteren Sprunggelenk.

Leistungssteigerung durch Sportmassage

Während bei der Kranken- oder Heilmassage die Förderung des Heilungsprozesses und damit die Heilung einer Erkrankung, Schädigung oder Funktionsstörung als oberstes Ziel der Manipulation angesehen werden kann, ist dies bei der Sportmassage anders. Hier haben wir es mit einem gesunden, meist jungen Menschen zu tun, dessen körperliche und sportliche Leistungsfähigkeit im allgemeinen weit über dem Durchschnitt liegt. Das Ziel der Sportmassage ist hier eindeutig die Steigerung der sportlichen Leistungsfähigkeit. Der Sportler erwartet von seinem Betreuer, daß er mit seiner Massagekunst dazu beiträgt, ihn in die Lage zu versetzen, schneller zu laufen, höher oder weiter zu springen, weiter zu werfen, zu stoßen, präziser zu kicken, besser zu turnen, zu reiten, zu schwimmen oder Ski zu laufen. Eine objektivierbare, meßbare Leistungssteigerung wird erwartet. –

Daß die Sportmassage natürlich nur eine von vielen leistungssteigernden Maßnahmen ist, ist jedem klar, der einmal Leistungssport betrieben hat. Daß die Massage als passive Maßnahme nur ein Hilfsmittel der viel wichtigeren aktiven leistungssteigernden Trainingsmaßnahmen sein kann, ist heute die einhellige Ansicht aller Fachleute.

Noch vor einigen Jahren bekamen die Spieler eines bekannten Bundesligafußballklubs auf Anweisung des Trainers und des Mannschaftsarztes eine umfangreiche Ganzmassage und eine Glühlichtbestrahlung vor dem Spiel. Dies ist heute anders. Die Anwendung umfangreicher Massagen vor Wettkämpfen oder Spielen ist überall, sowohl im Fußball als auch in anderen Disziplinen, einem aktiven, auflockerndem Aufwärmen gewichen, dessen Durchblutungsförderung ca. fünfmal stärker ist als durch eine Massage erreicht werden kann. Trotz der Betonung aktiver Methoden hat die Massage bis heute in der Betreuung des Sportlers ihren Platz gehalten. Es hieße, das Kind mit dem Bade ausschütten, wenn man ganz auf sie verzichten wollte.

Psychologische Aspekte der Sportmassage

Es sei hier noch ein nicht unbedeutender Aspekt der Sportmassage erwähnt. Sie verbessert nicht nur das Körpergefühl und die Reaktionsschnelligkeit, sondern auch das allgemeine Wohlbefinden des Athleten. Bei gleich guter physischer, technischer und taktischer Vorbereitung von verschiedenen Athleten wird immer derjenige Erfolg haben und sich durchsetzen, der zum Zeitpunkt des Wettkampfes in einer optimalen psychischen Verfassung ist. Die Sportmassage kann ein wichtiger Teil der psychologischen Wettkampfvorbereitung sein. Der Athlet soll dabei so beeinflußt werden, daß er im Wettkampf die Leistung erbringt, die seinem physischen Trainingszustand entspricht. – So können z. B. nervöse Athleten vor dem Start durch eine richtig dosierte Behandlung beruhigt oder phlegmatische angeregt werden.

Der Sportmassage kommt ein allgemein psychischer und motivierender Einfluß zu, der aber auch bei falscher Anwendung sich ins Gegenteil wenden kann. Mit der Sportmassage kann also nicht nur auf den körperlichen, sondern auch auf den psychischen Zustand des Athleten positiv eingewirkt werden. Voraussetzung dafür ist, daß der Therapeut mit den Prinzipien der psychologischen Wettkampfvorbereitung vertraut ist.

Kategorien der Sportmassage

In der praktischen Anwendung im Sport wird unterschieden:

1. Trainingsmassage
2. Vorbereitungsmassage
3. Zwischenmassage
4. Entmüdungsmassage

Unter der *Trainingsmassage* versteht man eine Massage, die vor Beginn einer Trainingsperiode den erheblichen Umbau des Körpers auf dem Wege zur Hochleistung unterstützen und vorbereiten soll. Diese Aufgabe ist bei Neu- oder Wiederaufnahme des Trainings zu erfüllen. Nach anfänglicher sanfter Dosierung kann man nach planmäßiger Steigerung sehr bald kräftig zupacken und den Körper an tiefgreifendes Kneten und Walken und damit an eine kräftige Massage gewöhnen. Auch ein «Behandlungskater» kann in Kauf genommen werden. Der Sportler geht ja noch nicht am nächsten Tag zum Wettkampf.

Anders ist es bei der *Vorbereitungsmassage* zu Wettkämpfen. Sie muß leicht, lockernd und aufwärmend durchgeführt werden. Sie soll angenehm sein, darf nicht schmerzen, soll stimulieren und hat deshalb eine wichtige psychologische Betreuungsfunktion. Aktives Warmmachen jedoch durch lockerndes Laufen, Trippeln, Federn, leichte Antritte und aktives Dehnen ist wichtiger.

Die *Zwischenmassage* erfolgt während der Halbzeit eines Spiels, bei Mehrkämpfern in der Zeit zwischen den einzelnen unterschiedlichen Prüfungen, bei Boxern in der kurzen Pause zwischen den Runden. – Auch sie muß kurz, leicht und lockernd wirken. Sie darf nicht weh tun, nur die gerade beanspruchten und die neu zu beanspruchenden Muskelgruppen sollen bearbeitet werden. Sie hat ebenfalls eine starke allgemein betreuende und psychische Aufgabe.

Die *Entmüdungsmassage* wird nach hartem Training, Spiel oder Wettkampf angewandt. Man geht dabei von der Hypothese aus, daß sich die Stoffwechselschlacken unmittelbar nach der körperlichen Leistung erst gar nicht in den Geweben festsetzen. Man will sie möglichst gleich zur Ausscheidung bringen. Hier sind tiefenwirksame und rückflußfördernde Griffe angezeigt. Harte, schmerzende Massagegriffe sind gegenindiziert, da im Muskel noch Sauerstoffschuld besteht. Notwendig ist eine der Entmüdungsmassage vorausgehende Wärmeanwendung. Die Wärme fördert die Lösungs- und Ausschwemmungsfunktion und erhöht die Wirkung der durchgreifenden Massagegriffe. Heißes Duschen, Dauerdusche, ein heißes Bad oder ein ausscheidungsförderndes Saunabad sind am besten. Die Länge der Erholungspause nach anstrengendem Wettkampf kann durch eine gute Entmüdungsmassage verkürzt werden.

Mindestens ebenbürtig als Entmüdungsmaßnahmen stehen aber heute neben der Massage das Bewegungsbad bei ca. 28–30° C Wassertemperatur und ein aktives Entmüden durch auflockerndes Auslaufen und rhythmische Ausgleichsgymnastik.

Sportdisziplinspezifische Unterschiede der Sportmassage

Die Sportmassage des gesunden Athleten ist weniger als die Heil- oder Krankenmassage, eine Massage einzelner Muskeln. Sie wendet sich, mehr als die Heilmassage an

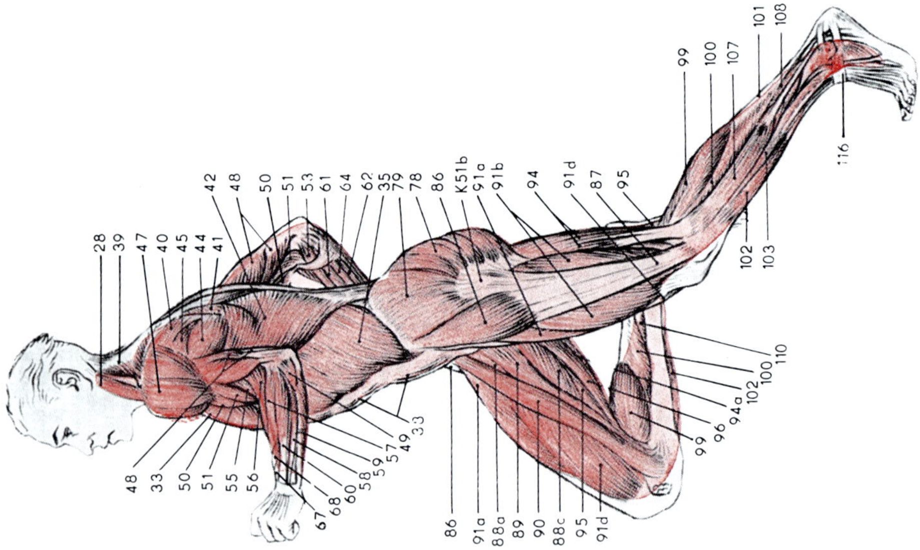
28
39
47
40
45
44
41
42
48
50
51
53
61
64
62
35
79
78
86
K51b
91a
91b
94
91d
87
95
99
100
107
101
108
116
102
103
48
33
50
51
55
56
67
68
60
58
59
57
49
33
86
91a
88a
89
90
88c
95
91d
99
96
94a
102
100
110

Abb. 34: Streckschlinge über den ganzen Körper am Beispiel eines Langstreckenläufers.

K 51 b = großer Rollhügel
33 = großer Brustmuskel
35 = äußerer schräger Bauchmuskel
38 = gerader Bauchmuskel
39 = Kappenmuskel
40 = Untergrätenmuskel
41 = großer Rautenmuskel
42 = breiter Rückenmuskel
44 = großer Rundmuskel
45 = kleiner Rundmuskel
47 = Deltamuskel
48 = Armstrecker
49 = Knorrenmuskel
50 = zweiköpfiger Armmuskel
51 = Armbeuger
53 = runder Einwärtsdreher
55 = Oberarmspeichenmuskel
56 = langer Speichenhandstrecker
57 = kurzer Speichenhandstrecker
58 = Ellenhandstrecker
59 = Ellenhandbeuger
60 = Fingerstrecker
61 = Speichenhandbeuger
62 = oberflächlicher Fingerbeuger
64 = langer Hohlhandmuskel
67 = kurzer Daumenstrecker
68 = langer Abzieher des Daumens
78 = großer Gesäßmuskel
79 = mittlerer Gesäßmuskel
86 = Schenkelbindenspanner
87 = Schenkelbinde
88 a = langer Schenkelanzieher
88 c = großer Schenkelanzieher
89 = schlanker Muskel
90 = Schneidermuskel
91 a = gerader Schenkelmuskel
91 b = äußerer Schenkelmuskel
91 d = innerer Schenkelmuskel
94 = zweiköpfiger Schenkelmuskel
95 = Plattsehnenmuskel
96 = Halbsehnenmuskel
99 = Zwillingswadenmuskel
100 = Schollenmuskel
101 = Achillessehne
102 = vorderer Schienbeinmuskel
103 = langer Zehenstrecker
107 = langer Wadenbeinmuskel
108 = kurzer Wadenbeinmuskel
110 = langer Zehenbeuger
116 = kreuzförmiger Verstärkungszug der Unterschenkelfaszie

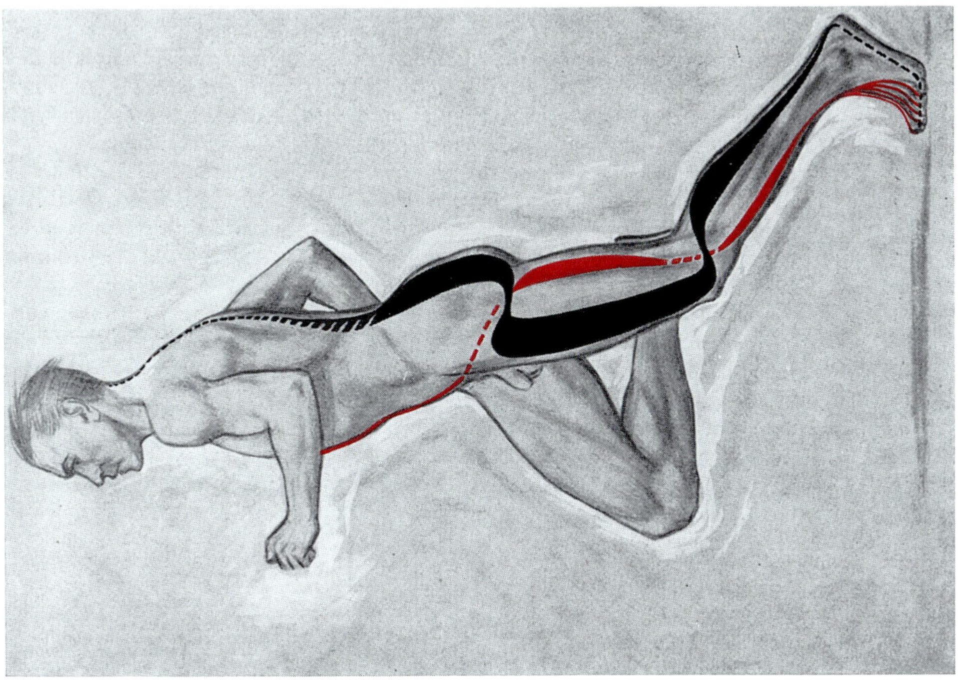

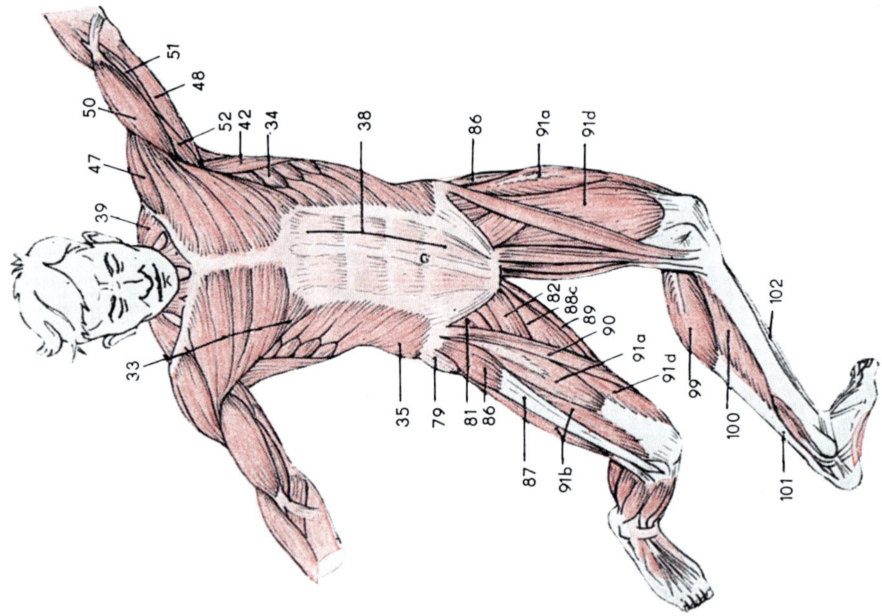
51
48
50
52
42
34
38
86
91a
91d
47
39
33
82
88c
89
90
91a
91d
35
79
81
86
87
91b
99
100
101
102

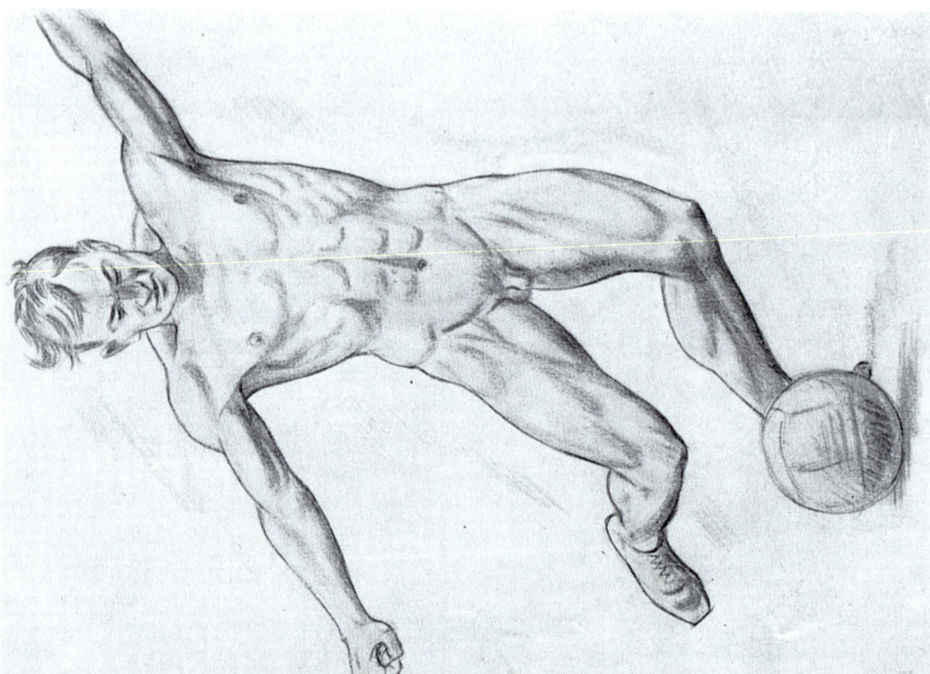

Abb. 35: Muskelschlingen bei Seitwärtsneigung und Drehung am Beispiel eines Fußballspielers.

33 = großer Brustmuskel
34 = vorderer Sägemuskel
35 = äußerer schräger Bauchmuskel
39 = Kappenmuskel
42 = breiter Rückenmuskel
47 = Deltamuskel
48 = Armstrecker
50 = zweiköpfiger Armmuskel
51 = Armbeuger
52 = Hakenarmmuskel
79 = mittlerer Gesäßmuskel
81 = Lendenarmbeinmuskel
82 = Kamm-Muskel
86 = Schenkelbindenspanner
87 = Schenkelbinde
88 c = großer Schenkelanzieher
89 = schlanker Muskel
90 = Schneidermuskel
91 a = gerader Schenkelmuskel
91 b = äußerer Schenkelmuskel
91 d = innerer Schenkelmuskel
99 = Zwillingswadenmuskel
100 = Schollenmuskel
101 = Achillessehne
102 = vorderer Schienbeinmuskel

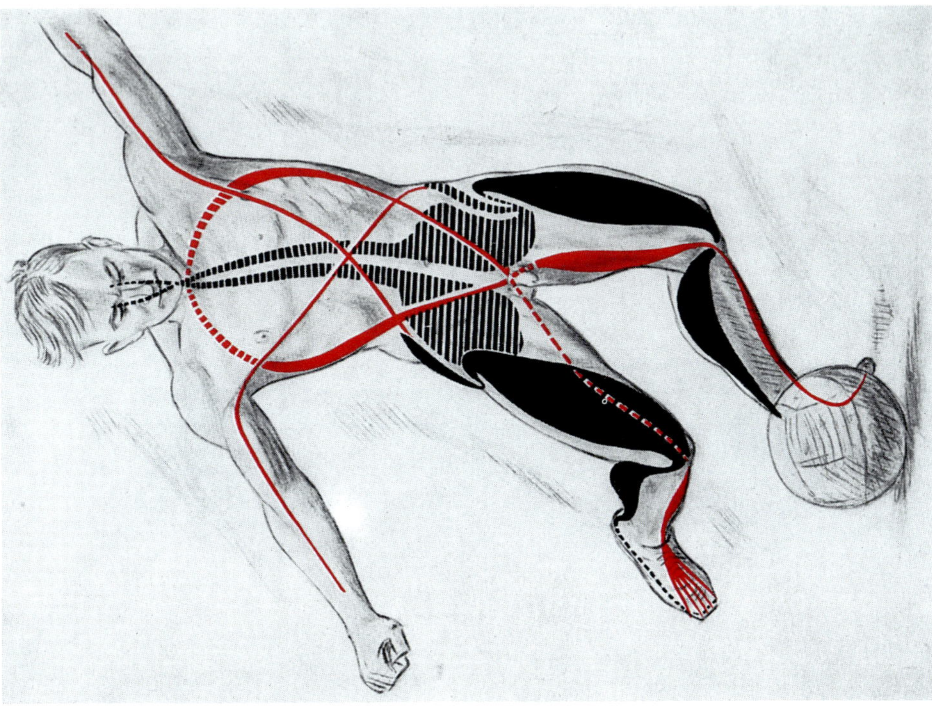

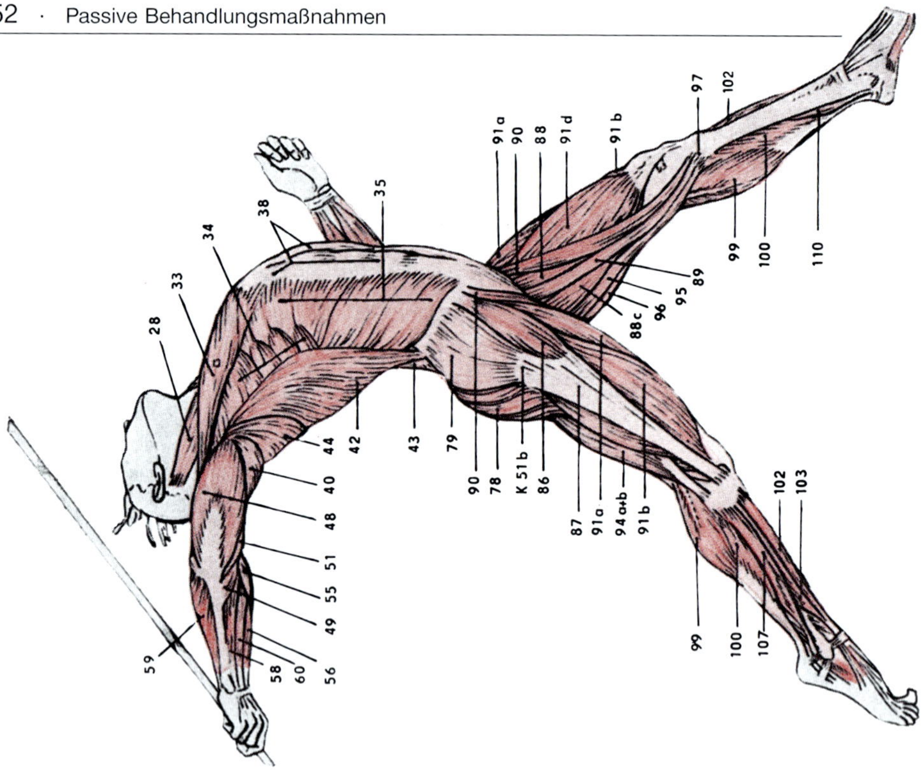
28
33
34
38
35
44
42
43
79
90
78
K 51b
86
87
91a
94a+b
91b
40
48
51
55
49
56
60
58
59
91a
90
88
91d
91b
97
102
99
100
110
89
95
96
88c
99
100
107
102
103

Abb. 36: Streckschlinge über den ganzen Körper am Beispiel eines Speerwerfers.

K 51 b = großer Rollhügel
28 = Kopfwender
33 = großer Brustmuskel
34 = vorderer Sägemuskel
35 = äußerer schräger Bauchmuskel
38 = gerader Bauchmuskel
40 = Untergrätenmuskel
42 = breiter Rückenmuskel
43 = Lendenrückenbinde
44 = großer Rundmuskel
48 = Armstrecker
49 = Knorrenmuskel
51 = Armbeuger
55 = Oberarmspeichenmuskel
56 = langer Speichenhandstrecker
58 = Ellenhandstrecker
59 = Ellenhandbeuger
60 = Fingerstrecker
78 = großer Gesäßmuskel
79 = mittlerer Gesäßmuskel
86 = Spanner der Oberschenkelbinde
87 = Schenkelbinde
68 a = langer Schenkelanzieher
88 c = großer Schenkelanzieher
89 = schlanker Muskel
90 = Schneidermuskel
91 a = gerader Schenkelmuskel
91 b = äußerer Schenkelmuskel
91 d = innerer Schenkelmuskel
94 a+b = langer und kurzer Kopf des zweiköpfigen Schenkelmuskels
95 = Plattsehnenmuskel
96 = Halbsehnenmuskel
97 = „Gänsefuß"
99 = Zwillingswadenmuskel
100 = Schollenmuskel
102 = vorderer Schienbeinmuskel
103 = langer Zehenstrecker
107 = langer Wadenbeinmuskel
110 = langer Zehenbeuger

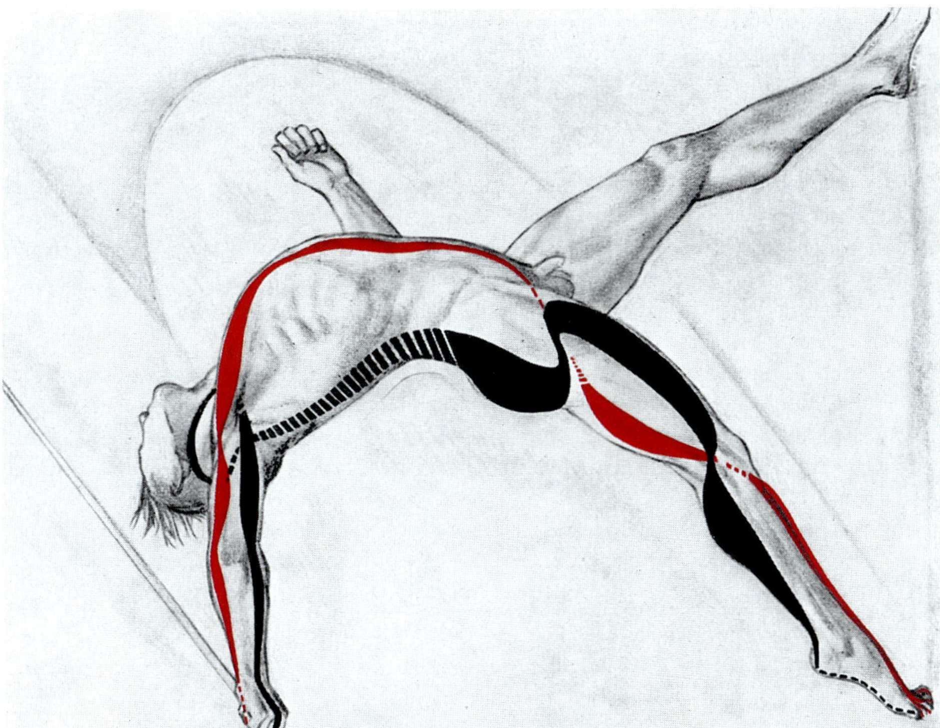

muskuläre-bindegewebige Funktionseinheiten, an funktionelle Muskelketten, ganze Körperteile entsprechend den typischen Bewegungsabläufen in den einzelnen Sportdisziplinen. – So sieht die Sportmassage eines Läufers ganz anders aus als die eines Kugelstoßers oder Speerwerfers. Die Massage des Tennisspielers ist anders als die des Reiters. Oft wird innerhalb einer Sportart noch einmal unterschieden. So ist es ein Unterschied, einen Dressurreiter oder einen Springreiter massagemäßig zu betreuen. – Der Leichtathletik-Experte *W. Joch* stellt die These auf: «Es besteht zwischen den einzelnen leichtathletischen Disziplinen ein verhältnismäßig geringer Zusammenhang.» Dies gilt auch für die Massage des Leichtathleten. Während z. B. bei den Läufern, Weit- und Hochspringern die funktionellen Muskelketten der Füße und Beine bis zur Hüfte sportmassagemäßig hauptsächlich zu bearbeiten sind, liegt beim Kugelstoßer, Speerwerfer, Hammer- und Diskuswerfer der Schwerpunkt auf den Muskelketten von Hand-, Arm-, Schultergürtel sowie bei der BWS und HWS. Dies bedeutet nicht, daß bei den Letztgenannten die Beine außer acht gelassen werden dürfen. *W. Joch* gibt auch hierzu einen Hinweis, indem er feststellt, daß im Speerwurf bei gleicher Wurfkraft der Werfer mit schnellerem Anlauf entscheidet. Daß beim Fußballspieler und Skiläufer die Muskelketten der Beine wieder im Vordergrund stehen, versteht sich von selbst. Daß es beim Ruderer die Muskulatur der Arme und des Schultergürtels, und zwar symmetrisch sind, dagegen beim Tennisspieler oder beim Fechter der Schwerpunkt der Belastung und damit die Verkrampfungsgefahr einseitig im Arm-, Schultergürtel und WS liegt, sei hier nur angedeutet. Diese Beispiele mögen genügen, um die prinzipiellen Unterschiede der Sportmassage in den einzelnen Sportdisziplinen aufzuzeigen.

Zusammenfassung

1. Die Sportmassage wird seit der Antike als Mittel der Leistungssteigerung des Athleten eingesetzt.
2. Es gab Zeiten, in denen die Sportmassage in ihrer leistungssteigernden Wirkung überbewertet wurde. Dies geschieht häufig auch heute noch.
3. Neben die Sportmassage sind aktive Methoden der Leistungssteigerung getreten, die die Funktion der Vorbereitung, Erwärmung, Auflockerung, Entmüdung etc. oft noch besser erfüllen als die Sportmassage, z. B. das aktive Aufwärmen, die Lockerungsgymnastik und das warme Bewegungsbad.
4. Dennoch kann auf die Sportmassage als leistungssteigerndes Mittel nicht verzichtet werden. Neben einer Reihe objektivierbarer positiver und physiologischer Wirkungen kann sie eine starke psychologische, motivierende und allgemein betreuende Funktion haben, die viele Spitzensportler im Streß des Hoch- und Höchstleistungssports dringend benötigen.
5. Da jede medikamentöse Manipulation im Hochleistungssport als Doping abzulehnen ist, ist die Sportmassage neben anderen Anwendungen der Physiotherapie ein für die Gesundheit des Sportlers unbedenkliches Mittel seiner Leistungssteigerung.

2. Wärmeanwendungen

Einführung

Unter den Wärmeanwendungen, auch Thermotherapie genannt, versteht man ganz allgemein die Anwendung von Wärme zu therapeutischen Zwecken.
Die Wärmeübertragung auf die Haut kann durch Leitung oder durch Strahlung erfolgen. Bei der Behandlung mit leitender Wärme, z. B. Moor und Fango bedarf es des unmittelbaren Kontaktes der Haut mit dem Wärmespender. Hierbei wirkt die Wärme der Packung solange auf den zu behandelnden Körperteil ein, bis ein Ausgleich der Temperatur erzielt ist. Dieser Vorgang hängt ab von der Leitfähigkeit, der Kapazität und den Strömungsverhältnissen der Wärme.
Bei der Wärmebehandlung durch Strahlen, z. B. Infrarot und UV besteht kein unmittelbarer Kontakt zum Körper. Die Strahlen durchdringen lediglich die Luft, ohne sie zu erwärmen. Erst am Ort ihrer Absorption werden sie wieder in Wärme zurückverwandelt.

Physiologische Wirkungen

Die Wärme erweitert die Gefäße, wobei auch die ruhenden Kapillaren wieder in den vermehrten und beschleunigten Blutstrom einbezogen werden. Neben der lokalen Gefäßerweiterung findet jedoch unter Vermittlung des vegetativen Nervensystems gleichfalls eine Gefäßdilatation im Bereich der Körperhaut statt.
Die durch Wärme erzeugte Hyperämie wirkt sich günstig auf viele chronische Reizzustände aus. Dies beruht auf der vermehrten Zufuhr von Abwehrstoffen und auf der Verbesserung der Stoffwechselvorgänge. Allerdings dürfen frische Hämatome keinesfalls mit Wärmemaßnahmen behandelt werden, da die erzeugte Blutfülle und Erweiterung der Gefäße leicht zu einer erneuten Blutung führen kann.
Die positiven Eigenschaften der Wärme und die Vielzahl ihrer Anwendungsmöglichkeiten machen die Wärmetherapie zum wertvollen Mittel im Bereich der physikalisch-therapeutischen Anwendungen. Besonders als Möglichkeit der Vorbereitung von Massage und aktiver krankengymnastischer Übungsbehandlung bei älteren Sportverletzungen und chronischen Sportschäden sind die diversen Wärmeanwendungen unentbehrlich.
Das große Gebiet der Wärmeanwendungen wird unterteilt in trockene und feuchte Wärme.

I. Trockene Wärme

Als die gebräuchlisten Wärmeanwendungen faßt man die folgenden Anwendungen zusammen:

1. Infrarotlicht/Rotlicht
2. Glühlicht/Heißluft
3. Ultraviolette Strahlen

1. Infrarotbestrahlung

Hier findet kein unmittelbarer Kontakt zwischen Wärmequelle und dem Körper statt. Die infraroten Strahlen durchdringen die Luft, ohne sie zu erwärmen. Nach ihrer Absorption auf der Haut werden sie in Wärme zurückverwandelt.
Die infraroten Strahlen haben keine große Tiefenwirkung, nur etwa 3 cm. Erfolgreich ist eine Bestrahlung nur, wenn sie lange genug und mit genügender Stärke durchgeführt wird. Die Dauer beträgt 20 Minuten. Anschließend kann eine Massage oder krankengymnastische Behandlung erfolgen.

Rotlichtbestrahlung

Rotes Licht hat eine stärkere Tiefenwirkung bei geringerer Wärmebelastung der Haut, während beim weißen Licht die Reizung der Wärmerezeptoren der Haut intensiver ist. Das rote Licht wirkt beruhigend auf entzündliche Prozesse.

2. Glühlichtbestrahlung

Obwohl die Licht-Wärmestrahlen nicht die Reizwirkung der chemisch wirksamen kurzwelligen Strahlen aufweisen, kommt ihnen dennoch eine große therapeutische Bedeutung zu. Sie haben nämlich die Eigenschaft, tiefer in die Gewebe einzudringen als die UV- und IR-Strahlen. Ohne auf der Hautoberfläche eine Reizwirkung hervorzurufen, erzeugen die Licht-Wärmestrahlen in den tiefen Haut- und Geweberegionen eine stärkere Durchblutung.
Der Glühlichtbogen besteht aus einem bogenförmigen Apparat, an dessen Innenwänden reihenweise Kohlenfadenglühlampen angebracht sind. Es gibt Glühlichtbogen, womit der gesamte Körper bestrahlt werden kann und solche für Teillichtbäder, z. B. Extremitäten, Rücken und Kopf. Wegen der einfachen Handhabung ist die Glühlichtbestrahlung in der Praxis weit verbreitet.
Ganzlichtbäder dauern etwa 15 bis 20 Minuten. Der Schweißausbruch tritt gewöhnlich nach 5 bis 10 Minuten ein. Anschließend erfolgt ein lauwarmes Bad mit Schlußabkühlung. Das Ganzlichtbad ist dort angezeigt, wo ein allgemeiner Schweißausbruch auf

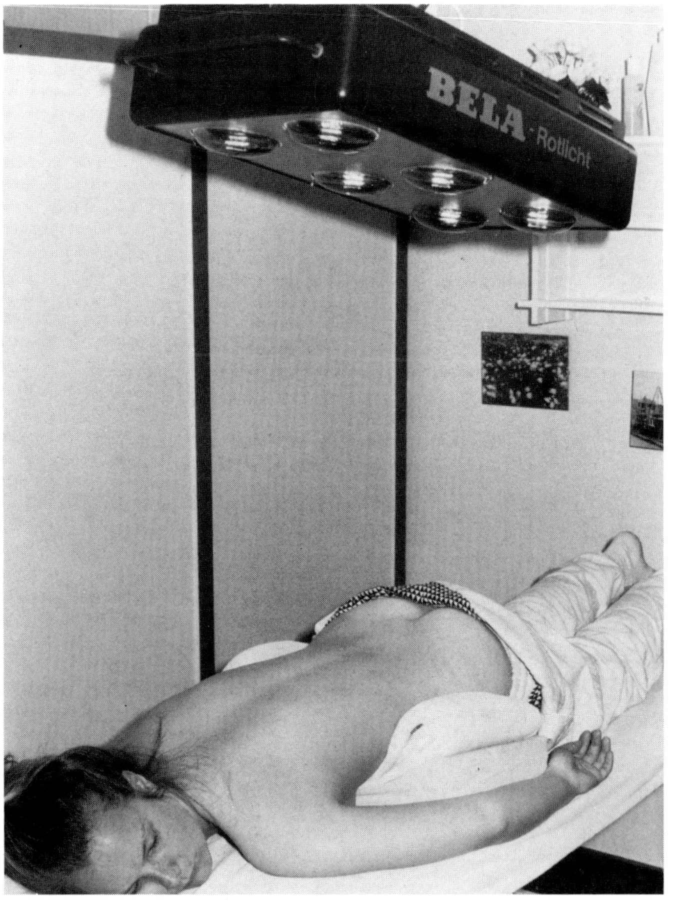

Abb. 37: Bestrahlung mit Rotlicht.

möglichst schonende und bequeme Weise erwünscht ist. Zum Beispiel bei allen Erkältungskrankheiten, rheumatischen Erkrankungen, Stoffwechselstörungen und Hautkrankheiten.
Teillichtbäder von 15 bis 20 Minuten werden nach Sportverletzungen wie Frakturen, Distorsionen, Kontusionen im Spätstadium, zur Vorbereitung auf die aktive krankengymnastische Übungsbehandlung angewandt.

Solluxbestrahlung

Gezielte Bestrahlungen, die eine tiefgehende lokale Hyperämie erzeugen, können mit Hilfe der Solluxlampe ausgeführt werden. Die Lampe wird mit roten und blauen Farbfiltern versehen. Es wird keine Schweißbildung beabsichtigt. Solluxbestrahlungen werden angewandt bei rheumatischen Erkrankungen, Neuralgien, Bronchitis, zur Nachbehandlung von Kontusionen, Distorsionen in Verbindung mit Massagen und krankengymnastischen Übungsbehandlungen.

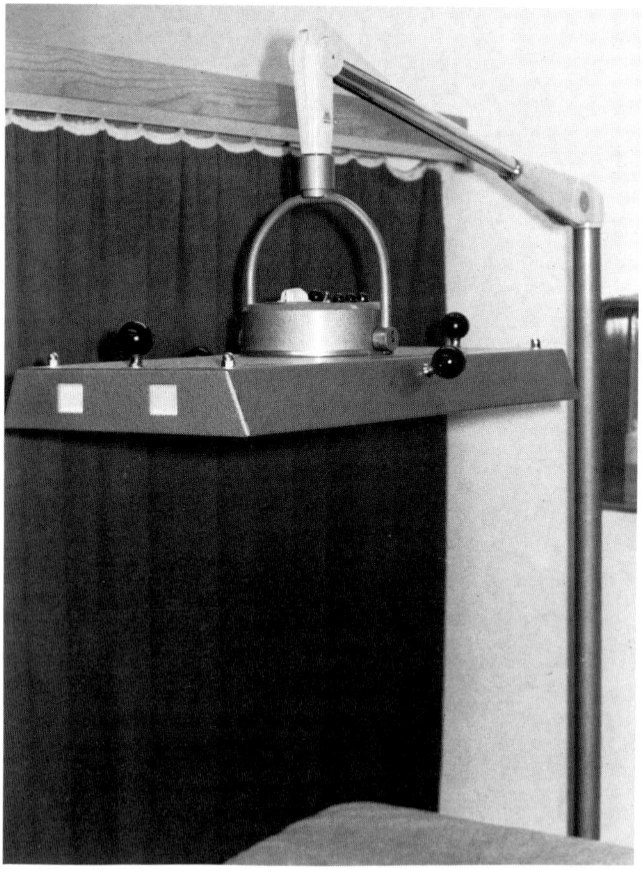

Abb. 38: Heißluftgerät.

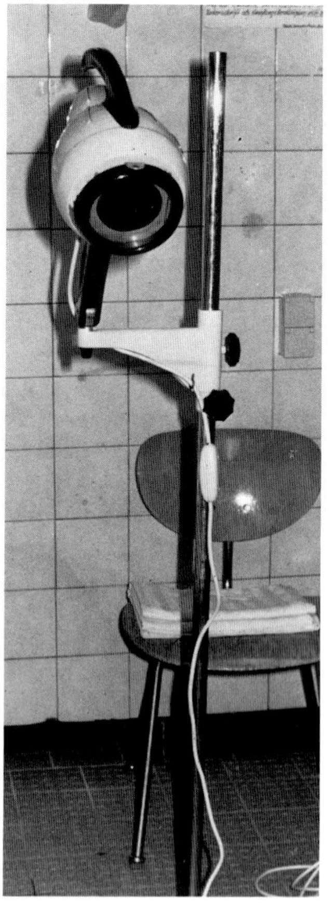

Abb. 39: Solluxlampe.

Die Aquasollampe stellt eine Solluxlampe dar, bei der ein Wasserfilter vorgeschaltet ist. Die langwelligen Infrarotstrahlen werden absorbiert und somit die thermische Belastungsgrenze herabgesetzt.

3. Ultraviolette Bestrahlung

Die ultravioletten Strahlen sind der biologisch wichtigste Teil des Sonnenspektrums. Die gesundheitsfördernde und heilende Wirkung des Sonnenlichtes war bereits in den ältesten Schulen der Medizin bekannt. Schon die Assyrer und Ägypter nahmen Sonnenbäder und legten ihre Kranken im Sand unter die Sonne. Im antiken Griechenland wurde den olympischen Wettkämpfern das Sonnenbad zur Leistungssteigerung empfohlen. Hippokrates wies in seinen Schriften auf die Heilwirkung der Sonne hin. Auch im römischen Reich hatte die Licht- und Klimabehandlung große Bedeutung. In den vergangenen Jahrzehnten konnten die biologischen Wirkungen des Sonnenlichtes gründlich erforscht und die therapeutische Anwendung beträchtlich erweitert werden. Die UV-

Strahlen lösen vielfältige positive Allgemeinerscheinungen aus. Das in der Haut befindliche Ergosterin wird durch sie in Vitamin D 3 verwandelt. Die Abwehrkräfte des Körpers werden gesteigert, es erfolgt eine Erhöhung des Grundumsatzes und der Blutregeneration. Auch wirken sie bakterientötend. Die Indikation der UV-Bestrahlung bei Sportlern zeigt günstige Wirkungen bei Haut-, Knochen-, Gelenk- und Weichteilbehandlung. In den Wintermonaten oder während der Wettkampfpausen erweisen sich UV-Ganzkörperbestrahlungen beim Sportler als Steigerung der Abwehrkräfte.
Beeinflussung des Stoffwechsels: Der Arbeitsstoffwechsel wird rationeller. Untersuchungen am Fahrradergometer haben ergeben, daß nach UV-Bestrahlung der Kalorienverbrauch beim Sport absinkt und eine erhebliche Leistungssteigerung erzielt wird. Die Arbeit wird ökonomischer, die Ermüdbarkeit geringer und die Pulsfrequenz normalisiert sich nach dem Training und Wettkampf schneller.
Im Durchschnitt werden die UV-Bestrahlungen jeden zweiten Tag und nicht mehr als 20mal durchgeführt. Erst nach einer Reizerholungspause sollte die zweite Serie einsetzen. Bei der Bestrahlung sollte darauf geachtet werden, daß der Raum gut belüftet wird, da die UV-Strahlen in der Luft giftige Gase bilden. Diese können zu Kopfschmerzen und Übelkeit führen. Zum Schutze der Augen muß eine UV-Strahlenundurchlässige Brille getragen werden. Die Entfernung zum Strahler muß mindestens 1 m betragen. Bei Überdosis klagen übermüdete und erschöpfte Sportler über starkes Herzklopfen, Schlaflosigkeit und Hautjucken. Außerdem besteht Verbrennungsgefahr.
In jüngster Zeit erzielte die Forschung besondere Heilerfolge mit langwelligem Ultraviolett-Licht = UVA.
Dank der gleichfalls neuentwickelten UVA-intensiven Bestrahlungsgeräte können diese Erkenntnisse einem breiten Bevölkerungskreis zur Vorbeugung und Nachbehandlung mancherlei Leiden und zur Gesundheitspflege erschlossen werden. Das UVA-Solarium erzeugt sonnengleiches ultraviolettes Licht, ist jedoch viermal stärker als die Globalbestrahlung von Sonne und Himmel.
Die Bestrahlungszeiten können deshalb auf 30 Minuten beschränkt bleiben. Dieses reicht aus, um nach 5 bis 10 Bestrahlungen die gesundheitsfördernde und bräunende Wirkung zu erzielen.
Sonnenbrand oder andere Hautschäden bleiben ausgeschlossen, da der gefährdende UVB-Anteil der Sonnenbestrahlung in dem UVA-Solarium reduziert ist. Eine individuelle Dosierung ist nicht erforderlich.

II. Feuchte Wärme

Folgende Maßnahmen werden unter dem Begriff der ‹Feuchten Wärme› zusammengefaßt:

1. Peloide/Schlamm/Moorpackungen
2. Heiße Rolle

1. Peloide

Hierunter versteht man ganz allgemein anorganische und organische feinkörnige Stoffe, die durch geologische Vorgänge entstanden sind. Diese Stoffe kommen in derNatur trocken oder auch mit Wasser gemischt vor. In der therapeutischen Praxis kennen wir sie als Moor, Schlamm, Schlick und Fango. Die Peloide werden nochmals unterteilt in Heilsedimente, diese stellen Unterwasserablagerungen und Heilerden dar, welche durch Verwitterung von Mineralien entstehen.
Vorwiegend organischen Ursprungs sind die Torfe und Moorerden. Diese bildeten sich im Laufe der Zeit aus den im Wasser versunkenen Pflanzen.
Dagegen sind die Schlamme aus den heißen Quellen wie Fango und der sich in Flüssen und Flußmündungen ansammelnde Schlick, anorganischen Ursprungs. Das wesentliche an den Peloidenpackungen ist, daß hohe Temperaturen zur Anwendung kommen können. Die Wärmekapazität der darin enthaltenen Substanzen ist sehr hoch d. h., die Wärme wird langsam abgegeben und ist dadurch über einen längeren Zeitraum gewährleistet. Als Indikationen für Moor- und Schlammpackungen wird die große Gruppe von rheumatischen Erkrankungen angesehen, sofern sie nicht akut sind! Alle chronisch entzündlichen Frauenkrankheiten eignen sich außerdem für die Wärmemaßnahmen. Es wurde nachgewiesen, daß in den Mooren hormonartige Substanzen enthalten sind, die der Körper aufnimmt.
Auch in der Spätbehandlung von Sportverletzungen und bei chronischen Sportschäden wie nach Knochenbrüchen, Distorsionen, Kontusionen und Kontrakturen leisten diese Packungen ausgezeichnete Dienste. Alle Schäden und Beschwerden des Rückens wie Scheuermann, Rundrücken, Hohlkreuz, Osteochondrose, Spondylose, Spondylolisthe-

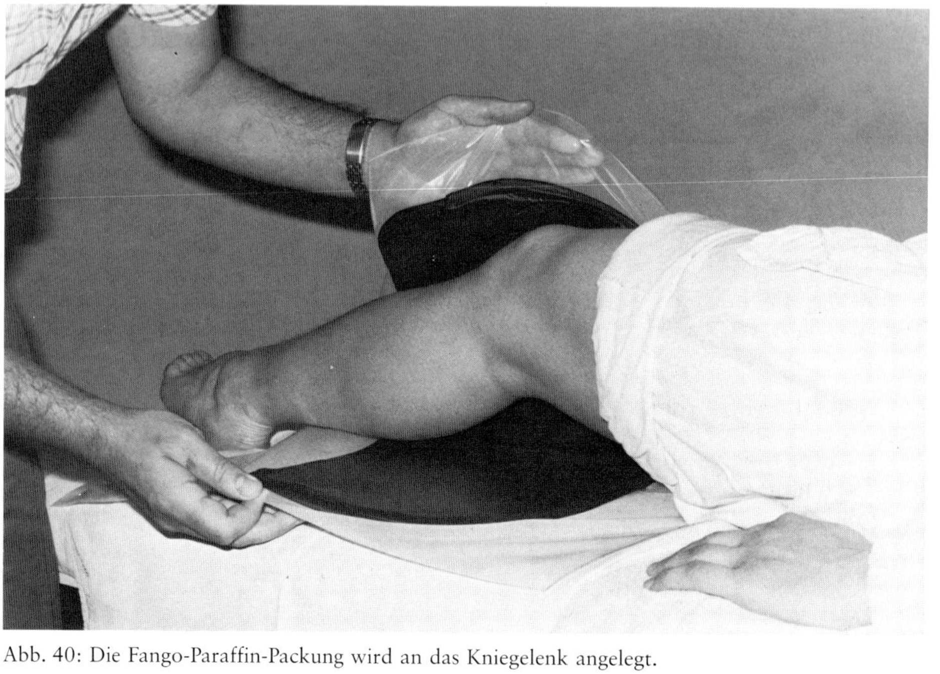

Abb. 40: Die Fango-Paraffin-Packung wird an das Kniegelenk angelegt.

sis können mit Fangopackungen auf die anschließende aktive krankengymnastische Übungsbehandlung vorbereitet werden.

Paraffin

Eine Wärmeanwendung ähnlich wie die Peloide, ist das Paraffin. Streng genommen stellen die Paraffinpackungen jedoch keine hydrotherapeutische Maßnahmen dar. Die Wirkung ist rein thermisch. Da Paraffin ebenfalls ein schlechter Wärmeleiter ist, gibt es demzufolge die Wärme nur langsam an den Körper ab. Im Paraffin befindet sich kein Wasser. Feuchtigkeit in Verbindung mit Paraffin kann erhebliche Verbrennungen verursachen. Schweißfeuchte Haut sollte deshalb vorher abgetrocknet werden! Paraffin wird gerne mit Fango zum sog. Parafango vermischt.
Fango-Paraffin-Packungen haben den großen Vorteil der Sauberkeit und der einfachen Anwendung. In Kombination mit Massage oder einer gezielten krankengymnastischen Übungsbehandlung werden Verletzungsrückstände günstig beeinflußt, oft völlig behoben.

Schlammbäder und -packungen

Beim Quellenschlamm handelt es sich um Schlamm vulkanischen Ursprungs, der durch Thermalquellen zutage geführt wird und deshalb sehr heiß ist. Fluß-, See- und Meerschlamm ist Schlamm, der sich an den Mündungsstellen von Flüssen im Meer ablagert. Dieser muß erhitzt werden.
Schlamm kommt für Bäder und Packungen in Frage. Bäder werden an den Herkunftsorten des Schlammes verabreicht. Packungen werden als Teil- oder Ganzpackungen angewendet. Der Schlamm wird unmittelbar auf den Körper aufgetragen. Die Dauer der Packung beträgt ca. 20 bis 30 Minuten. Anschließend erfolgt eine Abspülung mit warmem Wasser.
Bei Sportverletzungen, besonders bei alten chronischen Verletzungsrückständen, ist die ideale Anwendung von heißen Schlammpackungen angezeigt. Bei Sportschäden ist die Anwendung von heißem Schlamm ebenfalls als Vorbereitung und Ergänzung in Verbindung mit anderen physikalisch-therapeutischen Maßnahmen indiziert.

2. Heiße Rolle

Die Heiße Rolle ist eine weitere sehr praktische lokale Wärmemaßnahme. Bei Sportverletzungen und -schäden wird sie gerne angewandt, weil die Mittel dazu immer vorhanden sind.
Fünf nicht zu große Frottiertücher werden benötigt. Zunächst werden vier der Länge nach gefaltet. Nun wickelt man das erste Tuch zu einer Rolle auf, ähnlich einer elastischen Binde, und zwar so, daß sich an der Faltkante eine spiralförmige Spitze herausschiebt.

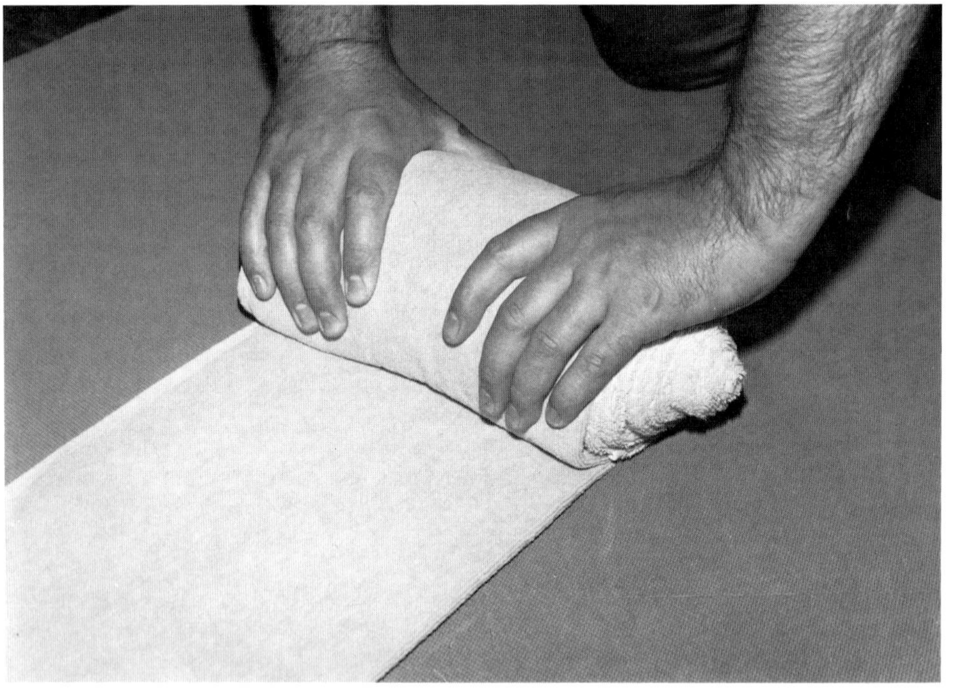

Abb. 41: Heiße Rolle, die Handtücher werden aufgerollt.

Auf der Gegenseite entsteht dadurch eine entsprechende trichterartige Vertiefung. Es folgt das zweite Frottiertuch, welches in gleicher Weise darübergewickelt wird. Das dritte und vierte Tuch wickelt man zylindrisch um die beiden ersten. Die Spitze und der Trichter werden nicht weiter vertieft. Das fünfte Tuch hält man noch zurück. Wichtig ist, die Tücher so fest wie möglich zu einer Rolle aufzuwickeln, damit später kein Wasser heraustropfen kann. Ist die Rolle soweit vorbereitet, gießt man in die trichterförmige Vertiefung einen Liter kochendes Wasser.
Die vier Tücher saugen das Wasser restlos auf. Nun schlägt man das fünfte Frottiertuch um die Rolle herum, so daß auf jeder Seite ein wenig vom Tuch übersteht. Das ist wichtig, damit der Therapeut die Rolle gut anfassen kann. Die Anwendung ist dann relativ einfach. Mit sanftem Druck führt man sie auf die zu behandelnde Stelle. Nach kurzer Berührungszeit hebt man sie einen Augenblick lang ab und legt sie kurz danach wieder auf. In dieser Form geht es in rhythmischem Wechsel weiter, bis sich die Haut an die Hitze gewöhnt hat. Ist dieser Punkt erreicht, läßt man die Rolle immer etwas länger und schließlich ganz auf der Haut liegen. Damit werden sanfte, massierende Bewegungen durchgeführt. Eine Auskühlungsgefahr besteht nicht, denn erstens speichert die Haut hohe Wärmegrade, und zweitens wird die Rolle während der Behandlung immer wieder in kurzen Zeitabständen erneut über das gesamte Hautgebiet geführt. Bereits nach kurzer Behandlungsdauer zeigt sich eine intensive Rötung der Haut, die noch lange anhält. Wenn das äußere Tuch nicht mehr heiß genug ist, wickelt man es langsam ab.
Die Heiße Rolle speichert die Anfangstemperatur bis zuletzt und bis in den innersten Kern fast unverändert. Nach und nach rollt man nun die Tücher ab. Das Abrolltempo

Abb. 42: Das kochende Wasser wird in den Trichter aus Handtüchern eingegossen.

richtet sich nach der Abkühlungsgeschwindigkeit der jeweils äußeren Tuchschicht und nach der Wärmeempfindlichkeit des zu behandelnden Patienten. Das letzte Tuch wird nicht ganz abgerollt, sondern der Therapeut breitet es über die zu behandelnde Stelle aus und läßt es solange darauf liegen, bis der Patient kein Hitzegefühl mehr wahrnimmt. – Eine Behandlung mit der Heißen Rolle dauert etwa 15 Minuten. Das Positive an der Heißen Rolle ist die Möglichkeit der individuellen Anpassung. Sie gestattet eine in weiten Grenzen abstufbare Dosierung von milden bis hohen Wärmegraden.

Die Heiße Rolle kann vorzüglich bei Sportlern mit Überlastungsbeschwerden im Bereich der Wirbelsäule angewandt werden.

Eine ähnliche Wirkung wie die Heiße Rolle hat die Behandlung einer Glühlichtbestrahlung in Verbindung mit einem feuchtheißen Tuch. Bei Sportlern wird diese Kombination der einfachen Handhabung wegen bevorzugt. Dem Sportler wird das feuchtheiße Tuch auf den zu behandelnden Körperteil gelegt. Nun wird der Glühlichtbogen darübergestellt. Die Anwendungsdauer beträgt 15–20 Minuten. Hyperämisierende Salben können zusätzlich die Durchblutung verbessern.

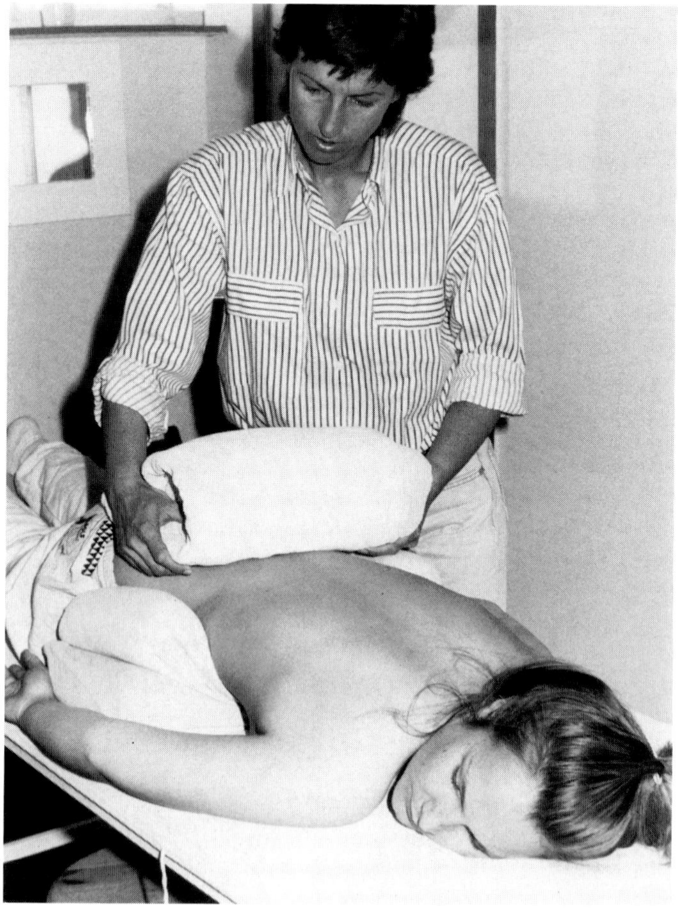

Abb. 43: Behandlung der Muskulatur der Lendenwirbelsäule mit der Heißen Rolle.

3. Kälteanwendungen

Einführung

Unter Kälteanwendungen versteht man verschiedene Formen von Umschlägen, Packungen, Abreibungen, Abtupfungen mit Eis, Schnee und kaltem Wasser. Neben diesen natürlichen Kühlmitteln stehen heute Kühlsprays und vorgefertigte Kühlpackungen auf chemischer Basis zur Verfügung. Durch Kälteanwendungen können zahlreiche Sportverletzungen günstig beeinflußt werden. Dabei richtet sich die Art und Form der Kälteanwendung nach der Lokalisation und dem Ausmaß der Verletzung.

Geschichtlich geht die Beeinflussung von Sportverletzungen mit Kälte weit zurück. Eis und Schnee wurden seit alters her zur Blutstillung verwendet. Um die Jahrhundertwende benutzte man das Eis vorwiegend zur Anästhesie. In jüngerer Zeit traten, bedingt durch die Möglichkeit der Kühlung auf chemischer Basis, die Kälteanwendungen in der Traumatologie und bei den Sportverletzungen immer stärker in den Vordergrund. – Die Kälteanwendungen unterstützen die aktiven krankengymnastischen Übungsbehandlungen. In der präventiven und therapeutischen Anwendung bei Sportverletzungen haben sie sich allein und in Verbindung mit anderen Maßnahmen der physikalischen Therapie bewährt.

Physiologische Wirkungen

Durch das Bestreben des menschlichen Körpers, die Kerntemperatur konstant zu halten, entsteht ein Steuermechanismus, der die Wärmebildung und die Abgabe der Wärme regelt. Die Gebiete des Körpers werden nach *Aschoff* in Schalen- und Kerngebiete eingeteilt. Das Kerngebiet umschließt die Brust- und Bauchorgane sowie den Kopf, das Schalengebiet, die Körperoberfläche mit Haut und Muskulatur.
Auf Kälteanwendungen erfolgen verschiedene Reaktionen des Körpers.
Als Reaktion ist zunächst die Gefäßverengung, Vasokonstriktion, zu nennen. Dieser schließt sich reflektorisch eine Gefäßerweiterung, Vasodilatation, an. Sie wird als reaktive Hyperämie bezeichnet. Außerdem wird durch Abkühlung eine Senkung der Schmerzempfindlichkeit erreicht. Eine sofortige Anwendung in der akuten Phase nach einer Sportverletzung bewirkt eine rasche Schmerzlinderung. Diese erfolgt über die Beeinflussung der Rezeptoren. Die Rezeptoren der Temperaturempfindung liegen dicht bei denen der Schmerzwahrnehmung. Eine Analgesie kann dann auftreten, wenn die Oberflächentemperatur bei 12–13° C und darunter liegt, ein Vorgang, der in der akuten Kühlphase durch die Kälteanwendung erreicht wird.
Unter neurophysiologischen Aspekten ist die Wirkung von Kälteanwendungen auf die Muskel- und Sehnenspindeln je nach Anwendungsdauer unterschiedlich und von besonderer Bedeutung. Letztlich kommt es auch zu einem generalisiertem Effekt an dem Vegetativum und die damit verbundene tonussenkende Wirkung. Entscheidend für die Gesamtwirkungen durch Kälteanwendungen ist die Anwendungsdauer und die Konstanterhaltung bestimmter Temperaturen.

Akute Phase

Die Eisanwendung in der akuten Kühlphase vermeidet Gewebsveränderungen sowie Ödeme und Hämatome bei Weichteilverletzungen. Dies wird hervorgerufen durch die Gefäßverengung. Ein Blutstillstand tritt ein, die Hämatombildung wird weitgehend eingeschränkt oder gestoppt. Die Heilung wird gefördert.
Der Vorgang der Gefäßverengung dauert jedoch nur maximal 15 Minuten. In der therapeutischen Anwendung nach frischen Sportverletzungen hat sich eine Behandlungsdauer bis 12 Minuten bewährt. Danach wird die Kühlphase 10 Minuten unterbrochen. In dieser Pause wird das verletzte Gebiet möglichst entlastet, hochgelagert und mit einem

Kompressionsverband versehen. Nun wiederholt sich im Intervall mehrfach der Kühlvorgang und die Pause. Die Gesamtdauer der Kälteanwendung richtet sich bei akuten Sportverletzungen nach Ausmaß der Schädigung. Zwei, maximal vier Stunden, genügen, um die Blutung zum Stillstand zu bringen.
Zur Schmerzlinderung, weiteren Hämatomrückbildung und Bewegungserleichterung sollte der Athlet in den folgenden zwei Tagen nach der akuten Kühlphase die Kälteanwendung so oft wie möglich wiederholen. Ab dem zweiten Tag stellt die Eisbehandlung ergänzende und vorbereitende Maßnahmen der sich anschließenden aktiven krankengymnastischen Übungsbehandlung dar.

Rehabilitative Phase

Die rehabilitative Phase schließt sich an die akute an. Die Kombination mit aktiven krankengymnastischen Übungen steht dabei im Vordergrund. Dadurch werden Schmerzen gemildert, bis die normale und später die volle Sportbelastbarkeit erreicht wird. Passive Bewegungsübungen sind kontraindiziert, da sie Mikrotraumen hervorrufen können.
Im Gegensatz zur akuten Phase wird in der rehabilitativen Phase durch die Gefäßerweiterung eine starke reaktive Hyperämie hervorgerufen. Die gesteigerte Absorption beschleunigt die Heilung, und eine Verminderung der Weichteilverklebungen wird zusätzlich erreicht.
Mehrmalige, kurzzeitige Kälteanwendungen, die mit krankengymnastischen Übungen kombiniert werden, stehen im Vordergrund.
Nach längerer Ruhigstellung haben sich Eisanwendungen als Vorbereitung der krankengymnastischen Übungsbehandlung bewährt. Auch hier werden die betroffenen Gebiete mit Kühlbeutel oder Eistuch völlig umschlossen.

Beispiele der Eisanwendung

Am Ellenbogengelenk bei Speerwerfern und Tennisspielern ist die Eismassage angezeigt; gleichfalls bei Sprintern, Mittel- und Langstreckenläufern sowie bei Turnern im Bereich der Achillessehne und ischiocruralen Muskelgruppe. Zur Vorbeugung und Behandlung von Muskelkrämpfen sind Eiseinreibungen zu empfehlen, um Ermüdungen und Verspannungen einzuschränken.

Eiswürfel

Diese Kälteanwendung ist geeignet für Verletzungen im Bereich der Hand, der Finger, des Ellenbogengelenkes sowie im Bereich des Fußes.
Bei der Behandlung einer Ellenbogenkontusion wird eine rasche Schmerzlinderung und Restitution des vollen Bewegungsumfanges ermöglicht, wenn mit kreisenden Bewegungen das schmerzende Gebiet mit Eiswürfeln massiert wird.

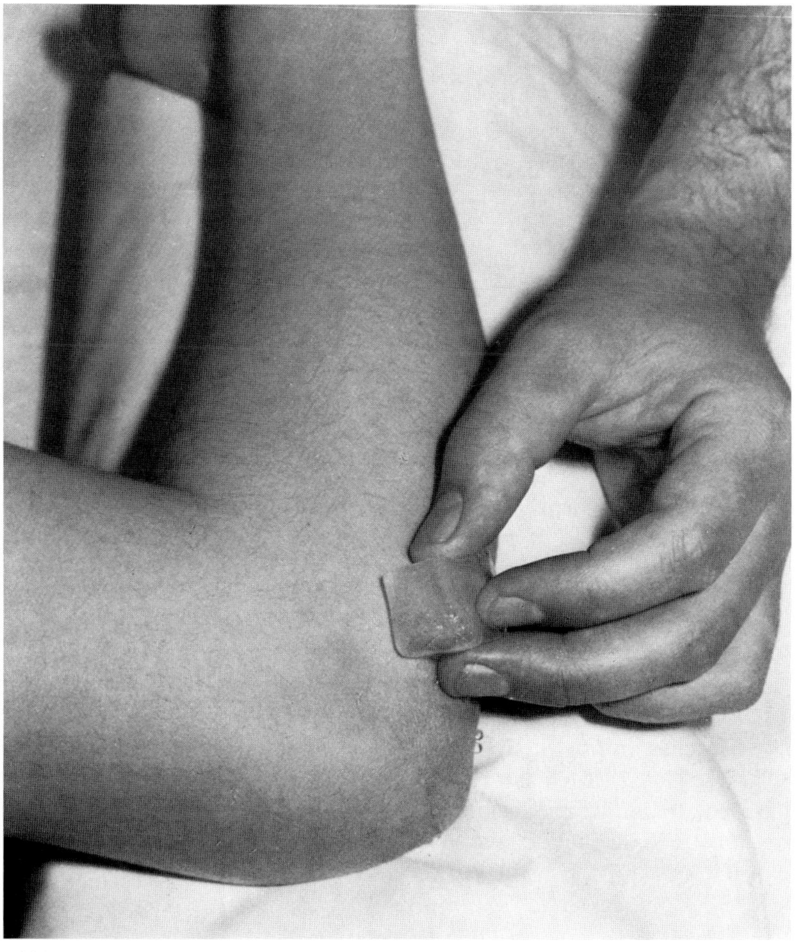

Abb. 44: Eismassage mit Eisstückchen am Ellenbogengelenk, z. B. bei Epicondylitis humeri.

Eisstange

Die Herstellung erfolgt durch Eingießen von Wasser in einen Plastikschlauch von etwa 10 cm Länge und 2 cm Durchmesser. Beide Enden werden nach Einfüllen des Wassers mit Knetmasse verschlossen. Der Schlauch wird im Tiefkühlfach des Kühlschrankes gefroren. Die Anwendung der Eisstange eignet sich besonders an schwer zugänglichen Körperabschnitten, z. B. zwischen Finger- und Zehengrundgelenken. Finger- und Zehengrundgelenke sind häufig Anlaß kleiner Kapselanrisse, besonders gefährdet sind Torleute im Fuß- und Handball, aber auch Volleyball und Mattensport. Auch hier erfolgt die Eismassage, ähnlich der des Eiswürfels, in kreisenden Bewegungen auf und zwischen den Grundgelenken.

Eisblock

Bei mittleren und großen Hämatomen, die eine breitflächige Anwendung erfordern, eignet sich der Eisblock besonders. Stumpfe Verletzungen, wie der sog. "Pferdekuß", lassen sich durch Auflegen und Abreiben mit dem Eisblock günstig beeinflussen. Ein mit Wasser gefüllter Plastik- oder Papierbecher (Joghurtbecher) mit einem Mundspachtel versehen, wird zur Herstellung des Eisblocks in das Tiefkühlfach des Kühlschrankes gestellt.
Die Eismassage mit dem Eisblock kommt bei größeren Verletzungen, wie z. B. Kniedistorsionen, Rücken- oder Beckenprellungen etc., zur Anwendung.

Eisbeutel

Zerkleinerte Eisstückchen werden in einen Plastik- oder Gummibeutel gefüllt. Breitflächiges Auflegen auf eine verletzte Körperregion oder als Kompresse stellen das Anwendungsgebiet dar. Auch in Verbindung mit einem Kompressionsverband kann ein Eisbeutel fixiert werden.

Eistuch

Zur Herstellung des Eistuches empfiehlt sich die Zugabe einer Kochsalzlösung von ca. ½ kg auf 5 Liter Wasser. Das Eistuch ist zur Auflage an allen Gelenken besonders geeignet. Es läßt sich ideal an den Körper anmodellieren und hat somit den Vorteil einer zirkulären Kühlung. Frotteehandtücher, die in einen mit Eischips gefüllten Eimer getaucht werden, können ebenfalls großflächig verwendet werden.

Eisbad

Das Eintauchen von Extremitäten in einen mit Wasser und Eis gefüllten Behälter wird als Eisteilbad bezeichnet. Ein Ganzkörpereisbad ist in der Badewanne möglich. Die betreffenden Extremitäten werden bis zum Eintreten des Kälteschmerzes in das Eisbad getaucht. Zur Verstärkung des Effekts kann dies mehrmals wiederholt werden. Diese Form der Anwendung empfiehlt sich vor allem bei Verletzungen an Händen und Füßen, wie z. B. Faustball, Volleyball, Basketball und Handball. Bei Verletzungen oder Überlastungen der Finger werden im Eisbad aktive krankengymnastische Übungen durchgeführt, z. B. Greif- und Geschicklichkeitsübungen.

Vereisungssprays

Kühlspray und Chloraethyl eignen sich für punktuelle und lokale Kühlung der Hautoberfläche. Diese beiden Arten der Oberflächenkühlung werden bei stumpfen, traumati-

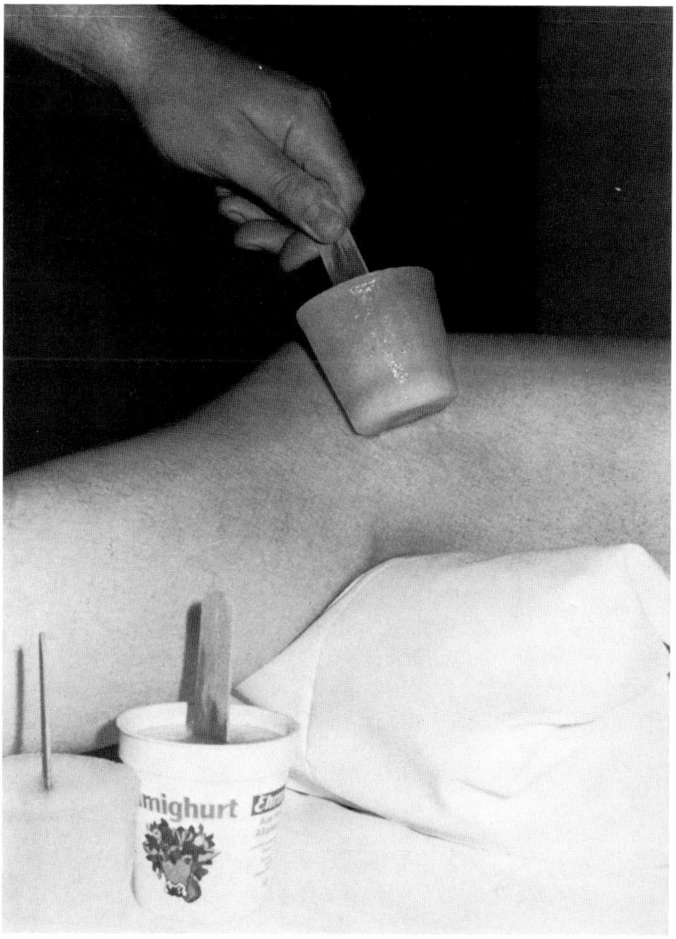

Abb. 45: Eismassage mit dem Eisblock bei einer Knieaußenbandläsion. Der Eisblock wird mit einem Holzspatel versehen in einem Pappbecher hergestellt.

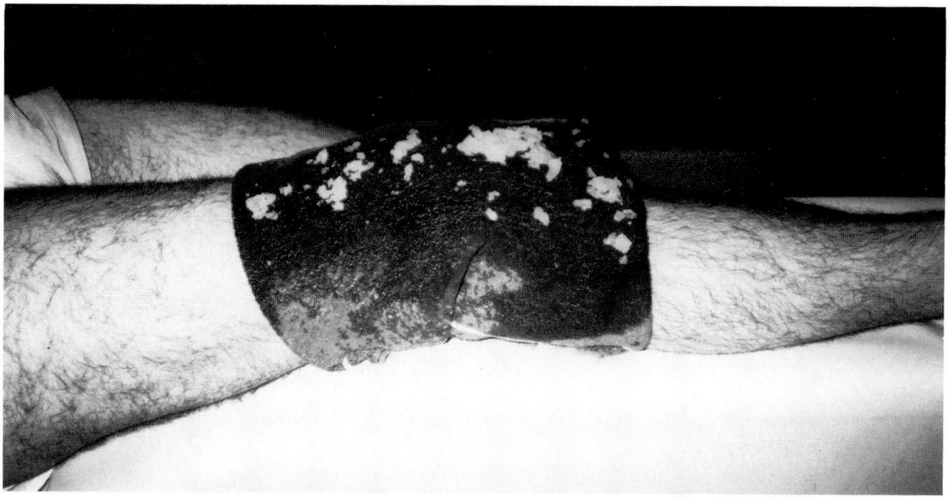

Abb. 46: Eistuch am Kniegelenk als zirkuläre Kühlung.

schen Verletzungen, z. B. auf Fuß, Unter- und Oberschenkel, sowie Arme und Schultergürtel angewendet. Hier kann eine rasche Kühlung erreicht werden besonders bei Verletzungen in Spielsportarten wie Fußball, Handball, Basketball und Hockey.

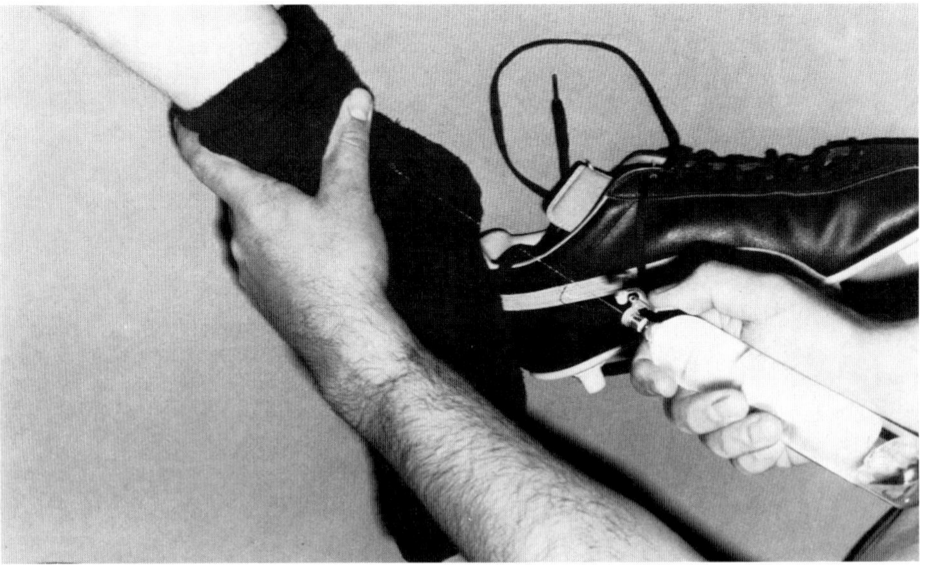

Abb. 47: Punktuelle Kühlung einer Sprunggelenkdistorsion als Sofortmaßnahme durch den Fußballstutzen mit Chloraethyl.

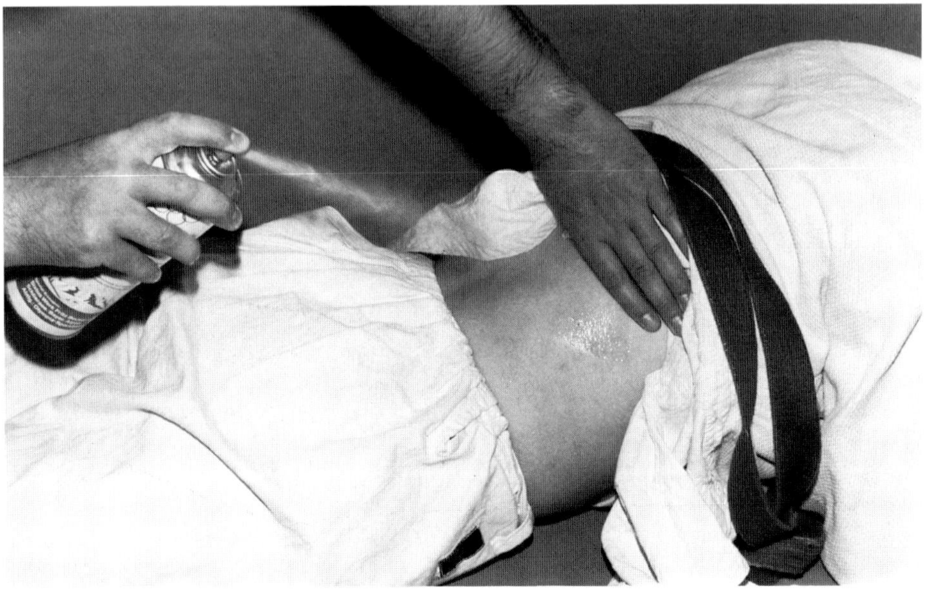

Abb. 48: Großflächiges Aufsprühen von Kühlspray bei einer stumpfen Thoraxverletzung bei einem Judokämpfer.

Der Abstand der Körperoberfläche während des Sprühvorganges soll 30–40 cm betragen. Zur Verhinderung von Hautschäden darf der Sprühvorgang nur ca. 3 Sek. dauern und kann mehrmals wiederholt werden. Der Kältefilm soll verstrichen werden. Das Aufsprühen ist auch durch einen Fußballstutzen oder durch die Sportkleidung möglich und verringert die Gefahr von Erfrierungen.

Coolpac

Man unterscheidet zwei Arten von Coolpacs. In dem einen entsteht Kälte durch das Zusammenfließen von chemischen Flüssigkeiten, die sich in zwei verschiedenen Kammern befinden. Andere Coolpacs werden im Gefrierfach vorbereitet. In ihnen befindet sich eine gallertartige Masse, die als Kälteträger dient. Beide Arten von Coolpacs sind gut an die Körperoberfläche modellierbar. Sie können auch durch einen Kompressionsverband fixiert werden.

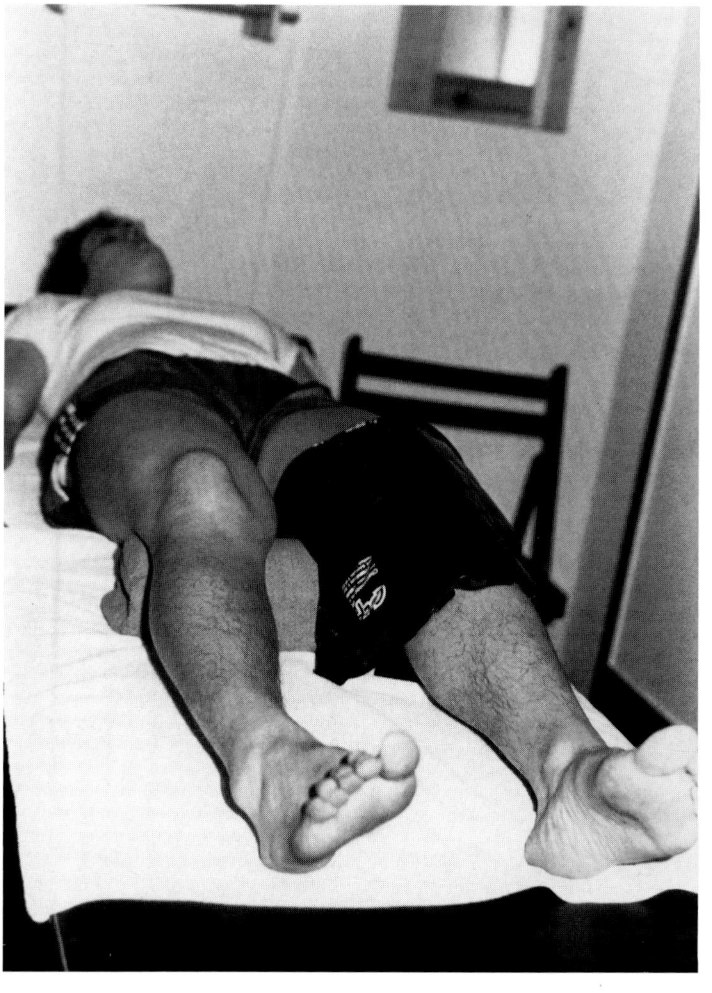

Abb. 49: Coolpac am Kniegelenk.

Kontraindikationen

Kontraindikationen bilden: Kälteempfindlichkeit, Sensibilitätsstörungen, offene Verletzungen, Erkrankungen von Nieren und Blase sowie arterielle Durchblutungsstörungen.

Zusammenfassung

Kälteanwendungen in der Behandlung von Sportverletzungen haben sich vielfach bewährt. In Verbindung mit aktiven krankengymnastischen und anderen physikalischen Maßnahmen werden gute Erfolge bei richtiger Dosierung erzielt.

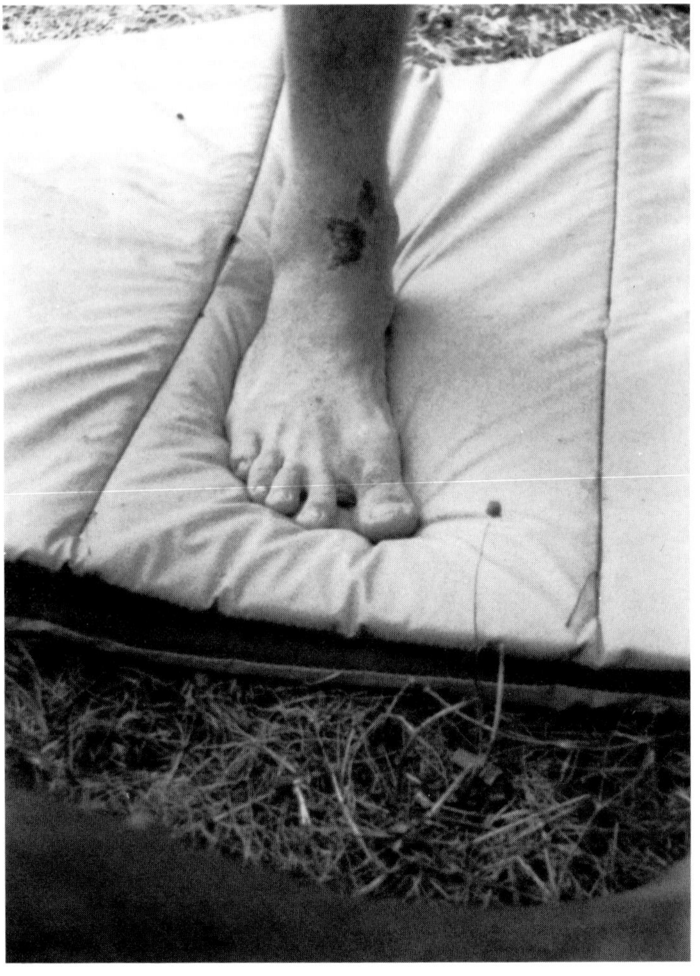

Abb. 50: Hautschädigung durch falsche Anwendung von Vereisungssprays.

Anwendungsschema

Anwendungsform	Anwendungsgebiet	Art der Verletzung	Durchführung
1. Eiswürfel	kleine Gelenke und kleine Flächen	Prellung, Verstauchung und gedeckte Weichteilverletzungen	kreisende Bewegung auf und um die Verletzung
2. Eisstange	mittlere Flächen	s. o.	Anwendung an schwer zugänglichen Körperstellen
3. Eisblock	große Gelenke und große Flächen	s. o.	kreisende Bewegung auf und um größere Verletzungsgebiete
4. Eisbeutel	große Gelenke und große Flächen	s. o.	breitflächiges Auflegen auf verletzte Gebiete und als Kompresse anwendbar
5. Eistuch	Gelenke, Nacken und Extremitäten	s. o. und Wärmestau	breitflächiges Auflegen und Anmodellieren am verletzten Gebiet und als Kompresse anwendbar
6. Eisbad	Körperteile, der ganze Körper	s. o.	großflächiges Eintauchen von Körperabschnitten oder des ganzen Körpers
7. Vereisungsspray	alle Gebiete außer Gesicht und offene Wunden	s. o.	Aufsprühen auf die Haut mit 20–40 cm Abstand
8. Coolpac	Gelenke und Flächen	s. o.	Auflegen auf verletzte Gebiete, auch als Kompresse anwendbar

4. Hydrotherapie und Balneotherapie

Geschichte

Schon vor Christi Geburt war den Römern das Kalt- und Warmbaden bekannt. Die jungen Römer hatten die Gewohnheit, nach ihren gymnastischen Übungen auf dem Marsfeld zur Erfrischung im nahen Tiber zu baden. Von 129–201 n. Chr. hat Galen, Arzt an der Gladiatorenschule seiner Heimatstadt Pergamon und später in Rom, mit seiner umfassenden Krankheitslehre die Entwicklung der Heilkunde bereichert. Er erwähnt schon in seinen Büchern häufig die Bäder, unterscheidet schon Vollbäder von Teilbädern, er kennt die kalten Übergießungen und gibt dafür genaue Anwendungsvorschriften.
In der Neuzeit erkennen Ärzte das kalte Wasser als eine wichtige Behandlungsmethode an. Mit dem gleichen Arzt John Floyer (1649–1714) nimmt die Wasserheilkunde einen neuen Aufschwung. Floyer betonte, daß nicht nur das Baden in heiligen Quellen Erfolg verspreche, wie man im Mittelalter annahm, sondern daß das kalte Wasser überall die gleiche heilsame Wirkung entfalte.
In Deutschland lenkte erstmals 1694 Johann Gottfried de Berger die Aufmerksamkeit auf die durch Floyer eingeführten kalten Bäder. Um 1700 waren es die Ärzte Siegmund Hahn und sein Sohn Lorenz, die sich mit der Wasserheilkunde in Deutschland befaßten. Hahn gab ausführliche Vorschriften und beschrieb die einzelnen Bäder und ihre Anwendung bei bestimmten Krankheiten. 1845 fand der Pfarrer Sebastian Kneipp während seiner Studienzeit ein Büchlein über die Wasserheilkunde. Da er selbst krank war, erprobte er die in diesem Buch beschriebenen Anwendungen an sich selbst. 1880 wurde Sebastian Kneipp Pfarrer in Wörishofen. Dort wurde 1889 die erste Badeanstalt errichtet. Kneipp wurde einer der größten Ausgestalter der Wasserheilkunde.

Einführung

Die Hydrotherapie umfaßt alle äußeren Anwendungen von Wasser zu Heilzwecken. Dabei wirkt das Wasser im wesentlichen als Träger von Wärme und Kälte. Neben diesen thermischen Reizen spielen dabei verschiedene mechanische und chemische Reize eine Rolle. Hydrotherapeutische Maßnahmen sind in vielen Fällen eine gute Vorbereitung, Ergänzung und Begleitung der aktiven krankengymnastischen Übungsbehandlung. Sie wirken auf die Körperoberfläche und auf den gesamten Organismus ein. Nicht nur der Blutkreislauf und der Wärmehaushalt, sondern Stoffwechsel, Nervensystem, Zusammensetzung des Blutes, die Sekretion verschiedener Drüsen und auch die Psyche werden beeinflußt.
Wärme stellt nach den heutigen Vorstellungen Bewegungsenergie, d.h. die Bewegung kleinster Teilchen, der Moleküle und Atome, dar.
Kälte läßt sich physikalisch nicht definieren, denn alles, was über dem absoluten Nullpunkt von 273° C minus liegt, ist Wärmebewegung, die nur je nach dem Temperaturgrad schwächer oder stärker ist. Kälte ist vielmehr ein physiologischer Begriff, der

Ausdruck einer gewissen, meist unangenehmen Empfindung, die bei der Einwirkung niedriger Temperaturgrade auftritt.
Was empfindet man nun als warm oder als kalt? Alles was kälter ist als die Haut, wird als kalt und alles was wärmer ist als die Haut, wird als warm bezeichnet. Dies trifft jedoch nur bedingt zu. Entkleidet man sich in einem mit 22° C temperierten Raum, so wird diese Temperatur weder als kalt noch als warm empfunden. Diese Temperatur wird als indifferent bezeichnet. Anders sieht es aus, wenn man ein Bad mit 22° C besteigt. Es kommt einem spürbar kälter vor, obwohl es die gleiche Temperatur hat. Das Wasser ist ein besserer Wärmeleiter als die Luft. Dem Körper wird also in der gleichen Zeit mehr Wärme entzogen. Für die Temperaturempfindung ist demnach nicht allein die absolute Temperatur des umgebenden Mediums, sondern auch dessen Wärmeleitvermögen maßgebend. Je besser das Wärmeleitvermögen eines Körpers ist, den man berührt, um so kälter wird er empfunden, falls seine Temperatur unter dem Indifferenzpunkt liegt. Wasser erscheint dem Menschen bei gleicher Temperatur kälter als die Luft. Umgekehrt wird ein solcher Körper wärmer empfunden, wenn seine Temperatur über dem Indifferenzpunt liegt. Ein Wasserbad von 40° C erscheint dem Menschen daher wärmer als ein Luftbad bei gleicher Temperatur. Der Indifferenzpunkt stellt also die Temperatur dar, die weder als warm noch als kalt empfunden wird. Sie ist jedoch nicht fixiert, sondern hängt von folgenden Faktoren ab:

Hauttemperatur
Konstitution
chemische und mechanische Faktoren

Aus diesen Gründen unterliegt der Indifferenzpunkt einer beachtlichen Schwankung. Man spricht daher besser vom Indifferenzbereich als vom Indifferenzpunkt.

Richtlinien für die Wassertemperaturen

brunnenkalt	10–12° C
kalt	unter 30° C
lau oder kühl	30–33° C
indifferent	34–36° C
warm	36–38° C
sehr warm	38–40° C
heiß	40–45° C

Der Toleranzpunkt beim Menschen ist der Wärmegrad, der eben noch, ohne Schaden zu nehmen, ertragen werden kann. Unter normalen Voraussetzungen liegt er bei 45–46° C.

Thermische Wirkungen

Wärme- und Kältereize sprechen primär die Wärme- und Kälterezeptoren in der Haut an und führen zur Reizbeantwortung des Körpers, deren Intensität mit der Reizgröße im ursächlichen Zusammenhang steht. Der Mensch ist bestrebt, durch einen ausgeglichenen

Wärmehaushalt in seinem Organismus eine für den Ablauf aller lebenswichtigen Prozesse optimale Temperatur zu erhalten.
Physiologisch sind die Wirkungen von Wärme- und Kältereize auf den Körper wie folgt zu erklären: Stoffwechselvorgänge erzeugen im Körper Eigenwärme. Droht dem Körper eine Überwärmung von innen, beginnt er zu schwitzen. Schweiß verdunstet auf der Haut und sorgt damit für Abkühlung; man spricht von der Verdunstungskälte. Werden aber die natürlichen Regulationseinrichtungen verhindert, etwa dadurch, daß die Wärmeabstrahlung und die Schweißverdunstung negativ beeinflußt werden, steigt sofort die Körpertemperatur an. Das gleiche würde geschehen, wenn man dem Körper von außen Wärme in entsprechenden Graden zuleitet wie dies bei den Überwärmungsbädern der Fall ist.
Anders verhält sich der Körper bei einer Unterkühlung. Hierbei erhöht er die Wärmeproduktion durch Steigerung der Stoffwechselvorgänge und durch Muskelbewegungen in Form von Schüttelfrost. So sucht der Körper den Wärmehaushalt zu regulieren. Um noch einmal auf die Schweißbildung zurückzukommen, sie ist nicht allein als temperaturregelnder Faktor von Bedeutung, sondern spielt auch bei den Ausscheidungsprozessen eine wichtige Rolle. Der Schweiß enthält außer Wasser noch gas- und wasserlösliche Stoffe. Als Hauptanteil ist das Kochsalz bekannt, außerdem noch Harnstoffe, Harnsäure, Milchsäure, Fettsäuren und andere Bestandteile. Mit einem Liter Schweiß werden etwa 5 Gramm Kochsalz und ebensoviele andere Stoffe ausgeschieden. Auf eine zu starke Mineralausscheidung allerdings, wie dies im Hochleistungssport vorkommt, reagiert der Körper mit Muskelkrämpfen.
Was das Gefäßsystem betrifft, ist noch folgendes zu sagen:
Das gesunde Gefäßsystem antwortet auf Wärme und Kälte mit einer Gefäßreaktion. Wärme erweitert die Gefäße, Kälte dagegen zieht sie zusammen. Bei einer längeren Kälteanwendung kommt es ebenfalls zur Gefäßerweiterung, einer vermehrten Durchblutung, der sog. reaktiven Hyperämie. Die Gefäßerweiterung erstreckt sich auf die Kapillaren, Arterien und Venen. Ferner kommt es zu einer echten Neuerschließung bestehender Kapillargebiete, Rötung der Haut, wobei der Gefäßtonus trotz Erweiterung erhalten bleibt.

Mechanische Wirkungen

1. Hydrostatischer Druck

Der hydrostatische Druck ist der auf einer bestimmten Fläche lastende Wasserdruck. Er ist abhängig von der Säulenhöhe, von der Dichte des Mediums und von der Erdbeschleunigung. Der hydrostatische Druck nimmt linear mit der Höhe der Wassersäule zu und erreicht in 10 m Tiefe eine Atmosphäre (atü) oder 760 mm Hg.
Auf den menschlichen Körper übertragen bedeutet das, je tiefer man ins Wasser steigt, desto größer wird der Druck auf die Körperoberfläche. Steht der Mensch etwa bis zur Hälfte im Wasser, so begünstigt der hydrostatische Druck die Rückstromförderung der Gefäße in den Beinen. Bei Ganzkörperanwendungen wirken sich die Druckverhältnisse auf Herz und Blutgefäße aus. Beim Schwimmer fördert der Wasserdruck nicht nur die Ausatmung, sondern wirkt auch auf die Einatmung im Sinne eines Widerstandes. Dies

fördert die Entwicklung des Brustkorbes beim Schwimmer. In diesem Zusammenhang ist noch zu erwähnen, daß der hydrostatische Druck und die Temperatur des Wassers gegensätzlich wirken können. Der Druck bewirkt nämlich eine leichte Kompression, warme Wassertemperaturen dagegen eine Erweiterung der Gefäße. Läßt nun der Druck nach, so kann sich die Temperatur ungehindert auswirken. Daraus resultiert eine Erweiterung der Gefäße und ein «Versacken» des Blutes in die Peripherie. Hierbei kommt es zum Kollaps. Oft geschieht dies beim Aussteigen aus dem Vollbad. Kreislauflabile Menschen sollten daher vor dem Verlassen der Wanne so lange sitzen bleiben, bis das Wasser abgelaufen ist.

2. Auftriebskraft

Physikalisch gesehen ist der Auftrieb eines in Flüssigkeit eingetauchten festen Körpers gleich dem Gewicht des von ihm verdrängten Flüssigkeitsvolumens – *Archimedes*'sches Prinzip.
In einem einfachen Vollbad beträgt das effektive Körpergewicht einer ca. 70 kg schweren Person nur noch ca. 7 kg, wenn der Kopf noch aus dem Wasser ragt.
Aufgrund der scheinbaren Verringerung des Körpergewichtes im Wasser stellt die Auftriebskraft, besonders für die Bewegungstherapie im Wasser, einen äußerst wichtigen Faktor dar.

3. Reibungswiderstand

In enger Verbindung mit der Auftriebskraft stellt der Reibungswiderstand des Wassers eine ebenfalls beachtenswerte therapeutische Hilfe dar. Er ist abhängig von der Angriffsfläche = Größe des Körpers und der Schnelligkeit einer im Wasser ausgeführten Bewegung.
Je größer die Angriffsfläche und je schneller die Bewegung, desto größer ist der Reibungswiderstand und umgekehrt.
Therapeutisch wird der Reibungswiderstand ausgenutzt, um leistungsschwache Muskeln wieder zu kräftigen. Außerdem stellt er einen koordinierenden Führungseffekt bei Bewegungen im Wasser dar.

I. Bäder

Die Bäder werden eingeteilt in Voll-, Dreiviertel- und Halbbäder. Eine weitere Gruppe stellen die Teilbäder dar. Hier unterscheidet man Sitz-, Arm-, Bein- und Fußbäder. Die Wassertemperaturen für Bäder werden folgendermaßen eingeteilt:

1. Kalte Bäder – unter 30° C meist in Verbindung mit Heißluft- oder Dampfbehandlungen.

2. Kühle Bäder – bis 33° C als Bürstenbad, Luftsprudelbad, Kohlensäurebad
3. Indifferente Bäder – 34–36° C für Unterwassermassagen
4. Warme Bäder – 36–38° C fast immer mit Zusätzen
5. Heiße Bäder – über 40° C mit meist kurzer Dauer
6. Wechselbäder – Teilbäder mit Warm/Kalt im Wechsel
7. Ansteigende Bäder – von 34–42° C ausgehend vom Indifferenzbereich.

Zur Anwendung in der therapeutischen Praxis kommen vorwiegend die einfachen Bäder, die Wechselbäder und die ansteigenden Bäder.

Einfache Bäder

Einfache Bäder weisen keine wesentlichen Temperaturänderungen auf, d. h. die Anfangstemperatur unterscheidet sich kaum von der Endtemperatur. Es kommen alle Temperaturgrade zur Anwendung, die gebräuchlich sind, siehe 1. bis 5.

Abb. 51: Fußwechselbad.

Wechselbäder

Die Wechselbäder stellen eine im Wechsel sich wiederholende Wärme- und Kälteeinwirkung dar. Sie kommen überwiegend als Teilbäder in Frage. Eine Reizsteigerung wird erreicht. Die Dosierung läßt sich äußerst fein abstufen. Sie hängt ab vom Umfang der Anwendung, der Temperatur des warmen und kalten Wassers sowie der Häufigkeit der Wechsel. Als allgemeine Regel gilt: Warm beginnen, kalt beenden.

Beispiel: Wechselfußbad	Temperatur:	warm 38–42° C
		kalt bis 20° C
	Dauer:	warm ca. 3 Minuten
		kalt ca. 30 Sekunden

Indikationen sind gegeben bei chronisch peripheren Durchblutungsstörungen, da eine starke reaktive Hyperämie ohne Herabsetzung des Gefäß- und Muskeltonus, eine sogenannte Gefäßgymnastik, erreicht wird.
Kontraindikationen bei paradoxen Gefäßreaktionen.

Ansteigende Bäder

Die ansteigenden Bäder erfahren eine allmähliche Erhöhung der Wassertemperatur vom Indifferenzbereich ausgehend. Die Behandlung ist um so schonender, je langsamer die Wassertemperatur erhöht wird. Die Endtemperatur sollte nach ca. 15–30 Minuten erreicht sein. Das therapeutische Ziel eines ansteigenden Teilbades ist meist die Herbeiführung einer vegetativen Umstimmung. – Die ansteigenden Bäder wirken sich günstig als Teilbäder bei peripheren Durchblutungsstörungen aus, da hierbei die primäre Gefäßverengung entfällt.
Als besondere Form des ansteigenden Vollbades ist das Überwärmungsbad anzusehen. Das Ziel dieses Bades ist die Erzeugung von fieberähnlichen Körpertemperaturen. Dieser Zustand wird erreicht, da sich der ganze Körper, außer dem Kopf, im Wasser befindet und somit ein Wärmestau eintritt.
Das Überwärmungsbad bewirkt eine maximale Gefäßerweiterung. Die dadurch erzeugte Durchblutungssteigerung spezieller Organsysteme führt zu einer Funktionsanregung des Stoffwechsels. Die Anfangstemperatur ist indifferent ca. 36° C. Die Steigerung der Temperatur erfolgt etwa alle 5 Minuten um 1–2° C. Die Endtemperatur beträgt ca. 42° C, was sich jedoch nach den Krankheitsbildern richtet.
Indikationen bei chronisch rheumatischen Gelenk-/Muskelerkrankungen und Wirbelsäulenbeschwerden. Kontraindikationen bei Herz- und Kreislauflabilitäten, coronaren Durchblutungsstörungen, Infarktgefahr und Arteriosklerose.

Bäder mit Zusätzen

Die Vollbäder werden je nach Inhaltsstoffen des Wassers eingeteilt. Man unterscheidet drei große Gruppen:

Aromatische Bäder
Mineralbäder
Physikalische Bäder

Aromatische Bäder

Hierunter versteht man diejenigen Bäder, die durch die Extrakte aromatischer Kräuter und Hölzer einen gewissen Hautreiz ausüben. Die Wirkung beruht auf das Vorhandensein ätherischer Öle. Das bekannteste aromatische Bad ist das Fichtennadelbad. Dieses Bad beeinflußt Schlaflosigkeit, nervöse Störungen, rheumatische Beschwerden und verminderte Hautdurchblutung.
Neben dem Fichtennadelbad wird das Kamillenbad, wegen seiner reizmildernden Wirkung und der Beschleunigung des Heilungsprozesses bei schlecht heilenden Wunden häufig angewandt. Außerdem inhalliert man Kamillendämpfe bei beginnenden Erkältungskrankheiten.

Mineralbäder

Zu den Mineralbädern zählen solche Bäder, die in der Hauptsache Natrium, Kalium und Magnesium als Kationen und Chlor, Schwefeloxyd und Kohlensäure als Anionen enthalten. Die im Wasser gelösten chemischen Stoffe lagern sich teilweise der Hautoberfläche an und einige dringen sogar in sie ein. Diese Stoffe werden über die Blutbahn vom Körper resorbiert. Andererseits erfolgt durch die Schweißsekretion eine Abgabe von Stoffen. Diese Austauschvorgänge bewirken eine Änderung des Mineralbestandes der Haut, der sog. Transmineralisation.
Als bekanntestes medizinisches Bad kennen wir das Kochsalz- oder Solebad. Die Solebäder enthalten vor allem Chlor- oder Natriumionen. Als Kochsalzquellen bezeichnet man diejenigen Quellen, die mindestens 1 g Kochsalz pro Liter Wasser enthalten; als Solequellen solche, die mehr als 15 g pro Liter enthalten. Die meisten Kochsalzquellen verfügen außerdem noch über einen größeren Gehalt an anderen Mineralsalzen, insbesondere Kalzium-Magnesiumchlorid. Kochsalz- bzw. Solebäder bewirken eine verbesserte Hautdurchblutung sowie eine Minderung der Anfälligkeit gegen Erkältungen. Außerdem wird das vegetative Nervensystem beeinflußt. In diesem Zusammenhang sei noch erwähnt, daß Solebäder anstrengend sind. Ratsam ist es, sich anschließend eine Stunde auszuruhen.
Für Sportler ist ein solches Bad bei warmer Wassertemperatur nach dem Training bzw. Wettkampf eine ideale Entmüdungstherapie. Ebenfalls als hervorragende Maßnahme haben sich die Schwefelbäder bewährt. Ein solches Bad beinhaltet eine Kombination von Schwefel und kohlensaurem Kalium. Man rechnet auf ein Vollbad ca. 125 g. Die Wirkungen des Schwefels sind vielfältiger Natur. Bei chronischen Erkrankungen der Gelenke wird Schwefel in vermehrtem Maße mit dem Urin ausgeschieden. Durch reichliche Zufuhr von Schwefel kann der Neuaufbau des Gelenkknorpels beeinflußt werden. Allgemein erlangt man durch die Schwefelbäder eine Verbesserung der Hautdurchblutung, eine Steigerung des Stoffwechsels und schließlich noch eine Mobilisierung

der Abwehrkräfte bei Krankheiten. Eine Anwendung von Bädern empfiehlt sich z. B. in der Regenerationsphase nach einer Wettkampfsaison.

Physikalische Bäder

Bei dieser Art von Bädern sind lediglich die Temperatur und der Druck des Wassers ausschlaggebend. Die chemische Zusammensetzung spielt hierbei keine Rolle. Kaltwasseranwendungen in Form von Vollbädern sind bei der Behandlung von Sportlern nicht üblich. Ebenso das heiße Vollbad bzw. Überwärmungsbad ist für gesunde Sportler nicht ratsam, da ein Wärmestau im Körper erfolgt. Gegen eine kurze heiße Dusche zur Lockerung der Muskulatur vor dem Wettkampf ist nichts einzuwenden, wenn sie mit einem kurzen kalten Guß abschließt. Kurze kräftige Wärme- und Kältereize wirken etwa gleich anregend und erfrischend. Diese kurzen Reize erhöhen den Tonus der Skelettmuskulatur, steigern die Erregbarkeit der motorischen Nerven und verbessern die Leistungsfähigkeit der Muskeln.

Hydroelektrische Bäder

Bei den hydroelektrischen Bädern nutzt man die Leitfähigkeit des Wassers für den elektrischen Strom. Durch das Anschließen von Kathode und Anode wird das Wasser zu einer dem Körper völlig gleichmäßig anliegenden Elektrode. Somit besteht also auch keine Gefahr von Verätzungen.
Die hydroelektrischen Bäder werden angewandt, um dem Körper einen galvanischen Strom zuzuführen. Mit Hilfe des galvanischen Stromes können bestimmte Medikamente durch die Haut diffundieren. Man nennt dies Jontophorese. Außerdem wird gleichzeitig die thermische Wirkung eines Teil- oder Vollbades ausgenutzt. – Indikationen sind Durchblutungsstörungen verschiedener Art, rheumatische Erkrankungen und Erkrankungen des zentralen und peripheren Nervensystems.
Die bekanntesten hydroelektrischen Bäder sind das Vierzellenbad und das Stangerbad.

Vierzellenbad

Beim Vierzellenbad sind beide Arme separat ins Wasser getaucht. Das gleiche geschieht mit den beiden Unterschenkeln. Mit verschiedenen Variationsmöglichkeiten wird nun der elektrische Strom durch die Extremitäten geflutet. Das Vierzellenbad eignet sich gut für die Jontophorese mit Histamin. Diese Histamin-Jontophorese wirkt erweiternd auf die Hautgefäße und begünstigt die Durchlässigkeit der Haut, der Gefäßwand und der Zellmembran. Neben der Histamin-Jontophorese wird die Jod-Jontophorese, besonders bei narbigen Verwachsungen, angewandt. Das wichtigste bei der Jontophorese-Behandlung ist die Wahl des jeweils richtigen Pols. Medikamente mit überwiegend positiven Ionen wandern zur Kathode und werden deshalb an der Anode angelegt. Medikamente mit überwiegend negativen Ionen wandern zur Anode und werden an der Kathode angelegt. Histamin legt man unter den positiven, das Jodkali unter den negativen Pol.

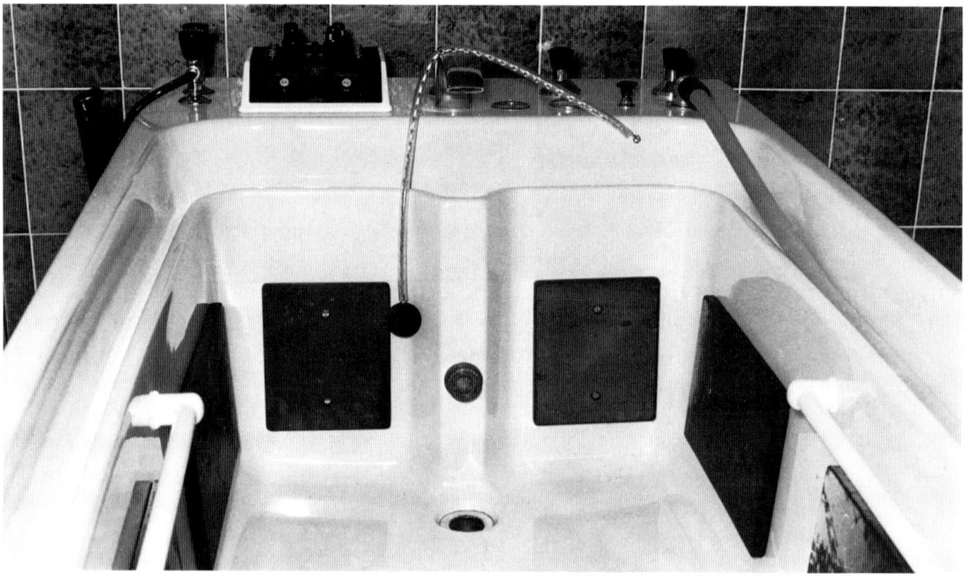

Abb. 52: Wanne für Stangerbad.

Stangerbad

Stangerbäder werden in speziell für diesen Zweck konstruierten Wannen, die sowohl am Wannenrand als auch an den Schwenkarmen eingebaute Elektroden aufweisen, durchgeführt. Der Strom wird wahlweise den einzelnen Elektroden zugeleitet. Auf diese Weise kann der Körper nach allen Richtungen variieren.
Das Stangerbad wird vorwiegend bei Lähmungen, Durchblutungsstörungen, rheumatischen Erkrankungen und Sportunfallfolgen eingesetzt.

Wirbelbad (Whirl-pool)

In der Betreuung des Sportlers kommt dem Wirbelbad immer größere Bedeutung zu. In den USA hat dieses Bad großen Anklang gefunden. Das Prinzip ist, dem thermischen Reiz des Wassers noch weitere mechanische Reize hinzuzufügen. Dies geschieht einmal dadurch, daß das Wasser mit Hilfe einer rotierenden Schraube bewegt wird. Außerdem wird dem Wasser noch vorgewärmte Luft aus einer kleinen Düse zugeführt. Je nach Größe kann das Bad entweder als Teilbad für die Unterschenkel oder Arme oder als Vollbad verabreicht werden. Man darf das Wirbelbad nicht mit einer Unterwasserstrahlmassage vergleichen, da die mechanische Komponente schwächer ist. Außerdem läßt es sich nicht gezielt anwenden. Das Wirbelbad wird hauptsächlich bei Verletzungsfolgen, Durchblutungsstörungen, rheumatischen Muskel- und Gelenkerkrankungen und zur Entmüdung angewandt.

II. Sonstige Wasseranwendungen

Außer dem großen Gebiet der Bäderbehandlung in der Hydrotherapie gibt es noch andere Maßnahmen wie Güsse, Duschen, Bürstungen, Abklatschungen, Abreibungen.

Güsse

Güsse sind Anwendungsformen mit charakteristischen Eigenschaften für das Wasserheilverfahren nach Kneipp. Eine typische Eigenschaft der Güsse ist die genau vorgeschriebene Strahlführung über den Körper. Diese Güsse wirken tonisierend. Zur Anwendung kommen einfache Güsse = Wasserstrahl ohne Druck und Druckstrahlgüsse mit 1–3 bar (atü). Dementsprechend werden in der Reizsetzung auch zwei Faktoren unterschieden und zwar thermische und mechanische. Nach *Kneipp* soll sich das Wasser wie ein Mantel um den Körper legen. Bei Druckstrahlgüssen steht die mechanische Wirkung im Vordergrund. Die Temperatur für einfache Güsse ist brunnenkalt. Unter Umständen können auch temperierte, heiße und Wechselgüsse erfolgen. Wie für alle hydrotherapeutischen Kaltanwendungen gilt auch für die kalten Güsse, daß der Körper, besonders die Füße des Patienten, vor und nach der Anwendung warm sein müssen. Die Dauer des Gusses hängt von der jeweiligen Reaktion der Körperpartie ab. Es muß eine gleichmäßige Hautrötung eintreten.

Blitzgüsse

Blitzgüsse haben neben der thermischen noch starke mechanische Wirkungen. Die Ausführung erfolgt mit einem Schlauch mit Blitzgußkopf. Dieses metallene Schlauchansatzstück verengt den Wasserstrahl auf ca. 5 mm. Aus einer Entfernung von ca. 3 m erfolgt die Blitzgußanwendung. Die Temperatur ist wie bei einfachen Güssen meist kalt, es können ebenfalls heiße und Wechselblitzgüsse angewandt werden.
Die Kneipp'schen Güsse beim Sportler angewandt bedeuten für ihn nicht nur ein ausgezeichnetes Gefäßtraining, sondern eine allgemeine Abhärtung und Erfrischung des gesamten Körpers. Unter dem Einfluß der Kälteeinwirkung – ca. 10–15° C – wird eine Hyperämisierung erreicht. Bei großen Anstrenungen, zusätzlicher Hitze und damit verbundenem Wärmestau haben sich kalte Anwendungen bei Mehrkämpfern und Dauerleistern, auch während des Wettkampfes, besonders in den Pausen der einzelnen Disziplinen bewährt.

Abreibungen

Der Temperaturreiz wird mit der mechanischen Einwirkung einer kräftigen Reibung ergänzt. Man nimmt ein kaltes nasses Tuch und reibt es solange mit flachen Händen auf der betreffenden Körperstelle, bis diese warm wird.

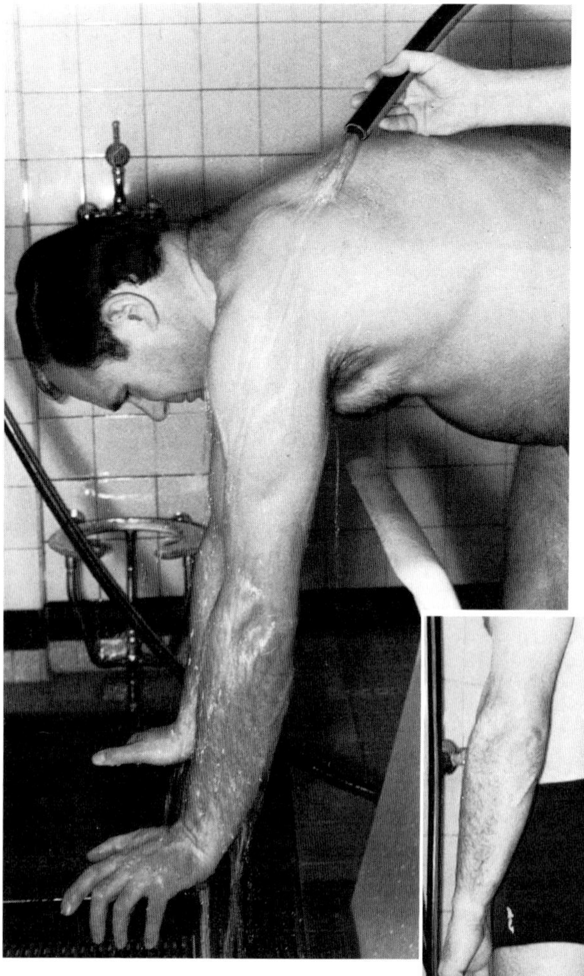

Abb. 53: Armguß.

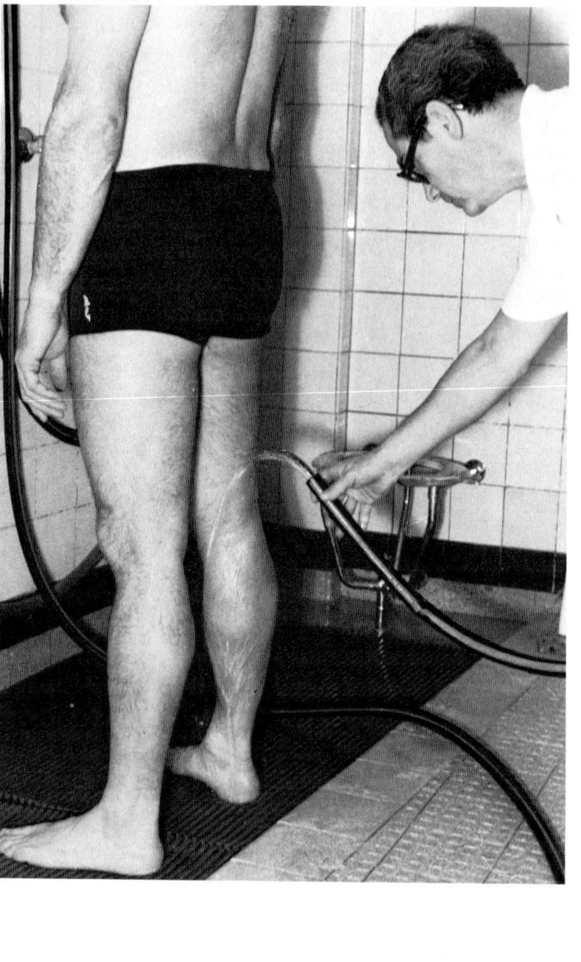

Abb. 54: Beinguß.

Bürstungen

Dabei werden trockene und feuchte Bürsten benutzt. Bei der Trockenbürstung werden mit einer oder zwei Bürsten gleichmäßige, rhythmische Streichungen ausgeführt. Der Druck wird gleichmäßig über die einzelnen Körperpartien verteilt, bis eine deutliche Hautrötung eintritt. Es wird imVerlauf des Muskels aber auch quer und diagonal gebürstet. Große Gelenke werden kreisförmig umfahren. Beim Naßbürsten werden die Bürsten entweder in heißes Wasser getaucht oder die Anwendung wird in Verbindung mit Duschen ausgeführt. Begonnen wird herzfern mit den unteren Extremitäten. Es folgen die oberen Extremitäten, Brustkorb und Rücken. Die Behandlungsrichtung ist meist herzwärts.
Indikationen bei Sportlern zur Durchblutungsverbesserung und zur allgemeinen Abhärtung. Oft werden andere hydrotherapeutische Maßnahmen mit Bürstungen kombiniert, z. B. Bürstenbad.

Abklatschungen

Sie stellen einen Kältereiz mit einer gleichzeitigen kräftigen mechanischen Einwirkung dar. Die häufigste Anwendungsform ist die Rückenabklatschung. Hierzu wird ein Handtuch gefaltet, in kaltes Wasser getaucht und mehr oder weniger stark ausgewrungen. Mit aus dem Handgelenk kommenden kreisenden Bewegungen wird der Körperabschnitt abgeklatscht.

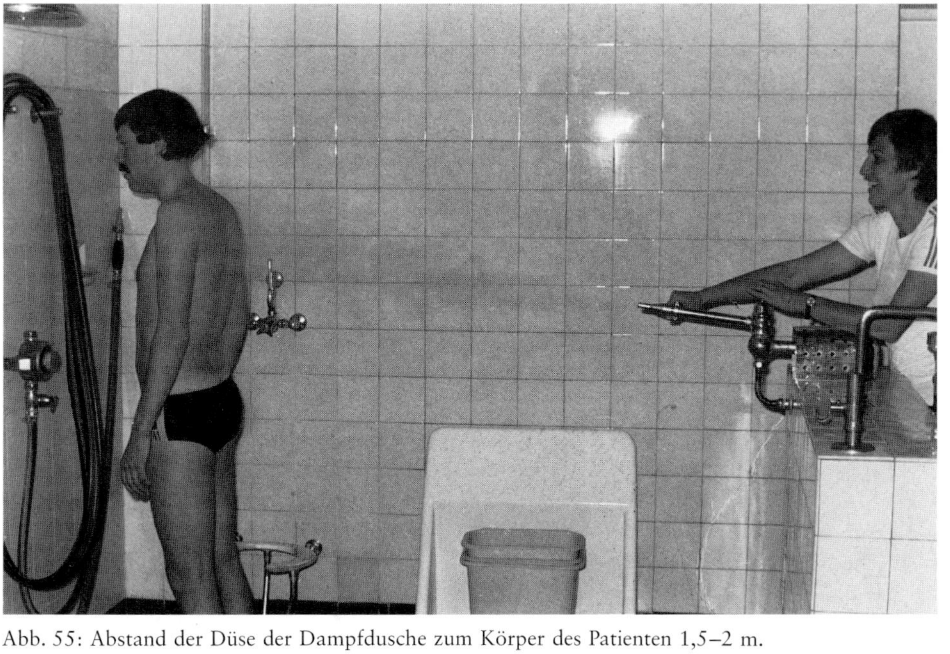

Abb. 55: Abstand der Düse der Dampfdusche zum Körper des Patienten 1,5–2 m.

Dusche und Dampfdusche

Unter dem Begriff Duschen versteht man alle Anwendungen von Wasser oder Dampf, die unter Druck verabreicht werden.
Bei Duschen unterscheidet man kalte, indifferente, warme und heiße Duschen. Heiße Strahlduschen und Dauerduschen bevorzugt man bei rheumatischen Erkrankungen.
Für Sportler hat die warme Dusche nach dem Training oder Wettkampf außer der Reinigung noch einen allgemeinen Lockerungs- und Entspannungseffekt. Die kalte Dusche wirkt dagegen tonisierend auf die Gefäße und ist somit als Abschluß oder in Wettkampfpausen geeignet. Um die Muskulatur nach einem Wettkampf besser zu regenerieren, benutzt man die Dampfdusche.
Hierbei wird Dampf mit einem Druck von 1–2 bar (atü) und einer Temperatur von ca. 48° C auf die Haut gesprüht. Der Therapeut muß darauf achten, daß ein Abstand zwischen Düse und Sportler von 1,5–2 m besteht, da es sonst durch auslaufendes Kondenswasser zu Verbrühungen kommen kann.
Die Dampfdusche eignet sich ebenfalls zur Beeinflussung von Verletzungsrückständen wie Kontrakturen, Narben und rheumatischen Erkrankungen.

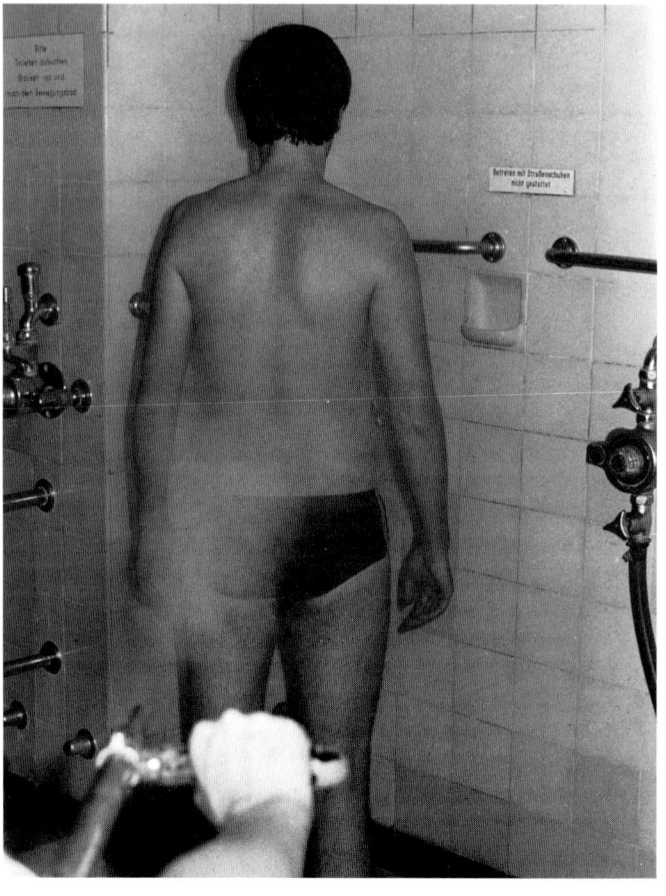

Abb. 56: Behandlung des Rückens mit der Dampfdusche.

5. Elektrotherapie

Einführung

Unter dem Begriff der Elektrotherapie werden die Behandlungsverfahren zusammengefaßt, bei denen Elektrizität unmittelbar angewandt wird. Dabei wird elektrische Energie zur Behandlung von Krankheiten und Verletzungen eingeschleust.
Eine wichtige Wirkung der elektrischen Ströme beruht auf einer unterschwelligen Dauerregung der sensiblen Nervenfasern, die eine Blockierung der Schmerzimpulse herbeiführt. Durch Verlagerung der Schmerzschwelle kommt es zu Detonisierung und Analgesierung.
Aufgrund technischer und physiologischer Gesichtspunkte teilt man die Elektrotherapie

in drei Hauptgruppen ein,
die Niederfrequenz 0–1000 Hz,
die Mittelfrequenz 1000–100 000 Hz und
die Hochfrequenz bis 300 000 Hz.

Niederfrequenzstromtherapie

Sie unterteilt sich in Galvanisation und in die Reiz- oder Impulsstromtherapie.

Galvanisation

Die Galvanisation, eine konstante Gleichstrombehandlung, stellt die Anwendung eines kontinuierlich fließenden Stromes mit gleichbleibender Richtung und Stärke dar.
Die elektrische Leitfähigkeit des menschlichen Körpers beruht auf dem Anteil an wässerigen Lösungen von Salzen, Basen und Säuren, die in allen Gewebsflüssigkeiten nachgewiesen sind. Wirkt nun eine elektromotorische Kraft, wie in diesem Fall der galvanische Strom, auf eine solche Lösung ein, so werden positiv geladene Natriumionen vom positiven Pol abgestoßen, um vom negativen Pol angezogen zu werden. Der Organismus empfindet die durch den galvanischen Strom veränderte Ionenkonzentration als körperfremden Reiz. In therapeutischer Dosis verabreicht, löst ein konstant fließender galvanischer Strom keine Muskelkontraktion aus. Die daraus resultierende Schmerzlinderung beruht auf einer Herabsetzung des Tonus der sympathischen Nervenfaser, denen die Schmerzleitung zugeschrieben wird.
Eine intensive Durchblutungsförderung tritt in Form einer langanhaltenden, reaktiven Hyperämie an der Oberfläche und in der Tiefe der Weichgewebe ein.
Behandlungsmöglichkeiten ergeben sich im Stangerbad und Vierzellenbad (s. Hydrotherapie) und mit der Jontophorese. Dabei durchwandern Medikamente, in ionisierter Form bei richtiger Polwahl durch die elektromotorische Kraft vorangetrieben, die Haut.

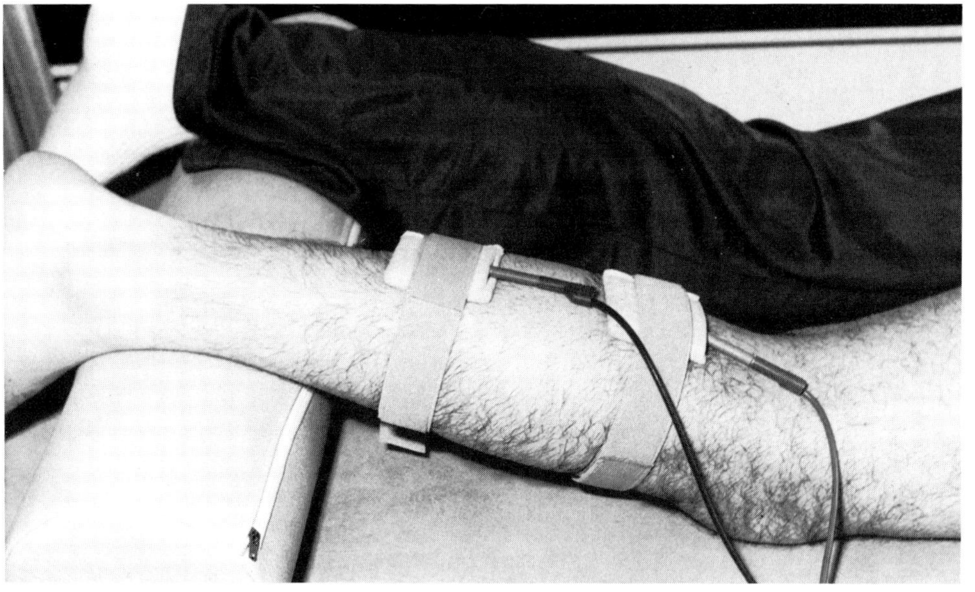

Abb. 57: Galvanisation. Konstantfließender Gleichstrom.

Ohne die Haut zu verletzen, vermag das Medikament eine lokale und tiefe Wirkung zu erzeugen. Daher eignet sich die Jontophorese zur lokalen, oberflächigen Behandlung von Hauterkrankungen. Durch die tiefere Wirkung werden Unterhautzellgewebe, oberflächig gelegene Sehnen, Ligamente, Muskeln und Periost beeinflußt. Somit ergibt sich eine günstige Beeinflussung von Sportverletzungen und Sportschäden.

Applikationsformen

Die Wahl der Applikationsformen ist davon abhängig, ob Stromwirkung lokal oder über größere Wirkung erwünscht ist.
Plattenelektroden in verschiedenen Größen sorgen für eine Querdurchblutung der Gelenke und können je nach Applikation für die Extremitäten eine Längsdurchflutung (Nerven, Gefäß- und Muskelverläufe) erreichen.
Die Anwendungsdauer beträgt zwischen 5 und 30 Minuten und kann bei Sportverletzungen täglich durchgeführt werden.
Zu Beginn der Behandlung soll sich die Stromstärke langsam «einschleichen» und am Schluß wieder langsam «ausschleichen».
Es darf kein «Brennen», «Stechen» oder «zu heiß» empfunden werden. Eine Nachregelung der Stromstärke darf nicht erfolgen, auch wenn die Wirkung nachläßt. Evtl. auftretende Hautrötungen, besonders unter der Kathode sind normal und klingen meist nach wenigen Stunden ab.

Indikationen

Bei Erkrankungen des degenerativen und entzündlichen Formenkreises, bei peripheren Durchblutungsstörungen und besonders bei postoperativen und posttraumatischen Folgezuständen, wie sich nach Sportverletzungen und Sportschäden auftreten, so werden Distorsionen, Kontusionen, Luxationen und Hämatome, sowie Entzündungen und Gelenkbeschwerden behandelt.

Reiz- und Impulsstrom

Zu den niederfrequenten Impulsströmen zählen die faradischen und die Exponentialstrom-Impulse. Außerdem die diadynamischen Ströme und der Reizstrom nach *Träbert*.
Der Begriff der Faradisation bedeutet die Verabreichung eines induzierten, unterbrochenen Stromes und die zu Heilzwecken angewandten Stromstöße. Die übliche Art dieses induzierten Stromes ist die regelmäßige Unterbrechung des Gleichstromes mit Hilfe des *Wagner*'schen Hammers. Im Augenblick der durch den Hammer bewirkte Schließung des primären Stromkreises entsteht eine Stromrichtung. Die Wirkung dieses Stromes äußert sich am Muskel in der Auslösung einer Kontraktion. Bei schnellen Reizen in relativ kurzen Abständen tritt eine Dauerkontraktion des Muskels ein.

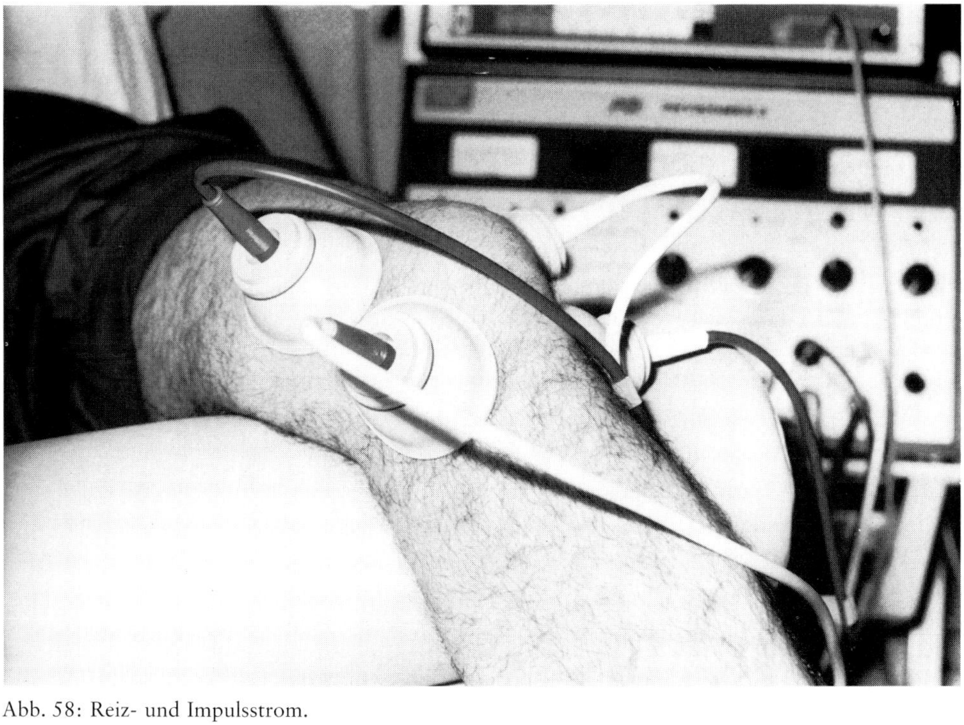

Abb. 58: Reiz- und Impulsstrom.

Es muß also bei Vorgang der Erregung eines Nerven oder eines Muskels mit Hilfe des elektrischen Stromes von folgender Tatsache ausgegangen werden.
Ein Aktionspotential im Muskel entsteht dann, wenn ein elektrischer Reiz von ausreichender Dauer und Stromstärke gegeben wird, um einen Schwellwert zu erreichen, der dann die Zuckung auslöst.
Die Höhe dieses Schwellenwertes hängt wesentlich von der elektrobiologischen Eigenschaft des Muskels ab. Sie ist nicht konstant, sondern wird durch den elektrischen Strom verschoben. Drei Größen sind im wesentlichen für die elektrische Erregbarkeit eines Nervs oder Muskels verantwortlich.

1. die Stromstärke
2. die Stromrichtung
3. die Zeitdauer (Nutzzeit)

Transkutane Elektrostimulation (TENS)

In jüngster Zeit sind kleine handliche Elektro-Stimulationsgeräte erschienen, die in einem Frequenzbereich bis 200 Hz und einem rechteckigen Pulsprofil arbeiten. Die Geräte verfügen über zwei Stromarten

1. kontinuierliche Rechteckimpulse
2. Burst Impulse

Diese transkutanen Elektro-Stimulationsgeräte werden heute eingesetzt zum perkutanen Suchen von Nervenbahnen (Nervetracer), zur Aufrechterhaltung der Muskelaktivität nach Schlaganfällen (Rehabilitation), Muskelbildung (Muskelstimulatoren) und zur Akutschmerzlinderung.
Für stark, großflächigen Dauerschmerz, bietet der Markt ein Mikroprozessor gesteuertes akubetriebenes Modell an, welches auf zwei Kanälen in jeder Hinsicht flexibel programmierbar ist (64 000 Möglichkeiten).
Jeder Kanal bietet getrennt eine Möglichkeit für 3 verschiedene grundsätzliche Stimulationsformen:

Konventionelle TENS (Hochfrequenzstimulation). Hier bewegt sich der Arbeitsbereich in einer Frequenz von 10 bis 100 Hz (Hz).
AP-Niederfrequenzstimulation (akupunkturartige Stimulation):
Der Frequenzwahlbereich liegt hier bei 0,4 bis 4 Hz und drittens die zyklische Stimulation (modellierte Stimulation):
Um ein Ermüden des Muskels zu verhüten, ist die bei der modellierten Stimulation verwendete Frequenz stets 30 Hz.

Die Stimulationsanstiegszeit beträgt nach Wahl 1 bis 2 Sekunden, die Impulsbreite nach Wahl 150 bis 250 my pro Sekunde. Die Stimulations- und Unterbrechungszeit (T ein und T aus) betragen 2 bis 8 bzw. 2 bis 24 Sekunden. Die Unterbrechungszeit ist stets mindestens so lang wie die Stimulationszeit.
Bei der modellierten Stimulation sollte die Stromstärke so eingestellt werden, daß die stimulierten Muskeln kontrahieren. Wenn die gleiche Zeit für T ein und T aus für beide Kanäle gewählt wird, werden sie entweder synchronisiert betrieben (gleichzeitige

Stimulation) oder in Gegenphase (einer stimuliert, während der andere ruht). Abhängig davon, welcher Kanal zuerst eingeschaltet wird.
Wenn Kanal 1 vor Kanal 2 eingeschaltet wird, werden sie synchron betrieben, wenn jedoch Kanal 2 zuerst eingeschaltet wird, werden sie in Gegenphase betrieben.

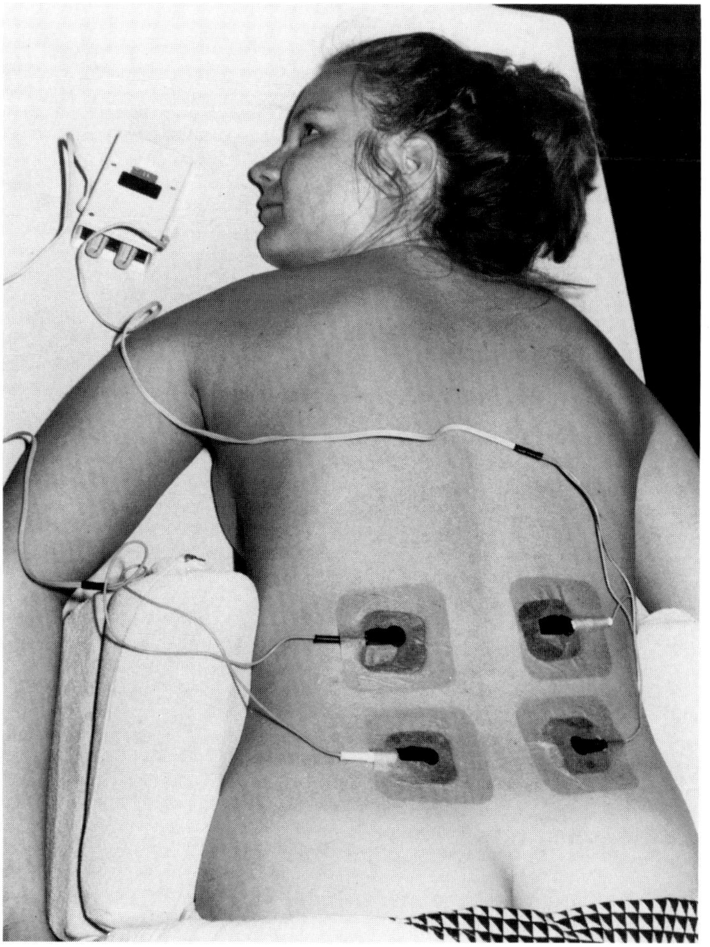

Abb. 59: Transkutane Elektrostimulation mit vier Applikationselektroden.

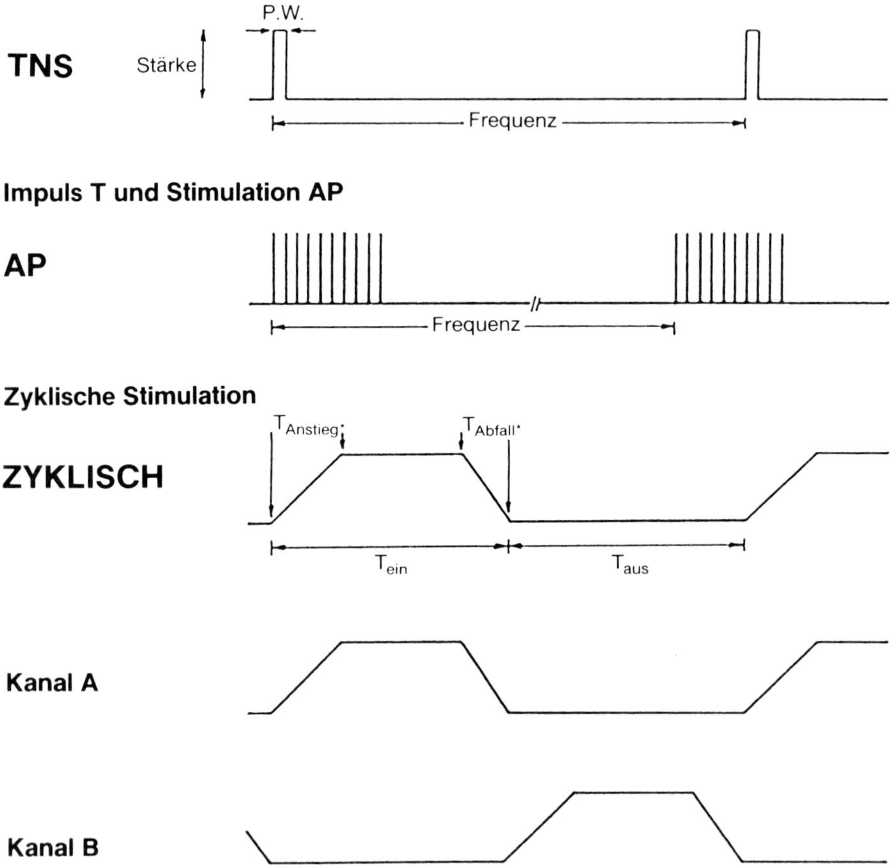

Abb. 60: Transkutane Nervenstimulation (TNS).

Diadynamische Ströme

Die diadynamischen Ströme, auch nach ihrem Entdecker *Bernard*'sche Ströme genannt, sind gleichgerichtete, sinusoidale halbwellige Stromimpulse mit einer Frequenz von 50 bis 100 Hz. Dabei werden verschiedene Stromqualitäten verwendet. Zuerst jede für sich allein und auch in kombinierter Form

In der Therapie schmerzhafter und entzündlicher Erkrankungen des Muskel-, Band- und Skelettsystems sowie der peripheren Nerven haben sich die diadynamischen Ströme in der Sportmedizin bestens bewährt. Bei Sportverletzungen beeindrucken die analgetische Wirkung und die rasche Resorption von Hämatomen.

Zum Bereich der Indikationen gehören: Distorsionen, Kontusionen, Hämatome, Myalgien, Muskelatrophien nach Ruhigstellung, Epicondylitiden u. a.

Seit es *Bernard* gelungen ist, nach umfangreichen Untersuchungen bestimmte galvano-faradische Stromqualitäten zu ermitteln, durch die sich eine Reihe von Krankheitszuständen besonders gut therapeutisch beeinflussen lassen, hat sich die Anwendung diadynamischer Ströme immer weiter ausgebreitet. Es darf jedoch nicht übersehen werden, daß für einen optimalen Erfolg dieser Therapie – abgesehen von der richtigen Indikationsstellung – eine dem Krankheitsfall so gut wie möglich angepaßte Anwendung von entscheidender Bedeutung ist. Hierbei muß insbesondere auf die richtige Wahl des Applikationsorts, der Stromqualität und der Dosierung geachtet werden.

Die Wahl der Elektroden

Die diadynamische Therapie verwendet in ihrem Hauptbereich der Sedierung und Analgesierung schmerzhafter Krankheitsprozesse fast ausschließlich die «Bipolare Technik» der Elektrodenanlage: zwei gleichgroße Elektroden werden am Körper angelegt, die Stromzuführung ist pro cm^2 Haut gleich. Abhängig ist die Elektrodengröße von dem Areal, das vom Strom durchflossen werden soll. Dabei wird der Stromfluß unter kleineren Elektroden stärker konzentriert und enger lokalisiert, als bei Anwendung von großen Elektroden.
Um den Strom durch einen ausgedehnten Abschnitt zu leiten, wie es bei größeren Sportverletzungen im Bereich des Oberschenkels (Pferdekuß), des Rumpfes (Rippenprellung) und des Oberarmes (traumatische Periarthritis humero-scapularis) der Fall ist, kommen Plattenelektroden passender Größe zur Anwendung.

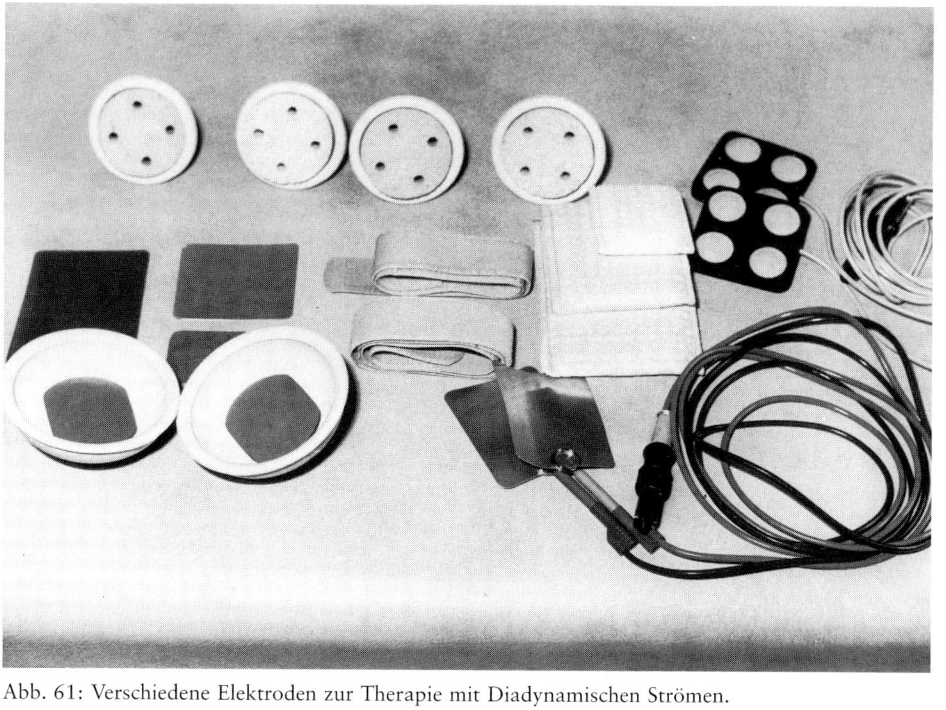

Abb. 61: Verschiedene Elektroden zur Therapie mit Diadynamischen Strömen.

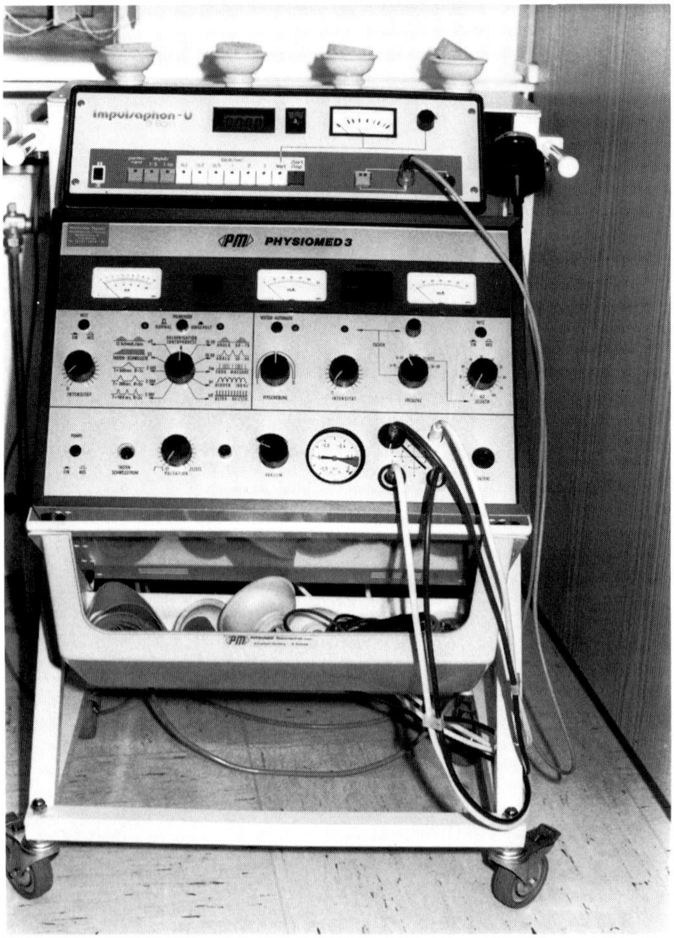

Abb. 62: Elektrotherapiegerät mit Kombinationsmöglichkeiten.

Bei Verletzung z. B. im Bereich der Hand- und Fußsegmente, häufig auftretend in den Spielsportarten Handball, Basketball und Volleyball sowie Hockey und Fußball, werden Bügelelektroden zur Anwendung gebracht, die sowohl die Elektroden, wie auch die passenden Schwamm- Zwischenlagen enthalten. Diese Elektroden werden am Applikationsort mit dem Elektrodenbügel fixiert. Häufig werden Saug- bzw. Vakuumelektroden in verschiedenen Größen verwendet. Diese Elektroden werden mittels Schläuchen, in denen sich auch ein galvanischer Leiter befindet, an ein Beistellgerät oder einen Geräteeinschub angeschlossen. Vakuumelektroden haften auf der Körperhaut sehr gut, sie bedürfen keiner Gummibänder.

Die Wahl der Stromqualität

Die Wahl der Stromqualität richtet sich nach der vorliegenden Indikation. Unter der Diadynamischen Therapie kommt es, je nach Stromqualität in unterschiedlichen Graden, zu einer primären Reizwirkung und einem sekundären Dämpfungseffekt auf

Sensibilität bzw. Motorik. Eine günstige Beeinflussung des Vegetativums und der Trophik kommt hinzu. Auf den zwischen den einzelnen Stromqualitäten bestehenden Unterschieden in der biologischen und therapeutischen Wirkung beruht die Tatsache, daß sich für die Krankheitsbilder jeweils bestimmte Stromqualitäten als besonders geeignet erwiesen haben.

DF «Diphasé fixe»

In erster Linie eignet sich diese Stromart für die Initialbehandlung vor Anwendung der anderen Stromqualitäten, sowie für die Behandlung funktioneller peripherer Durchblutungsstörungen. Da es sich hierbei um eine nicht in erster Linie sportartspezifische Form der Elektrotherapie handelt, wird der nächsten Stromqualität ein höherer Stellenwert eingeräumt.

MF «Monophasé fixe»

Hier handelt es sich um eine unspezifische Reiztherapie und die Behandlung nicht spastisch bedingter Schmerzzustände nach vorheriger Anwendung von DF. Bei der Behandlung mit MF empfindet der verletzte Athlet eine starke Vibration, als sei der Strom besonders durchdringend und zäh. Dieses Stromgefühl hält wesentlich länger an als bei DF. Dabei treten Muskelkontraktionen bei MF schon unter weit geringeren Intensitäten auf, verglichen mit DF.

Courtes periodes (CP)

Bei der Behandlung von verschiedenen Schmerzzuständen sowie bei posttraumatischen Zuständen und bei trophischen Störungen spielt diese Art der Stromform wohl die bedeutendste Rolle in der Sportmedizin. Der verletzte Athlet empfindet deutlich den Wechsel zwischen der monophasischen und der diphasischen Periode. Dabei wird in der diphasischen Periode ein feines Zittern, welches unter der Applikation bei gleichbleibender Stromstärke rasch geringer wird, angegeben. In der monophasischen Periode wird eine starke, praktisch gleichbleibende Vibration verspürt. Wird die motorische Reizschwelle überschritten, treten rhythmische Kontraktionen der Muskeln auf.

Longes periodes (LP)

Eine besonders gute und langanhaltende analgetische Wirkung, vor allem bei der Therapie der Myalgien (Lumbago, Torticollis etc.) wird der LP zugesprochen. Der Athlet empfindet den Wechsel zwischen der diphasischen und der monophasischen Periode nicht so abrupt.

Diadynamische Ströme nach Bernard

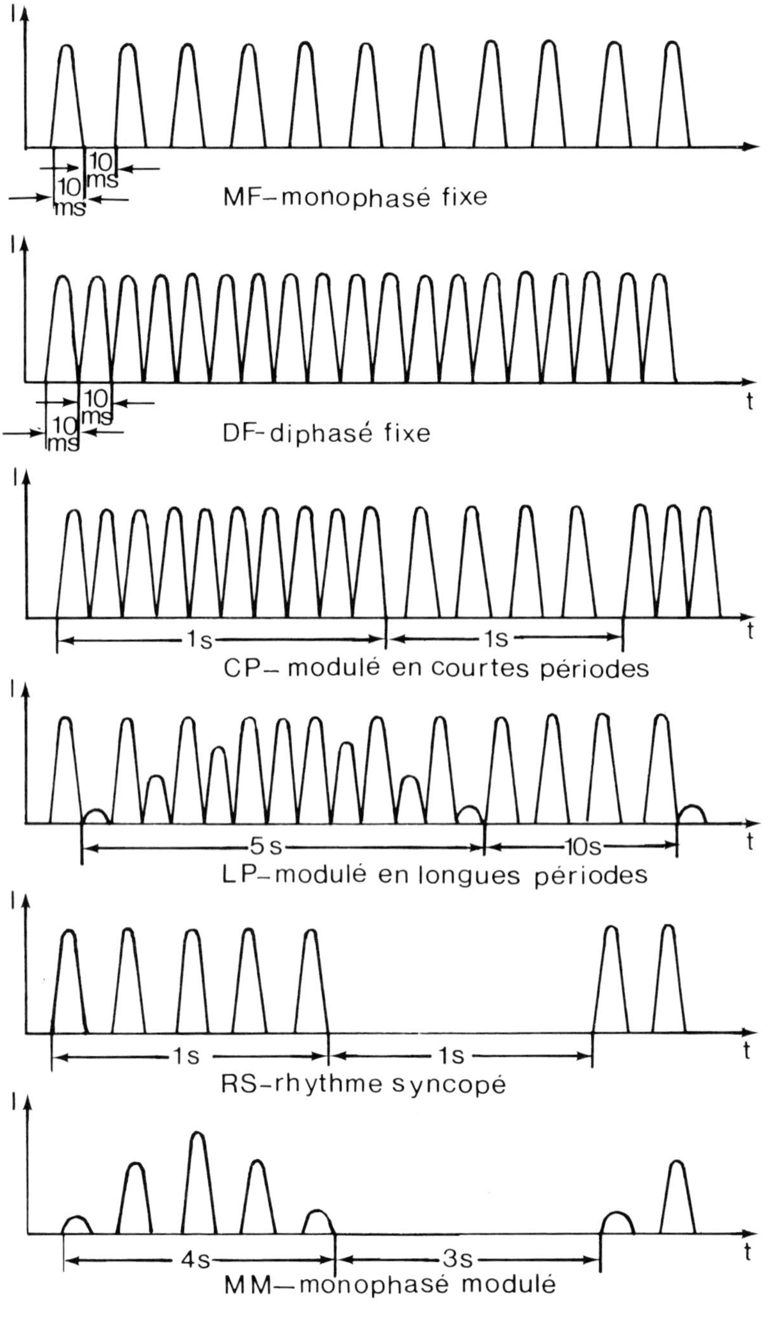

Abb. 63: Modulation MF, DF, CP, LP, RS, MM der diadynamischen Ströme.

Die Intensität (Stromstärke)

Die physiologische und therapeutische Wirkung der diadynamischen Ströme ist nicht nur von der Qualität, sondern auch in hohem Grade von der Intensität des Stromes abhängig. Für den gewünschten Effekt, unter anderem ist die Größe der Elektrode abhängig, d. h. von dem vom Strom durchflossenen Bereich. Eine gute, individuelle Dosierung ist erforderlich und sinnvoller, als eine schematisch ganz bestimmte Intensität. Als allgemeine Richtlinie kann die Regel gelten, daß nach Einstellung von 2, höchstens 3 mA langsam und kontinuierlich, ohne abrupte Änderungen, so die Dosierung erhöht wird, daß der Sportler nach anfänglichem Kribbeln ein deutliches Vibrieren oder Ziehen, aber kein Schmerzgefühl empfindet. Wird ein heftiges Stechen oder Brennen angegeben, ist die Toleranzgrenze überschritten.

Dauer der Applikation

Nur auf wenige Minuten soll der Diadynamische Strom in der Therapie beschränkt werden, da es in der Eigenart dieser Ströme liegt, daß bei einer zu langen Anwendung die therapeutische Wirkung wieder vermindert, oder durch den Gewöhnungseffekt gar aufgehoben wird. Die gesamte Applikationszeit während einer Sitzung sollte in der Regel 10 bis 12 Minuten nicht überschreiten.

Die Anzahl der Sitzungen

Selbst wenn, wie in vielen Fällen, nach zwei bis drei Sitzungen die pathologischen Symptome, vor allen Dingen die Schmerzen, verschwunden sind, sollten zur Stabilisierung des Effekts noch mindestens zwei bis drei Sitzungen erfolgen. Länger als 48 Stunden sollten die Zeitabstände zwischen den Behandlungen nicht sein. Bei akuten Schmerzzuständen hat es sich als günstig erwiesen, zunächst mindestens täglich, in den ersten 24 Stunden sogar zweimal täglich zu behandeln.

Träbert'scher Reizstrom

Dieser stellt eine Rechteckimpulsfolge mit Frequenz von 140 Hz, mit einer Impulsdauer 2 ms und einer Pausendauer von 5 ms dar.
Muskelverspannungen und Überlastungsbeschwerden bie Schwerathleten oder Turnern werden günstig beeinflußt.
Die Indikation ist ähnlich der diadynamischen Ströme, nämlich analgetisch, hyperämisierend und muskelrelaxierend.

Mittelfrequenzstromtherapie

Sie grenzt sich zum Niederfrequenz- und zum Hochfrequenzbereich durch unterschiedliche biologische Wirkungen ab.
Mit zunehmender Frequenz sinkt die Hautreizung. Eine schmerzfreie Applikation und Anwendung ist dadurch möglich. Die höhere Intensität ermöglicht ein Durchdringen des Stromes von tiefergelegenem Körpergewebe. Die Geschwindigkeit des Wechsels der Stromrichtung beseitigt den elektrischen Hauteffekt, Verbrennungen werden vermieden.
Wirkungen – Ähnlich wie bei den niederfrequenten Strömen tritt eine hyperämisierende, resorbierende und muskelrelaxierende Wirkung ein. Auch die Indikation und Kontraindikation entspricht der des niederfrequenten Reizstromes.

Hochfrequenzstromtherapie

Sie unterteilt sich in Kurzwellen mit 27,12 MHz, Dezimeterwelle mit 433,92 MHz und Mikrowelle mit 2450,00 Mhz. Die hochfrequente Stromform erzeugt eine Tiefenwärme, die analgetisch wirkt. Sie fördert die Durchblutung, den Stoffwechsel und führt zu einer Relaxierung der Muskulatur. Behandlungsmöglichkeiten mit der Kurzwelle werden im Kondensatorfeld, Spulenfeld, Dezimeter-Mikrowelle im Strahlenfeld durchgeführt.
Kondensatorfeld – Der zu behandelnde Körperteil liegt zwischen zwei Kondensatorelektroden. Die Gewebe mit hohem elektrischen Widerstand, wie Fett- und Knochenmark, werden stark, die mit guter elektrischer Leitfähigkeit, wie Muskel und Organe, nur gering, Verhältnis 9 : 1, erwärmt. Ein geringer Abstand, bis 2 cm, zwischen Haut und Elektrode erwärmt stärker die Oberfläche, ein größerer Abstand, 2 bis 6 cm, bringt eine relative Tiefenerwärmung.
Spulenfeld Methode – Nur die oberflächigen Gewebsschichten werden mit dieser Methode erwärmt. Eine Erwärmung der tieferen Gewebsschichten besteht nicht.
Strahlenfeld – Mit einem Dipol werden die im Strahlenfeld liegenden Gewebe erwärmt. Fett wird in diesem Fall weniger erwärmt als Muskulatur. Die Tiefenwirkung wird durch die Höhe der Absorbtion, Reflexion und Schwingungszahl bestimmt. Je höher die Absorbtion ist, desto geringer ist die Eindringtiefe und umgekehrt.
Rund- und Langfeldelektroden erwärmen oberflächlich mit Fettentlastung, Muldenstrahler erwärmen tiefere Schichten, ebenfalls mit Fettentlastung.
Entsprechend der Größe des zu behandelnden Körperabschnitts werden verschiedene Strahler verwendet:
Zur *Kurzwellenbehandlung* im Spulenfeld stehen Minode, Monode und Diplode zur Verfügung.
Zur *Dezimeter* und *Mikrowellenbehandlung* Rund- und Langfeldstrahler. Die Muldenstrahler eignen sich für große Flächen mit guter Tiefenwirkung. Akute Zustände werden vorsichtig, kurz und häufig, chronische dagegen intensiv, lang und mit größeren Intervallen behandelt. Dabei sollte folgende Dosierung beachtet werden.

Dosis I – nicht spürbare Wärme
Dosis II – leicht spürbare Wärme
Dosis III – gut spürbare Wärme
Dosis IV – stark spürbare Wärme

ELEKTRODEN-HAUT-ABSTAND	ERWÄRMUNG DES GEWEBES	ZUGEFÜHRTE LEISTUNG
0,2 cm	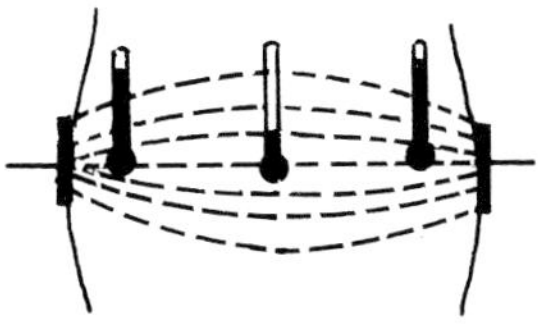	70 Watt
2 cm	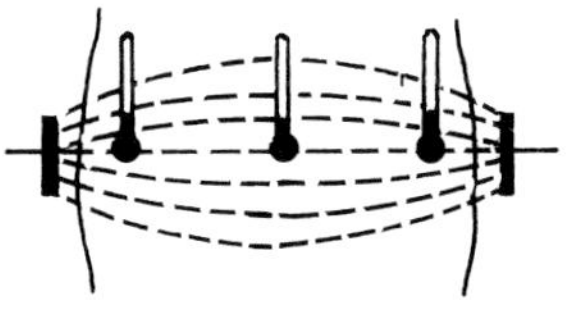	70 Watt
2 cm	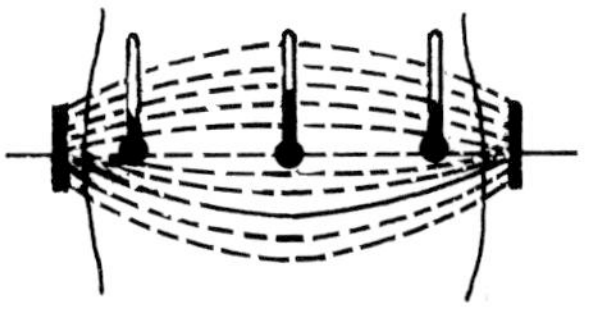	200 Watt

Abb. 64: Gewebserwärmung an der Oberfläche und in der Tiefe bei verschiedenen Elektroden-Hautabständen.

Indikation – Zur Anwendung kommen Krankheiten des Stütz- und Bewegungsapparates sowie Folgezustände nach Operationen und Verletzungen. Die Möglichkeit sowohl Oberflächen als auch Tiefenwirkung zu erzeugen, hat die Anwendung der Hochfrequenzstromtherapie bei Sportverletzungen und Sportschäden in den Vordergrund gestellt.
Kontraindikation – Metallene Gegenstände, wie Ringe, Uhren u. a. sowie Metallimplantate sind absolut gegenindiziert, da sonst irreversible Gewebsschäden entstehen. Bei arteriellen Durchblutungsstörungen, akuten Entzündungszuständen, besonders der inneren Organe, ist Vorsicht geboten.

Ultraschalltherapie

Die Ultraschalltherapie zählt zur Elektrotherapie im Hochfrequenzbereich, obwohl die elektrische Energie nicht unmittelbar verwendet wird. Die Wirkung, die dabei erzielt wird, ist vielfältig, allgemein, lokal und tritt sofort oder später ein. Eine Kombination mit Ultraschall und Reizströmen bietet sich an. Statistiken stellen den Ultraschall in der Behandlung mit Elektrotherapie bei Sportverletzungen an die erste Stelle.
Dies ergibt sich vor allem durch die Kombination von Ultraschall mit diadynamischen Strömen. Diese Kombination ermöglicht eine schnelle Schmerzstillung, weil sie eine Kausaltherapie darstellt. Auf dem Schmerzpunkt entsteht eine deutliche Hautrötung. Ausgezeichnet hat sich die Behandlung von akuten oder chronischen Sportverletzungen

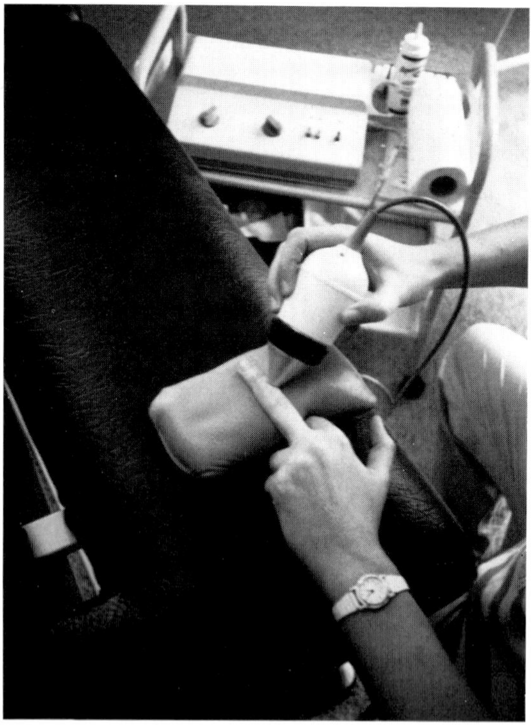

Abb. 65: Ultraschallbehandlung bei Kapsel-Bandverletzung.

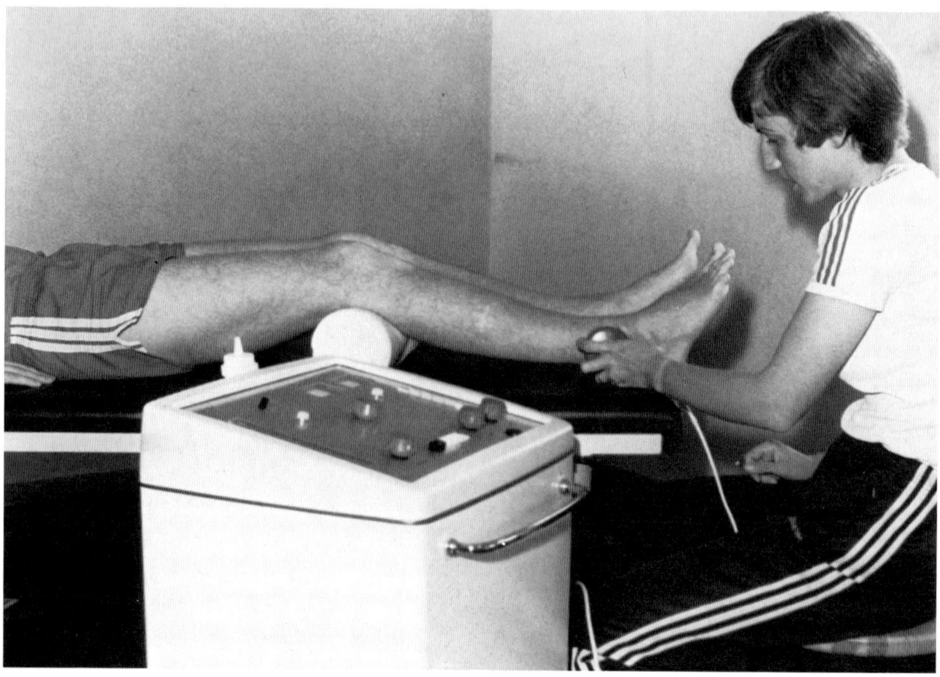

Abb. 66: Ultraschallbehandlung nach Sprunggelenkdistorsion.

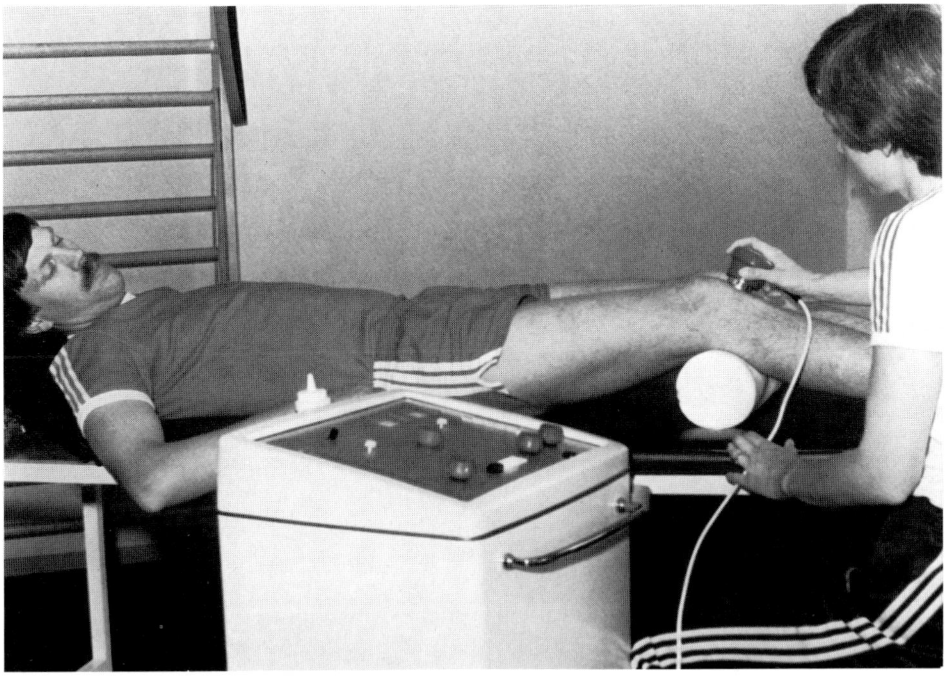

Abb. 67: Ultraschallbehandlung beim Reizknie.

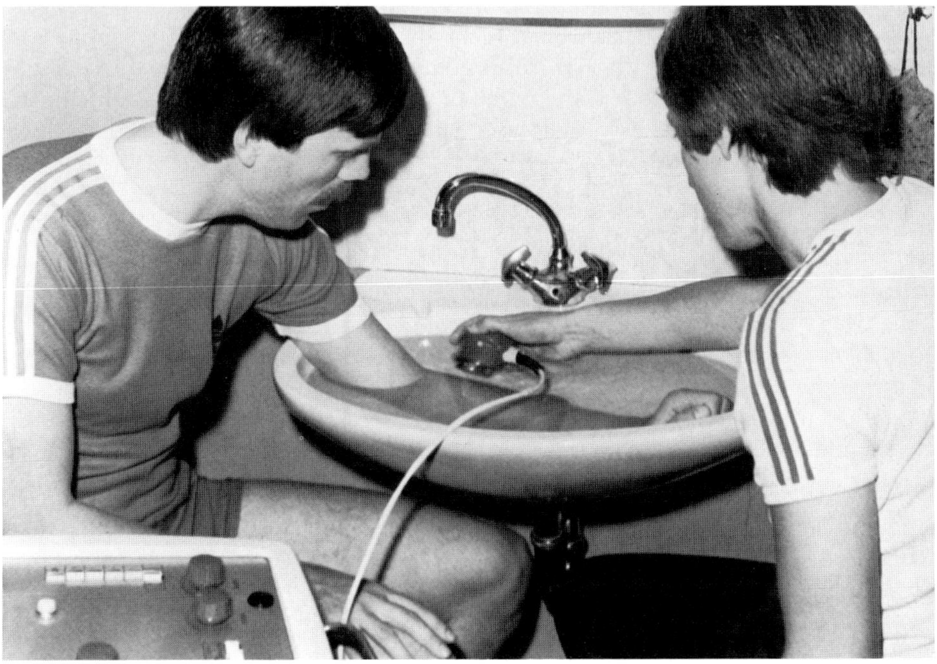

Abb. 68: Ultraschall im Wasserbad bei Epicondylitis.

und Sportschäden im Wasserbad bewährt. Die Anwendungsmöglichkeiten bei Epicondylitiden, von Tennisspielern und Speerwerfern und bei Insertionstendopathie wie sie im Fußball oder in der Leichtathletik vorkommen, sind vielfältig. Eine Schmerzbeseitigung und Detonisierung der Muskulatur wird erreicht. Durch die Tiefenwirkung bis auf das Knochengewebe, hier besonders das Periost, ist die Ultraschalltherapie den meisten anderen elektrotherapeutischen Anwendungen überlegen. Verschieden große Schallköpfe ermöglichen eine *gezielte* Anwendung.
Indikation – Erfolgreich ist die Beschallung bei traumatischen Folgezuständen wie Zerrungen, Quetschungen, Distorsionen, Luxationen, Hämatomen, Kontrakturen und Narben. Periphere Durchblutungsstörungen, Tendopathien, Myogelosen sowie Gelenkveränderungen an der Wirbelsäule und den Extremitäten sind ein weiteres Anwendungsgebiet.
Kontraindikationen – Ergeben sich bei zu hohen Dosierungen und statischer Beschallung.

Magnetfeldtherapie

Bei der Magnetfeldtherapie handelt es sich um die Anwendung elektromagnetischer Felder in der Medizin, sowohl in der Diagnostik, als auch in der Therapie. Die Wirksamkeit permanenter oder pulsierender elektromagnetischer Felder auf das biologische System ist seit langem bekannt.
Seit etwa 20 Jahren werden in den Ostblockländern Magnetfeld-Therapiegeräte für die Behandlung verschiedener Krankheiten auf dem Gebiet der Neurologie, der Gefäßkrankheiten, der Orthopädie und Traumatologie und Sportmedizin, angewendet. Bekannt ist, daß elektromagnetische Felder nicht abschirmbar sind. Sie können nur von hochferromagnetischen Stoffen abgeschirmt und umgeleitet werden. Wenn die Feldlinie auf den menschlichen Körper oder einem Teil davon auftreffen, sei es in Strahlenform oder in Streufeldern, wird dieser Teil von den Magnetfeldern durchdrungen. Die Feldlinien erreichen jede Zelle.

Indikation

Die Möglichkeit der gezielten Kombination von ganz spezifisch wirksamen Stromkomponenten und der Dosierbarkeit ist eine Spezialität der Magnetfeldtherapie.
Alle Indikationen, welche mit der Kombination der Nieder- und Mittelfrequenzströme besonders umfassend ausgegangen werden können, sollen im Folgenden aufgeführt werden, speziell im Hinblick auf die Sportphysiotherapie.

- Kräftigung innervierter oder reinervierter Muskeln
- Inaktivitätsatrophien aller Art
- Förderung der Ausdauerleistung der Muskulatur
- ungenügende Gelenkstabilisation
- schmerzhafte Überlastung von Sehnen und Muskelanteilen aufgrund stereotyp falscher Bewegungsmuster (Epicondylitis)

- Periarthropatien aller Art
- frische Verletzungen des Bewegungsapparates

Zusammenfassung

So elegant und neuartig die Anwendung von Wechselströmen in Form der Magnetfeldtherapie auch sein mag, so wird diese doch immer nur innerhalb eines Therapieplans und nur ausnahmsweise als einzige Maßnahme verordnet werden können. Trotz des neuartigen Elementes der Aktivierung respektive der sogenannten Elektromassage bleibt die Magnetfeldtherapie wie alle anderen elektrotherapeutischen Maßnahmen ein Mittel, welches die aktiven, krankengymnastischen Bemühungen ermöglicht, erleichtert und unterstützt.
Der gezielte Einsatz von Elektrotherapie bei Sportverletzungen und Sportschäden ergibt sich aus der Art und Lokalisation der Gewebsveränderung.
Eine Behandlung von oberflächigen und tiefen Gewebsschichten, teilweise bis auf das Knochengewebe, wird durch verschiedene Geräte ermöglicht.

II. Aktive Behandlungsmaßnahmen

1. Krafttraining

In der krankengymnastischen Übungsbehandlung und beim Wiederauftrainieren nach Sportverletzungen aller Art spielt das Krafttraining der Muskulatur eine wesentliche Rolle. Die Kenntnisse der verschiedenen Trainingsarten sind deshalb für eine effektive Behandlung eine der wichtigsten Voraussetzungen.

Die Kraft eines Muskels hängt weitgehend von der Größe des Muskelquerschnittes ab. Beim systematischen Training kommt es zur Anpassung des Muskels an die Trainingsreize. Der Muskel hypertrophiert, d.h., durch sein Dickenwachstum kommt es zur Querschnittsvergrößerung. Dabei nimmt jede einzelne Muskelfaser an Masse zu. Aber auch die Vermehrung von Fasern wird in neueren Arbeiten nachgewiesen. Die Querschnittvergrößerung des Muskels wird durch einen Spannungsreiz mit hoher Belastung ausgelöst.

Grundsätzlich ist nach *G. Lehmann, Th. Hettinger, E. A. Müller* u.a. zwischen einem *statischen* und *dynamischen* Krafttraining zu unterscheiden. In den Alltagsbewegungsabläufen finden wir selten die reine statische oder die reine dynamische Form der Muskelarbeit. Sehr oft handelt es sich um Mischformen, die man *auxotonische* Muskelkontraktionen nennt. Diese haben meist einen Schwerpunkt.

Ferner kennt man in der Sportpraxis noch das exzentrische und das isokinetische Krafttraining. – Die Maximalkraft eines Muskels kann mit allen Trainingsarten erreicht werden. Höhe, Stärke, Ausdauer und Häufigkeit der Muskelanspannung sind für den Kraftzuwachs entscheidend.

In der Sportpraxis müssen alle Trainingsarten in der richtigen Mischung angewandt werden. Die Schwerpunkte haben sich nach der individuellen Konstitution, Kondition und nach der Sportart zu richten. – Ausgleichs- und Kompensationsfunktionen sind in die Überlegungen zu einer ausgewogenen Trainingsmethodik einzubeziehen. Dies gilt besonders für Sportdisziplinen und Übungsteile, bei denen einseitige Bewegungsabläufe oder Haltefunktionen viele tausend Male wiederholt werden, wie dies z.B. beim Turnen, Kugelstoßen, Speerwerfen, Tennisspielen der Fall ist.

In der krankengymnastischen Behandlung nach Sportverletzungen, wie z.B. nach Distorsionen, Kontusionen, Luxationen, Sehnennaht, Osteosynthesen oder konservativ versorgten Frakturen steht das isometrische Krafttraining an erster Stelle der aktiven Behandlungsphase.

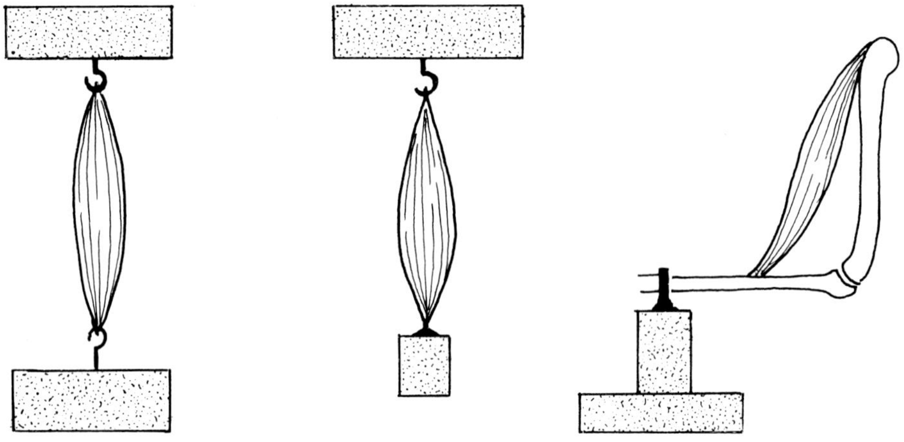

isometrisch

nur Kraftentwicklung (keine Arbeit im physikalischen Sinn „stat. Arbeit")

isotonisch

Arbeit = Kraft · Weg (entspricht der physikalischen Definition)

auxotonisch

isometrisch – bis Muskelspannung die Kraft des Gewichtes übersteigt
isotonisch – Hebung des Gewichtes

Abb. 69: Arbeitsformen des Muskels.

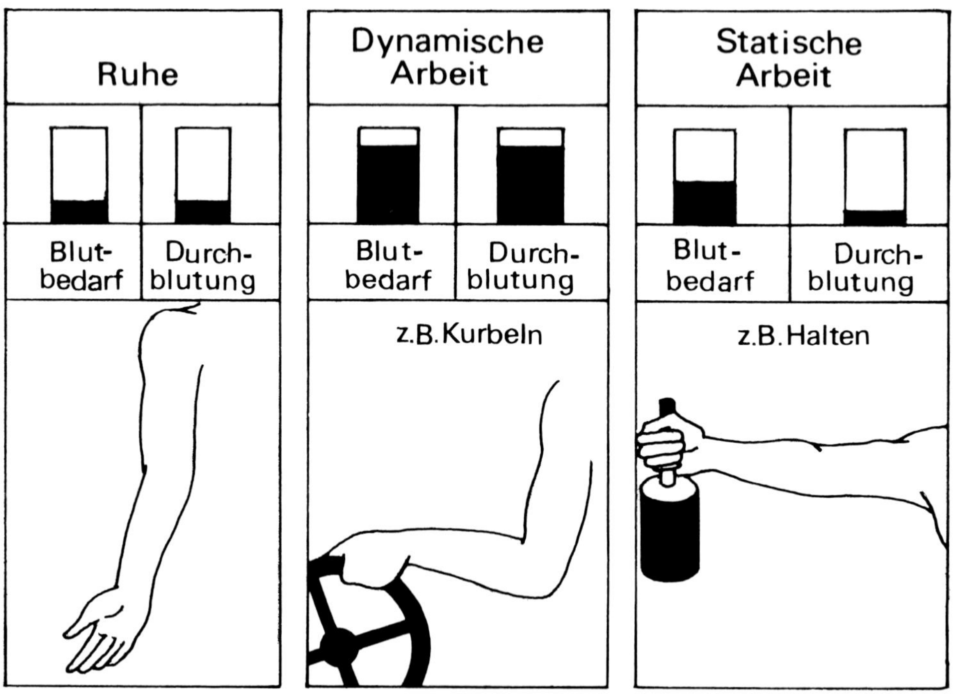

Abb. 70: Durchblutung des Muskels bei dynamischer und statischer Arbeit (nach *Lehmann*).

Isometrisches Krafttraining – Statische Muskelarbeit

Übungen, die einzelne Muskel oder Muskelgruppen kontrahieren, aber in den von ihnen überzogenen Gelenken keinen Bewegungsausschlag erzeugen, nennt man isometrisches Training. Bei dieser Arbeitsform der Muskulatur wird im physikalischen Sinne keine Arbeit geleistet. Zu der physikalischen Formel für Arbeit = Kraft × Weg fehlt beim isometrischen Training die Komponente Weg. Es wird jedoch intensive Spannung entwickelt. Man spricht auch von statischer Muskel- oder Haltearbeit. Diese kann aber für den Ausführenden sehr anstrengend und ermüdend sein. Die relativ rasche Ermüdung bei statischer Haltearbeit kommt durch die Komprimierung der Kapillaren während der Kontraktion des Muskels, die eine genügende Sauerstoffzufuhr und den Abtransport von Stoffwechselrestprodukten verhindert. Die Arbeit muß anaerob verrichtet werden.

Das aufrechte Sitzen ohne Rückenlehne und die aufrechte Haltung des Rückens überhaupt ist z. B. für die langen Rückenstrecker M. erector trunci eine typische statische Haltearbeit.

Nach *Th. Hettinger* kann man davon ausgehen, daß die Muskelkontraktion mit ca. 40% der Maximalkraft einen günstigen Trainingsreiz für den Muskel darstellt. Wenn man täglich einen Muskel einige Sekunden kontrahiert, genügt dies bereits um eine Hypertrophie, d. h. eine meßbare Volumenvergrößerung der Muskelmasse zu erzeugen. Die Anspannungsdauer sollte dabei zwischen 6 und 10 Sekunden liegen. Die Trainingshäufigkeit liegt optimal bei 3- bis 5mal täglich. – Isometrisches Training ist also in der Lage, die Muskelkraft nachhaltig zu verbessern, ohne daß eine Gelenkbewegung stattfindet und damit dynamische Muskelarbeit geleistet wird. Diese Tatsache ist für die krankengymnastische Behandlung nach Sportverletzungen, wie auch für die Erhaltung der Muskelkraft während einer Ruhigstellungsphase, von großer Bedeutung.

Es ist eine allgemeine Erfahrung, daß während der Ruhigstellung im Gipsverband nach einer Fraktur, aber auch schon bei der Teilruhigstellung im Klebeverband nach einer Muskelzerrung bereits nach einigen Tagen eine mehr oder weniger starke Muskelatrophie eintritt. Durch den Trainingsverlust, der durch die Ruhigstellung hervorgerufen wird, erschlafft der Muskel; er wird dünner und kann seine normale Funktion nicht mehr erfüllen.

Die Trainingspause in der Ruhigstellung führt aber nicht nur zum Kraftverlust der Muskulatur der verletzten Extremität, sondern auch zu Kraftverlusten der Muskulatur der nicht verletzten Extremitäten.

Beides ist durch rechtzeitig einsetzendes isometrisches Muskeltraining weitgehend zu vermeiden. – In der Mehrzahl der Fälle können die nicht verletzten Extremitäten bereits vom ersten Tag der Ruhigstellung der verletzten Extremität an trainiert werden. Dies hat auch die Aufgabe, die Durchblutung der verletzten Extremität durch die Erzielung einer konsensuellen Hyperämie zu verbessern. – Die verletzte und ruhiggestellte Extremität kann ebenfalls noch im Gips oder auf der Schiene bereits 1 bis 3 Tage nach, z. B. einer Meniskusoperation, nach Abklingen des Spontanschmerzes, isometrisch angespannt und damit geübt werden. Es wird dadurch dem Verlust der Muskelkraft vorgebeugt. Eine bereits aufgetretene Muskelatrophie kann aufgehalten und wieder auftrainiert werden. – Dies hat natürlich nur unter der notwendigen Vorsicht, Dosierung und Anleitung eines Therapeuten zu geschehen.

Nach unserer Erfahrung ist es oft nicht einfach für den Patienten, einzelne Muskeln isoliert zu innervieren. Besonders nach längerer Ruhigstellung haben auch Sportler mit ausgeprägtem Bewegungsgefühl und motorischem Geschick Schwierigkeiten, bestimmte

Muskelgruppen einzeln anzuspannen und wieder zu entspannen. Diese Innervationsschwäche muß frühzeitig unter Anleitung überwunden und neu konditioniert werden.
Am leichtesten gelingt das isometrische Training an der unteren Extremität, z. B. beim M. quadriceps, beim M. gluteus maximus und beim M. gastrognemius, alles Muskeln der statischen Muskelschlinge des Beines, die beim Stehen Haltearbeit verrichten. Ebenso relativ leicht lassen sich z. B. der M. biceps und der M. triceps am Oberarm innervieren und isometrisch trainieren. Die Beuge- und Streckfunktionen des Oberarms sind jedermann geläufige eingeschliffene Bewegungsfunktionen. Deshalb läßt sich die isometrische Anspannung bei diesen genannten Muskeln und Muskelgruppen besser, leichter und schneller erlernen.
Anders ist dies bei solchen Muskelgruppen, deren Funktionen weniger oder nicht bewußt eingeschliffen sind, z. B. die Schultergürtel tragende Muskulatur, die Halte- und Aufrichtearbeit leistenden M. rhomboideen und der M. trapezius. Hier ist die Erlernung der isometrischen Anspannung schwieriger. Sie bedarf einer größeren Geduld, einer genaueren Anleitung, eventuell die Anwendung anderer Methoden z. B. Fazilitationstechniken und einer längeren therapeutischen Erfahrung. – Auch Schutzmechanismen, wie der Schmerz bei einer Gelenk- oder Weichteilverletzung, können sich hindernd und blockierend bei der Innervation auswirken.
Der entscheidende Vorteil des isometrischen Trainings für die krankengymnastische Behandlung von Sportverletzungen ist die optimale Möglichkeit eines gezielten Muskeltrainings bei gleichzeitiger Ruhestellung der Gelenke. Der Kraftzuwachs stellt sich beim isometrischen Training schneller ein als beim dynamischen Krafttraining. Allerdings verliert er sich auch beim Abbruch des Trainings wieder schneller. Weitere Nachteile sind: Die für viele Sportarten nötige Muskelkoordination wird dabei nicht geschult, deshalb ist sie bei der Behandlung von Sportverletzungen zu gegebener Zeit durch dynamische Bewegungsabläufe zu ergänzen. – Das isometrische Muskeltraining ist nicht kreislaufwirksam. Herzinfarktgefährdete sollten wegen der damit verbundenen Preßgefahr, bei der sich die Blutgefäße verengen, keinem isometrischen Training unterzogen werden.

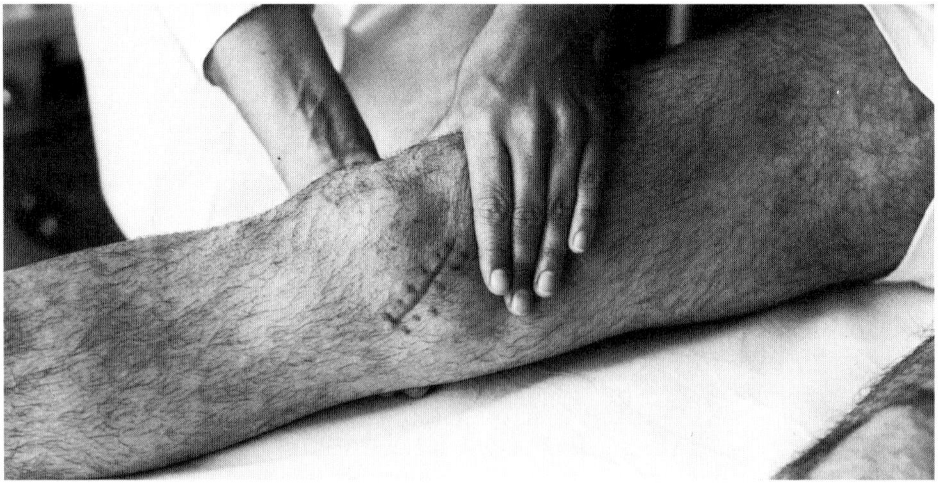

Abb. 71: Isometrisches Krafttraining des M. quadriceps nach Meniskus-Operation.

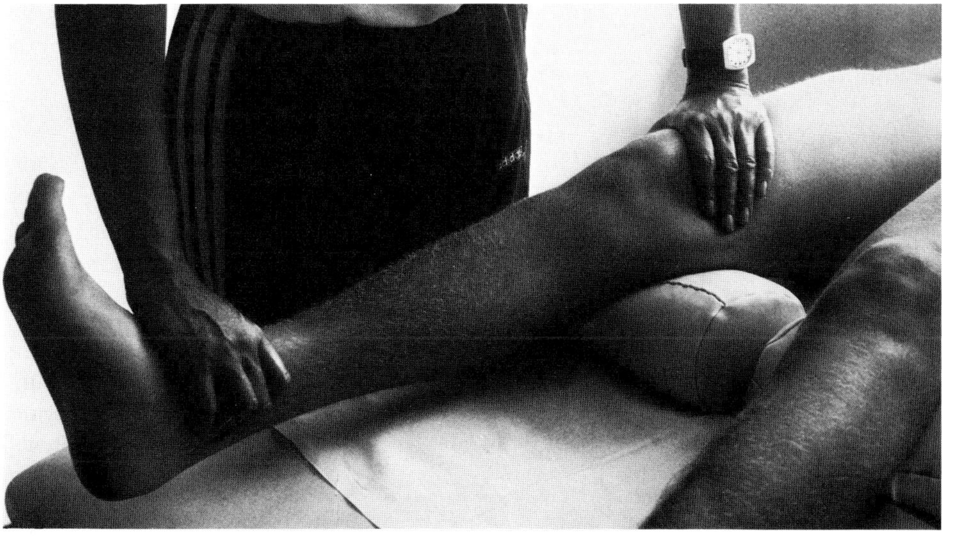

Abb. 72: Isometrisches Krafttraining des ganzen Beines.

Isotonisches Krafttraining – Dynamische Muskelarbeit

Im Gegensatz zum isometrischen Krafttraining der Muskulatur wird beim isotonischen Krafttraining im physikalischen Sinne Arbeit geleistet. Man nennt diese Arbeit auch dynamische Muskelarbeit.

Wenn z. B. der Beugemuskel des Armes M. biceps sich nach Reizung kontrahiert, verkürzt und das Eigengewicht des Unterarmes oder eines zusätzlichen Gewichtes hebt oder anbeugt, so wird bei dieser Bewegung ein Weg zurückgelegt. Die physikalische Formel Arbeit = Kraft × Weg ist erfüllt.

Bei der dynamischen Muskelarbeit kommt es nicht zu einer Dauerkontraktion. Die dynamische Muskelarbeit zeichnet sich durch den rhythmischen Wechsel von Kontraktions- und Entspannungsphase aus. – In der Kontraktionsphase zieht sich der Muskel zusammen, sein Ursprung und Ansatz nähern sich einander. In der Entspannungsphase löst sich die Spannung, Muskelansatz und Muskelursprung entfernen sich wieder voneinander. Bei jeder Bewegung sind nicht nur die antagonistischen Muskelgruppen beteiligt, sondern auch die agonistischen. Dadurch wird jede Bewegung genau dosiert und gesteuert. Im Moment der Kontraktion erhöht sich der intramuskuläre Druck. Schon ein Fünftel der maximalen Kontraktionsfähigkeit preßt das Blut in die Venen. In der Entspannung öffnen sich die Kapillaren dann so weit, daß die Durchblutung 15- bis 20fach stärker ist als im Ruhestand. Bei muskulärer Arbeit steigt auch die Zahl der geöffneten Kapillaren. Sie beträgt bei maximaler Belastung etwa 15% des Muskelvolumens. So kann der Kreislauf einerseits das Gewebe mit Sauerstoff versorgen, andererseits die Stoffwechselrückstände abtransportieren. Dynamische Muskelarbeit fördert also Kreislauf und Stoffwechsel und entlastet das Herz bei seiner Pumparbeit. Die dynamisch arbeitende Muskulatur selbst ermüdet nicht so rasch.

Isotonisches Krafttraining erhöht, ebenso wie die statische Haltearbeit, den Kraftzuwachs. Zusätzlich aber kommt es noch zur Verbesserung der Muskelkoordination und der Schnelligkeit. Die Kraftleistung hängt von der Größe des Widerstandes ab. – Die

Arbeit der Beine beim Radfahren ist ein typisches Beispiel für die dynamische Muskelarbeit.
Der rhythmische Wechsel zwischen Anspannung und Entspannung der Muskulatur entwickelt gleichzeitig eine das Herz-Kreislaufsystem unterstützende Pumpfunktion. Die Sauerstoffversorgung des Muskelgewebes ist durch den Wechsel von Kontraktion und Entspannung besser. Der Muskel ermüdet weniger schnell als bei statischer Haltearbeit. Dynamische Muskelarbeit wird aerob geleistet.
Beim isotonischen Training wird gegen Widerstand gearbeitet. Im sportlichen Bereich gibt es verschiedene Möglichkeiten Widerstand einzusetzen, z. B. Gewichte, Hanteln, Bleiwesten oder Lauftraining im nachgebenden Sandboden, das Schwimmen gegen Gummizugbänder oder auch gegen eine Gegenstromanlage. Nicht zuletzt ist die Kraftmaschine mit ihren vielfältigen Widerstandmöglichkeiten zu nennen.
In der krankengymnastischen Behandlung von Sportverletzungen wird an erster Stelle gegen das Eigengewicht und gegen den manuellen Widerstand des Therapeuten gearbeitet. Aber auch Hilfsmittel wie Sandsäckchen, Gewichte, Rollenzüge, Deuserband und das Bali-Gerät können eingesetzt werden.
Der Einsatz des dynamischen Krafttrainings erfolgt in der zweiten Phase der krankengymnastischen Behandlung, nachdem die Ruhigstellung nicht mehr erforderlich und die gezielte Muskelinnervation durch isometrische Übungen bereits vorgeschult ist. Sobald die Bewegung nach der Ruhigstellungsphase erlaubt ist, sollte das dynamische Krafttraining die Isometrie ergänzen. Statische Haltearbeit allein kann von der Skelettmuskulatur nur über kurze Zeit aufrecht erhalten werden. Größere Vorteile in bezug auf Muskeldurchblutung, Stoffwechsel, Kreislauf und Herz bieten die dynamischen Krafttrainingsformen.

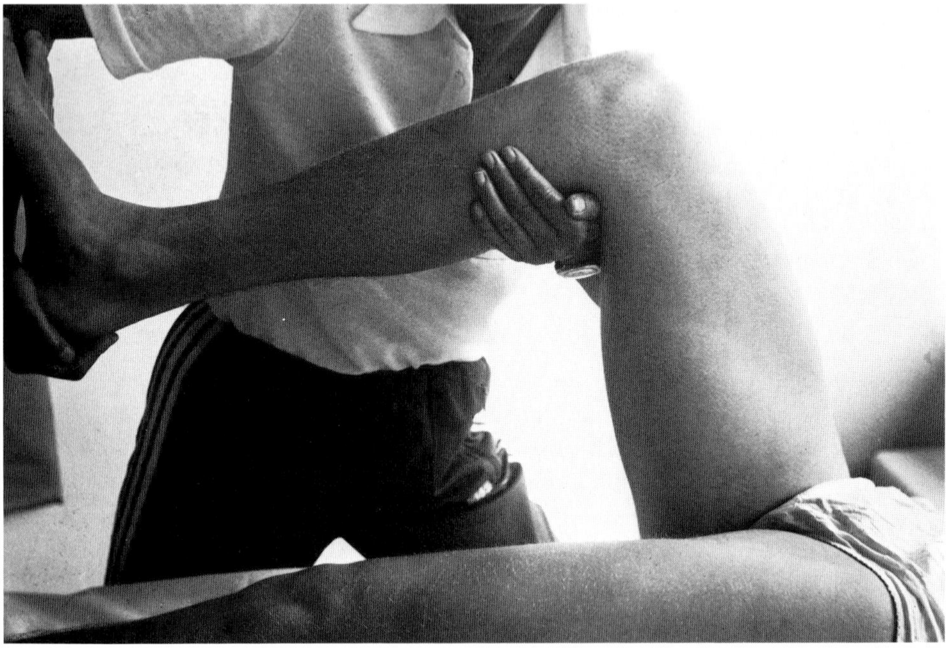

Abb. 73: Isotonisches Krafttraining – dynamische Muskelarbeit. Strecken des Knies gegen manuellen Widerstand.

Zunächst sollten ein- und zweidimensionale Übungen durchgeführt werden. Später können die dreidimensionalen, sog. neurophysiologischen Methoden, angewendet werden (siehe Kapitel Komplexbewegungen). Beim Wiederauftrainieren zur vollen Sportfähigkeit muß in der dritten krankengymnastischen Behandlungsphase neben den dreidimensionalen Übungsformen eine intensive Schulung der Schnellkraft und der Motorik hinzukommen.
Ergänzend sei hier aber noch darauf hingewiesen: Krafttraining steigert ohne jeden Zweifel die muskuläre Leistung. Ohne sie ist in keiner sportlichen Disziplin eine Leistungsverbesserung denkbar. Gut dosiertes Krafttraining ist unumgänglich für die Erhaltung und Wiederherstellung der Muskulatur nach Sportverletzungen. Dies gilt von der Ruhigstellungsphase über die Freigabe der Bewegung in der Entlastung bis hin zur vollen Belastung und Sportfähigkeit. In keiner der drei Phasen der krankengymnastischen Behandlung bei Sportverletzungen kann auf das gezielte und richtig dosierte Krafttraining verzichtet werden. – Die Leistungsfähigkeit von Herz und Kreislauf jedoch kann durch Krafttraining nicht gesteigert werden. Krafttraining ist kreislaufunwirksam. Ein ausschließlich auf Kraft trainierter Athlet wird an Ausdauerleistungsfähigkeit viel zu wünschen übrig lassen.

Exzentrisches Krafttraining

Beim exzentrischen Krafttraining kommt es zur wiederholten Beanspruchung eines Muskels gegen dessen maximalen Widerstand. Man kann es als dynamisch-negative

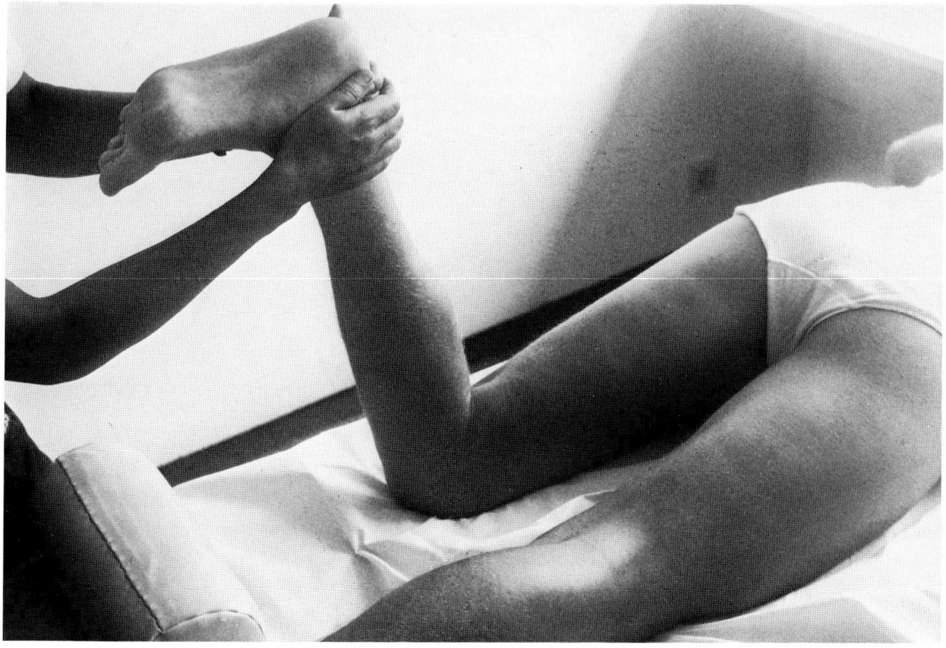

Abb. 74: Exzentrisches Krafttraining – dynamisch negative Arbeit. Der Patient hält die Beugung, der Therapeut will das Knie strecken.

Arbeit bezeichnen, bei der aber eine zwei- bis dreifache Muskelanspannung erzeugt werden kann. Kraft und Muskelausdauer werden dabei geschult, indem gegen die Arbeit eines Partners Widerstand geleistet wird. – In der krankengymnastischen Behandlung übernimmt der Therapeut die Funktion des Partners. Aber auch einfache Geräte wie das Zugseil und weiterentwickelte Krafttrainingsgeräte können zusätzlich den Partner ergänzen.

Isokinetisches Krafttraining

Beim isokinetischen Krafttraining besteht die gleiche Spannung in allen Teilpunkten der Bewegung. Eine Maschine (Kraftmaschine) reguliert die Größe des Widerstandes und damit auch die Geschwindigkeit. Es hat einen schnellen und gründlichen Muskelaufbaueffekt und eignet sich gut zur Ergänzung anderer Trainingsformen. Im Hochleistungssport ist es heute unentbehrlich geworden. Auch computergesteuerten Krafttrainingsge-

Abb. 75: Isokinetisches Krafttraining der Kniestrecker an der Kraftmaschine.

räten (z. B. Cybex oder Acron), die Widerstand und Bewegungsgeschwindigkeit dem Kraftzustand des Patienten anpassen, werden bemerkenswerte Resultate zugeschrieben.
Für die krankengymnastische Behandlung nach Sportverletzungen eignet sich das isokinetische Krafttraining entsprechend dosiert in der Übergangsphase von der Wiederherstellung der Normalkraft bis zur vollen Leistungssportfähigkeit des Athleten.

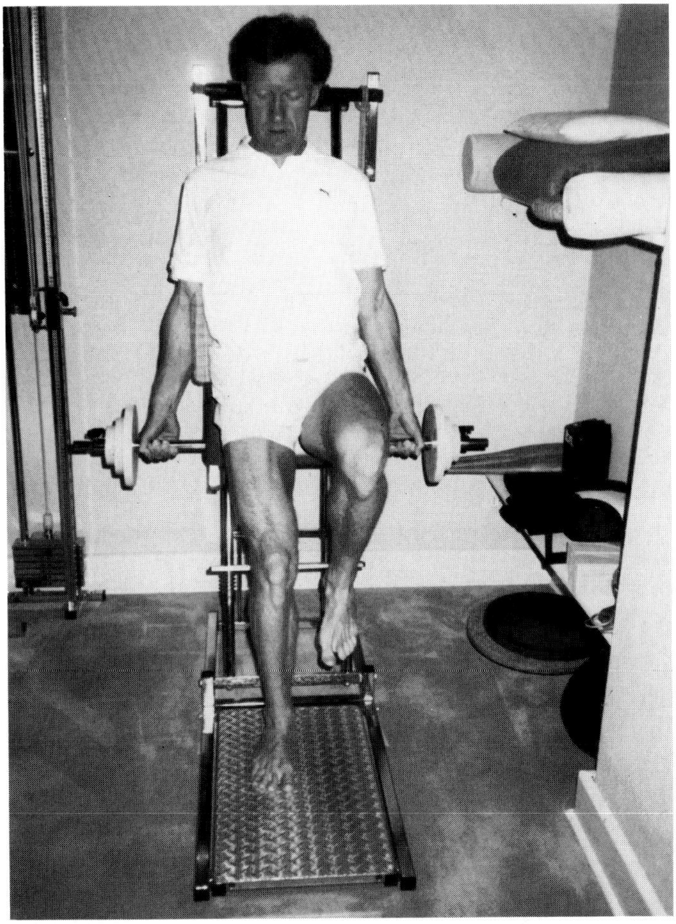

Abb. 76: Einbeinige Kniestrekkung mit dem Schenkeltrainer.

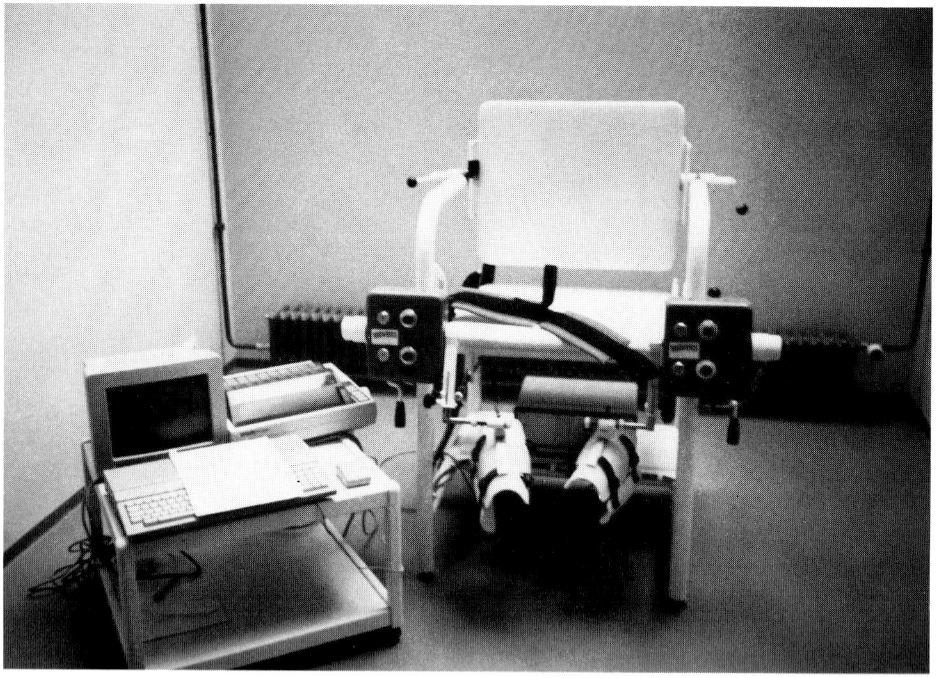

Abb. 77: Computergesteuertes Krafttrainingsgerät.

Abb. 78: Gruppenarbeit verschiedener Muskelfunktionen an der Kraftmaschine.

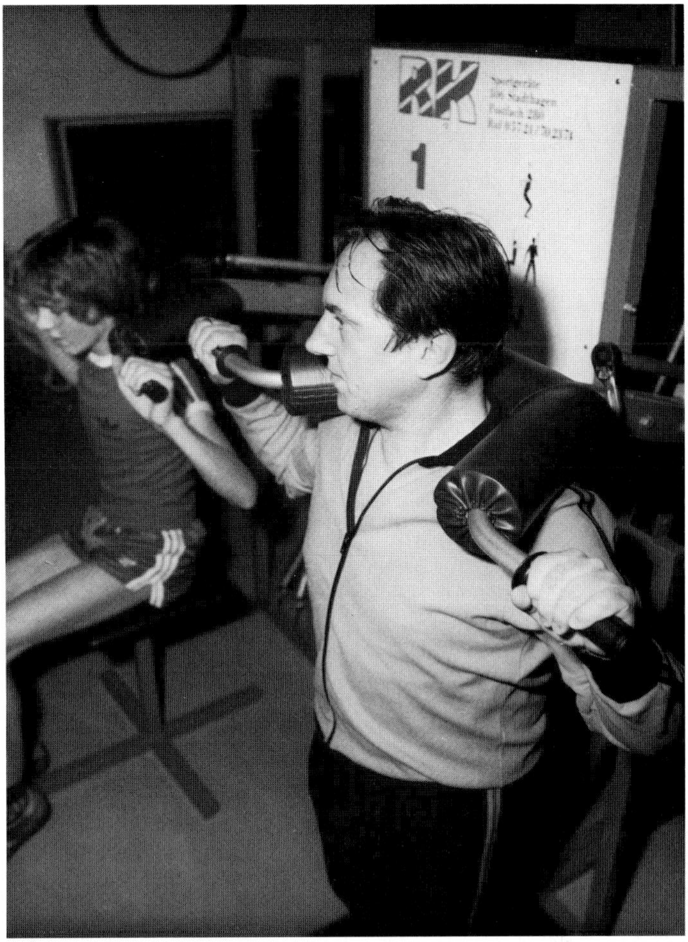

Abb. 79: Isokinetisches Krafttraining für die Rücken- und Armstreckmuskulatur.

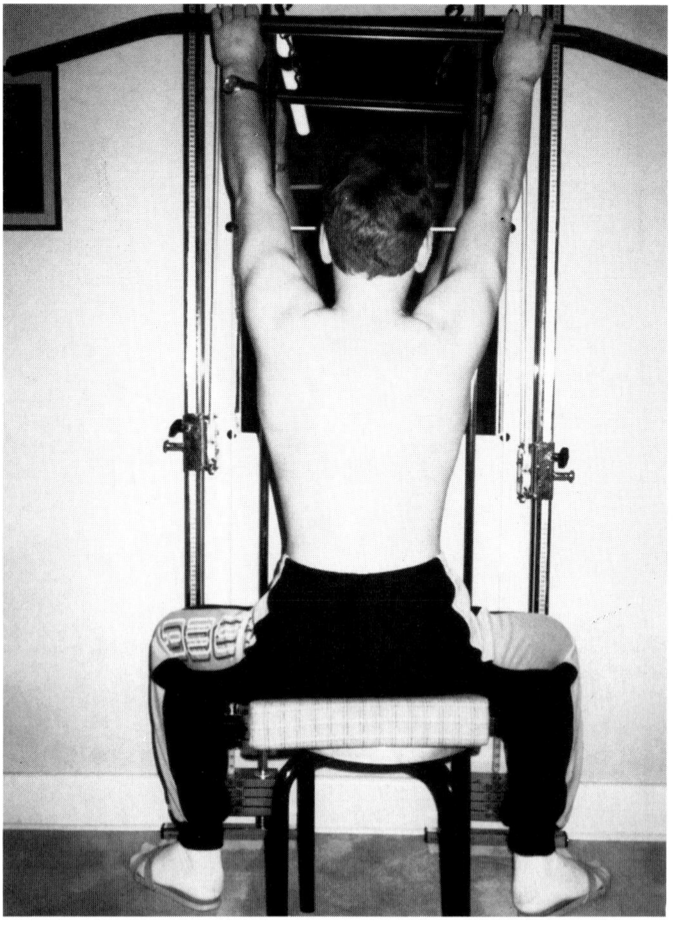

Abb. 80: Isokinetisches Krafttraining für den Schultergürtel, Ausgangsstellung. – Mit optimal gestreckter Wirbelsäule, durch ein Keilkissen unterstützt, mit offener Beinstellung durch Abduktion in den Hüftgelenken.

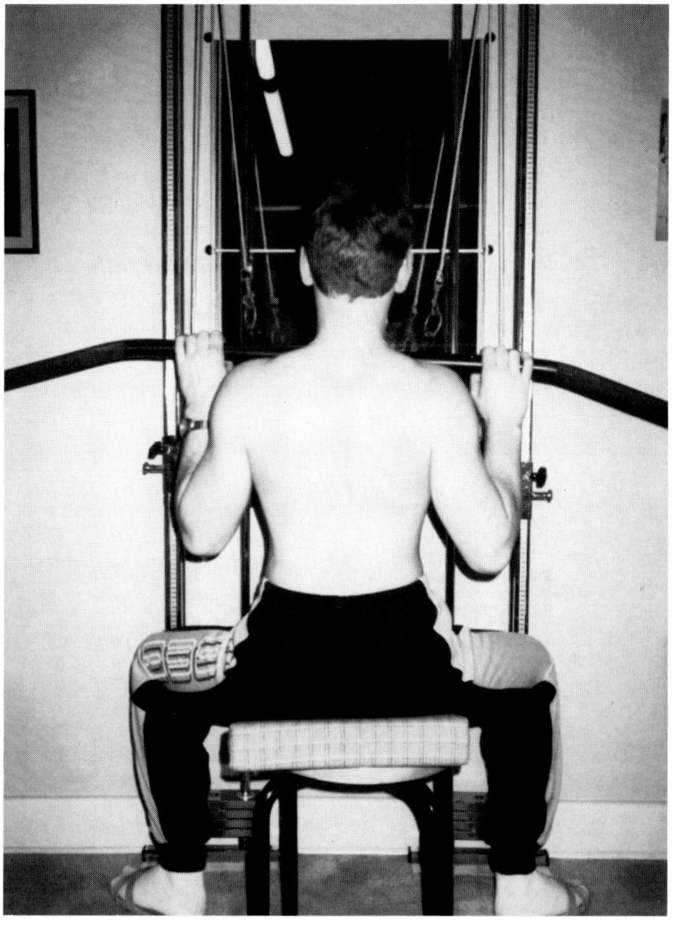

Ab. 81: Endstellung. – Wie Abb. 80 mit tiefen Ellenbogen und möglichst eng zusammengeführten Schulterblättern.

Schema der drei Phasen der Muskelkräftigung in der krankengymnastischen Behandlung bei Sportverletzungen

1. Phase:	Während der Ruhestellung der verletzten Extremität
1.1	Isometrisches und isotonisches Muskeltraining der nicht verletzten, gesunden Extremität.
1.2	Vorsichtiges isometrisches Muskeltraining der verletzten Extremität. Isotonisches Muskeltraining an den benachbarten Gelenken der verletzten Extremität. Beginn erst nach Abklingen des Schmerzes. Prinzip: Keine Übung darf Schmerzen bereiten.
1.3	Kreislauf-Atem-Stoffwechseltraining zur Erhaltung dieser Funktion während der Ruhigstellung.
2. Phase:	Nach Freigabe der Bewegung, Teilbelastung
2.1	Isometrisches Muskeltraining der verletzten und der gesunden Extremität.
2.2	Isotonisches Training gegen kräftigen Widerstand der gesunden Extremität.
2.3	Isotonisches Training der verletzten Extremität, zunächst unter Schwereabnahme, dann Überwindung der Eigenschwere, dann gegen manuellen Widerstand.
2.4	Auxotonische Muskeltrainingsformen, z. B. auch Wassergymnastik und Gehschule im Wasser und Übungsformen im Schlingentisch.
2.5	Kräftiges Kreislauf-, Atem- und Stoffwechseltraining.
3. Phase:	Nach Freigabe der vollen Belastung
	Maximale Belastung durch isometrisches und isotonisches Training beider Extremitäten, mit Schwerpunkt verletzte Extremität.
3.2	Auxotonische Trainingsformen für beide Extremitäten mit Schwerpunkt verletzte Extremität. Auch als Wassergymnastik mit Widerstandsübungen gegen Hilfsmittel (z. B. Auftriebskörper).
3.3	Dreidimensionale Komplexbewegungen.
3.4	Gehschule, später Lauf- und Sprungschule bei Verletzungen der unteren Extremität. – Gebrauchsschule mit Geräten bei Verletzungen der oberen Extremität (leichte und schwere und kleine und große Bälle, Stäbe, Hanteln etc.), Kraftmaschine, Schulung der Schnellkraft und der Grob- und Feinmotorik.
3.5	Sportdisziplinspezifische Übungen, zunächst Teilbelastung, dann bis zur maximalen Belastung, Wiederaufnahme des Konditionstrainings, Überführung zum Normaltraining, eventuell zunächst mit Einschränkung bis zur vollen Trainings und -Wettkampfbelastung, diesbezügliche Trainingsbeobachtung und -beratung, Hinweise und Beratung des Trainers.

2. Propriozeptive Neuromuskuläre Fazilitation – PNF Komplexbewegungen

Geschichte

Komplexbewegungen wurden in den Jahren 1946–1951 von Dr. *Hermann Kabat* in den USA entwickelt. Die Basis für diese Methode bildeten Arbeiten des Amerikaners *Sherrington* und anderer Neurophysiologen. In den folgenden Jahren wurden Verbesserungen innerhalb der Methode vorgenommen und die Anwendungsgebiete erweitert. Dabei haben *Margaret Knott* und *Dorothy Voss,* amerikanische Physiotherapeuten, hervorragende Beiträge geleistet. In der modernen physikalischen Therapie hat sich die Behandlung mit Komplexbewegungen, besonders bei Erkrankungen des Bewegungsapparates, bei Fehlentwicklungen, Traumen und Erkrankungen des nervösen oder muskulären Systems zu einem nicht mehr wegzudenkenden Bestandteil der Krankengymnastik entwickelt.

Einführung

Die Methode der Komplexbewegungen wird auch PNF-Technik, d. h. «Propriozeptive Neuromuskuläre Fazilitation», genannt. Dies bedeutet etwa selbstgesteuerte, neuromuskuläre Förderung oder Erleichterung, also Gegenteil von Hemmung. Dabei werden durch Stimulation der Propriozeptoren Reaktionen des neuromuskulären Mechanismus verbessert, erleichtert und beschleunigt. Die Methode der Komplexbewegungen stützt sich auf folgende Grundsätze: Maximale Beeinflussung des neuromuskulären Apparates unter Zuhilfenahme der Gesamtbewegung. Die Rezeptoren von Muskeln und Gelenken sind wichtige Einheiten zur Verbesserung der Motorik.

Grundprinzipien der Technik

Folgende Grundprinzipien verbessern die gewünschte Reaktion und werden angewandt, um zur optimalen Funktion zu gelangen.

Grifftechnik

Ein richtig dosiert und exakt angelegter Griff des Therapeuten entscheidet über die Stärke der bewirkten Komplexbewegung.

Verbale und visuelle Stimulation

Einfache, klare und deutliche Kommandos erleichtern die Arbeit des Therapeuten. Der Patient soll dabei sehen, was er tut, und daran teilhaben.

Druck und Zug

Druck nähert die Gelenkflächen, Zug entfernt diese. Die Rezeptoren werden angesprochen. Zug auf die Muskulatur erleichtert die Bewegung, Druck verstärkt die Stabilität.

Optimaler Widerstand

Das Alles- oder Nichts-Gesetz der Muskelkontraktion wird beachtet. Isometrischer und/ oder isotonischer Widerstand wird angewendet. Der optimale Widerstand richtet sich nach der individuellen Muskelkraft des Patienten.

Richtige Muskelaktionsfolge

Reihenfolge, in welcher die angesprochene Muskelkette die gestellte Anforderung optimal bewältigt. Das richtige «Timing» spielt sowohl bei der Komplexbewegung als auch im Sport eine wesentliche Rolle.

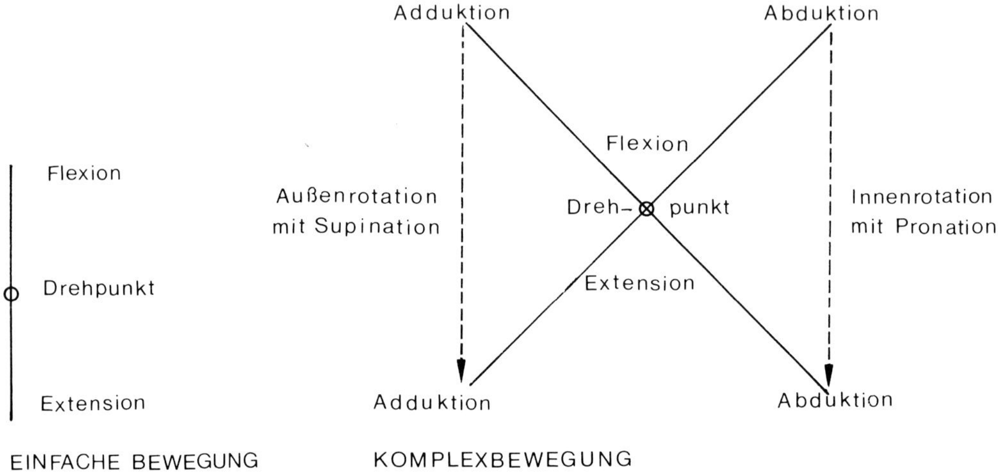

Abb. 82: Einfache Bewegung – Komplexbewegung.

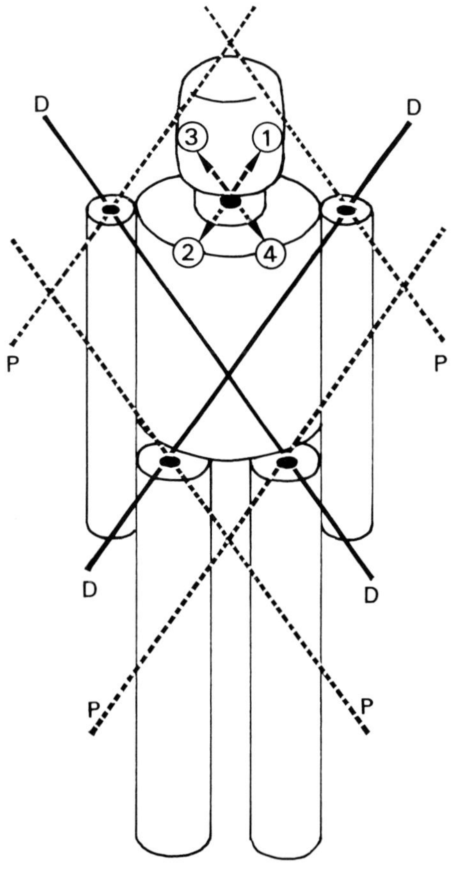

Abb. 83: Direkte Körperdiagonalen und ihre Veränderungen (D) sowie Parallelen hierzu (P) als Orientierung für die Bewegungsrichtung.

Drei Bewegungskomponenten, sind bei spiralen und diagonalen Bewegungsmuster beteiligt:

Flexion oder Extension
Adduktion oder Abduktion
Außenrotation oder Innenrotation

Die Außenrotation ist mit der Supination, die Innenrotation mit der Pronation kombiniert. Varianten der Technik mit Komplexbewegungen verbessern den Einsatz und die Wirkung auf den Bewegungsapparat. Sportartspezifische Bewegungsabläufe mit anderen Bewegungskombinationen wie Wurfbewegungen im Handball oder Schußbewegungen im Fußball seien als Beispiel erwähnt.

Direkter Widerstand

Optimaler Widerstand für den gesamten Bewegungsablauf; dieser richtet sich nach dem Zustand der verschiedenen Bewegungsabschnitte.

Wiederholte Kontraktion

Hier spielen statische und dynamische Kontraktionen im Wechsel eine Rolle. Kraft, besonders Haltekraft für die Stabilität, Bewegungsausmaß für die Mobilität und Ausdauer werden verbessert.

Langsame Umkehr

Auf eine isometrische, statische Kontraktion der Antagonisten folgt eine isotonische, dynamische Kontraktion der Agonisten.

Langsame Umkehr – Halten

Auf eine isotonische, dynamische Kontraktion der Antagonisten und der Agonisten folgt jeweils eine isometrische, statische Kontraktion der Antagonisten und der Agonisten.

Rhythmische Stabilisation

Auf eine isometrische, statische Kontraktion der Antagonisten folgt eine isometrische, statische Kontraktion der Agonisten, sie kann sich bis zu einer Co-Kontraktion, d. h. Mehrfachkontraktion, der Antagonisten steigern.

Komplexbewegungen als Prävention und Rehabilitation bei Sportlern

In der zweiten völlig neu bearbeiteten Auflage des Buches «Komplexbewegungen» Bewegungsbahnung nach Dr. *Kabat*, schreiben die Verfasserinnen *Margaret Knott* und *Dorothy Voss* in der Vorrede: «Irgendwann und irgendwo hoffen wir, daß die Anwendungen dieser entwicklungsbedingten Übungen auch auf dem Gebiet der körperlichen Erziehung zur Förderung der motorischen Entwicklung und zu Verhütung von Verletzungen bei Athleten führen.»
Im Jahre 1973 weilte der Autor einige Monate in Kalifornien/USA, um am Kabat-Kaiser-Institut in Vallejo unter der Leitung von *Margaret Knott* die Methode der Komplexbewegungen zu erlernen. In den folgenden Jahren hat er viele verletzte und gesunde Sportler mit dieser Methode behandelt und auftrainiert. Welche Besonderheiten sich darin gegenüber der «reinen Technik mit Komplexbewegungen» ergeben, versucht er hier zu schildern. Die Komplexbewegungen bei der krankengymnastischen Behandlung von Sportlern sind sicher noch nicht genügend erprobt. Eine eigenständige Methode gibt es nicht. Die gemachten Erfahrungen jedoch sind erfolgversprechend und sollten weiter ausgebaut werden.

Abb. 84: Floptechnik im Hochsprung.

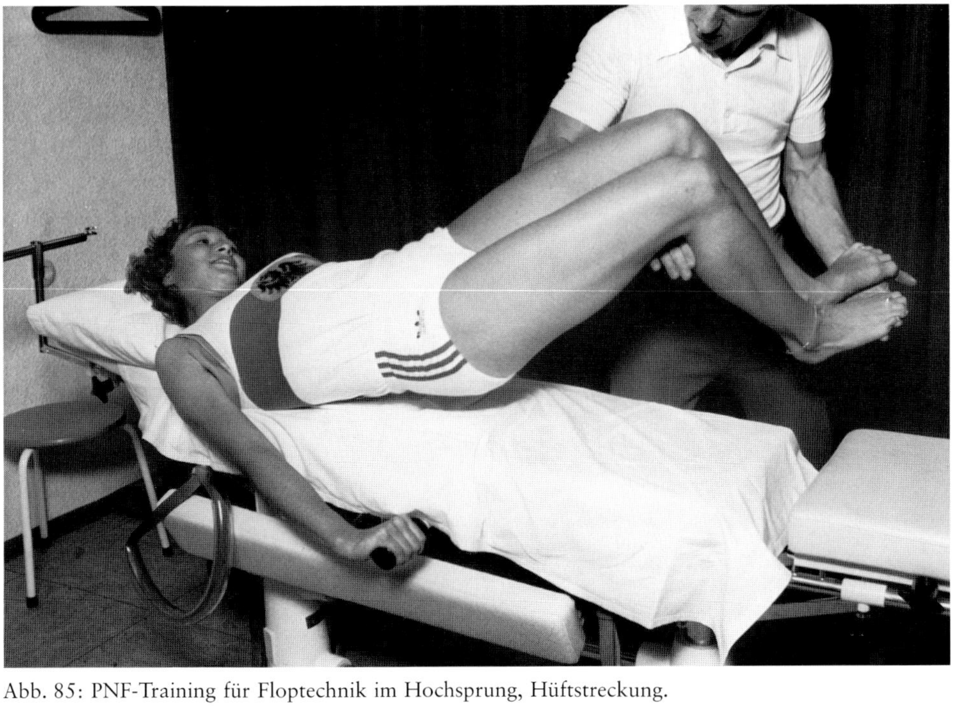

Abb. 85: PNF-Training für Floptechnik im Hochsprung, Hüftstreckung.

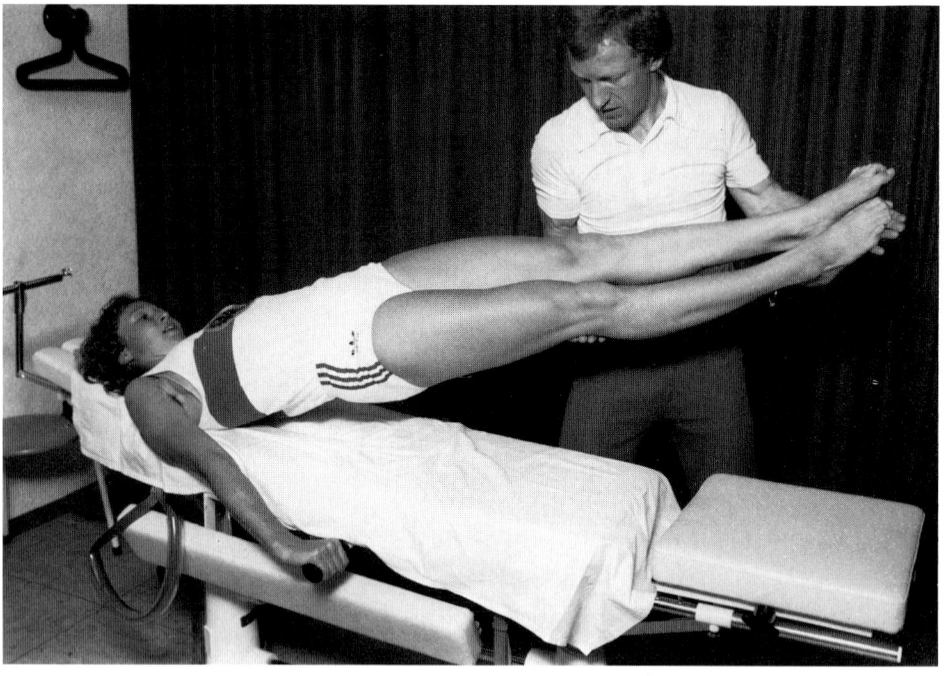

Abb. 86: Hüft-, Knie- und Fußstreckung.

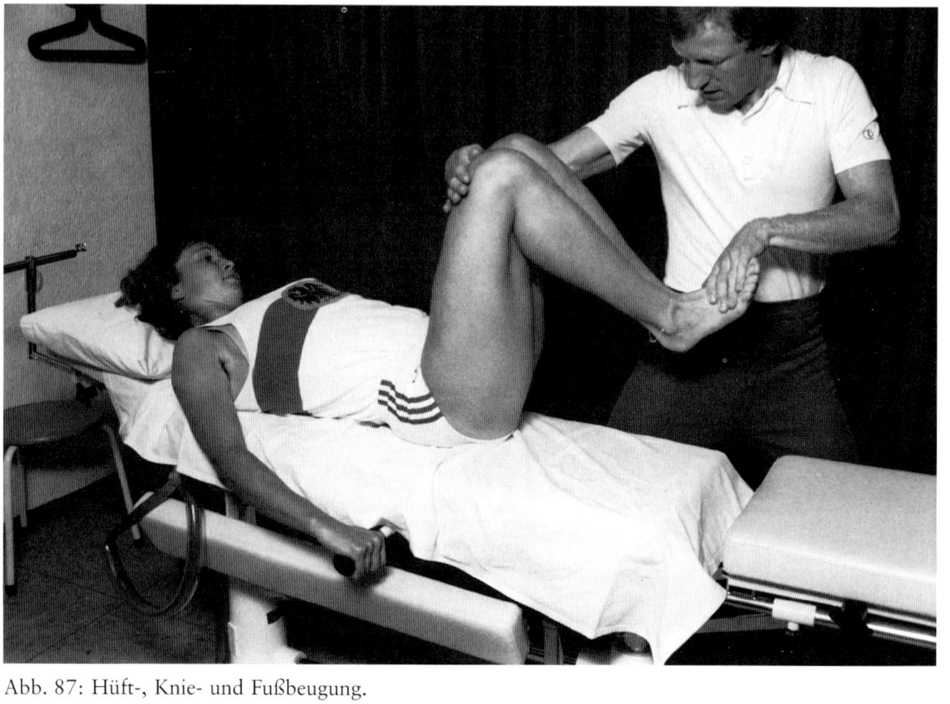

Abb. 87: Hüft-, Knie- und Fußbeugung.

Abb. 88: 100-m-Start bei den ersten neuzeitlichen Olympischen Spielen in Athen 1896 mit verschiedenen Startmustern der Läufer.

Abb. 89: Sprinterin kurz nach dem Start. Bewegungsmuster des Stemmbeines, Unterschenkel außenrotiert, Fuß proniert.

Abb. 90: 400-m-Läufer kurz vor dem Ziel. Bewegungsmuster des Schwungbeines links, Unterschenkel innenrotiert, Fuß supiniert.

Im Sport werden durch Trainings- und Wettkampfreize Reaktionen hervorgerufen. Der Sportler, als leistungsfähiger Organismus, entwickelt große Steigerungen in seinen motorischen Fähigkeiten, seiner Kraft und seiner Ausdauer. Grenzen dieser Leistungssteigerung ergeben sich durch die anatomischen Strukturen und durch erlernte oder ererbte neuromuskuläre Reaktionen. Fehlt dieser neuromuskuläre Mechanismus, dann ist der Sportler nicht in der Lage, adäquat auf die Trainings- und Wettkampfanforderungen zu reagieren. Der Reiz für den Sportler muß durch die Technik mit Komplexbewegungen so gesetzt werden, daß die gewünschte Reaktion ausgelöst wird. Schwachstellen in den sportartspezifischen Bewegungsabläufen werden beseitigt und in der Prävention oder in der Rehabilitation durch «Auftrainieren» zur optimalen Funktion gebracht. In der Anwendung von Komplexbewegungen bei Sportlern werden durch spezifische Reize geminderte, durch Verletzung geschwächte oder gestörte Bewegungsmuster neu gebahnt und durch häufige Wiederholungen der gleichen Übung die Muskelkraft und Muskelausdauer normalisiert oder verbessert und dabei das Bewegungsausmaß vergrößert. Nur zweckmäßige, sportartspezifische und zielgerichtete Bewegungskombinationen führen

zu einem erfolgreichen «Spezialtraining». Muskeln die Haltearbeit verrichten, werden mehr statisch, und Muskeln die Bewegungsarbeit verrichten, werden mehr dynamisch trainiert. Beispiel: Bauchmuskel haben meist Haltearbeit zu verrichten. Durch Fehler im Training mit «Klappmesserübungen» wird zu stark dynamisch gearbeitet und dadurch die Verkürzung des M. iliopsoas gefördert. Diese Muskeldysbalance erhöht die Verletzungsgefahr. Unspezifische, allgemeine Übungen mit und ohne Geräte bringen nicht den gewünschten Erfolg, sie hindern eher die optimale Funktion.
In Sportarten, wo Geschicklichkeit, Koordination und Kraft gefordert werden, sind die dreidimensionalen diagonal-spiralförmigen Bewegungsmuster am stärksten vorhanden.
Ein 100-m-Läufer, der «nur» geradeaus läuft, zeigt dreidimensionale Bewegungsabläufe. Unterschenkel und Füße sind kurz nach dem Start außenrotiert und proniert. Mit der Schrittvergrößerung werden die Unterschenkel mit Füßen immer mehr innenrotiert und supiniert.

Abb. 91: Crossläufer mit dreidimensionalem Bewegungsmuster der Beinmuskelketten.

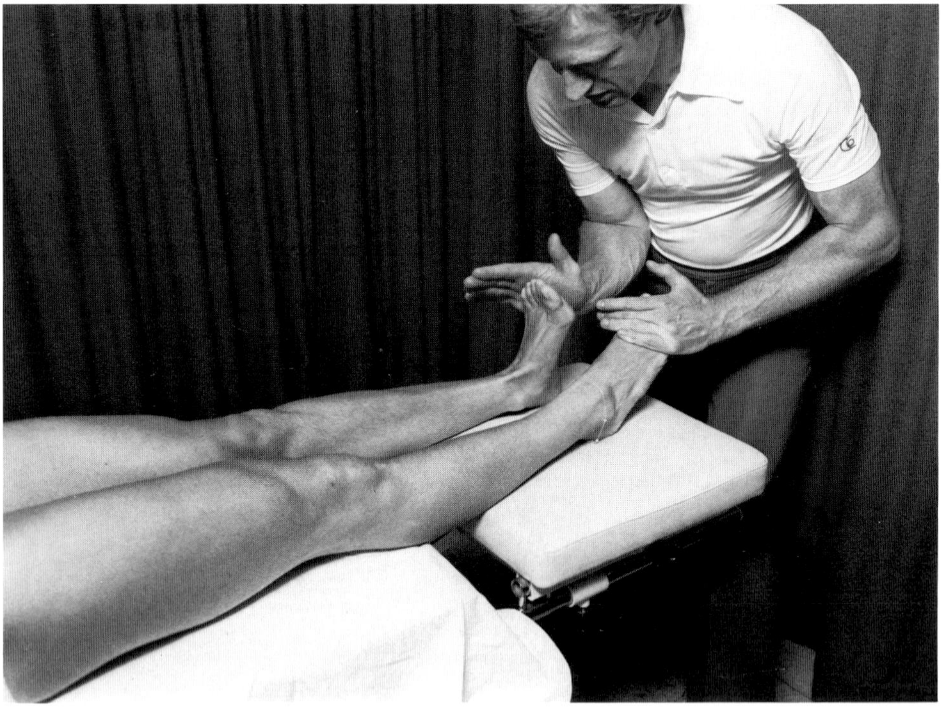

Abb. 92: PNF-Training für Laufdisziplinen, dynamische Fußarbeit, Fußbeugung mit Pronation und Fußstreckung mit Supination im Wechsel.

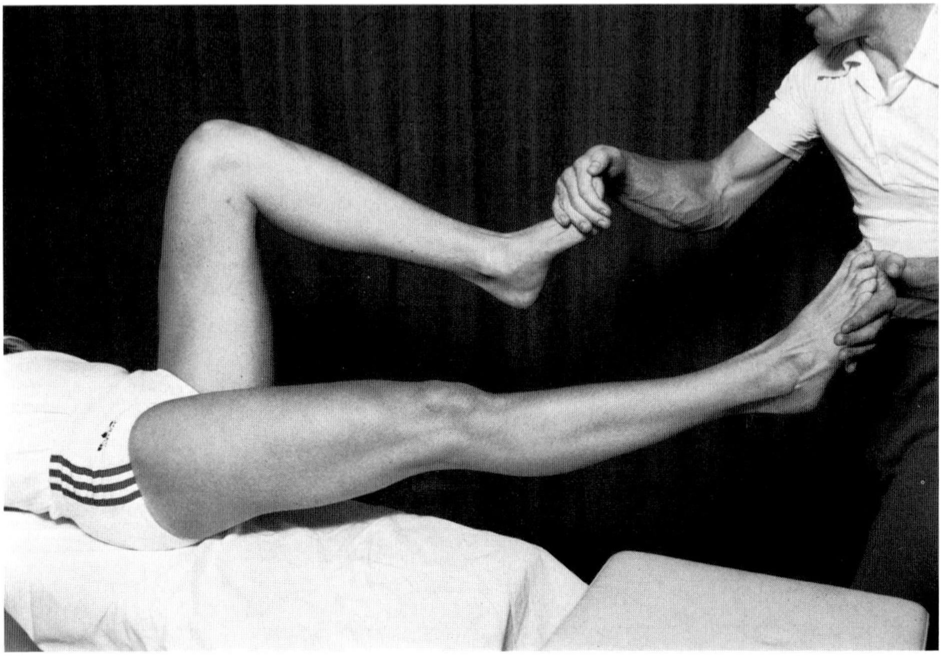

Abb. 93: Dynamische Beinarbeit, Hüft-, Knie- und Fußbeugung und Streckung im Wechsel.

Warum diese diagonalen-spiralförmigen Bewegungsmuster durch die Technik mit Komplexbewegungen den Sportler optimal vorbereiten oder auftrainieren, ergibt sich aus ähnlichen Bewegungsmustern wie im Sport. Außerdem stehen sie in Übereinstimmung mit den spiraligen, drehenden Möglichkeiten, die der Bewegungsapparat mit Knochen, Gelenken, Muskeln und Bändern bei der Sportausübung zu vollbringen in der Lage ist. Auch die Muskulatur des Menschen zeigt diagonal spiralförmige Anordnungen. Dadurch verläuft der direkte Weg von einer vollständigen Dehnung zu einer vollständigen Verkürzung der Muskeln gleichfalls diagonal; dies bedeutet für den Sportler eine der Grundlagen für ein optimales Muskeltraining. Dieses Training kann, wenn es zusätzlich sportspezifisch abgestimmt ist, dem physiologischen Bewegungsverhalten entsprechen und so besonders prophylaktisch wirken.
Komplexe Bewegungsmuster im Sport, die ein hohes Ausmaß an Koordination erfordern, funktionieren optimal, wenn eine exakte Abstimmung der Antagonisten und der Agonisten vorhanden ist. Diese Bewegungsmuster werden durch die reziproke Innervation gewährleistet. Sogenannte Minitraumen, die während der sportlichen Aktivität auftreten, werden häufig nicht bemerkt, weil sie nicht als besonders schmerzhaft empfunden werden. Dies erklärt auch die schlechte Korrelation zwischen Ausmaß der Verletzung und der subjektiven Schmerzempfinden. Gezielte Komplexbewegungen beeinflussen das Muskelgefühl, die Kontrolle der Bewegungen und Muskeldysbalancen werden verhindert. Freie Bewegungen in antagonistischen Mustern im Sport beim Training oder zur Wettkampfvorbereitung bewirken einen stabilisierenden Effekt; dabei

Abb. 94: Dreidimensionales Bewegungsmuster im Fußball.

Abb. 95: Dreidimensionales Bewegungsmuster im Handball.

Abb. 96: Dreidimensionales Bewegungsmuster im Ringen.

wird zusätzlich ein erhöhter Anspruch an die Koordinationsfähigkeit gestellt. Spezielle Kombinationen von Bewegungsmustern wirken in Form einer weiterlaufenden Stimulation; so tragen z. B. Komplexbewegungen der Extremitäten zur Kräftigung und Stabilität der Rumpfmuskulatur bei.
Bei Komplexbewegungen nutzen wir stärkere Muskelkräfte aus, um schwächere zu reizen und dadurch zu kräftigen. Im Sport heißt dies, sich durch Komplexbewegungen den Trainings- und Wettkampfbedingungen besser anzupassen. Vorhandene Möglichkeiten werden voll genutzt und noch ruhende Bewegungsreserven werden sportartspezifisch gezielt angesprochen. Dadurch werden bestmögliche Trainingseffekte erzielt. «Optimale Herstellung der Funktion durch Funktion».
Der Sportler, gesund oder geschädigt, paßt sich den Trainings- und Wettkampfbelastungen an. Eine gezielt sportartspezifische Bewegungsmöglichkeit und die dazu notwendige Kondition sind dafür wichtige Faktoren. Der koordinierte Gesamtbewegungsablauf einer Sportart benötigt qualitative Höchstleistungen, teils mit gleicher Leistung der beanspruchten Muskelkette, z. B. Langstreckenlauf, teils jedoch bei Sportarten wie z. B. Speerwurf, mit verstärkter Leistung der einseitig betroffenen Muskelkette.
Alle Bewegungsvorgänge finden in einem dreidimensionalen Raum, d. h. im Schwerefeld der Erde, statt. Komplexe Bewegungsvorgänge in den verschiedenen Sportarten enthalten Stemm- und Stützfunktionen. Dies kann sich auf ein Bein, einen Arm und/oder den

Abb. 97: Dreidimensionales Bewegungsmuster im Speerwurf.

Abb. 98: Komplexer Bewegungsvorgang bei gleichzeitiger Stemmfunktion der Arme und Stützfunktion der Beine beim Gewichtheben.

Rumpf beziehen bei gleichzeitiger Spielfunktion der anderen Extremität. Im Sport treten jedoch auch Stemm- und/oder Stützfunktionen auf, die beide Beine und Arme gleichzeitig einbeziehen, z. B. beim Gewichtheben, wenn das Gewicht in der Hochstreckung gehalten wird oder beim Skilanglauf, wenn beim Doppelstockschub Arme und Beine parallel sich vom Boden wegdrücken.
Einschränkungen für die Anwendung der Technik mit Komplexbewegungen am Sportler ergeben sich: Sportartspezifisch und/oder durch Verletzungen.

Sportartspezifische Einschränkungen

Erfordert es die Sportart, so müssen wir beim speziellen Training mit Komplexbewegungen die «reinen» spiral-diagonalen Bewegungsmuster verlassen und den Bewegungsablauf der jeweiligen Sportart bestmöglich anpassen. Die Bahnung der Muskelketten erfolgt sportartspezifisch, ohne zu einer Muskeldysbalance zu führen.

Abb. 99: Dreidimensionales Bewegungsmuster beim Kugelstoßen mit optimal gelagerter Kugel.

Beispiel: Ein Kugelstoßer braucht für die Endphase seiner Stoßdisziplin eine optimale Schnellkraftreaktion seiner Oberarmstreckmuskulatur, besonders des M. triceps. Hier muß das komplexe Bewegungsmuster den Athleten so günstig beeinflussen, daß die beteiligten Oberarmstreckmuskeln maximal vorbereitet werden, während die Muskelgegenspieler nur soweit in das Training miteinbezogen werden, daß eine optimale Dehnung ermöglicht und eine Muskeldysbalance verhindert wird. Ein zu kräftiger und zu dicker M. biceps behindert eine maximale Ellenbogenbeugung, und läßt die Kugel nicht optimal in der Halsgegend lagern. Eine Hemmung des M. triceps wäre eine daraus resultierende zusätzliche Einschränkung.
Verlangt die Durchführung der Komplexbewegung beim Sportler ein Muskel-Ausdauer-Training, z. B. beim Dauerleister, dann sind viele Wiederholungen gegen dosierten, geringeren Widerstand angebracht. Verlangt die Durchführung der Komplexbewegungen beim Sportler ein Muskel-Kraft-Training, z. B. beim Kurzleister, dann sind wenige Wiederholungen gegen optimalen Widerstand angebracht.
Dynamische oder statische Komplexbewegungen werden also je nach Sportart durchgeführt. Wird eine Mobilisation von Bewegungsabschnitten erwünscht, wird mit den Komplexbewegungen mobilisierend gearbeitet und außerdem mit Gelenk- und Muskeltechniken kombiniert.
Wird eine Stabilisation erwünscht, wird mit den Komplexbewegungen stabilisierend gearbeitet. Die Haltearbeit in verschiedenen Ausgangsstellungen steht im Vordergrund. Häufig werden im Sport statische und dynamische Trainingsreize gesetzt. Beispiel: Ein

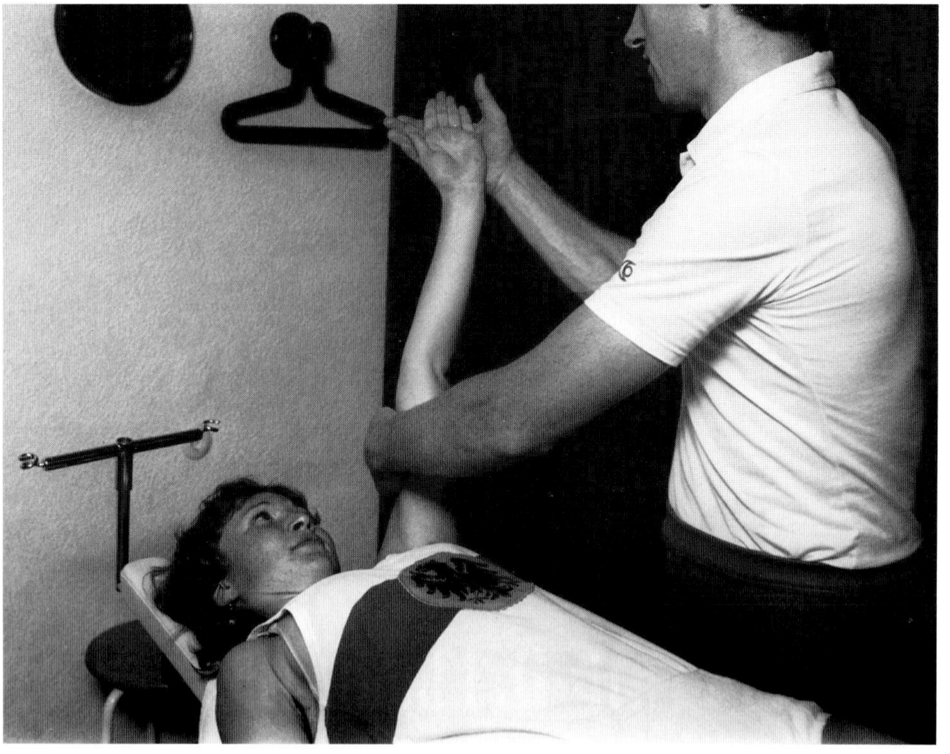

Abb. 100: PNF-Training für die Armmuskulatur aus der Rückenlage.

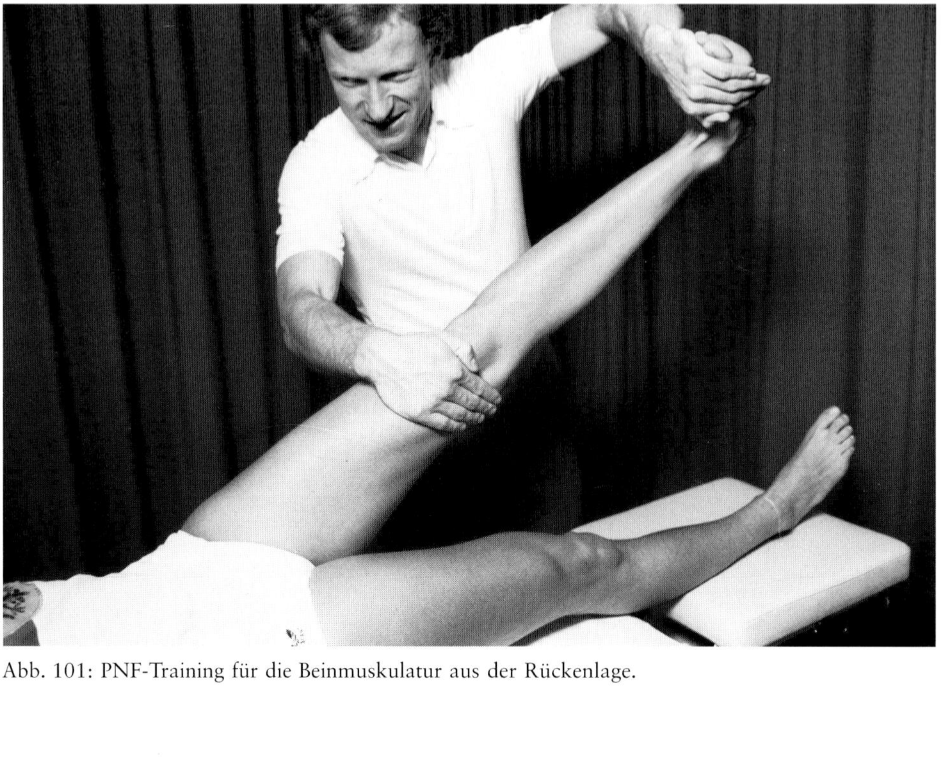

Abb. 101: PNF-Training für die Beinmuskulatur aus der Rückenlage.

Fußballer benötigt viel Mobilität für sein Schußbein und Stabilität für sein Standbein. Diese Formen der Komplexbewegungen sollten besonders in die Vorbereitungs- und Aufwärmphase eingebaut werden, dabei können Partner gezielte Widerstandsreize setzen.

Verletzungsbedingte Einschränkungen

Sportverletzungen lassen sich häufig durch ein-, zwei- oder dreidimensionale Auslösemechanismen erklären. Gegner bei Kampf- und Spielsportarten, äußere Einflüsse, z. B. Slalomstangen im alpinen Skisport, spielen eine Rolle.
Verletzungen schränken die Durchführung von Komplexbewegungen ein. Da die Bewegungen nicht immer vollständig möglich, häufig sogar durch verletzungsbedingte Einschränkungen ganz oder teilweise verboten sind, muß sich der Therapeut mit Teilbewegungen bei geringer Muskelanspannung und -dehnung begnügen. Der angemessene Widerstand geht nach Möglichkeit auf alle Komponenten des eingeschränkten Bewegungsmusters ein. Bei Bedarf werden je nach Verletzungsausmaß nur statische oder bei geringen Verletzungen später auch dynamische Komplexbewegungen angewandt.
Auf Schmerzfreiheit bei den Übungen ist zu achten. Gelenke und Muskeln werden schmerzfrei eingestellt. Aus dieser Stellung wird mit dem Übungsprogramm begonnen. Druck und Zug werden gemindert oder völlig ausgelassen, wenn dadurch Schmerzen auftreten. Der maximale Widerstand wird reduziert, so daß eine schmerzfreie Komplexbewegung möglich ist. Die «reinen» spiral-diagonalen Bewegungsmuster werden verändert, um einen schmerzfreien Bewegungsablauf zu gewährleisten. Mit Funktionstesten werden eventuell schmerzhafte anatomische Strukturen festgestellt. Die Schmerzfreiheit läßt ein optimales, sportartspezifisches Training mit eventuell veränderten Komplexbewegungen zu.

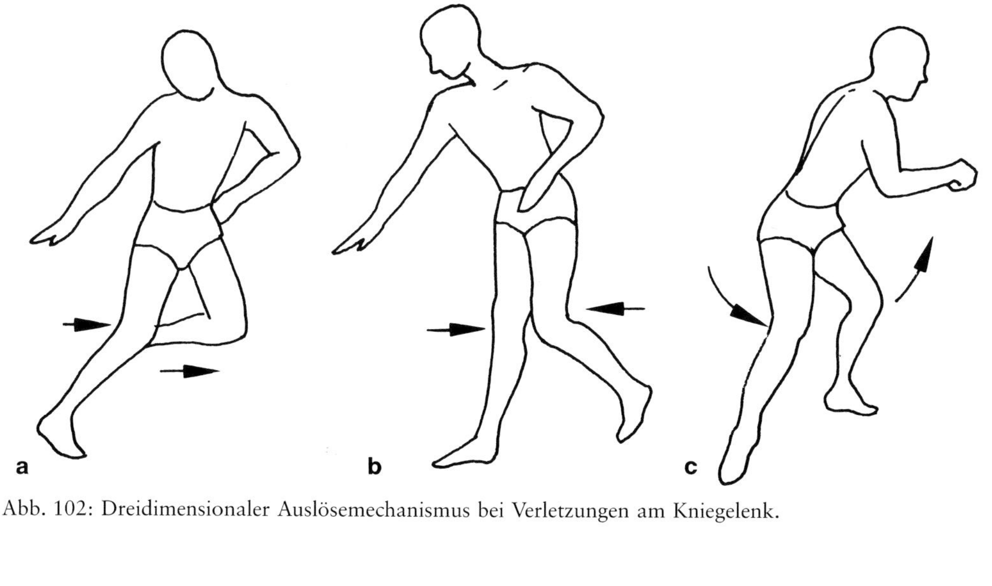

Abb. 102: Dreidimensionaler Auslösemechanismus bei Verletzungen am Kniegelenk.

Abb. 103: Verletzungsmechanismus durch Überstreckung im Kniegelenk am Schußbein und durch Rotation am Standbein.

Beispiel: Ein Fußballspieler klagt über Schmerzen bei Abduktions- und Außenrotationsbewegungen im Hüftgelenk. Beide Bewegungskomponenten, Abduktion und Außenrotation, entfallen beim Üben mit Komplexbewegungen oder werden nur bis zur Schmerzgrenze durchgeführt.

Komplexbewegungen in der Rehabilitation

In der Rehabilitationsphase wird dem Sportler zunächst das Spannungsgefühl für seine Muskulatur vermittelt. Es folgt die Vermittlung der Bewegungsabläufe ohne Belastung und anschließend die Vermittlung der Bewegungsabläufe mit Belastung. Dabei hat sich ein Ablauf aus der entlastenden Seitlage über Rücken- oder Bauchlage bis hin zur stärkeren Belastung im Sitz, später im Stand als Steigerung bewährt.
Mit Komplexbewegungen werden Ausweichbewegungen, die sich aus einem akuten Entlastungssyndrom einer Schmerzschonhaltung entwickeln, zur Normalisierung ge-

bracht. Ausweichbewegungen sind für den Sportler unökonomisch, unzweckmäßig und meist nicht gewollt. Sich wiederholende falsche Bewegungsabläufe können durch Traumen, Muskelschwäche, Muskeldysbalance, Bewegungseinschränkung und durch erworbene Bewegungsgewohnheiten ausgelöst werden. Es wird großflächig eine Muskelmantelspannung, später die Teilspannung von Muskelgruppen, einbezogen in ein Wechselspiel der entgegengesetzt wirkenden Muskulatur erarbeitet.
Der verletzte Sportler sucht bei bestehender Schwäche nach einem Kompromiß, um sein gestecktes Ziel zu erreichen. Wird der Wille des Sportlers in die richtigen Bahnen der Belastbarkeit gelenkt, ist eine bessere Rehabilitation und Wiederbelastung möglich. Schwachstellen im sportartspezifischen Bewegungsablauf haben bessere Aussichten zur Rehabilitation durch Trainieren der gesamten Bewegungskette. Vorher wird das Bewegungsmuster aufgeschlüsselt, die schmerzenden Bewegungsabschnitte werden ausgelassen oder nur bis zur Schmerzgrenze belastet. Mit den nicht schmerzenden Bewegungsabschnitten wird geübt, dabei wirkt ein leichter Zug in Form einer Traktion schmerzentlastend.
Die Anwendung der Technik mit Komplexbewegung praktiziert mit Erfolg die Rehabilitation von Sportverletzungen und Sportschäden. Diese Technik zur propriozeptiven, neuromuskulären Bahnung dient der Bewegungserleichterung. Sie begünstigt und beschleunigt die neuromuskulären Reaktionen. Durch bestimmte Reize werden komplexe Bewegungen über mehrere Schaltstellen gebahnt. Dreidimensionale Bewegungen erfolgen in drei Ebenen, der Sagital-, Frontal- und Transversalebene um die entsprechende Achse. Die Steigerung von isometrischen Übungen über eindimensionale, zweidimensionale und schließlich bis zu den dreidimensionalen Bewegungen hat sich in der Rehabilitationsphase bewährt.

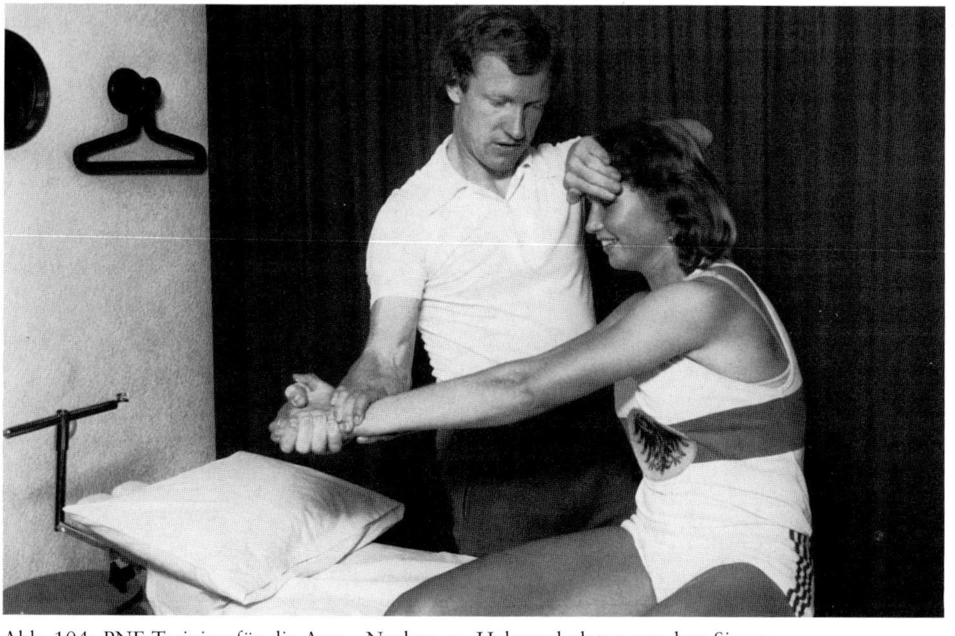

Abb. 104: PNF-Training für die Arm-, Nacken- u. Halsmuskulatur aus dem Sitzen.

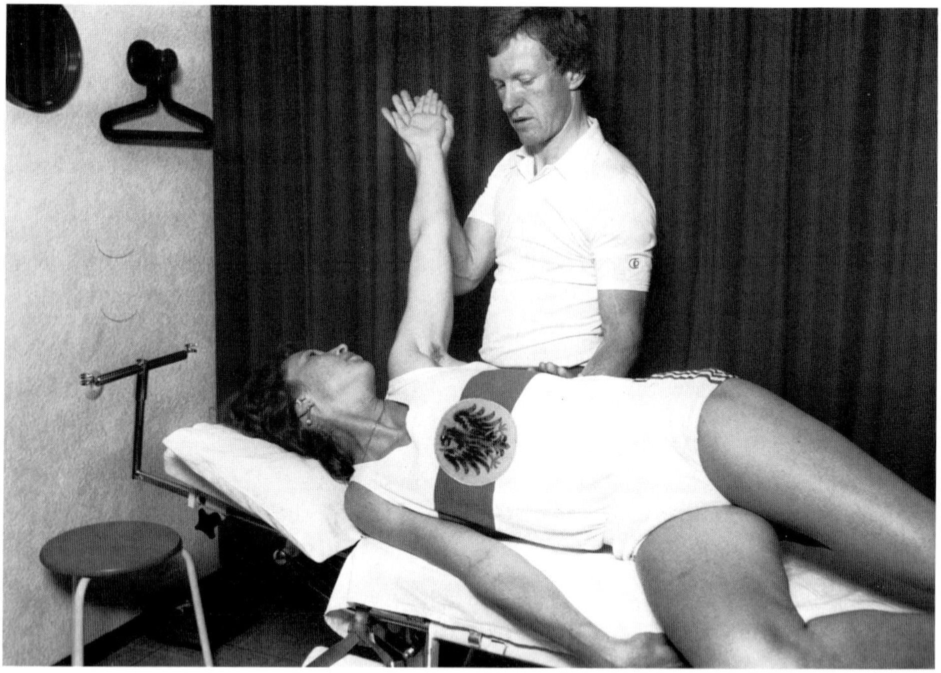

Abb. 105: PNF-Training für die Schultergürtelmuskulatur aus der Seitlage.

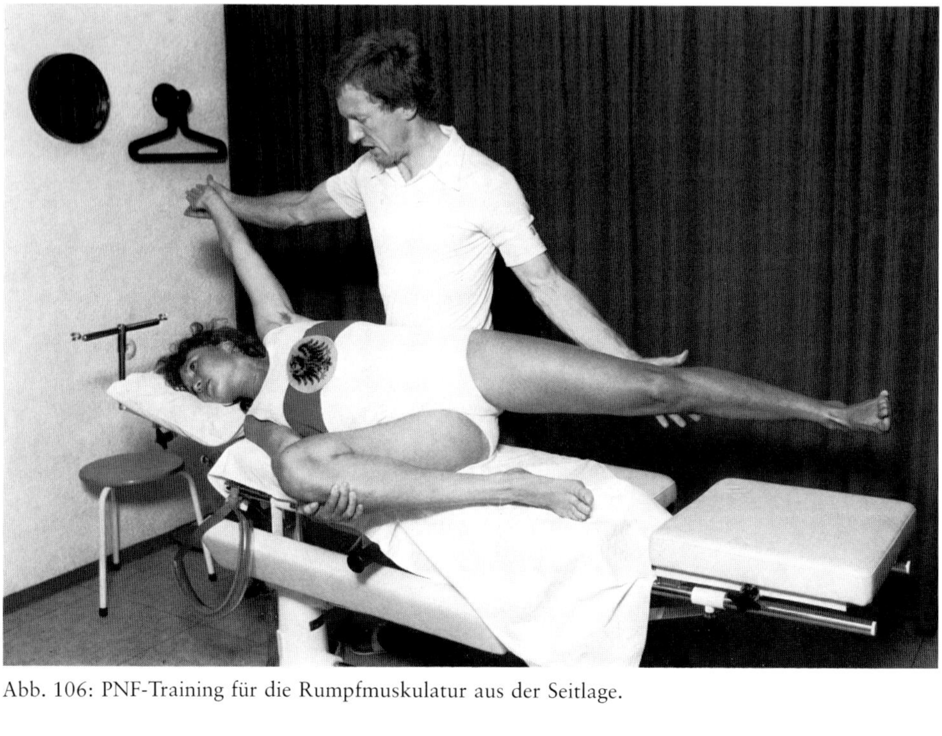

Abb. 106: PNF-Training für die Rumpfmuskulatur aus der Seitlage.

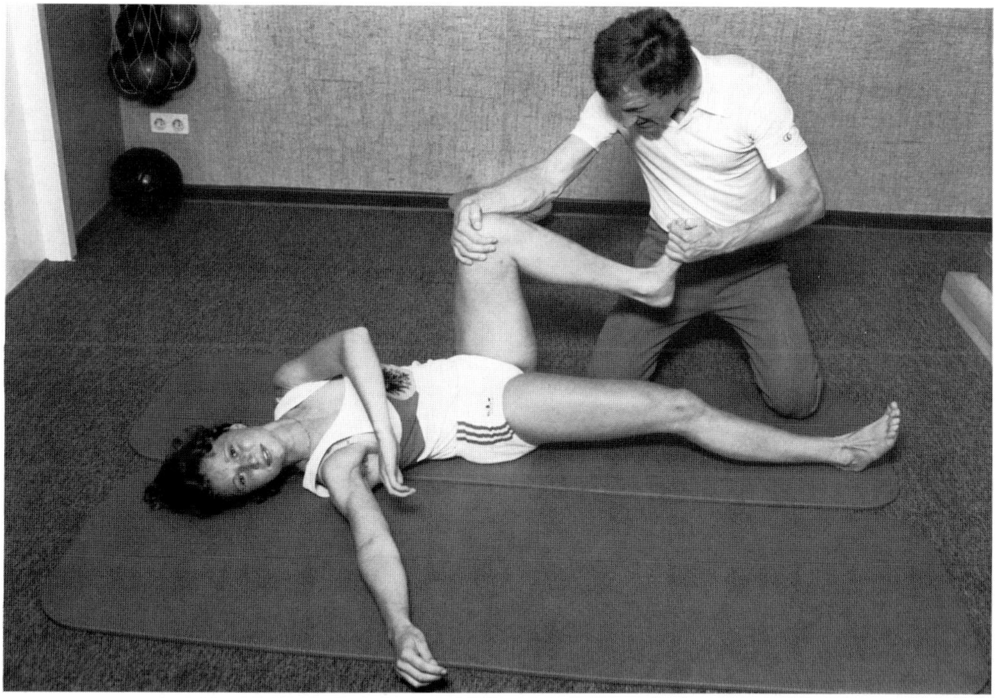

Abb. 107: PNF-Training für die Rumpfmuskulatur aus der Rückenlage.

Durchführung – Ausgangsstellung

Die Seitlage eignet sich als Ausgangsstellung zu Beginn der Behandlung mit Komplexbewegungen. Diese Lage begünstigt eine schmerzfreie Einstellung von Gelenken und Muskeln der Extremitäten und der Wirbelsäule. Eine optimale visuelle Kontrolle durch den Therapeuten wird an dieser Ausgangsstellung ermöglicht. Bewegungen sind nach vielen Richtungen bis weit vor, hinter und über die Körperlinie durchführbar. Auch wird der Übergang aus der isometrischen Übungsbehandlung zur ein- und zweidimensionalen Bewegung möglich. Dreidimensionale Bewegungen schließen sich als Steigerung in Rückenlage an. Der Übergang zur Gesamtkörperbewegung, sportartspezifisch abgestimmt, wird auf der Matte aus allen Ausgangsstellungen wie Seit-, Rücken- und Bauchlage etc. vollzogen. Mit diesen Gesamtbewegungsabläufen wird auf die sportspezifische Belastung vorbereitet und bis zum optimalen Ausmaß gesteigert. Im Langsitz, Kniestand und Stand ergeben sich weitere Ausgangsstellungen und Steigerungen bis hin zur Geh- und Laufbelastung wie es die entsprechende Sportart verlangt, für den Einsatz von Komplexbewegungen.

Zusammenfassung

Die Komplexbewegungen stellen durch ihre dreidimensionalen, spiral- und diagonalförmigen Bewegungsmuster eine optimale Methode in der Prävention als «Spezialtraining», und damit auch eine hervorragende Verletzungsprophylaxe sowie in der Rehabilitation als Behandlung und «Auftrainieren» für den gesunden und verletzten Sportler, dar. Durch die unbegrenzte variable Ausführung der Komplexbewegungen und die Steigerungsmöglichkeiten sind beste Voraussetzungen für viele Sportarten gegeben. Mit dieser Methode werden dauernd wechselnde Gelenk- und Muskelbelastungen vorbereitend trainiert. Sportartspezifische und verletzungsbedingte Einschränkungen sind zu beachten. Komplexbewegungen lassen sich mit anderen Techniken der Bewegungstherapie gut vereinbaren und kombinieren. Eisanwendungen, spezielle Massagetechniken und andere Maßnahmen der Physikalischen Therapie werden bei Bedarf in die Behandlung mit Komplexbewegungen einbezogen.

3. Lockern

Einführung

Lockerungsübungen gehören in jedes Trainings- und Wettkampfprogramm. Man kann diese Übungen unter die Rubrik des vorbeugenden Trainings einordnen, welches außerdem gründliches Aufwärmen, statisches und dynamisches Muskeltraining und Koordinationstraining einschließt.
Das Verletzungsrisiko läßt sich durch ein vorbeugendes Training, welches außerdem Massagen und Bewegungsbäder einschließt, verringern. Jeder Sportler sollte vom Trainer bzw. Therapeuten angehalten werden, die für die betreffende Sportart wichtigen Muskeln und die gefährdeten, verletzungsanfälligen Stellen besonders zu trainieren. Dazu gehört auch, daß nach jeder Muskelanspannung eine Muskelentspannung mit Lockerungsübungen erfolgt. Denn eine maximale Muskelanspannung bringt eine nachfolgende bessere Muskelentspannung. Dieser Wechsel von Anspannen und Entspannen erleichtert das nachfolgende passive und aktive Lockern. Muskellockerung erreicht man entweder durch aktives oder durch passives Lockern und Schütteln. Das passive Lockern oder Schütteln wird vom Therapeuten, das aktive Lockern durch den Sportler selbst ausgeführt.

I. Passives Lockern

Bei den passiven Lockerungsübungen stehen nicht Volumenänderung und Kontraktion der Muskeln im Vordergrund, sondern die Länge der Muskeln wird verändert. Dies geschieht durch Annähern und wieder Entfernen der betreffenden Muskelursprünge und

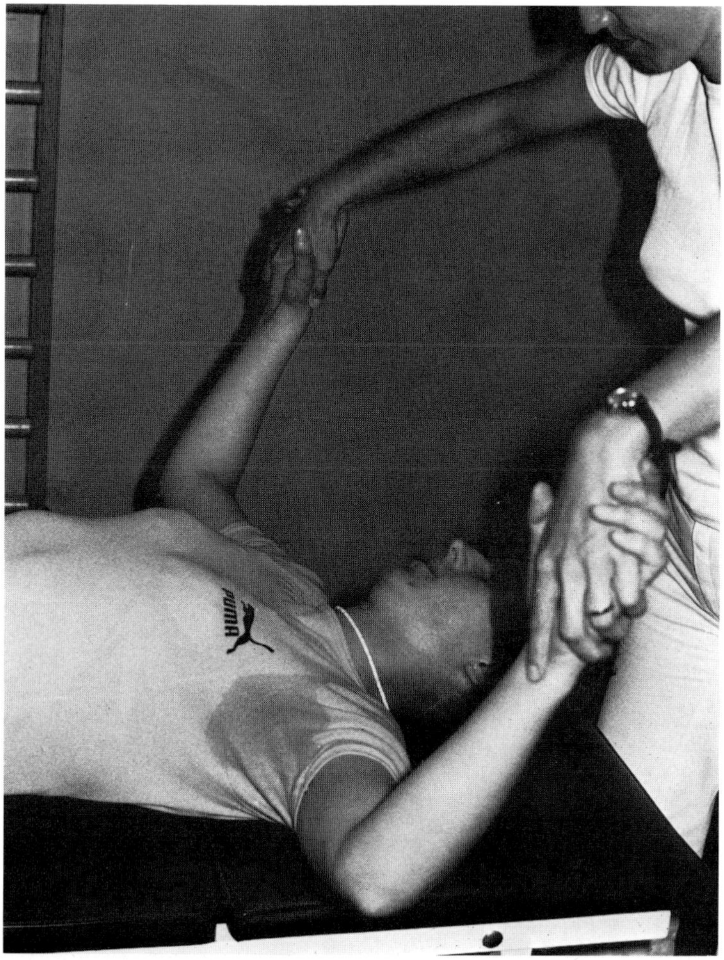

Abb. 108: Passives Lockern der Arme durch Annähern der Muskelursprünge und Ansätze.

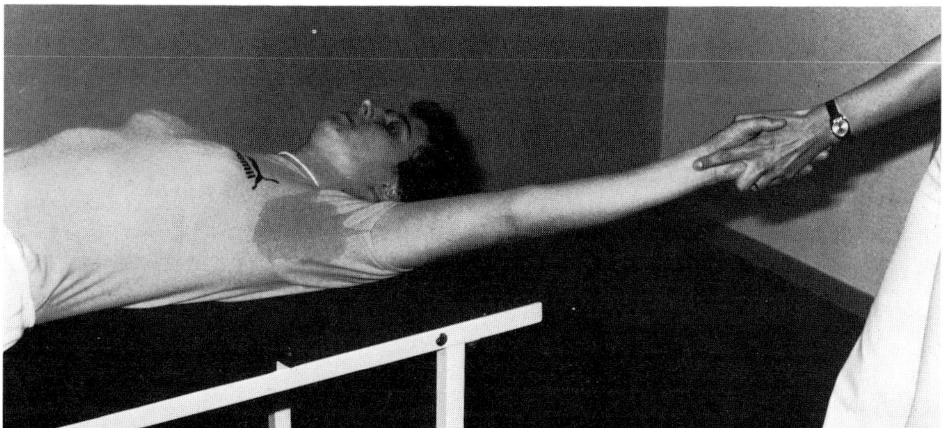

Abb. 109: Passives Lockern eines Armes durch Entfernen der Muskelursprünge und Ansätze.

-ansätze. Die Spannung der Muskulatur wird herabgesetzt. Dies ist ein Grund, warum bei allen spastischen Zuständen der Muskulatur und bei allen Muskelkontrakturen das passive Lockern angewandt wird. So z. B. zwischen den einzelnen Disziplinen im Mehrkampf und in den Spielpausen.

Schüttelungen

Einführung

Die feinen Bewegungen der Schüttelungen dienen der Lösung und Lockerung verspannter Muskelgruppen. Sie sollen rhythmisch ineinander übergehen und dürfen niemals ruckhaft ausgeführt werden. Geschüttelt wird in kleinen Auf- und Abbewegungen oder kleinen seitlichen Rollungen. Während des Schüttelns kann die Lage und die Stellung der Extremitäten oder des Rumpfes verändert werden. Der Therapeut schüttelt unter leichtem Zug und in verschiedenen Ausgangsstellungen.

Armschüttelung

Die Ausgangsstellung ist entweder die Rückenlage, der Sitz oder der Kniestand. Die Schüttelung wirkt hierbei auf die Armmuskeln und auf den Schultergürtel. Will man den Schultergürtel- und Wirbelsäulenbereich lockern, werden die Schulterblätter bei gestreckt gehaltenen Armen im Wechsel von der Wirbelsäule weggezogen und dann wieder herangeschoben. Dabei wird die Muskulatur im Schulterblattbereich z. B. Mm. romboidei, M. subscapularis beeinflußt. Bei dieser gezielten Schüttelung muß der Therapeut darauf achten, daß der Ellenbogen fest gestreckt ist, da sonst die Schüttelung das gewünschte Ziel nicht erreicht. Eine intensivere Schüttelung des Schultergürtels ist in Seitlage möglich.

Beinschüttelung

Unterschieden werden Schüttelungen mit angestellten und gestreckten Beinen. Bei Schüttelungen mit angestellten Beinen liegt der Sportler auf dem Rücken. Die angestellten Beine werden vom Therapeuten seitlich hin und her geschüttelt, die Knie werden dabei umfaßt. Die Füße müssen fixiert werden, damit sie nicht wegrutschen.
Bei Schüttelungen mit gestreckten Beinen wird unterschieden, ob beide Beine gleichzeitig oder nur ein Bein behandelt werden. Der Therapeut schüttelt in beiden Fällen von den Füßen aus. Die Fersen liegen in seinen Handtellern. Die Knie sind dabei gestreckt. Bei dieser Schüttelung muß man darauf achten, daß keine Knieschädigung, besonders des Kapselbandapparates, vorliegt. Diese Schüttelung wäre dann kontraindiziert. – In Bauchlage können gut die Waden- und Oberschenkelmuskel gelockert werden.

Abb. 110: Armschüttelung im Kniestand bei gestrecktem Ellenbogen mit Wirkung auf den gesamten Rücken.

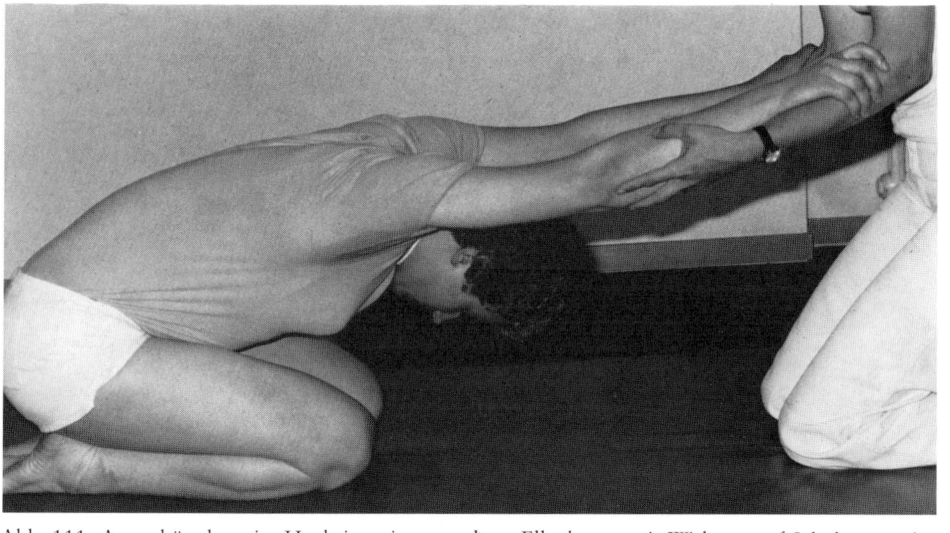

Abb. 111: Armschüttelung im Hocksitz mit gestreckten Ellenbogen mit Wirkung auf Schultergürtel.

Hüftschüttelung

Bei dieser Schüttelung liegt der Sportler in Seitlage. Die Hüfte und Knie sind leicht gebeugt. Der Therapeut stellt sich hinter den Sportler und fixiert mit der einen Hand am Darmbein. Mit der anderen Hand führt er am Oberschenkel kleine Vor- und Rückbewegungen mit schneller Frequenz gegen Becken und Oberschenkel aus. Dadurch werden die Gesäß- und Hüftmuskulatur gelockert. Sollen nur die kleinen Hüftmuskeln gelockert werden, wird folgendermaßen vorgegangen:

Der Sportler liegt auf dem Rücken und der Therapeut hebt das betreffende Bein an. Er fixiert mit seinen beiden Händen das Sprunggelenk. Nun wird das Bein etwas nach innen rotiert. Dadurch wird die Beckenseite des angehobenen Beines leicht vom Boden

Abb. 112: Beinschüttelung mit gestrecktem Knie.

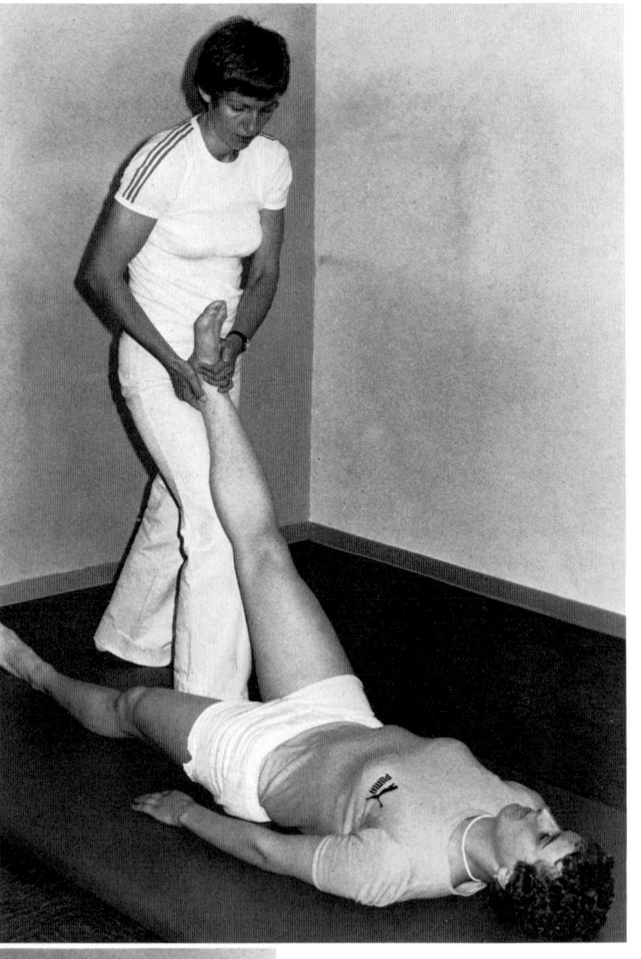

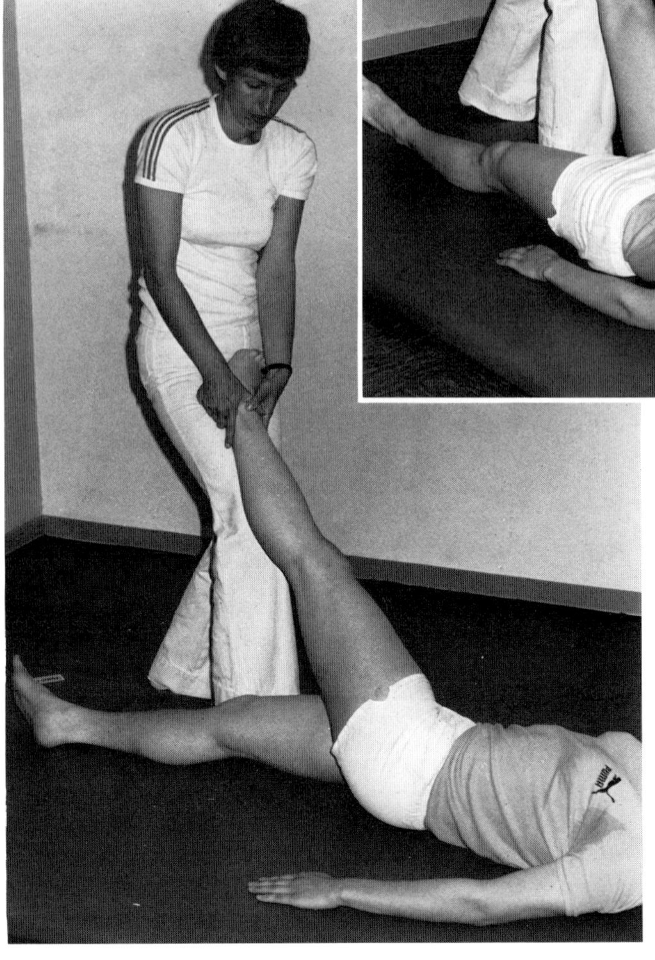

Abb. 113: Beinschüttelung mit gestrecktem Knie in Hüftinnenrotation.

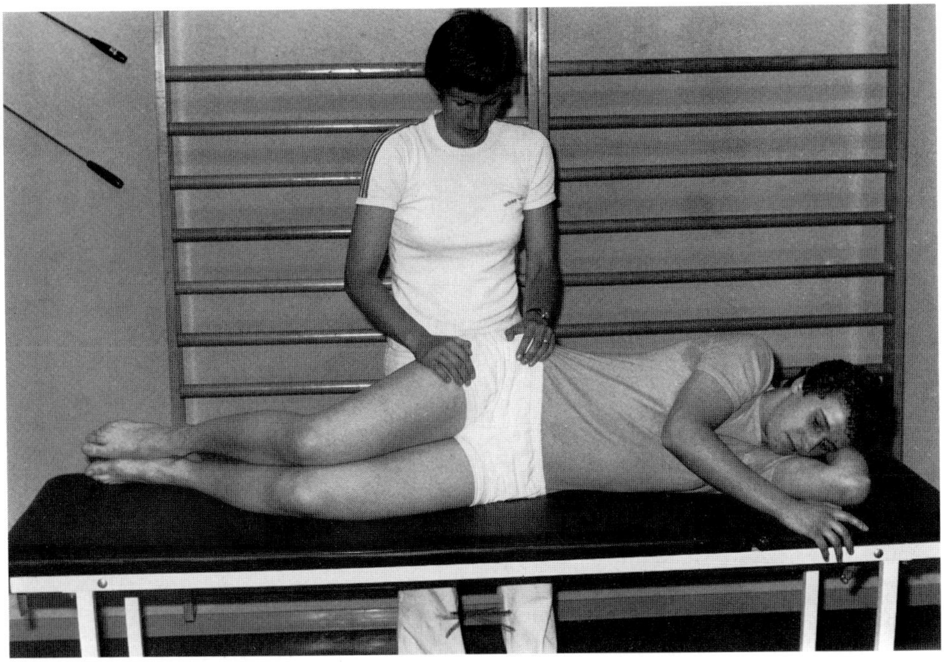

Abb. 114: Hüftschüttelung.

abgehoben. Durch federndes Nachdrücken gegen den Fuß werden sanfte Schüttelungen an den Muskeln im Hüftbereich ausgeführt. Eine weitere Möglichkeit ergibt sich aus der Rückenlage. Die Beine des Sportlers werden angestellt. Der Therapeut faßt unter die Knie. Durch leichten Zug wird das Gesäß leicht angehoben und aus dieser Stellung seitwärts geschüttelt.

Rumpfschüttelung

Ausgangsstellung ist die Rückenlage. Beide Beine werden an den Fersen umfaßt und angehoben. Dann werden kleine, seitliche und drehende Bewegungen beider Beine ausgeführt. Diese Schlängelbewegungen lockern den Rumpf. Werden langsamere Bewegungen ausgeführt, können die Schlängelbewegungen des Rumpfes genau dosiert und unterschiedlich variiert werden. Variationen für Brustkorb, Lenden- und Bauchbereich sind möglich. Mit kräftigen kleinen Schüttelbewegungen gegen die Knie der angestellten Beine werden die geraden Bauchmuskeln noch gezielter erreicht.

Zusammenfassung

Mit Schüttelungen können vielseitige Wirkungen erzielt werden. Beispielsweise kann man durch Brustkorb-, Rumpf- oder Beckenschüttelungen zusätzlich auf innere Organe,

wie z. B. den Darm einwirken. Variationen der Schüttelungen ergeben sich durch Ausgangsstellung, Dosierung und Zielsetzung.
Bei Sportlern werden die Schüttelungen hauptsächlich prophylaktisch angewandt. Gerade hier liegen oft Einschränkungen durch Muskelverspannungen und Muskelverkürzungen vor. Als Beispiele seien hier das Schultergelenk bei Speerwerfern, das Ellenbogengelenk bei Tennisspielern und das Hüftgelenk bei Gehern und Hürdenläufern genannt. Schüttelungen sollten in die Behandlung mit Massage und aktiven krankengymnastischen Übungen einbezogen werden.

Abb. 115: Schwungübungen mit dem Schleuderball.

II. Aktive Lockerungsübungen

Im Gegensatz zur passiven Lockerung, bei der die Impulse vom Therapeuten ausgehen, erzeugt bei den aktiven Lockerungsübungen der Sportler selbst die Lockerung. Die aktiven Lockerungsübungen müssen unter Anleitung erlernt werden.
Ihre Aufgabe ist ebenfalls, das hypertone Gewebe zu lockern, verspannte und verkürzte Muskeln zu entspannen und prophylaktisch im Sinne der Verletzungsvorbeugung im Sport einzuwirken. Die aktiven Lockerungsübungen sind sowohl in der Phase der Rehabilitation von Verletzungen als auch trainingsbegleitend und wettkampfvorbereitend einzusetzen.
Die aktiven Lockerungsübungen werden folgendermaßen unterteilt:
Aktives rhythmisches Pendeln von Gliedmaßen
Aktive Schüttelung von Gliedmaßen
Schwingen und Kreisen von Gliedmaßen und Rumpf.
Bei den aktiven Lockerungsübungen übt der Sportler in der Rücken-, Bauch- oder Seitenlage, im Vierfüßlerstand im Sitz, Stand oder in der Fortbewegung. Diese Ausgangsstellungen richten sich nach Art der Übung. Geräte, wie Keulen, Schleuderball, Hanteln, Seile und Stäbe können eine große Hilfe sein. Auch rhythmische Musik kann das Schwingen erleichtern und so schneller zur Lockerung führen.

Schwung- und Pendelübungen

Die Schwungübungen sind als Bewegungen eines Pendels um einen Drehpunkt anzusehen. Sie sind kraftsparend, wirken lockernd, dehnend und harmonisieren den Bewegungsablauf.
Ein Pendel wird seiner Schwere überlassen und kommt von alleine zur Ruhe. Durch einen erneuten Anstoß wird es wieder in Gang gesetzt.

Aktive Schüttelungen

Bei den aktiven Schüttelungen werden die Muskeln durch kleine Bewegungen gelockert und entspannt. Die aktiven Lockerungsübungen in Form von Schüttelungen gehören grundsätzlich in das Trainingsprogramm eines Sportlers. Aus der Physiologie ist bekannt, daß die Entspannung der Muskulatur genauso wichtig für eine Leistung ist, wie deren Anspannung. Die Lockerungsübungen werden stets beim Einlaufen oder Warmmachen sowie vor, zwischen und nach Kraftübungen durchgeführt. Die Muskulatur sollte vor jeder Anspannung entspannt sein.
Die Lockerung verringert die tonische Anspannung durch Veränderung der elastischen Strukturen des Muskels. Lockerungsübungen fördern die schnellere Wiederherstellung nach einer Belastung. Ein Sportler, dessen Disziplin große Schnellkraft- und Ausdauerleistungen verlangt, wie z. B. bei Spielsportarten, wird bei mangelnder Muskellockerung feststellen, daß er mit der Zeit einen erheblichen Kraftverlust, eine vorzeitige Ermüdung und eine Verminderung des Bewegungstempos erfährt. Physiologische Untersuchungen

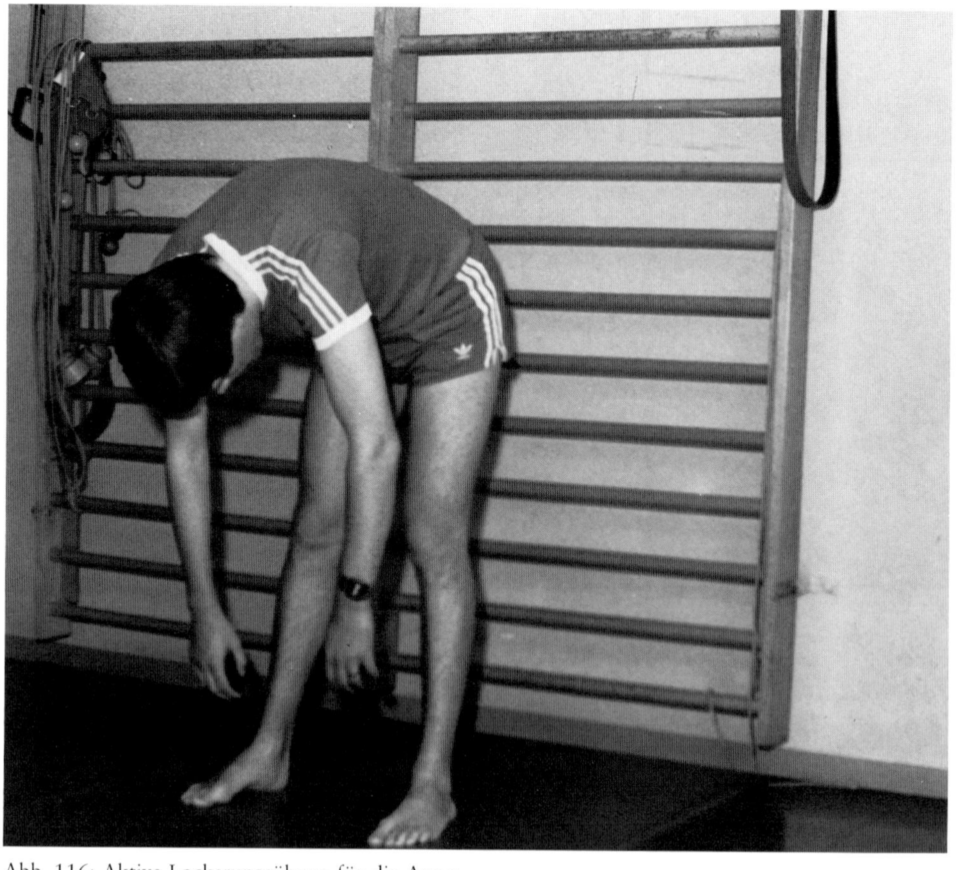

Abb. 116: Aktive Lockerungsübung für die Arme.

sagen aus, daß bei zwei gleichstarken Muskeln immer der besser gelockerte und gedehnte der leistungsfähigere ist. Bei allen sportlichen Disziplinen kennt der Athlet das Ausschütteln der Extremitäten und somit das Lockern der betreffenden Muskulatur. Beispielsweise nimmt ein Sprinter erst dann die Startposition ein, nachdem er sich noch einmal ausgiebig die Arme und Beine gelockert hat.
In leichter Grätschstellung wird im Wechsel ein Bein ausgeschüttelt, es wird sozusagen versucht, es wegzuwerfen.
Die Arme werden im Stand gleichzeitig ausgeschüttelt, indem der Oberkörper etwas nach vorne geneigt wird und die Arme ganz locker fallengelassen werden. Die eben genannten Übungen sind die einfachsten Formen des Auslockerns. Das Auslockern der Arme bzw. des Schultergürtels geschieht durch das einfache Kreisen oder Achterkreisen der Arme. Dies kann sowohl ohne als auch mit Geräten wie Schleuderball oder Keule ausgeführt werden. Der Schultergürtel kann durch das «Schulterrollen» isoliert gelokkert werden.
Außerdem gibt es das Hoch-Rück-Schwingen der Arme parallel und im Wechsel. Als Lockerung für den Schultergürtel eignen sich Übungen aus dem Vierfüßlerstand mit gebeugten Armen. Diese Übungen dienen nicht nur der Lockerung, sondern gleichzeitig der Mobilisation des Schultergürtels und auch der Kräftigung.

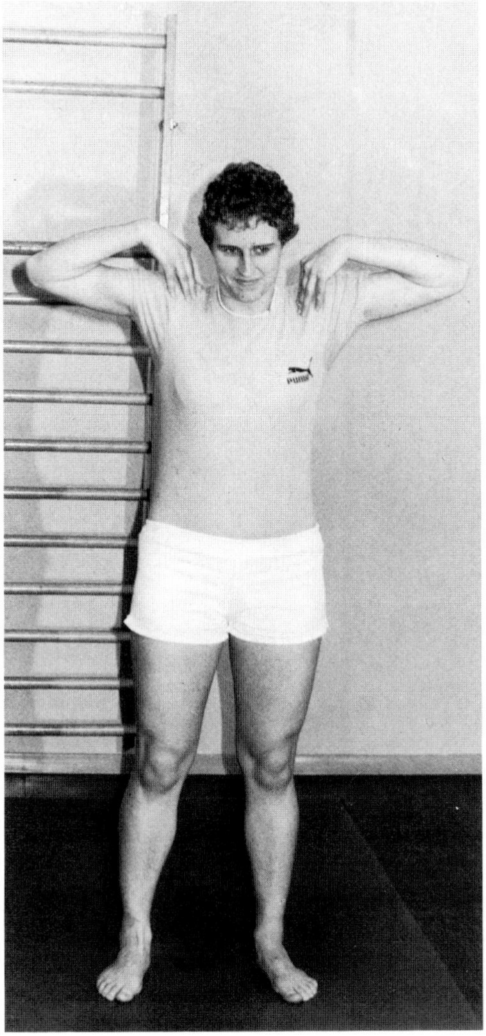

Abb. 117: Schulterrollen.

Abb. 118: Hoch-Rück-Schwingen der Arme im Wechsel.

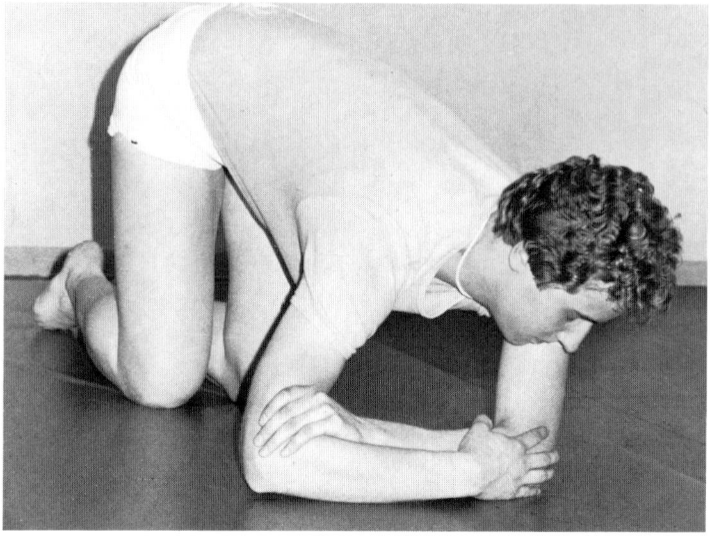

Abb. 119: Lockerung des Schultergürtels durch Seitenverschiebung.

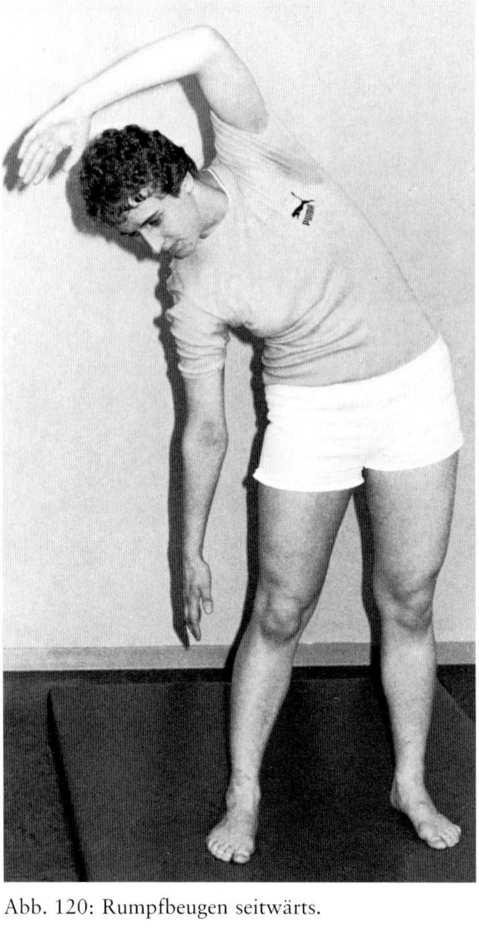

Abb. 120: Rumpfbeugen seitwärts.

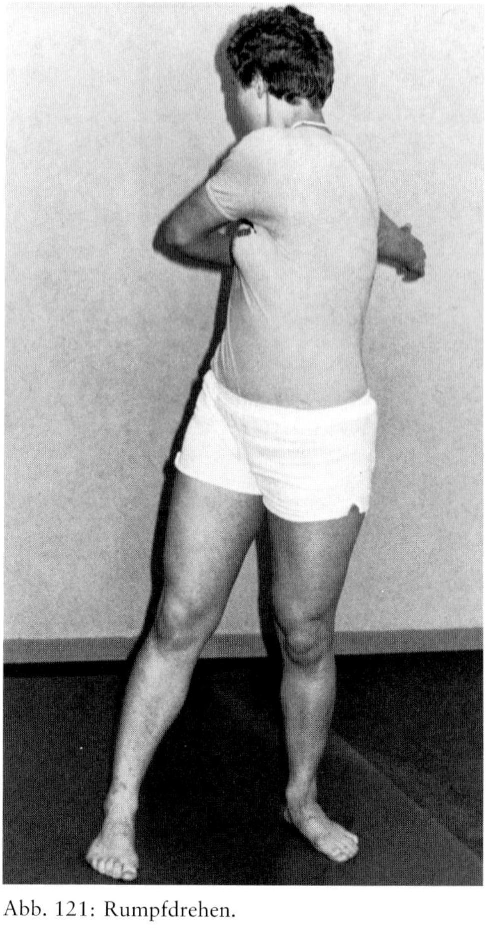

Abb. 121: Rumpfdrehen.

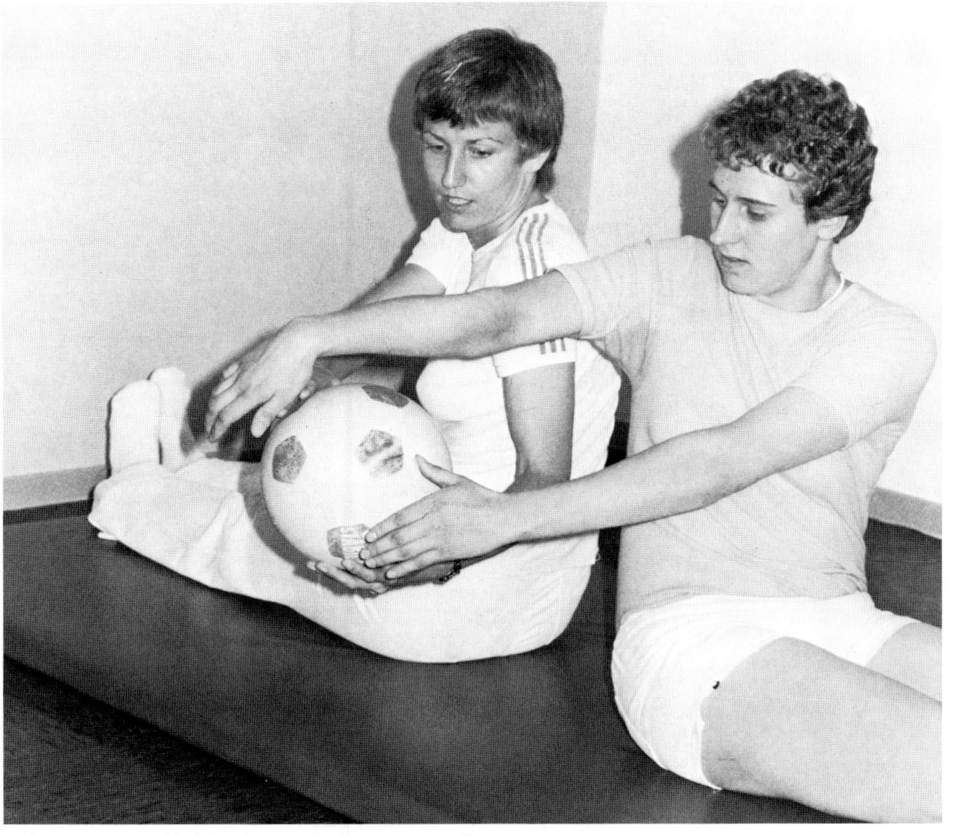

Abb. 122: Rumpfdrehen als Partnerübung mit Ball.

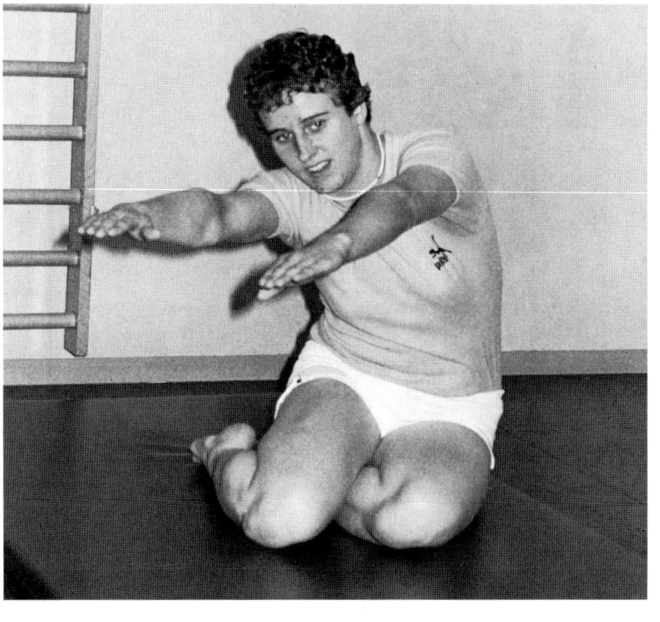

Abb. 123: Hüftlockerung aus dem Kniestand.

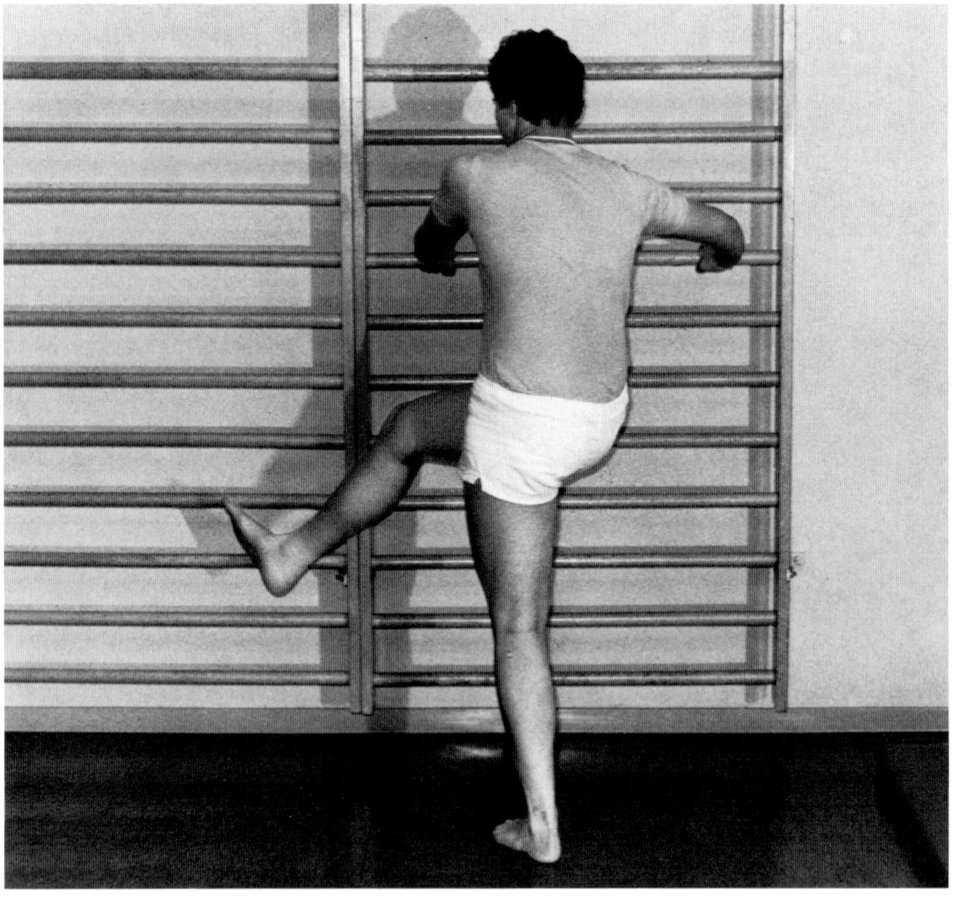

Abb. 124: Beinschwung seitwärts.

Für den Rumpf gibt es das Rumpfkreisen sowie das Rumpfbeugen nach vorne, seitwärts und rückwärts.
Auch das Rumpfdrehen nach rechts und links dient der Lockerung.
Das Rumpfdrehen kann aus dem Stand, dem Kniestand oder aus dem Sitz erfolgen. Die Hüfte wird gelockert durch Absetzen aus dem Kniestand rechts und links im Wechsel neben die Füße. Die Arme sollen dabei hochgehalten werden.
Aus der Rückenlage mit angestellten Beinen gibt es noch das Beckenkreisen und die Beckenseitbewegung. Für die Lockerung der Beine und Hüften kann die Sprossenwand zur Hilfe genommen werden. Der Sportler steht mit dem Gesicht zur Sprossenwand und hält sich etwa in Schulterhöhe daran fest. Nun werden schwunghafte Bewegungen mit jeweils einem Bein nach rechts und links im Wechsel durchgeführt.
Das Achterschwingen der Beine läßt sich besser im freien Stand ausführen.
Wie schon erwähnt, werden die Beine jedoch hauptsächlich ausgeschüttelt. Die Ausgangsstellungen hierfür sind der Sitz, die Rücken- oder Bauchlage und der Stand. Speziell die Unterschenkel können auch in der Bauch- und Rückenlage gut ausgelockert werden. Die Beine werden angewinkelt und die Unterschenkel ausgeschüttelt.

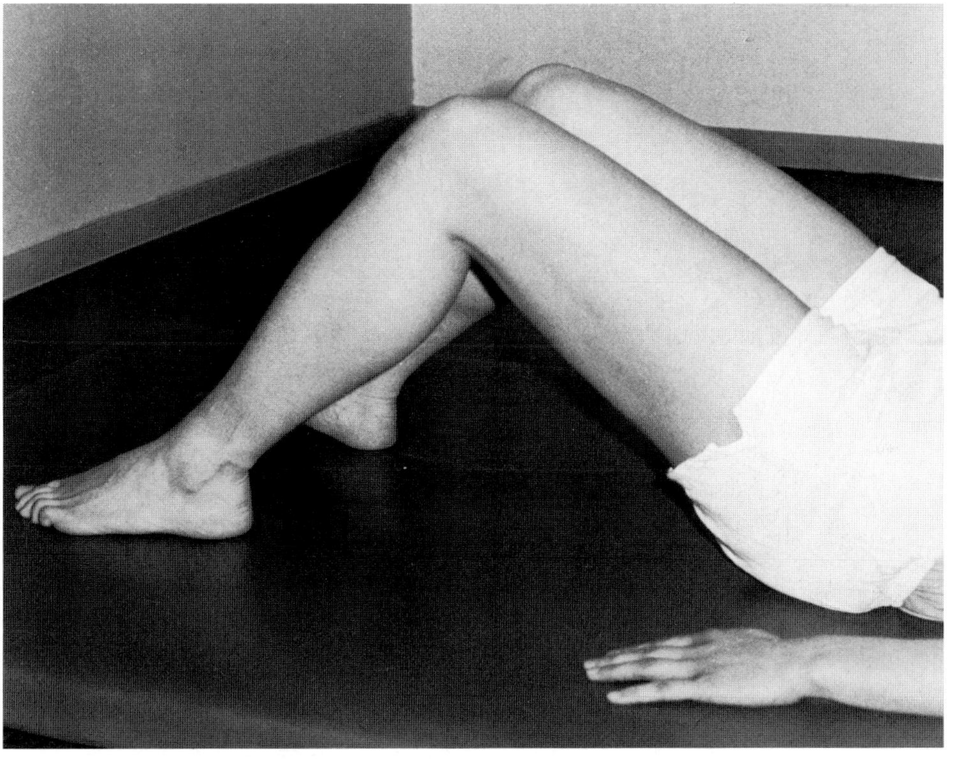

Abb. 125: Lockerung der Wadenmuskulatur in der Rückenlage.

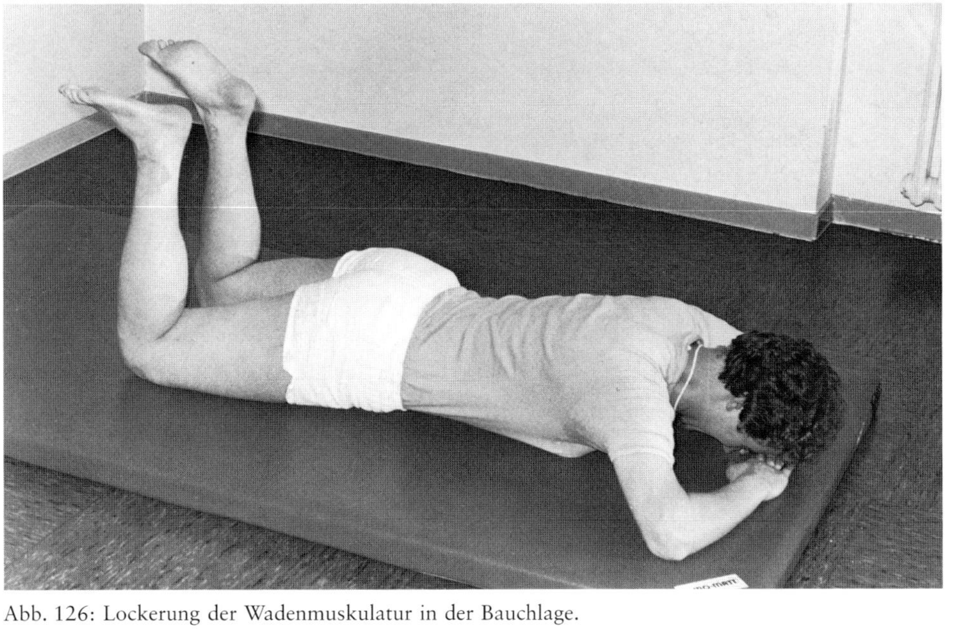

Abb. 126: Lockerung der Wadenmuskulatur in der Bauchlage.

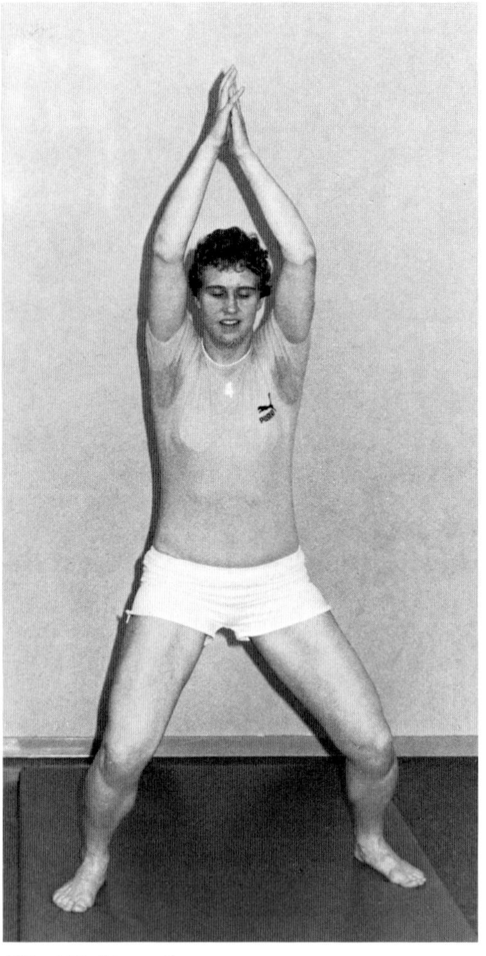

Abb. 127: Hampelmann.

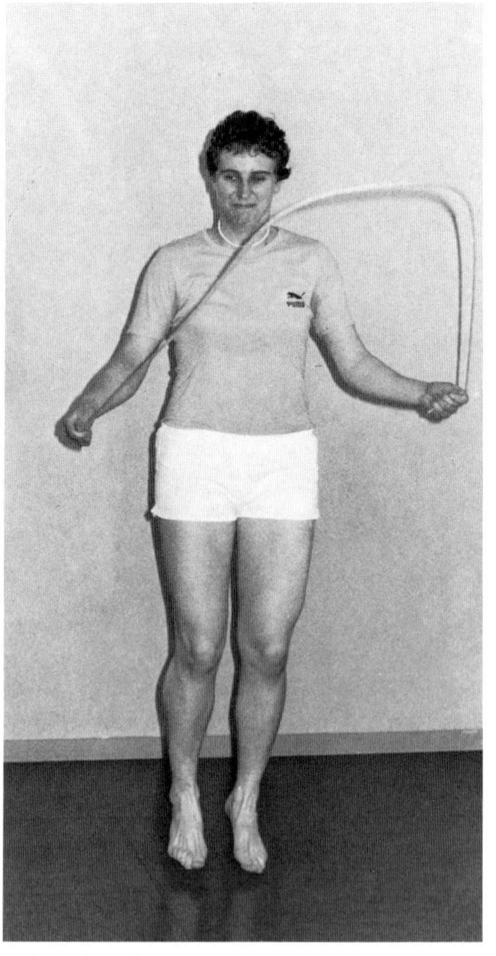

Abb. 128: Seilspringen.

Will der Sportler nun den gesamten Körper auslockern, so empfiehlt sich die «Hampelmannübung». Hierbei werden die Arme und Beine im Wechsel geschlossen und wieder geöffnet. Das ganze geschieht im Hüpfen.
Eine ebenso wirksame Lockerungsübung für den gesamten Körper ist das Seilspringen in den verschiedensten Variationen.

4. Dehnen

Einführung

Aktives und passives Dehnen erweitert das Bewegungsausmaß. Dabei werden Muskeln, Sehnen, Kapseln und Bänder beeinflußt. Die Dehnung spielt eine wichtige Rolle zur Erlangung der optimalen sportlichen Leistung. Die Voraussetzung für Muskelarbeit ist eine gesteigerte Anfangsspannung. Wird ein isolierter Muskel mit einem Gewicht belastet, so dehnt er sich. Mit Zunahme der Belastung nimmt die Dehnbarkeit ab, d. h., der Muskel verlängert sich zunächst schnell, bei zunehmender Belastung langsamer. Nach Abnahme des Gewichts wird der Muskel in seine Ausgangslage zurückgeführt. In Ruhe sind Skelettmuskeln bis zur Hälfte des Maximalwertes vorgedehnt. Durch jede Kontraktion eines Muskels wird der Antagonist zusätzlich gedehnt und damit in den Zustand höherer Arbeitsbereitschaft versetzt. Zum Beispiel durch das Anspannen des M. biceps wird das Ellenbogengelenk gebeugt, der Streckmuskel an der Rückseite des Oberarms, also der M. triceps gleichzeitig gedehnt. Diese Fähigkeit des Muskels verhilft dem Athleten bei zahlreichen Übungen zu einer gesteigerten Arbeitsfähigkeit. Durch aktive, forcierte Endbewegungen von Muskeln wird die Dehnung über das normale Maß hinaus gesteigert. Zum Beispiel beim Diskuswurf durch das Schwingen des Wurfarmes gegen die Flugrichtung, beim Sprint durch den leichten Andruck der Füße gegen den Startblock.

Voraussetzung für Muskeldehnung

Ein optimal trainierter und gedehnter Muskel ist besser auf den sportlichen Einsatz vorbereitet. Die gute Elastizität verhindert bei plötzlich hoher Belastung eine Verletzung. Voraussetzung für diese Elastizität sind Muskeltemperatur, biomechanische Voraussetzungen und der psychische Zustand des Athleten.

Temperatur: Bei Abkühlung des Muskels verringert sich die Elastizität. Die Gefahr von Muskelrissen ist erhöht. Der erwärmte Muskel dagegen zeigt einen verbesserten Stoffwechsel, eine erhöhte Kontraktionsgeschwindigkeit und damit Trainings- und Wettkampfbereitschaft.

Biomechanik und psychischer Zustand: Das Ausnutzen der optimalen Hebelverhältnisse des Körpers spielen eine nicht unerhebliche Rolle in der Muskeltätigkeit. Eine in diesem Zusammenhang auftretende Koordinationsstörung, durch Überraschungsmomente hervorgerufen, führt häufig zu Verletzungen des Muskel-Band-Apparates. Zum Beispiel im Mannschaftssport durch Einfluß des Gegners.

Die physiologischen Momente, wie Ausgeruhtsein oder Ermüdung, und die psychischen Komponenten, wie Motivation und Lust zum Wettkampf, sind ebenfalls wichtige Voraussetzungen für die sportliche Leistung.

Passives Dehnen

Passives und aktives Dehnen sind unerläßliche Voraussetzungen zur optimalen Sportvorbereitung. Beide Dehnarten sind nur nach genügender Muskelvorbereitung mit Aufwärmen durchzuführen. Dabei ist die Beweglichkeit der Gelenke und das Ausmaß der Bewegung in der Phase der passiven und aktiven Dehnung unabhängig von der wettkampfspezifischen Muskulatur. Es werden daher Dehnungen in verschiedenen Richtungen der Bewegungsmöglichkeiten durchgeführt.
Zum Beispiel wird ein Hochspringer im Flopstil sich nicht nur durch Überstreckung der Wirbelsäule vorbereiten, sondern auch durch Rumpfbeugung eine Dehnung der Rückenstreckmuskulatur erreichen. Beides, also Muskelkontraktion und Muskeldehnen, bereitet die Muskulatur auf die zu leistende Arbeit vor.
Die passiven Dehnübungen werden erreicht durch:

Zwangslage
Partnerunterstützung
Zugwirkung
Druckwirkung

Zwangslage: Sie stellt eine Dehnübung, die bestimmte Körperstellungen über längere Zeit beibehält, dar. Zum Beispiel der Hürdensitz.
Diese Position wird ohne Ausweichen gehalten. Aus dieser gehaltenen Stellung heraus werden die Dehnungen zusätzlich verstärkt.
Partnerunterstützung: Mit Unterstützung eines Trainingspartners werden weiche Dehnübungen steigernd durchgeführt. Beim Hürdensitz als Partnerübung werden Ausweichbewegungen verhindert und korrigiert, zusätzlich stark verkürzte Muskeln besonders gedehnt.

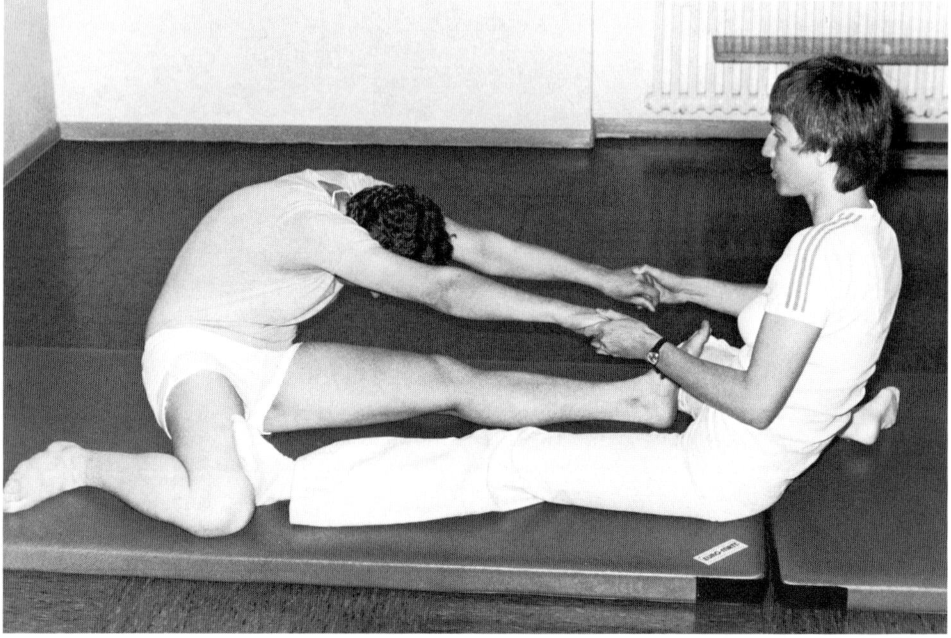

Abb. 129: Passives Dehnen im Hürdensitz mit Partnerunterstützung.

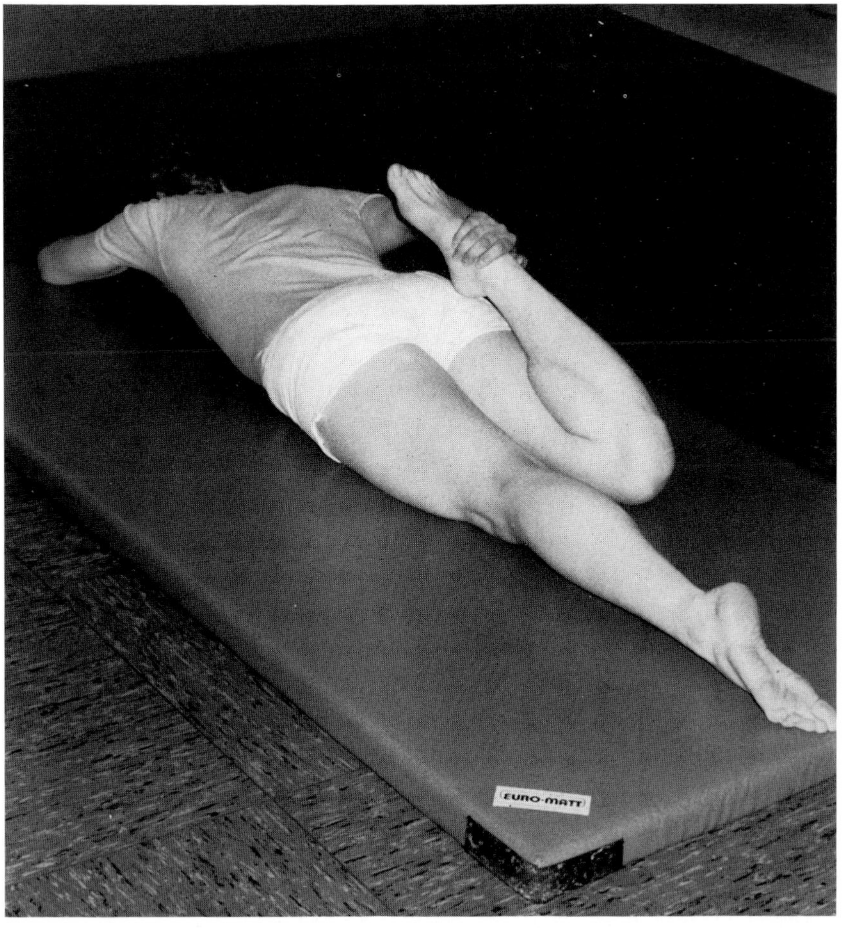

Abb. 130: Passives Dehnen des M. quadriceps am rechten Oberschenkel durch Zug mit dem Arm.

Zugwirkung: Eine durch Aufwärmen gut vorbereitete Muskulatur wird durch Zug in eine stark gedehnte Stellung gebracht. Niemals ruckartig und über den Dehnschmerz hinaus arbeiten. Weiche, sich wiederholende Dehnungen können allmählich in die endgradige Stellung gebracht werden.
Druckwirkung: Eine ebenfalls durch Aufwärmung gut vorbereitete Muskulatur wird durch Druck gedehnt. Dieser Dehnung muß eine maximale isometrische Anspannung vorausgehen. Weicher, sich verstärkender Druck bringt nach mehrmaligen Wiederholungen von maximaler Anspannung, Entspannung und folgender Dehnung die angesprochene Muskulatur in ein günstiges Bewegungsausmaß.
Die Übungen sind anfangs vorsichtig und in der Frequenz langsam bis zur Dehngrenze auszuführen, um Verletzungen zu vermeiden. Das Warmmachen vor den passiven Dehnübungen ist von Bedeutung, weil ein herabgesetzter Tonus der Muskulatur das Dehnen unterstützt. Das passiv erreichte Bewegungsausmaß ist immer größer als das durch eine aktive Dehnung erreichte. Die Dehngrenze sollte vorsichtig, langsam und mit größtem Einfühlungsvermögen erreicht werden.

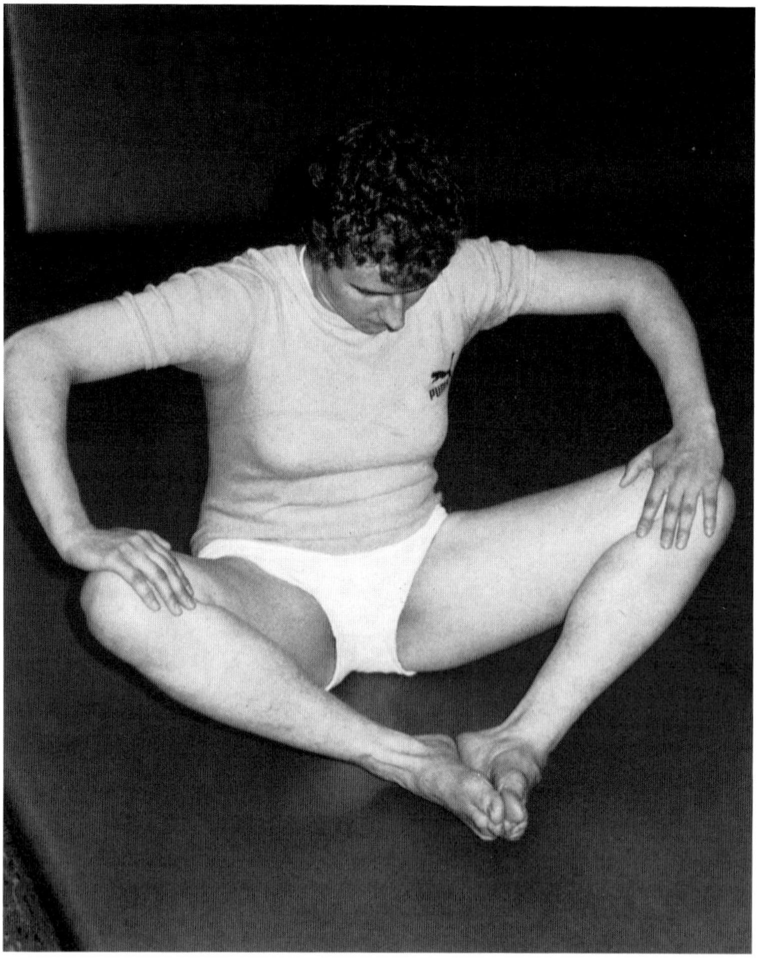

Abb. 131: Passives Dehnen der Adduktoren durch Druck der Arme.

Aktives Dehnen

Das Ausmaß der Bewegung wird in diesem Fall durch die entsprechende aktive Bewegung erreicht, d. h. durch eine Dehnung bis zur Bewegungsgrenze. In aufeinanderfolgenden Intervallen werden gradlinige, kreisende und drehende Bewegungen ausgeführt. Die dadurch entstehende Dehnung des jeweiligen Antagonisten mit seinen Sehnenanteilen wird durch die Intensität und Rhythmik der Übung erreicht. Gleichzeitig wird eine schnellkräftigende Wirkung auf die Muskulatur erzielt. Das Tempo der Übungsausführung wird mit fortschreitender Beweglichkeit allmählich erhöht. Bei Aufnahme des Trainings oder in der Wettkampfphase muß zunächst die aktive Maßnahme der Vorbereitung überwiegen. Warmlaufen, Traben, leichte Sprungübungen, Steigerungsläufe bis hin zu kurzen Sprints, Skippings und Übungsstarts dienen der Wettkampfvorbereitung.

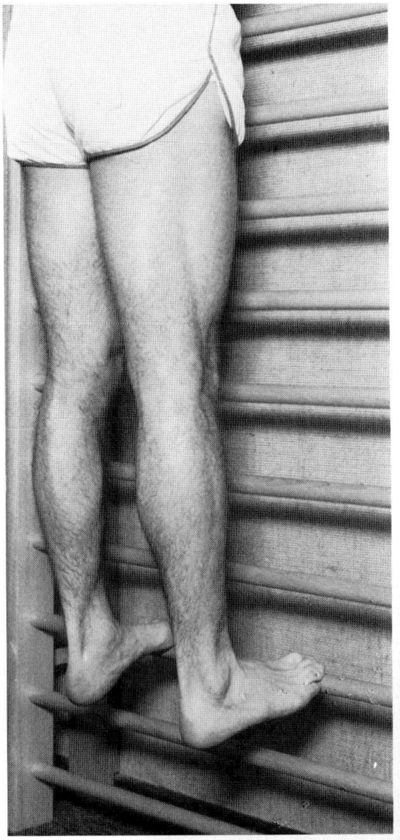

Abb. 132: Dehnen des M. triceps surae der Beine gleichzeitig.

Abb. 133: Dehnen des M. triceps surae im Wechsel.

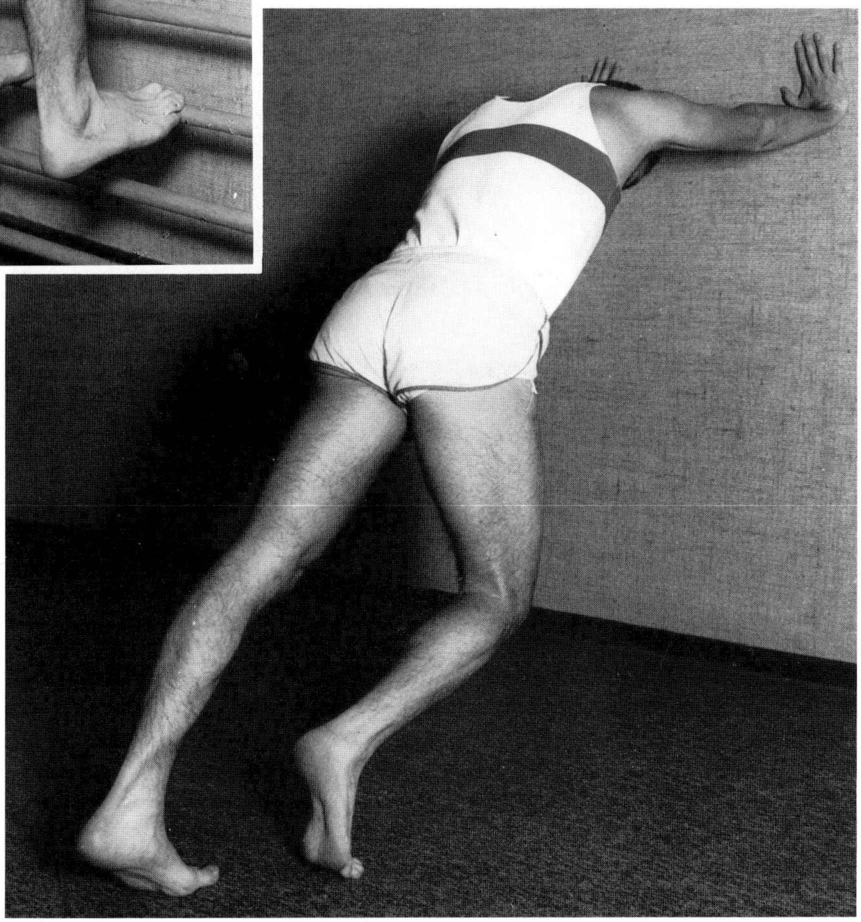

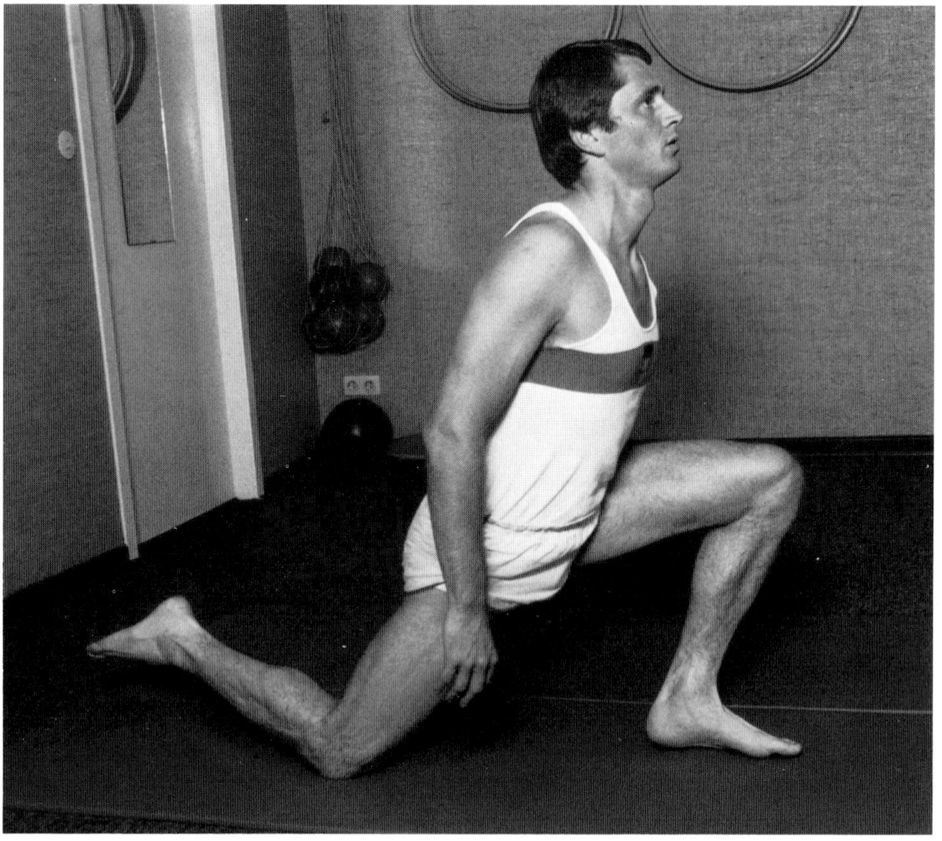

Abb. 134: Aktives Dehnen des M. quadriceps und der Hüftbeuger des rechten Beines.

Abb. 135: Aktives Dehnen in Seitlage des M. quadriceps rechtes Bein und Dehnung der Hüftstrecker linkes Bein.

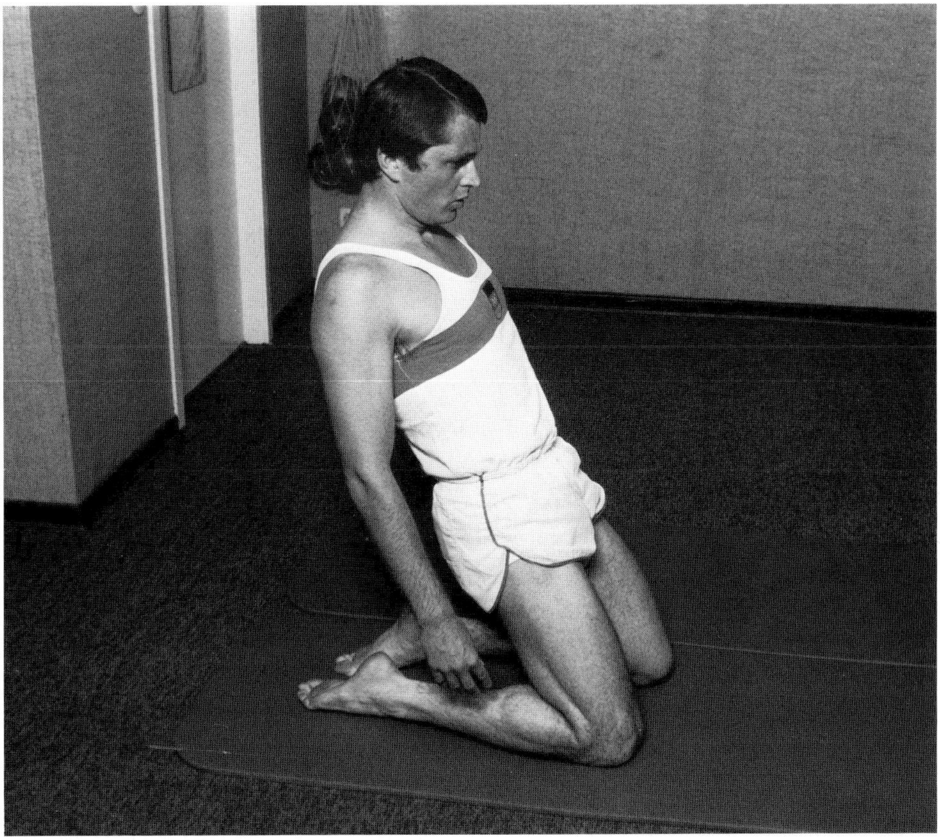

Abb. 136: Aktives Dehnen des M. quadriceps der Beine.

Abb. 137: Aktives Dehnen in Rückenlage der ischiocruralen Gruppe linkes Bein und der Hüftstrecker rechts.

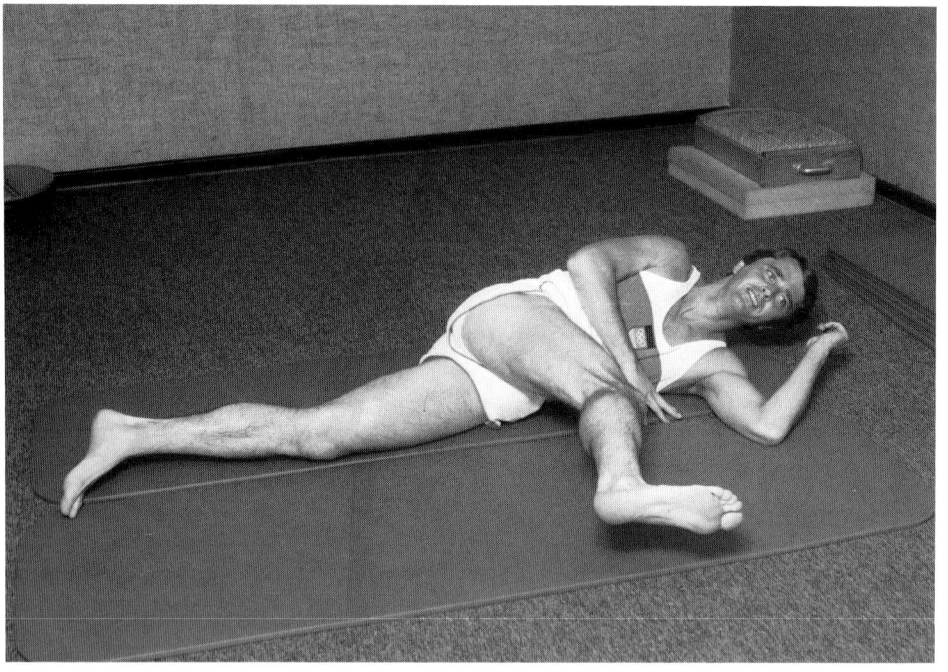

Abb. 138: Aktive Dehnung in Seitlage der ischiocruralen Gruppe linkes Bein und der Hüftstrecker rechtes Bein.

Die Dehnung des m. triceps-surae wird durch das Aufsetzen des Vorderfußes auf eine Erhöhung erreicht. An der Wettkampfstätte mit Hilfe eines Treppenabsatzes oder Stufe, in der Halle an der Sprossenwand.
Die Dehnung des M. quadriceps und der Hüftbeuger werden aus dem Kniestand ausgeführt, Verlagerung des Oberkörpers nach vorne bei gestreckter Hüfte.
Die Dehnung der ischiocruralen Gruppe und der Hüftstreckmuskulatur wird zur optimalen Ausnutzung der angesprochenen Muskeln aus der Rückenlage vollzogen. Dabei wird wechselweise das rechte oder linke Kniegelenk bis zur Endbeweglichkeit in Richtung Kopf gezogen, erst mit gebeugten, dann mit gestrecktem Knie.
Verstärkte Möglichkeiten der Dehnung für verschiedene Muskelgruppen ergeben sich durch entsprechende Ausgangsstellungen des Athleten und Unterstützung durch den Therapeuten.
Da die Dehnbarkeit des Muskels nach dem morgendlichen Aufwachen geringer ist als am Nachmittag, sollte der Athlet bei zwei Trainingseinheiten pro Tag das morgendliche Training dosieren, um eine Verletzung der Weichteile zu vermeiden. Der Schwerpunkt sollte auf dem Nachmittagstraining liegen.

Zusammenfassung

Die Forderung nach optimaler Beweglichkeit liegt in physiologischen, anatomischen und biomechanischen Gesichtspunkten begründet. Dabei kann davon ausgegangen werden, daß die Größe der Schwingungsweite eine gesteigerte Beweglichkeit zur Folge hat. Die

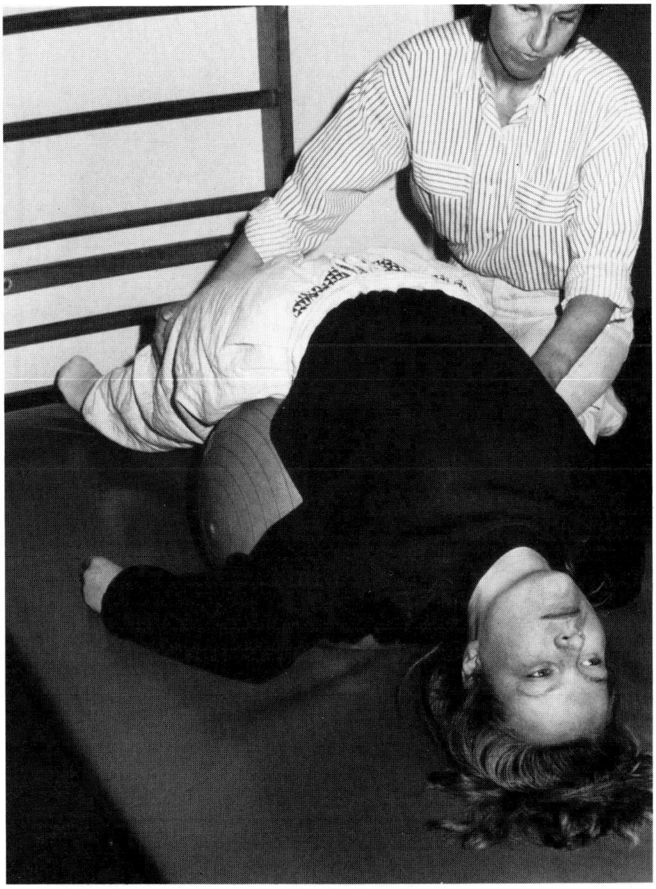

Abb. 139: Dehnung der Lenden-Becken-Hüftregion.

Muskelarbeit, seine Leistung und Ausdauer ist auch abhängig von der Dehnung. Bei der Muskeldehnung durch spezielle Dehnübungen muß beachtet werden, daß es z. B. durch einseitiges Krafttraining zu einer Veränderung des Ruhetonus und damit zur Dauerverkürzung der Muskulatur kommen kann. Die optimale Kontraktion des Muskels wäre nicht mehr möglich, eine typische Muskeldysfunktion tritt ein. Bei der aktiven Dehnarbeit hat sich der Wechsel von Anspannung, Entspannung und Dehnung bewährt. Der besser funktionierende Muskel wird immer der optimal trainierte und besser gedehnte Muskel sein.

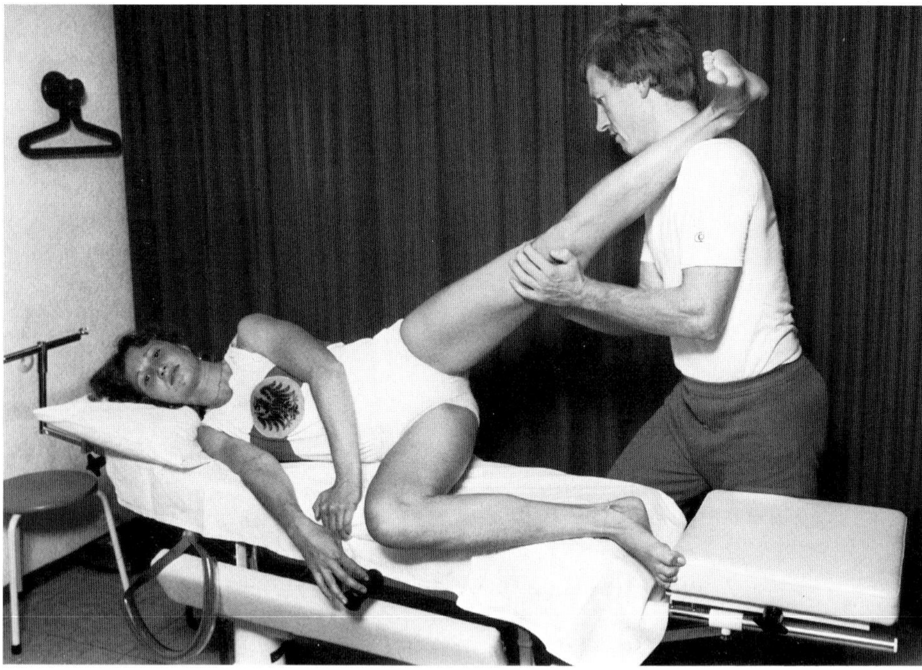

Abb. 140: Dehnung der Adduktoren in Seitlage mit Hilfe des Therapeuten.

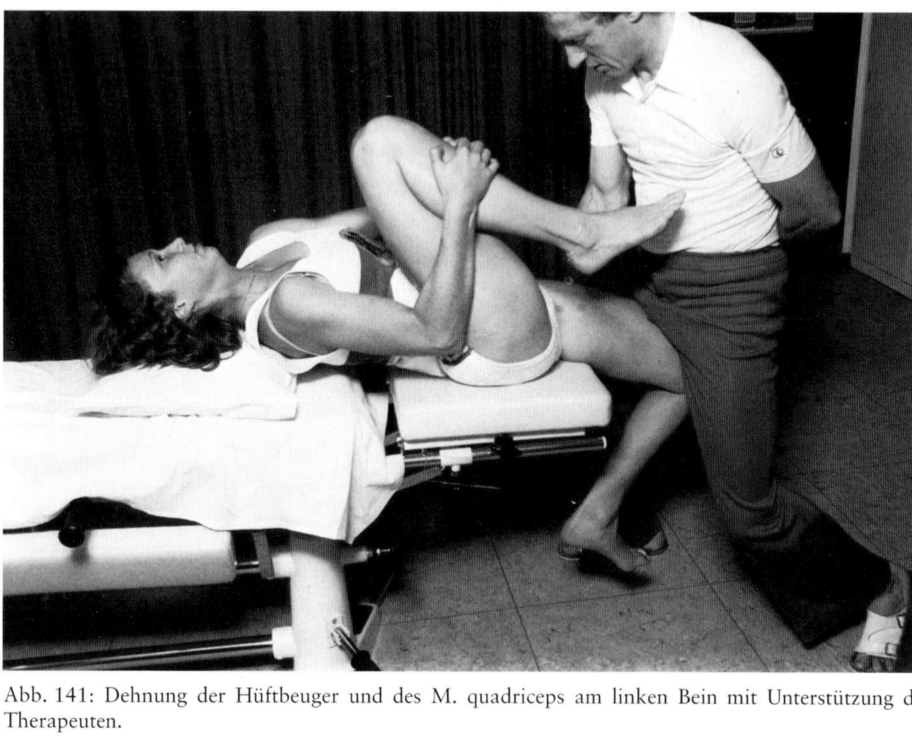

Abb. 141: Dehnung der Hüftbeuger und des M. quadriceps am linken Bein mit Unterstützung des Therapeuten.

5. Bewegungstherapie im Schlingentisch

Einführung

Der erste Schlingentisch wird im Buch von *J. B. Mennel* um das Jahr 1930 als «Guthrie – Smith apparatus» beschrieben und erklärt.
Der Sportlehrer und Krankengymnast *Ludwig Halter* hat dieses Gerät um 1950 in Deutschland eingeführt. In Wildbad (Schwarzwald) wurde in seinem Institut und später in der Rommel-Klinik der Schlingentisch und die damit verbundene Therapie weiterentwickelt.
Grundlage dieser Therapie war die Idee, eine schwerelose Aufhängung eines oder mehrerer Körperteile oder des ganzen Körpers zu ermöglichen. Diese Entlastungslagerung ist mit der Minderung der Schwerkraft des Körpers im Bewegungsbad zu vergleichen. Kombinationen mit anderen krankengymnastischen Techniken, besonders aus der Manuellen Therapie und PNF, haben sich als Behandlungskombination bewährt.
Zu unterscheiden ist zwischen dem großen Schlingentisch und dem Deckenschlingengerät. Im Schlingentisch oder unter dem Deckengerät steht eine Behandlungsliege; als vorteilhaft und erleichternd haben sich höhenverstellbare Behandlungsliegen erwiesen. Zahlreiche Seilzüge, Flaschenzüge, Beckenschlingen, Bein- und Armschlingen, Fixiergurte, Expander, Federzüge etc. zählen zur Grundausstattung.

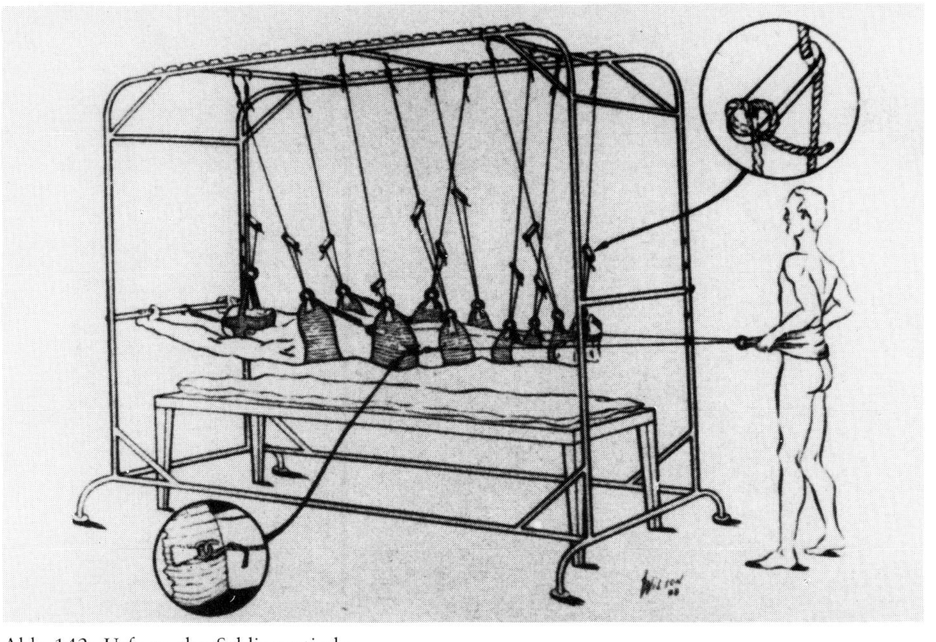

Abb. 142: Urform des Schlingentischs.

Schlingentisch als Behandlungsgerät

Bei der Schlingentischbehandlung werden die Erkenntnisse aus der Neurophysiologie angewendet. Die Arbeit des Therapeuten wird durch dieses Gerät erleichtert. Eine differenzierte und gezielte Arbeit am Patienten wird durch die verschiedenen Aufhängungen und Fixationen ermöglicht.

Die Behandlung im Schlingentisch führt je nach Indikation zur Lockerung und Entspannung, Kräftigung und Stabilisation, Bewegungsverbesserung und Mobilisation der Extremitätengelenke und/oder der Wirbelsäule. Ein-, zwei- und dreidimensionale Bewegungen und schonende Traktionen sind dosiert möglich.

Unterschieden werden verschiedene Teil- bis Ganzkörperaufhängungen. Sie ermöglichen eine Abnahme des Körpergewichts des Patienten. Damit hat der Therapeut die Hände frei für dosierten Widerstand, Korrekturen, Traktionen an Gelenken und/oder der Wirbelsäule. Die unterschiedliche Muskelarbeit, mal statisch, mal dynamisch, führt zu einer verbesserten Haltearbeit, Kräftigung in den physiologischen Bewegungsbahnen und beugt so muskulären Dysbalancen vor.

Der Patient kann auch selbständig üben und trainieren. Nach Unfall- und Sportverletzungen ist der Schlingentisch als Behandlungsgerät besonders geeignet. Durch die entlastende Lagerung der verletzten Bewegungsabschnitte kann man eine partielle oder vollständige Schmerzfreiheit erreichen.

Geschädigte Körperteile können durch Pendelbewegungen und Schüttelungen zu schmerzfreien Bewegungen mit ständig verbessertem Bewegungsausmaß geführt werden. Diese Bewegungen werden auch eigenständig vom verletzten Sportler durchgeführt

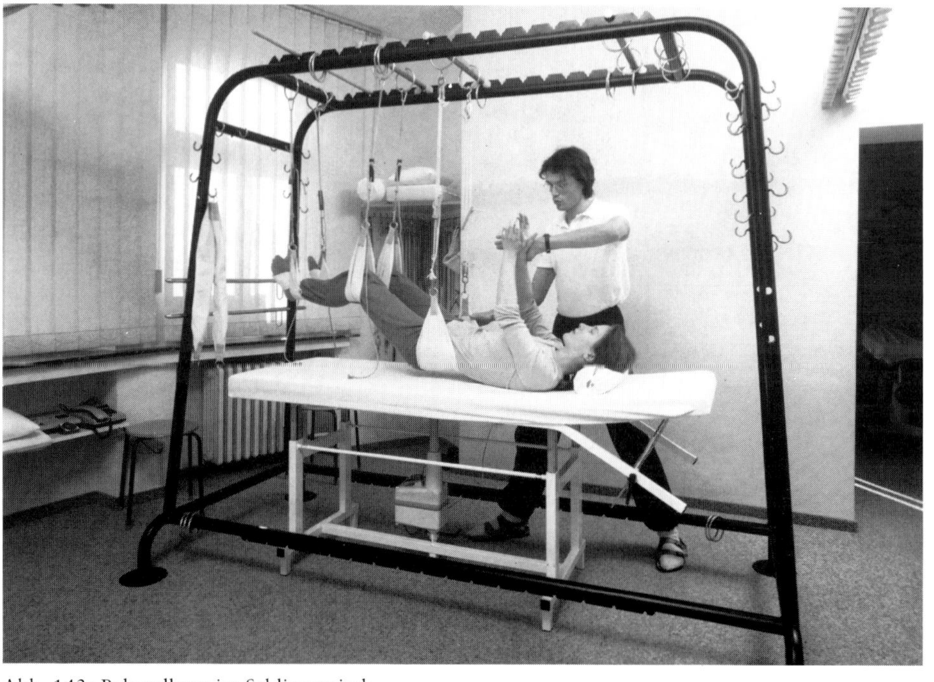

Abb. 143: Behandlung im Schlingentisch.

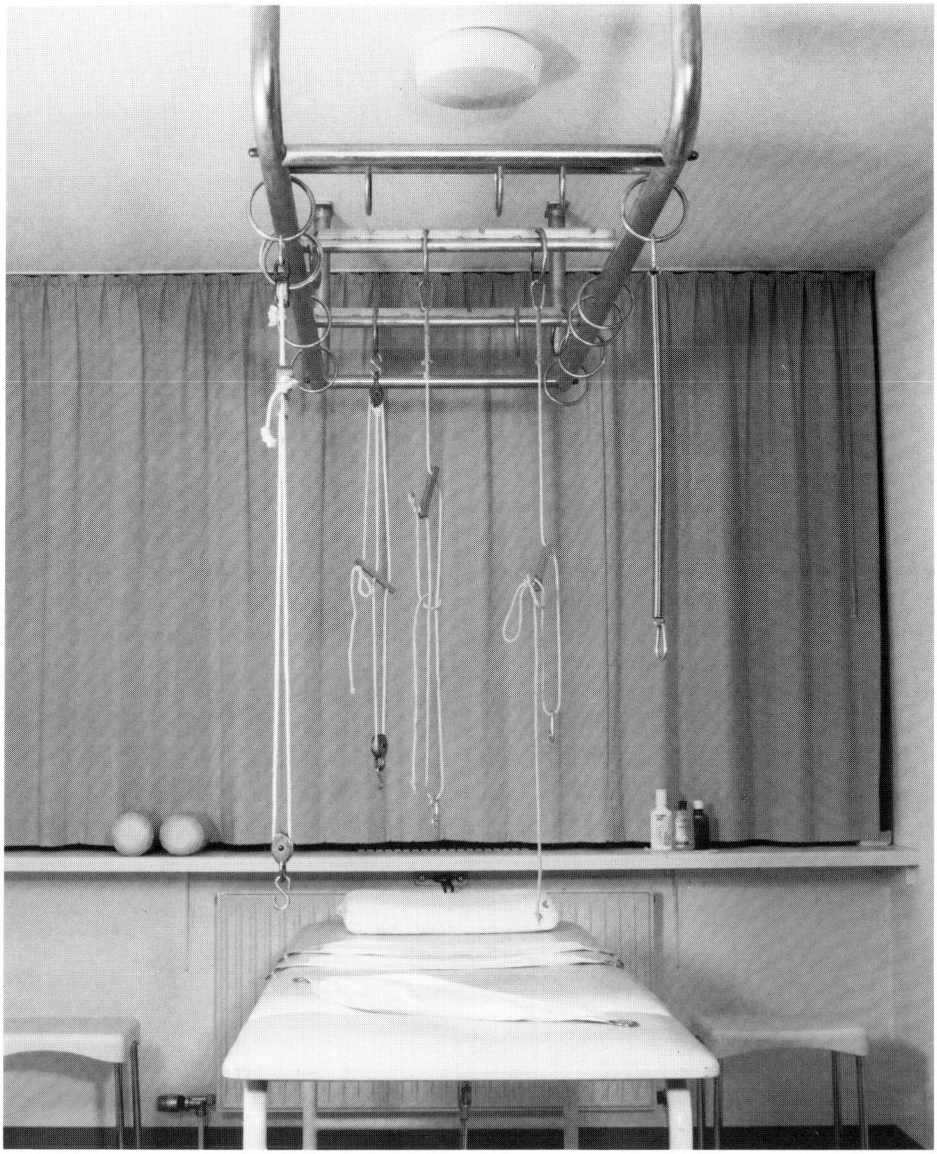

Abb. 144: Deckenschlingengerät.

und ermöglichen so ein gutes Rehabilitationstraining mit vielen Körperabschnitten, Diffussionsvorgänge in den Bandscheiben und den Gelenken werden günstig beeinflußt. Gezielte Widerstände und manuelle Reize verstärken die Behandlungsergebnisse.

6. Bewegungstherapie im Wasser

Einführung

Neben der Trockengymnastik ist in letzter Zeit die Gymnastik im Wasser immer stärker in den Vordergrund gerückt. Bei der krankengymnastischen Behandlung im Wasser handelt es sich nicht um eine ausschließliche Therapieform, sondern um eine unterstützende Behandlung, eingepaßt in die krankengymnastische Gesamtbehandlung.
Unter psychologischen Aspekten ist das Wasser geradezu bewegungsmotivierend. Einfach weil schmerzende Gelenke, Wirbelsäule und Muskeln im Wasser leichter und schmerzfreier bewegt werden können. Der Mensch bewegt sich im wohltemperierten Bewegungsbad freudiger, er ist aufgeschlossener und fühlt sich entspannter. Schwimmen ist aus ärztlicher Sicht eine geradezu ideale Ergänzung zur Gymnastik im Wasser. Mechanische und thermische Faktoren wirken auf den Organismus ein. Wasserverdrängung, Wassertemperatur, die sog. Auftriebskraft und der Reibungswiderstand des

Abb. 145: Heranziehen der Arme und Beine.

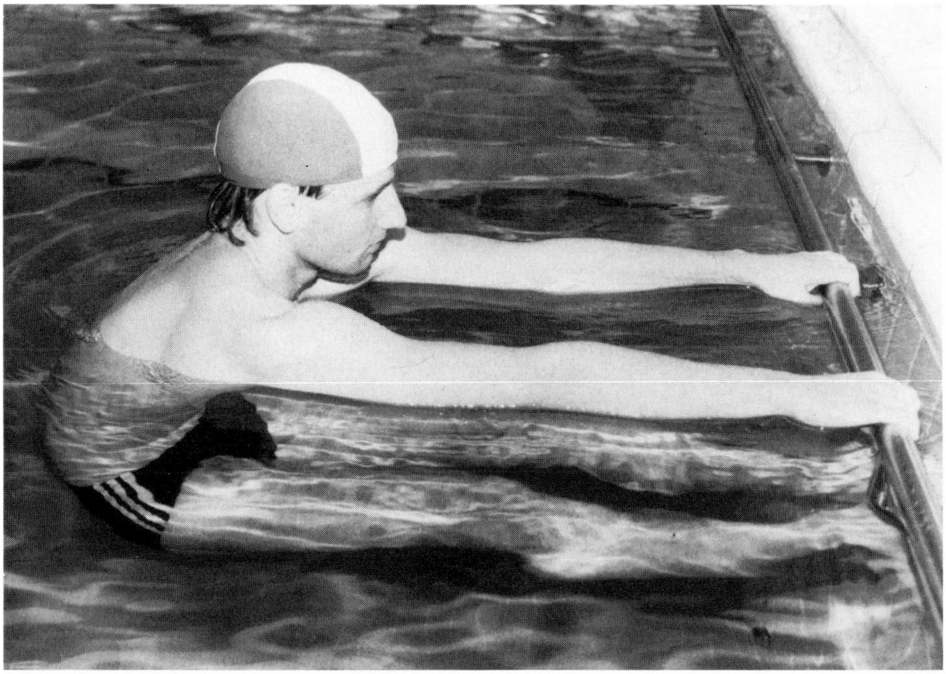

Abb. 146: Streckung der Arme und Beine.

Wassers spielen bei der Bewegungstherapie im Wasser eine wesentliche Rolle. Je nach Indikationsstellung und Zielsetzung kann der Therapeut sich diese Eigenheiten zunutze machen.
Die Wassertemperatur spielt bei der Gymnastik eine große Rolle. Besonders, wenn man eine tonusmindernde bzw. entspannende und auflockernde Wirkung erzielen will, darf das Wasser nicht zu kalt sein. Bewegungsbäder haben im allgemeinen eine Wassertemperatur von 28 bis 32 Grad, d. h. sie liegt im indifferenten Bereich. Jede Form von körperlicher Bewegung, d. h. Muskelarbeit, führt zu einer Stoffwechselsteigerung und damit zu einer Mehrproduktion an Körperwärme. Da im Wasser eine Schweißausscheidung nicht möglich ist, muß der Wärmeüberschuß durch eine niedrigere Wassertemperatur neutralisiert werden. Läge sie höher, könnte es eventuell während der Gymnastik zu einem kreislaufbelastenden Wärmestau kommen.
Die Übungsformen erfolgen überwiegend unter Minderung der Schwerkraft, jedoch können Auftriebskraft, Reibungswiderstand, Tempo der Ausführung und Wasserströmung Erleichterung oder Erschwerung herbeiführen.
Die zusätzliche Wärme des Wassers in einem Bewegungsbad führt zu einer Entspannung der Skelettmuskulatur. Eine maximale Entspannung der Muskulatur ist bei Wassertemperaturen über dem Indifferenzpunkt zu erreichen.
Eine große Hilfe für die Gymnastik im Wasser ist die Auftriebskraft. Manche Bewegungen können dadurch fast schwerelos ausgeführt werden. Die Auftriebskraft wird durch das *Archimedes*'sche Gesetz erklärt. Das Eigengewicht wird durch den Auftrieb des Wassers je nach Wassersäule bis zu neun Zehntel aufgehoben. Hierdurch werden Bewegungen erleichtert, was für den Behandlungsablauf von großer Bedeutung sein kann. So kann z. B. ein gelähmter Arm im Wasser mit einem Kraftaufwand von nur 150 g

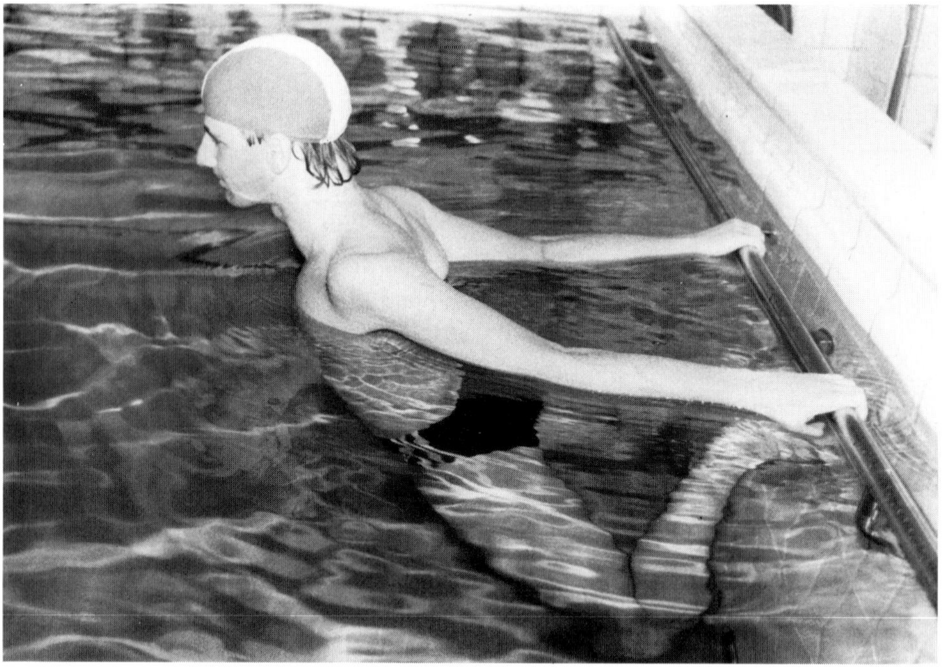

Abb. 147: Lordosierung der LWS und Dehnung der Lenden-Becken-Hüftregion.

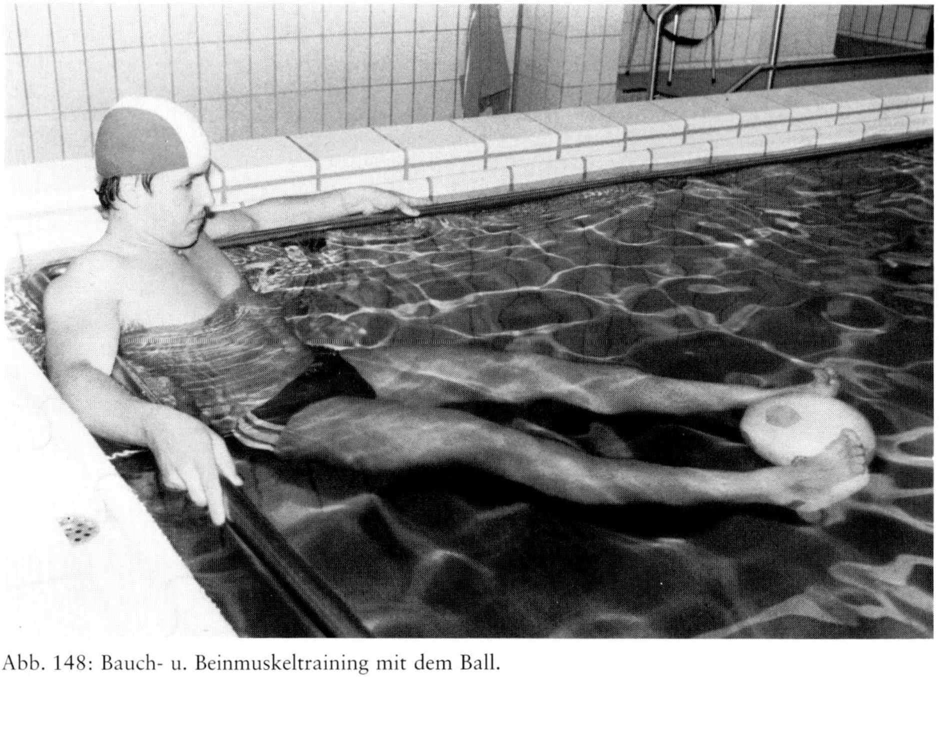

Abb. 148: Bauch- u. Beinmuskeltraining mit dem Ball.

Abb. 149: Hüftstreckung aus dem Armstütz.

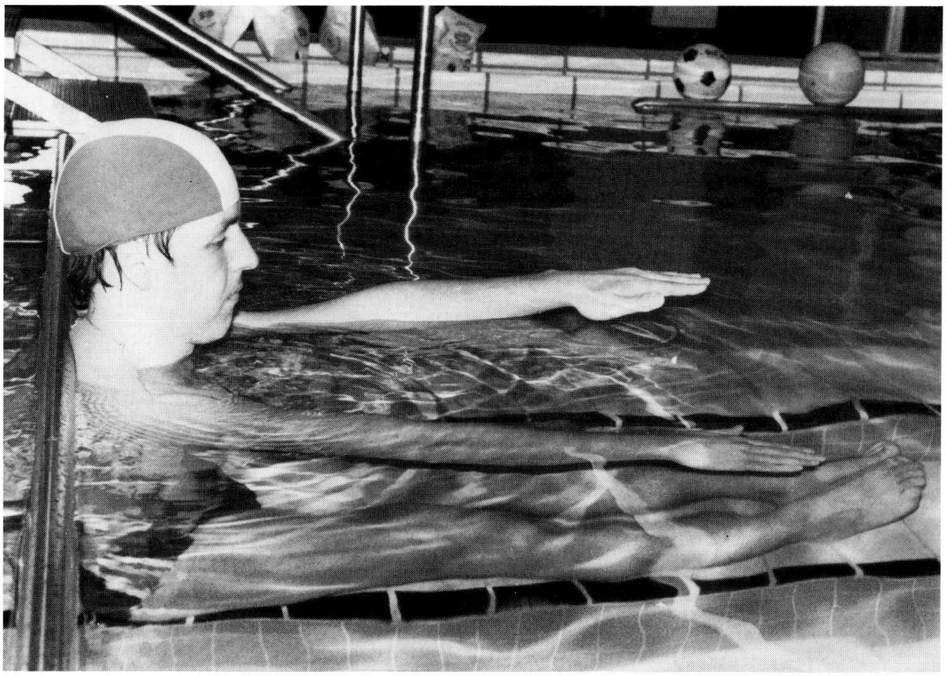

Abb. 150: Schultermobilisation mit gestreckten Armen aus dem Langsitz.

mühelos bewegt werden. Bereits im frühen Behandlungsstadium können somit krankengymnastische Übungen ausgeführt und damit Lockerung der Muskulatur und Stoffwechselanregung erzielt werden. Natürlich wirkt sich die Entlastung durch den Auftrieb nicht nur auf einzelne Gelenke und Muskeln, sondern vor allem auf die Wirbelsäule mit ihren Bandscheiben aus. Rückenbeschwerden, Muskelverspannungen und Schulter-Arm-Syndrome erfahren durch die Behandlung im Bewegungsbad eine besonders lohnende Therapie.

Neben der Auftriebskraft des Wassers spielt der Reibungswiderstand eine große Rolle. Er kann gezielt zur Kräftigung erschlaffter Muskeln und Muskelgruppen eingesetzt werden, z. B. nach längerer Ruhigstellung bei Frakturen.

Der Reibungswiderstand, die Angriffsfläche, die Geschwindigkeit der Ausführung und die Strömung können die Ausführung einer Übung erschweren und somit eine Übungssteigerung bewirken. Dies ist besonders bei fortgeschrittener Behandlung im Wiederauftrainieren von Bedeutung. Der Reibungswiderstand ist veränderbar und abhängig von der Größe des bewegten Körperteils (Angriffsfläche) und dem Tempo der Ausführung. Je rascher eine Bewegung erfolgt, um so stärker wirkt der Wasserwiderstand. Dies ergibt für die Übungssteigerung eine fein zu differenzierende und gleichzeitig ideale Gelegenheit. Die Strömung, die durch die im Wasser ausgeführten Bewegungen entsteht, kann je nach Übungsweise eine Erleichterung oder Erschwerung der krankengymnastischen Übungen darstellen. So kann der Reibungswiderstand gezielt zur Kräftigung erschlaffter Muskeln und Muskelgruppen eingesetzt werden, z. B. nach längerer Ruhigstellung bei Frakturen. Hier spricht man dann von sog. Widerstandsübungen.

Will man eine Belastungssteigerung der Beine und Füße bewirken, so wird anfangs im tiefen Wasser gelaufen und durch das Laufen im immer niedriger werdenden Wasser gesteigert. Eine Kräftigung der Muskulatur durch Wasserwiderstand kann durch Erhöhung des Wasserstandes bis zur Hüfte erfolgen. Bei Fuß-, Knie- oder Hüftverletzungen werden in einem dafür vorgesehenen «Laufgraben» schnelle Behandlungserfolge erzielt. Schon im frühen Behandlungsstadium wird eine regelrechte Gangschule durchgeführt, die bei der Behandlung außerhalb des Wassers zu diesem Zeitpunkt undenkbar wäre. Zur Gangschule gehören der Storchengang, Zehenspitzen- und Fersengang, Gehen in tiefer und halbhoher Hocke, Seitwärtsgehen in der Hocke, Gehen im Ausfallschritt und Gehen in Wellenlinien. Werden diese Übungen zur Gangschule beherrscht, kann das Treppensteigen im Wasser erfolgen.

In der krankengymnastischen Übungsbehandlung bei Sportverletzungen können besonders die Frakturen, Nagelungen, Meniskus-, Achillessehnen- und Bandscheibenoperationen postoperativ im Wasser behandelt werden.

Weitere Indikationen, bei denen die Gymnastik im Wasser therapeutisch Anwendung findet:

1. Haltungs-, Muskel- und Bindegewebsschwäche; besonders bei Jugendlichen.
2. Wirbelsäulensyndrome; Bewegungseinschränkung, Muskelschmerzen, Spondylosen, Discopathien.
3. Myalgien, Hexenschuß-Lumbago, Myogelosen.
4. Trainingsmangel, einschließlich Herz-Kreislauf.
5. Durchblutungsstörungen.

Selbstverständlich hat die Gymnastik im Wasser auch Kontraindikationen:

1. Alle akuten Infekte und Entzündungen.
2. Hoher Blutdruck und Herzinsuffizienz.

3. Anfallsleiden.
4. Offene Wunden.
5. Hauterkrankungen.

Die Wirkung sämtlicher Übungen wird durch die Art der Bewegung, das Tempo, die Intensität und die Dauer erzielt.
Übungsbeispiel: Postoperative Achillessehnenbehandlung. Folgende Übungen werden durchgeführt:
Abwechselndes Heben in den Zehenstand, Fersenstand, Stehen und Zehenstand auf einem Bein im Wechsel, Zehengang, Fersengang, Laufen, Kniehebelauf, Hüpfübungen, zunächst beidbeinig, später einbeinig, abwechselndes Öffnen und Schließen der Beine im Hüpfen und Grätschen.
Im fortgeschrittenen Stadium folgen Sprünge und Dehnübungen.
Eine allmähliche Steigerung ist durch die Erhöhung der Wiederholungszahl, und durch die Ausführung der Übungen im flacheren Wasser möglich.
Stauchungen nach Hüpf- und Sprungübungen werden im Wasser weitgehend gemildert.
Neben den krankengymnastischen Übungen im Wasser bietet sich Schwimmen an. Bei den einzelnen Schwimmarten, Kraul- oder Brustschwimmen, ist besonders auf eine aktive Bewegung im Sprunggelenk zu achten. Um eine intensive Belastung der Unterschenkelmuskulatur zu gewährleisten, empfiehlt es sich, nur die Beinarbeit ausführen zu lassen. Werden die Beinbewegungen mühelos verkraftet, kann das Flossenschwimmen aufgenommen werden. Dies ist eine sehr wirksame Belastungsmethode für die Kraftentwicklung der Unterschenkelmuskulatur. Beim Kraulschlag, der im Hüftgelenk eingeleitet wird, dürfen die Beine im Kniegelenk nur leicht gebeugt werden. Die Hauptvortriebskraft muß durch die Auf- und Abwärtsbewegungen im Sprunggelenk erreicht werden. Flossenschwimmen sollte möglichst täglich im Trainingsprogramm enthalten sein.
Für Sportler mit Wirbelsäulenveränderungen, wie Skoliose, Rundrücken, Hohlkreuz und Morbus Scheuermann, ist die krankengymnastische Behandlung im warmen Wasser ebenfalls eine gute Ergänzung der sonstigen krankengymnastischen Therapie.
Überlastungsschmerzen des Rückens, wie sie im Turnen, Radfahren, in der Leichtathletik, hier besonders bei Speerwerfern und Flopspringern vorkommen, können im Bewegungsbad gelindert bzw. beseitigt werden. Aus prophylaktischen Gründen sollten diese Sportler das Bewegungsbad in der trainings- und wettkampffreien Zeit benutzen. Im warmen Wasser werden Übungen angewandt, die den sportartspezifischen Bewegungen im Sinne einer Ausgleichsgymnastik entgegen wirken. So ist z. B. einem Turner neben den ausgleichenden Übungen im Wasser das Rückenschwimmen zu empfehlen, da hierbei die disziplinbedingte Hyperlordose vermieden wird. Auch bei dem hohlkreuzverstärkenden Speerwerfen und Flopspringen ist diese Therapie angebracht. Einem Radfahrer hingegen ist neben speziellen Korrektübungen im Wasser das Brustschwimmen, das seine kyphotische Haltung ausgleicht, zu empfehlen.
Zusammenfassend kann man sagen, daß für den gesunden Athleten das Bewegungsbad eine angenehme Entspannung und Lockerung des gesamten Körpers sowie ein Abschalten von Training und Wettkampfstreß bedeutet. Eine aktive Entmüdung wird eingeleitet, außerdem tritt ein zusätzlicher psychischer Effekt ein. Für den verletzten Athleten wird eine schnellere Heilung und Funktionswiederherstellung der verletzten Gliedmaßen herbeigeführt und ebenfalls dadurch die Psyche positiv beeinflußt.
Leider fehlen in vielen Wettkampf- und Trainingsstätten geeignete Bewegungs- oder Thermalbäder.

Abb. 151: Herunterdrücken von zwei Bällen mit den Armen.

Abb. 152: Herunterdrücken eines Balles hinter dem Rücken.

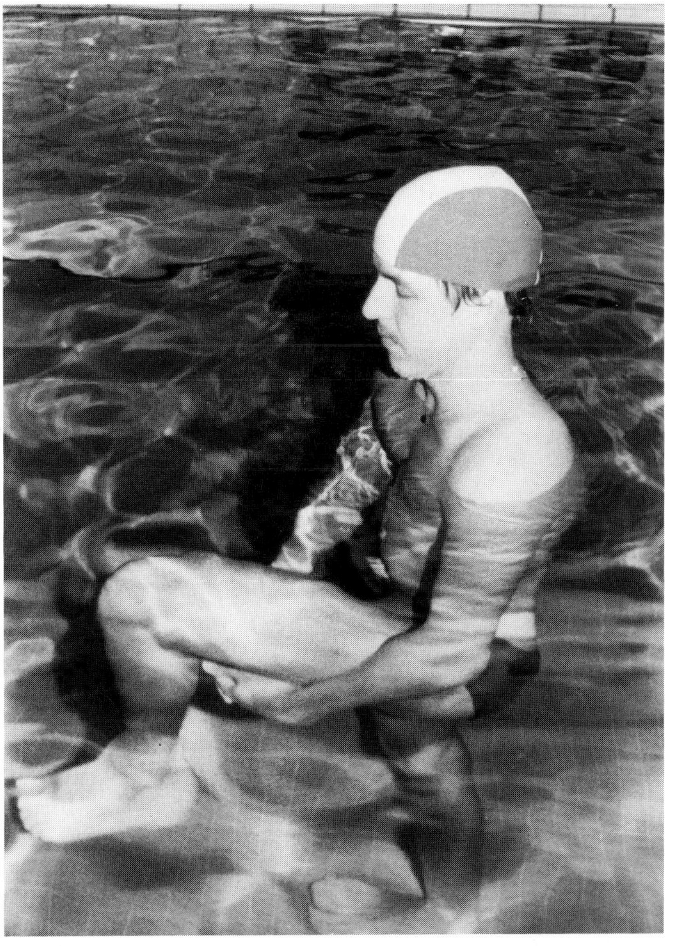

Abb. 153: Fangschule mit Nachdehnen.

Die Herz-Kreislaufbelastung

Bei der Nutzung des warmen Wassers zur Übungstherapie, Rehabilitation und Auftrainierung muß auf die Belastung von Herz und Kreislauf hingewiesen werden. Durch das 34° C warme Wasser wird die arterielle Durchblutung in der Peripherie angeregt und gefördert. Weiterhin verbessert sich diese Durchblutung durch die aktive krankengymnastische Übungsbehandlung. Die Belastung für Herz und Kreislauf ist bei Übungen im Wasser wesentlich größer als bei der krankengymnastischen Behandlung im Trockenen. Durch den hydrostatischen Druck, der auf Bauch- und Brustraum wirkt, hat das Herz mehr zu leisten und der Blutdruck steigt. Für kreislauflabile Menschen ist deshalb das Bewegungsbad mit Vorsicht anzuwenden. – Halb- oder Teilbäder bieten sich als Vorstufe an.

Die Bewegungstherapie im Wasser kann sowohl in muskulärer als auch in kreislaufmäßiger Hinsicht als starke Reiztherapie angesehen werden. Die individuelle Belastungsgrenze ist verschieden. Im allgemeinen jedoch sollte die Behandlungsdauer nicht länger als 20 Minuten ausgedehnt werden.

Die Einrichtungen

Für die Bewegungstherapie im Wasser werden verschiedene Beckengrößen und speziell geformte Becken unterschieden:

1. Das Bewegungsbecken für Erwachsene, dessen Wassertiefe 1,25 m beträgt. Die Temperatur liegt bei 34° C bis 37° C, ist also als indifferent zu bezeichnen. Es soll weder ein Wärmestau noch ein Wärmeverlust bei längerer Behandlungsdauer im Wasser eintreten. Die Übungen werden am Barren durchgeführt, der unter Wasser steht; im Wasser sitzend auf einem Hocker oder auf einer breiten eingebauten Steinstufe; im Stehen; an den Haltegriffen am Rand des Beckens, welche Übungen in Rücken- und Bauchlage ermöglichen. Der Therapeut steht entweder außerhalb des Beckens oder er behandelt direkt im Wasser, wie es bei den meisten Widerstandsübungen der Fall ist.
   Auch vertiefte Gänge neben dem Beckenrand, in denen der Therapeut in Höhe des Wasserspiegels stehen und die Übungen anleiten und unterstützen kann, sind von großem Nutzen.

Abb. 154: Hebevorrichtung für das Bewegungsbad.

2. Die sog. Schmetterlingswanne ermöglicht dem verletzten Sportler eine gezielte Übungstherapie im Wasser. Er liegt bequem, den Kopf gut abgestützt, in einer Wasserhöhe von ca. 30 cm. Es wird nur die erkrankte Muskulatur mit gezielten Übungen behandelt. Diese können passiv, aktiv mit Abnahme der Eigenschwere, aktiv gegen Widerstand und aktiv gegen Haltewiderstand ausgeführt werden. Der Behandler steht außerhalb der Wanne.
   Die Schmetterlingswanne eignet sich außerdem für Patienten, die trotz offener Wunden Bewegungsübungen im Wasser durchführen sollen.
3. Zur Übung der unteren Extremitäten bis zum «Gehenlernen», z. B. bei Sportlern nach Frakturen der unteren Extremitäten, ist das Gehbecken bzw. der Laufgraben entwikkelt worden. Der verletzte Sportler läuft in einer Wassertiefe, die ihm bis zu den Schultern reichen kann. Er wird durch einen Tragegurt, der an einer Laufrolle über dem Becken angebracht ist, gehalten. Eine Hebevorrichtung bringt ihn bequem ins Wasser und wieder heraus.
4. Auch für Verletzungen an Hand- und Fingergelenken gibt es eine Bewegungstherapie im Wasser. Sie ist meist unerläßlich bei der Nachbehandlung von Unterarm-, Hand- und Fingerfrakturen, sowie bei bestehenden Kontrakturen der Hand- und Fingergelenke. Diese Übungen finden im sog. Armbad statt und sind vor allem im frühen Nachbehandlungsstadium angezeigt.

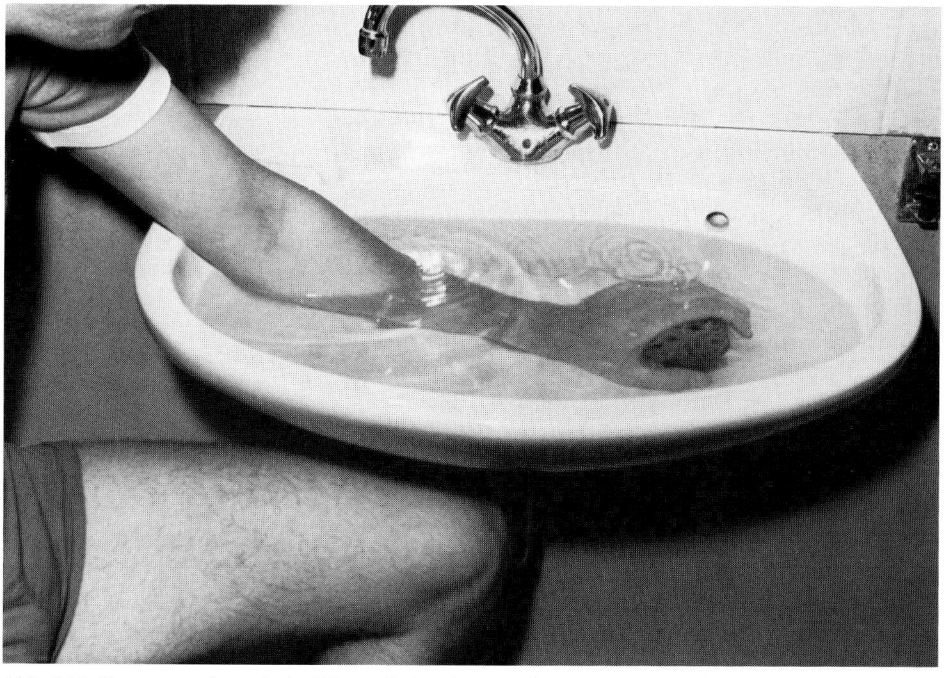

Abb. 155: Bewegungstherapie im Wasser bei Verletzung der Hand- und Finger.

7. Manuelle Therapie

Geschichte

Die Manuelle Therapie, auch Chirotherapie genannt, ist so alt wie die Medizin. Die Kunst des «Knochensetzens» wird schon von Hippokrates, Galen, Avicena und Paracelsus erwähnt.
Die Neuzeit der Manuellen Therapie beginnt mit dem Amerikaner *A. T. Still* (1828–1919). *Still* bezeichnete seine gelenkspezifischen Handgriffe als Lehre der Osteopathie. *D. D. Palmer* gründete 1895 eine Schule für Chiropraktik in den USA.
In Europa wurden die Techniken der Chirotherapie an Extremitätengelenken und Wirbelsäule durch den Schweizer *O. Naegeli,* den Engländer *J. B. Mennell,* (1877–1957) und die beiden Deutschen *C. G. Schmorl* und *H. Junghanns* näher bekannt.
Arbeiten der Deutschen *L. Zukschwerdt, F. Biedermann* und *H. Zettel* sowie der Engländer *J. Cyriax* und *A. Stoddard,* des Tschechen *K. Lewitt* und des Franzosen *C. Maigne,* um nur einige zu nennen, trugen zur Fortentwicklung der Manuellen Therapie bei.
Im Jahre 1966 wurde in der Bundesrepublik Deutschland die Deutsche Gesellschaft für Manuelle Medizin (DGMM) gegründet. Sie entstand aus der 1953 gegründeten Forschungsgemeinschaft für Arthrologie und Chirotherapie (FAC) in Hamm und der Gesellschaft für Manuelle Wirbelsäulen- und Extremitätenbehandlung (MWE) in Neutrauchburg. Die DGMM hat sich zur Aufgabe gestellt, die Manuelle Medizin nach kritischer Prüfung befreit von anzweifelbaren Theorien und mit einer sich ständig verfeinernden Technik zum Wohl des Patienten in die Hand des Arztes zu legen.
Seit 1975 werden Kurse in Manueller Therapie in der Bundesrepublik Deutschland auch für Krankengymnasten durchgeführt. Sie umfassen zahlreiche Wochenkurse. Veranstalter ist die DGMM in Zusammenarbeit mit dem Deutschen Verband für Physiotherapie – Zentralverband der Krankengymnasten (ZVK) e. V., hier federführend die Arbeitsgemeinschaft Manuelle Therapie. Die Grundlage dieser Zusatzausbildung stellt das Buch «Manuelle Therapie der Extremitätengelenke» des Norwegers *F. M. Kaltenborn* dar. Dieses Buch wird heute in vielen Ländern als Lehrbuch verwendet.
Andere Kurse sind in den letzten Jahren im deutschsprachigen Raum hinzugekommen. So die Behandlungstechniken nach *J. Cyriax,* die durch *P. Hirschfeld* (Bremen) und *D. Winkel* (Delft) zu Kursen zusammengefaßt wurden, das Maitland-Konzept hier war *G. Rolf* (Bad Ragaz) die treibende Kraft und die Mobilisationstechniken nach *A. Stoddard,* die von *J. Flint – Stoddard* gelehrt werden.

Einführung

Zur Manuellen Therapie gehören alle diagnostischen und therapeutischen Techniken, die der Erkennung und Behandlung von Funktionsstörungen am Bewegungsapparat, insbesondere der reversiblen Gelenkfunktionsstörungen, dienen. Die Manuelle Therapie ist auch eine Reflextherapie, weil sie durch Mobilisation an Gelenken reflektorische

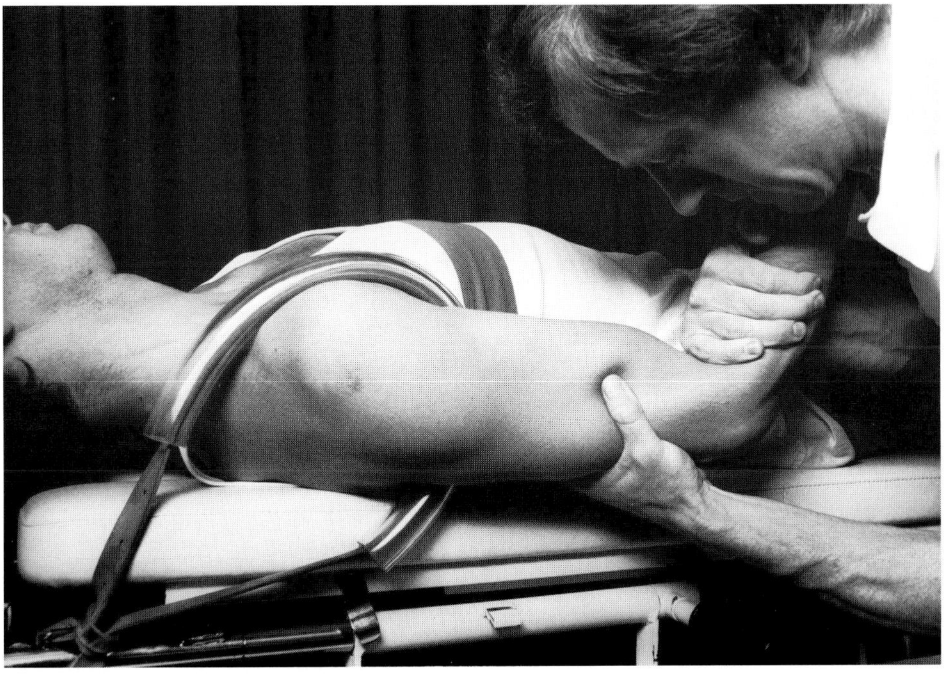

Abb. 156: Traktion im Ellbogengelenk.

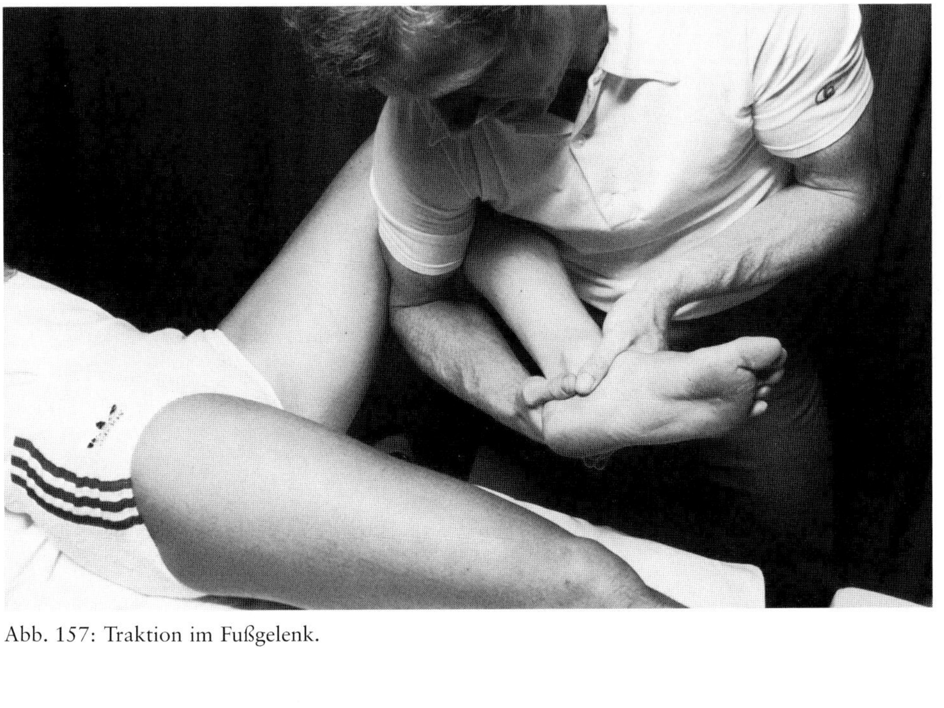

Abb. 157: Traktion im Fußgelenk.

Reaktionen hervorruft und dadurch Schmerzzustände und Dysfunktionen beeinflußt. Mit der Manuellen Therapie werden Gelenke und Weichteile behandelt. Bei der Behandlung wird dementsprechend grundsätzlich in Gelenktechniken und Weichteiltechniken unterschieden. Alle manuellen Techniken versuchen die Funktionseinheit Muskel-Gelenk zu optimieren.

I. Gelenktechniken

Techniken, die das Gelenk beeinflussen, sind:

Traktion
Gleiten
Dehnen
Übungen

Traktion

Die Traktion mobilisiert das Gelenk durch Entfernen der miteinander artikulierenden Gelenkpartner voneinander. Sie kann steigernd ein-, zwei- oder dreidimensional durchgeführt werden, wenn vorher das Gelenk ein-, zwei- oder dreidimensional eingestellt wurde. Mittels dieser Technik ist häufig bereits eine Schmerzlinderung zu erreichen.

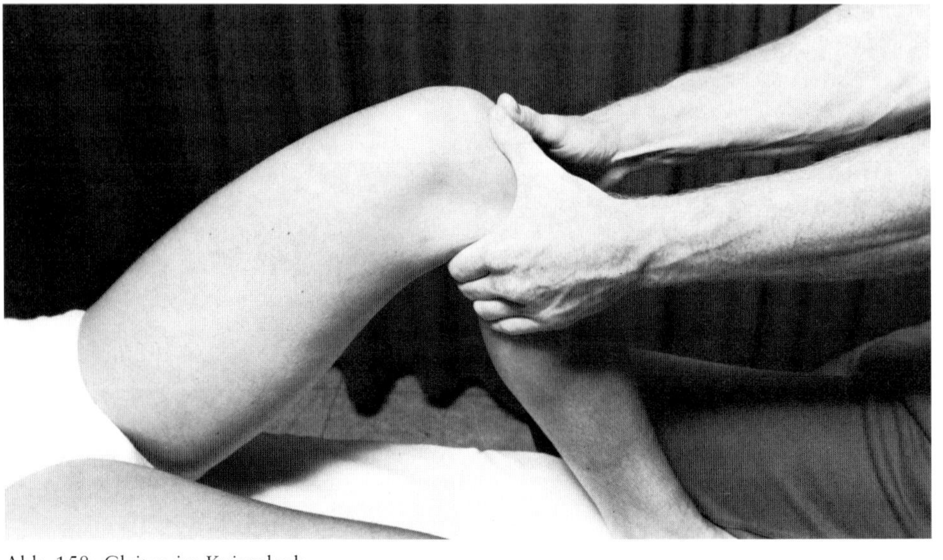

Abb. 158: Gleiten im Kniegelenk.

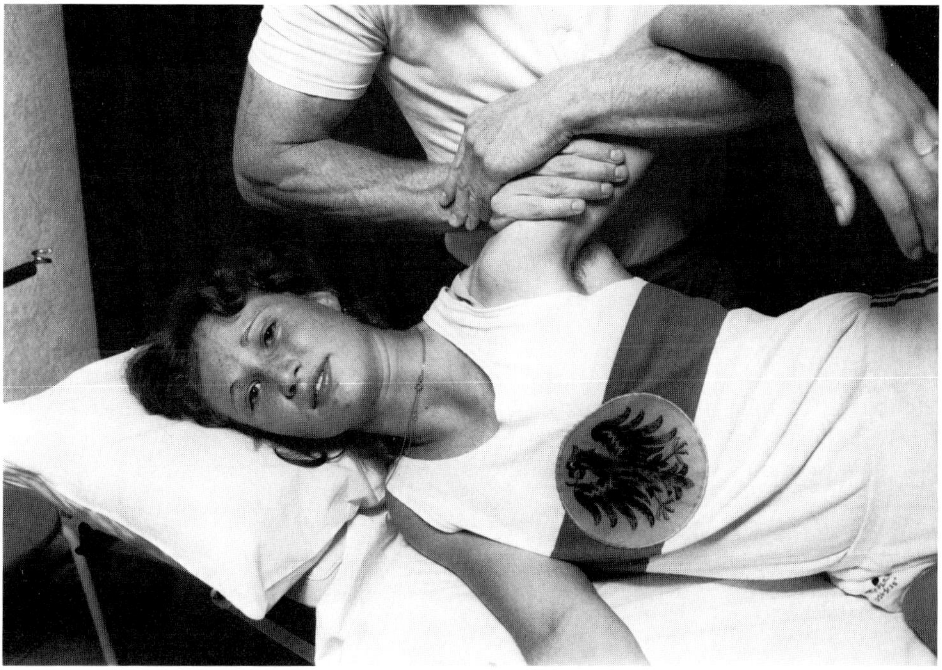

Abb. 159: Gleiten im Schultergelenk in Seitlage.

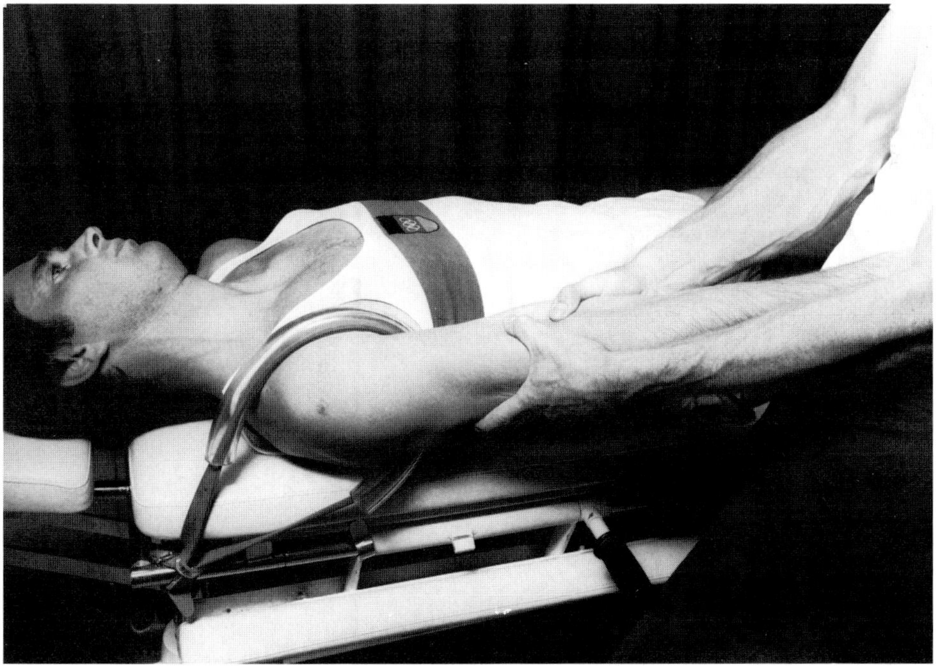

Abb. 160: Gleiten im Schultergelenk in Rückenlage.

Gleiten

Das parallele Gleiten nach medial, lateral, dorsal oder ventral mobilisiert das Gelenk. Dabei wird der proximale Gelenkpartner fixiert, der distale Gelenkpartner bewegt. Paralleles Gleiten in Verbindung mit Traktion beeinflußt das «Joint Play» und stellt das «Freie Gelenkspiel» wieder her, eine unabdingbare Voraussetzung für eine normale Gelenkbewegung.

Dehnen

Aktiv und passiv gedehnt werden die bindegewebigen Gelenkanteile wie die Bänder und die Gelenkkapsel. Auch diese Technik mobilisiert das Gelenk. Das Dehnen sollte nach aktiver Muskelanspannung erfolgen, da der Muskel nach aktiver Anspannug sich besser entspannt. Außerdem werden die gelenknahen Muskel- und Sehnenansätze günstig beeinflußt.

Übungen

Auch der auf das Gelenk wirkende Muskelmantel spielt für die Gelenkbewegung eine wichtige Rolle, z. B. behindern verkürzte oder inaktive Muskeln das freie Gelenkspiel. Deshalb sind aktive Übungen in Verbindung mit Traktion, Gleiten und Dehnen außerordentlich wichtig. Hier treffen reine Gelenktechniken mit klassischen Techniken aus der Krankengymnastik zusammen. Dabei haben sich besonders die Komplexbewegungen und die Stemmführung nach *R. Brunkow* neben dem isometrischen Muskeltraining zur Mobilisation oder Stabilisation von Gelenken in Kombination mit Gelenktechniken bewährt.

II. Weichteiltechniken

Techniken, die die Weichteile beeinflussen:

Massage
Muskelentspannung
Dehnen
Übungen

Massage

Spezielle Massagetechniken werden zur Weichteilmobilisation eingesetzt. Die Behandlungsrichtung quer zum Muskel oder zum Muskelansatz mit seiner Sehne wird bevorzugt. Als Techniken sind Friktionen, hier sei besonders auf die *Cyriax* Techniken verwiesen, Vibrationen, Inhibitionen und Fazilitationen zu verwenden. Sie beseitigen muskuläre Dysfunktionen wie Myogelosen, Verspannungen, Verhärtungen oder Verkürzungen.

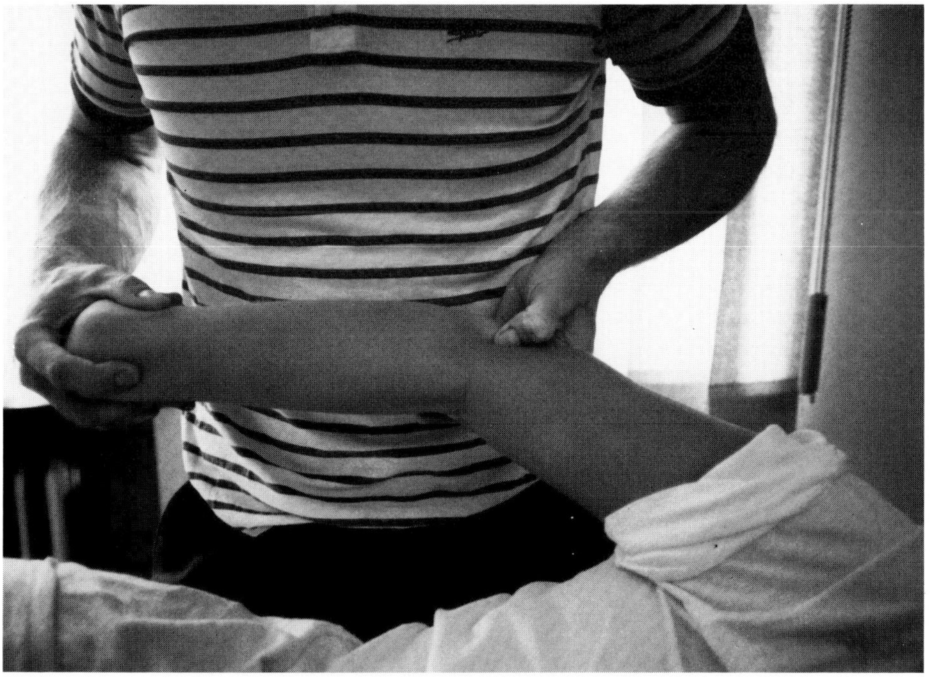

Abb. 161: Quermassage mit Vordehnung bei Tennisellenbogen.

Muskelentspannung

Verschiedene Techniken der aktiven Muskelentspannung und Muskelenergietechniken verbessern die Muskelfunktion. Nach maximaler Anspannung eines verkürzten Muskels wird die Entspannungsphase zur dosierten Dehnung genutzt. Bei dynamischer Anspannung der Antagonisten eines verkürzten Muskels erfolgt die reflektorische Entspannung dieses Muskels. Zu beachten sind die Gesetze nach *Sherrington*.

Dehnen

Das aktive und passive Dehnen der Muskeln und ihrer sehnigen Ansätze mobilisieren diese Weichteile. Auch hier sind die *Sherrington*'schen Gesetze zu beachten.

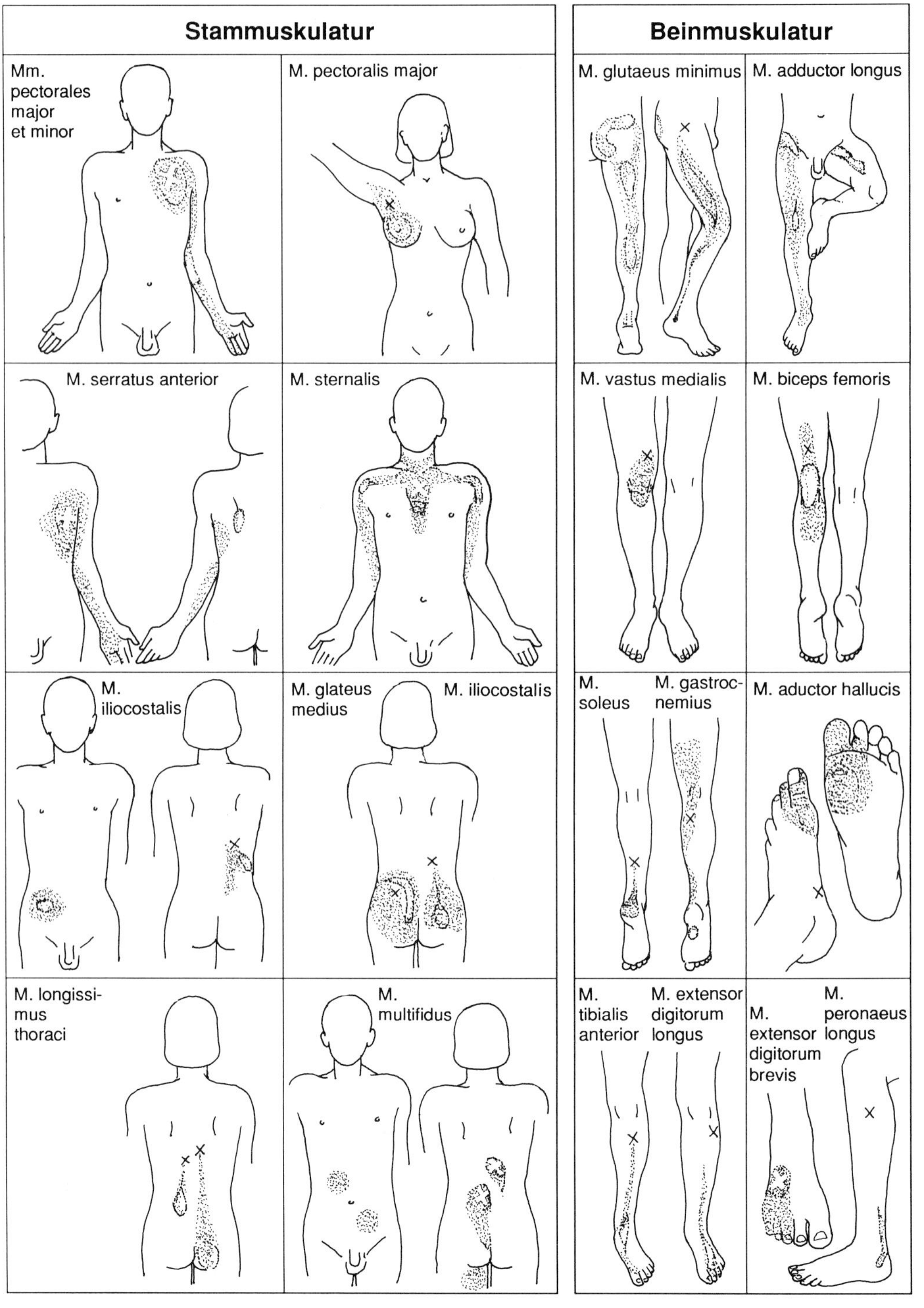

Abb. 162: Triggerpunkte mit dazugehörigen Schmerzgebieten.

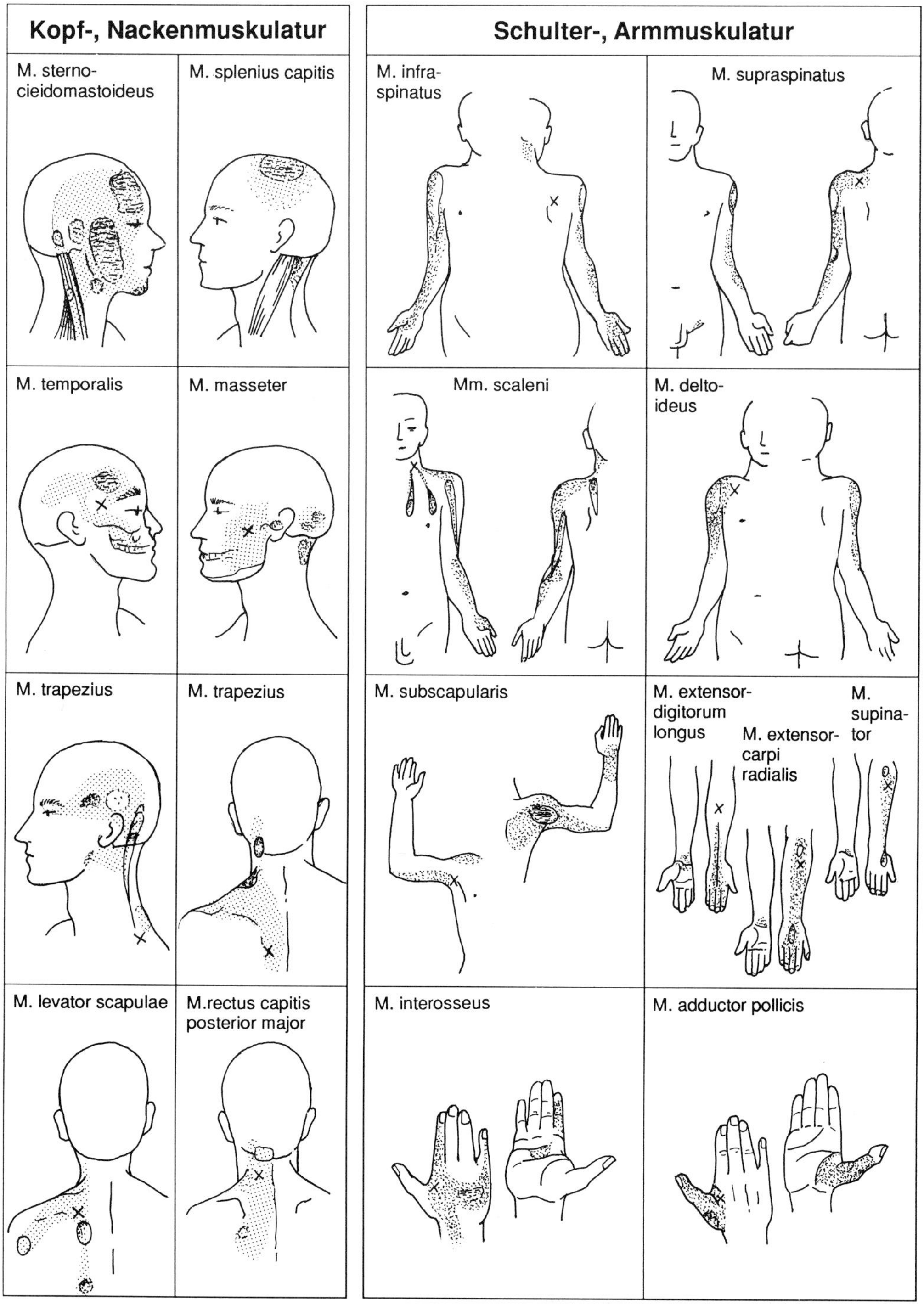

Abb. 163: Triggerpunkt-Beispiele und Referred pain (der fortgeleitete Schmerz) in der Referenzzone (nach *Travell* u. *Rinzler* 1952).

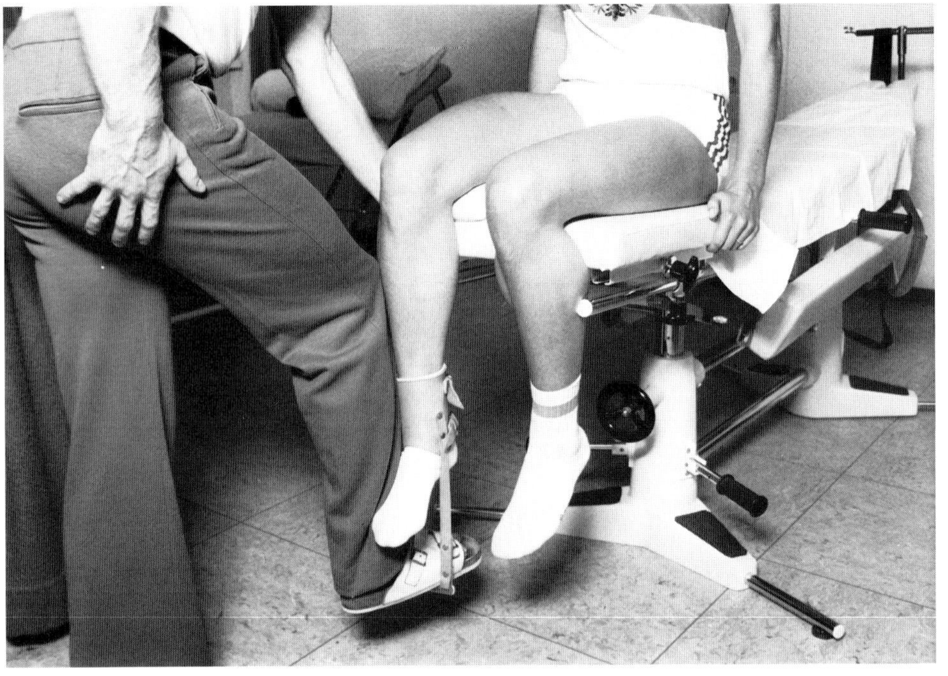

Abb. 164: Traktion im Kniegelenk mit Steigbügel.

Übungen

Die aktiven Übungen zur Mobilisation oder Stabilisation verbessern, erhalten oder vermindern je nach Absicht die Muskelspannung und damit die Beweglichkeit. Isometrisches Muskeltraining, Komplexbewegungen und Stemmführung nach *R. Brunkow* eignen sich dafür. Unterstützende Maßnahmen aus der Thermo-, Hydro-, Elektrotherapie und Immobilisation mit Verbänden können zusätzlich die Wirkung verbessern. Hilfsmittel, wie speziell konstruierte Bänke, Apparate, Fixier- und Traktionsgurte, Haltebügel, Sandsäcke und Kissen erhöhen effektvoll den Einsatz der Manuellen Therapie.

Triggerpunkte

Die Triggerpunkte sind Schmerzpunkte, die auf Druck überempfindlich reagieren. Sie haben einen Durchmesser bis zu 1 cm, zeigen lokale, aber auch fortgeleitete Schmerzen in der Referenzmuskulatur, der sog. Referred pain = fortgeleiteter Schmerz. Mit manuellen Reizen (z. B. Querfriktionen), Dehnungen und Übungen werden diese Maximalpunkte günstig beeinflußt und verschwinden oft sogar.

Manuelle Gelenktherapie

Die Manuelle Gelenktherapie ist eine passiv ausgeführte Behandlung mit Gleiten und Traktion im Gelenk. Es werden vorwiegend die knöchernen Gelenkanteile angesprochen. Sie stellt den Kern der Manuellen Therapie dar, mit ihr wird das «Joint Play» beeinflußt und dadurch die Gelenkbeweglichkeit verbessert und möglichst normalisiert.
Die krankengymnastische Behandlung mit Manueller Therapie beeinflußt Störungen der Gelenkfunktion, die sich als Hypo- oder Hypermobilität äußern. Manuelle Gelenktherapie wird meist bei hypomobilen Gelenken angewendet. Hypermobile Gelenke werden nur bei Gelenkfehlstellungen mit Manueller Gelenktherapie behandelt.

Manuelle Gelenktherapie bei Sportverletzungen und Sportschäden

Als Ursache kommen Fehlbelastung, Überbelastung, Verletzungen und Ruhigstellung in Frage.
Die Behandlung mit Manueller Gelenktherapie spielt die Gelenkfunktion wieder ein und sorgt für eine schmerzfreie und bestmögliche Gelenkbewegung, eine wesentliche Voraussetzung für eine gute Leistung in den meisten Sportdisziplinen.
Leichte Sportverletzungen, die keinen Hinweis auf eine strukturelle Schädigung erkennen lassen, bei denen kein Gelenkschmerz, jedoch eine Gelenkfehlstellung vorhanden ist, können direkt mit Manueller Gelenktherapie behandelt werden.

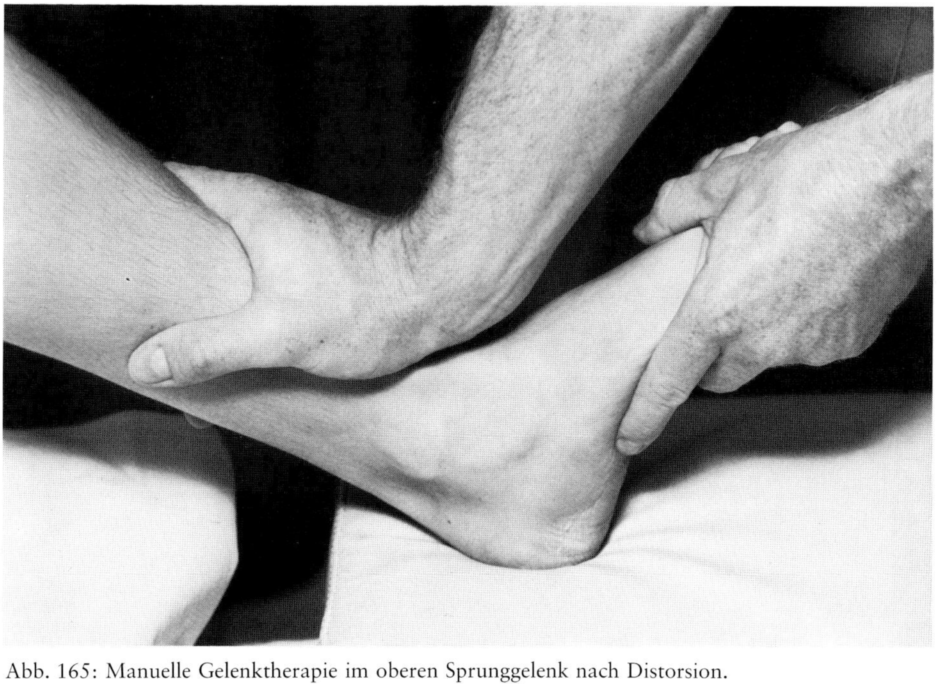

Abb. 165: Manuelle Gelenktherapie im oberen Sprunggelenk nach Distorsion.

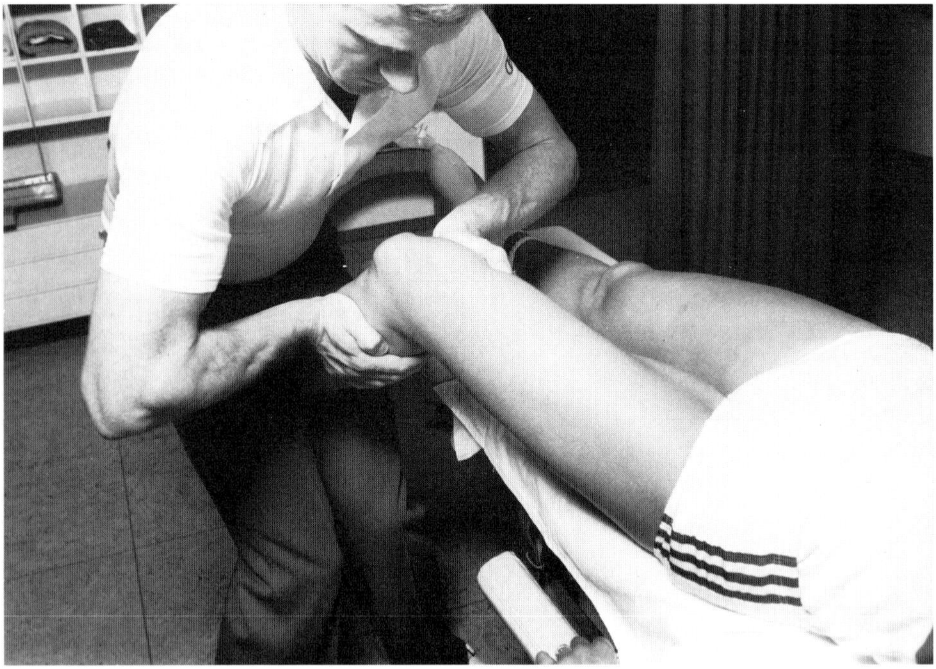

Abb. 166: Manuelle Gelenktherapie im Kniegelenk nach Ruhigstellung.

Manuelle Gelenktherapie ist im subakuten Stadium bei Sportverletzungen wie Kontusionen, Distorsionen, Luxationen, nach Frakturen und bei reversibler Hypomobilität von Gelenken angezeigt. Dosierte Traktionen und Gleitbewegungen nach akuten Verletzungen z. B. an Knie- oder Sprunggelenk, beeinflussen Schwellung und Schmerz und verkürzen die Rehabilitationsphase.

Indikationsbeispiele

Finger- und Handgelenkverstauchungen, wie sie in Spielsportarten auftreten, z. B. Handball, Volleyball und Basketball.
Fehlbelastung im Hüftgelenk, wie sie nach falschem Aufkommen im Hürdenlauf unmittelbar nach Überlaufen der Hürde, im Turnen beim Abgang vom Gerät oder Fehlbelastung im Gehen oder Laufen auftritt.
Wirbelsäulenstauchungen, wie sie nach Stürzen im Skiabfahrtslauf oder beim Sturz vom Pferd vorkommen. Fersenprellung, wie sie im Turnen, Drei- und Weitsprung oder beim Crosslauf auftritt.

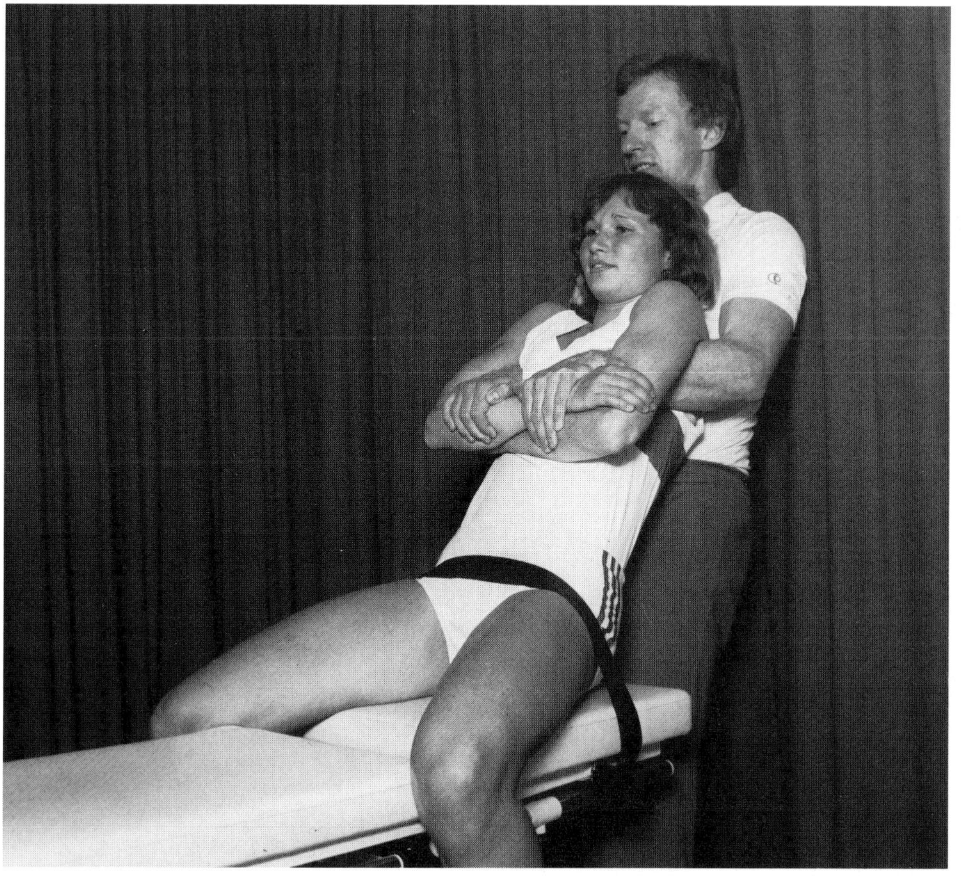

Abb. 167: Traktion der Wirbelsäule.

Kontraindikation

Eine Kontraindikation für Manuelle Gelenktherapie besteht immer, wenn nicht schmerzfrei mobilisiert werden kann.
Eine ausreichende Differentialdiagnostik, einschließlich der röntgenologischen Untersuchungen, auch gehaltene Aufnahmen, sichern vorab, ob Manuelle Therapie indiziert ist.

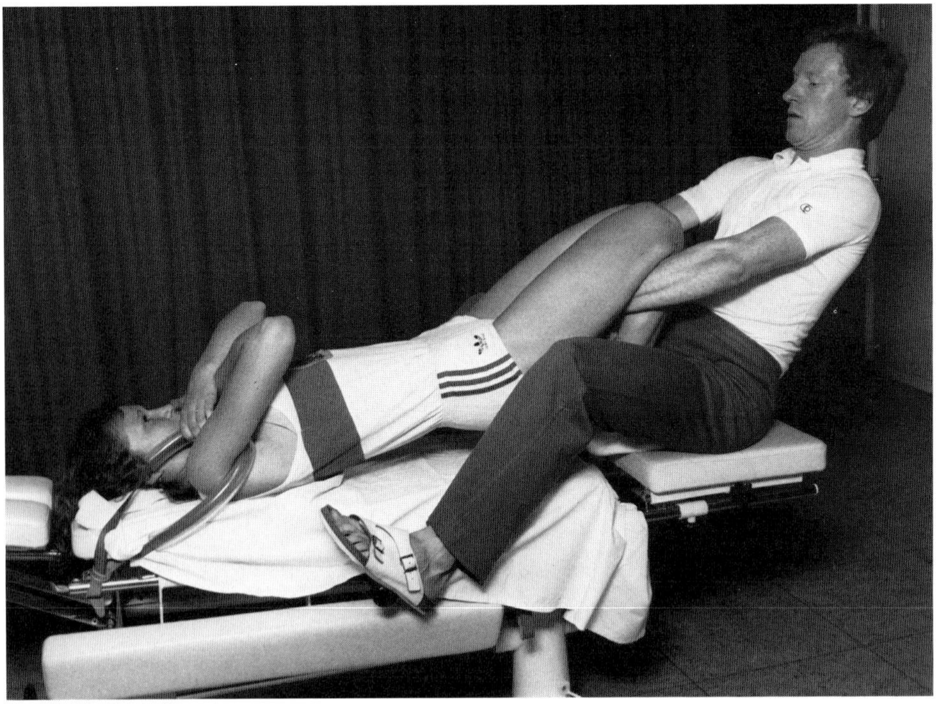

Abb. 168: Traktion der Wirbelsäule in Rückenlage.

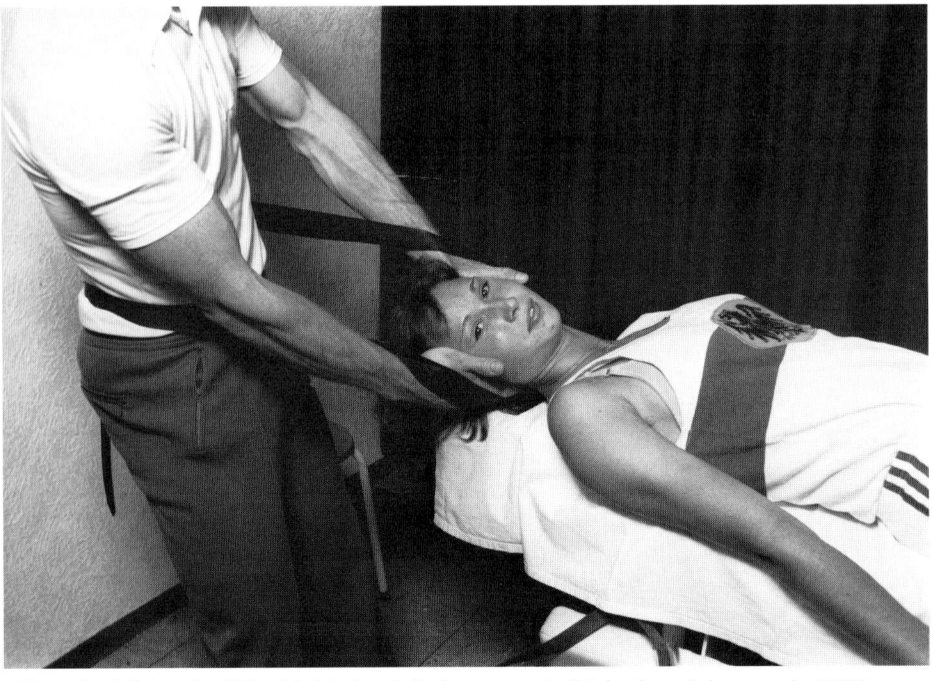

Abb. 169: Traktion der Halswirbelsäule mit Traktionsgurt in Rückenlage, Schwerpunkt HWS.

III. Grundprinzipien

Rollen und Gleiten

Jede Gelenkbewegung beginnt mit einem Gleiten, um dann in ein Rollen überzugehen. Dieser Wechselvorgang von Rollen und Gleiten ergibt das «Rollgleiten» und wiederholt sich mehrfach bei der Gelenkbewegung. Fehlt das Rollen oder das Gleiten, ist die Gelenkbewegung gestört, z. B. bei Kontrakturen nach Ruhigstellung. Die freie Gelenkbewegung wird also durch das «Rollgleiten» ermöglicht. Zwei Komponenten werden dabei differenziert: Rollen und Gleiten.

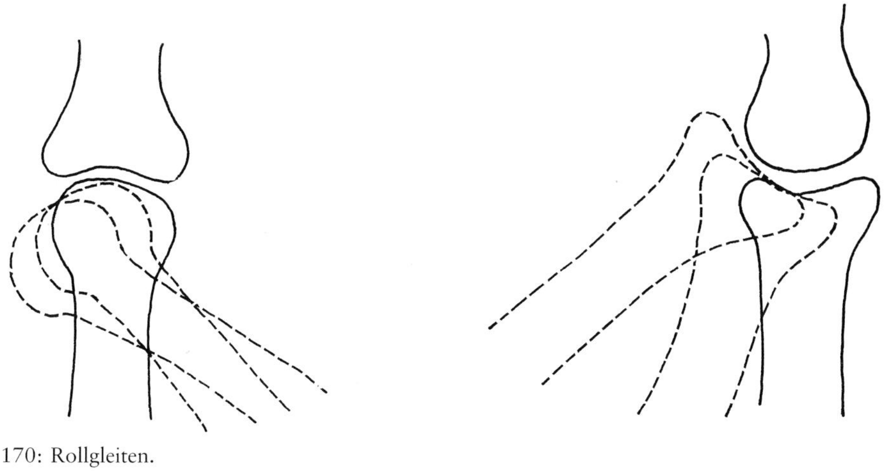

Abb. 170: Rollgleiten.

Rollen

Das Rollen erfolgt um eine eigene Achse. Dabei kommen immer neue Punkte des einen Gelenkpartners mit neuen Punkten des anderen Gelenkpartners in Berührung.

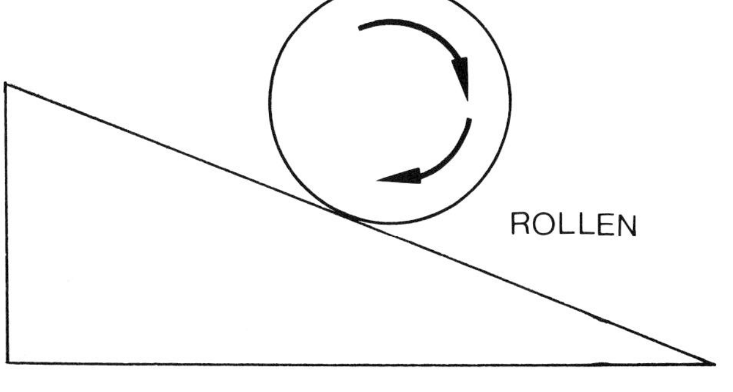

Abb. 171: Rollen.

Gleiten

Das Gleiten erfolgt entlang einer Achse. Dabei kommt ein Punkt des einen Gelenkpartners mit neuen Punkten des anderen Gelenkpartners in Berührung.
Das Gleiten, vom Patienten nicht aktiv oder selektiv ausführbar, wird auch als translatorische Bewegung bezeichnet, ein unabdingbarer Bestandteil jeder Gelenkbewegung. Translatorische Bewegungen sind paralleles Gleiten und die Traktion.

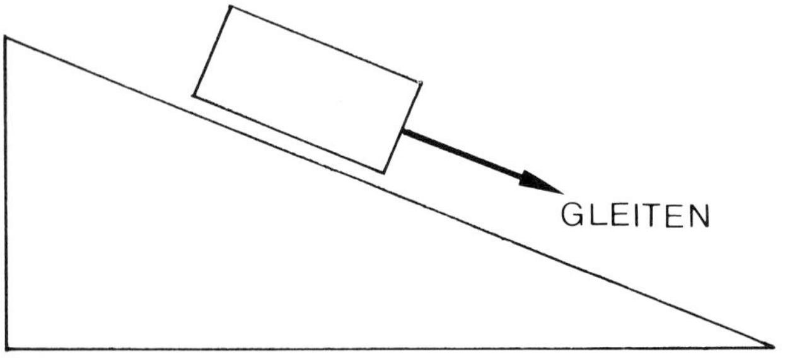

Abb. 172: Gleiten.

Paralleles Gleiten

Es stellt eine Gleitmobilisation dar. Die Bewegungsrichtung verläuft tangential zum distalen Ende des fixierten proximalen Gelenkpartners. Der distale Gelenkpartner wird parallel nach medial, lateral, dorsal oder ventral bewegt.

Traktion

Sie ist eine Traktionsmobilisation. Dabei wird der proximale Gelenkpartner fixiert und der distale Gelenkpartner durch Traktionszug distalwärts bewegt.
Die bekannten hebelnden, passiven und erzwungenen Bewegungen an hypomobilen Gelenken bringen eine Kompression auf der einen und Überdehnung auf der anderen Gelenkseite mit sich. Traumen, Kapselverletzungen und sogar Knochenabsplitterungen können auftreten.
Dagegen stellt die Manuelle Gelenktherapie mit parallelem Gleiten und Traktion eine schonende Behandlung dar, besonders wenn nach Sportverletzungen eine aktive krankengymnastische Übungsbehandlung, z. B. bei Ergüssen noch nicht angewendet werden kann.

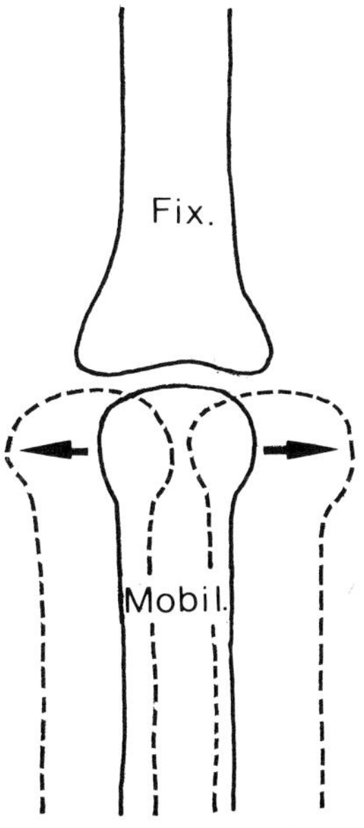

Abb. 173: Paralleles Gleiten.
(Fix. = Fixierter Gelenkpartner;
Mobil. = Mobilisierter Gelenkpartner).

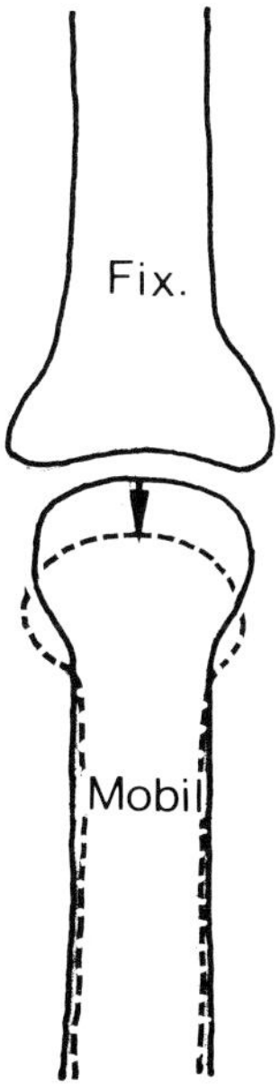

Abb. 174: Traktion.

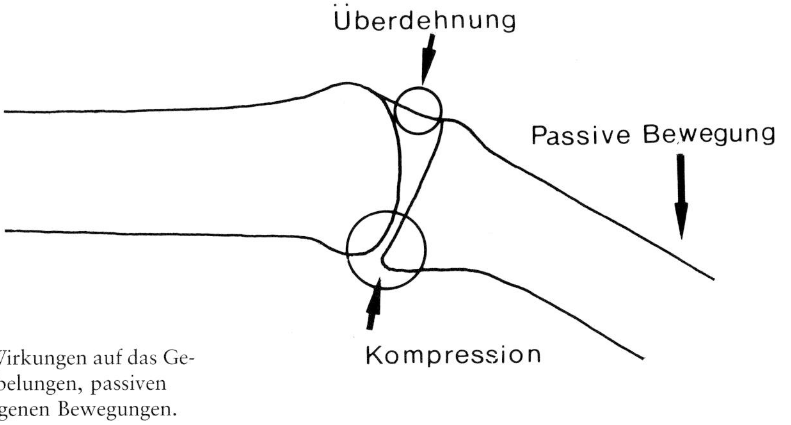

Abb. 175: Wirkungen auf das Gelenk bei Hebelungen, passiven und erzwungenen Bewegungen.

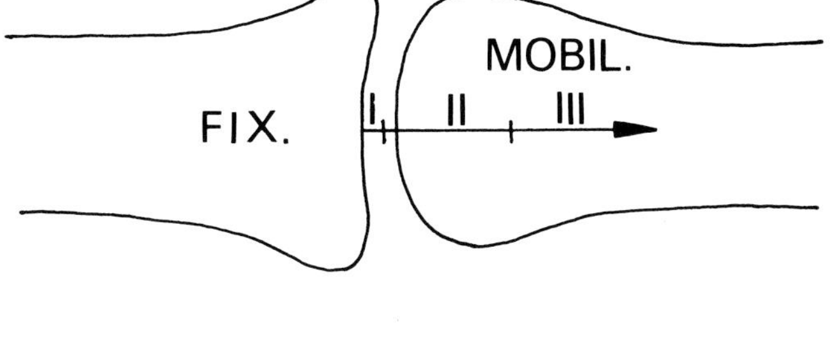

Abb. 176: Traktion in drei Stufen.
(I, II u. III).

Durchführung von Traktion und Gleiten

Die Traktions- und Gleitmobilisation wird in drei Stufen durchgeführt.

Stufe I – Ist die Strecke der Gelenklösung, dabei wird die Adhäsionsspannung genommen.
Stufe II – Ist die Strecke der Gelenkstraffung, dabei wird die Kontraktionsspannung genommen.
Stufe III – Ist die Strecke der Gelenkdehnung, dabei wird die Residualspannung genommen.

Behandlungsregeln

Der Therapeut bewegt den Knochen, den er mobilisieren will, mit konvexer Gelenkfläche gegensinnig und mit konkaver Gelenkfläche gleichsinnig zur Richtung der behinderten Knochenbewegung.

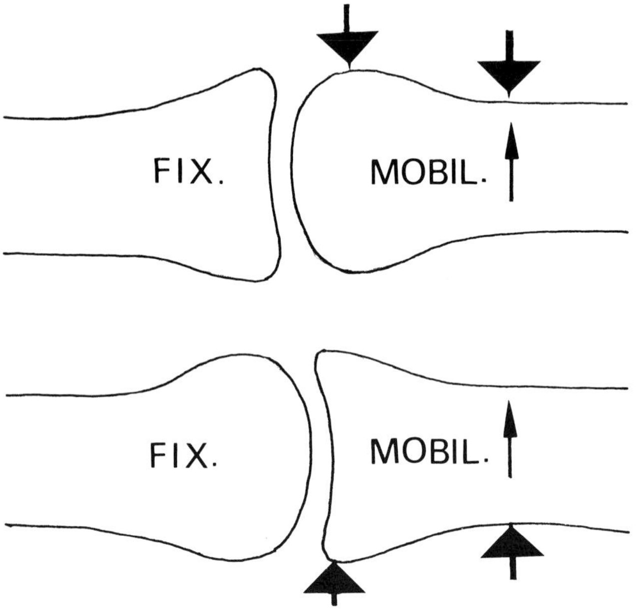

Abb. 177: Behandlungsregeln: dicke Pfeile = Behandlungsrichtung; dünne Pfeile = eingeschränkte Bewegungsrichtung.

Behandlungsrichtung

Die Traktion wird rechtwinklig zur Tangentialebene durchgeführt.
Das Gleiten wird parallel zur Tangentialebene durchgeführt.
Die Traktion als schmerzlindernde Maßnahme wird intermittierend etwa 10 Sekunden lang angehalten und dann wieder langsam nachgelassen. Die Intensität richtet sich nach dem Schmerzzustand. Mehrere Wiederholungen der Traktion schließen sich an.

Das Gleiten als weitere Gelenkmobilisation schließt sich schmerzlos an. Es werden mehrere Wiederholungen im Rhythmus der Traktion durchgeführt.
Durch die translatorische Gelenkmobilisation mit Traktion und Gleiten erreichen wir das aktive «Rollgleiten» im Gelenk. Das erreichte Bewegungsausmaß wird durch aktive krankengymnastische Übungen gesichert.

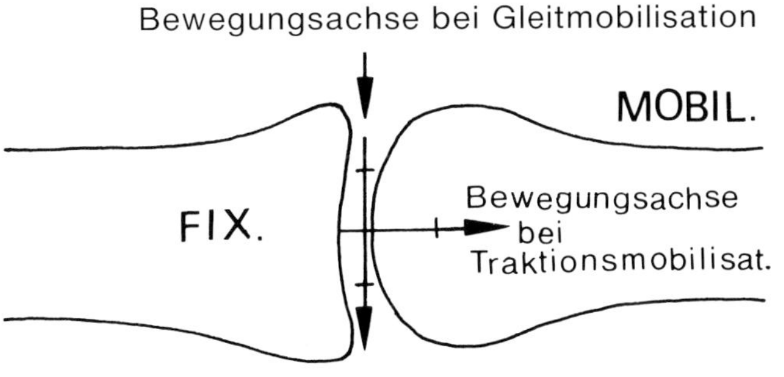

Abb. 178: Bewegungsachse bei Gleit- und Traktionsmobilisation.

Zusammenfassung

Die Manuelle Therapie stellt eine Behandlungsmethode nach vorausgegangener Befunderhebung mit Hilfe gezielter Handgriffe an Gelenken und Weichteilen dar. Ihr Ziel ist es, das normale, freie Gelenkspiel zu erreichen. Dies ist eine unabdingbare Voraussetzung für die ungestörte Gelenkfunktion, die dem Sportler die optimale Leistung ermöglicht. Die Funktionseinheit Muskel–Gelenk wird, durch Kombinationen aus klassischen krankengymnastischen Techniken wie PNF und Schlingentischbehandlungen und der Manuellen Techniken an Weichteilen und Gelenken, hergestellt und stabilisiert.

8. Befunderhebung

Einführung

Die Grundlage für alle krankengymnastischen Behandlungen, auch bei Sportverletzungen und Sportschäden, ist stets eine individuelle Befunderhebung. Sie hat sich der Vorgabe einer präzisen sportärztlichen Differentialdiagnostik anzuschließen. Bevor sowohl die ärztliche Behandlung als auch die Physiotherapie einsetzt, muß abgeklärt sein, welche Strukturen der Weichteile oder der knöchernen Anteile geschädigt wurden. Nur dann unterbleiben unnütze oder gar gegenindizierte Behandlungen.

Sportverletzungen sind fast ausschließlich Weichteilverletzungen. Statistiken von *P. Hirschfeld* und *H.* und *P. Groh* mit Angaben von 75,3% und 78,9%, ohne offene Wunden, unterstreichen dies deutlich. Dies bestätigen auch neuere Untersuchungen von *H. Hess*. Röntgenaufnahmen, Ausnahme sind die gehaltenen Spezialaufnahmen, geben wenig Aufschluß über Weichteilverletzungen. Deshalb muß zunächst eine klinische und sportspezifische Diagnose gestellt werden. Nach dieser ärztlichen Diagose und eventuell folgender ärztlicher Versorgung folgt der Einsatz physiotherapeutischer Maßnahmen.

Bevor der Therapeut seine Behandlung beginnt, muß er einen Befund erheben, der für die Durchführung seiner nachfolgenden physikalischen Therapie die Grundlage bildet. Als logische Folgerung aus dem Befund wird dann der Behandlungsplan entworfen. Die richtige Beurteilung und gezielte Behandlung von Verletzungen ist für den Sportler und dessen Einsatzfähigkeit von Bedeutug.

Durchführung der Befunderhebung

Name
Vorname
Alter
Geschlecht
Sportdisziplin
Diagnose

Vorgeschichte	– Unfallhergang Erstverletzung Rezidiv Sportschaden

Momentane Situation

Beschwerden	– akut, chronisch, sporadisch
Schmerz	– Lokalisation, Art, Intensität
Funktionseinschränkung	– Lokalisation, Art

Folgende Untersuchungen erleichtern die Befunderhebung:

Inspektion	– Sichtbefund
Funktion	– Testbefund
Palpation	– Tastbefund

Untersuchungsblock

I Inspektion
II Aktive und passive Bewegungen
III Gelenktest
IV Weichteiltest
V Palpation
VI Funktionelle Untersuchung

I. Inspektion

Bewegungsabläufe der Sportdisziplin analysieren
Verletzungsauslösende Bewegung analysieren
Bewegungen, Gangbild, Schonhaltung, akutes Entlastungssyndrom

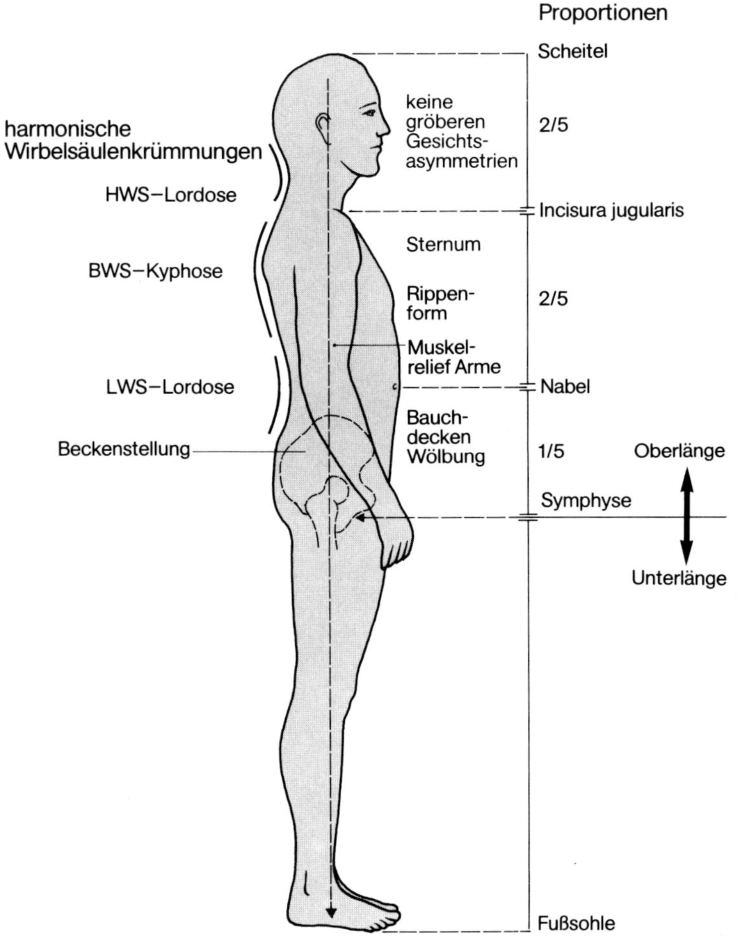

Abb. 179: Gesamtinspektion seitlich (nach *H. Frisch*).

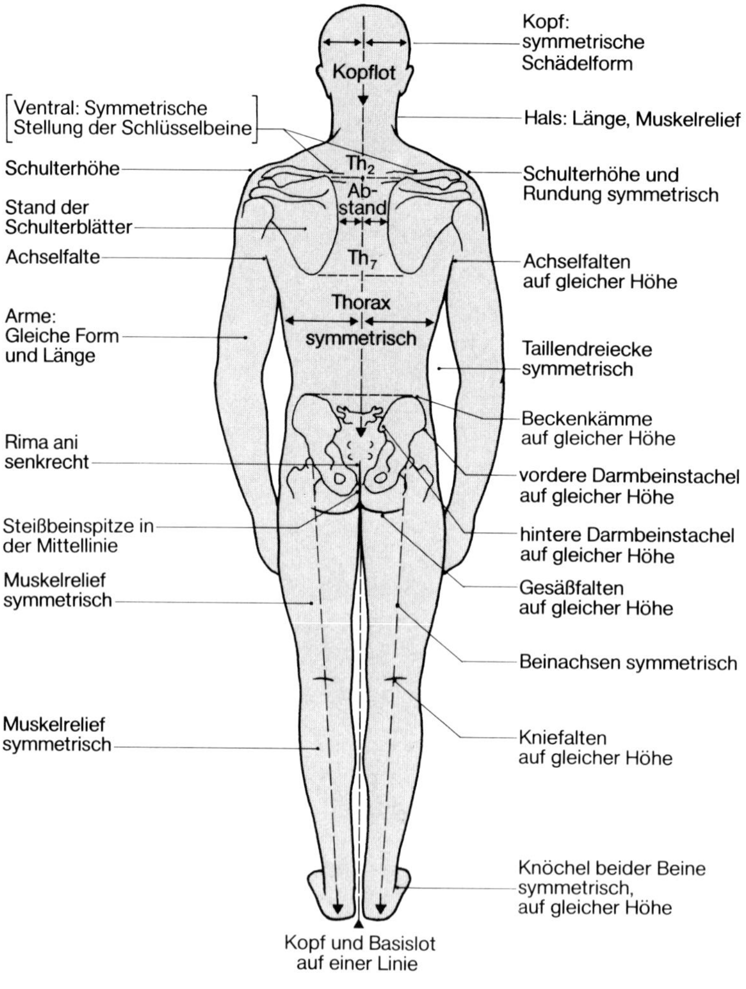

Abb. 180: Gesamtinspektion, dorsal (nach *H. Frisch*).

Allgemeinzustand	– Form, Schwellung, Erguß, Verfärbung, Hypertrophie, Atrophie, Deformierung, Vertiefungen, Einrisse.
Haut/Unterhaut	– Beschaffenheit, Farbe, Wunden, Quellungen, Ödeme, Einziehungen, Druckstellen, Schwielen, Narben, Behaarung, Aussehen der Nägel.
Muskulatur	– Relief, Schwellungen, Einziehungen, Dellen, Risse, Vertiefungen.

II. Aktive und passive Bewegungen

Aktive Bewegungen prüfen alle anatomischen Strukturen und die psychologische Bereitwilligkeit.

Zu achten ist auf:

Bewegungsausmaß	–	Ausweichbewegungen, endgradige Bewegungen
Bewegungsausführung	–	lokale Kraft und Ausdauer
Geräusche	–	Krepitation
Schmerz	–	Schmerzbogen

Je nach Bau des Gelenkes werden die anatomischen Bewegungen in einer, zwei oder drei Ebenen untersucht.
Passive Bewegungen prüfen alle nichtkontraktilen Strukturen; diese sind:

Knochen
Bänder
Gelenkkapsel
Ligamente
Bursen
Fascien
Dura mater
Nervenwurzeln

Bei Normalbefund ist die passive Bewegung identisch mit der aktiv ausgeführten anatomischen Bewegung.

Eine forcierte Endbewegung gibt Auskunft über die Gelenkstabilität und das sog. Gelenkendgefühl. Dieses Endgefühl, ein elastischer Stopp, kann weich durch einen Weichteilstopp, fest durch einen Kapsel-Ligamentstopp oder hart durch einen Knochenstopp sein. Das passiv-forcierte Bewegungsausmaß ist etwas größer als das aktive.

Bewegungsausmaß

0 = keine Beweglichkeit, Ankylose
1 = sehr eingeschränkte Beweglichkeit
2 = wenig eingeschränkte Beweglichkeit
3 = normale Beweglichkeit
4 = etwas hypermobil ohne Schmerzen
5 = hypermobil mit Schmerzen
6 = völlig instabil

Es wird festgestellt, ob es sich um einen hypo- oder hypermobilen Abschnitt handelt.
Aktive und passive Bewegungen werden auch mit der nichtgeschädigten Extremität oder Körperseite verglichen. Auf folgendes ist zu achten:

Hypomobilität
Hypermobilität
Bewegungsqualität
Schmerzen
Muskelverkürzung
Kapsuläres Zeichen
Gelenkendgefühl

Gelenkmessung

Neutral-O-Methode am Beispiel Bein

Name des Patienten:

geb.:

Diagnose:

Untersucher:

* = schmerzhafte Bewegungseinschränkung

gesunde – verletzte Seite markieren!

<table>
<tr><th>Hüfte</th><th>Datum</th><th>rechts</th><th>links</th><th></th></tr>
<tr><td rowspan="4">Flex.-O-Ext.</td><td></td><td></td><td></td><td rowspan="4">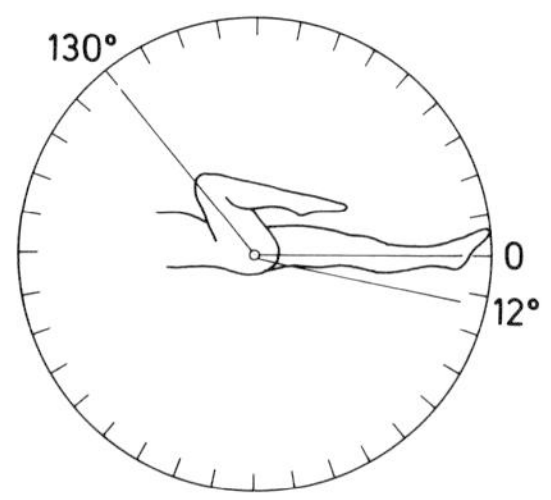
</td></tr>
<tr><td></td><td></td><td></td></tr>
<tr><td></td><td></td><td></td></tr>
<tr><td></td><td></td><td></td></tr>
<tr><td rowspan="4">Abd.-O-Add.</td><td></td><td></td><td></td><td rowspan="4">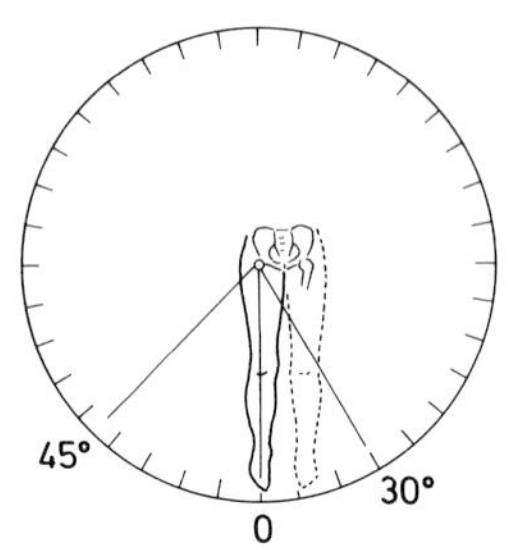
</td></tr>
<tr><td></td><td></td><td></td></tr>
<tr><td></td><td></td><td></td></tr>
<tr><td></td><td></td><td></td></tr>
<tr><td rowspan="4">Innen-O-Außen-
rotation</td><td></td><td></td><td></td><td rowspan="4">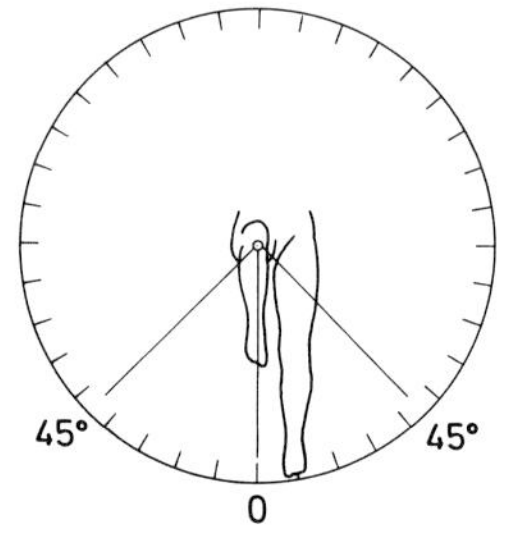
</td></tr>
<tr><td></td><td></td><td></td></tr>
<tr><td></td><td></td><td></td></tr>
<tr><td></td><td></td><td></td></tr>
</table>

<table>
<tr><th>Knie</th><th>Datum</th><th>rechts</th><th>links</th><th></th></tr>
<tr><td rowspan="4">Flex.-O-Ext.</td><td></td><td></td><td></td><td rowspan="4">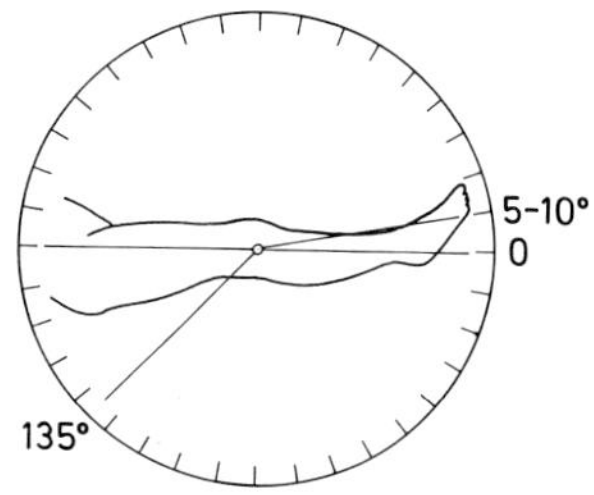
</td></tr>
<tr><td></td><td></td><td></td></tr>
<tr><td></td><td></td><td></td></tr>
<tr><td></td><td></td><td></td></tr>
<tr><th>Fuß</th><th>Datum</th><th>rechts</th><th>links</th><th></th></tr>
<tr><td rowspan="4">Plant.-O-Dors.
flex. ext.</td><td></td><td></td><td></td><td rowspan="4">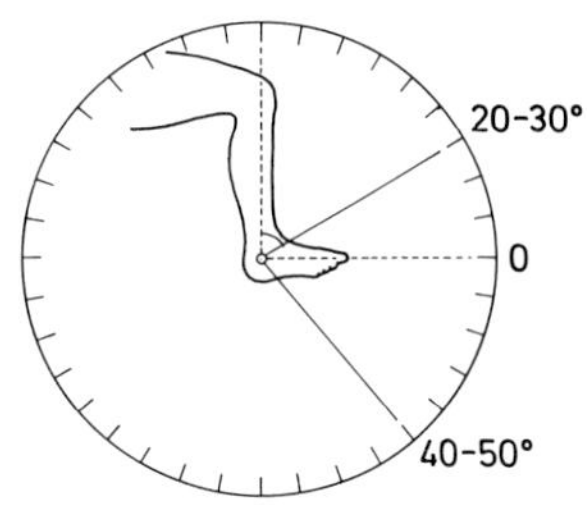
</td></tr>
<tr><td></td><td></td><td></td></tr>
<tr><td></td><td></td><td></td></tr>
<tr><td></td><td></td><td></td></tr>
<tr><td rowspan="4">Sup.-O-Pron.</td><td></td><td></td><td></td><td rowspan="4">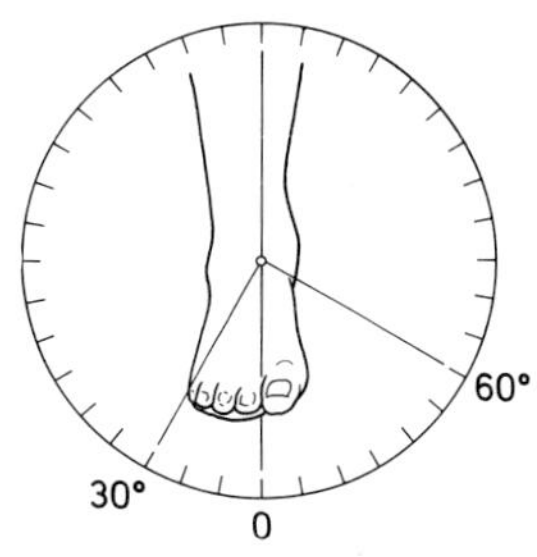
</td></tr>
<tr><td></td><td></td><td></td></tr>
<tr><td></td><td></td><td></td></tr>
<tr><td></td><td></td><td></td></tr>
</table>

Abb. 181: Gelenkmessung mit der Neutral-O-Methode am Bein.

Gelenkmessungen

Gelenkmessungen stellen das mögliche Bewegungsausmaß, den Bewegungswinkel fest. Wir verwenden die Neutral-Null-Methode nach *Debrunner*. Alle Bewegungen werden von der Nullstellung aus gemessen.
Beispiele: Das Ausmaß der Bewegung wird auf beiden Seiten von der Nullstellung gemessen. Ist in einem Gelenk eine Flexion von 50 ° und eine Extension von 15 ° möglich, so wird dies wie folgt festgehalten: 50–0–15.
Besteht eine Kontraktur, z. B. ist die Flexion um 20 ° eingeschränkt, wird dies wie folgt festgehalten: 30–0–15.
Besteht eine Kontraktur, z. B. ist keine Extension möglich, nur eine Flexion, dann werden beide Zahlen links von der Null angegeben und dies wie folgt festgehalten: 50–15–0.
Es werden zwei Arten von Gelenkmessungen unterschieden:

Aktive Messung	– Bewegungsausmaß wird aktiv vom Patienten vorgenommen
Passive Messung	– Bewegungsausmaß wird vom Therapeuten vorgenommen
Zusätzliche Messungen:	Umfangmessungen und Längenmessungen

Hilfsmittel für Messungen:

Winkelmesser
Bandmaß
Unterlegbrettchen
Beckenwaage
Holotopometer (Universalmeßgerät)
Korrekturspiegel mit Längs- und Querrastern
Lot

Differentialdiagnose durch aktive und passive Bewegungen

1. Ist die aktive und passive Bewegung in derselben Richtung eingeschränkt und/oder schmerzhaft, dann liegt die Verletzung in den nichtkontraktilen Strukturen.
2. Ist die aktive und passive Bewegung in gegensinniger Richtung eingeschränkt und/oder schmerzhaft, dann liegt die Verletzung in den kontraktilen Strukturen.
3. Ist die passive Bewegung in verschiedenen Richtungen relativ eingeschränkt, dann liegt die Verletzung in der Gelenkkapsel. Dieses sog. kapsuläre Zeichen ist für jedes Gelenk die charakteristische Reihenfolge der eingeschränkten Bewegungsrichtung.

Widerstandstest

Gegen maximalen Haltewiderstand werden die kontraktilen Strukturen getestet, da die nichtkontraktilen Strukturen unbeteiligt bleiben.
Kontraktile Strukturen sind die Muskelfasern; dazu zählen auch die bindegewebigen Anteile, Muskelsehnenübergänge und Sehnenansätze, das sog. «Muskelindividuum».

Durch Widerstandsteste werden Muskeln auf Schmerz und Kraft getestet. Dabei werden zur Differenzierung verschiedene Ausgangsstellungen genutzt. Die Muskeln werden in angenäherten bis gedehnten Positionen getestet. Beispiel: M. quadriceps im Sitz – in Rückenlage – im Überhang – in Bauchlage. Die Widerstandsteste werden folgendermaßen interpretiert:

Schmerzhaft und viel Kraft	=	kleine Muskel-Sehnenverletzung
Schmerzhaft und wenig Kraft	=	große Muskel-Sehnenverletzung
Schmerzlos und wenig Kraft	=	neurologischer Befund
Schmerzlos und viel Kraft	=	Normalbefund

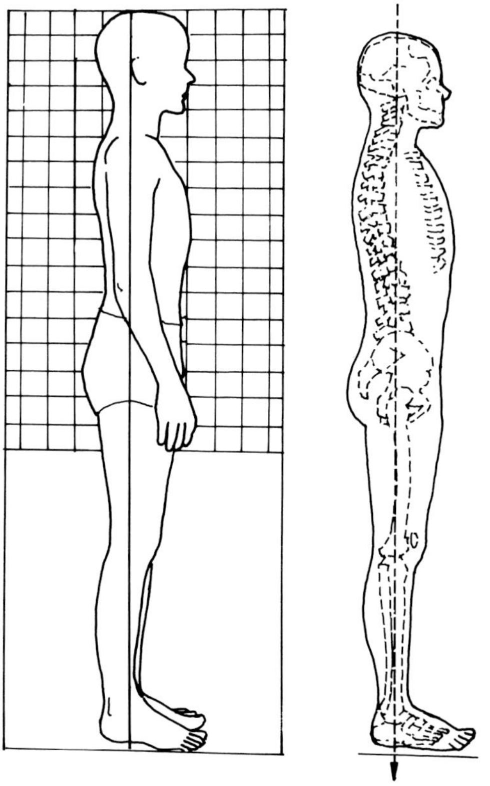

Abb. 182: Normalhaltung zur Bestimmung der Rückenform. Die Normalhaltung wird bei seitlicher Betrachtung des Sportlers geprüft. Normalhaltung liegt vor, wenn die Lotlinie hinter dem Ohr durch die Mitte des Schulter- und Ellbogengelenks über dem Trochanter major, die Mitte des Kniegelenks zur Vorderkante des Außenknöchels verläuft. Diese Lotlinie schneidet zusätzlich die Mitte des dritten Lendenwirbelkörpers (L3 = 1 Wirbel oberhalb der Verbindungslinie der Beckenkämme).

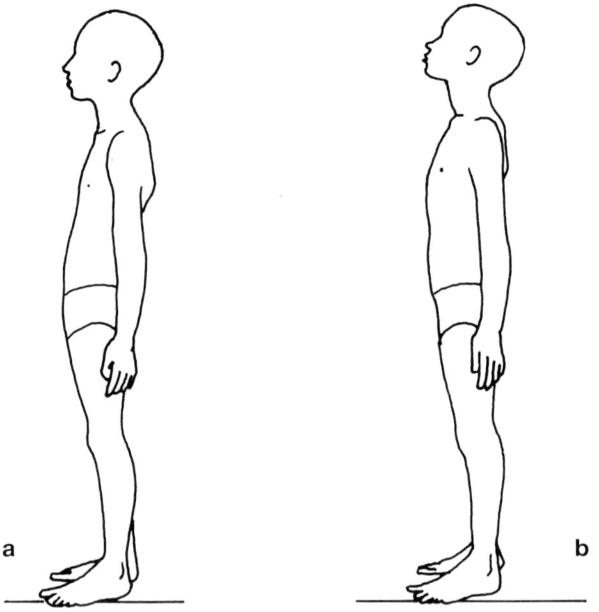

Abb. 183: a volle Aufrichtung, b habituelle Haltung

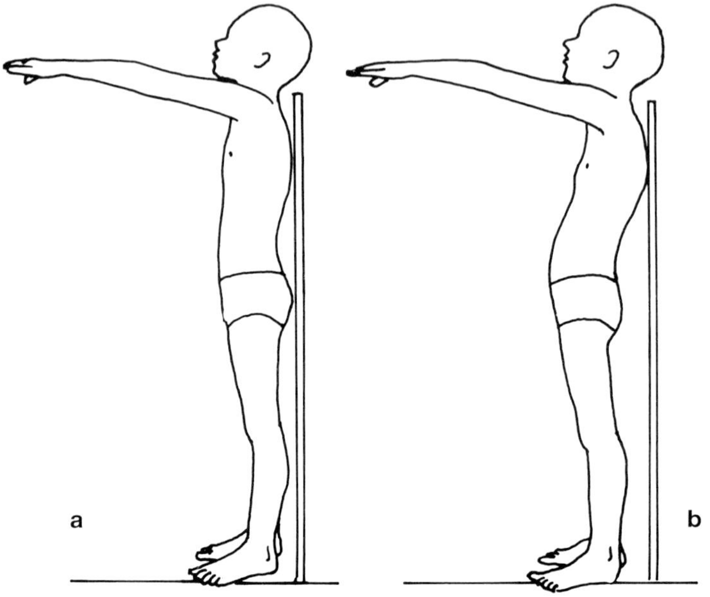

Abb. 184: Haltungstest nach *Matthiass*. a Beginn der Armvorhalte; b nach 30 sec Veränderung durch Haltungsschwäche.

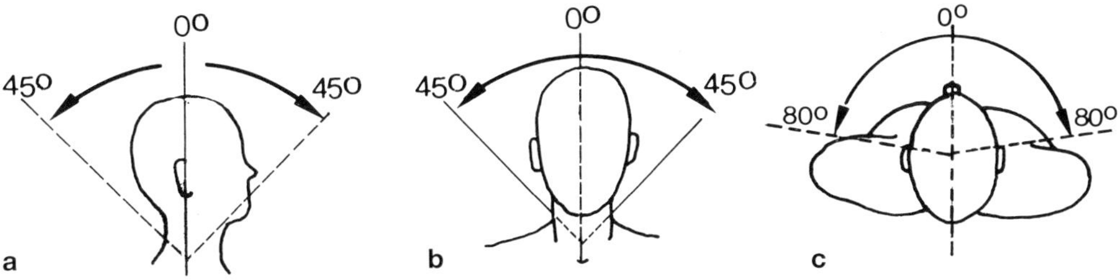

Abb. 185: Bewegungsausmaß der Halswirbelsäule. a Extension und Flexion je bis 45 °; b Seitneigung bis 45 °; c Rotation bis 80 °.

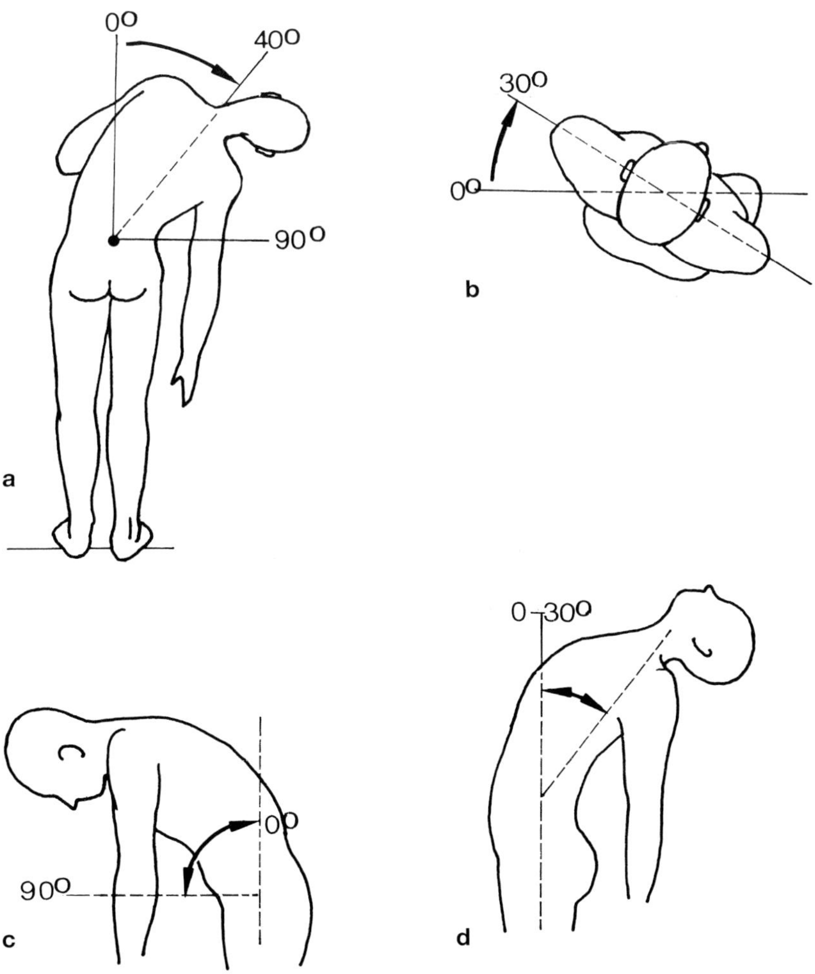

Abb. 186: Bewegungsausmaß der Lendenwirbelsäule mit Rumpf. a Seitneigung bis 40 ° (von S_1 durch C_7); b Rotation bis 30 °; c Flexion-Vorneigung bis 90°; d Extension-Rückneigung bis 30 °.

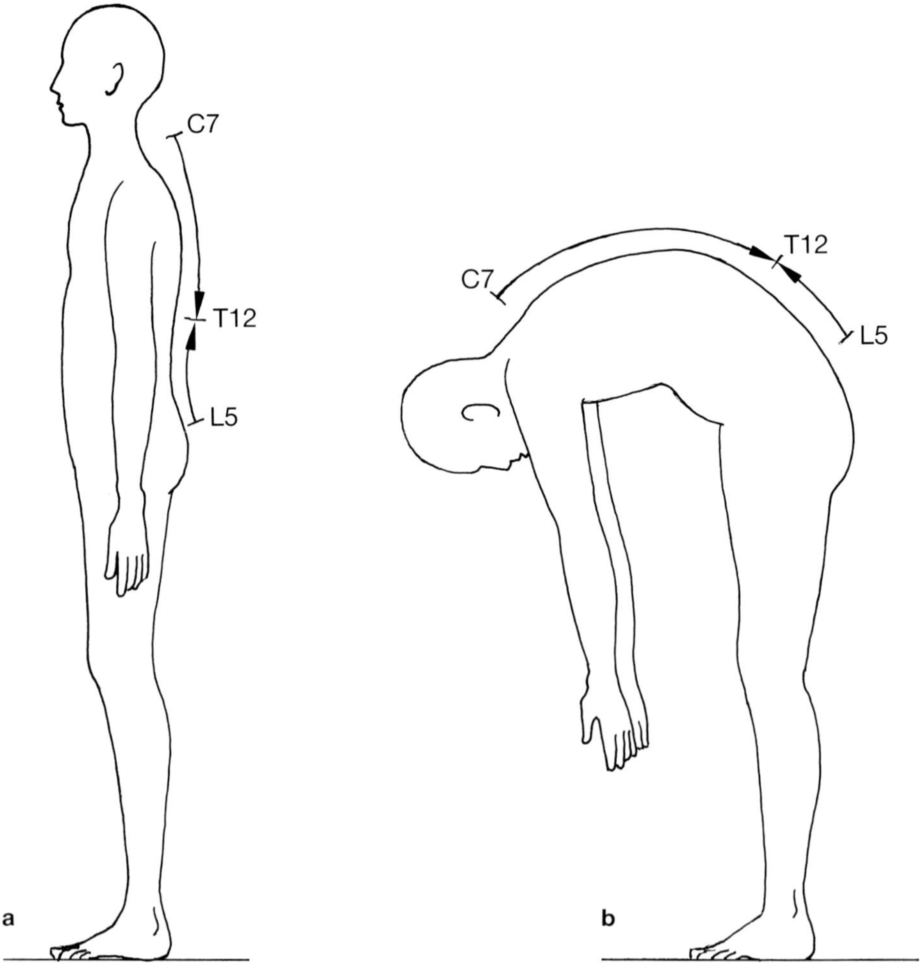

Abb. 187: Messung der Abstandsdifferenzen C7–Th12 Th12–L5 in a Streckung und b Beugung. Die Abzählung und Markierung der Dornfortsätze muß in gebeugter Haltung erfolgen.

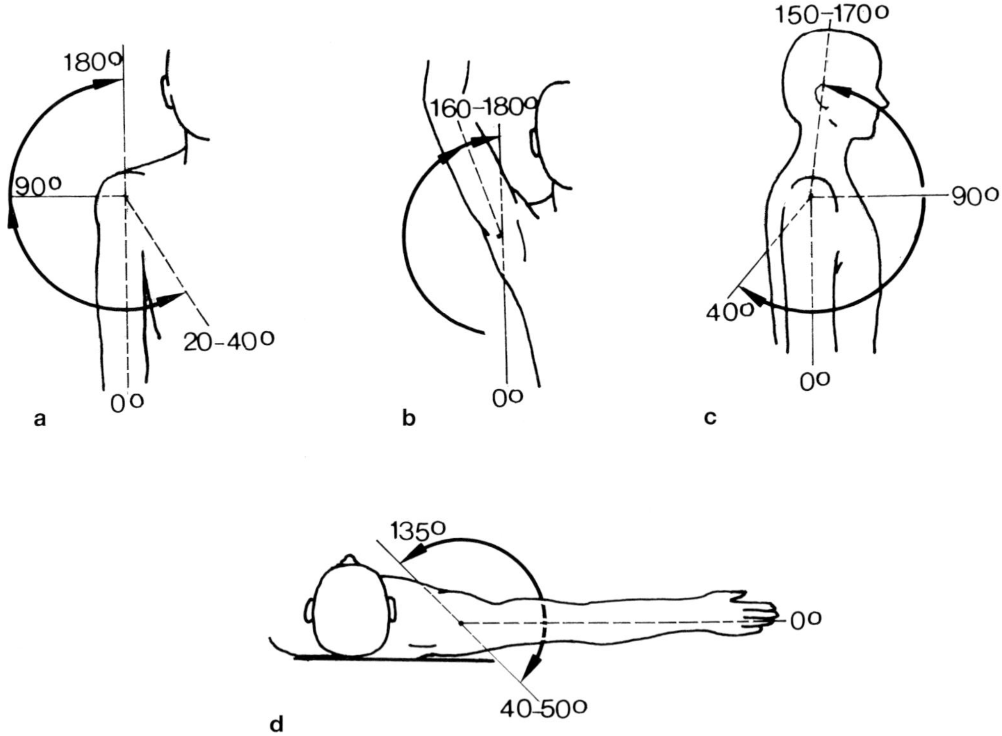

Abb. 188: Bewegungsausmaß des Schultergelenks. a Seitheben – Abduktion bis 90 °, Hochheben – Elevation bis 180 °, Körperwärtsheben 20 °–40 °; b Hochheben des Armes – Elevation 160 °–180 °; c Vorheben – Elevation 150 °–170 °, Rückheben – Extension bis 40 °; d Horizontalbewegung Flexion bis 135 °, Extension 40 °–50 °.

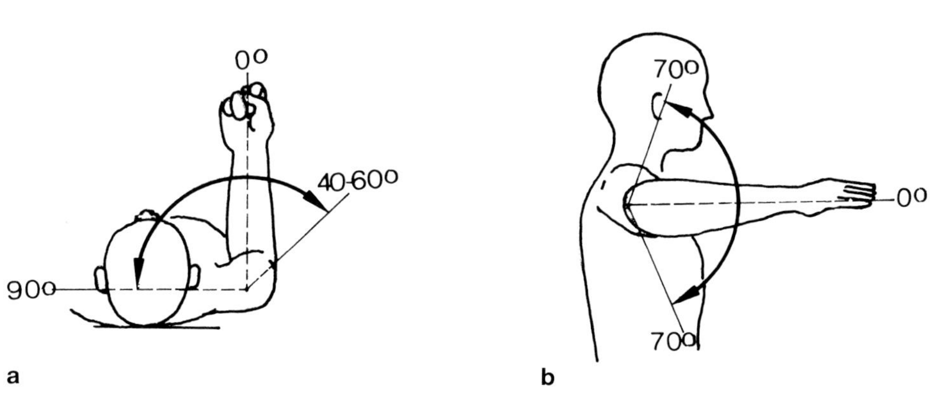

Abb. 189: Rotation. a in Neutral Nullstellung Innenrotation bis 90 °, Außenrotation 40 °–60 °; b in Abduktionsstellung Innenrotation bis 70 °, Außenrotation bis 70 °.

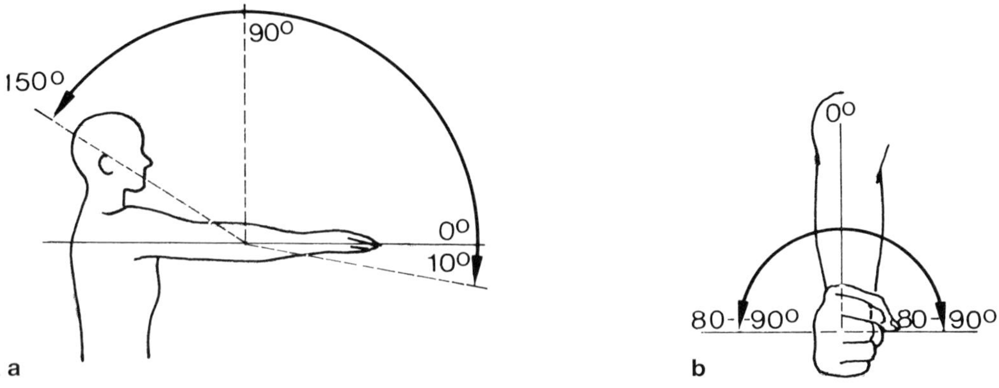

Abb. 190: Bewegungsausmaß des Ellenbogengelenkes. a Flexion bis 150 °, Hyperextension bis 10 °; b Supination 80 °–90 °, Pronation 80 °–90 °.

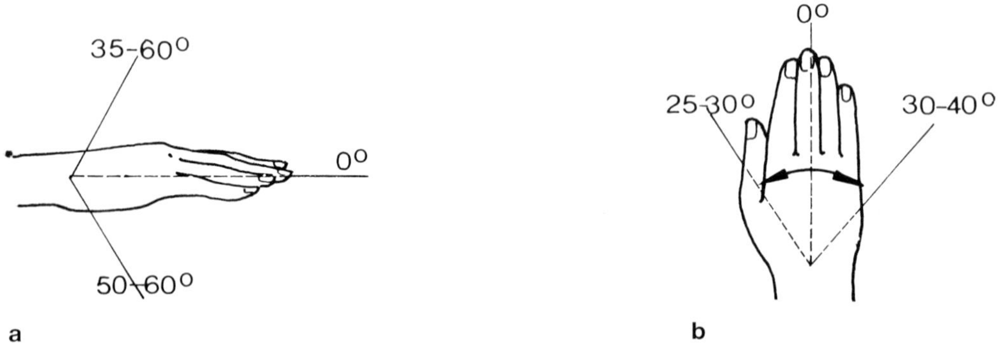

Abb. 191: Bewegungsausmaß des Handgelenkes. a Dorsalextension 35 °–60 °, Volarflexion 50 °–60 °; b Radialabduktion 25 °–30 °, Ulnarabduktion 30 °–40 °.

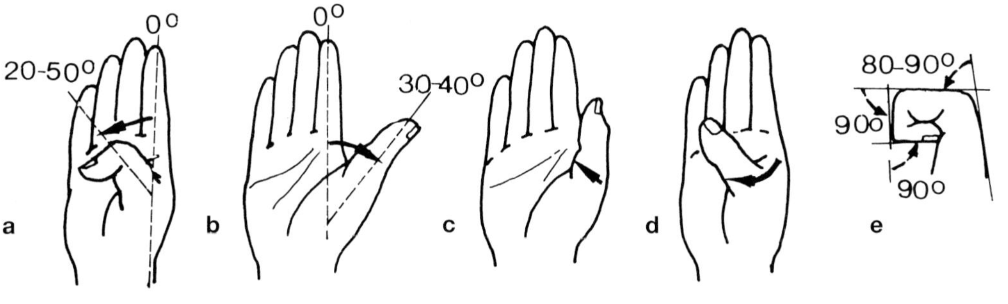

Abb. 192: Bewegungsausmaß des Daumens und der Finger. Daumen: a Flexion 20 °–50 °; b Abduktion 30 °–40 °; c Adduktion; d Opposition. Finger: e Flexion Grundgelenk 80 °–90 °, Mittelgelenk bis 90 °, Endgelenk bis 90 °.

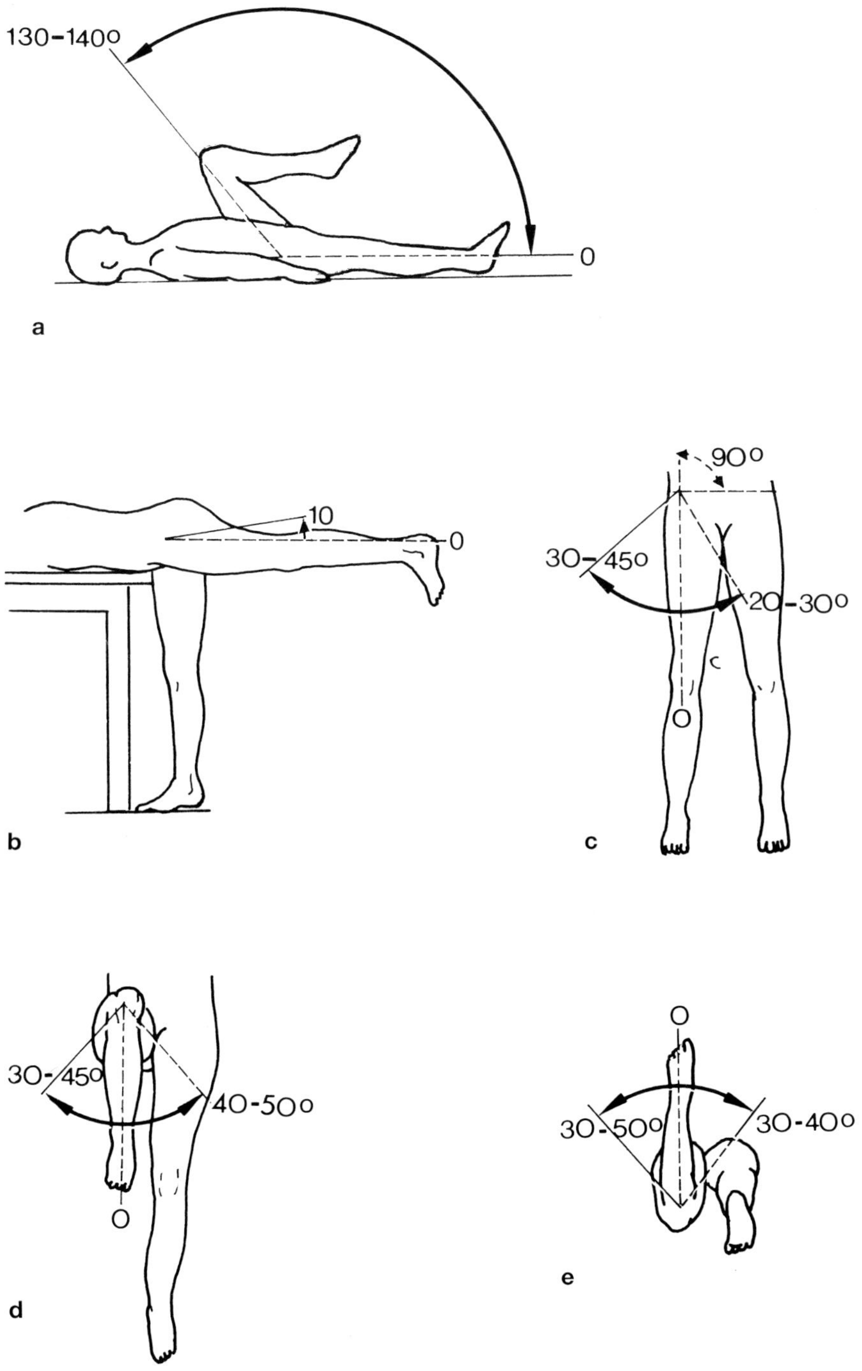

Abb. 193: Bewegungsausmaß des Hüftgelenkes. a Flexion 130 °–140 °; b Extension bis 10 °, andere Hüfte 90 ° Flexion; c Abduktion 30 °–45 °, Adduktion 20 °–30 °; d Innenrotation 30 °–45 ° in Rückenlage, Außenrotation 40 °–50 ° in Rückenlage; e Innenrotation 30 °–50 ° in Bauchlage, Außenrotation 30 °–40 ° in Bauchlage.

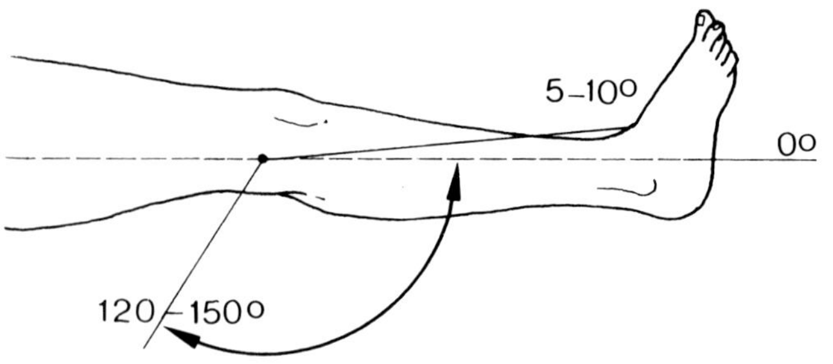

Abb. 194: Bewegungsausmaß des Kniegelenkes. Flexion 120 °–150 °, Hyperextension 5 °–10 °, Außenrotation bis 45 ° bei 90 ° Knieflexion, Innenrotation bis 15 ° bis 90 ° Knieflexion.

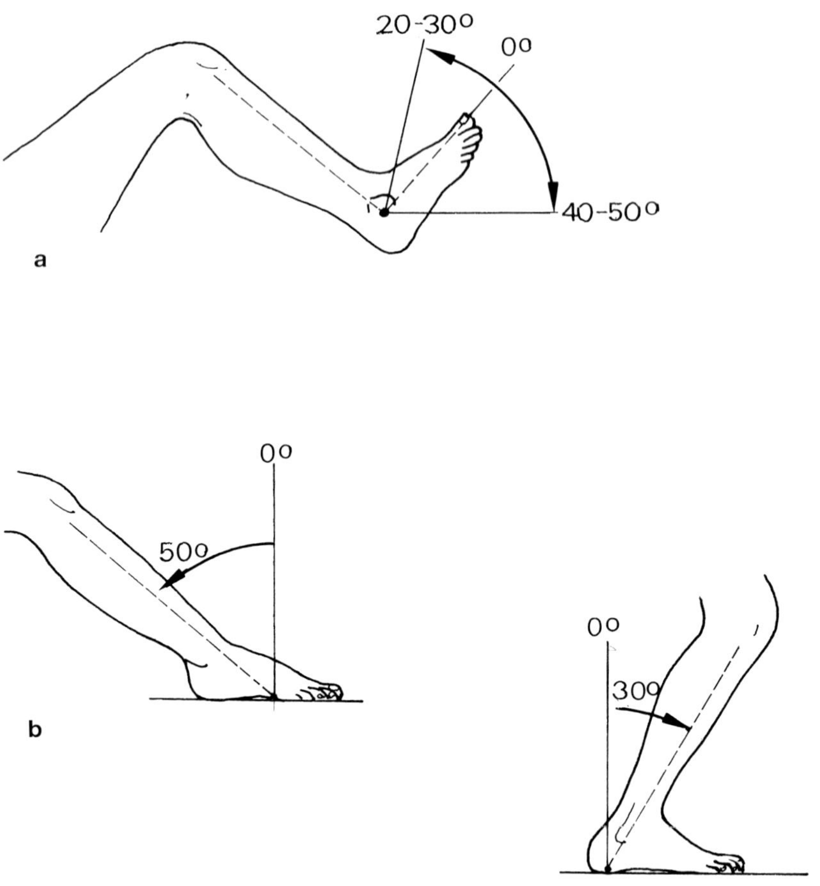

Abb. 195: Bewegungsausmaß der Sprunggelenke. Oberes Sprunggelenk: a Extension (Dorsalflexion) 20 °–30 °, Plantarflexion 40 °–50 °; b Plantarflexion bis 50 ° im Stand; c Dorsalextension bis 30 ° im Stand.

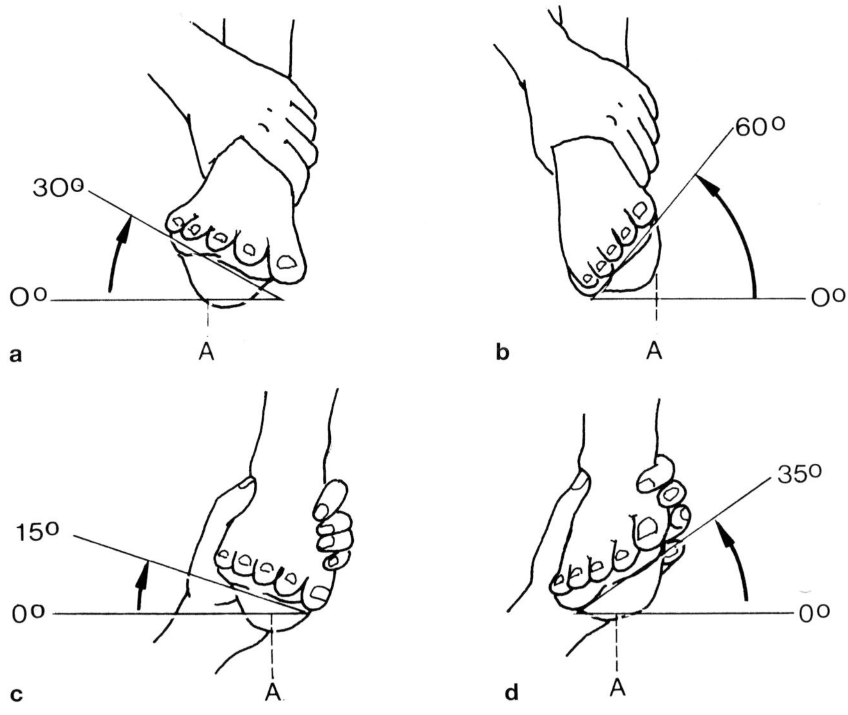

Abb. 196: Unteres Sprunggelenk (A-Calcaneusachse). a Eversion bis 30 °; b Inversion bis 60 °; c Pronation bis 15 °; d Supination bis 35 °.

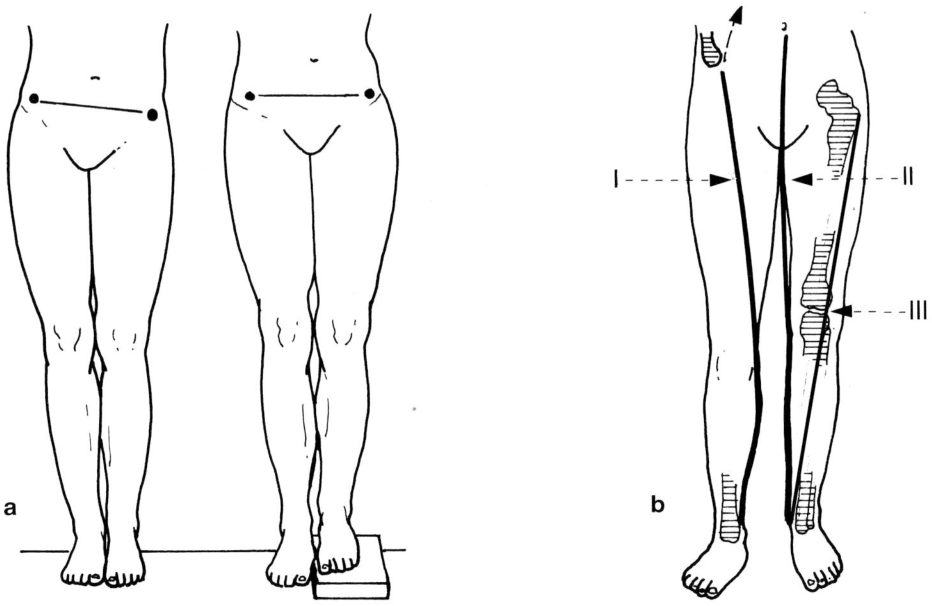

Abb. 197: a Messung der Beinlängenunterschiede mit Ausgleich durch eine Unterlage; b Messung der Beinlänge: I. Beinlänge – gemessen von Spina iliaca anterior superior zum Maleolus medialis; II. Beinlänge – gemessen vom Bauchnabel zum Maleolus medialis; III. Beinlänge – gemessen vom Trochanter major zum Maleolus medialis.

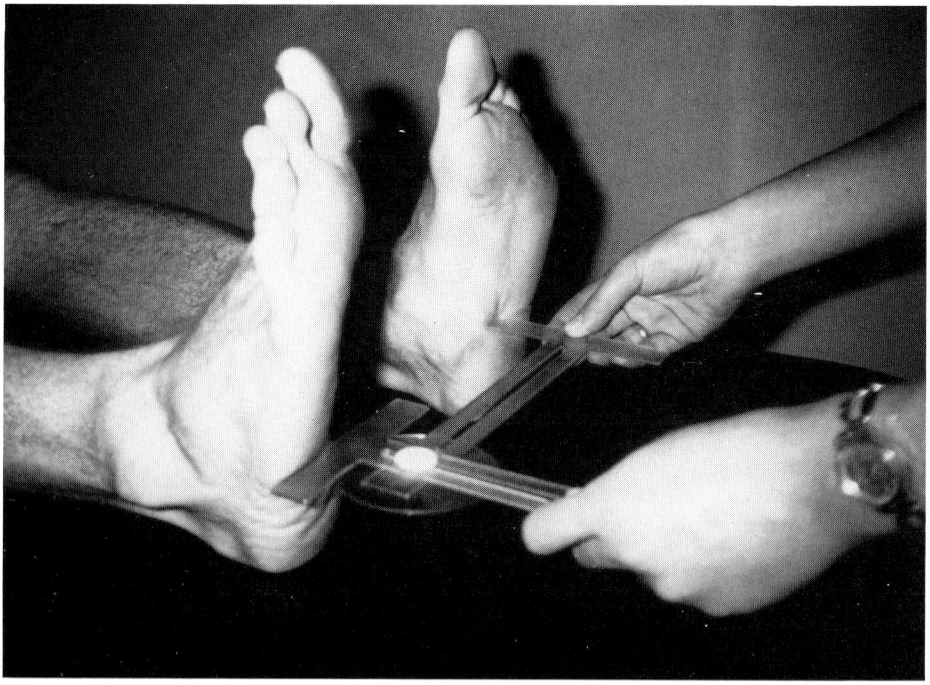

Abb. 198: Beinlängenmessung mit dem Holotopometer.

III. Gelenktest

Durch translatorische Bewegungen, wie Traktion und Gleiten, werden die anatomischen Gelenke mit den intraarticulären Strukturen geprüft. Ein Normalbefund ergibt sich bei nichteingeschränktem Gelenkspiel (siehe Manuelle Therapie).

IV. Weichteiltest

Die Muskeln und bindegewebigen Anteile werden auf Funktion, Kraft, Ausdauer, Dehnbarkeit und Koordination getestet.
Nach der Muskelfunktionsprüfung wird der getestete Muskel bewertet. Die Bewertung erfolgt in sechs Stufen:

0	= keine Muskelkontraktion	= gelähmt
1	= Kontraktion wird getastet, keine Bewegung	= schlecht
2	= Bewegung unter Abnahme der Eigenschwere	= schwach
3	= Bewegung gegen die Eigenschwere	= ausreichend
4	= Bewegung gegen geringen Widerstand	= gut
5	= Bewegung gegen maximalen Widerstand	= sehr gut/normal

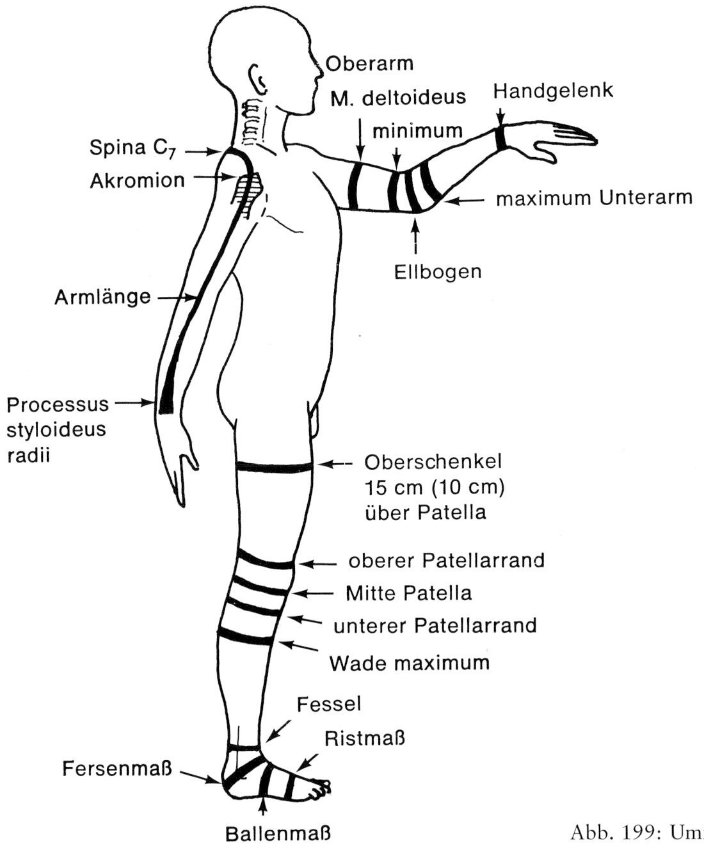

Abb. 199: Umfangmessungen.

V. Palpation

Haut/Unterhaut – Temperatur, Turgor, Oberflächensensibilität, Verschieblichkeit, Verklebungen, Schwellungen, Quellungen, Ödeme, Vertiefungen, Einrisse, Einziehungen.

Muskel/Sehne – Tonus, Gelosen, Übergang-Muskel-Sehne, Übergang-Sehne-Knochen, Konsistenz, Verschieblichkeit, Schwellungen, Vertiefungen, Einrisse, Krepitation, Schmerz.

Gleitgewebe – Verdickungen, Schwellungen, Verschieblichkeit, Verklebungen, Krepitation, Schmerz, Vertiefungen, Einrisse.

Gelenk – Erguß, Form, Fehlstellung, Schmerz.

Gefäße/Nerven – Schwellungen, Entzündungen, Druckpunkte, Quetschungen, Risse.

Palpationskreise stellen festgelegte anatomische Punkte dar, die jeder Therapeut zu tasten in der Lage sein sollte.
Um einen umfassenden Überblick über den Patienten zu erhalten, sollte auch auf seine psychische Verfassung eingegangen werden, z. B. Stimmungslage, Schwierigkeiten in Familie, Beruf und Sport.

VI. Funktionelle Untersuchung

Die Befunderhebung am Sportler muß die funktionelle Einheit – Muskel und Gelenk – berücksichtigen. Die Gesamtinspektion schließt Dermatome, Myotome und Sclerotome mit ein.
Noch wichtiger erscheint die Untersuchung von Regionen und Funktionskreisen des Körpers.

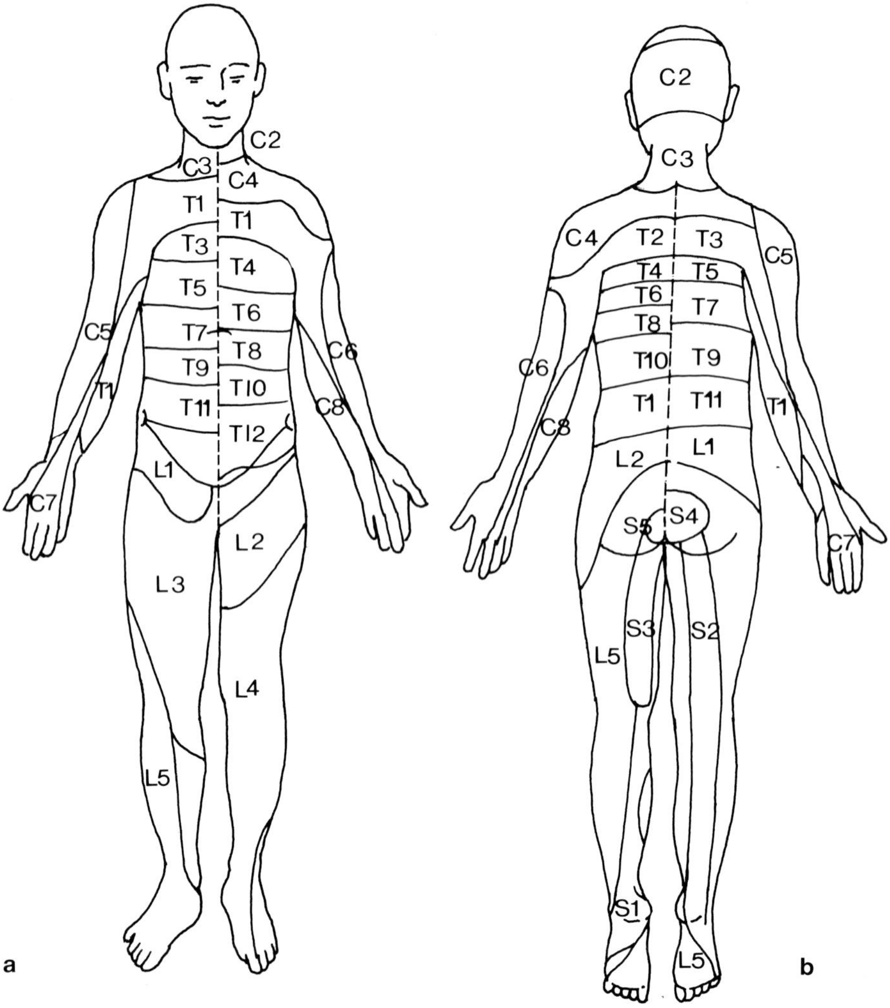

Abb. 200: Dermatome. a ventral; b dorsal

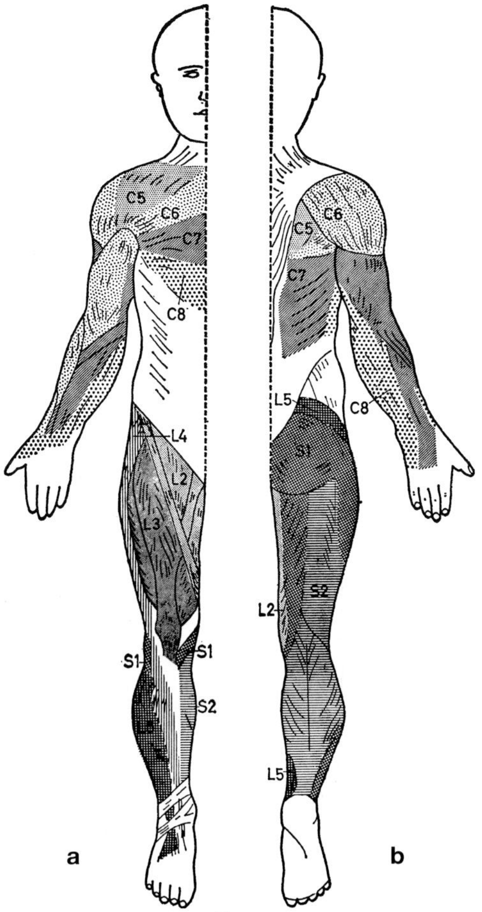

10

Abb. 201: Myotome. a ventral; b dorsal

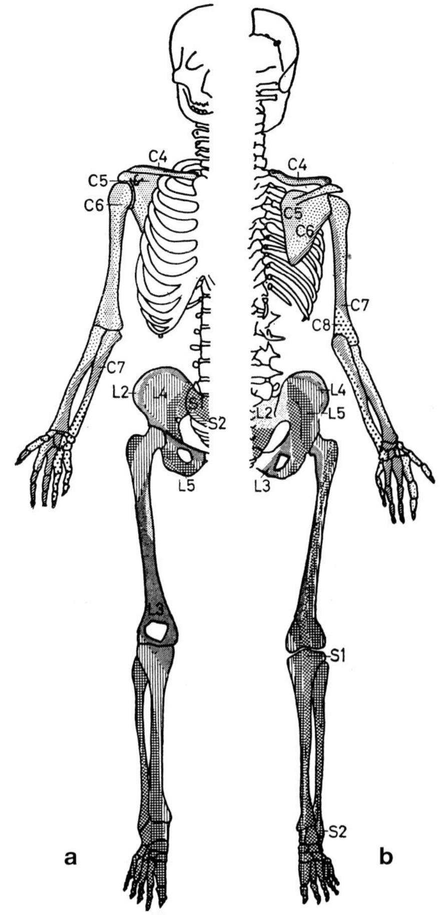

11

Abb. 202: Sclerotome. a ventral; b dorsal

Muskelfunktionsprüfung

Die trainingsbegleitende Muskelfunktionsprüfung soll einen Überblick hinsichtlich des muskulären Gleichgewichtes ermöglichen. Diese manuelle Überprüfung des Bewegungsapparates ist im Bereich des Leistungssports weitgehend unbekannt. Die hier vorliegende Muskelfunktionsprüfung wurde in Anlehnung an die Muskelfunktionsdiagnostik von *Janda* zusammengestellt.
Erfahrungen mit Sportlern zeigen, daß die beim Athleten auftretenden Muskeldysbalancen mit den von *Janda* beschriebenen Störbildern in Form von Verkürzungen und/oder Abschwächungen identisch sind.
Die bei *Janda* angegebene Abstufung von 0 bis 5 bei der Bewertung, wurde im Hinblick auf den Sportler auf die Grade 3, 4 und 5 eingeschränkt.

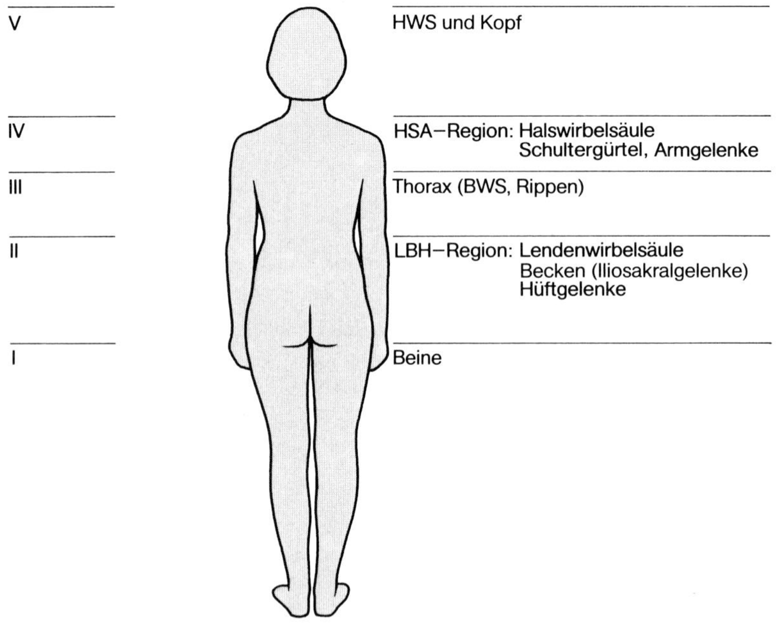

Abb. 203: Untersuchungsregionen (nach *H. Frisch*).

Eine Muskelfunktionsprüfung sollte 2–3 mal jährlich, möglichst von der gleichen Person, durchgeführt werden. Die dadurch gewonnenen Erkenntnisse geben Hinweise für die gezielte Muskeldehnung und -kräftigung.

Zusammenfassung

Die Betreuung des Sportlers durch das Team Arzt – Krankengymnast – Trainer gewinnt immer mehr an Bedeutung. Die Prävention steht dabei im Vordergrund. Zeigen sich Fehlformen am Bewegungsapparat des Sportlers, so muß der Arzt eingreifen und von belastenden Sportarten abraten, um bleibende frühzeitige Schäden (z. B. Arthrosis deformans) zu vermeiden. Der Krankengymnast muß durch funktionelle Betrachtungen Dysbalancen beim Sportler erkennen und gemeinsam mit dem Trainer die Trainings- und Wettkampfplanung gestalten.
Auf den ersten Blick erscheint diese Befunderhebung sehr aufwendig. Erfahrene Therapeuten benötigen dafür eine relativ kurze Zeit. Dabei verschmelzen die Teste durch Inspektion – Funktion – Palpation zu einer Einheit der Befunderhebung. Nochmals ist zu betonen, daß eine sorgfältige, individuelle und sportspezifische Befunderhebung unerläßlich für eine effiziente Physiotherapie und Krankengymnastik ist.

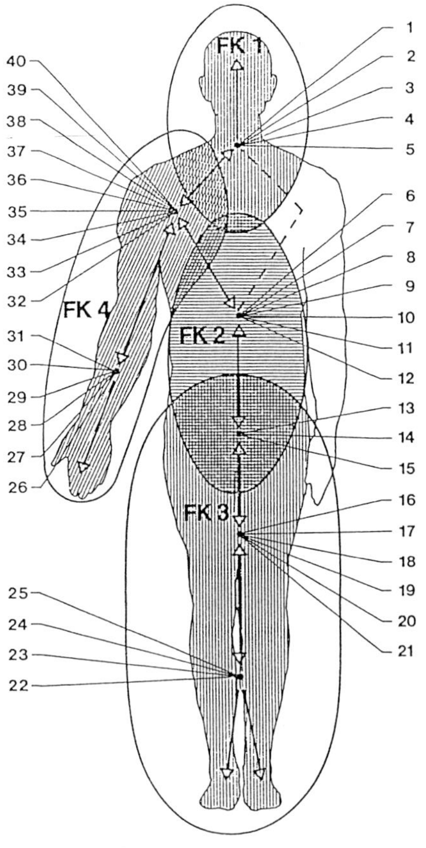

Abb. 204: Funktionskreise (FK 1–4) mit den wichtigsten Muskeln, die in enger Beziehung zueinander stehen. (nach *Herbeck/Knebel*).

Muskelfunktionsprüfung

Name: . . . . Alter: . . . .

Sportart: . . . . Kader: . . . .

Untersucher: . . . . Datum: . . . .

	Kraft		Verkürzung		Besonderheiten
	re.	li.	re.	li.	
m. gastrocnemius					
m. soleus					
mm. ischiocrural.					
m. iliopsoas					
m. rectus femoris					
mm. adductores					
m. piriformis					
m. glutaeus max.					
m. glut. med./min.					
mm. abdominis					
m. quadratus lumb.					
m. erector spinae					
m. trapezius des.					
m. rhomboidei					
m. serratus ant.					
m. pectoralis maj.					
m. trizeps brach.					
ventr. Halsmuskul.					

Allergien/Unverträglichkeiten: . . . .

. . . .

Bereits vorhandene Verletzungen: . . . .

. . . .

Häufig auftretende Probleme: . . . .

. . . .

Betreuung im Heimatverein: . . . .

Abb. 205 (nach *H. Reichardt*)

Muskelfunktionsprüfung

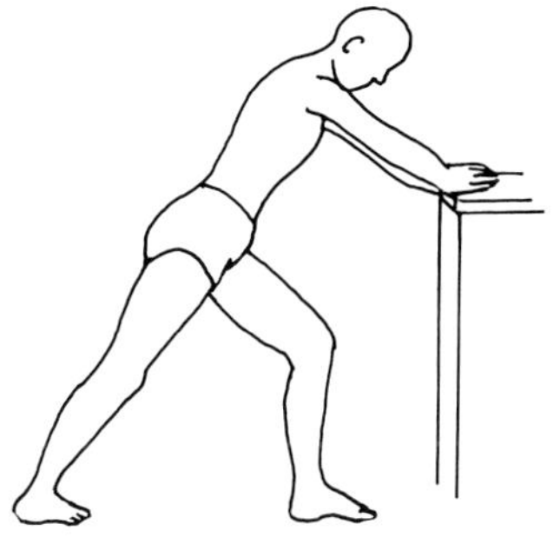

m. gastrocnemius	*Verkürzung*

In Schrittstellung, die der Position der Eigendehnung entspricht, kann ein Seitenvergleich vorgenommen werden.

Abb. 206

m. gastrocnemius	*Verkürzung*

Die genauere Prüfung erfolgt im Sitz bei gestrecktem Kniegelenk, wobei die Hand des Prüfers das Fersenbein umfassen sollte.
Eine ausreichende Dehnfähigkeit liegt vor, wenn die Beugestellung im oberen Sprunggelenk mehr als 90 Grad beträgt.

Abb. 207

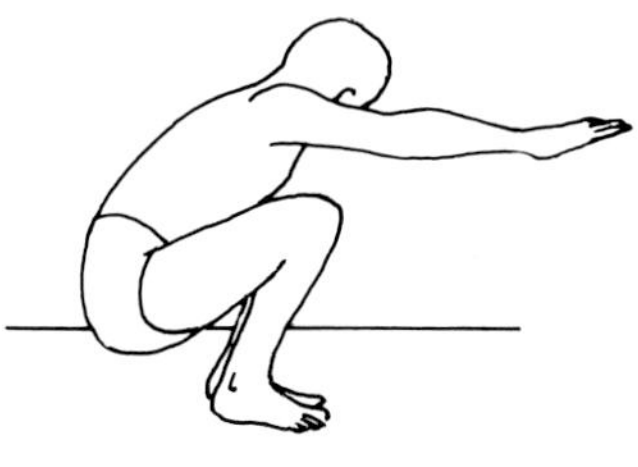

m. soleus	*Verkürzung*

Wird die tiefe Hockstellung ohne ein Abheben der Fersen erreicht, kann eine weitere Prüfung entfallen.
Gelingt dies z. B. wegen ungünstiger Körperproportionen nicht, ist eine genauere Prüfung vorzunehmen.

Abb. 208

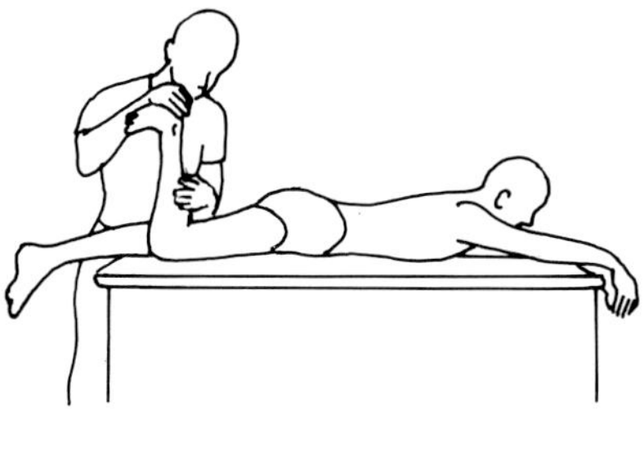

m. soleus	*Verkürzung*

Die genauere Prüfung erfolgt in der Bauchlage bei gebeugtem Kniegelenk, wobei die Hand des Prüfers das Fersenbein umfassen sollte.
Eine ausreichende Dehnfähigkeit liegt vor, wenn die Beugestellung im oberen Sprunggelenk mehr als 90 Grad beträgt.

Abb. 209

Muskelfunktionsprüfung

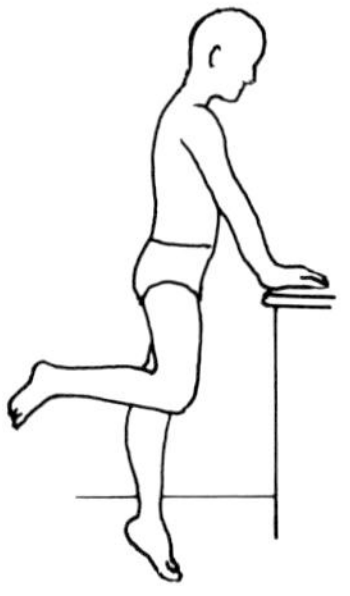

m. gastr./m. soleus | *Kraft*

Eine grobe Beurteilung der Kraft kann bei mehrmaligem einbeinigem Zehenspitzenstand erfolgen (mind. 5 ×), wobei genau auf eine Varisierung bzw. Valgisierung des Fersenbeines geachtet werden sollte.
Eine differenzierte Prüfung m. soleus kann aus dem einbeinigen Hockstand zusätzlich durchgeführt werden.

Abb. 210

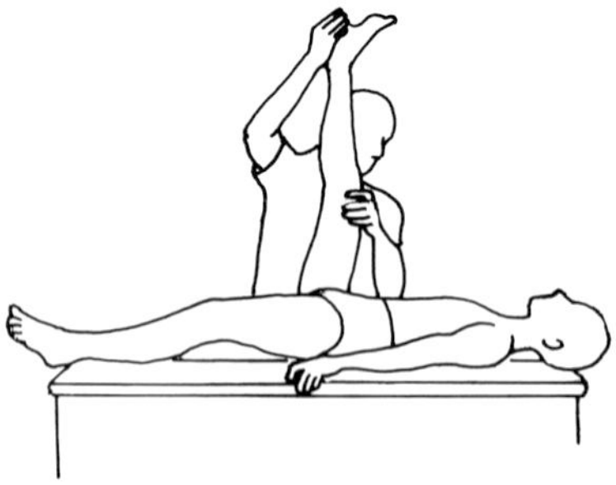

mm. ischiocrurales | *Verkürzung*

In der Rückenlage wird ein Bein bei gestrecktem Kniegelenk in die Hüftbeugung geführt. Das Gegenbein liegt gestreckt auf und darf die Ausgangsposition nicht verlassen.
Bewertung:
5 = 90 Grad und mehr Hüftbeugung
4 = 80 Grad Hüftbeugung
3 = 70 Grad Hüftbeugung

Abb. 211

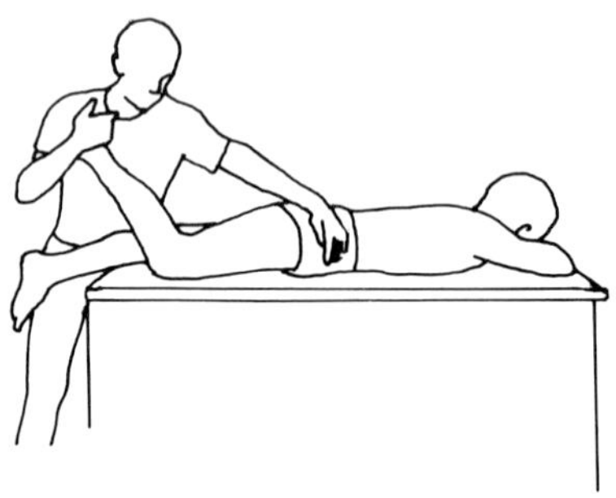

mm. ischiocrurales | *Kraft*

In der Bauchlage wird gegen den Widerstand des Prüfers die Ferse zum Gesäß gezogen. Dabei darf das Becken nicht kippen!
Die Beurteilung der Kraft kann nur grob erfolgen, da sie stets subjektiv ist.
Wichtiger ist der Seitenvergleich!

Abb. 212

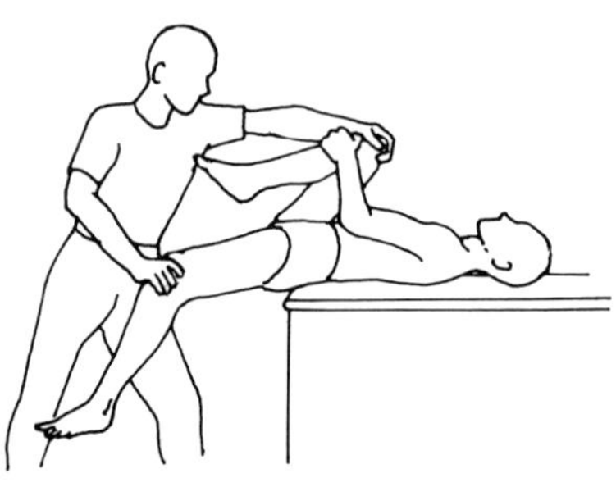

m. iliopsoas | *Verkürzung*

In der Rückenlage bei maximaler Hüftbeuge der einen Seite wird das Gegenbein in die Hüftstreckung geführt, die nicht durch die Auflagefläche behindert sein darf.
Bewertung:
5 = deutliche Hüftstreckung wird erreicht
4 = die Horizontale wird erreicht
3 = eine sichtbare Hüftbeugestellung kann nicht überschritten werden

Abb. 213

Muskelfunktionsprüfung

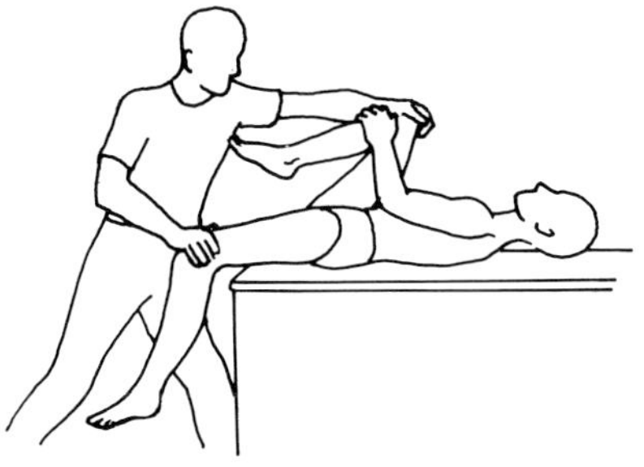

m. iliopsoas — *Kraft*

In der Rückenlage bei maximaler Hüftbeuge der einen Seite wird der Oberschenkel gegen den Widerstand des Prüfers in die Hüftbeugung gezogen.
Die Beurteilung der Kraft kann nur grob erfolgen, da sie stets subjektiv ist.
Wichtiger ist der Seitenvergleich!

Abb. 214

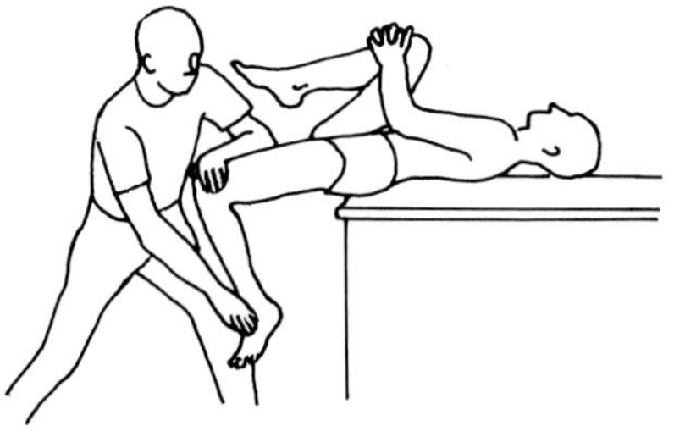

m. rectus femoris — *Verkürzung*

In der Rückenlage bei maximaler Hüftbeuge der einen Seite wird das Gegenbein in die Hüftstreckung und zusätzlich Kniebeugung geführt, die nicht durch die Auflagefläche behindert sein dürfen.
Bewertung:
5 = Hüftstreckung und Kniebeugung möglich
4 = Kniebeugung nur bis 90 Grad möglich
3 = In Hüftstreckung, kaum Kniebeugung möglich

Abb. 215

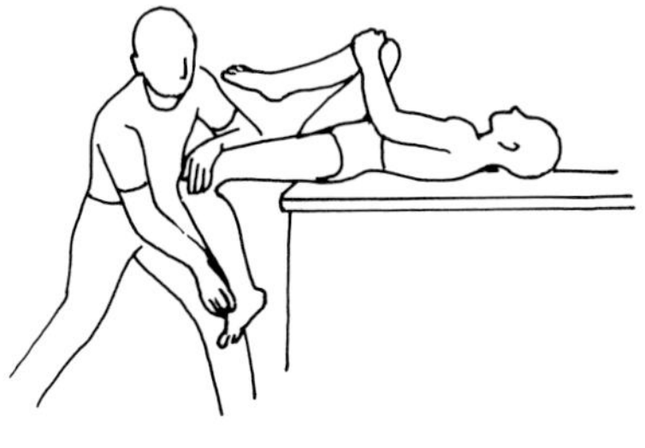

m. rectus femoris — *Kraft*

In der Rückenlage bei maximaler Hüftbeuge der einen Seite wird der Unterschenkel aus der Hüftstreckung und Kniebeugung gegen den Widerstand des Prüfers in die Kniestreckung gedrückt.
Die Beurteilung der Kraft kann nur grob erfolgen, da sie stets subjektiv ist.
Wichtiger ist der Seitenvergleich!

Abb. 216

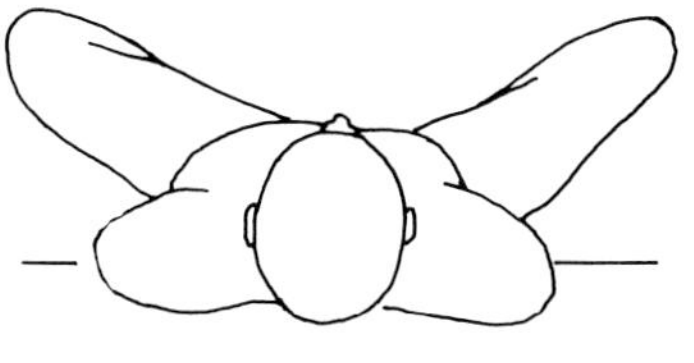

mm. adductores — *Verkürzung*

In der Rückenlage bei angestellten Beinen (Knie- und Hüftgelenkbeugung) werden die Knie nach außen gegen die Unterlage geführt.
Die Beurteilung der Dehnfähigkeit kann nur grob erfolgen.
Wichtig ist der Seitenvergleich und bei weiterer Dehnung durch den Prüfer das subjektive Dehngefühl.

Abb. 217

Muskelfunktionsprüfung

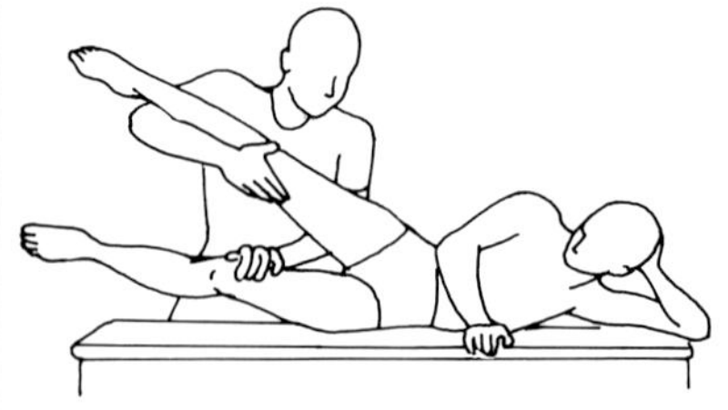

mm. adductores | *Kraft*

In der Seitenlage wird bei abgespreiztem oberen Bein das untere gegen den Widerstand des Prüfers nachgeführt.
Dabei darf es zu keiner Hüftbeugung kommen!
Die Beurteilung der Kraft kann nur grob erfolgen, da sie stets subjektiv ist.
Wichtiger ist der Seitenvergleich!

Abb. 218

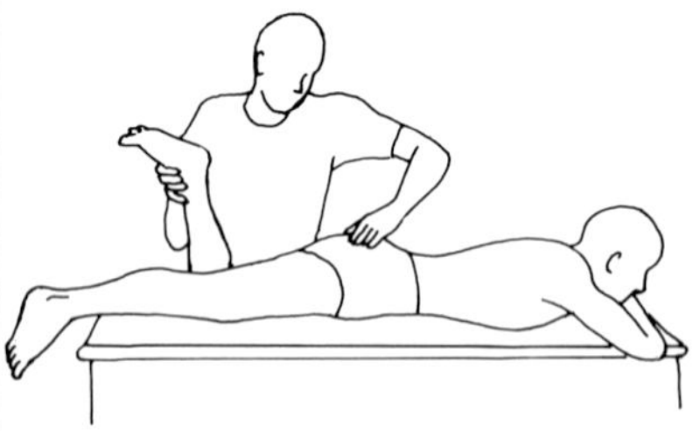

m. piriformis | *Verkürzung*

In der Bauchlage wird bei gebeugtem Kniegelenk auf einer Linie zwischen dem Kreuzbein und dem großen Rollhügel mit den Fingerkuppen Druck in die Tiefe ausgeübt.
Findet man bei der Innenrotation im Hüftgelenk vermehrten Widerstand, so kann eine Verkürzung des m. piriformis angenommen werden.
Eine weitere Bewertung entfällt!

Abb. 219

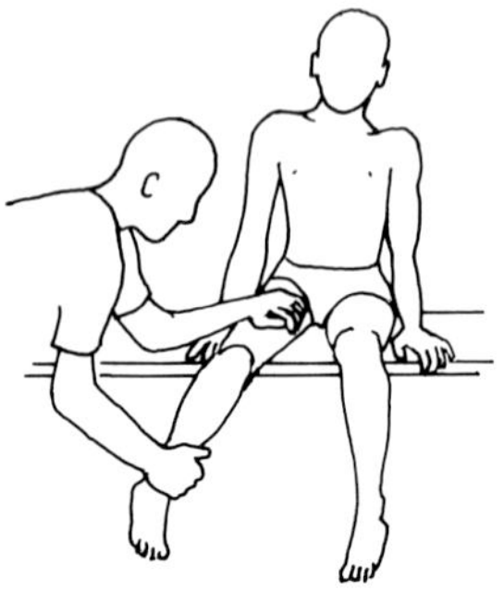

m. piriformis | *Kraft*

Im Sitz mit gebeugten Kniegelenken wird der Unterschenkel gegen den Widerstand des Prüfers zum anderen Bein gezogen.
Dabei darf es zu keiner Adduktion des Oberschenkels kommen!
Die Beurteilung der Kraft kann nur grob erfolgen, da sie stets subjektiv ist.
Wichtiger ist der Seitenvergleich!

Abb. 220

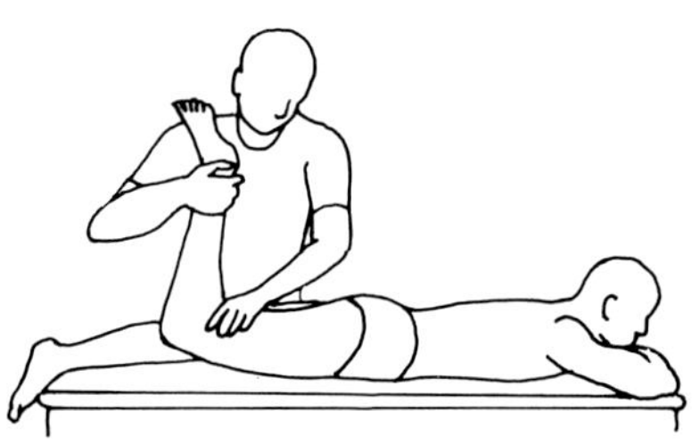

m. glutaeus max. | *Kraft*

In der Bauchlage mit gebeugtem Kniegelenk einer Seite wird der Oberschenkel gegen den Widerstand des Prüfers in Hüftstreckung geführt. Dabei darf es zu keiner Rotation im Hüftgelenk kommen!
Die Beurteilung der Kraft kann nur grob erfolgen, da sie stets subjektiv ist.
Wichtiger ist der Seitenvergleich!

Abb. 221

Muskelfunktionsprüfung

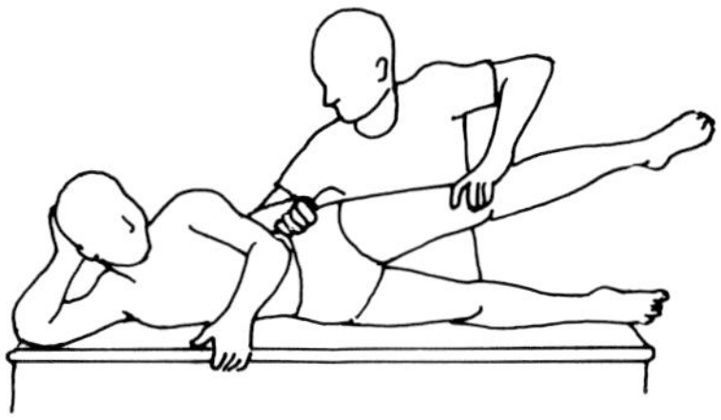

m. glut. med./min. | *Kraft*

In der Seitenlage wird bei leicht gebeugtem, unten liegendem Bein das obere Bein gestreckt gegen den Widerstand des Prüfers abgespreizt.
Dabei darf es zu keiner Hüftbeugung kommen!
Die Beurteilung der Kraft kann nur grob erfolgen, da sie stets subjektiv ist.
Wichtiger ist der Seitenvergleich!

Abb. 222

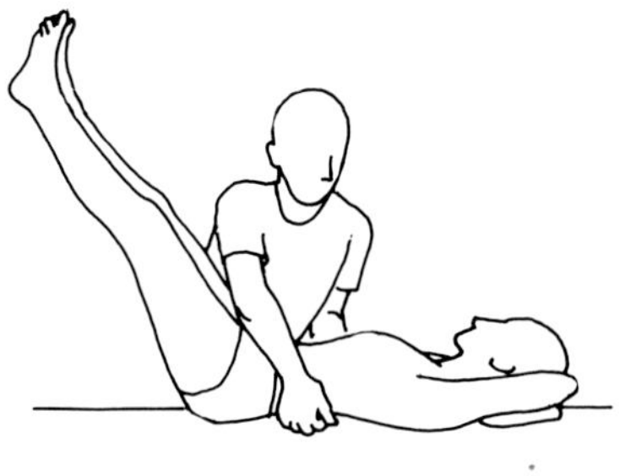

mm. abdominis | *Kraft*

In der Rückenlage werden aus 90 Grad Hüftbeugung die gestreckten Beine langsam abgesenkt. Das Becken soll dabei in Aufrichtung gehalten werden.
Bewertung:
5 = Die Beckenaufrichtung kann bis zum Ablegen der Beine gehalten werden
4 = bis 80 Grad
3 = bis 70 Grad

Abb. 223

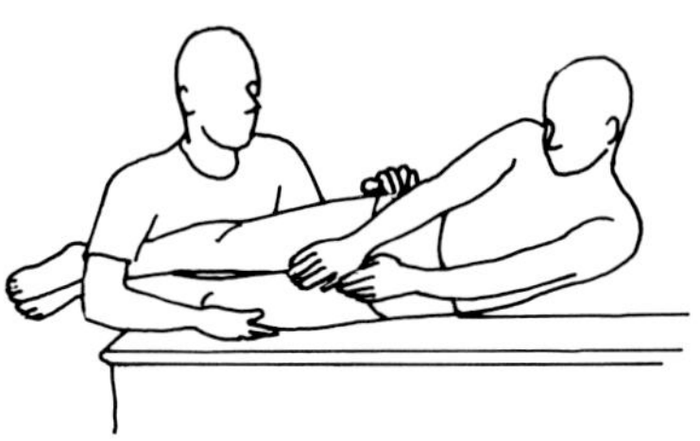

m. quadratus lumb. | *Kraft*

In der Seitenlage fixiert der Prüfer die Beine und das Becken, worauf eine Seitneige gegen die Schwerkraft erfolgt.
Bewertung:
5 = Abheben des gesamten Rumpfes gelingt
4 = Abheben gelingt nur bis zur Mitte der Brustwirbelsäule
3 = Nur der Schultergürtel kann von der Unterlage gelöst werden

Abb. 224

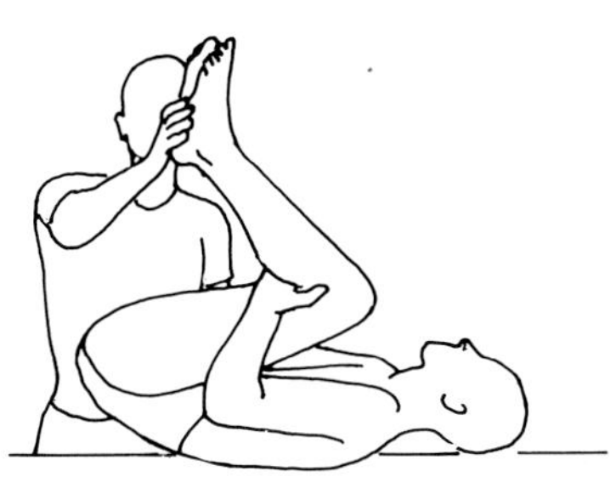

m. erector spinae | *Verkürzung*

In der Rückenlage bei maximal gebeugten Hüft- und Kniegelenken wird durch verstärkten Druck gegen die Füße eine weitere Krümmung der Wirbelsäule herbeigeführt.
Die Beurteilung der Dehnfähigkeit kann nur grob erfolgen. Sie richtet sich nach dem subjektiven Dehngefühl.

Abb. 225

Muskelfunktionsprüfung

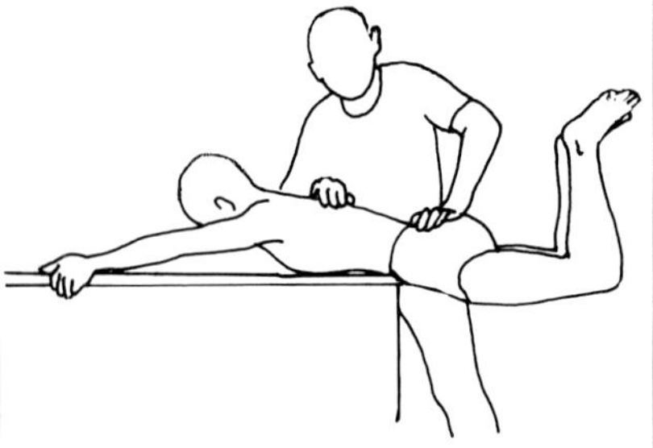

m. erector spinae | *Kraft*

In der Bauchlage (das Becken liegt nicht auf) werden die überhängenden Beine bei gebeugten Kniegelenken und das Gesäß bis zur Horizontalen geführt. Der Prüfer gibt dabei am Becken Widerstand.
Die Beurteilung der Kraft kann nur grob erfolgen, da sie stets subjektiv ist.

Abb. 226

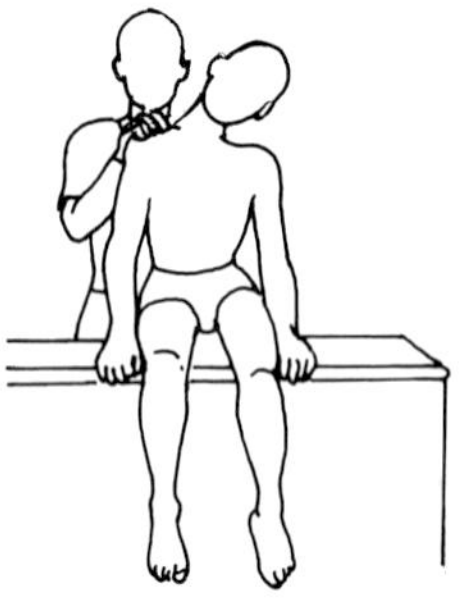

m. trapezius des. | *Verkürzung*

Im Sitz wird der Kopf in Seitneige geführt, dann die gegenseitige Schulter nach unten gedrückt.
Die Beurteilung der Dehnfähigkeit kann nur grob erfolgen. Sie richtet sich nach dem Widerstand in der Dehnstellung und dem subjektiven Dehngefühl.

Abb. 227

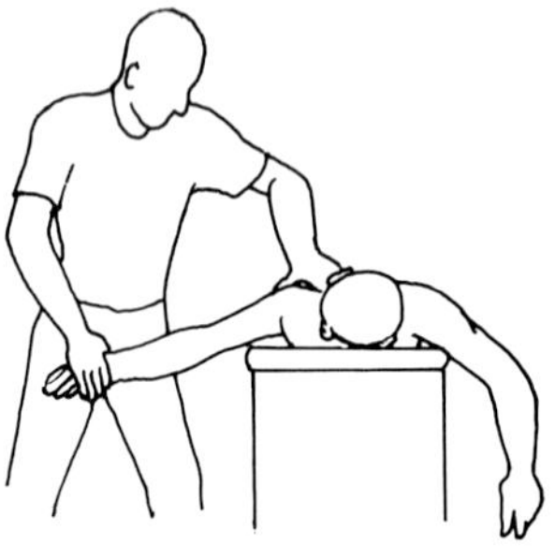

mm. rhomboidei | *Kraft*

In der Bauchlage mit einem Arm in Seithalte wird das gleichseitige Schulterblatt zur Wirbelsäule gezogen und gegen den Druck des Prüfers am gestreckten Arm stabilisiert.
Die Beurteilung der Kraft kann nur grob erfolgen. Sie orientiert sich am Beginn der Ausweichbewegung, die mit der anderen Hand kontrolliert wird.

Abb. 228

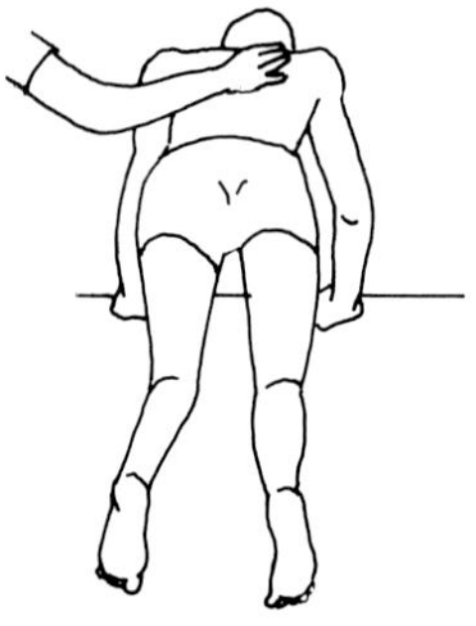

m. serratus ant. | *Kraft*

In der Bankstellung bei leicht gebeugten Ellenbogen wird das Rumpfgewicht nach vorne über die stützenden Hände verlagert.
Die Beurteilung der Kraft kann nur grob erfolgen. Sie orientiert sich an der Ausweichbewegung der Schulterblätter, die durch ein Abheben des unteren Schulterblattwinkels sichtbar wird.

Abb. 229

Muskelfunktionsprüfung

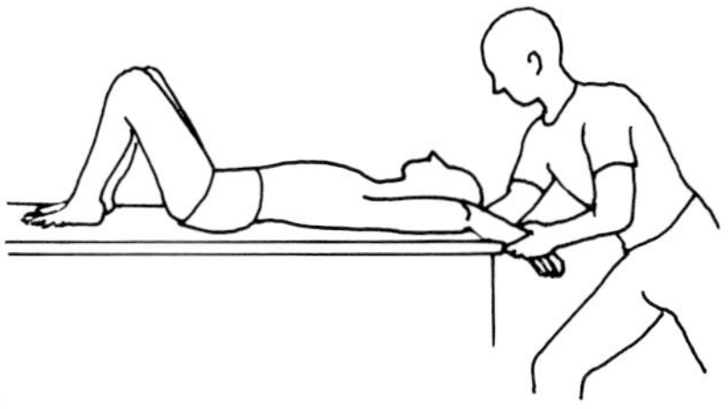

m. pectoralis maj.	*Verkürzung*

In der Rückenlage bei angestellten Beinen wird ein Arm in der Außenrotationsstellung rückgeführt. Dabei darf keine Ausweichbewegung der Brustwirbelsäule erfolgen!
Bewertung:
5 = Der Arm kann bis auf die Unterlage abgelegt werden
4 = bis auf 10 Grad rückgeführt werden
3 = bis auf 20 Grad rückgeführt werden

Abb. 230

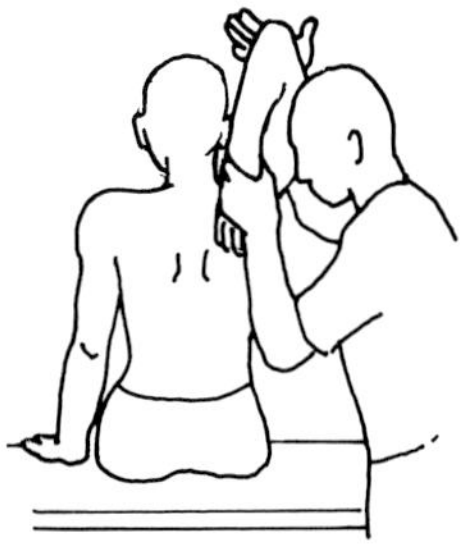

m. trizpes brachii	*Verkürzung*

Im Sitz wird eine Hand auf das gleichseitige Schulterblatt gelegt und der Oberarm weiter rückenwärts geführt. Dabei darf es zu keiner Ausweichbewegung der Lendenwirbelsäule kommen!
Die Beurteilung der Dehnfähigkeit kann nur grob erfolgen. Sie richtet sich nach dem Widerstand in der Dehnstellung und dem subjektiven Dehngefühl.

Abb. 231

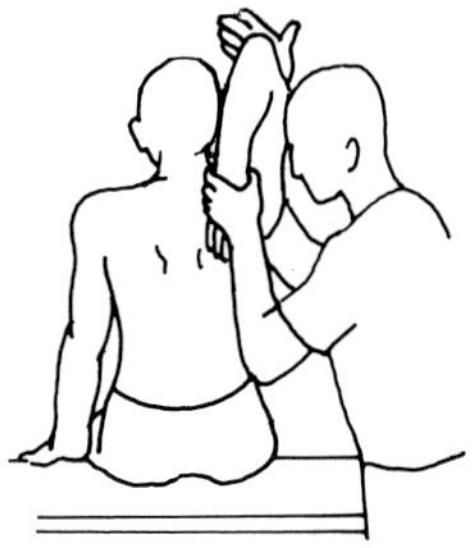

m. trizeps brachii	*Kraft*

Aus der gleichen Ausgangsposition wie zuvor wird der Ellenbogen gegen den Widerstand des Prüfers gestreckt. Dabei darf es zu keiner Ausweichbewegung der Lendenwirbelsäule kommen!
Die Beurteilung der Kraft kann nur grob erfolgen, da sie stets subjektiv ist.
Wichtiger ist der Seitenvergleich!

Abb. 232

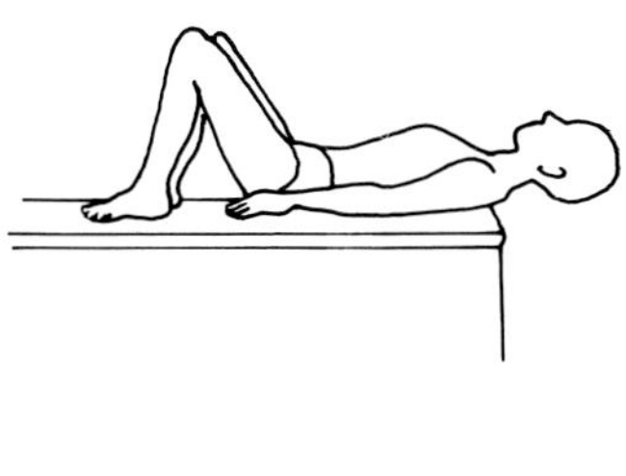

Ventr. Halsmuskul.	*Kraft*

In der Rückenlage bei angestellten Beinen befindet sich der Kopf im Überhang. Gegen die Schwerkraft wird die Halswirbelsäule aufgerichtet und das Kinn angezogen (Doppelkinn).
Kann diese Position für mind. 10 sec ohne Ausweichbewegung gehalten werden, liegt eine ausreichende Kraft vor.

Abb. 233

Muskelgelenkfunktionsprüfung

Name: . . . . Alter: . . . .
Sportart: . . . . Kader: . . . .
Untersucher: . . . . Datum: . . . .

	Muskulatur	links	rechts
RL	m. gastrocnemius		
RL	m. soleus		
RL	mm. peronei		
RL	m. popliteus		
RL	mm. ischiocrural.		
RL	m. glutaeus max.		
RL	m. piriformis		
RL	m. glutaeus med.		
RL	Adduktoren 3×		
RL	mm. rot. int. Hüfte		
RL	mm. rect. abdominis		
BL	m. iliopsoas		
BL	m. rectus femoris		
BL	m. erector spinae		
SL	m. quadratus lumb.		
ST	m. trapezius desc.		
ST	m. levator scap.		
ST	mm. scaleni		
ST	mm. rhomboidei		
ST	m. pectoralis maj.		
ST	m. serratus ant.		
ST	ventr. Halsmuskul.		

Gelenkfunktionsprüfung

Kapsel/Bandapparat	links	rechts
Sprunggelenk		
Kniegelenk		
LBH-Region		

Beurteilung	Statik:	optisch/manuell

Fußstellung:

Fußgewölbe:
längs:
quer:

Beinachse:
von vorn:
seitlich:

BL-Differenz:

Beckenschiefstand:

Beckenfunktion:
(ISG, ...)

Beckenkippung:
(nach vorn, ...)

LBH:
von hinten:
seitlich:

Übergang:
LWS/BWS:
BWS/LWS:

Schultergürtel:
seitlich:

Schulterblätter:
von hinten:

Schulterblattfixatoren:
oben:
unten:

Kopfhaltung, Kopfgelenk:

Seitverbiegung WS:

Lot:

Abb. 234: Untersuchungsbogen (nach *B. Herbeck*)

III. Behandlungsmöglichkeiten mit Physiotherapie und Krankengymnastik bei ausgewählten Sportverletzungen und Sportschäden

Einzeldarstellungen

Einführung

Nachfolgend werden typische Sportverletzungen und Sportschäden, wie sie in der heutigen Trainings- und Wettkampfpraxis immer wieder vorkommen, beschrieben. Neben einer kurzen Einführung in die Entstehung der verschiedenen Verletzungen und Schadensbilder werden die wichtigsten Ziele einer Behandlung mit Physiotherapie und Krankengymnastik dargestellt. Auf die Darstellung der rein ärztlichen Maßnahmen, die meist der Physiotherapie vorausgehen, wird hier bewußt verzichtet bzw. sie werden nur kurz skizziert.
Die Behandlungsziele, der Behandlungsbeginn und die diversen physiotherapeutischen und krankengymnastischen Verfahren werden geschildert. Grundsätzlich wurde dabei in aktive und passive Behandlungsmaßnahmen unterschieden. Die passiven Maßnahmen wie Massage, Lagerung, Wärme, Kälte, Elektrotherapie, Verbände etc. werden nur stichwortartig aufgeführt und nicht im einzelnen dargestellt. Es kann vorausgesetzt werden, daß Therapeuten, die in der Sportphysiotherapie tätig sind, sie beherrschen. Außerdem werden sie im ersten Teil des Buches in den Grundlagenkapiteln behandelt. Auf die aktiven Methoden der Krankengymnastik wird in den einzelnen Darstellungen näher eingegangen. Sie sind bisher im Zusammenhang mit Sportverletzungen und -schäden zu wenig bekannt. Ihre sportspezifische Anwendung wird vielfach noch vernachlässigt. – Während die passiven Anwendungen einen die aktive Behandlung vorbereitenden und ergänzenden Charakter haben, sind die aktiven Methoden die wichtigeren. Sie sind die im eigentlichen Sinne funktionswiederherstellenden Maßnahmen. Nur die aktiven krankengymnastischen Behandlungsmethoden führen zur Wiederauftrainierung und damit zur vollen Sportfähigkeit. *O. K. Sperling* sprach in diesem Zusammenhang einmal von der «Wiederherstellung der Funktion durch die Funktion». Wichtig ist dabei, daß es gelingt, den verletzten Athleten zur aktiven Mitarbeit zu motivieren. Letzteres ist eine entscheidende Voraussetzung für den Behandlungserfolg.

Die schematischen Darstellungen in den folgenden Kapiteln sind als Leitfaden anzusehen. Als Lehrbuch sollen sie nicht verstanden werden. Sie haben die Aufgabe, Sportärzte, Krankengymnasten, Trainer, Studenten und nicht zuletzt den Athleten selbst über die Möglichkeiten der Behandlung mit Physiotherapie und Krankengymnastik bei bestimmten Sportverletzungen und Sportschäden zu informieren.
Die Behandlungstechniken müssen vom Therapeuten in praktischen Übungen erlernt werden. Praktische Erfahrungen sind erforderlich, um sie anwenden zu können. Besonders die richtige Kombination und Dosierung der einzelnen Maßnahmen bedarf der langjährigen praktischen Erfahrung. Die Zusammenstellung des Behandlungsprogramms, seine Modifizierung und eventuell seine Korrektur im Laufe der Behandlung muß in jedem einzelnen Fall individuell erfolgen.
Eine enge Zusammenarbeit und gegenseitige Information des Teams, das den Athleten betreut, ist unerläßlich. Nur die Zusammenarbeit zwischen Trainer, Sportarzt und Therapeut bietet die Voraussetzung für einen Behandlungserfolg und damit für eine gründliche Wiederherstellung und gesicherte Belastungs- und Einsatzfähigkeit des Athleten im Leistungssport. Trainer, Sportarzt und Therapeut haben sich als Betreuungsteam des Athleten zu verstehen. Sie sollen einerseits mit ihrem Fachwissen und Können für die optimale und schnelle Wiederherstellung und Belastungsfähigkeit des Athleten nach Verletzungen und bei Schäden sorgen, andererseits langfristig die Gesundheit und Schädigungsfreiheit des Athleten im Auge haben. Für jedes Mitglied des Betreuungsteams müssen bei der jeweiligen Entscheidung die individuellen gesundheitlichen Bedürfnisse des Athleten Priorität haben.

1. Allgemein

Distorsionen

Einführung

Bei der Distorsion ist der physiologische Bewegungsspielraum des Gelenkes überschritten. Es besteht meist eine Überdehnung, Zerrung oder sogar Zerreißung des Kapsel-Band-Apparates. Es kommt dabei meist zu Blutungen. Um sich ein Bild vom Schweregrad der Distorsion zu machen und eine knöcherne Beteiligung auszuschließen, ist eine Röntgendiagnose angebracht. Durch eine gehaltene Röntgenaufnahme kann festgestellt werden, ob unter Umständen eine Bandruptur vorliegt.

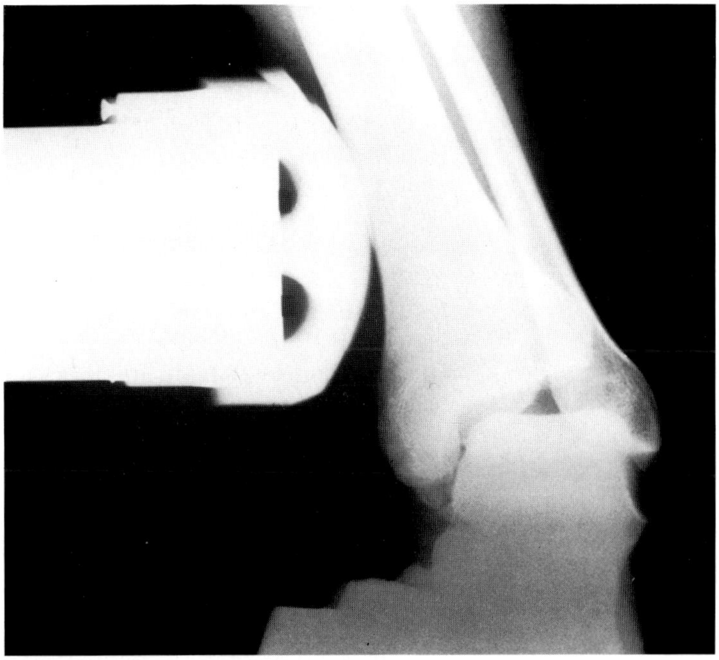

Abb. 235: Gehaltene Röntgenaufnahme des oberen Sprunggelenks.

Distorsionen kommen häufig in folgenden Sportarten vor:

Basketball, Hoch- und Weitsprung – obere und untere Sprunggelenkdistorsionen durch Umknicken des Fußes beim Sprung;
Fußball und Skisport – Kniegelenkdistorsionen durch Überdehnung oder Verdrehen des Kniegelenkes;
Handball, Volleyball, Basketball – Fingergelenkdistorsionen durch plötzliches Aufkommen des Balles auf die ausgestreckten Finger.

Behandlungsziele

Wiederherstellen der vollen Funktion, Kräftigung des Muskelbandapparates, Verhinderung von Fehlhaltungen.

Behandlungsbeginn

Je nach Schweregrad der Distorsion muß eine Ruhigstellung erfolgen. Bei Ruhigstellung des verletzten Gelenkes können die anderen Körperregionen sofort einer krankengymnastischen Behandlung unterzogen werden. Nach Beendigung der Ruhigstellung wird das verletzte Gelenk mit in diese Behandlung eingeschlossen.

Therapiemöglichkeiten

Passive Maßnahmen

Lagerung	Ruhigstellung und Hochlagerung zur Rückflußförderung.
Verbände	Kompressions-Salbenverbände, später Tape.
Massage	Die Muskeln der benachbarten Extremität können sofort massiert werden. Nach einigen Tagen können eventuell aufgetretene Verklebungen oder Verwachsungen durch gezielte Friktionen, unter Umständen mit dem Massagestäbchen, gelöst werden.
Kälte	Im akuten Stadium können Eisanwendungen, kalte Bäder oder kalte Wickel durchgeführt werden.
Wärme	Fangopackungen, Glühlicht erfolgen evtl. im späteren Stadium. Sie können dazu beitragen, den Gelenkstoffwechsel zu normalisieren.

Abb. 236: Gefahr der Fingergelenkdistorsion beim Basketball.

Elektrotherapie	In der akuten Phase Ultraschall, Jontophorese, diadynamische Ströme.

Aktive Maßnahmen

Krankengymnastik und Bewegungstherapie	Im Vordergrund stehen aktive krankengymnastische Übungen bestehend aus Stabilisationstechniken, Mobilisationsübungen, manuelle Gelenktherapie und Widerstandsübungen in Form von Komplexbewegungen. Werden diese Übungen gut beherrscht, setzen die aktiven und passiven Dehnungen ein. Übungen mit Geräten, z. B. Ball, Schwamm, Seilchen, können einen Teil der aktiven Übungsbehandlung darstellen. Bis zur vollen Wiederbelastung bieten sich Teilbelastungen z. B. im Wasser an.

Besondere Hinweise

Kontraindiziert sind: Passive Bewegungen, Überhitzung des Gelenkes durch heiße Bäder im akuten Stadium, Massage am verletzten Gelenk. Es besteht Gefahr einer Myositis ossificans.
Wird die Distorsion nicht vollständig ausgeheilt, bleiben häufig ein Reizzustand des Gelenkes und Funktionseinschränkungen des Bewegungsablaufes zurück. Dies gilt insbesondere für das Kniegelenk, wo Distorsionen in der Regel als Rotationsverletzungen auftreten.

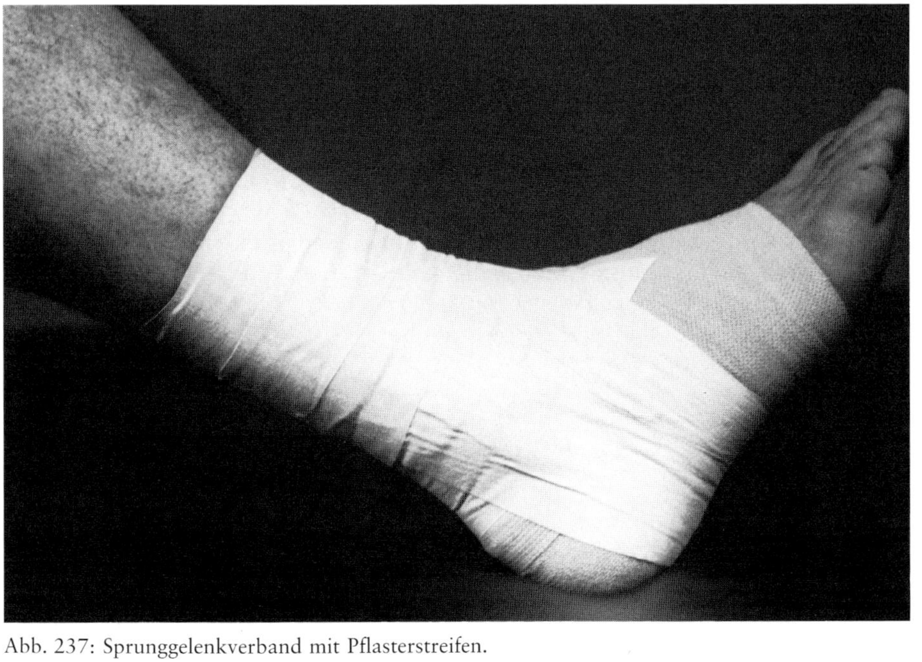

Abb. 237: Sprunggelenkverband mit Pflasterstreifen.

Bei mehreren Distorsionen am gleichen Gelenk entsteht bald eine negative Beeinträchtigung des Gelenkstoffwechsels. Dies kann sogar zum vorzeitigen Verschleiß (Arthrosis deformans) führen.
Erstversorgung an der Wettkampfstätte: Eisbehandlung, Kompressionsverband mit Abpolsterung und Hohllegung von Knochenvorsprüngen, Salbenverband zur Resorption des Hämatoms, Verstärkung des Kompressionsverbandes durch Überkleben von Pflasterstreifen.
Prophylaxe: Verbesserung der Kraft und Koordination des Muskel-Band-Apparates, prophylaktische Tapeverbände oder Bandagen, Änderung des Schuhwerks, z. B. hohe Basketballstiefel, keine Stollenschuhe bei jugendlichen Fußballspielern, Verbesserung der jeweiligen Technik des Bewegungsablaufes bei der entsprechenden Sportdisziplin.

Kontusionen

Einführung

Die Kontusion ist eine stumpfe Gewalteinwirkung auf die Körperoberfläche. Dies kann zu einer Weichteilschädigung des Oberflächendeckgewebes, z. B. der Muskeln und der Fascie führen. An Gelenken können Gelenkkapsel- und Bänder geschädigt werden. Die häufigsten Ursachen sind Stoß, Fall und Aufschlagen gegen den Partner, ein Sportgerät oder ein natürliches Hindernis.
Charakterisiert ist die Kontusion durch sofortiges Auftreten eines Hämatoms; charakteristisch ist auch das Auftreten einer Schwellung mit Schmerzen, die sich auf Druck verstärken. Manchmal liegt das Hämatom in der Tiefe, so daß schwer abzuschätzen ist, wie umfangreich die Verletzung ist. Durch die stumpfe Gewalteinwirkung wird das umliegende Gewebe ebenfalls geschädigt. Es kann sich dabei um einfache Quetschungen der Muskulatur oder um eine Kontusion von Nerven bzw. tiefer gelegenen Geweben handeln. In Mannschaftssportarten kommt es meist durch den direkten Stoß oder Schlag des Gegners zur Kontusion. Beim Fußballspielen spricht man von einem «Pferdekuß», wenn der Verletzte von einem Gegenspieler mit angezogenem Knie angesprungen wurde und dabei eine Prellung am Oberschenkel erlitten hat.

Behandlungsziele

Schmerzlinderung durch Beseitigung des Hämatoms, Wiederherstellen der vollen Beweglichkeit.
Aufgetretene Verklebungen beseitigen, damit die optimale Funktion gewährleistet wird.
Freie Verschiebbarkeit und Dehnbarkeit der Muskulatur, damit die Neigung zu Folgeschäden, z. B. Zerrungen, vermieden bzw. verringert wird.

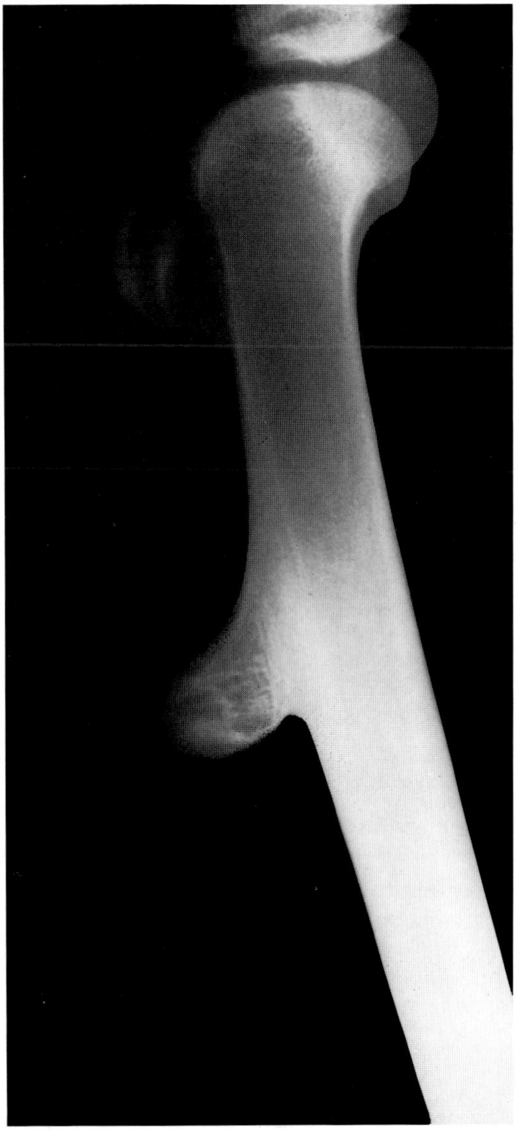

Abb. 238: Muskelverknöcherung mit Verbindung zum femur durch falsche Behandlung mit Wärme und Massage.

Behandlungsbeginn

Die Behandlung von Extremitätenkontusionen soll sofort beginnen. Der Patient mit ausgedehnteren Prellungen sollte am ersten Tag ruhen und die Extremität hochlagern. Bei schweren Rumpfkontusionen setzt die Behandlung erst nach einigen Tagen ein.

Therapiemöglichkeiten

Passive Maßnahmen

Lagerung	Die verletzte Extremität wird zur Rückflußförderung hochgelagert. Schwere Rumpfprellungen erfordern vorübergehende Bettruhe.
Verbände	Kompressions- und Salbenverbände verbessern den Abbau des Hämatoms.
Massage	Ableitende Massage unter Auslassung des verletzten Gebietes kann sofort zur Rückflußförderung in Verbindung mit der Hochlagerung einsetzen. Bindegewebsmassage ist ebenfalls angezeigt. Verklebungen und Verwachsungen werden mit klassischer Massage und Querfriktionen, frühestens nach Abklingen des Reizzustandes, nach einigen Tagen, angegangen.
Kälte	Im akuten Stadium wird mit Eis behandelt. Es können auch Alkohol- oder Franzbranntweinumschläge gemacht werden.
Wärme	Wärme in jeglicher Form ist im akuten Zustand untersagt. Nach Abklingen der Schwellung und der Schmerzen können Fangopackungen, Glühlicht und andere Wärmeanwendungen angewandt werden.
Elektrotherapie	In der akuten Phase diadynamische Ströme, Jontophorese, Ultraschall. Nach Abklingen des Reizzustandes Hochfrequenztherapie in Form von Kurz- und Mikrowelle.

Aktive Maßnahmen

Krankengymnastik und Bewegungstherapie	Sofort wird mit isometrischen Spannungsübungen begonnen. Nach zwei Tagen beginnen aktive krankengymnastische Übungen in Form von isotonischem Muskeltraining im Bewegungsbad. Am dritten Tag setzen die Widerstandsübungen ein. Z. B. bei einer Oberschenkelkontusion wird in Seitlage mit den Übungen begonnen. Hinzu kommen Komplexbewegungen. Außerdem kann am selben Tag mit aktiven Dehnübungen begonnen werden. Am vierten Tag übt der Verletzte mit Geräten, z. B. Hanteln, Sandsack und Bällen. Passive Dehnübungen erfolgen erst am Ende der krankengymnastischen Übungsbehandlung. Sowohl bei den aktiven als auch bei den passiven krankengymnastischen Übungen muß die Schmerzgrenze beachtet werden. Disziplinspezifische Übungen sind vor Beginn des Trainings angezeigt.

Besondere Hinweise

Kontraindikationen: Wärme- und Massagebehandlung im akuten Stadium. Wenn zu kräftig und vor allem am Ort der Gewalteinwirkung massiert wird, besteht die Gefahr einer Muskelverknöcherung. Alle Kontusionen bedürfen einer intensiven krankengymnastischen Behandlung bis zum Wiedereintritt der vollen Trainierbarkeit. Wird dies

versäumt, bleiben häufig schmerzhafte Reizzustände im Gleitlager des Muskels oder der Sehne zurück. Dieses führt leicht zu Ausweichbewegungen, die die Leistungsfähigkeit des Athleten beeinflussen.
Erstversorgung an der Wettkampfstätte: Eisbehandlung mit Kühlspray, besser Eismassage mit Eisstückchen oder Coolpac.
Salbenkompressionsverband mit Schaumgummipolsterung. Verstärkung des Kompressionsverbandes durch zusätzliche Pflasterzüge, damit die Muskulatur entlastet wird.

Luxationen

Einführung

Unter einer Luxation versteht man eine Verrenkung der knöchernen Gelenkanteile, die meist mit einer schweren Kapsel-Band-Läsion einhergeht. Es kommt zu einer Verlagerung der Gelenkenden gegeneinander. Die traumatische Luxation spielt bei den Sportverletzungen eine große Rolle. Sie kommt als vollständige, totale Luxation oder als Subluxation vor. Bei der Subluxation besteht noch Kontakt der Gelenkkörper untereinander.
Klinisch sichere Zeichen sind die Deformität, die leere Gelenkpfanne, der verlagerte Kopf und die federnde Fixation. Bei passiven Bewegungen kann der ausgerenkte knöcherne Gelenkanteil wieder in die ursprüngliche Lage zurückschnappen.
Unsichere Zeichen sind die gestörte Funktion, der Verrenkungsschmerz und der Bluterguß.
Bei der Luxation kommt es zu Weichteilverletzungen, speziell zu Kapsel- und Bandrissen, die einen Bluterguß in das Gelenkinnere und in die umgebenden Weichteile zur Folge haben.
Die Diagnose ist nicht immer leicht zu stellen, besonders bei tiefergelegenen Gelenken. Meist sind gehaltene Röntgenaufnahmen zur Sicherung des Befundes notwendig.
Luxationen können bei entsprechender Ausdehnung der Schäden sowie bei unzureichender Behandlung einen Dauerschaden durch den zerrissenen Kapsel-Band-Apparat hinterlassen und somit zur habituellen Luxation werden. Diese ist durch wiederholte Ausrenkungen bei entsprechenden Bewegungen gekennzeichnet. Am häufigsten kommen Luxationen am Schulter-, Ellenbogengelenk und an der Kniescheibe vor.
Bei den Luxationen steht das Schultergelenk mit ca. 50% an erster Stelle, es folgt mit ca. 20% das Ellenbogengelenk (s. Schultergelenkluxation). Ellenbogenluxationen werden verursacht durch Überstreckung beim Fall auf die ausgestreckte Hand, z.B. beim Handball. Luxationen des Daumengrundgelenkes sind als Skidaumen bekannt. Es handelt sich hier um eine Zerreißung des ulnaren oder radialen Bandapparates, die vom mikroskopischen Einriß bis zur kompletten Durchtrennung reichen kann. Konservativ wird nur bei Anrissen behandelt. Bei kompletten Zerreißungen wird operiert. Luxationen am Endgelenk der Finger entstehen häufig durch Auftreffen eines Balles, z.B. beim Volleyball, Basketball und Prellball auf den gestreckten Finger. Auch beim Sturz auf die

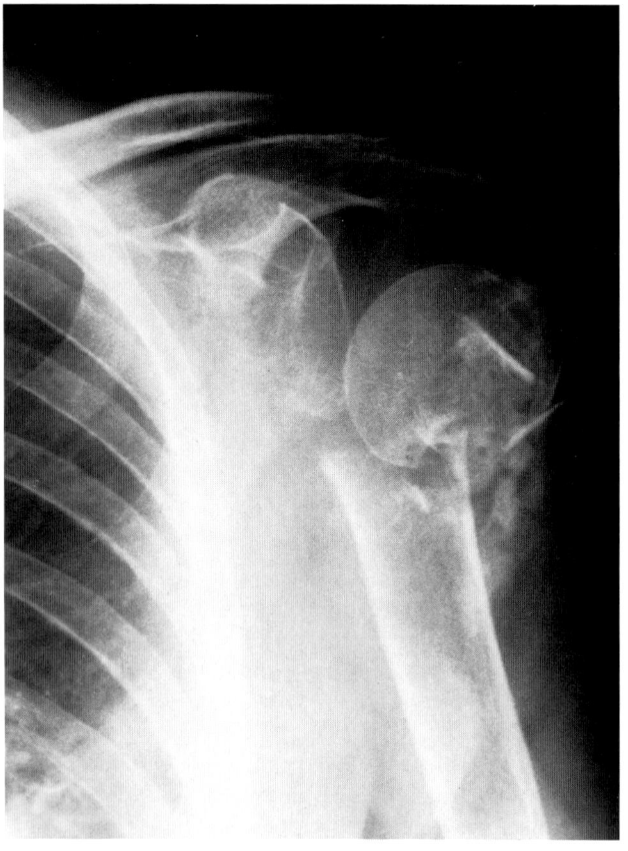

Abb. 239: Röntgenbild einer subkapitalen Humerusfraktur mit zusätzlicher Schulterluxation.

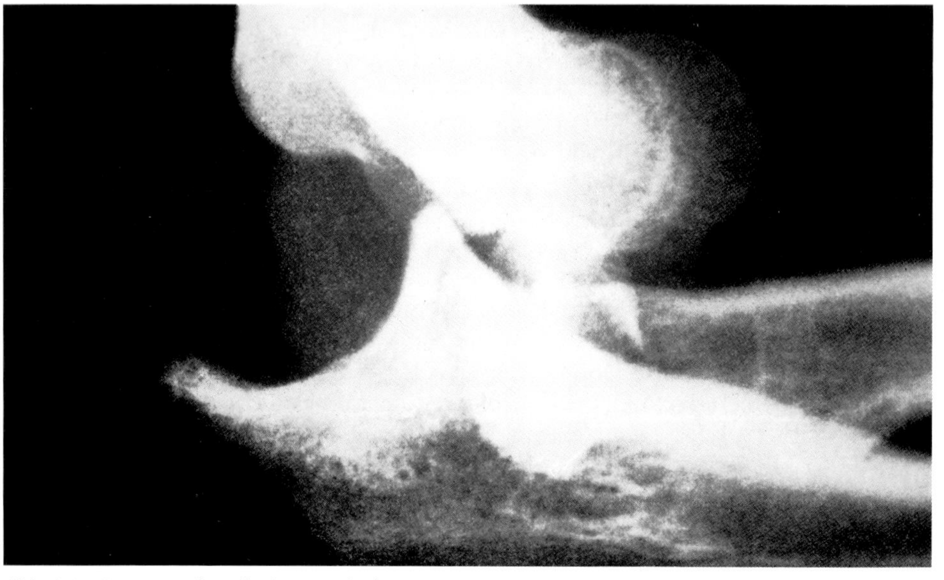

Abb. 240: Luxation des Ellenbogengelenks.

überstreckten Finger treten Luxationen auf. Luxationen der Kniescheibe durch Überstreckung oder seitliche Gewalteinwirkung findet man häufig im Fußballsport, bei Sprüngen in Ballsportarten und im Turnen beim Abgang vom Gerät. Luxationen der Hüfte entstehen durch Sturz aus großer Höhe, z. B. beim Bergsteigen, Fallschirmspringen und Drachenfliegen.
Wirbelluxationen sind selten, kommen aber doch bei Turnern, Reitern und Skispringern vor.
Bei einer traumatischen Luxation können auch Verletzungen von Gefäßen und Nerven entstehen; ganz besonders gefährdet sind wieder das Schulter- und das Kniegelenk.

Behandlungsziele

Beseitigung des schmerzhaften Hämatoms, Wiederherstellen der vollen Funktion, Kräftigung des Muskel-Band-Apparates, Kontrakturverhütung, Verhinderung von Kapselverklebungen und Bindegewebsschrumpfungen.

Behandlungsbeginn

Mit Beginn der Ruhigstellung können die nicht betroffenen Körperregionen sofort einer krankengymnastischen Behandlung unterzogen werden. Dadurch werden Kraft- und Konditionsverluste gemindert. Die aktive krankengymnastische Übungsbehandlung setzt unmittelbar nach Beendigung der Ruhigstellung ein. Die Länge der Ruhigstellung richtet sich nach Alter des Patienten und nach Schwere und Art der Nebenverletzungen.

Therapiemöglichkeiten

Passive Maßnahmen

Lagerung	Das verletzte Gelenk wird mit Hilfe von Schienen in Mittelstellung hochgelagert. Um Kontrakturen zu vermeiden, soll oft ein Lagewechsel stattfinden.
Massage	Tonuserhöhte Muskelgruppen werden nach der Ruhigstellung massiert; ausgenommen das betroffene Gelenk im Frühstadium. Zur allgemeinen Durchblutungsverbesserung können Bindegewebsmassagen oder Bürstungen zur Anwendung kommen. Verklebungen im Bereich der Kapsel und der Fascien werden durch Massage, Quermassage, eventuell auch Stäbchenmassage, im späteren Stadium gelöst.
Kälte	Besteht zu Beginn der krankengymnastischen Behandlung noch ein Gelenkerguß, kann mit Eis die Resorption des Ergusses beschleunigt werden.

Wärme	Wärmeanwendungen, wie Fangopackungen und Glühlicht, können im Spätstadium als Vorbereitung von Massage und krankengymnastischer Übungsbehandlung angewandt werden.
Elektrotherapie	Am zweiten Tag erfolgt im Wechsel mit der Eisbehandlung eine niedrig dosierte Ultraschalltherapie. Außerdem können zur Durchblutungsverbesserung diadynamische Ströme angewandt werden.
Hydrotherapie	Nach Abklingen des Gelenkergusses können Wechselbäder und Dampfduschen als Vorbereitung zur krankengymnastischen Behandlung eingesetzt werden.

Aktive Maßnahmen

Krankengymnastik und Bewegungstherapie	Während der Ruhigstellung werden isometrische Spannungsübungen für die betroffene Extremität durchgeführt. Nach der Ruhigstellung kommen Bewegungsübungen im Bewegungsbad hinzu. Die Bewegungen sollen langsam und achsengerecht bis zur Schmerzgrenze erfolgen. Außerhalb des Wassers wird die Muskulatur mit isometrischen Spannungsübungen gekräftigt. Es folgen Bewegungen unter Abnahme der Schwere bis zur Schmerzgrenze. Gesteigert wird durch Bewegungen gegen die Schwere und gegen Führungswiderstand. Durch Manuelle Gelenktherapie kann das Gelenkspiel verbessert und normalisiert werden. Die Widerstandsübungen festigen das wiedergewonnene Bewegungsausmaß. Geräte wie Ball, Stab, Keule, Seilchen, Gummiband oder Pulling-Former unterstützen die Übungen. Es muß bei den einzelnen Übungen darauf geachtet werden, daß die Muskelspannung an der Bewegungsgrenze am kräftigsten sein muß, damit der Bewegungsausschlag vergrößert wird. Bei Komplexbewegungen muß darauf geachtet werden, daß die Rotationsbewegungen nur aktiv und nur fein dosiert gegen Widerstand ausgeführt werden. Die Übungsbehandlung für die verkürzte Muskulatur besteht aus kurzen Anspannungen mit folgender Entspannung. Aktive und passive Weichteildehnungen sowie leichte Schwung- und Pendelübungen schließen sich an, sobald das Gelenk schmerz- u. reizfrei ist. Um eine Funktionsverbesserung des geschädigten Bewegungsabschnittes zu erreichen, müssen die Übungen sowohl auf die verkürzte als auch auf die gedehnte Muskulatur eingehen.

Besondere Hinweise

Kontraindikationen: Massagen in Gelenknähe wegen der Gefahr einer Myositis ossificans im Akutzustand. Wärmeanwendungen in Form von Heißluft, Glühlicht wegen der Gefahr der *Sudeck*'schen Dystrophie; Schwungübungen im akuten Stadium sowie passive Bewegungen und Bewegungen, die zu einer Reluxation führen können.

Erstversorgung an der Wettkampfstätte: Das luxierte Gelenk wird gut gepolstert und gelagert, so daß der Verletzte möglichst schmerzfrei transportiert werden kann. Das Einrenken von luxierten Gelenken sollte ausschließlich von medizinischem Fachpersonal erfolgen.

Frakturen

Einführung

Frakturen entstehen durch Gewalteinwirkungen auf den Knochen. Es werden unkomplizierte, d. h. geschlossene und komplizierte, d. h. offene Brüche unterschieden. Bei den letzteren dringen die Bruchstücke nach außen. Die typischen Zeichen eines Knochenbruches sind starker Schmerz, Funktionsunfähigkeit, erhebliche Schwellung durch das Hämatom, Formveränderungen und Knochenreiben (Krepitation).
Bei Frakturen kommt es meist zur Zerreißung von Gefäßen und erheblichen Gewebeschädigungen. Diese bewirken eine gesteigerte Lebenstätigkeit der Zellen, die über die Hyperämie, Exsudation und Resorption schließlich zur Reparation führt. Das neu gebildete Reparationsgewebe wird als Kallus bezeichnet. Die Kallusbildung erfolgt verstärkt und bewirkt die Verbindung der Frakturenden. Später wird der Kallus abgebaut. Es kommt auch vor, daß sich überschüssiger Kallus bildet, durch den Nerven und Gefäße negativ beeinträchtigt werden und ein sog. Brückenkallus entsteht. Zum Beispiel kommt dies bei Unterarmfrakturen vor, wodurch die Drehbeweglichkeit behindert wird. Nach der Form der Frakturen und nach dem Bruchmechanismus unterscheidet man Querbrüche, Drehbrüche, Schrägbrüche, Spiralbrüche, Trümmerbrüche und Gelenkbrüche. Durch zu frühe Belastung oder durch einen erneuten Unfall kann eine Kallusfraktur entstehen. Diese Refrakturen bedürfen einer erneuten Versorgung und Ruhigstellung. Die Frakturen der langen Röhrenknochen brauchen bis zur knöchernen Heilung an der oberen Extremität in der Regel 8 Wochen, an der unteren Extremität 12 Wochen, die der Wirbelsäule 3–6 Monate. Frakturen treten in allen Sportarten auf. Wichtig für die spätere Rehabilitation ist eine schnell einsetzende Versorgung des gebrochenen Gliedes. Die Heilung einer Fraktur braucht bei Sportlern die gleiche Zeit wie bei Nichtsportlern.
Unterschenkelfrakturen, die die häufigsten Frakturen überhaupt darstellen, treten vorwiegend im Fußball, im alpinen Skilauf und in der Leichtathletik auf.
Unterarmfrakturen treten bei Stürzen, wie in Ballsportarten, alpinem Skilauf und Turnen auf.
Frakturen der Wirbelsäule kommen beim Trampolinturnen, Spring- und Vielseitigkeitsreiten und Turnen vor.
Rippen- und Schlüsselbeinbrüche treten ebenfalls im Reitsport, Boxsport, Radsport und Eishockey auf.
Beckenbrüche kommen bei schweren Unfällen im Motorsport und beim Springreiten vor.

Behandlungsziele

Verhinderung von Muskelatrophien, Kapselschrumpfungen und Kontrakturen. Verbesserung der Stoffwechsellage; Verhinderung einer Thrombose und Kreislaufinstabilität. Wiedererlangung der vollen Beweglichkeit, Funktion und Muskelkraft.

Behandlungsbeginn

Die krankengymnastische Behandlung fängt am ersten Tag an, sowohl nach konservativer als auch nach operativer Versorgung.

Therapiemöglichkeiten

Passive Maßnahmen

Lagerung	Die frakturierte Extremität wird mit Hilfe von Schienen und Sandsäcken hochgelagert.
Massage	Massiert werden alle Körperregionen mit Ausnahme der gebrochenen Gliedmaße. Um die allgemeine Durchblutung anzuregen, leistet die Bürstenmassage ebenfalls gute Dienste. Im Spätstadium kann man durch gezielte Massagetechniken eventuell vorhandene Verklebungen lösen.
Hydrotherapie	Nach Gipsabnahme oder bei operierten Brüchen, nach Abschluß der Wundheilung bieten sich Übungen im Bewegungsbad an. Nach Beendigung der Ruhigstellung sind durchblutungsfördernde Maßnahmen wichtig. Diese können in Form von Wechselbädern, Dampfbehandlungen und warmen Bädern erfolgen.
Kälte	Bestehen Kontrakturen, kann durch Auflegen von Eiskompressen auf die verkürzte Muskulatur eine Entspannung erzielt werden.
Wärme	Im Spätstadium Fangopackungen und Glühlicht.
Elektrotherapie	Sind durch die Fraktur Lähmungen entstanden, können sie mit Hilfe von Elektrogymnastik günstig beeinflußt werden. Im Spätstadium können bei eventuell vorhandenen Schmerzpunkten am Bandursprung und -ansatz Jontophorese- und Ultraschall-Behandlungen einsetzen. Diadynamische Ströme kommen bei Gelenkkapselläsionen zur Anwendung.

Aktive Maßnahmen

Krankengymnastik und Bewegungstherapie	Vom ersten Tage an werden alle nicht ruhiggestellten Gelenke in vollem Umfang mehrmals täglich während der Dauer der Ruhigstellung aktiv geübt. Ebenfalls am ersten Tage erfolgen an den ruhiggestellten frakturierten Gliedmaßen isometrische Span-

nungsübungen; außerdem Übungen zur Thrombose- und Embolieprophylaxe. Um bei bettlägerigen Patienten einer Lungenentzündung vorzubeugen, wird gleichzeitig eine intensive Atemgymnastik betrieben. Manuelle Gelenktherapie wird später durchgeführt zur Wiedererlangung der optimalen Gelenkfunktion. Es folgt weitere Muskelkräftigung, welche die isometrischen Spannungsübungen, Widerstandsübungen, Komplexbewegungen und leichte Übungen mit Geräten einschließen. Kontrakturprophylaxe erfolgt durch ein aktives Muskel- bzw. Mobilisationstraining sowie durch Lockerungs- und Dehnungsübungen. Sind Nervenschädigungen vorhanden, besteht die Behandlung aus einer intensiven Muskelpflege, Kontrakturprophylaxe, Innervationstraining und Elektrogymnastik, wobei die gelähmte Muskulatur zur Verhinderung einer Überdehnung bzw. Verkürzung richtig gelagert werden muß. Den Abschluß der krankengymnastischen Übungsbehandlung bildet das Training der Alltagsbewegungen sowie sportartspezifische Übungen entsprechend der verschiedenen Sportdisziplinen.

Besondere Hinweise

Kontraindikationen sind Wärmebehandlung im akuten Stadium und Bewegungsversuche nach dem Unfalleintritt.
Erstversorgung an der Wettkampfstätte: Bei geschlossenen Brüchen die verletzte Stelle kühlen, lagern und schienen. Ist keine Schiene vorhanden, kann eventuell das gesunde Gliedmaß als Fixation genommen werden. Bei Skiunfällen sollte der Schuh nicht ausgezogen werden, da es leicht zu Erfrierungen kommen kann, und der Fuß im Schuh besser fixiert ist. Bei offenen Brüchen besteht die Hauptgefahr in einer sekundären Infektion der Bruchstelle. Der Helfer sollte die Wunde steril abdecken und die Extremität gut schienen. Frakturenden dürfen nicht zurückgeschoben werden.

Ermüdungsfrakturen

Einführung

Ermüdungsfrakturen entstehen durch ständig sich wiederholende mechanische Einwirkungen, die unterhalb der Festigkeitsgrenze des Knochens liegen. Nach *H. Schmidt* sollte man bei den Ermüdungsfrakturen von Erschöpfungsfrakturen sprechen, da nach den heutigen Erkenntnissen die Ermüdung ein reversibler Vorgang ist.

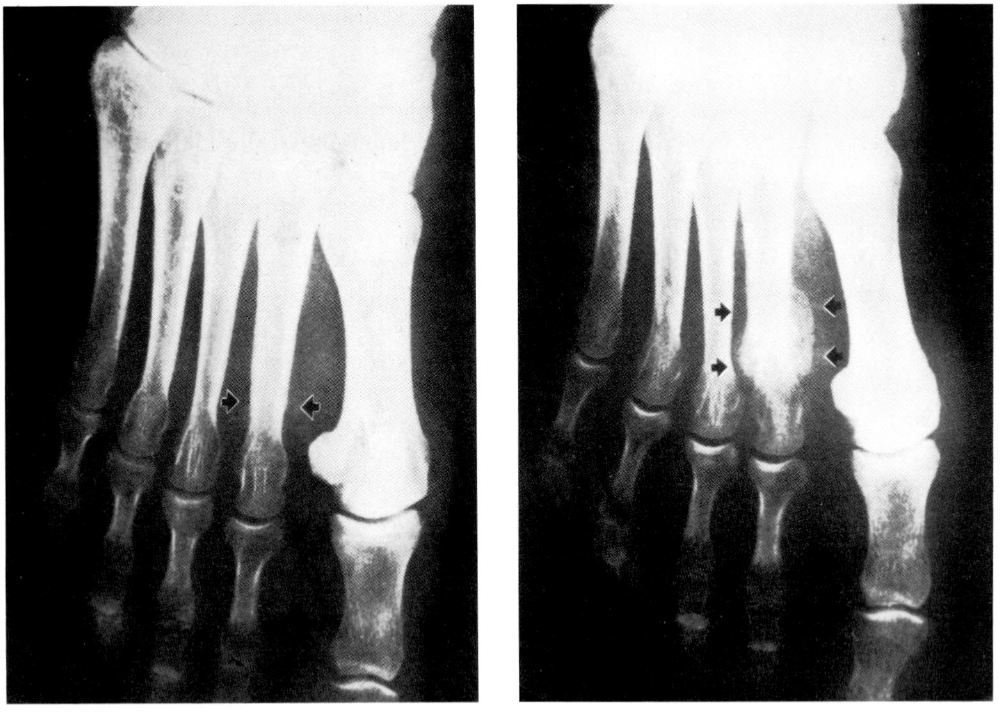

Abb. 241: Ermüdungsfraktur im frühen Stadium (li.) und nach 6 Wochen (re.).

Von großer Bedeutung ist der Zustand der Muskulatur, denn ermüdete Muskeln können ihre Schutzfunktion nicht erfüllen, so daß Traumen das Skelett direkt treffen. Begünstigt werden Ermüdungsfrakturen durch erworbene Binde- und Stützgewebeschwächen, die durch Mikrotraumen hervorgerufen werden. Die durch sportliche Belastungen hervorgerufenen Mikrotraumen lassen sich im wesentlichen auf wiederholte starke Schläge und Erschütterungen, maximale Anspannungen von Muskeln und Sehnen, mehrmalige Wiederholung und schnell ausgeführte Bewegungen in den Gelenken, z. B. Speerwurf, zurückführen. Ermüdungsfrakturen treten nicht plötzlich auf, sondern gehen meist mit vorher aufgetretenen Belastungsschmerzen und röntgenologischen Veränderungen einher.

Ermüdungsfrakturen treten in den verschiedenen Sportarten auf. Bei Läufern und Gehern mit Lokalisation an der Fibula, am Os naviculare pedis und am Metatarsus, auch Marschfraktur genannt. Bei Turnern und Werfern können sie am Olecranon entstehen.

Behandlungsziele

Muskelatrophieprophylaxe, Wiedererlangung der vollen Beweglichkeit und Muskelkraft, Verhinderung einer erneuten Ermüdungsfraktur durch prophylaktische Maßnahmen.

Behandlungsbeginn

Die aktive krankengymnastische Übungsbehandlung setzt sofort ein.

Therapiemöglichkeiten

Passive Maßnahmen

Lagerung	Die frakturierte Gliedmaße wird je nach Schweregrad in Entlastungsstellung mittels Schienen hochgelagert oder eingegipst. Bettruhe ist meist nicht erforderlich.
Massage	Hier gilt, wie bei den Frakturen, daß nur alle nicht beteiligten Körperregionen massiert werden dürfen.
Hydrotherapie	Es sind aktive Bewegungsübungen im Wasser und Wechselbäder angezeigt.
Elektrotherapie	Diadynamische Ströme und Jontophoresebehandlung sind ein Teil der durchblutungsfördernden Maßnahmen.

Aktive Maßnahmen

Krankengymnastik und Bewegungstherapie	Die funktionelle Behandlung von Ermüdungsfrakturen erfordert viel Erfahrung seitens des Therapeuten. Es sind vom ersten Tag der Ruhigstellung an für die verletzte Gliedmaße isometrische Spannungsübungen anzuwenden, um eine Muskelatrophie zu verhindern. Dazu kommen aktive Übungen für die nicht beteiligten Gelenke mit Steigerung von isometrischen Übungen bis zu Komplexbewegungen. Alle gesunden Körperabschnitte können sofort in ein Trainingsprogramm einbezogen werden. Ist die Zeit der Ruhigstellung beendet, folgen Mobilisationsübungen der Gelenke durch Manuelle Gelenktherapie und aktive und passive Dehn- und Lockerungsübungen für die Weichteile. Um die Belastung jeweils noch zu steigern, werden auch Geräte benutzt. Den Abschluß der krankengymnastischen Übungsbehandlung bilden Gebrauchsbewegungen sowie sportdisziplinspezifische Bewegungsabläufe.

Besondere Hinweise

Prophylaxe: Intensive aktive Erwärmung der Muskulatur, aktive und passive Dehnübungen, Warmhalten der Gelenke durch warme Sportkleidung, Einhalten von Belastungspausen.
Bei Ermüdungsfrakturen ist eine frühzeitige Behandlung angezeigt. Schon bei auftretenden heftigen Belastungsschmerzen im Bereich der unteren Extremitäten ist Entlastung zu empfehlen.

Abb. 242: Im alpinen Skilauf sind besonders die Unterschenkel frakturgefährdet (Stiefelrandbrüche).

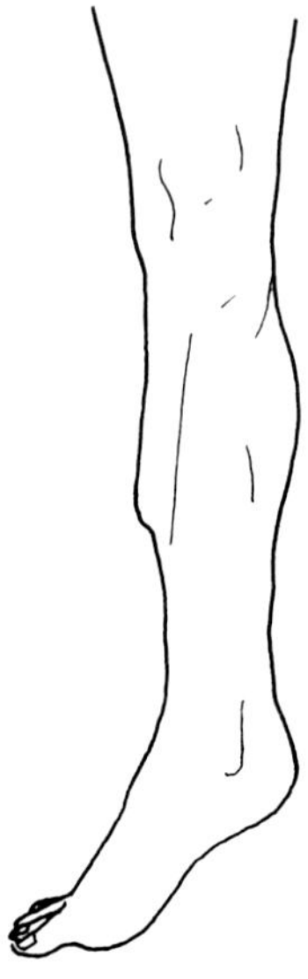

Abb. 243:
Einfache geschlossene Unterschenkelfraktur.

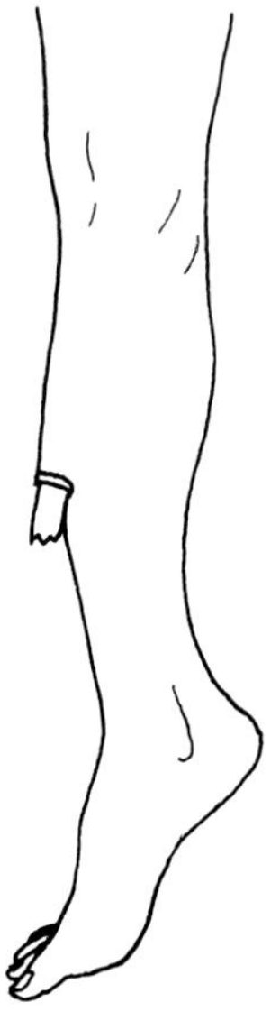

Abb. 244:
Komplizierte offene Unterschenkelfraktur.

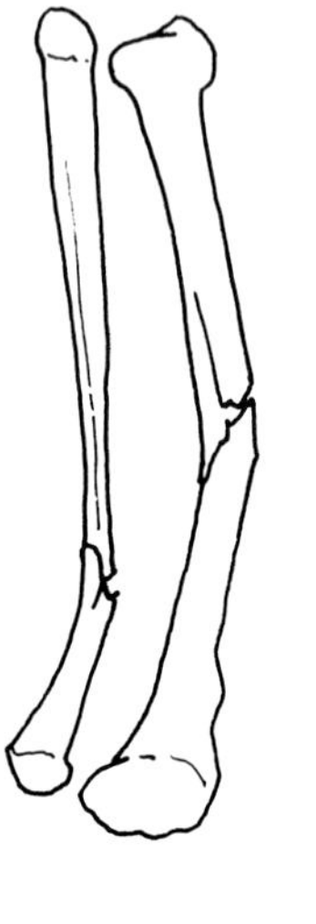

Abb. 245:
Vollständige Unterschenkelfraktur, Biegungsbruch des Schien- und Wadenbeines.

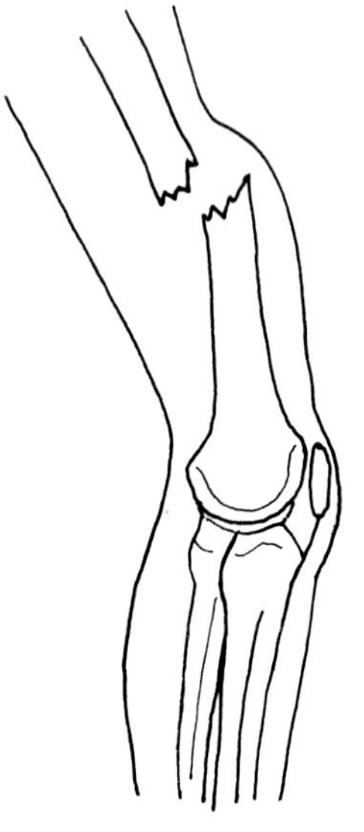

Abb. 246:
Vollständige Fraktur, Biegungsbruch des Oberschenkels.

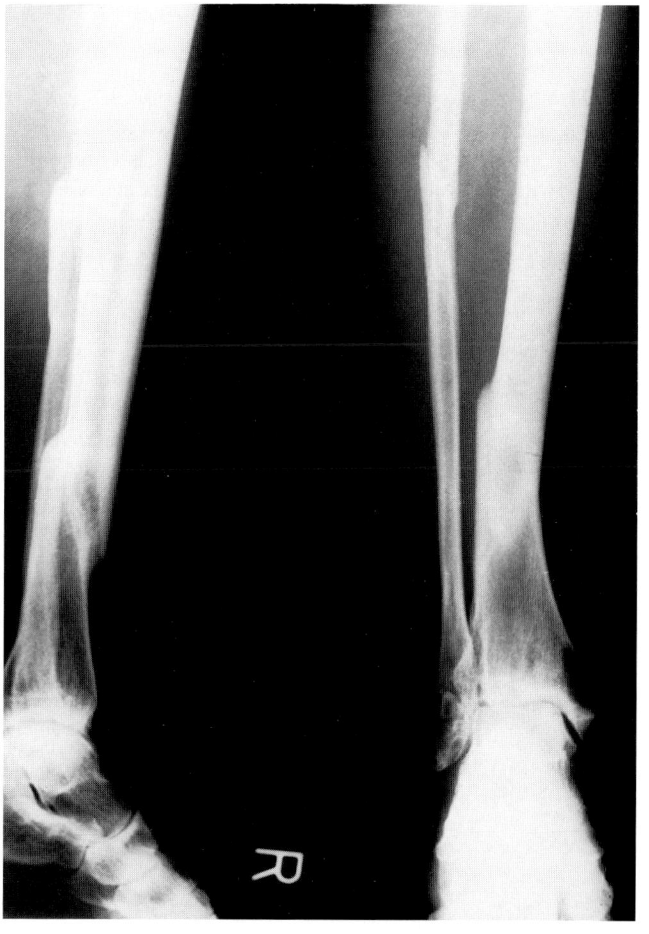

Abb. 247: Röntgenbild einer Unterschenkelfraktur.

Abb. 248: Drehungsfraktur des Schien- und Wadenbeines mit Verschiebung der Bruchenden.

Abb. 249: Mehrfachfraktur.

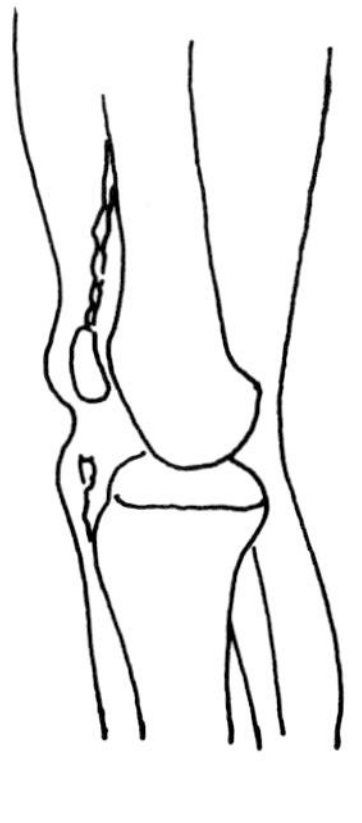

Abb. 250: Patellafraktur mit Abriß.

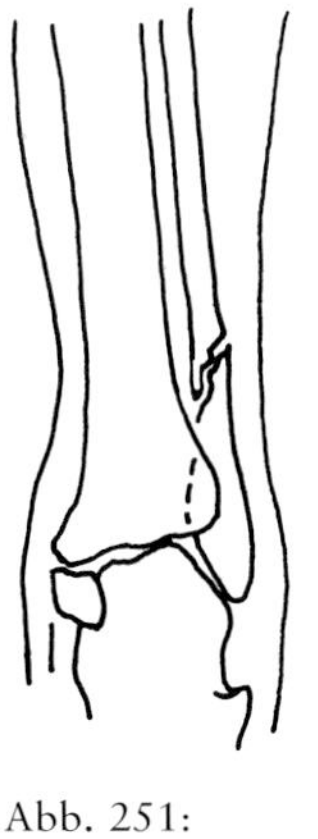

Abb. 251: Knöchelfraktur mit Dreiecksausbruch (*Volksmann*'sches Dreieck).

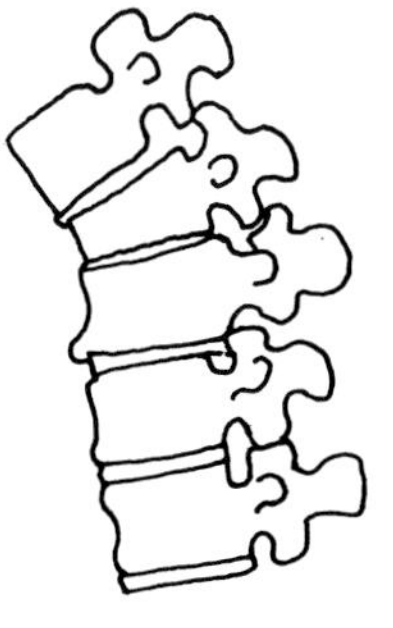

Abb. 252: Stauchungsfraktur an der Wirbelsäule.

Muskelverletzungen

Die Muskeln und ihre Sehnen haben besonders große Aufgaben zu erfüllen, sei es bei Bewegungen des täglichen Lebens oder im Sport. Der trainierte Muskel zeigt gegenüber dem untrainierten eine erhebliche Leistungssteigerung. Dabei nimmt er an Masse und Querschnitt zu. Normalerweise arbeitet der Muskel nicht mit voller Kraft und ganzer Energie, sondern er stellt sich auf die Leistungsanforderung ein. Sportliche Höchstleistungen können nur durch ein harmonisches neuro-muskuläres Zusammenspiel erlangt werden.
Der plötzliche Funktionsausfall von Muskeln oder Muskelgruppen durch Verletzungen während der körperlichen Leistung ist allen aktiven Sportlern und Trainern geläufig. Ursachen dafür sind nicht aufgewärmte, also nicht auf Belastungserfordernisse vorbereitete Muskulatur, z. B. bei Schnellkraftleistungen, bei unkoordinierten Bewegungen und bei Kollisionen und Stürzen. Mikrotraumen, Degeneration oder auch Ermüdung vorgeschädigter Gewebe sind als weitere Ursachen dieser häufigsten Sportverletzungen bekannt. Ein Mißverhältnis zwischen Belastbarkeit und Belastung kann im Bereich des aktiven Bewegungsapparates folgende Auswirkungen haben:

a) Inkomplette oder komplette Muskel- und Sehnenrupturen
b) Überdehnung bzw. Zerrungen von Muskelbestandteilen
c) Myogelosen als Ausdruck einer lokalen Muskeltonussteigerung
d) Rupturen der Faszie mit folgender Muskelhernie
e) Abrisse der Ursprünge und Ansätze von Sehnen mit und ohne Knochenanteile, z. B. Fibulaköpfchen
f) Insertionstendinosen im Bereich der periostfreien Sehnenursprünge und -ansätze.

Muskelriß

Einführung

Der Muskel kann während der Arbeit und in Ruhe komplett oder inkomplett, im Muskelbauch, am Muskelsehnenübergang, in seinem sehnigen Anteil oder an seinen Ansatzpunkten am Knochen reißen. Meist zerreißt der Muskel im Anschluß an eine gewaltsame Überdehnung. Auch ein nicht auf die notwendige Leistung vorbereiteter Muskel kann zerreißen. Unvorbereitete und nicht eingespielte Muskeln reißen leichter ein. Ebenso geschieht dies bei übermüdeten oder übertrainierten Muskeln. Ein Muskel kann auch durch direkte Gewalt spontan reißen, weil er Elastizität und Widerstandskraft eingebüßt hat.
Komplette Muskelrisse sind im Sport selten. Meist reißen nur Muskelfasern oder ein Muskel reißt an seiner Sehnenansatzstelle. Zusätzlich können Knochenteilchen mit ausgerissen werden.

Anzeichen des Muskelrisses sind: Heftiger Schmerz, der wie ein Peitschenhieb oder Tritt empfunden wird, sowie Schwellung und Hämatom. Man kann eine Muskeldelle sehen und fühlen. Diese kann aber unmittelbar nach dem Unfall durch den Bluterguß verdeckt sein.
Die Zerreißung der Streckmuskulatur am Oberschenkel im Lauf, bei drohendem Sturz und die Zerreißung der Beugemuskulatur am Oberschenkel werden häufig beobachtet.
Bei Fußballern kommt es zu Abrissen der Adduktorenmuskulatur. Bei Turnern und Werfern hingegen kann gelegentlich der Bauch des M. biceps brachii zerreißen. Dies geschieht durch eine plötzliche unkoordinierte Spannung. Der Verletzte hört ein Krachen und verspürt sofort Schmerzen im Ellenbogen. Bei der Beugung des Oberarmes wird eine Vorwölbung sichtbar. Der Muskelbauch muß wieder operativ an der Sehne befestigt werden.
Erfolgt keine Operation, dann bleibt für viele Monate die Kraft des Armes herabgesetzt und häufig entstehen Schmerzen bei der Beugung des Armes, wenn der Muskel maximal angespannt werden soll. Es treten atrophische Veränderungen auf, da der Muskel die Spannung verloren hat.

Behandlungsziele

Wiederherstellen der normalen Funktion, Muskelkräftigung, Beseitigung von Verwachsungen und Verklebungen.

Behandlungsbeginn

Die krankengymnastische Behandlung setzt sofort nach Beendigung der Ruhigstellung ein. Bei größeren Defekten nach ca. drei Wochen, bei kleineren nach wenigen Tagen. Die nicht ruhiggestellten Bewegungsabschnitte können schon während der Ruhigstellung belastet werden.

Therapiemöglichkeiten

Passive Maßnahmen

Lagerung	Die verletzte Extremität wird zur Entstauung hochgelagert. Auch eine Annäherung von Muskelansatz und Ursprung ist zur Entspannung notwendig. Dadurch wird das Zusammenwachsen des Muskelgewebes gefördert.
Massage	Nach Ruhigstellung kann eine klassische Massage unter Auslassung des verletzten Gebietes erfolgen. Verklebungen und Verwachsungen werden mit Hilfe von lokalen Friktionen und Stäbchenmassage am Ende des Heilungsprozesses angegangen. Auch Unterwassermassage ist im Spätstadium indiziert.
Kälte	Am Tag der Verletzung erfolgen bereits Kälteanwendungen.

Wärme	Im subakuten Stadium können Fangopackungen oder Glühlicht als vorbereitende Maßnahme zur aktiven krankengymnastischen Übungsbehandlung erfolgen.
Hydrotherapie	Ebenfalls können im Spätstadium Wechselbäder oder das Sprudelbad zum Behandlungserfolg beitragen.
Elektrotherapie	Zur Durchblutungsförderung und um noch vorhandene Rückstände des Blutergusses nach Gipsabnahme zu beseitigen, wird mit diadynamischen Strömen und Ultraschall behandelt. Bei Nervendurchtrennung und Versorgung mit einer Nervennaht wird Elektrogymnastik angewandt.

Aktive Maßnahmen

Krankengymnastik und Bewegungstherapie	Nach der Ruhigstellung wird mit vorsichtigen aktiven Übungen begonnen. Es wird erst nur isometrisch geübt. Ist die Wundheilung abgeschlossen, können isotonische Übungen, etwas später Komplexbewegungen, Schwung- und aktive passive Dehnübungen folgen. Vorzüglich eignet sich zur Nachbehandlung auch das Bewegungsbad. Die isolierten Kräftigungsübungen, die immer mehr gesteigert werden, müssen bis zum Ende der Übungsbehandlung beibehalten werden, da der verletzte Muskel bis zur vollen Gebrauchs- und Sportfunktion in die gesunde Muskelkette integriert werden muß.

Besondere Hinweise

Kontraindikationen: Massagen, Heißluft, Glühlicht im akuten Stadium wegen der Gefahr einer Myositis ossificans; zu frühe Belastung des geschädigten Muskels.
Werden Narben und Verklebungen nicht völlig gelöst, besteht die Gefahr einer neuen Verletzung. Ist der Muskel vollständig wiederhergestellt, kann zum Leistungssport zurückgekehrt werden.
Prophylaxe: Muskelpflege durch intensive Dehnung, Muskelvorbereitung durch Aufwärmen, Lockerung und Massage. Dazu aktives Muskeltraining mit Komplexbewegungen oder z. B. mit der Kraftmaschine.
Erstversorgung an der Wettkampfstätte: Die zerrissenen Muskelteile werden mit Eisanwendungen und einem Kompressionsverband versorgt. Durch zusätzliche Pflasterstreifen werden Muskelursprung und -ansatz angenähert und die Kompression verstärkt.

Muskelzerrung, Muskelfaserriß und Muskelüberdehnung

Einführung

Bei der Muskelzerrung handelt es sich um eine Überdehnung einzelner Muskelfasern. Dabei bleibt aber das Flechtwerk des Muskels in seiner Kontinuität erhalten. Die Muskelzerrung äußert sich durch punktartigen, stechenden Schmerz. Beim Druck auf die betroffene Stelle empfindet der Verletzte diesen punktartigen Schmerz, der bei nachlassendem Druck wieder verschwindet. Außerdem ist die Muskelzerrung gekennzeichnet durch Funktionsausfall, entspannende Schonhaltung und später auftretendes Hämatom.
Der Muskelfaserriß stellt eine gröbere Verletzung von mehreren Muskelbündeln dar. Die Symptome sind stärker ausgeprägt als bei der Muskelzerrung. Die häufigsten Ursachen einer Muskelzerrung sind:
Koordinationsfehler, neuromotorische Störungen innerhalb des Muskels, mangelnde Dehnfähigkeit der Muskeln und Sehnen, z. B. ein zu starker Bremsstoß beim Sprint oder Hochsprung kann zur Adduktoren- und Leistenzerrung führen, ungenügende Elastizität durch erhöhten Ruhetonus, Hartspann und mangelnde Durchblutung der Muskulatur. Ebenfalls ungenügende Vorbereitung und lokale Übermüdung.
Dazu kommen äußere Einflüsse wie plötzlicher Druck oder Stoß von außen, Überbelastung mit Gewichten, Unebenheiten des Bodens, Kälte und Nässe. Zerrung und Muskelfaserriß geschehen im Zustand maximaler Kontraktion. Das provozierende Moment ist die unkoordinierte Bewegung einzelner Muskelfasern. Diese plötzliche Änderung kann durch großen Widerstand oder durch Kontraktion der Antagonisten hervorgerufen werden.
Die Muskelüberdehnung ist eine reversible funktionelle Verletzung, d. h. aufgrund einer plötzlichen exzentrischen Muskelanspannung wird zwar die Grenze der Muskelelastizität erreicht, aber nicht überschritten. Die Festigkeit der Muskelfasern wird nicht angegriffen. Werden die Grenzen der Elastizität und die Festigkeit der Fasern überschritten, entsteht eine Muskelzerrung. Die Muskelüberdehnung verläuft parallel zu den Muskelfasern und kommt vorwiegend im Bereich von schlecht durchbluteten Gebieten, z. B. Muskel-Sehnenverbindungen vor.

Behandlungsziele

Beseitigung der Schmerzen und des Hämatoms, Wiedererlangung der vollen sportlichen Belastungsfähigkeit durch eine gezielte krankengymnastische Übungsbehandlung.

Behandlungsbeginn

Die Behandlung setzt sofort nach Unfalleintritt ein.

Therapiemöglichkeiten

Passive Maßnahmen

Lagerung, Ruhigstellung und Verbände	Sofortige Ruhigstellung der betroffenen Körperregion mit einem Kompressionsverband in Kombination mit Eisanwendung. Zusätzliche Hochlagerung zur Resorptionsförderung. Nach Abklingen der Schwellung Anlegen eines stützenden Verbandes.
Massage	Die nicht betroffene Muskulatur kann massiert werden. Im Bereich der Zerrung jedoch sollte der Druckschmerz völlig abgeklungen sein, bevor massiert wird. Verklebungen und Narben werden im Spätstadium mit weichen Knetungen, Friktionen und eventuell mit Stäbchenmassage gelöst. Zur allgemeinen Muskellockerung ist die Unterwassermassage und die Saugwellenmassage später angezeigt.
Kälte und Wärme	Sofort nach dem Unfall sind Behandlungen mit Eis und anderen Kühlmaßnahmen zur Exsudationshemmung und Analgesie angebracht. Nach Abklingen der Schwellung können später Wärmemaßnahmen folgen. Später sind Fangopackungen, die die aktive Übungsbehandlung einleiten, von Wert. Warme Bäder sind dann ebenfalls angezeigt.
Elektrotherapie	Sofort Diadynamik, Ultraschall und Jontophorese. Nach 14 Tagen können Kurzwellenbestrahlungen einsetzen.

Aktive Maßnahmen

Krankengymnastik und Bewegungstherapie	Nach dem zweiten Tag beginnt die aktive krankengymnastische Übungsbehandlung. Eingeleitet wird sie mit isometrischen Spannungsübungen und leichten isotonischen Übungen ohne Widerstand. Sind diese Übungen schmerzfrei, können Widerstandsübungen bis zu Komplexbewegungen hin erfolgen. Aktive Dehn- und Lockerungsübungen sind ebenfalls in dieser Phase angezeigt. Bei Wiederaufnahme des Trainings darf die Schmerzgrenze nicht überschritten werden.

Besondere Hinweise

Kontraindikationen: Zu früh einsetzende Wärme- und Massagebehandlung am verletzten Muskel sowie zu früh einsetzende aktive und passive Bewegungen.
Erstversorgung an der Wettkampfstätte: Kälteapplikation in Form von Eis, Kompressionsverband, eventuell mit Salbenunterlage zur Resorption des Hämatoms, völlige Ruhigstellung des Muskels.
Prophylaxe: Vermehrte Koordinationsübungen, spezielles Kraft-Ausdauer-Training der zu belastenden Muskelkette, vermehrte Dehn- und Lockerungsübungen beim Training. Warmhalten der Muskulatur durch Trainingsanzug, Decken etc. Optimales aktives Aufwärmen und Vordehnen der Muskelketten, die in der jeweiligen Sportdisziplin besonders beansprucht werden. Prophylaktische Verbände.

Abb. 253: Startphase. Die Muskulatur an der Rückseite des Oberschenkels und die Wadenmuskulatur sind besonders zerrungsgefährdet.

Muskelkrampf

Einführung

Beim Muskelkrampf handelt es sich um eine örtliche Spannungserhöhung im Muskel. Es entsteht eine äußerst schmerzhafte Muskelkontraktion. Der Muskelkrampf kann sich nur durch einen Dehnreflex wieder auflösen.
Die wichtigsten Ursachen für die Entstehung eines Muskelkrampfes sind: Überbelastung, Fehlbelastung, Salzmangel und Durchblutungsstörungen, Abschnüren der Versorgungswege durch zu eng geschnürtes Schuhwerk, Gummibänder an Strümpfen, Bandagen usw. Außerdem können psychologisch bedingte Störungen, z. B. in einer Streßsituation, zu Krämpfen führen.

Behandlungsziele

Lösen des Muskelkrampfes, Wiederherstellung der Funktion.

Behandlungsbeginn

Sofort nach Einsetzen des Krampfes.

Therapiemöglichkeiten

Passive Maßnahmen

Lagerung	Die betroffene Extremität wird in Dehnlage gebracht und in Schmerzschonstellung belassen. Bei starkem Krampf erfolgt der Transport auf einer Trage.
Massage	Weiche Massage im Akutstadium wechselt mit Dehnungen der betroffenen Muskulatur ab. Schüttelungen sind besonders geeignet.
Wärme	Zur Herabsetzung der Krampfneigung ist die Wärmebehandlung äußerst wichtig. Mit feuchtwarmen Umschlägen, warmen Teilbädern und Glühlicht kann die Muskulatur auf die krankengymnastische Übungsbehandlung vorbereitet werden.

Aktive Maßnahmen

Krankengymnastik und Bewegungstherapie	Aktive dynamische Übungen werden zur An- und Entspannung der Muskulatur durchgeführt. Dabei ist ein erneuter Muskelkrampf zu vermeiden. Die Entspannungsphase der dynamischen Übungen soll dabei betont werden. Rhythmische Schwungübungen und Übungen im Bewegungsbad sind dafür besonders geeignet. Sie dienen auch der Vorbereitung des wiederaufzunehmenden Trainings.

Besondere Hinweise

Kontraindikationen: Gewaltsames Dehnen der verkrampften Muskeln, harte Massagegriffe.
Wiederaufnahme des Trainings oder Wettkampfes erst nach völliger und anhaltender Krampflösung.
Prophylaxe: Warmhalten der Muskulatur beim Training und Wettkampf, ausgiebiges Warmmachen und entsprechende Gymnastik mit Lockerungs- und Dehnübungen, Lockerung durch geeignete Massagetechniken, Einnahme von Salztabletten oder Elektrolytgetränken.
Erstversorgung an der Wettkampfstätte: Entspannungs- und Dehnlage einnehmen, Beseitigung von Abschnürungen, Kälteanwendungen, vorsichtige Muskeldehnung in der Gegenrichtung des Krampfes. Danach verkrampften Muskel gegen manuellen Widerstand bewegen lassen.

Muskelkater

Einführung

Über die Entstehung des Muskelkaters gehen die Meinungen der Wissenschaftler noch auseinander. Nach bisheriger Lehrmeinung spielen Laktatanhäufungen, pH-Herabsetzung und Wärmespeicherung eine entscheidende Rolle. Eine Übersäuerung des Muskelgewebes tritt durch Milchsäure, Brenztraubensäure, Kohlensäure und andere saure Stoffwechselprodukte ein. Ebenso können Über- und Fehlbelastung und mangelnder Trainingszustand bei der Entstehung eine Rolle spielen. Nach neueren Erkenntnissen kommt jedoch der Muskelkater durch eine Mikrotraumatisierung des Bindegewebes, d. h. der um die Muskelfaser herumliegenden, aus Gerüsteiweißkörpern bestehenden Fäserchen, zustande. Muskelkater ist nach dieser Definition als eine Vorstufe von Muskelzerrung und -rissen zu betrachten. Er unterscheidet sich von diesen Traumata vorwiegend quantitativ. Die Übergänge sind dabei fließend. Andere neuere Untersuchungen sprechen von einem echten, wenn auch harmlosen Absterben von Muskelzellen. Bei Testpersonen fand sich ein Hochwert des Enzyms Kreatinase, das aus beschädigten Muskelzellen austritt.

Behandlungsziele

Beseitigung des Muskelkaters und damit Wiederherstellung der optimalen Muskelfunktion.

Behandlungsbeginn

Sofort nach der Trainings- bzw. Wettkampfbelastung möglichst bevor der Muskelschmerz einsetzt.

Therapiemöglichkeiten

Passive Maßnahmen

Lagerung	Der Athlet wird so gelagert, daß sich die Muskeln im Zustand der optimalen Entspannung befinden.
Massage	Vorsichtige Massagebehandlung zur Muskelentmüdung, um die angefallenen sauren Stoffwechselprodukte abzubauen. Diese Entmüdung kann unter Zuhilfenahme von Alkoholpräparaten und Fluiden verbessert werden.

Kälte	Eisanwendungen, kalte Güsse und Abreibungen sind in der Lage die Stoffwechselsituation zu verbessern.
Wärme und Hydrotherapie	Warme Duschen, Dampfduschen, Entmüdungsbäder, Whirlpool und trockene Wärmeanwendungen, wie z. B. Glühlichtbestrahlung, sind gute Maßnahmen auch zur Vorbereitung auf die Massage. Auch Saunabäder eignen sich zum Abbau des Muskelkaters.
Krankengymnastik u. Bewegungstherapie	Aktive Übungsbehandlung, auch im Bewegungsbad, Schüttelungen, aktive und passive Dehnungen sowie Lockerungsübungen normalisieren den Spannungszustand der Muskulatur.

Aktive Maßnahmen

Krankengymnastik und Bewegungstherapie	Anfänglich wird die aktive Übungsbehandlung nur im 28° C warmen Bewegungsbad ausgeführt. Danach wird mit Schüttelungen, aktiven und passiven Dehnungen sowie mit Lockerungsübungen der normale Zustand der Muskulatur wieder hergestellt.

Besondere Hinweise

Schmerzhafte, aktive und passive Dehnübungen und weitere intensive Trainings- und Wettkampfbelastungen sind zu vermeiden. Ein leichtes, vorwiegend auf Lockerung abgestelltes Weitertrainieren ist angezeigt; dadurch werden die Stoffwechselprodukte schneller abgebaut. Warmes Duschen und leichtes und lockerndes Bewegen im Entmüdungsbad sind einfache und wirkungsvolle Maßnahmen gegen Muskelkater.

Myogelosen und Muskelhartspann

Einführung

Die Myogelosen stellen umschriebene Verhärtungen der Muskulatur mit Druckschmerzhaftigkeit dar, die auf Stoffwechselstörungen zurückzuführen sind.
Es gibt zweierlei Arten von Myogelosen. Die eine Art kann als strangartig und die andere als rundlich-oval bezeichnet werden.
Der Muskelhartspann stellt eine Verhärtung des gesamten Muskels durch Anreicherung von Ermüdungsstoffen oder durch Schmerzzustände dar. Neurophysiologische Untersuchungen haben auch Zusammenhänge zwischen Emotion und Muskelspannung bestätigt. Die Affektspannung kann ebenfalls zur Muskelkontraktur und zur Schmerzauslösung beitragen. In Narkose löst sich der allgemeine Hartspann auf, während die Myogelosen erhalten bleiben.

Die Haut und die Unterhaut ist über den Muskelhärten im allgemeinen verschieblich. Die Myogelosen sind tastbar und weisen einen ganz bestimmten Schmerzpunkt (Trigger-Point) auf, den man mit dem Finger palpieren kann.
Die Ursachen sind nicht immer einheitlich. Meist entstehen sie jedoch durch Überbeanspruchung oder Fehlbelastung der Muskulatur. Die Muskeln, die täglich über Stunden die gleiche Arbeit leisten, neigen zu diesen Muskelverhärtungen, z. B. bei Gewichthebern und Turnern: Schulter-Nacken-Muskulatur, bei Tennisspielern: Ober- und Unterarm-Muskulatur; bei Stenotypistinnen und Autofahrern ebenfalls in der Schulter-Nacken-Muskulatur. Bei Deformitäten der Wirbelsäule und auch infolge degenerativer Veränderungen an den Gelenken treten in der beteiligten Muskulatur ebenfalls häufig schmerzhafte Muskelhärten auf.

Behandlungsziele

Auflösung der Myogelosen und Beseitigung des Muskelhartspanns und der Schmerzen, da sonst die Dehnbarkeit des Muskels verringert und die funktionelle Muskelbalance gestört ist.

Behandlungsbeginn

Sofort nach dem Tasten von Verhärtungen bzw. nach Eintritt des schmerzhaften Zustandes.

Therapiemöglichkeiten

Passive Maßnahmen

Lagerung	Optimale Entspannungslagerung als Vorbereitung auf und während der Massage.
Massage	Das Hauptaugenmerk der Behandlung von Myogelosen liegt auf einer gezielten Massagebehandlung. Umschriebene Knetungen, Friktionen und Zirkelungen, eventuell auch Stäbchenmassage, sind anzuwenden. Durch zu kräftige Massage können jedoch auch reflektorische Schmerzspannungen erzeugt werden. Dies muß vermieden werden. Der Hartspann, der sich meist als reflektorische Zone um eine Myogelose herumgebildet hat, kann mit Entmüdungsmassage auch am leicht gedehnten Muskel behandelt werden. Die Durchblutung ist hierbei besonders intensiv. Es können auch Unterwassermassagen angewandt werden.
Wärme	Der Massage muß eine Durchwärmung der Muskulatur vorausgehen. Dies kann mit Glühlicht, Fangopackungen, Heißer Rolle etc. erfolgen.

Hydrotherapie	Ebenfalls zur Vorbereitung auf die Massage können warme Duschbäder und Dampfduschen zur Anwendung kommen. Auch das Saunabad ist angebracht.
Elektrotherapie	Die Durchblutung kann mit diadynamischen Strömen gefördert werden. Auch Kurzwellenbestrahlungen, Ultraschall, Histaminjontophorese in Verbindung mit Saugelektroden werden oft angewandt. Die Behandlung mit Interferenzströmen ist ebenfalls angezeigt.

Aktive Maßnahmen

Krankengymnastik und Bewegungstherapie	Zunächst ist die aktive und passive Dehnung des myogelotischen Muskels wichtig. Alle Faseranteile einer Muskelgruppe, in der sich Muskelhärten befinden, müssen gut durchbewegt werden. Dies kann durch minimale Veränderungen der Bewegungsachsen und -ebenen erreicht werden. Weiche, fließende Lockerungsübungen werden den Dehnungen vorgeschaltet. Danach wird mit Widerstands- und Spannungsübungen die Kraft verbessert. Bei den Widerstandsübungen muß jedoch die Entspannungsphase stets betont werden, indem mit weichen Massagegriffen oder Schüttelungen immer wieder versucht wird, den Muskel auf die erneute Anspannung optimal vorzubereiten, dafür wird die Stimulation der Antagonisten mit einbezogen. Aktive Muskelentspannungstechniken (z. B. progressive Muskelentspannung nach *Jacobson* und das Autogene Training sind ebenfalls anzuwenden). Für die Therapie von Muskelverspannungen ist außerdem eine psychische Betreuung von außerordentlicher Wichtigkeit.

Besondere Hinweise

Schnelle Muskelkontraktion z. B. durch falsches Krafttraining und ruckhafte Ausführung der Dehnübungen sind gegenindiziert.
Myogelosen sind im Leistungssport zu beachten und ernst zu nehmen, da sie die Ursache für weitere Weichteilverletzungen sein können.
Prophylaxe: Sorgfältige Muskelpflege durch Massagen, auch Selbstmassage, Sauna, Dehn- und Lockerungsübungen. Der Sportler sollte immer darauf bedacht sein, daß seine Muskulatur stets warm, elastisch und gut durchblutet ist.

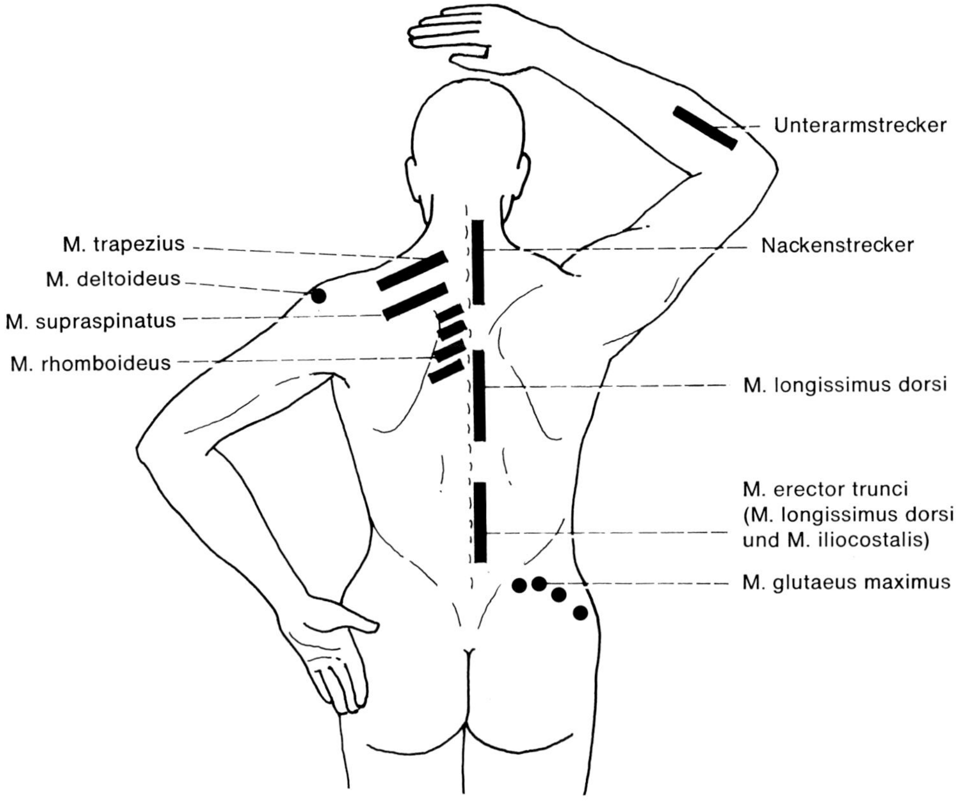

Abb. 254: Hauptlokalisationspunkte der Myogelosen.

Muskelentzündungen

Einführung

Die Symptome einer Muskelentzündung sind Rötung, Schwellung, Wärme und Schmerz. Bei der Muskelentzündung kommt außer diesen Merkmalen noch eine gestörte Funktion des Muskelgewebes hinzu.
Die häufigsten Ursachen einer Muskelentzündung sind mechanische, chemische, thermische oder durch Fremdkörper bedingte Reize. Der Athlet spürt einen anhaltenden Schmerz und eine dauernde Anspannung im Gebiet der Entzündung. Außerdem empfindet er eine dauernde Anspannung der Muskulatur. Beim Druck auf die schmerzende Stelle bleibt für längere Zeit ein verstärktes Schmerzgefühl bestehen.

Behandlungsziele

Beseitigung der Entzündung, der Schmerzen und Wiederherstellung der gestörten Funktion.

Behandlungsbeginn

Sofort nach Auftreten der Entzündungssymptome.

Therapiemöglichkeiten

Passive Maßnahmen

Lagerung	Die betroffene Region wird ruhiggestellt und hochgelagert.
Massage	Lokale Massagen sind kontraindiziert.
Kälte und Hydrotherapie	Während der ersten Tage werden feuchtkalte Umschläge, Eisanwendungen im Wechsel mit Heilerde-Umschlägen und Salbenverbänden, wie Zinkleim, Ichthyol, Kytta und Sixtus gemacht.
Elektrotherapie	Bewährt hat sich eine gut dosierte Ultraschallbehandlung mit Einschleusen des Medikamentes Histamin, außerdem Diadynamik und Interferenzstrombehandlung.

Aktive Maßnahmen

Krankengymnastik und Bewegungstherapie	Zunächst ist die Ruhigstellung des entzündeten Gebietes oberstes Gebot. Erst nach Abklingen der Entzündung setzt eine krankengymnastische Übungsbehandlung mit isometrischen Spannungsübungen ein. Es folgen dynamische Übungsformen und Widerstandsübungen sowie später Komplexbewegungen für die betroffene Muskelkette. Als Übergang und Vorbereitung zur Trainingsbelastung empfehlen sich Übungen im Bewegungsbad zur Beseitigung der evtl. bestehenden Koordinationsstörungen.

Besondere Hinweise

Das Training sollte erst nach Abklingen der Entzündung wieder aufgenommen werden. Für genügende Flüssigkeitszufuhr in Form von Tee und Fruchtsäften zur Anregung der Ausscheidung und zur Vitaminzufuhr muß gesorgt werden. Dadurch wird der Heilungsvorgang unterstützt.
Kontraindikationen: Lokale Muskelmassage sowie Wärmeanwendung und zu früher Trainingsbeginn sind unbedingt zu vermeiden.

Knochenhautreizung

Einführung

Die Knochenhautreizung bewirkt Überwärmung, Wärme, Schwellung und Schmerz. Die Ursachen können sein: Überbelastung auf unebenem oder hartem Boden, durch Fehlbelastung, z. B. beim Hochsprung am Absprungbein, lokale Durchblutungsstörungen, mangelnde Dehnfähigkeit der zugehörigen Sehnen und Muskeln.
Die Knochenhautreizung bereitet Schmerzen teils stechender Art, die durch Muskelkontraktion oder Belastung hervorgerufen werden. Der Schmerz strahlt in die Umgebung der Reizung aus und kann durch Druck provoziert und verstärkt werden. Starke Knochenhautreizungen sind durch einen permanenten Ruheschmerz charakterisiert.

Behandlungsziele

Beseitigung der Reizung und des Schmerzzustandes.

Behandlungsbeginn

Sofort nach Auftreten der Entzündungssymptome.

Therapiemöglichkeiten

Passive Maßnahmen

Lagerung, Ruhigstellung	Die Extremität wird entlastet und hochgelagert.
Massage	Ableitende Massage unter Auslassung des entzündlichen Gebietes. Bindegewebsmassagen besonders im betroffenen Segment.
Kälte	Kalte Umschläge und Salbenverbände mit Arnika, Ichthyol, Kytta und anderen entzündungshemmenden Zusätzen.
Wärme	Im Spätstadium feuchtwarme Umschläge, Heiße Rolle und Fangopackungen.
Elektrotherapie	Im akuten Stadium hat sich Jontophorese in Verbindung mit Ultraschall bewährt. Diadynamische Ströme und später Mikro- und Kurzwellenbestrahlungen sind ebenfalls als elektrotherapeutische Maßnahme sinnvoll.

Aktive Maßnahmen

Krankengymnastik und Bewegungstherapie	Im Spätstadium, nach Abklingen der akuten Reizung, setzt die krankengymnastische Übungsbehandlung ein. Mit isometrischen Spannungsübungen wird die Durchblutung gefördert und der Muskel wieder an seine normale Leistung herangeführt. Dabei darf die Knochenhaut nicht erneut gereizt werden. Bei Schmerzfreiheit folgen Widerstands- und Koordinationsübungen bis zur Steigerung mit Komplexbewegungen. Übungen im Bewegungsbad bereiten die Wiederbelastung im Training vor. Erst wenn diese Bewegungen beschwerdefrei ausgeführt werden können, sollte das Training, zunächst dosiert und später im normalen Umfang und Intensität, wieder aufgenommen werden.

Besondere Hinweise

Kontraindikationen: Massage direkt an der gereizten Knochenhaut, Wärmeanwendungen im akuten Stadium.
Prophylaxe: Gute Trainingsdosierung, Verbesserung der Bewegungskoordination, Training auf weichem Boden, eventuell Sportschuhe durch Einlagen verbessern, durchblutungsfördernde Bandagen tragen, regelmäßige Muskelpflege durch gezielte Dehnübungen, Massagen, Bindegewebsmassage, eventuell Herdsanierung.

Sehnenverletzungen

Eine gesunde Sehne ist außerordentlich widerstandsfähig. Bei plötzlichen Anspannungen, auf die der Körper nicht vorbereitet war, kann es zu einem Abriß des Sehnenansatzes am Knochen kommen. Bei Jugendlichen reißen oft dabei Knochenvorsprünge im Bereich des Sehnenansatzes oder Apophyse aus. Diese Apophysen sind mit eigenen Wachstumslinien versehen. Aus diesem Grunde ist ein gutes Verheilen wichtig, damit kein Dauerschaden entsteht.
Sehnen, die durch mangelhafte Übungen, Entzündung oder gar Verfettung degeneriert sind, können im Gegensatz zu gesunden Sehnen schon bei geringem Zug reißen.
Zu unterscheiden sind folgende Sehnenverletzungen:

Sehnenriß
Sehnenzerrung
Sehnenanriß

Sehnenriß

Einführung

Bei einem Sehnenriß handelt es sich um eine komplette Durchtrennung der gesamten Endsehne eines Muskels. Am bekanntesten ist der Achillessehnenriß und der Abriß der Sehne des langen Bizepskopfes am Oberarm an seiner Ansatzstelle oberhalb der Schultergelenkpfanne. Hierbei handelt es sich meist nicht um eine traumatische Verletzung, sondern um eine unkoordinierte Bewegung. Bei Volley-, Prell-, Basket- und Handballspielern sind Abrisse der Strecksehnen an den Fingerendgelenken zu beobachten, bei Fußballspielern Abrisse der Quadrizepssehne.
Bei den Sehnenrupturen kann oft eine Vorschädigung festgestellt werden. Auch histologisch intakte Sehnen können reißen; man spricht dann von einer Spontanruptur. Der Sehnenriß wird als plötzlicher, heftiger Schlag empfunden. Die betroffene Sehne kann nicht mehr angespannt werden. Sogar in der Schmerzschonstellung verbleibt ein pochender ziehender Schmerz. Beim Druck auf die verletzte Stelle kann man eine Einbuchtung fühlen. Als Ursachen kommen maximale Anspannung des Muskels, z. B. beim Absprung oder Abwurf, abruptes Stoppen einer aktiven Bewegung, passive Überdehnung des arbeitenden Muskels sowie ein Mißverhältnis zwischen Muskel und Sehnenquerschnitt oder ein direktes stumpfes Trauma in Frage.
Die operative Versorgung sollte bei allen Sehnenrupturen so früh wie möglich, spätestens aber am dritten Tag erfolgen.

Behandlungsziele

Wiederherstellen der vollen Funktion, Verhinderung von Muskelatrophien, Verhinderung oder Beseitigung von Verklebungen und Verwachsungen.

Behandlungsbeginn

Sofort nach Beendigung der Ruhigstellung.

Therapiemöglichkeiten

Passive Maßnahmen

Lagerung	Die genähte Sehne wird entspannt und die Extremität zur Rückflußförderung und Entstauung hochgelagert.
Massage	Massage der nicht betroffenen Körperregion. Entstauende Massage der betroffenen Extremität unter strenger Auslassung des

	Operationsgebietes; später Narbenmassage, um Verklebungen zu verhindern.
Kälte	Eisbehandlung, besonders vor der krankengymnastischen Übungsbehandlung.
Hydrotherapie	Vor und während der Übungsbehandlung werden lauwarme Teil- und Wechselbäder angewandt.
Elektrotherapie	Galvanisation, Faradisation und Diadynamik zur Durchblutungsverbesserung. Bei Nervenverletzungen oder Innervationsstörungen Elektrogymnastik.

Aktive Maßnahmen

Krankengymnastik und Bewegungstherapie	Die aktiven Übungen werden anfangs mit isometrischen Spannungsübungen, nach einigen Tagen mit isotonischen Übungen eingeleitet. Es folgen Funktions- und Widerstandsübungen. Zwischen den Widerstandsübungen werden vorsichtige aktive Dehn- und Lockerungsübungen eingeschaltet. Die Schmerzgrenze darf hierbei jedoch nicht überschritten werden. Zur Vorbereitung auf die volle Belastung haben sich Übungen im Bewegungsbad bewährt. Den Abschluß der krankengymnastischen Behandlung stellen Kräftigungsübungen in Form von Komplexbewegungen und die Schulung sportspezifischer Bewegungsabläufe dar.

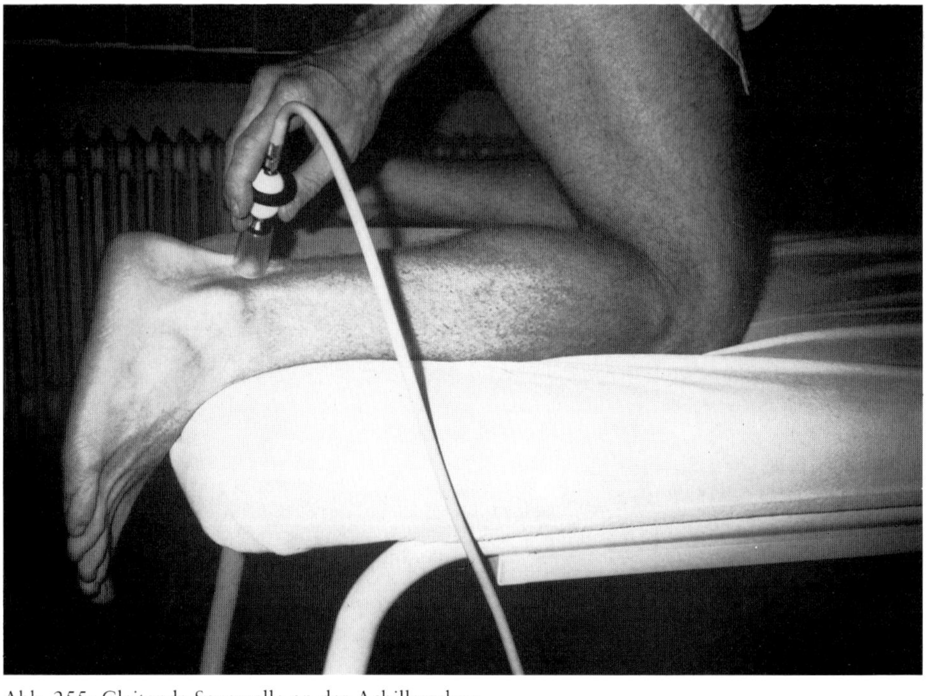

Abb. 255: Gleitende Saugwelle an der Achillessehne.

Besondere Hinweise

Die aktive Übungsbehandlung steht an erster Stelle. Die Übungen dürfen keine Schmerzen bereiten wegen der Gefahr einer *Sudeck*'schen Dystrophie.
Kontraindikation: Überhitzung durch trockene oder feuchte Wärme; zu frühe Massage oder Wärmeanwendungen im Operationsgebiet; alle passiven Bewegungen.
Erstversorgung an der Wettkampfstätte: Kälteanwendungen, Hochlagerung, ruhigstellende Bindenverbände.

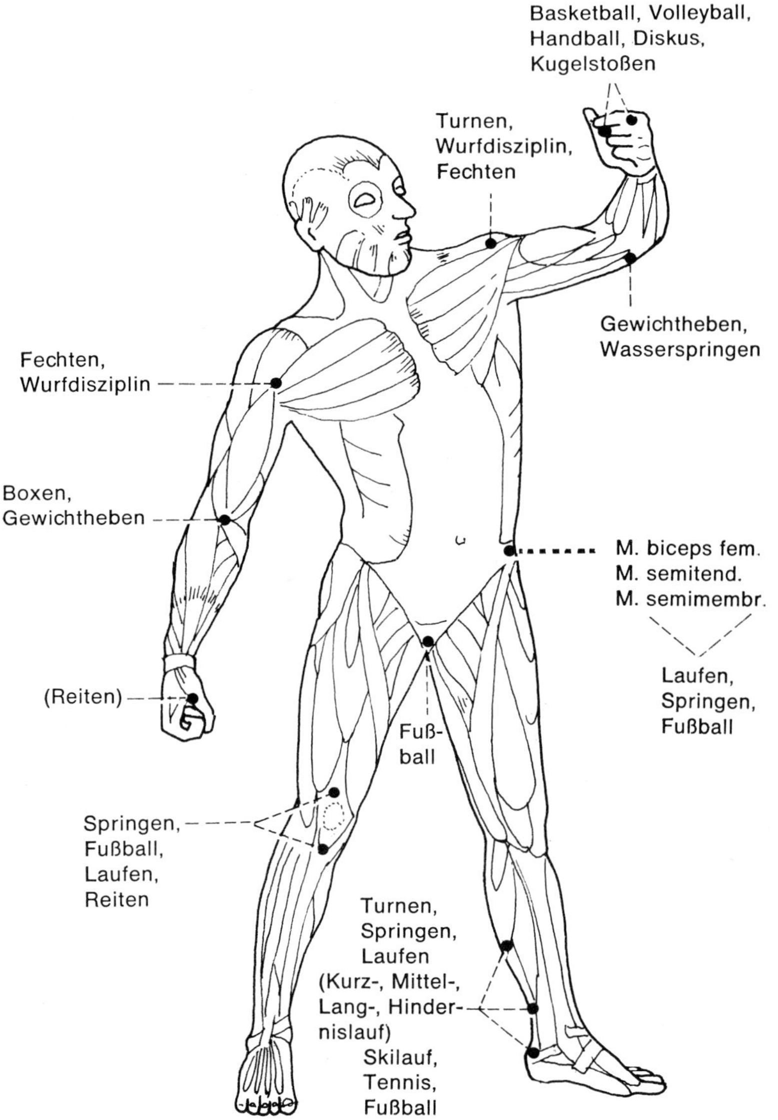

Abb. 256: Häufigste Sehnenrupturen im Sport.

Sehnenzerrung und Sehnenanriß

Einführung

Bei einer Sehnenzerrung handelt es sich um eine plötzliche gewaltsame Überdehnung des Sehnengewebes, die mit Zerreißungen von kleinsten Sehnenfaseranteilen und Erhalt der Sehnenkontur einhergeht. Der Athlet empfindet einen punktartigen, stechenden Schmerz. Bei Druck auf die Sehne kann dieser verstärkt werden. Die Behandlung erfolgt konservativ.
Der Sehnenanriß stellt eine verstärkte Verletzung des Sehnengewebes dar, bei dem einzelne Sehnenanteile zerreißen und die Sehnenkontur sichtbar oder tastbar verändert wird.

Behandlungsziele

Schmerzlinderung, Wiederherstellen der vollen Funktion, Verhinderung von Muskelatrophien, Verhinderung oder Beseitigung von Verklebungen und Verwachsungen.

Behandlungsbeginn

Sofort nach Beendigung der Ruhigstellung.

Therapiemöglichkeiten

Passive Maßnahmen

Lagerung, Ruhigstellung und Verbände	Die verletzte Extremität wird hochgelagert, mit einem ruhigstellenden Verband versorgt, der Ansatz und Ursprung der Sehne und dazugehörige Muskulatur annähert und fixiert.
Massage	Massage der nicht betroffenen Körperregion. Entstauende Massage der betroffenen Extremität unter strenger Auslassung des Verletzungsgebietes. Später, nach Ausheilung weiche Griffe zur Durchblutungsverbesserung. Danach tiefgreifende Massagetechniken, um Verklebungen zu lösen.
Hydrotherapie	Im Spätstadium sind Fangopackungen, Wechselgüsse und Wechselbäder angezeigt.
Kälte und Wärme	Im Akutstadium werden Kältebehandlungen in Form von Eispackungen oder Eismassage zur Schmerzlinderung durchgeführt. Im Spätstadium sind sowohl Kälte wie Wärmeanwendungen zur Vorbereitung von Massage und krankengymnastischer Übungsbehandlung angebracht.

Elektrotherapie	Galvanisation, Faradisation und Diadynamik zur Durchblutungsverbesserung. Bei Nervenverletzungen oder Innervationsstörungen Elektrogymnastik.

Aktive Maßnahmen

Krankengymnastik und Bewegungstherapie	Nach Beendigung der Ruhigstellung setzt die krankengymnastische Übungsbehandlung ein. Zunächst werden isometrische Spannungsübungen durchgeführt, um den Spannungs- und Kräfteverlust der betroffenen Muskulatur wiederherzustellen. Danach wird auch leicht isotonisch geübt; dabei darf die betroffene Sehne nicht überdehnt werden. Es folgen Übungen gegen manuellen Widerstand unter Zuhilfenahme von Geräten und im Bewegungsbad. Bei völliger Schmerzfreiheit können Komplexbewegungen eingesetzt werden. Koordinations- sowie disziplinspezifische Übungen beenden die aktive krankengymnastische Übungsbehandlung.

Besondere Hinweise

Kontraindikationen: Zu früh einsetzende Massage und trockene Wärmebehandlung, zu frühe Belastung der Sehne.
Prophylaxe: Für die gefährdeten Regionen vermehrt aktive Dehn-, Lockerungs- und Koordinationsübungen in das Trainingsprogramm einbeziehen; regelmäßig Muskelpflege betreiben, prophylaktische Tapeverbände anlegen.
Erstversorgung an der Wettkampfstätte: Die gezerrte Sehne und die Umgebung werden sofort mit Eis behandelt. Danach erfolgt eine Ruhigstellung der Sehne, wobei die zugehörigen Gelenke mittels Kompressionsverband, Tape oder unelastischem Verband in Schonstellung fixiert werden.

Tendinosen und Tendopathien

Einführung

Die Ansatzzone der Sehne ist die Stelle der größten Beanspruchung und der schlechtesten Durchblutung. Die Sehnenfasern am Übergang zum starren Knochen sind besonderen Zugspannungen ausgesetzt. Überbelastung in dieser Ansatzzone kann sogar zu einer Verknöcherung des Knorpels und zur sog. Spornbildung führen. Dies geschieht häufig an der Ferse (Fersensporn). Bei unzweckmäßigem Trainingsaufbau, Dauerbelastungen, Koordinationsstörungen, zu harten Lauf- oder Sprungflächen oder anlagebedingten

Ursachen kommt es häufig zur Entstehung der Tendinosen. Auch nicht ausgeheilte Makro- und Mikrotraumen können die Ursache für die Entstehung einer Tendinose sein. Tendinosen können überall da auftreten, wo sich Muskel-Sehnenansätze befinden. Bevorzugt sind im Sport folgende Muskelansatzpunkte:

Laufen	– Achillessehnenansatz, Ansatz der Tibialis anterior und posterior
Springen	– Achillessehnenansatz, Rückenstreckeransätze
Werfen, Stoßen	– Rückenstreckeransätze, Ansätze am Epicondylus lateralis und medialis, Trizepssehnenansatz
Fußball	– Muskelansätze der Adduktoren, des Iliopsoas, des Gracilis, des Rectus abdominus
Ballspiele	– Achillessehnenansatz, Ansatz des M. tibialis anterior, Bizepssehnenansatz
Gewichtheben	– Trizepssehnenansatz
Tennis	– Ansatz der Unterarmstrecker am Epicondylus lateralis
Fechten	– Ansätze am Epicondylus medialis und lateralis, Schambeinansatz
Rudern	– Ansatz an den Dornfortsätzen der BWS und LWS

Charakteristisch für die Tendinosen ist neben dem Belastungsschmerz der lokale Druckschmerz, der immer am Sehnenansatz auftritt. Wird der Muskel trotzdem ständig weiterbelastet, tritt bald ein Ruheschmerz ein, und es kommt zum Funktionsausfall. Meist wird daher ein Sportverbot von mindestens drei Wochen verordnet. In schweren Fällen kann die Ruhigstellung und das Sportverbot einige Monate dauern.
Tendopathien sind degenerative Veränderungen in der Sehne selbst oder entzündliche Vorgänge im Sehnengleitgewebe. Diese Sehnenveränderungen treten bei Sportlern häufig durch mangelnde Gewebedurchblutung unter maximaler einseitiger Belastung auf. Stellt man an der erkrankten Sehne ein Reibegeräusch fest, so spricht man von einer Paratendonitis crepitans. Diese Fehlbelastungsschäden erfordern oft eine längere Behandlungszeit bis zur völligen Wiederherstellung.
Bei jeder.Tendopathie sollte man Rheuma und Herdinfektionen durch spezielle Untersuchungen ausschließen lassen. Auch Röntgenaufnahmen sind erforderlich. Sie zeigen manchmal Osteophyten und Knochenusurationen (Os pubis, Tibiakanten), Kalkdepot in der Umgebung der Sehnenansätze oberhalb des Tuberculum majus bei der Tendopathie der Supraspinatussehne oder in der Bursa sub acromialis (Bursitus calcarea), Verknöcherung der Bandansätze an Kniegelenken, Morbus Osgood Schlatter und Apophysis (Apex patellae) der jungen Fußballspieler, Marschfraktur an der Basis des Os metatarsale.

Behandlungsziele

Beseitigung des Reizzustandes und somit der Schmerzen, Wiederherstellung der vollen Funktion und Kräftigung der Muskulatur.

Abb. 257: Die Gefahr von Tendinosen und Tendopathien am Unterschenkel ist für Läufer, besonders Langstreckenläufer, auf Kunststoffbahnen erhöht.

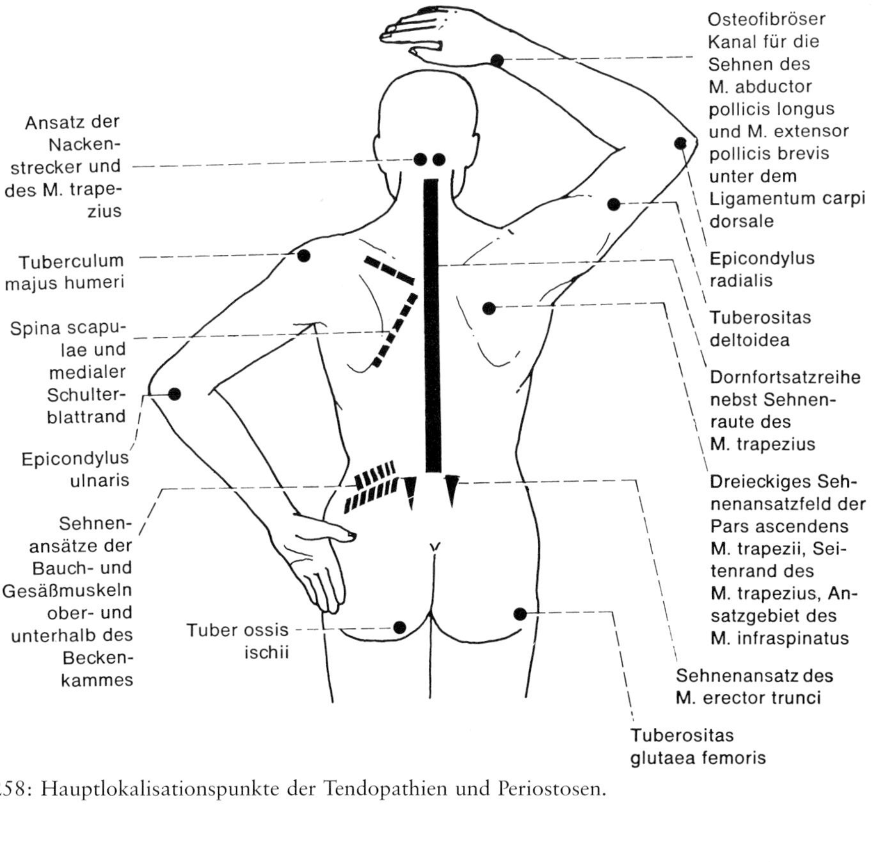

Abb. 258: Hauptlokalisationspunkte der Tendopathien und Periostosen.

Behandlungsbeginn

Sofort nach Eintritt der Schmerzen.

Therapiemöglichkeiten

Passive Maßnahmen

Lagerung, Ruhigstellung und Verbände	Die Lagerung erfolgt in Schmerzschonhaltung. Ruhigstellende Verbände im Akutzustand und stützende Verbände zur Bewegungsführung und Einschränkung von schmerzverursachenden Bewegungen.
Massage	Es können Massagen zur Durchblutungsverbesserung unter Ausschluß des gereizten Gebietes verabreicht werden. Auch Bindegewebsmassagen sowie Unterwassermassagen sind angezeigt.
Kälte	Im Akutzustand Eispackungen, Eismassagen oder andere Kälteanwendungen.
Hydrotherapie	Wechselbäder, *Kneipp*'sche Güsse, später Fangopackungen können den Heilungsprozeß verkürzen.
Elektrotherapie	Im Rahmen der Gesamtbehandlung von Tendinosen bzw. Tendopathien spielt die Elektrotherapie eine wesentliche Rolle. Die Histamin-Jontophorese hat sich dabei besonders bewährt. Auch mit Hilfe von Ultraschall können diese Medikamente eingeschleust werden.

Aktive Maßnahmen

Krankengymnastik und Bewegungstherapie	Für eine erfolgreiche Behandlung ist die Durchblutungsverbesserung des Gewebes während der Arbeit und in der Erholungsphase von grundsätzlicher Bedeutung. Die aktive krankengymnastische Behandlung bezieht sich erst einmal nur auf die isometrischen Spannungsübungen, die eine Hypertrophie der Muskelfasern bewirken. Außerdem wird durch die gezielte, langsame isometrische Muskelkonzentration über die maximale Anspannung eine völlige Entspannung der Muskulatur erreicht. Diese optimale Muskelentspannung ist Voraussetzung für die im Sport erforderliche Dehnfähigkeit von Sehnengewebe. Werden diese isometrischen Spannungsübungen gut beherrscht, folgen Widerstandsübungen in Form von Komplexbewegungen. Diese sollen vor allem die verminderte Koordination fördern. Nach einer Woche werden leichte aktive Dehnübungen mit in die Behandlung einbezogen. Gleichzeitig können Übungen im Bewegungsbad durchgeführt werden. Nach 14 Tagen ist ein leichtes Belastungstraining auf weichen Böden möglich.

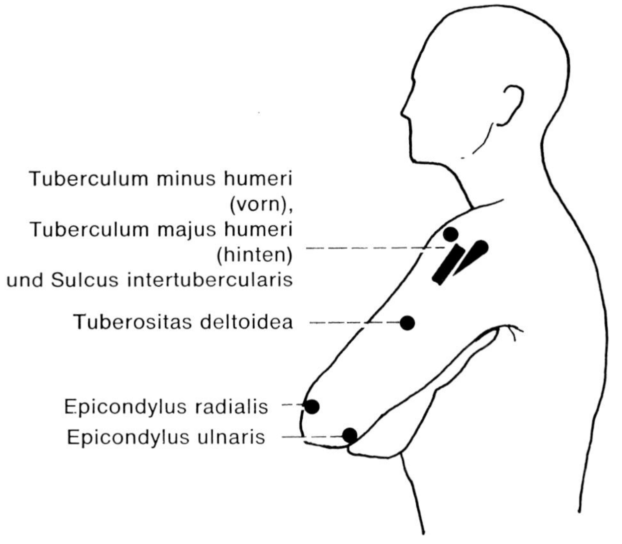

Abb. 259: Hauptlokalisationspunkte der Periostosen am Oberarm und Schulter.

Besondere Hinweise

Kontraindikation: Massage im Sehnenbereich, Hitzebehandlung und intensives Training vor Abklingen der Entzündung.
Prophylaxe: Training auf weichem Boden, vermehrte Koordinationsübungen, um die Dehnbarkeit des Muskels zu verbessern, durchblutungsverbessernde Maßnahmen einschalten, regelmäßige Muskel- und Körperpflege in Form von Massagen und Sauna.
Erstversorgung an der Wettkampfstätte: Den Sehnenbereich kühlen und mit dem zugehörigen Gelenk in entlastender Haltung mit Hilfe von Verbänden ruhigstellen.

Kapsel-Bandverletzungen

Einführung

Soll sich, wie im Sport, das Bewegungsausmaß vergrößern, kann dies nur durch ein Gelenk erfolgen, das folgende Voraussetzungen erfüllt:

a) Zwei Knochenenden, von denen das eine den Gelenkkopf, das andere die dazugehörige Gelenkpfanne bildet;
b) eine Gelenkkapsel, die das Gelenk umschließt;
c) die Gelenkschmiere;
d) mehrere kurze oder lange Verstärkungs- bzw. Haltebänder.

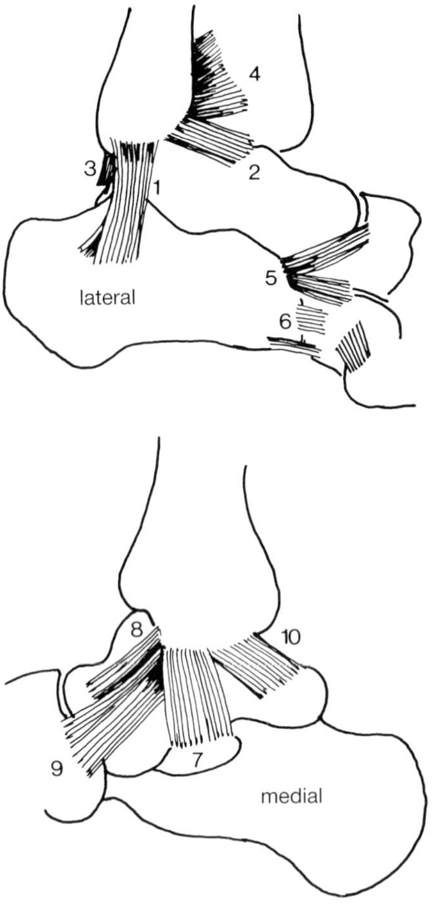

1 Lig. calcaneofibulare
2 Lig. talofibulare anterius
3 Lig. talofibulare posterius
4 Lig. tibiofibulare anterius inferius
5 Lig. bifurcatum
6 Lig. calcaneocuboideum
7 Lig. tibiocalcaneare
8 Lig. tibiotalare anterius
9 Lig. tibionaviculare
10 Lig. tibiotalare posterius

Abb. 260: Kollateralbänder am rechten Fuß.

Zu den aufgeführten Voraussetzungen eines leistungsfähigen Gelenkes kommen noch Verstärkungsbänder, die zu einem gewissen Teil die Funktionen der Gelenkkapsel, den Zusammenhalt der Gelenkflächen sichern, unterstützen und darüber hinaus das Ausmaß der Bewegungsmöglichkeiten einschränken. Man spricht deshalb auch von sog. Führungs- oder Hemmungsbändern. Die Bänder stellen ein überaus straffes Gewebe dar, welches nur wenig Elastizität aufweist. Darum ist es also erklärlich, daß es bei Überdehnungen einer längeren Ruhepause bedarf und zwar solange, bis die erforderliche Festigkeit für die Unterstützung der Gelenkkapsel wieder erlangt ist.
Die Zugfestigkeit der Bänder kommt besonders durch die Untersuchungen von *Fessler* zum Ausdruck, der beweisen konnte, daß diese beispielsweise im Bereich des Hüftgelenkes 380 kp, im Bereich des Kniegelenkes 315 kp aushalten, bevor sie zerreißen *(Tittel)*.
Eine Gelenkbandverletzung entsteht dann, wenn das Gelenk über seinen natürlichen Bewegungsumfang hinausgedrängt wird.
Die Kapsel-Bandläsionen faßt man allzu oft und ungenau unter dem Oberbegriff «Distorsionen» zusammen. Nach *Weller* unterscheidet man je nach Schwere des Traumas:

1. Zerrung,
2. Dehnung, mit partiellen Einrissen
3. Ruptur.

Durch plötzlich einsetzende dynamische Kräfte kommt es zu nicht mehr kompensierbaren Verformungen am Kapselbandapparat im Sinne eines Makrotraumas.
Bei einer Kapselbandzerrung kommt es schon zu Gefäßzerreißungen und Nervendehnungen; Zerstörung von Fasergeweben, sowie der Zellverbände und Interzellularsubstanz. Die Dehnung beinhaltet partielle Einrisse im Kapselbandgewebe, welche bei weiter zunehmender mechanischer Belastung in die echte komplette Ruptur übergehen.
Erkennungszeichen einer Bandverletzung ist die Blutung, die mit einer Schwellung im Bereich des Gelenkes und des Gelenkbandes einhergeht. Daraus resultieren Schmerzen bei der Bewegung und Belastung. Außerdem besteht je nach Verletzungsumfang eine Instabilität des Gelenkes.
Die meisten Gelenkverletzungen lassen sich durch gehaltene Röntgenaufnahmen oder Arthrographie diagnostizieren. Das Gelenk muß auf seine Stabilität hin untersucht werden.
Beim Vorliegen einer Bandverletzung kann ein Weiterspielen im Sport nicht erlaubt werden. Es gibt auch keinerlei stabilisierende Maßnahmen, mit denen es möglich wäre, weiterzuspielen. Die gleichen Prinzipien gelten für alle anderen Gelenkverletzungen auch an den oberen Extremitäten.
Für den Bandapparat des Kniegelenkes sind anlage- oder unfallbedingte stärkere Abweichungen im X- oder O-Sinn verhängnisvoll, da sie zu einer Bandlockerung führen.

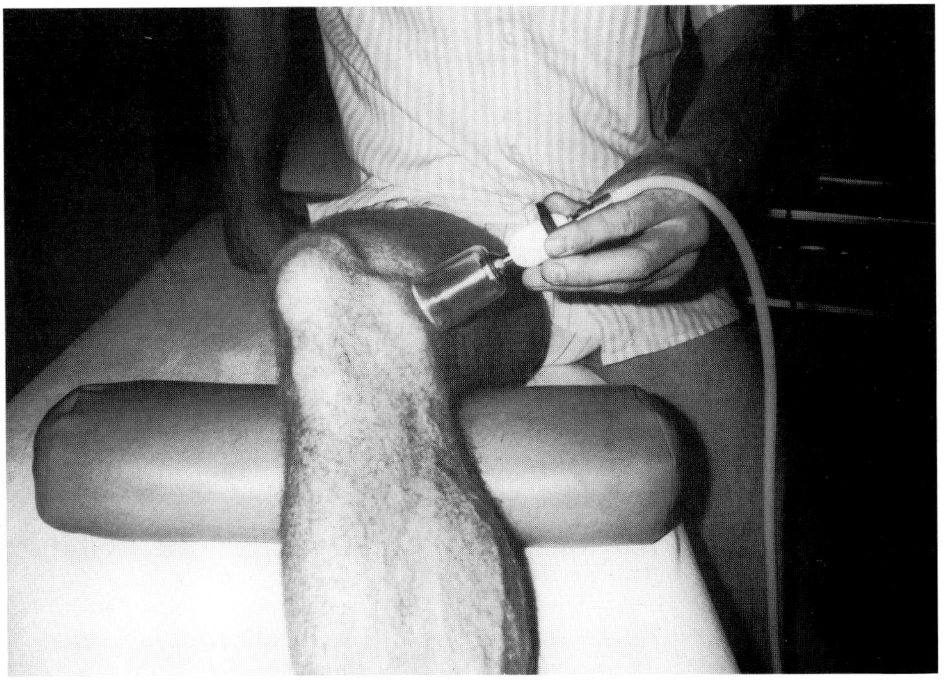

Abb. 261: Saugwelle und Kapselbandverletzung.

In solchen Fällen sind Maßnahmen zur Kräftigung des Bandapparates und die Enthaltung von solchen Sportarten, die die unteren Gliedmaßen bevorzugt belasten, angezeigt. Schwimmen und Radfahren ist hier der Vorzug zu geben, weil die Beingelenke dabei entlastet sind.
Bänderrisse führen zur Instabilität des betroffenen Gelenkes. Beim Riß des inneren Längsbandes am Kniegelenk z. B. kann es im X-Sinn aufgeklappt werden.
Die Kreuzbandverletzung äußert sich im positiven Schubladenzeichen und bedarf häufig einer plastischen Ersatzoperation, um ausreichende Stabilität des Kniegelenkes und die Sportfähigkeit wieder herzustellen.
Gelenk- und Bänderverletzungen sind im Sport häufig. Am häufigsten betroffen sind das Fußgelenk, das Kniegelenk, das Ellenbogengelenk, die Hand und das Schultergelenk.

Behandlungsziele

Wiederherstellen der vollen Gelenkfunktion, Kräftigung des Muskel-, Gelenk- und Bandapparates, vornehmlich Kräftigung der Haltemuskulatur, Vermeidung von Fehlhaltungen.

Behandlungsbeginn

Je nach Schweregrad der Kapsel-Bandverletzung muß eine Ruhigstellung erfolgen. Bei kompletten Rissen sollten gleich nach der operativen Bandnaht die gesunden Körperteile krankengymnastisch behandelt werden. Nach Beendigung der Ruhigstellung wird das verletzte Gelenk in die Behandlung mit einbezogen.
Gegebenenfalls kann die krankengymnastische Behandlung in Form von isometrischen Spannungsübungen noch während der Ruhigstellung erfolgen.

Therapiemöglichkeiten

Passive Maßnahmen

Lagerung	Ruhigstellung und Hochlagerung zur Rückflußförderung.
Massage	Die Muskeln der benachbarten Extremität können sofort massiert werden. Die Muskeln, die auf das betroffene Gelenk einwirken, können eventuell mit weichen Streichungen und Knetungen leicht massiert werden. Auftretende Verklebungen oder Verwachsungen werden im Spätstadium durch Friktionen oder Bindegewebsmassage gelöst.
Kälte	Im akuten Stadium werden Eispackungen, kalte Bäder oder kalte Wickel angewandt.
Wärme	Im Spätstadium sind Fangopackungen und Heißluftbestrahlungen zur Normalisierung des Gelenkstoffwechsels angezeigt.

Elektrotherapie

Ultraschall, Jontophorese oder diadynamische Ströme sollen in der Akutphase für eine bessere Durchblutung, sowie eine gute Resorbtion des Gelenkergusses sorgen.

Aktive Maßnahmen

Krankengymnastik und Bewegungstherapie

Bei Bandschäden geht die Festigkeit des Gelenkes der Beweglichkeit vor, so daß auch z. B. keine passiven Übungen zur Erreichung besserer Beugefähigkeit angebracht sind. Die krankengymnastische Behandlung besteht erst nur aus isometrischen Spannungsübungen. Danach stehen dann Stabilisationstechniken, Mobilisationsübungen, Widerstandsübungen in Form von Komplexbewegungen im Vordergrund. Die Belastung wird allmählich gesteigert. Bei operierten Kapsel-Bandverletzungen setzt die krankengymnastische Behandlung schon während der Ruhigstellung ein. Begonnen wird ebenfalls mit isometrischen Spannungsübungen und mit Kräftigungsübungen der gesamten Rumpfmuskulatur, sowie der gesunden Extremitäten. Nach der Ruhigstellung können mit Komplexbewegungen gezielt die betroffenen Muskelgruppen und die Bänder gekräftigt werden. Bei diesen Komplexbewegungen muß sorgfältig die Dehnung des Bandapparates vermieden werden.
Es empfiehlt sich, während der ersten Behandlungen eine Eispackung um das betroffene Gelenk zu binden, um einen Erguß zu verhindern. Kräftigungsübungen mit und ohne Geräte sind später angezeigt.

Erstversorgung an der Wettkampfstätte

Eisbehandlung, Kompressionsverband, Verstärkung des Kompressionsverbandes durch Überkleben von Pflasterstreifen.
Hochlagerung der betroffenen Extremität.

Besondere Hinweise

Nach Abschluß aller konservativen bzw. operativen Maßnahmen richtet sich die Belastbarkeit im Sport nach dem Behandlungsergebnis. Die Wiederherstellung der Muskelkraft in Verbindung mit einer vollständigen Stabilisierung der Bandverbindungen des betroffenen Gelenkes ist Voraussetzung für eine uneingeschränkte sportliche Einsatz- und Leistungsfähigkeit. Ist es nicht gelungen, die ursprüngliche Festigkeit der Bandverbindungen wiederherzustellen, hängt die Sporttauglichkeit vom Ausmaß der Bandlockerung ab. Bandagen, Spezialschuhe (z. B. ‹adimed›) und ähnliche Hilfsmittel sind nur ein Zusatz zur tatsächlichen Therapie und dürfen keinesfalls als Garantie gelten – jetzt kann nichts mehr geschehen!

2. Fuß und Bein

Zehenverletzungen

Einführung

Zehenverletzungen, wie Kontusionen und Distorsionen, treten durch Preßschlag oder Tritt in die Erde im Fußballsport auf. Im Handball und bei leichtathletischen Disziplinen, bei Läufern und Tennisspielern kommen sie ebenfalls vor. Meist ist davon die Großzehe betroffen. Deformitäten, wie Hallux valgus oder Hammerzehen, begünstigen diese Verletzungen.

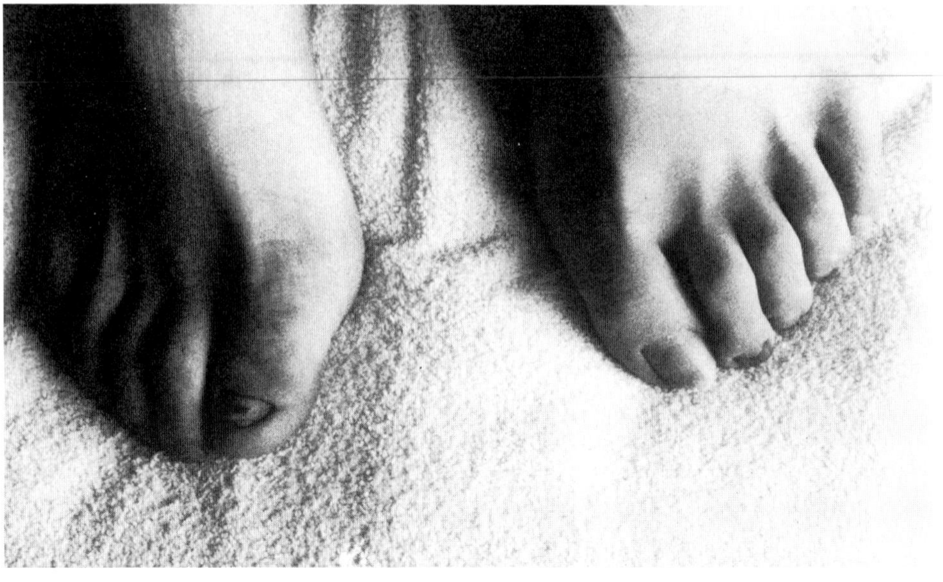

Abb. 262: Zehen- u. Nagelverletzungen durch Fußball.

Behandlungsziele

Abbau der Schwellung, Schmerzfreiheit und Rückführung zum normalen Gangbild bis zur vollen Sportbelastbarkeit.

Behandlungsbeginn

Sofort nach Eintritt der Verletzung.

Therapiemöglichkeiten

Passive Maßnahmen

Lagerung, Ruhigstellung und Verbände	Hochlagern und Kompressionsverband. Nach Abschwellung einen starren Pflasterverband (Tape) anlegen, um eine statische Belastung zu ermöglichen. Die Stellung der betroffenen Zehen mit Zwischenlagen von Schaumgummi, Filzringen oder Pflasterstreifen verbessern.
Kälte	Eismassage, Eistauchbad für den ganzen Fuß, Coolpac etc.
Elektrotherapie	Ultraschall und Diadynamik.

Aktive Maßnahmen

Krankengymnastik und Bewegungstherapie	Manuelle Gelenktherapie wird angewandt, um die Gelenkfunktion wieder einzuspielen. Traktion zur Schmerzlinderung steht im Vordergrund. Unterstützende krankengymnastische Übungen mit und ohne Geräte festigen das erreichte Bewegungsausmaß. Übungen mit Seil, z. B. Figuren legen, mit Tüchern oder

Abb. 263: Fußübung mit Seil zur Kräftigung der Fußsohlenmuskulatur.

Papier zusammenknäulen und wieder ausbreiten, mit Bällen, mit einem Bleistift – diesen aufheben, stärken den gesamten Bewegungsapparat des Fußes. Wiederbelastung durch Gehen und Üben auf Weichboden und Minitrampolin. 6–8 Behandlungen, 2–3 mal wöchentlich sind erforderlich.

Besondere Hinweise

Durch ein Spezialtraining die gesamte Fußmuskulatur und Fußstatik verbessern und kräftigen (siehe Durchtreten des Fußes). Sportschuhe mit schützender fester Kappe sind zu bevorzugen.
Erstversorgung an der Wettkampfstätte: Kälteanwendungen und Kompressionsverband.

Durchtreten des Fußes

Einführung

Durch zu starke oder zu lange Belastung kommt es zum Durchtreten des Fußes. Sowohl die Weichteile, hier besonders die von der Plantaraponeurose eingefaßten Muskeln und Sehnen, als auch die knöchernen Anteile des Fußes werden beeinflußt. Verschiebungen im Bereich der Mittelfuß- und Fußwurzelknochen, sog. Stufenbildung, können auftreten. Eine Knochenhautreizung oder Entzündung folgt häufig. Deformitäten des Fußes, wie Senk-, Spreiz-, Knie-, Hohl- oder Plattfuß und Schwächen der Fußmuskeln begünstigen die Entstehung. Bei Langstreckenläufern, besonders Straßen- und Crossläufern, beim Tritt in ein Loch oder auf eine Wurzel, außerdem beim Tennis auf Hartplätzen, bei Fußballern und Turnern kann diese Verletzung auftreten.

Behandlungsziele

Schmerzfreiheit, Abbau der Weichteilreizung, Reposition der verschobenen Mittel- oder Fußwurzelknochen, sportliche Wiederbelastungsfähigkeit.

Behandlungsbeginn

Sofort nach Eintreten der Verletzung.

Therapiemöglichkeiten

Passive Maßnahmen

Lagerung, Ruhigstellung und Verbände	Entlastung des Fußes durch Hochlagerung bis Schmerzfreiheit eintritt, dann zur Unterstützung Klebe- oder Tapeverbände anlegen.
Massage	Massage der Fuß- und Beinmuskulatur unter Auslassung der akuten Schmerzpunkte. Verklebungen im Bereich der Fußsohle, der Plantaraponeurose, durch Friktionen und eventuell durch Stäbchenmassage lösen.
Kälte	Eismassage, Eistauchbad des gesamten Fußes.
Elektrotherapie	Ultraschall, Diadynamik.

Aktive Maßnahmen

Krankengymnastik und Bewegungstherapie	Manuelle Gelenktherapie bis zum Erreichen der normalen Gelenkfunktion und Gelenkstellung durchführen, wenn es sich um eine Gelenkblockierung und keine strukturelle Weichteilverletzung handelt. Nach Abklingen des akuten Zustandes krankengymnastische Übungen zur Kräftigung der gesamten Fuß- und Unterschenkelmuskulatur zur Stabilisierung der Fußgewölbe. Übungen mit Seil, Bleistift, Papier, Tüchern, Ball und Stab trainieren zusätzlich die Fußmuskulatur. Die Fußstatik wird mit diesen Übungen korrigiert. 8–12 Behandlungen, jeden zweiten Tag durchgeführt, sind meist erforderlich.

Besondere Hinweise

Der Sportler sollte eventuell notwendige Einlagen tragen. Mit Tapeverbänden und Schaumgummi die Fußdeformität beim Training und Wettkampf ausgleichen. Barfußlaufen zur Kräftigung in allen Belastungsrichtungen, Zehengang, Fersengang, Storchengang, Bärengang, Seitwärtslaufen, Rückwärtslaufen stärken die betroffenen Laufmuskel. Langsames Laufen in unebenem Gelände, Strandlauf in großen Schlangenlinien vom trockenen in den nassen Sand bis ins knietiefe Wasser und wieder zurück; dies mehrfach wiederholen, auch im Laufschritt, dabei werden mechanische und thermische Wirkungen des Sandes und Wassers genutzt. Laufen auf Steinen, bergauf und bergab, schräg und diagonal zum Hang, auf Balken und umgetürzten Baumstämmen verbessern die Stabilität des Fußes. Ein Spezialtraining auf der schiefen Ebene, auf dem Sportkreisel oder mit dem Medizinball sind zusätzliche Möglichkeiten zum Training der Laufmuskulatur.

Erstversorgung an der Wettkampfstätte: Kälteanwendungen und entlastende Verbände.

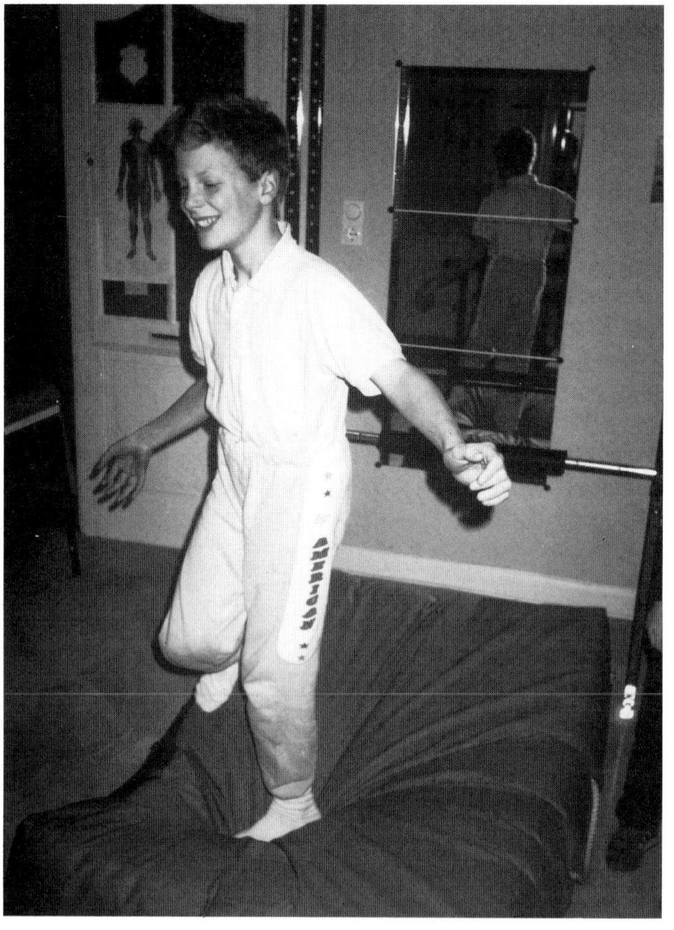

Abb. 264: Beinmuskeltraining auf dem Weichboden.

Deformitäten des Fußes

Einführung

Ursachen für die Fußdeformitäten wie Hammerzehen, Hallux Valgus, Senkfuß, Hohlfuß, Knickfuß etc. können angeboren oder erworben sein. Sie werden durch mangelndes Training der Fußmuskulatur, durch falsches Schuhwerk und zu enge Strümpfe schon im Kindesalter begünstigt.

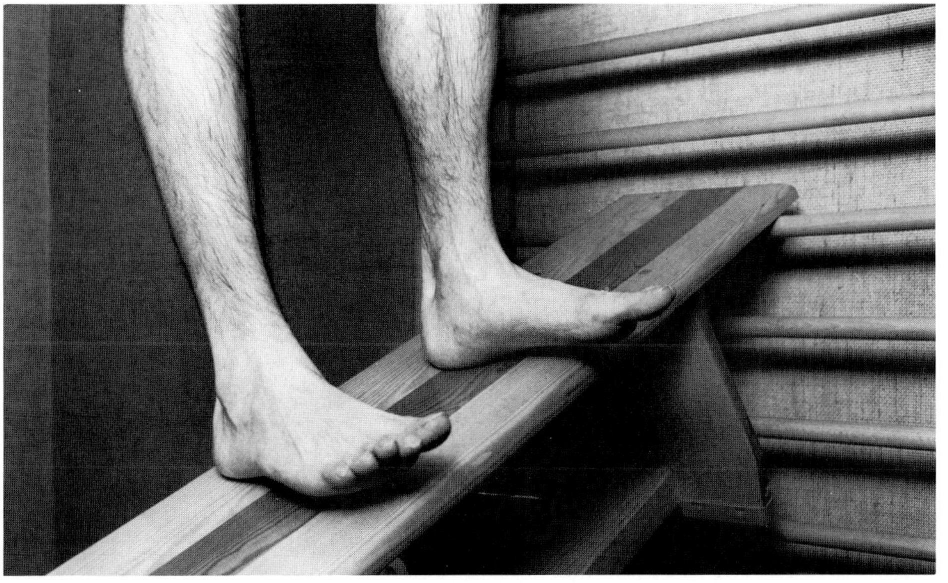

Abb. 265: Spezialtraining auf der schiefen Ebene. Seitlicher Fersengang aufwärts.

Behandlungsziele

Durch aktive und passive Physikalische Therapie und orthopädische Maßnahmen sollen Muskulatur und Statik des Fußes stabilisiert und verbessert und somit günstigere Voraussetzungen für die Sportbelastung geschaffen werden.

Behandlungsbeginn

Prophylaxe möglichst bevor Beschwerden auftreten; Behandlung so früh wie möglich.

Therapiemöglichkeiten

Passive Maßnahmen

Verbände und Einlagen	Mit unterstützenden Verbänden und Einlagen die Deformität des Fußes korrigieren und ausgleichen; dadurch den Fuß entlasten.
Massage	Mit Massage, eventuell auch Stäbchenmassage, Fußweichgewebe intensiv durcharbeiten, Verklebungen und Verkürzungen beseitigen.
Kälte und Wärme	Mit Güssen, ansteigenden Fußbädern und Wechselfußbädern Durchblutung fördern.

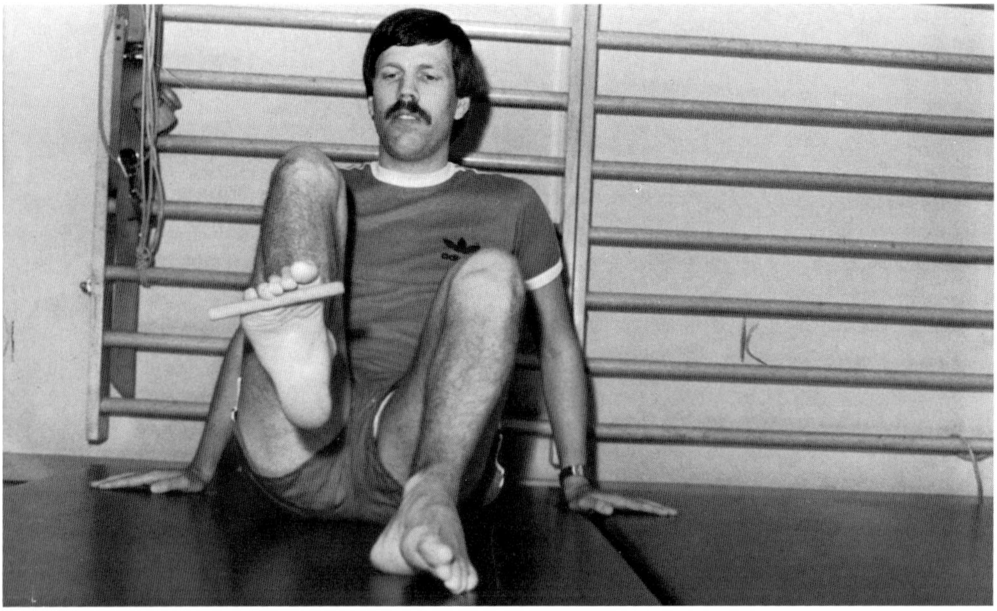

Abb. 266: Fußgymnastik mit dem Stäbchen bei Platt-Senk-Spreiz-Fuß.

Abb. 267: Fuß- und Beinarbeit auf dem Sportkreisel.

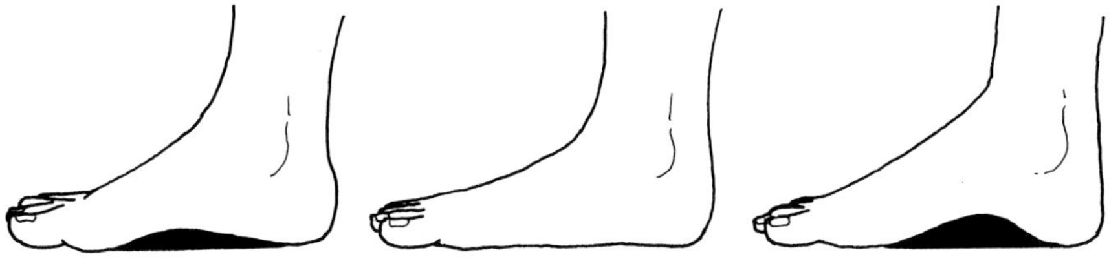

a b c

Abb. 268: Mediale Fußwölbung: a normale Wölbung; b Plattfuß; c Hohlfuß.

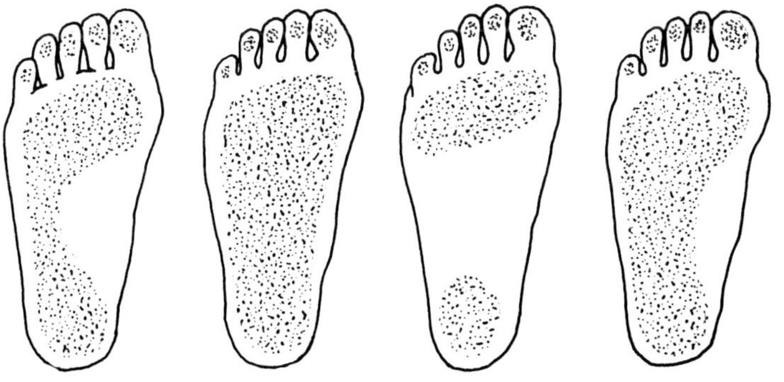

a b c d

Abb. 269: Abdruck der Formvarianten des Fußes: a normaler Fußabdruck; b Plattfußabdruck; c Hohlfußabdruck; d Spreizfußabdruck.

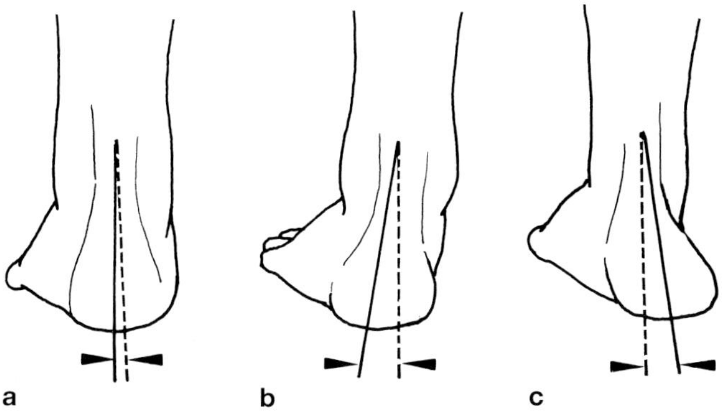

a b c

Abb. 270: Stellung des Rückfußes: a normale Stellung; b Pes valgus; c Pes Varus.

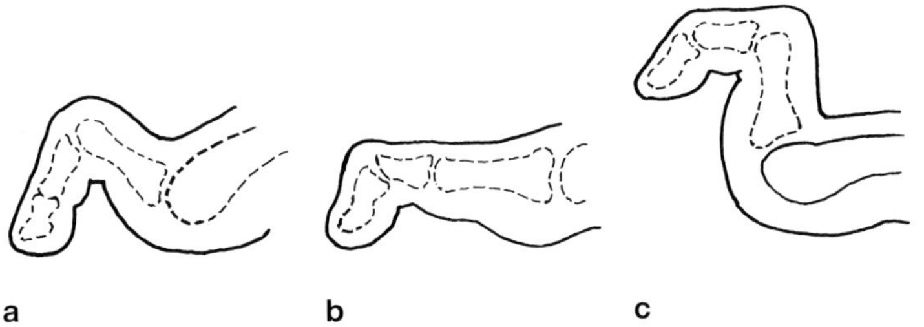

a b c

Abb. 271: Zehendeformitäten: a und b Hammerzeh; c Krallenzeh.

Aktive Maßnahmen

Krankengymnastik und Bewegungstherapie	Mit Manueller Gelenktherapie ein Fortschreiten der Deformität verhindern. Mit aktiven krankengymnastischen Übungen das neugewonnene Bewegungsausmaß festigen. Die Fußstatik durch Lockern, Dehnen und Kräftigen verbessern. Durch richtig dosiertes Training, mit und ohne Geräte, die Fußmuskulatur prophylaktisch vor Überbelastungsbeschwerden schützen. (Übungen siehe ‹Durchtreten des Fußes› und ‹Zehenverletzungen›.) Mehrere Behandlungsserien mit Reizerholungspausen müssen durchgeführt werden.
Besondere Hinweise	Bei stärkeren und anhaltenden Beschwerden muß dem Sportler zu weniger fußbelastenden Sportarten geraten werden.

Fersenprellung

Einführung

Die Fersenprellung tritt durch festes Aufsetzen der Ferse auf harten Untergrund oder durch Stoß gegen die Ferse ein. Das Weichgewebe der Ferse wird gestaucht, eine zusätzliche Verschiebung des Calcaneus kann dabei eintreten. Diese Blockierung kann die Bewegungen des unteren Sprunggelenkes, sowohl Supination als auch Pronation, beeinträchtigen. Eine Knochenhautreizung kann folgen. Bei leichtathletischen Sprungdisziplinen, Hürden- und Hindernislauf, Fußball, Handball, Volleyball, Basketball und Turnen kann diese Verletzung auftreten. Die Ferse schwillt an, eine Belastung ist nur unter Schmerzen möglich.

Behandlungsziele

Abbau der Schwellung, Schmerzfreiheit und Rückführung zum normalen Auftreten und Gangbild bis zur vollen Sportbelastbarkeit.

Behandlungsbeginn

Sofort nach Eintritt der Fersenprellung.

Therapiemöglichkeiten

Passive Maßnahmen

Lagerung, Ruhigstellung und Verbände	Fuß 24 Stunden, bei weiteren Schmerzen auch länger, völlig entlasten und hochlagern. Schaumgummi-Kompressionsverband zur Resorption des Ergusses und später zur Unterstützung einen Tapeverband anlegen.
Kälte	Eistherapie, Eistauchbad des gesamten Fußes, Coolpac etc.
Elektrotherapie	Ultraschall, Diadynamik.

Aktive Maßnahmen

Krankengymnastik und Bewegungstherapie	Manuelle Gelenktherapie zur Korrektur der Gelenkblockierung. Allgemeine krankengymnastische Übungsbehandlung zur Kräftigung der Fuß- und Beinmuskulatur in der Entlastung. Danach vorsichtige Belastung im Bewegungsbad. Bei der Gangschule muß die Ferse mit einer Schaumgummieinlage entlastet werden. Eine Nylonfaserkappe kann zusätzlich als Schutz für die Ferse übergestülpt werden. 8–12 Behandlungen, täglich durchgeführt, sind meist erforderlich.

Besondere Hinweise

Bei Schmerzfreiheit Training wieder aufnehmen, jedoch zunächst harten Untergrund vermeiden und zur Stütze einen Tapeverband mit Fersenpolsterung anlegen. Trainingsschuhe mit erhöhtem Absatz tragen, z. B. Intervallspikes. Fersenkissen aus Schaumgummi zusätzlich in die Sportschuhe einlegen, Ferse hohllegen.
Erstversorgung an der Wettkampfstätte: Kälteanwendungen und Entlastung mit einem Verband.

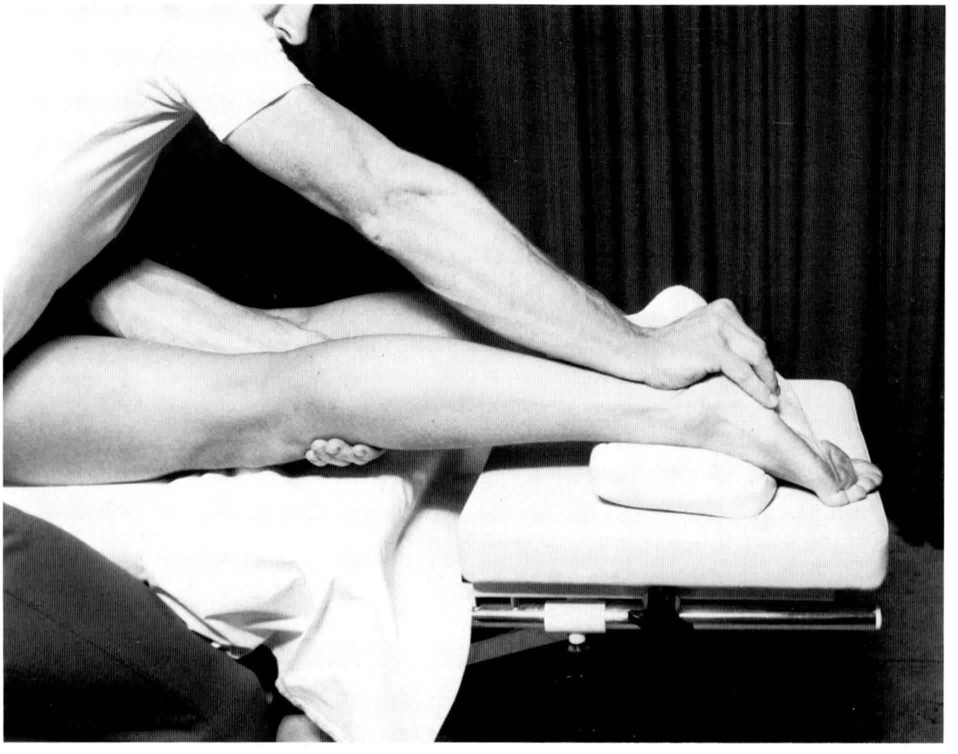

Abb. 272: Manuelle Gelenktherapie nach Fersenprellung.

Sprunggelenkdistorsion

Einführung

Zu den häufigsten und typischen Sportverletzungen im Bereich der unteren Extremitäten gehört die Sprunggelenkdistorsion. Ursächlich liegt diese Verletzungsanfälligkeit beim Athleten in der anatomischen Struktur und der übermäßigen Belastung begründet. Über 15% der Verletzungen in allen Sportarten sind am Sprunggelenk lokalisiert. Häufig tritt die Distorsion als typische Sportverletzung in den Spielsportarten Basketball, Volleyball, Handball und Fußball auf. Beim Turnen und Springen sowie bei den Kampfsportarten Judo und Ringen tritt eine Gefährdung durch unebenen Untergrund, das Treten auf Mattenkanten, auf Einfassungen usw. auf. Die Folgen können Überdehnungen der Bänder sowie Rupturen und Abrisse an den Malleolen oder des Ansatzes an den Fußwurzelknochen sein. Die funktionell erforderliche straffe Verbindung wird durch ein komplexes Bandsystem gewährleistet. Werden die Möglichkeiten des Bandsystems überschritten, führt dies zu ligamentären oder ossären Sprunggelenkverletzungen.

Behandlungsziele

Vermeidung von Schwellung und Stauung im Bereich des Sprunggelenkes; Resorption des Hämatoms; Wiedererlangung der vollen Funktion und Vermeidung von Muskelatrophie.

Behandlungsbeginn

Unmittelbar nach Auftreten der Sportverletzung, um die Entstehung oder Zunahme eines Hämatoms zu vermeiden.

Therapiemöglichkeiten

Passive Maßnahmen

Lagerung, Ruhigstellung und Verbände	Hochlagerung zur Rückflußförderung und Entstauung. Kompressionsverband im Akutstadium, danach stützende Verbände mit elastischer Binde und Tapeverbänden.
Kälte	Eisbehandlung zur Resorptionsförderung des Ergusses, Eistauchbad, Eisbeutel, Eismassage.
Wärme	Im Spätstadium, nach völliger Ergußresorption Wärmeanwendung zur Vorbereitung der Massage und Übungsbehandlung.
Massage	Im Akutstadium ableitende Massage der gesamten Ober- und Unterschenkelmuskulatur und des nicht verletzten Beines. Im Spätstadium Verklebungen und Ablagerungen im Gelenkbereich lösen.
Elektrotherapie	Ultraschall, Jontophorese, Ionomodulator, Diadynamik.

Aktive Maßnahmen

Krankengymnastik und Bewegungstherapie	In Hochlagerung wird sofort mit isometrischen Spannungsübungen begonnen. Dann folgen dynamische Übungen ohne und mit Widerstand, wobei die Dorsalflexion und die Pronation betont werden, da es sich überwiegend um Distorsionen in Supinationsstellung des Fußes handelt. Zur weiteren Stabilisierung werden Komplexbewegungen für die gesamte Beinmuskulatur eingesetzt. Schulung der Teilbelastung im Bewegungsbad und Belastung auf Waagen, Schaukelbrett, Sportkreisel und durch Gehschule. Manuelle Gelenktherapie, um ein freies Gelenkspiel zu erreichen. Zunehmende Belastung in schnelleren Geh- und Laufbewegungen und dosiertes Trabtraining auch auf weichen Böden. 8–12 Behandlungen sind erforderlich.

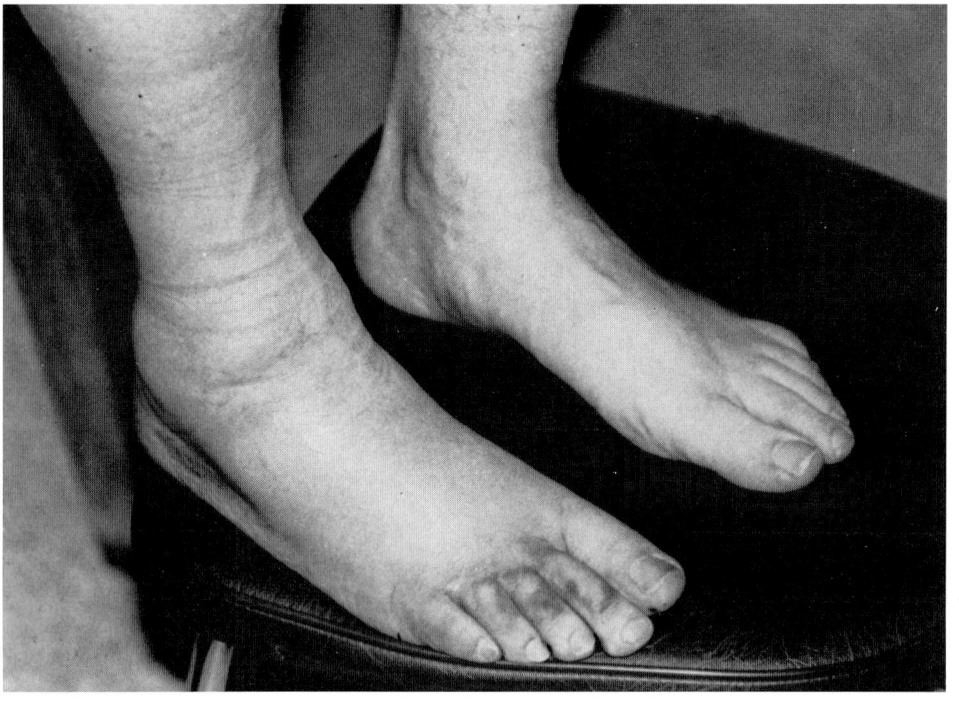

Abb. 273: Schwere Sprunggelenkdistorsion rechts.

Besondere Hinweise

In der Mehrzahl der Fälle von Sprunggelenkdistorsionen ist ein Abbruch von Training und Wettkampf, sofern es sich um fuß- und beinintensiv belastende Sportarten handelt, angezeigt. Bei Wiederbeginn des Trainings nach Ruhigstellung und Behandlung ist auf gut sitzendes Schuhwerk und auf das Anlegen eines stützenden Verbandes Wert zu legen. Die Sohlen der Sportschuhe müssen so konstruiert sein, daß sie ein Umknicken des Fußes verhindern. Zu achten ist weiterhin auf einen guten physiologischen Bewegungsablauf, die Schulung der Koordination und die weitere Kräftigung des Muskelbandapparates des Fußes und des Beines.
Erstversorgung an der Wettkampfstätte: Kälteanwendungen, Einsatz von Kältespray, auch durch den Strumpf angewendet, Hochlagern und Entlasten des betroffenen Beines, Kompressionsverband mit resorptionsfördernden Salben. Gehen mit Unterarmgehstützen.

Achillessehnenruptur (postoperativ)

Einführung

Die Achillessehnenrupturen gehören zu den klassischen Sportverletzungen. Sie haben in den letzten Jahren in verschiedenen Sportdisziplinen erheblich zugenommen. Die Ursachen dafür sind noch ungeklärt. *H. Schoberth* berichtet, daß er häufiger Achillessehnenrisse bei Athleten, die in der Halle Sport treiben, als z. B. bei Fußballspielern gesehen hat. Ein ursächlicher Zusammenhang mit der Verbreitung von Kunststoffbahnen und -böden wird vermutet. Leichtathleten, Hoch-, Weit- und Dreispringer, Turner, Fußballspieler, Tennisspieler u. a. sind davon betroffen.
Der Achillessehnenriß tritt meist plötzlich auf. Der Verletzte gibt an, er habe einen heftigen Schlag – als sei er von einem Stein getroffen worden – in der Achillessehnengegend gespürt. Dieser typische «Peitschenschlag» wird immer wieder geschildert. Der Riß tritt aber meist schon ohne den Schlag eines Mitspielers oder sonstige Fremdeinwirkung auf. Als Ursache kommen vorgeschädigte Sehnengewebe, degenerative Veränderungen, dauernde Überbeanspruchung, die peritonitis achillea und traumatische Einwirkungen in Frage. Auch unkontrollierte Cortison-Injektionen und Kälteeinflüsse werden für das Geschehen verantwortlich gemacht.
Die operative Versorgung mit einer Sehnennaht- oder -plastik ist heute überall die Regel. Die konservative Behandlung durch Ruhigstellung hat keine guten Ergebnisse gezeigt.

Behandlungsziele

Verhinderung von Muskelatrophie, besonders des M. triceps surae, aber auch der gesamten sonstigen Ober- und Unterschenkelmuskulatur des operierten Beines. Verhinderung von Adhäsionen und Verwachsungen. Beseitigung der trophischen Störungen, Wiederherstellung der normalen Funktion bis zur vollen Sportfähigkeit. Verhütung von Trainingsverlusten an den gesunden Körperregionen und in der Kondition.

Behandlungsbeginn

An den gesunden Körperregionen am ersten postoperativen Tag.
Am operierten Bein nach Gips-Ruhigstellung.

Therapiemöglichkeiten

Passive Maßnahmen

Lagerung	Entspannungslagerung für die genähte Sehne und das ganze Bein, leichte Hochlagerung zur Rückflußförderung und Entstauung.

Massage	Massage des gesunden Beines, des Gesäßes und eventuell des LWS-Bereiches sowie des Oberschenkels des verletzten Beines; später Narbenmassage.
Kälte	Eisbehandlung vor der krankengymnastischen Übungsbehandlung.
Hydrotherapie	Fußwechsel- oder lauwarme Teilbäder nach Abheilung der Operationsnarbe vor oder während der krankengymnastischen Übungsbehandlung.
Elektrotherapie	Galvanisieren, Faradisieren, Diadynamik, Elektrogymnastik bei Innervationsstörungen und begleitenden Nervenverletzungen.

Aktive Maßnahmen

Krankengymnastik und Bewegungstherapie

Die krankengymnastische Übungsbehandlung beginnt am gesunden Bein mit aktiven Bewegungen aller Gelenke in der Entlastung, zunächst ohne Widerstand, bald aber gegen kräftigen manuellen Widerstand. Hinzu kommen allgemeine Kreislauf-, Atem- und konditionsstärkende Übungen. Rücken-, Bauchmuskulatur und Arme müssen trainiert werden; die Trainingsverluste sollen gering gehalten werden.

Am operierten Bein sind als erstes isometrische Spannungsübungen ohne Bewegungsausschlag für die gesamte Bein- und Fußmuskulatur angezeigt. Danach erfolgen ein- und zweidimensionale Übungen mit Bewegungsausschlag im Knie- und Fußgelenk. Zunächst ohne Widerstand, dann mit manuellem Widerstand. Bei der eingeschränkten Dorsal- und Plantarflexion kann vorsichtiges und endständiges aktives Dehnen angezeigt sein. Die Schmerzgrenze darf aber nicht überschritten werden. Es folgen die aktive Supination und Pronation, das Greifen der Zehen und die Plantarflexion gegen starken manuellen Widerstand. Alle Übungen sollen in rückflußfördernder Lagerung durchgeführt werden. Dreidimensionale Komplexbewegungen zur weiteren Kräftigung der Muskelketten sind angezeigt. Nach 8–10 Behandlungen können Übungen im Sitzen und in der Teilbelastung im Stehen und Gehen – auch im Bewegungsbad – durchgeführt werden. Danach folgen Funktionsübungen, wie Gehen und Steigen auf Treppenstufen, schiefer Ebene und Sprossenwand, Zehenstand und -gang, später Laufübungen, Federn und Sprungübungen, zunächst sehr vorsichtig auf Schwingfederboden und weichem Rasen. Endstationen der krankengymnastischen Behandlung sind Waldläufe, Skippings und Seilspringen, Laufen auf unebenem Boden (Rasen), Stoßen gegen einen Medizinball, sportdisziplinspezifische Übungen, Bein- und Fußstationen der Kraftmaschine, Übungen für die Grob- und Feinmotorik. Schwerpunkt muß auf der Wiederherstellung der kraftvollen Plantarflexion und damit der Wiederauftrainierung des M. gastrocnemius und des M. soleus liegen. 20 Behandlungen, zunächst täglich, später 2–3 mal wöchentlich, sind erforderlich.

Besondere Hinweise

Alle Überhitzungen und hyperämischen passiven Maßnahmen wie Heißluft, Glühlicht, heiße Bäder etc. sind wegen der Sudeck-Gefahr zu vermeiden. Massagen, außer Narbenmassage, am operierten Bein (Unterschenkel) sind gegenindiziert. Das Schwergewicht muß auf einer gut dosierten aktiven krankengymnastischen Übungsbehandlung liegen. Bei allen Übungen ist die Schmerzgrenze zu beachten. Passive Übungen sind nicht erforderlich außer leichtem Nachdehnen nach aktiver Dorsal- und Plantarflexion. Die Versorgung mit einem «achillessehnenfreundlichen» Sportschuh mit gutem Fußbett und leichter Absatzerhöhung, Fersenkissen ist zu empfehlen.
Bandagen, Verbände und Socken zum Schutz der empfindlichen Narbe sind ebenfalls angezeigt. Bei Beginn des sportlichen Normaltrainings sollten Überlastungen vermieden werden. Auf weichen Boden ist zu achten. Trainingsbeobachtung und Beratung ist erforderlich.

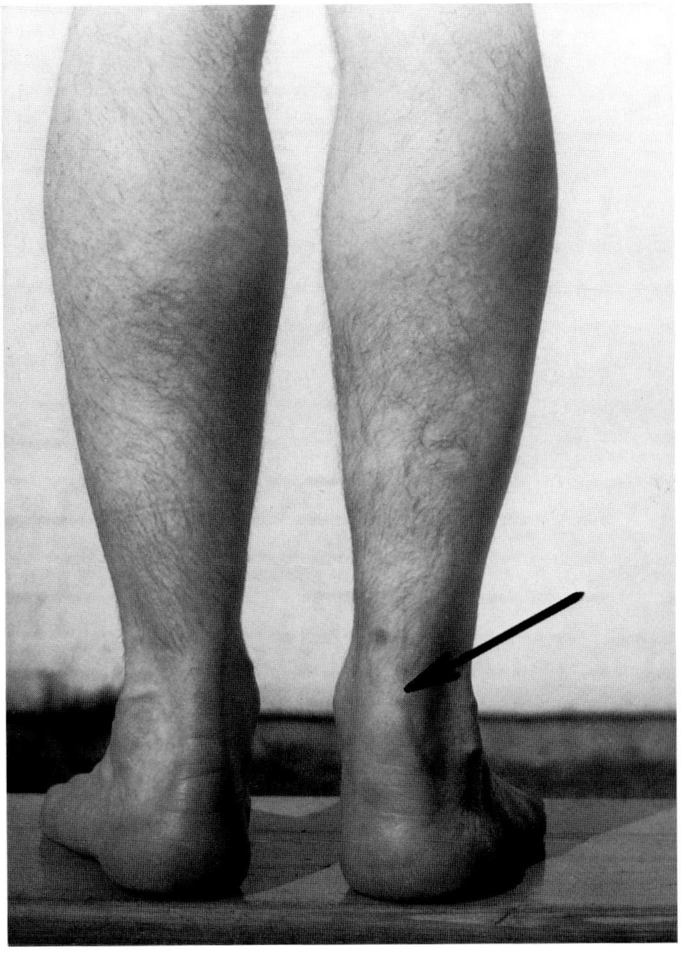

Abb. 274: Die OP-Narbe nach der Verheilung.

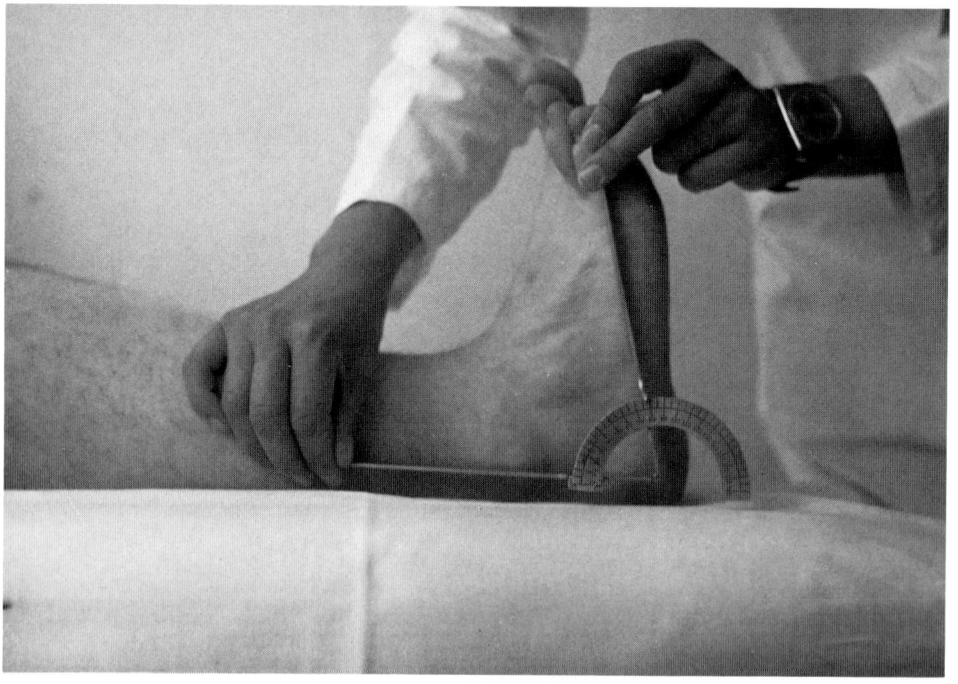

Abb. 275: Messung der Beweglichkeit des oberen Sprunggelenkes bei Beginn der Behandlung mit dem Winkelmesser.

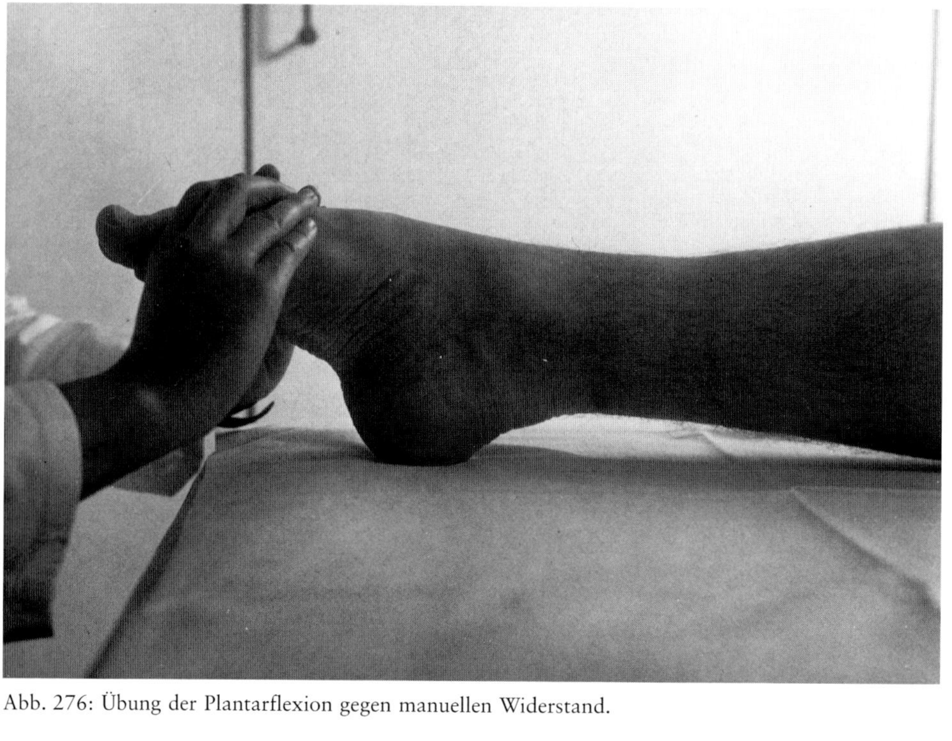

Abb. 276: Übung der Plantarflexion gegen manuellen Widerstand.

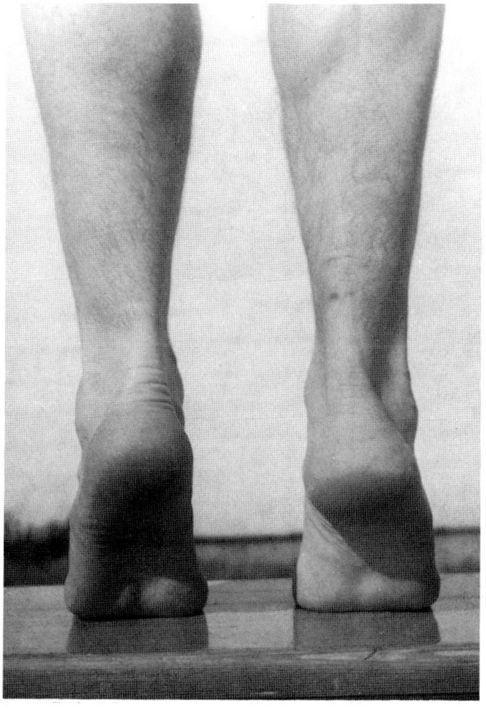

Abb. 277: Übung der Plantarflexion in der Belastung.

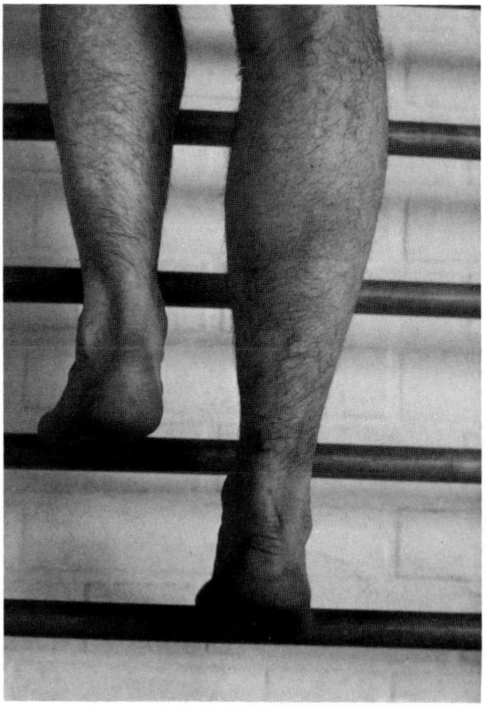

Abb. 278: Dehnübungen an der Sprossenwand.

Abb. 279: Hoher Zehengang auf dem Schwebebalken.

Abb. 280: Skippings auf unebenem Rasen.

Abb. 281: Sprünge über eine Bank. Volle Funktion.

Achillodynie

Einführung

Die Achillodynie ist eine Reizerscheinung am Ansatz der Achillessehne. Sie gehört zu den häufigsten Sehnenreizungen, die durch Sport ausgelöst werden. Läufer, Sprinter, Tennis- und Fußballspieler, Eishockeyspieler, Eisschnelläufer und Skiläufer sind davon betroffen. – Die Symptome äußern sich in Schmerzen an der Sehne während und nach der sportlichen Leistung; Druckschmerz, besonders am Tuber calcanei, an der Sehne und in der Umgebung der Sehne. Die Schmerzen treten meist schleichend und nur selten plötzlich auf. – Als Ursache kommt vor allem Überlastung in Frage. Auch Fehlstatik der Füße, Hohl-, Senk-, Spreißfüße, tiefsitzende Ferse, falsche Lauftechnik, schlechtes Schuhwerk, harte Pisten und Kunststoffbahnen sowie Sehnenanrisse können zu diesem Reizzustand führen, der letztlich das sportliche Laufen unmöglich macht.

Behandlungsziele

Abklingen des Reizes, Schmerzfreiheit und Wiederherstellung der normalen Lauffunktion.

Behandlungsbeginn

Sofort nach Auftreten der Beschwerden Ruhigstellung und Verbände. Nach ca. achttägiger Ruhigstellung Eisbehandlung, Diadynamik, krankengymnastische Übungsbehandlung und Massage.

Therapiemöglichkeiten

Passive Maßnahmen

Lagerung, Ruhigstellung und Verbände	Die Ruhigstellung kann für 8–10 Tage im Gipsverband, im stützenden Elastoplast- oder Tapeverband bei zusätzlicher Hochlagerung erfolgen. Ein Steigbügel aus Leuko-Tape mit Schaumgummipolsterung der Achillessehne ist angezeigt. Das Hochsetzen der Ferse durch ein Fersenkissen, besser aber durch einen Keil zwischen Brand- und Laufsohle des Schuhes, lindert bereits meist die Beschwerden.
Massage	Stäbchenmassage im Bereich der Sehne und manuelle Massage des Unter- und Oberschenkels.

Kälte	Eistherapie vor Massage und krankengymnastischer Übungsbehandlung.
Elektrotherapie	Ultraschall, Mikrowelle und Diadynamik.

Aktive Maßnahmen

Krankengymnastik und Bewegungstherapie	Die krankengymnastische Übungsbehandlung beginnt mit isometrischen Spannungsübungen für das ganze Bein in Hochlagerung und Entlastung. – Dynamische Übungsformen für die Dorsal und Plantarflexion, die Supination und Pronation und die Ad- und Abduktion in den Sprunggelenken gehören in die zweite Phase nach Abklingen des akuten Zustandes. Leichtes endständiges aktives und passives Dehnen der Achillessehne und des M. triceps surea sind angebracht. Die Fußstatik muß mit aktiven Übungen korrigiert und die Muskulatur des Fußes und des Unterschenkels gekräftigt werden. Komplexbewegungen für das ganze Bein und eine Geh- und Laufschule bilden den Abschluß der krankengymnastischen Übungsbehandlung. Danach erfolgt dosierte Überführung zu sportspezifischen Übungen und zum sportlichen Normaltraining. 8–12 Behandlungen, 2–3 mal wöchentlich, sind erforderlich.

Besondere Hinweise

Wärmeanwendungen sind gegenindiziert. Besonders gute Sportschuhe mit leicht erhöhtem Absatz sind sehr wichtig. Eventuell ist eine entsprechende Einlage zur Korrektur der Fußstatik erforderlich. Der Sportler soll harte Pisten meiden und viel auf weichem Boden trainieren. Entlastungsverband mit Tapestreifen beim Wiederbeginn des Trainings und im Wettkampf sind zu empfehlen. Nach gutem Warmlaufen ist auf aktives Dehnen der Wadenmuskulatur Wert zu legen. Erst dann sollte das eigentliche Training beginnen. Bei hartnäckigen Beschwerden muß an eine Herdinfektion gedacht und diese beseitigt werden.

Abb. 282: Sportschuhe mit leicht erhöhtem, achillessehnen-entlastenden Absätzen.

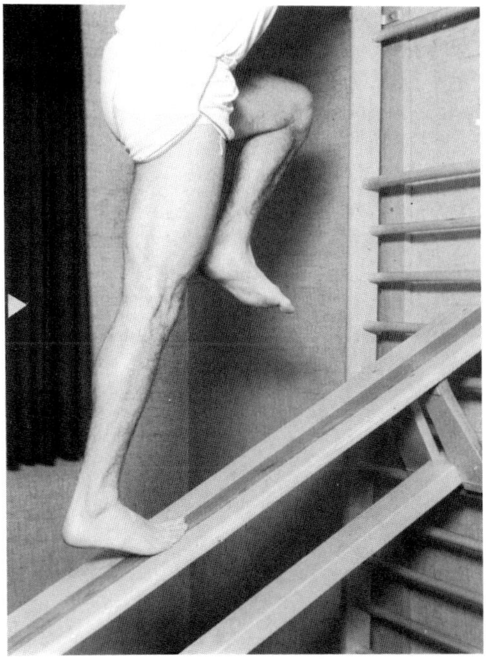

Abb. 283: Dehnübungen für die Achillessehne und die Wadenmuskulatur auf der schiefen Ebene.

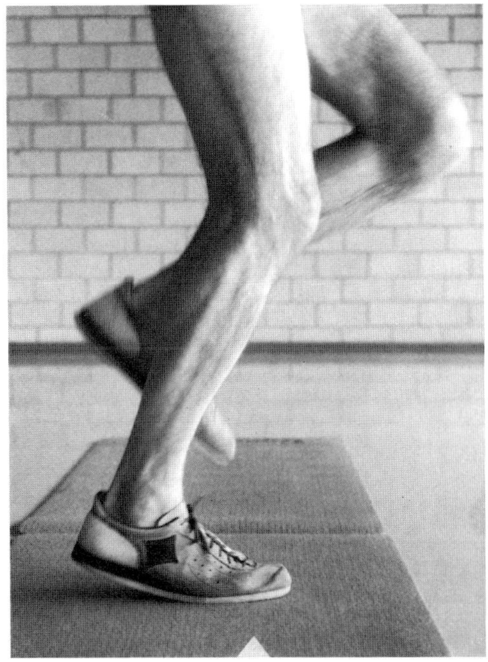

Abb. 284: Laufübungen auf der Stelle.

Meniskusverletzung (postoperativ)

Einführung

Der traumatische Meniskusriß tritt bei einer plötzlichen Dreh-Beugebewegung des Kniegelenkes auf. Wenn der Unterschenkel fixiert ist, das Kniegelenk im Valgussinne beansprucht wird und der Oberkörper eine Torsion ausführt, kann es zur Verletzung des Innenmeniskus kommen. Bei Skiläufern, Leicht- und Schwerathleten, Fußball-, Handball-, Basketballspielern und Ballettänzern kommt dieser Bewegungsablauf vor. Traumatisierungen des Innenmeniskus gehen meist mit Schädigungen des Innenbandes des Kniegelenkes einher. Der größere mediale Meniskus umfaßt halbmondförmig den kleineren kreisförmigen lateralen Meniskus. Der mediale Meniskus ist mit dem breiten medialen Seitenband fest verbunden. – Die Verletzung des äußeren Meniskus ist wesentlich seltener.

Der degenerative Meniskusschaden ist auf permanente Überlastung in kniender und hockender Stellung zurückzuführen. Bei Bergarbeitern und Gärtnern ist er als Berufserkrankung bekannt. Oft gehen der traumatischen Schädigung degenerative Veränderungen voraus. Er ist durch rezidivierende Beschwerden wie Schmerzen und Gelenkergüsse

und Unsicherheitsgefühl bei Belastung und bestimmten Bewegungen gekennzeichnet. Als Folge der Schmerzen entsteht die Atrophie des M. quadriceps. Vereinzelt werden Einklemmungen und Instabilität beobachtet.
Typische Kennzeichen der frischen Meniskusverletzung sind: Heftige Schmerzen bei Überstreckung des Kniegelenkes, Spontanschmerz bei Rotation des gebeugten Unterschenkels am Gelenkspalt, Einklemmungserscheinungen, Gelenkerguß.
Die operative Entfernung des zerrissenen Meniskus ist durch konservative Maßnahmen, wie z. B. Ruhigstellung etc. nicht zu umgehen. Sie zeigt bei gesicherter Diagnose gute Resultate, wenn frühzeitig eine krankengymnastische Übungsbehandlung und andere physiotherapeutische Maßnahmen erfolgen.
Neuere artroskopische OP-Techniken ermöglichen eine frühere Wiederbelastung und eine stärker dosierte krankengymnastische Behandlung mit funktionellem Krafttraining. Dies führt zu einer schnelleren Wiederaufnahme der sportlichen Betätigung.

Behandlungsziele

Beseitigung des Gelenkergusses, Wiederherstellung der normalen Gelenkfunktion, Sicherung des Kniegelenkes durch Kräftigung des Muskel-Band-Apparates des gesamten Beines, besonders des M. quadriceps und der Muskelgruppe des Pes anserinus. Verhütung von Trainingsverlusten an den gesunden Körperregionen, Verhütung von allgemeinen Konditionsverlusten, Wiederherstellung und Auftrainierung zur vollen Sportfähigkeit.

Behandlungsbeginn

An dem gesunden Bein, an Rumpf und Armen am ersten postoperativen Tag; die Kondition ebenfalls am ersten postoperativen Tag.
Am operierten Bein wird am zweiten postoperativen Tag nach Abklingen der akuten Schmerzen mit Gelenksergußbehandlung und isometrischen Spannungsübungen, gegebenenfalls auf einer Schiene oder im Gipsverband, begonnen.

Therapiemöglichkeiten

Passive Maßnahmen

Lagerung	Hochlagerung durch Hochstellen des Bettes oder der Beinteile des Behandlungstisches zur Rückflußförderung und Entstauung. Leichte Hüft- und Kniegelenkbeugung sowie Rotationsnullstellung. Im Sprunggelenk ist auf 90° Dorsalextension zu achten.
Massagen	Entstauende Massage der Ober- und Unterschenkel und Füße. Später kräftigere Massagegriffe zur Vorbereitung der krankengymnastischen Übungsbehandlung.

Kälte und Verband — Zur Resorptionsförderung des Gelenkergusses und der Schwellung Eisbehandlung mit Kompressionsverband. Eiswasserumschläge, Eiskompressen oder Eisbeutel werden 10–15 Minuten aufgelegt. Danach wird ein Druckverband, der mit einer Schaumstoffeinlage versehen ist, angelegt. Der Verband wird 2–3 Tage getragen und nur zur erneuten Eisbehandlung zwischendurch abgenommen.

Elektrotherapie — Ultraschall, Diadynamik und Elektrostimulation

Aktive Maßnahmen

Krankengymnastik und Bewegungstherapie — Die aktive krankengymnastische Übungsbehandlung beginnt an den gesunden Körperregionen noch während der Ruhigstellung des operierten Knies. Hier kommt es auf Erhaltung der Funktion und der allgemeinen Kondition an.

Am operierten Knie wird ebenfalls sofort mit der Übungsbehandlung begonnen. Es ist dabei auf eine Gelenkergußbehandlung Wert zu legen. Im beschriebenen Eiskompressionsverband können auch bereits täglich dosiert isometrische Spannungsübungen durchgeführt werden. Die Kräftigung des Muskel-Band-Apparates, die volle Streckfähigkeit und die Stabilisierung des Kniegelenkes durch isometrische Übungen stehen im Vordergrund. Nach Anleitung muß der Patient täglich mehrmals selbständig üben. Ist die OP-Wunde geschlossen und sind die Fäden entfernt, kann die Übungsbehandlung auch im Bewegungsbad durchgeführt werden. Die Stabilität des Kniegelenkes jedoch geht vor seiner Beweglichkeit. Die meist mitgeschädigten Bänder sowie der gesamte Muskelmantel des Oberschenkels, vor allem M. quadriceps, M. vastus medius, M. sartorius, M. gracilis und der M. semitendinosus, müssen gekräftigt werden.

Nach Entfernen von Schiene oder Gips kommen zu den isometrischen Spannungsübungen dann dynamische Bewegungsübungen für die Fuß-, Knie- und Hüftmuskulatur, zunächst ohne und dann mit manuellem Widerstand, hinzu. Die Streckung hat zunächst den Vorrang. Die Flexion des Kniegelenkes ist nur aktiv und zunächst ohne Widerstand zu üben. Sie spielt für die Stabilität und die späteren Gehbewegungen die geringere Rolle. Sie darf keinesfalls passiv erzwungen werden. Die anfänglich isolierten Bewegungen werden bald kombiniert in Rücken-, Bauch- und Seitenlage in der Entlastung ausgeführt. Das Sitzen an der Kante von Behandlungsbank oder Bett ist eine gute Ausgangsstellung für die Übung. Der Unterschenkel hängt durch sein Eigengewicht, soweit dies die Kontraktur zuläßt, nach unten. Die Streckung kann gegen das Eigengewicht des Unterschenkels geübt werden. Die Fortschritte der Kniebeugung sind für den Patienten gut sichtbar. Zur Steigerung kann in dieser Ausgangsstellung ein Sandsack (2–4 kg) auf den Fuß

gelegt oder mit einem Gewichtsschuh geübt werden. Manuelle Gelenktherapie kann bei Einschränkung des freien Gelenkspieles zusätzlich erfolgen.
Der zunehmenden Kräftigung dienen die Komplexbewegungen. Das Bein ist dabei maximal angespannt. Die Spannung wird von distal nach proximal aufgebaut. Der Patient soll das Bein fließend bis zum vollen Bewegungsausschlag bewegen. Als Steigerung kann man Haltearbeit zwischenschalten. Um Kraft und Muskelausdauer zu schulen, muß bis zur Ermüdung gearbeitet werden. Erst wenn das Kniegelenk stabil ist, darf dabei distal vom Kniegelenk Widerstand gegeben werden.
Auch im Schlingentisch können sinnvolle Übungen für Streckung, Beugung im Kniegelenk und Ad- und Abduktion im Hüftgelenk mit Widerstand durch Federzüge und Gewichte ausgeführt werden.
Die erste Teilbelastung soll im Wasser durchgeführt werden. Zunächst im tieferen, dann im flacheren Becken. Auch das Steigen von Stufen ist im Wasser zu üben. – Der Patient geht an Unterarmstockstützen. Danach erfolgen Teilbelastungen im Stehen. Dabei hält sich der Patient an der Sprossenwand oder im Gehbarren. Es erfolgen Gleichgewichtsverlagerungen in Spreiz- und Schrittstellung und die ersten Gehübungen ohne Stützen. – Vorwärts-, Rückwärts-, Seitwärtsgehen, Treppensteigen sowie der Einsatz von Geräten, wie Medizinball, Hanteln, Standfahrrad, Rudergerät, Kraftmaschine. Zum selbständigen Üben kann das Deuserband benutzt werden. – Nach und nach entwickelt sich aus der krankengymnastischen Übungsbehandlung das Training zur vollen Sportfähigkeit. Kniebeugen unter Hantelbelastung, kleine Sprünge, Laufen, einen Ball treiben, Seilspringen und sportdisziplinspezifische Übungen erreichen das Ziel der vollen Belastung im Training und Wettkampf nach ca. 6–10 Wochen. Es sind dafür ca. 20–30 Behandlungen erforderlich, die zunächst täglich und später 2–3 mal wöchentlich durchgeführt werden.

Besondere Hinweise

Alle Wärmeanwendungen wie Heißluft, Glühlicht, Fango etc. sind gegenindiziert; ebenso Massagen am Gelenk und in Gelenknähe.
Passive und ruckhafte Bewegungen im Kniegelenk sind zu vermeiden. Übungsbehandlung im Wasser erst nach einwandfrei geschlossener OP-Narbe.
Bei rezidivierendem Gelenkerguß nur noch isometrische Spannungsübungen, keine Bewegung des Kniegelenkes mehr durchführen; erneut Eisbehandlung.
Bei Beginn des sportlichen Normaltrainings können zum Schutz des Kniegelenkes Bandagen und Tapeverbände von Nutzen sein. Die Muskulatur soll durch geeignete Trainingsbekleidung warm gehalten werden. Trainingsbeobachtung und Beratung ist zu empfehlen.

Erstversorgung an der Wettkampfstätte: Eiskompressionsverband, Entlasten, Hochlagern.
Prophylaxe: Vermeidung von extremen Torsionsbewegungen im Kniegelenk, Kräftigung des Muskel-Band-Apparates des Kniegelenkes, Tape-Verbände.

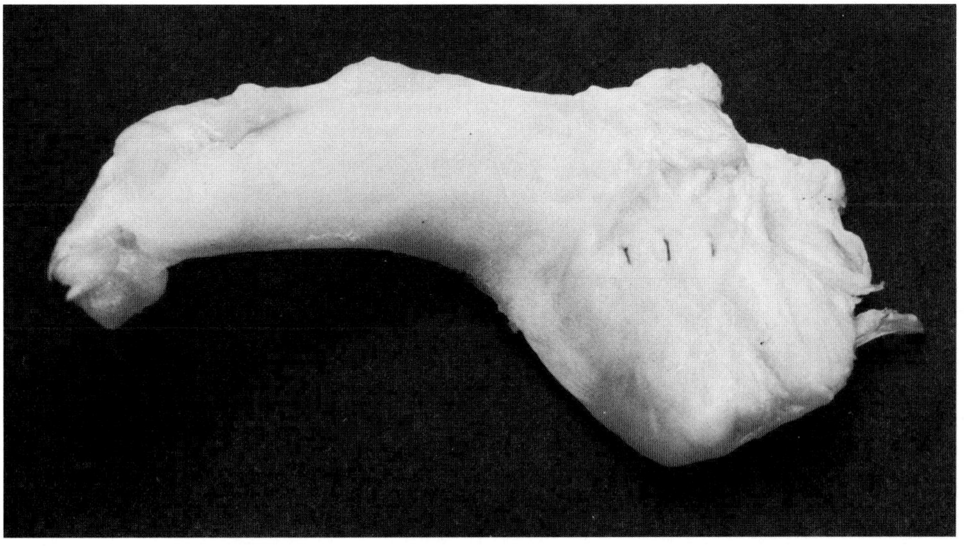

Abb. 285: Meniskuspräparat.

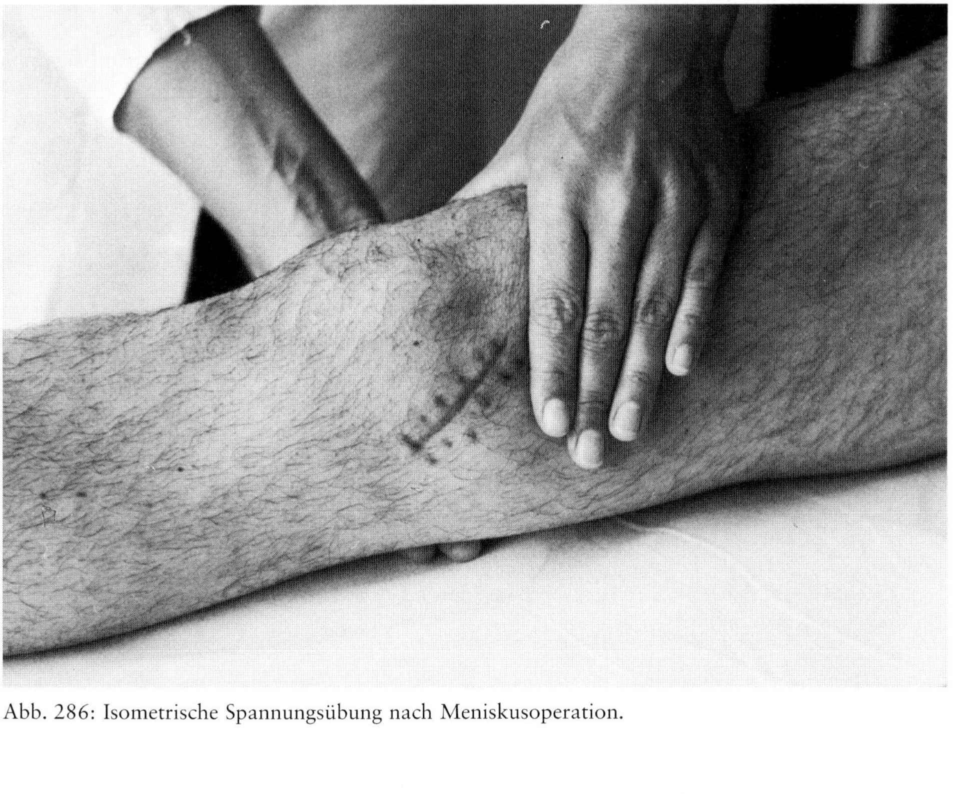

Abb. 286: Isometrische Spannungsübung nach Meniskusoperation.

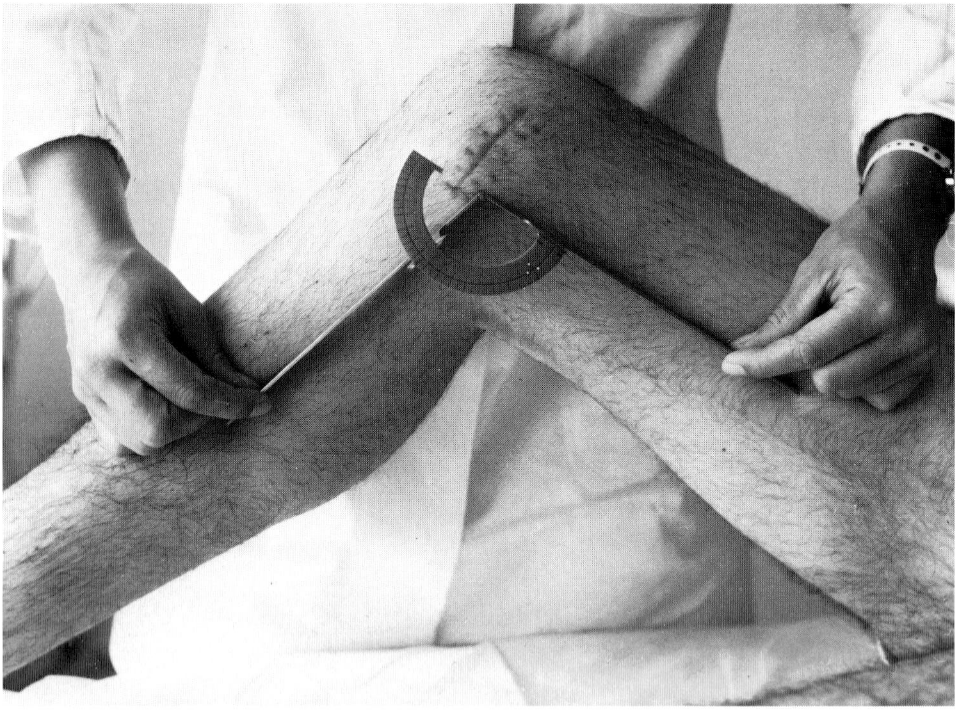

Abb. 287: Messung der Beweglichkeit des Kniegelenkes.

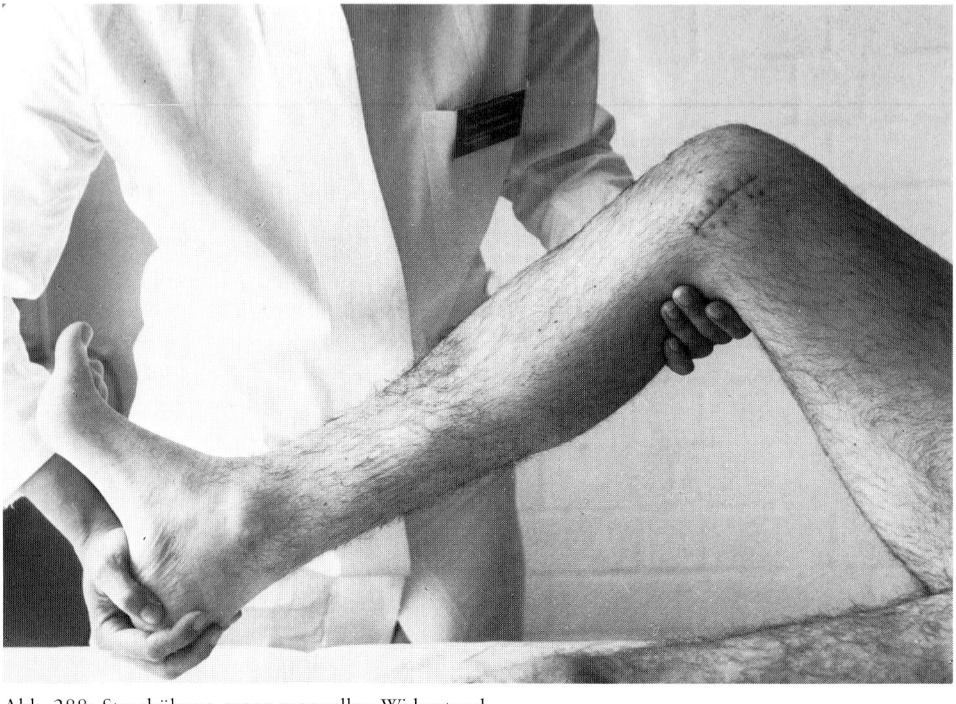

Abb. 288: Streckübung gegen manuellen Widerstand.

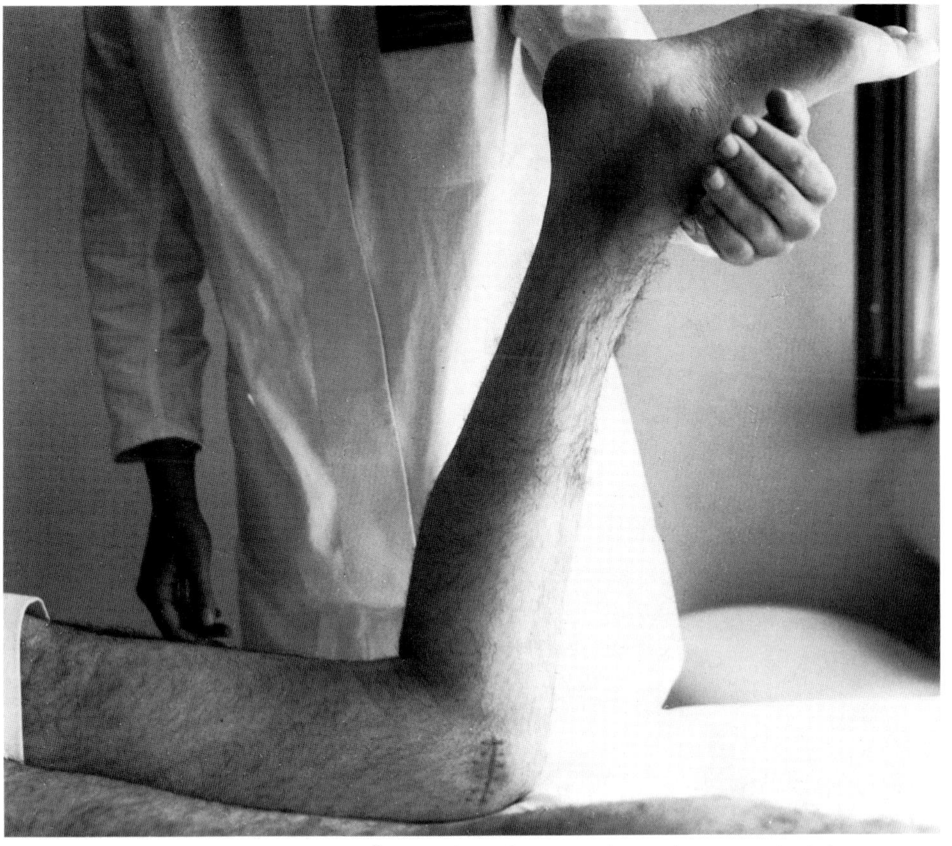

Abb. 289: Beugeübung im Kniegelenk. Überwindung der Eigenschwere des Unterschenkels mit manueller Führung.

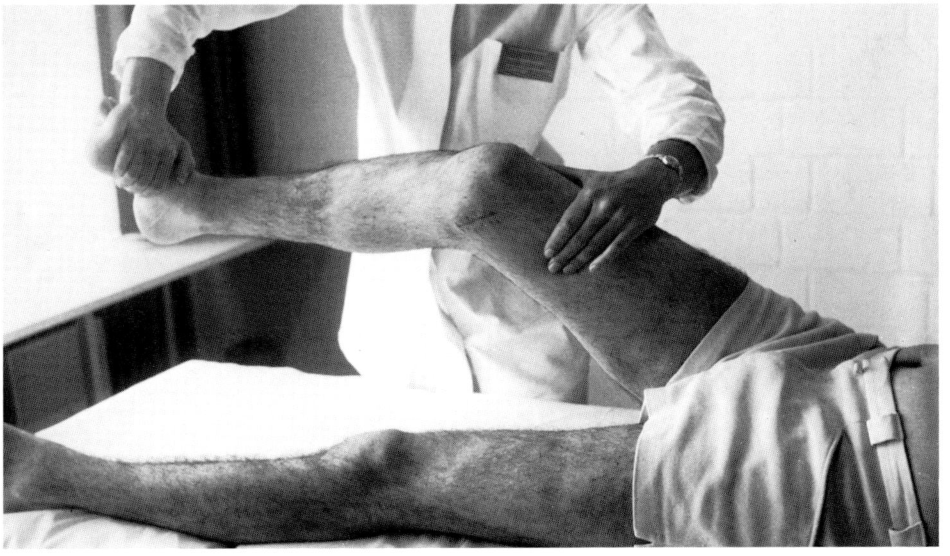

Abb. 290: Komplexbewegung für das operierte Bein.

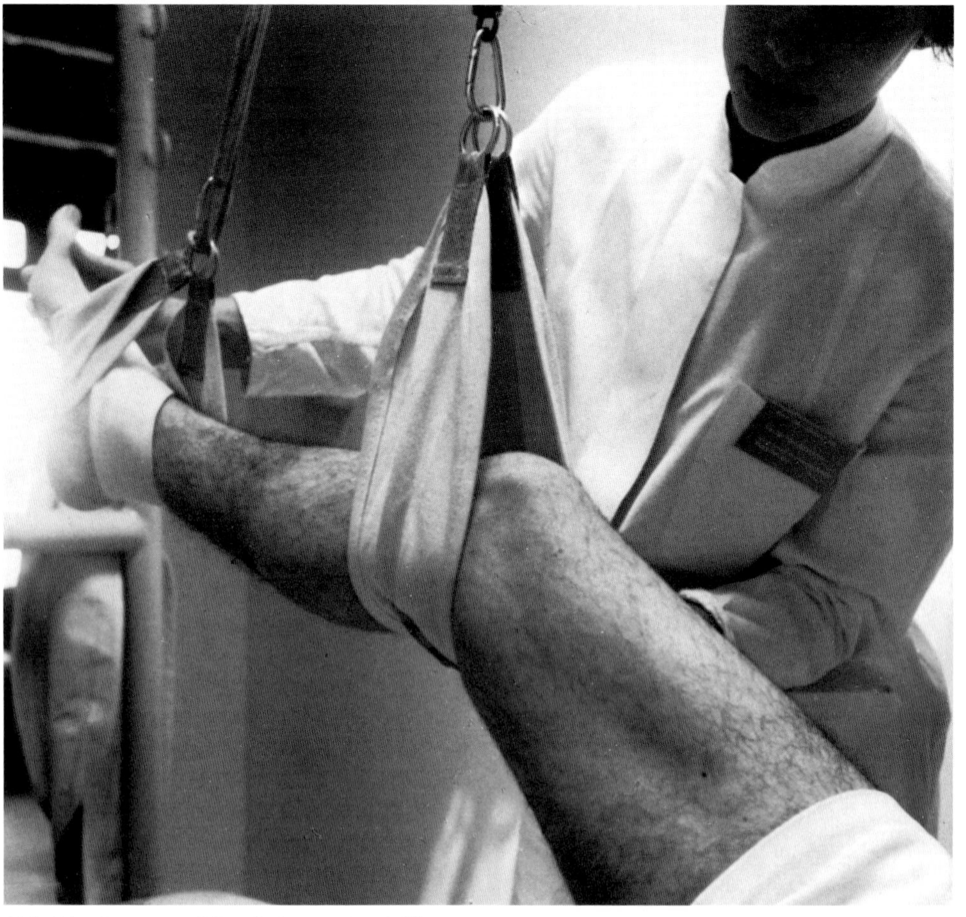

Abb. 291: Beuge- und Streckübungen im Schlingengerät.

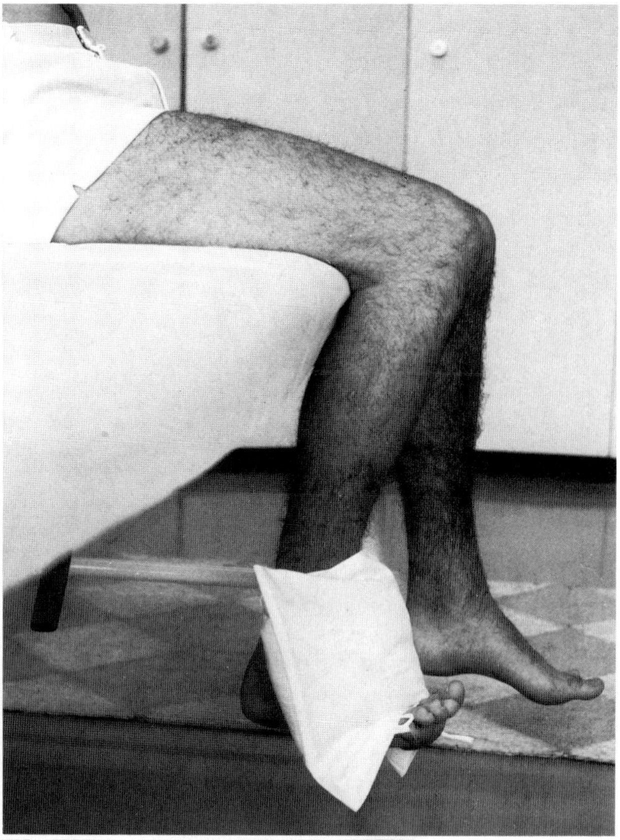

Abb. 292: Beugeübung mit dem Sandsäckchen.

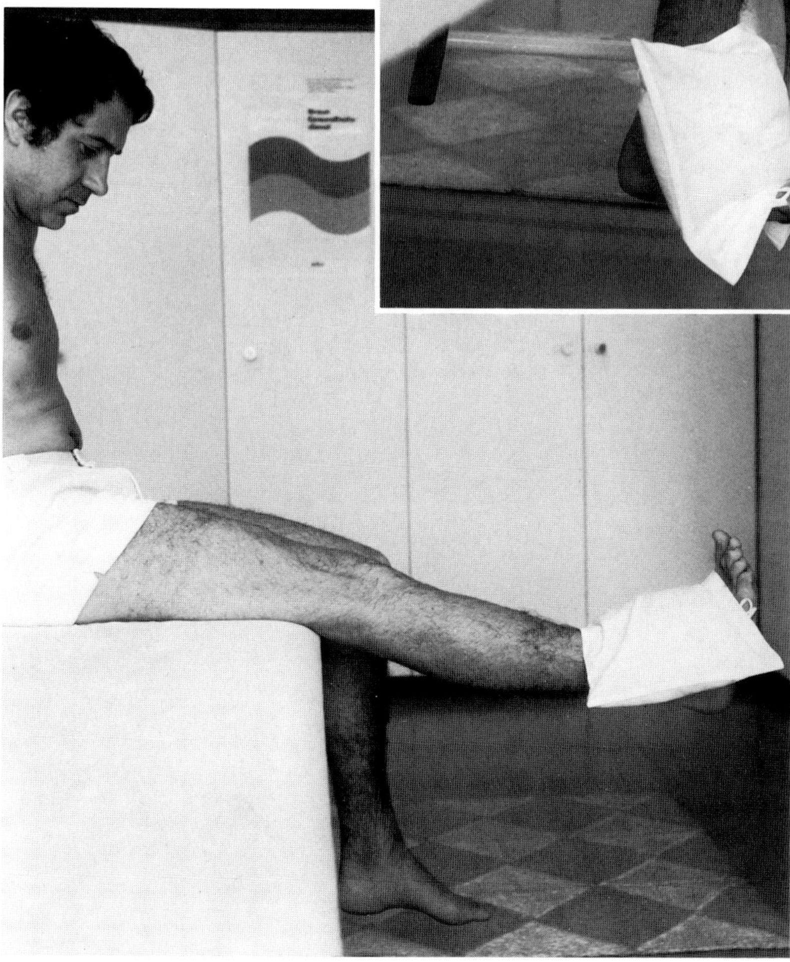

Abb. 293: Streckübung mit dem Sandsäckchen.

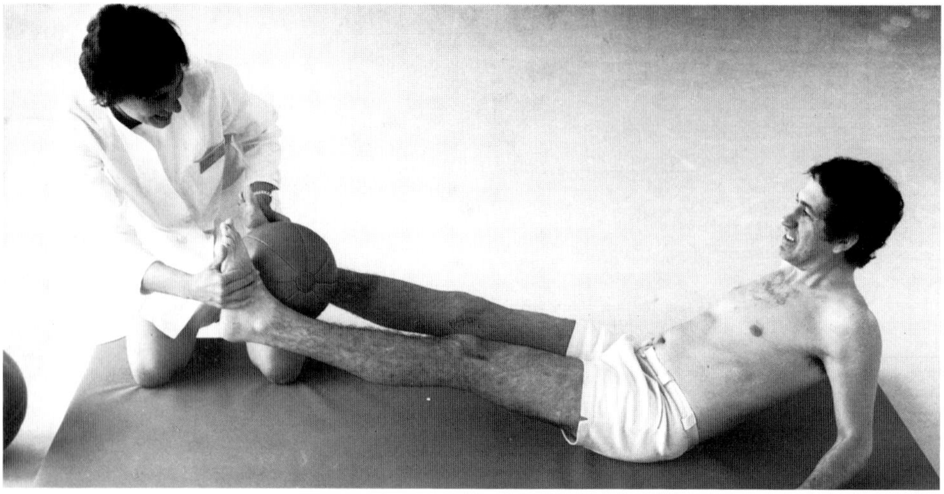

Abb. 294: Kräftigungsübungen für beide Beine mit dem Medizinball.

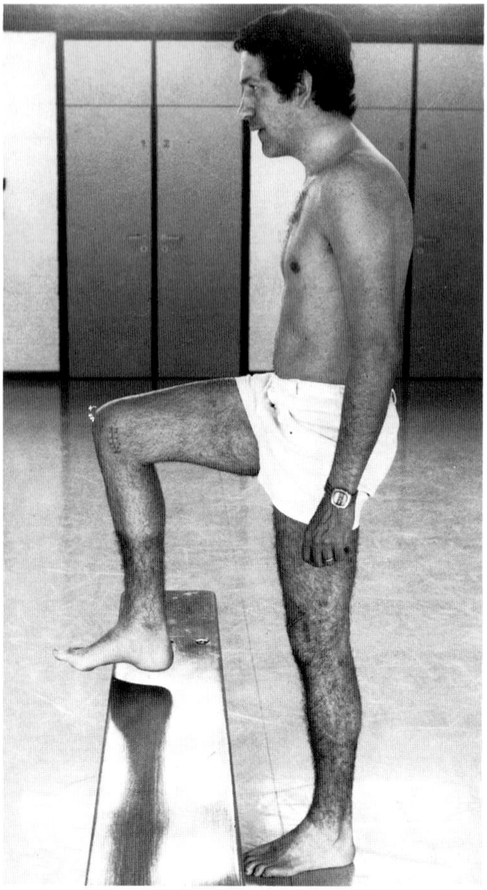

Abb. 295: Aufsteigen auf eine Bank – Kräftigung der Kniestreckung.

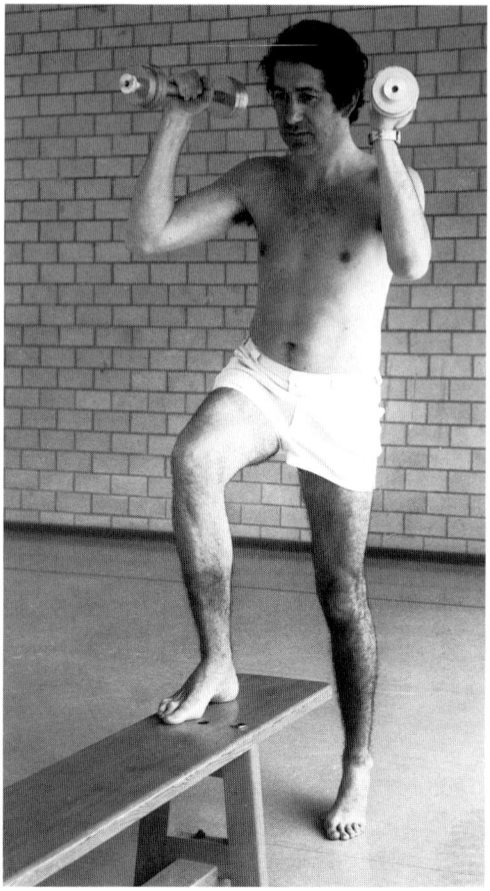

Abb. 296: Kräftigung der Streckung unter zusätzlicher Belastung.

Bandverletzungen am Kniegelenk

Einführung

Das Kniegelenk ist das am häufigsten verletzte Gelenk des Sportlers. Dies erklärt sich aus der spezifischen Beanspruchung in den einzelnen Sportarten, der besonderen Verletzungsdisposition und aus den spezifischen anatomischen und mechanischen Gegebenheiten. Kapsel-Bandverletzungen treten meist durch eine Kombination von Kniebeuge-, Rotations-, Abduktions- oder Adduktionsmechanismen auf. Es können die beiden Seitenbänder, die beiden Kreuzbänder und die Gelenkkapsel verletzt sein. Am häufigsten ist das mediale Seitenband betroffen. Eine zusätzliche Schädigung von Menisken und Knochenanteilen ist möglich. Bei Kapsel-Bandverletzungen ohne größere Aufklappbarkeit ist meist eine konservative Behandlung ausreichend. Eine operative Versorgung ist bei Kapsel-Bandrupturen mit größerer Aufklappbarkeit angezeigt. Hauptsächlich beim Fußball, Handball, alpinen Skilauf und bei Kampfsportarten, wie Judo und Ringen, treten diese Verletzungen auf.

Behandlungsziele

Nach konservativer oder operativer Versorgung und Ruhigstellung steht die Wiederherstellung der normalen Gelenkfunktion, die Stabilisierung des Kniegelenkes und Kräftigung des Muskel-Bandapparates im Vordergrund; Verhütung des Trainings- und Konditionsverlustes an der gesunden Körperregion; Wiederbelastung und Auftrainierung bis zur vollen Sportfähigkeit.

Behandlungsbeginn

In der Zeit der Ruhigstellung wird mit allen nicht verletzten Körperregionen geübt, um unnötige Konditionsverluste zu vermeiden. Isometrische Übungen sind auch während der Ruhigstellung am verletzten Bein möglich. Nach der Gipsabnahme wird ebenfalls mit isometrischen Spannungsübungen des verletzten Beines begonnen.

Therapiemöglichkeiten

Passive Maßnahmen

Lagerung	In der behandlungsfreien Zeit das Knie im Wechsel zwischen Streckung und leichter Beugung lagern. Eine zusätzliche Hochlagerung fördert den Rückfluß und die Entstauung. Das Hüftgelenk wird leicht angebeugt und das Sprunggelenk in 90 ° Dorsalextension eingestellt.

Massage	Entstauende Massage des gesamten Beines, verletztes Gebiet auslassen. Kräftige Massage der übrigen Körperregionen zur Vorbereitung auf die kankengymnastische Übungsbehandlung. Im Spätstadium Querfriktionen am Verletzungsgebiet, um Verklebungen und Ablagerungen abzubauen.
Kälte und Verbände	Treten nach Gipsabnahme Schwellung oder mit Belastungsbeginn Gelenkergüsse auf, wird ein Kompressionsverband mit Eisbeutel oder Eiskompresse für etwa 15 Minuten angelegt. Nach der Übungsbehandlung einen Kompressionsverband mit Schaumgummi erneut anlegen. Dieser bleibt solange, bis die Neigung zur Schwellung nicht mehr vorhanden ist.
Elektrotherapie	Ultraschall, Diadynamik und Elektrostimulation.

Aktive Maßnahmen

Krankengymnastik und Bewegungstherapie

Die gesunde Körperregion wird während der Ruhigstellung des verletzten Knies intensiv geübt, um die Funktion von Gelenken und Muskeln zu erhalten und die allgemeine Kondition zu verbessern. Medizinbälle und andere Geräte unterstützen diese Therapie. Ein Herz-Kreislauf-Training kann mit einbeinigem Radfahren, Rudern oder Radfahren mit den Armen auf einem Heimtrainer durchgeführt werden. Im Gipsverband werden am operierten Bein isometrische Spannungsübungen durchgeführt.

Nach Gipsabnahme wird mehrmals täglich mit isometrischen Spannungsübungen des verletzten Knies begonnen. Im Vordergrund der Behandlung steht die Stabilität des Kniegelenkes und die volle Streckfähigkeit. Das Gelenkspiel, auch das Patellaspiel, wird durch schonende Manuelle Gelenktherapie verbessert, ohne dadurch die frisch verheilten Sehnen zu gefährden. Das so erworbene Bewegungsausmaß muß durch aktive Übungen gehalten werden. Erst dann folgt das Training für Kraft, Muskelausdauer und Dehnbarkeit. Die aktiven Übungen müssen den ganzen Muskelmantel des gesamten Beines verbessern und so für eine muskuläre Stabilität zusätzlich sorgen.

Nach den isometrischen Übungen folgen aktive ein- und zweidimensionale Bewegungen, erst ohne, dann mit Widerstand. Die folgenden dreidimensionalen Komplexbewegungen sind eine weitere Steigerung. Als Ausgangsstellung wird in Seitlage begonnen, es folgen Rücken- und Bauchlage. Die Dosierung richtet sich nach der neugewonnenen Kraft. Die Belastung des Beines beginnt zunächst im Bewegungsbad. Neben entlastenden Übungen wie Kraulschwimmen, später als Steigerung mit Flossen, wird das Gehen im Wasser geübt. Die Belastung wird im niedriger werdenden Wasser gesteigert. Dieses sog. Minustraining ermöglicht eine langsam größer werdende Belastung des verletzten Gebietes. Eine weitere Steigerung unter Gewichtsabnahme stellt beidbeiniges Radfahren mit unterschiedlichen Sat-

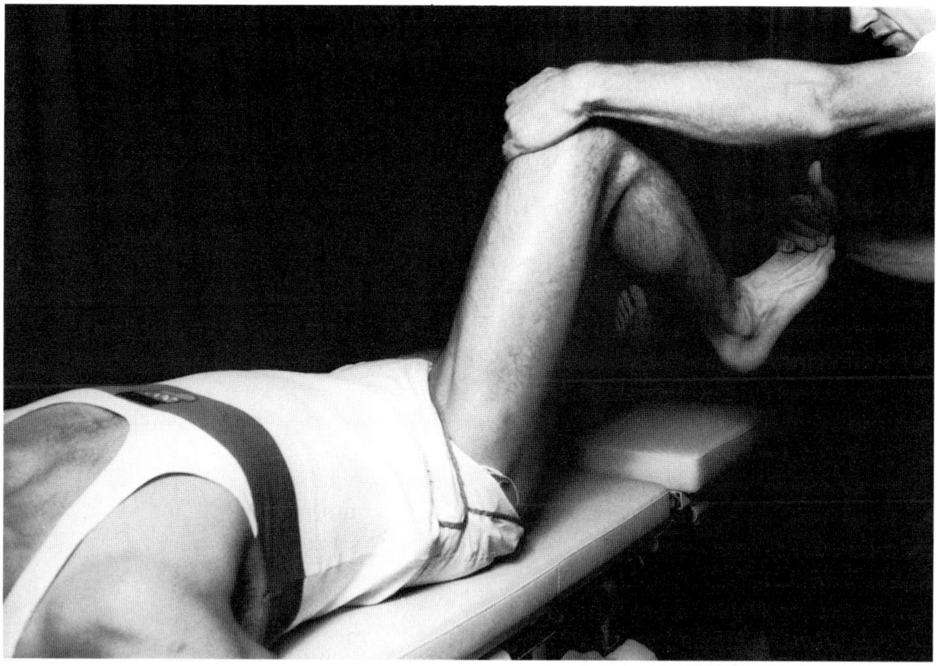

Abb. 297: PNF-Training zur Stabilsierung des Kniegelenkes nach Bandverletzung.

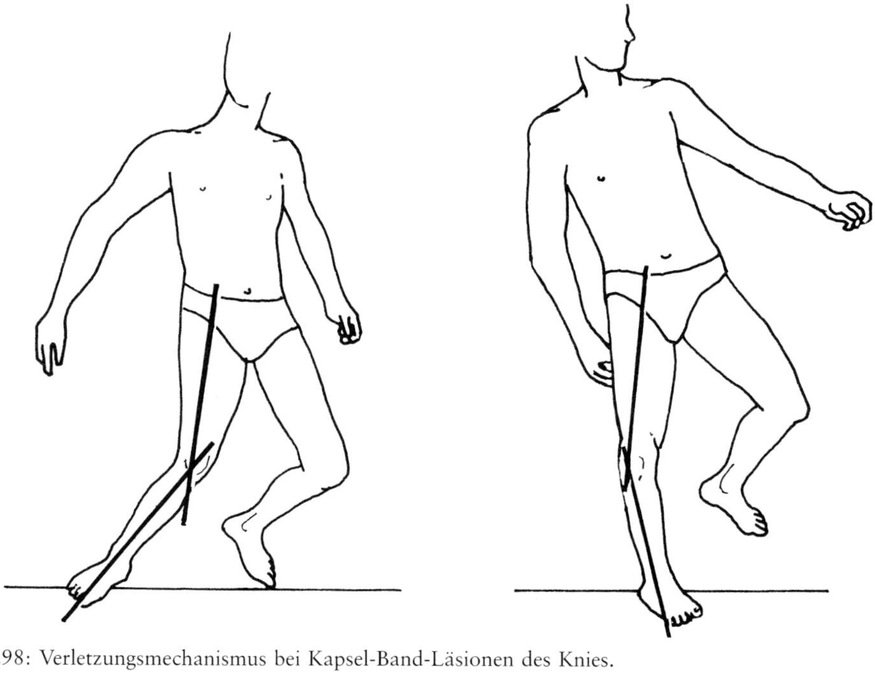

Abb. 298: Verletzungsmechanismus bei Kapsel-Band-Läsionen des Knies.

telhöhen und dann einbeiniges Radfahren vorwärts und rückwärts mit dem verletzten Bein dar. Später folgt die Gangschule mit Treppensteigen, Gehen im Gelände. Das Laufen wird als Übergang zur sportlichen Belastung, ähnlich wie im Bewegungsbad, unter Gewichtsabnahme trainiert. Dies wird ermöglicht durch Einhängen in eine Kraftmaschine oder durch Laufen im Schwebeläufer. Eine weitere Steigerung wird durch Laufen auf Weichmatten und weichem Boden ermöglicht. Erst wenn Stabilität, Muskelkraft und Muskelausdauer sich normalisiert haben, folgt das sportspezifische Training. (Außerdem siehe Meniskusverletzungen.) 20–30 Behandlungen 3 mal wöchentlich.
Die Behandlung von Bandplastiken unterliegen ähnlichen Kriterien. Das Bewegungsausmaß limitiert sich jedoch durch die Angaben des jeweiligen Operateurs und die einschränkende Bewegungsschiene.

Besondere Hinweise

Kontraindikation: Wärme und passive Bewegungen, wie Quengeln, sind zu vermeiden. Ebenfalls eine zu starke Dehnung des Kapsel-Bandapparates.
Prophylaxe: Sportler, die Sportarten mit starker Kapsel-Bandbelastung des Kniegelenkes, wie Fußball, Handball und alpinen Skilauf betreiben, sollten auf Muskelkraft, Muskelausdauer und besonders auf Stabilität des Kniegelenkes Wert legen.
Erstversorgung an der Wettkampfstätte: Kälteanwendung, Kompressionsverband, Entlasten und Hochlagern des verletzten Beines.

Reizknie

Einführung

Beim sog. Reizknie handelt es sich um eine durch unterschiedliche Ursachen hervorgerufene Reizung des Kniegelenkes. Sie geht einher mit unklaren diffusen Beschwerden wie Schmerzen, Überwärmung und äußert sich meist durch veränderliche Schwellung, durch fluktuierenden Gelenkerguß mit tanzender Patella, besonders nach verstärkter sportlicher Belastung. In den überwiegenden Fällen liegt beim Reizknie eine unphysiologische Belastung vor. Das Ausmaß und die Häufigkeit des Auftretens kann bestimmt werden durch Überlastungen, Trainingszustand, Ermüdung und Alter, sowie durch Bodenbeschaffenheit, Schuhwerk und andere Faktoren. Nicht ausgeheilte Sportverletzungen des Knies und eine zu frühe Belastung nach vorhergeganger Sportverletzung können ebenfalls zu chronischen Reizerscheinungen führen. Wichtig ist die diagnostische Klärung der Ursache.

Behandlungsziele

Abklingen des Reizes, Schmerzfreiheit und Wiederherstellung der normalen Lauffunktion.

Behandlungsbeginn

Sofort nach Eintritt des Reizzustandes.

Therapiemöglichkeiten

Passive Maßnahmen

Lagerung, Ruhigstellung und Verbände	Entlastung durch Unterarmgehstützen
Massage	Ableitende Massagen der gesamten Beinmuskulatur.
Kälte	Kälteanwendungen wie Eispackungen, Eistuch und Eismassage, als abschwellende Maßnahmen und zur Vorbereitung auf die krankengymnastische Übungsbehandlung.
Elektrotherapie	Diadynamik und Ultraschall.

Aktive Maßnahmen

Krankengymnastik und Bewegungstherapie	Zu Beginn isometrische Spannungsübungen und später mit aktivem Widerstand dynamische Übungen bis zur Erreichung der maximalen Flexion im Kniegelenk in der Waagerechten bzw. in der Hochlagerung. Isometrische und dynamische Übungsformen zur Erhaltung der Muskelkraft der gesamten Fuß- und Beinmuskulatur und zur Erreichung der normalen Kniegelenkfunktion. Steigerung bis zu Komplexbewegungen. Alle Übungen zunächst in der Waagerechten und in der Entlastung des Kniegelenkes durchführen. Erst wenn eine Schmerzfreiheit gegeben ist, langsamer Übergang zu Übungen in Teil-, später in Vollbelastung. Geh- und Laufschule mit steigender Dauer und Intensität. Fahrradergometer als Ergänzungstraining. Ca. 12–20 Behandlungen sind erforderlich.

Besondere Hinweise

Alle Wärmeanwendungen sind im akuten Stadium kontraindiziert. Eine Überprüfung der Bodenbeschaffenheit und der Bewegungsabläufe und des Schuhwerks sind erforderlich. Bei auftretenden Rezidiven Belastung sofort zurücknehmen und wieder kühlen. Die Anlage eines Tapestreifens kann den Reizzustand verringern.

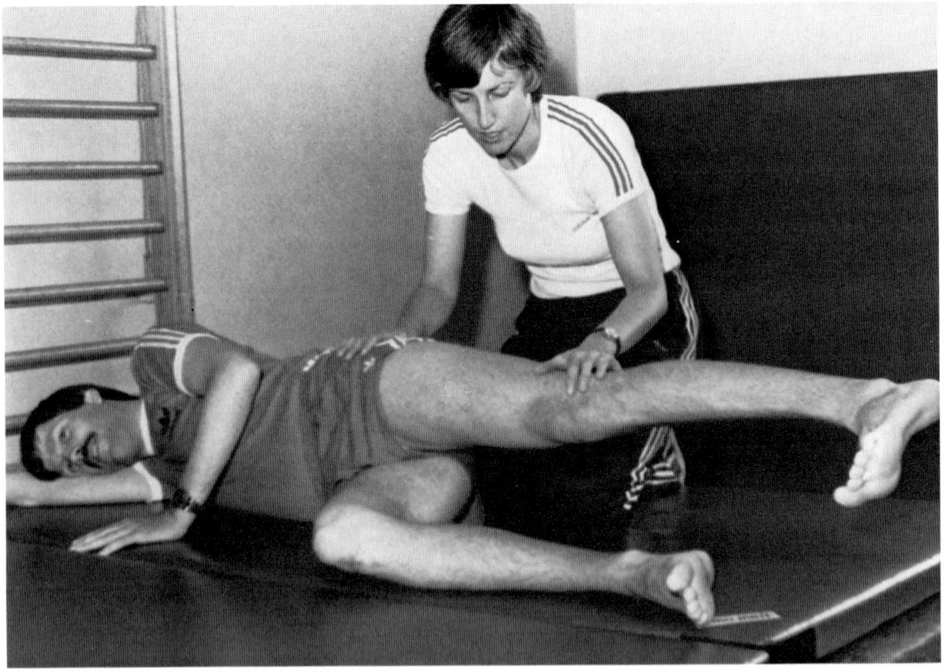

Abb. 299: Beinmuskeltraining unter Entlastung des Kniegelenks aus der Seitenlage.

Chondropathia patellae

Einführung

Bei der Chondropathia patellae handelt es sich um ein unklares, den Knorpel betreffendes Erscheinungsbild, daß bei Jugendlichen und Erwachsenen auftritt.
Besonders bei kniebelastenden Sportarten wie Fußball, Ringen, Judo, Volleyball, Basketball und Skiabfahrtslauf erreicht sie im 2ten bis 3ten Lebensjahrzehnt ihre weiteste Verbreitung.
Druck- und Bewegungsschmerzen und evtl. Schwellungen im Kniegelenk sowie Reibegeräusche äußern sich dabei.
Grundlagen bei der Entstehung bilden wohl neben mechanischen Vorgängen, lokale Überlastungen des Knorpels, Ernährungsstörungen, fermentative Einflüsse.
Inwieweit Formvarianten dem Femur-Patellargelenk und Patellafehlstellung eine Rolle spielen, ist letztlich nicht sicher geklärt.
Sekundär wird die Knorpelsituation sicher mitbeeinflußt bei Reizreaktionen des Gelenkes infolge Kapsel-Bandverletzung, Meniskusstörung oder bei Minderleistung der Muskulatur. Kenntnisse der Biomechanik und der Pathophysiologie des Kniegelenkes

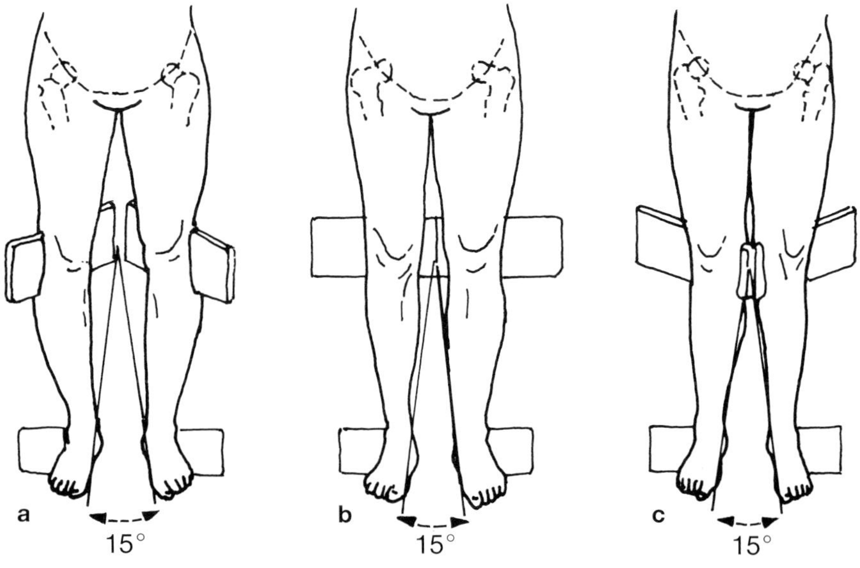

Abb. 300: Drehfehler der unteren Extremität, bei einem Fußwinkel von 15 °. Die Kniescheiben: a konvergieren, b Normalstellung, c divergieren.

sind daher Voraussetzung für eine richtige Interpretation der Symtome, wobei als Ursache auch unter anderem endogene und exogene Störungen zum Krankheitsbild der Chondropathia patellae führen können.
Sekundär können aus anderen Schäden am Kniegelenk, wie z. B. einem Meniskusschaden, ebenfalls Chondropathien entstehen.
Sowohl die konservative als auch die operative Behandlung werden je nach Indikation angewandt.

Behandlungsziele

Beseitigung des Reizergusses und Wiederherstellung der Muskelkraft des gesamten Beines und der normalen Lauffunktion.

Behandlungsbeginn

Nach Ruhigstellung bzw. nach Operationsversorgung.

Therapiemöglichkeiten

Passive Maßnahmen bei konservativer Behandlung

Lagerung	Hochlagerung und Entlastung bei leichter Beugestellung etwa 20° im Kniegelenk.
Massage	Entstauende Massage des gesamten Beines, kräftige Massage der übrigen Körperregion zur Vorbereitung auf die krankengymnastische Übungsbehandlung.
Kälte und Verbände	Kälteanwendungen in Verbindung mit Kompressionsverbänden bei Schwellungen und Reizungen während der Hochlagerung.
Wärme	Im chronischen Stadium Glühlicht, Heiße Rolle und Fangopakkungen.
Elektrotherapie	Diadynamik, Ultraschall, Jontophorese.

Aktive Maßnahmen bei operativer Behandlung

Lagerung	Hochlagerung und Entlastung bei leichter Beugestellung etwa 20° im Kniegelenk.
Massage	Entstauende Massage des Oberschenkels unter Auslassung des Operationsgebietes. Kräftige Massage des nicht operierten Beines und der anderen Körperregionen, auch zur Vorbereitung auf die krankengymnastische Übungsbehandlung.
Kälte und Verbände	Kälteanwendungen in Verbindung mit Kompressionsverbänden bei Schwellungen und Reizungen während der Hochlagerung.

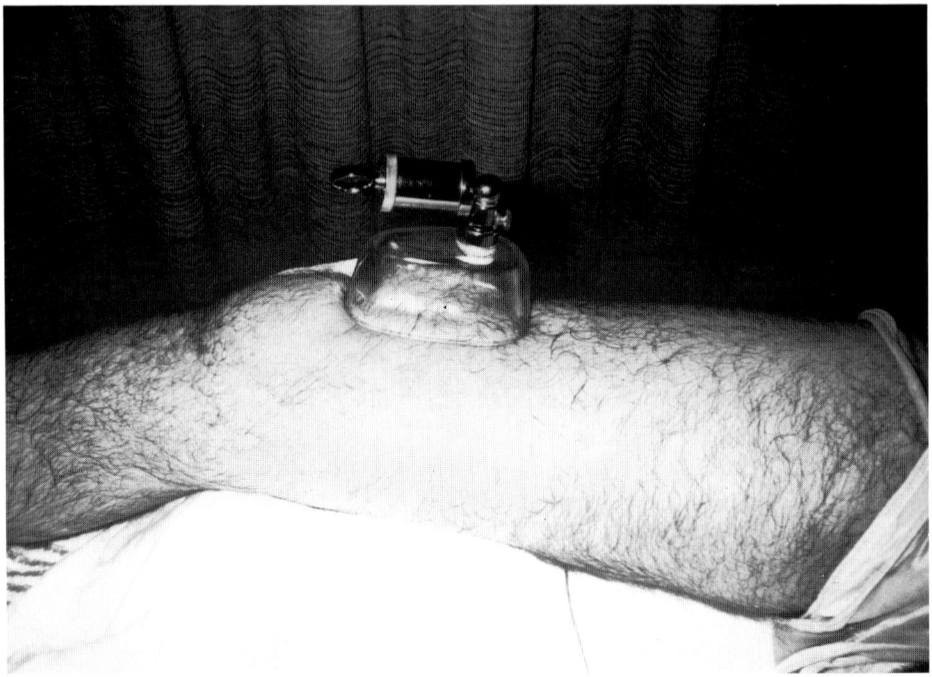

Abb. 301: Saugglockenmassage am Kniegelenk.

Aktive Maßnahmen nach konservativer und operativer Behandlung

Krankengymnastik und Bewegungstherapie	Kräftigung der gesamten Beinmuskulatur durch isometrische Spannungsübungen unter Betonung des M. quadriceps nach der Ruhigstellung bzw. am ersten postoperativen Tag. Übergang zu dynamischen Bewegungen, zunächst ohne, dann mit Widerstand aus Seit-, Rücken- und Bauchlage. Steigerung durch Komplexbewegungen, mit Ausgangsstellung aus dem Überhang. Die Belastung beginnt im Bewegungsbad und wird mit einer Gangschule fortgesetzt. Nach Erreichen des normalen Gangbildes wird mit leichten Laufübungen auf weichem Boden begonnen. Ca. 12–20 Behandlungen sind erforderlich. Da die Regeneration des Knorpels unterschiedlich lang dauern kann, sollte mit der vollen sportlichen Belastung nicht vor Ablauf eines Vierteljahres begonnen werden. Langsame Steigerung der Trainingsbelastung unter ständiger Beobachtung der Bewegungsabläufe ist zur Vermeidung von Rezidiven erforderlich. Ein Verband zur Stütze und Entlastung bei Wiederbeginn mit dem Training ist zu empfehlen.

Besondere Hinweise

Kontraindikation: Wärmeanwendung im Akutstadium und postoperativ, Massagen am Gelenk, stauchende Bewegungen, Sprünge und Gewichtheben im Stand sind zu vermeiden. Korrektur der Fuß- und Beinstatik durch geeignete Sportschuhe und Einlagen.

Patellaluxation

Einführung

Die Patellaluxation tritt bei Spielsportarten, speziell im Fußball auf. An zweiter Stelle in der Verletzungshäufigkeit stehen Ringen, Judo und die asiatischen Kampfsportarten. Die Patellaluxation entsteht unter anderem durch eine pathologische Veränderung der Beinachse. Die Patella gleitet dabei meist nach lateral, ganz selten nach medial. Kennzeichnend für eine traumatische Patellaluxation ist ein Schlag oder Tritt gegen den medialen oder lateralen Rand der Patella oder des Knies. Eine Reposition ist erforderlich. Wiederholen sich die Luxationen, spricht man von einer habituellen Luxation. Bei der habituellen Patellaluxation gleitet die Kniescheibe nach lateral über den fibularen Femurkondylus während der Kniebeugung aus. Als Beispiele seien Hanteltraining und

Gewichtheben genannt. Bei Kniestreckung gleitet die Kniescheibe meist wieder in die Gleitbahn zurück. Sich wiederholende Patellaluxationen müssen operativ behandelt werden, da sie sonst zu osteochondrotischen Veränderungen der Patellagleitbahn führen, die eine Sportunfähigkeit zur Folge haben.

Behandlungsziele

Intensives Training der gesamten Beinmuskulatur zur Stabilisierung des Kniegelenkes. Beseitigung des Gelenkergusses, Verhütung von Trainingsverlusten an der gesamten Körperregion.

Behandlungsbeginn

Unmittelbar nach Ruhigstellung.

Therapiemöglichkeiten

Passive Maßnahmen

Lagerung, Ruhigstellung und Verbände	Nach der Reposition erfolgt eine Ruhigstellung im Gips oder auf einer Schiene. Leichte Hochlagerung, um den Rückfluß zu fördern. Nach Abschwellen des Hämatoms wird ein zirkulärer Gipsverband oder, je nach Schweregrad der Luxation, ein fester elastischer Verband angelegt.
Massage	Ableitende manuelle Massage zur Rückflußunterstützung im Bereich der Ober- und Unterschenkelmuskulatur. Massagegriffe am Kniegelenk sind im Akuststadium zu vermeiden. Im Spätstadium Lösung von Verklebungen, um das Gleiten der Patella zu verbessern.
Kälte	Kälteanwendungen zur Bekämpfung der Schwellungsneigung bereits während der Ruhigstellung und zur Vorbereitung der krankengymnastischen Übungsbehandlung.
Elektrotherapie	Diadynamik und Ultraschall.

Aktive Maßnahmen

Krankengymnastik und Bewegungstherapie	Die krankengymnastische Übungsbehandlung beginnt nach Ruhigstellung mit isometrischen Spannungsübungen für das ganze Bein in Hochlagerung und Entlastung. Hinzu kommen die dynamischen Bewegungen beider Füße. Achsengerechte, dynamische Übungsformen für das ganze Bein schließen sich an. Überstreckungen im Kniegelenk sind dabei zu vermeiden. Die Belastung beginnt mit Übungen im Bewegungsbad, jedoch kein

Brustschwimmen wegen der Gefahr der Außenrotationsbelastung im Kniegelenk.
Nach Gehen im Wasser erfolgt Gangschule mit Treppensteigen und anderen Belastungsformen. Eine weitere Steigerung stellt Minustraining bis zur vollen Belastung dar. (Siehe Meniskus und Bandverletzungen.) Ca. 10 Behandlungen sind erforderlich.

Besondere Hinweise

Bei Wiederaufnahme des Trainings sollten stützende Verbände angelegt werden. Im Kniegelenk ist auf physiologische Bewegungsabläufe zu achten. Sportdisziplinen, die Außenrotationsbewegungen im Kniegelenk erfordern, wie z. B. Hürdenlauf und Brustschwimmen, sollten vermieden werden.

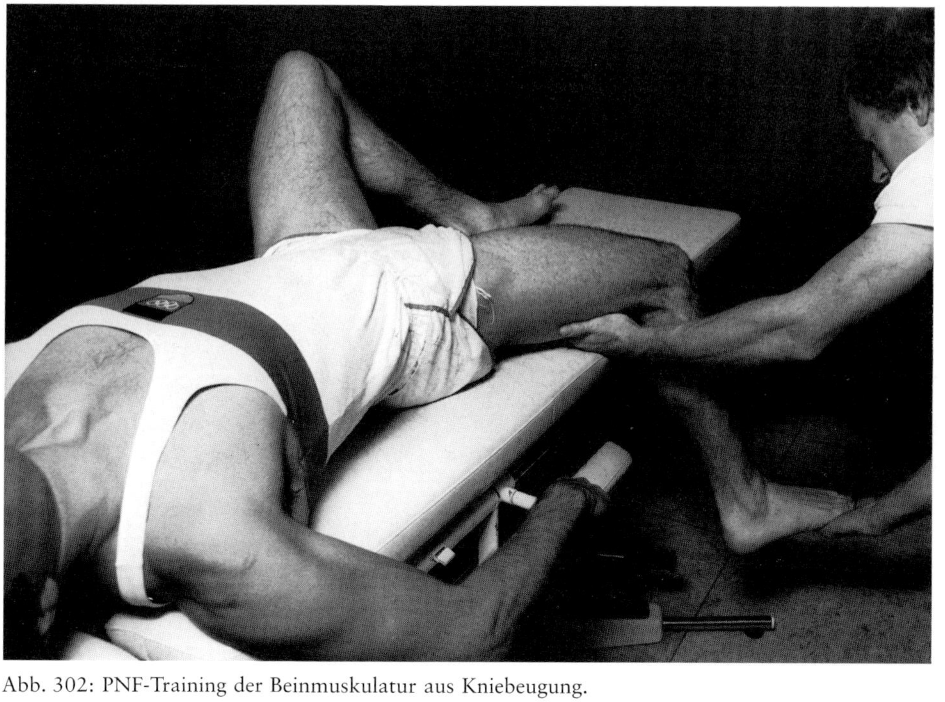

Abb. 302: PNF-Training der Beinmuskulatur aus Kniebeugung.

Patellafraktur

Einführung

Frakturen der Kniescheibe sind überwiegend Folgen eines direkten Traumas, z. B. beim Aufprall mit dem Knie gegen ein Hindernis, durch Stoß oder Schlag.

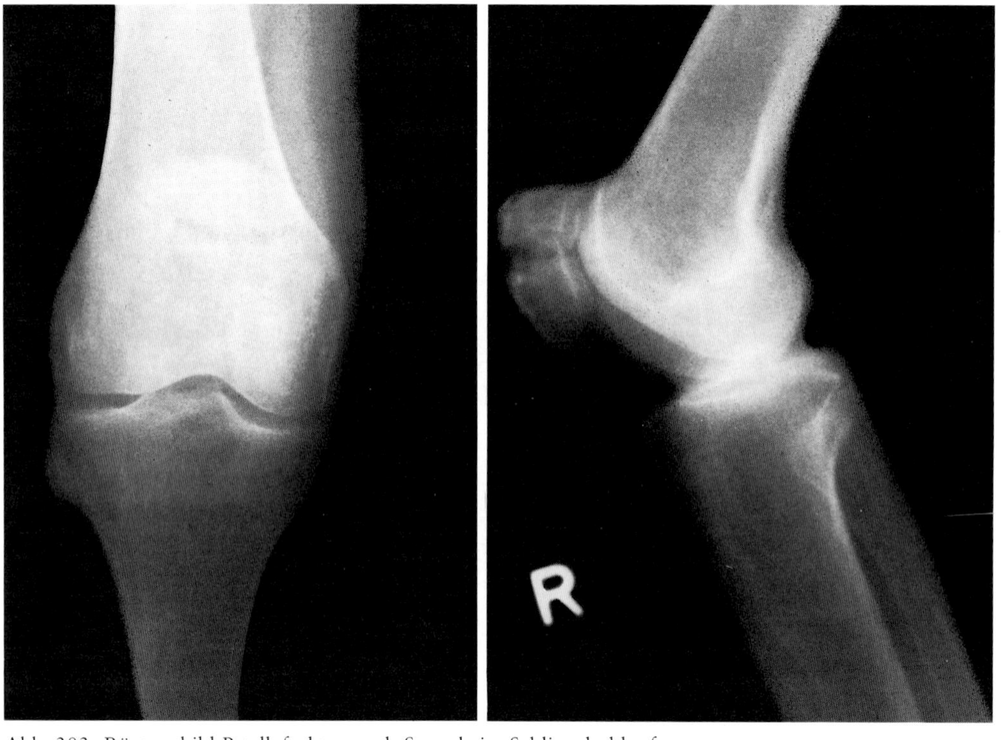

Abb. 303: Röntgenbild Patellafraktur nach Sturz beim Schlittschuhlauf.

Weitere Patellafrakturen ereignen sich beim Skiabfahrtslauf und beim Schlittschuhlauf.
Bei den Spielsportarten, wie Handball und Volleyball, geht die Verletzungshäufigkeit durch knieschützende Bandagen deutlich zurück.
Die verschiedenen Formen der Patellafrakturen sollten immer operativ versorgt werden, um Gelenkflächen zu rekonstruieren. Dies ist eine wichtige Voraussetzung für eine spätere ungehinderte Funktion.

Behandlungsziel

Wiederherstellung der vollen Funktion und Verhinderung von Kontrakturen im Gelenkbereich. Zur Sicherung des Kniegelenkes Kräftigung des Muskel-Band-Apparates, besonders des M. quadriceps und der Ischiocrualen Gruppe. Verhütung von Trainingsverlusten an den gesunden Körperregionen. Auftrainieren zur vollen Sportfähigkeit.

Behandlungsbeginn

Am operierten Bein, nach Abklingen der Schmerzen, nach dem 2. postoperativen Tag. Gesundes Bein sowie Rumpf und Arme werden bereits am 1. postoperativen Tag intensiv behandelt.

Therapiemöglichkeiten

Passive Maßnahmen

Lagerung	Hochlagerung zur Rückflußförderung.
Massage	Entstauende Massage der Ober- und Unterschenkel, sowie der Füße. Zur Vorbereitung der krankengymnastischen Übungsbehandlungen können später kräftige Massagegriffe angewendet werden.
Kälte und Verbände	Eisbeutel, Eisblock sowie Eistuch zur Resorptionsförderung, verbunden mit Kompressionsverband, für die Dauer von ca. 15 Minuten. Druckverband mit textilkaschiertem Schaumstoff.
Elektrotherapie	Ultraschall und Diadynamik.

Aktive Maßnahmen

Isometrische Spannungsübungen zur Vermeidung der Muskelatrophie. Nach Abklingen des Reizzustandes, vorsichtige aktive Beugung und Streckung. Während der Ruhigstellung, Beginn der aktiven krankengymnastischen Übungsbehandlung an den gesunden Körperregionen zur Erhaltung der allgemeinen Kondition.
Danach kommen Training der Beinmuskeln, Komplexbewegungen nach Kabat, zur Anwendung. Im Bewegungsbad, unter Abnahme der Schwere, wird die Kräftigung der Haltemuskulatur, M. vastus medialis, M. vastus lateralis, M. biceps femoris, M. satorius und M. semitendinosus speziell, die der Ischiocrualen Muskelgruppe zugehörigen Regionen besonders geübt. Hinzu kommt die Mobilisation der Hüftbeuge- und Streckmuskulatur, sowie der Ab- und Adduktoren. Das Steigen von Stufen wird im Wasser ebenfalls geübt, zunächst im tieferen, später im flacheren Teil des Beckens, zur Belastungssteigerung.
Es folgen Kniebeugung und Streckung unter Hantelbelastung und Übungen mit dem Gummiband, sowie der Einsatz eines Standfahrrades. 6–8 Wochen nach OP sollten die belastenden Übungen das Ziel der Aufnahme des Lauftrainings erreichen. Übungen an der Kraftmaschine schließen sich an. Ca. 20 krankengymnastische Übungsbehandlungen, zunächst täglich, dann 2–3 mal wöchentlich durchgeführt, sind erforderlich.

Besondere Hinweise

Anwendung von Überwärmungen sind ebenso gegenindiziert, wie passive Mobilisation und ruckhafte Bewegungen. Gelenknahe Massagen sind nicht angezeigt.
Zum Schutz des Kniegelenks werden vor Beginn der Wiederbelastung Bandagen und Tapeverbände angelegt. Diese sollten in den Spielsportarten Volleyball, Handball und Hockey durch eine zusätzliche Polsterung der Patella verstärkt werden.
Eine Trainingsbeobachtung und -beratung sollte nicht fehlen.

3. Wirbelsäule und Rumpf

Akuter Schiefhals

Einführung

Der akute Schiefhals, Torticollis acuta, befällt meist Patienten zwischen 15–40 Jahren. Die Betroffenen wachen mit einem steifen Nacken auf, beschreiben, sie hätten einen Zug bekommen (Autofahrerschiefhals), sich verkühlt oder verlegen. Die betroffene Muskulatur ist einseitig verhärtet, verspannt und verkürzt. Schmerzen zeigen sich paravertebral im Nackenbereich, der M. longissimus ist verdickt und verspannt. Typisch ist die Verspannung des M. levator scapulae derselben Seite. Die Muskelansatzpunkte am Atlasquerfortsatz und am oberen Schulterblattwinkel sind druckempfindlich. Eine Bewegungseinschränkung ergibt sich durch ein Übergreifen der kleinen tiefen intertransversi oder der interspinal-Muskulatur über mehrere Wirbelsegmente. Die Bewegung ist bei Reklination, Rotation und bei Seitneigung stark nach der schmerzhaften Seite eingeschränkt. Am häufigsten sind arthrogene, myogene, entzündliche, lokal-toxische und traumatische Ursachen. Im Sport sind traumatische Folgen in Kampfsportarten wie Ringen, Judo oder Boxen häufig die Ursache für einen akuten Schiefhals. Durch große oberflächliche, aber auch durch tiefe Blutergüsse kommt ein myogener Schiefhals zustande. Schleudertraumen, durch hartes Aufschlagen, einseitige Muskelarbeit, auch unphysiologische Überbelastung, in Form von einseitigem übertriebenem Training, z. B. Tennis, Kugelstoßen oder Speerwerfen sind als Ursachen aus dem Sport bekannt. Dabei spielen meist myogene und arthrogene Momente eine Rolle. Die Bewegungseinschränkung, ausgelöst durch sportliche Betätigung ist therapeutisch leichter zu beeinflussen.

Behandlungsziel

Schnelle Wiederherstellung der normalen schmerzfreien Bewegung.

Behandlungsbeginn

Sofort nach Diagnosestellung.

Therapievorschläge

Passive Maßnahmen

Lagerung, Ruhigstellung und Verbände	Der gesamte Halswirbelbereich wird zur schmerzfreien Entlastung mit einem stützenden und/oder streckenden Verband versehen, oft genügt ein Schanz'scher Watteverband oder eine Halskrawatte.
Kälte	In schmerzhaft akutem Zustand haben sich Eiskrawatten, Eiswickel oder Eisbeutel bewährt.

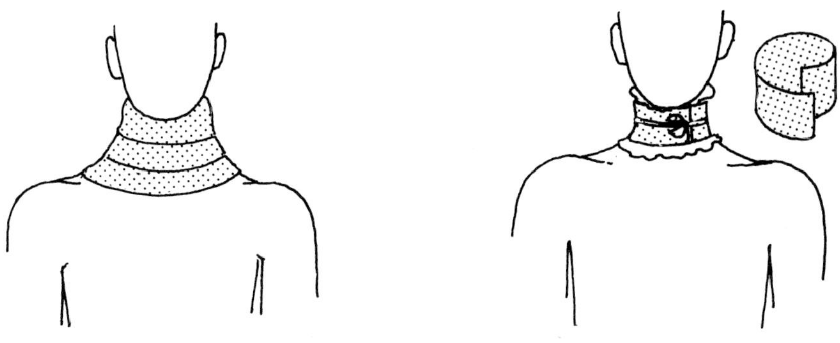

Abb. 304: Verbände bei muskulärem Schiefhals.

Wärme	Lokale Wärme wird im subakuten Zustand angenehm empfunden.
Elektrotherapie	Im akuten Schmerzzustand Diadynamik oder Interferenzstrombehandlung.

Aktive Maßnahmen

Krankengymnastik und Bewegungstherapie	Im akuten Zustand hat sich die Traktion aus der momentanen Halsstellung in kranialer Richtung bewährt. Der Intervallzug mit zunächst geringer, später ansteigend bis zur kräftigen Traktion bringt Schmerzerleichterung und ein verbessertes Bewe-

gungsausmaß. Translatorische Bewegungen aus der Manuellen Gelenktherapie verbessern und normalisieren das Bewegungsausmaß. Behandlungskombinationen aus Weichteiltechnik, mobilisierende Traktion und Entspannungstherapie empfehlen sich anschließend. 3–6 Behandlungen sind ausreichend.

Besondere Hinweise

Treten die akuten Nackenbeschwerden mit Muskelspannungen bei Sportlern öfter auf, so ist präventiv auf eine ausgleichende Gymnastik, günstig in Rückenlage, d. h. in der Entlastung durchgeführt, zu achten. Dabei werden Übungen des Schulter-Nackenbereiches verstärkt durchgeführt. 2–5 Minuten dieser Ausgleichsgymnastik sind ausreichend.

Morbus Scheuermann

Einführung

Die Scheuermann'sche Erkrankung oder Adoleszentenkyphose oder auch Osteochondrosis deformans juvenilis genannt, ist eine Entwicklungs- und Aufbaustörung der Wirbelsäule, die im jugendlichen Alter auftritt. Knaben sind häufiger befallen als Mädchen. Auffallend sind dabei röntgenologisch nachweisbare unruhige Konturen der Grund- und Deckplatten einzelner Wirbelkörper, besonders in der mittleren und unteren BWS, seltener im lumbalen Bereich. Es kann zu Deckplatteneinbrüchen, Keilwirbelbildung, Schmorl'schen Knorpelknötchen und fixiertem Rundrücken kommen. Die Patienten klagen über leichte Ermüdbarkeit, über Verspannungen und Verhärtungen der Rückenmuskulatur.

Als Ursachen gelten konstitutionelle, endokrine Veränderungen sowie Mißverhältnisse zwischen Belastbarkeit und Belastungsfähigkeit im jugendlichen Alter. Der Morbus Scheuermann tritt bei etwa 30% der erwachsenen Durchschnittsbevölkerung auf. Nach Untersuchungen von *Riehle* und *H.* und *P. Groh* haben 40% von 21 untersuchten Trampolinturnerinnen und 51% von 59 untersuchten Rennruderern sowie 37% von 74 Turnern einen Scheuermann. In den genannten Sportdisziplinen liegt der Prozentsatz der Erkrankung also wesentlich höher. Bei 320 allgemeinen Vereinssportlern dagegen liegt der Prozentsatz etwa gleich hoch wie beim Durchschnitt der Bevölkerung. Bei 30 untersuchten Gewichthebern dagegen fand sich keine pathologische Veränderung der Wirbelsäule.

Neben dem Auftreten von Osteochondrosen, Spondylosen, Wirbelgleiten und Bandscheibenabflachungen ist ein hoher Prozentsatz von Schmerzfixationen bei jugendlichen Leistungssportlern in der Wirbelsäule festzustellen. Die Scheuermann'sche Erkrankung

steht dabei im Vordergrund. In nicht seltenen Fällen kann die Scheuermann'sche Erkrankung jedoch ohne jegliche Schmerzen verlaufen. Offen bleiben muß auch, ob der Scheuermann auch ohne Leistungssport aufgetreten wäre, und ob die sich wiederholenden traumatischen Belastungen der jugendlichen Wirbelsäule beim Training und Wettkampf in bestimmten Sportarten bei der Entstehung eine entscheidende Rolle spielen.
In jedem Fall ist das wachsende Gewebe des Jugendlichen gegen mechanische Reize, wie sie z.B. beim Turnen, beim Trampolinspringen, beim Turmspringen und in der Schwerathletik vorkommen, besonders reizempfindlich. Eine Verschlimmerung der Scheuermann'schen Erkrankung durch extremen Leistungssport und durch Traumen bei Sportunfällen kann als sicher angenommen werden.

Behandlungsziele

Lockerung und Entspannung der meist verspannten Schulter-, Nacken- und Rückenmuskulatur, Kräftigung der Bauch- und Rückenstreckmuskulatur, Muskelkorsettbildung im Bereich der Wirbelsäule. Korrektur der verstärkten Brustkyphose und anderer Wirbelsäulenfehlformen.

Behandlungsbeginn

Sofort nach Diagnosestellung.

Therapiemöglichkeiten

Passive Maßnahmen

Wärme	Glühlicht, Heiße Rolle, Fangopackungen des Rückens als Vorbereitung der Massage.
Massage	Massage der gesamten Schulter-, Nacken- und Rückenmuskulatur, Unterwassermassage zur krankengymnastischen Vorbereitung.
Hydrotherapie	Sauna und Entmüdungsbäder.

Aktive Maßnahmen

Krankengymnastik und Bewegungstherapie	Intensive krankengymnastische Übungsbehandlung im Sinne der Mobilisierung der gesamten Wirbelsäule und der Kräftigung der für die Wirbelsäulenhaltung verantwortlichen Muskulatur. Lockerungs- und Dehnübungen für die Wirbelsäule. Kräftigungsübungen für die Bauchmuskulatur, M. rectus abdominis, M. obliquus abdominis externus et internus und M. transversus abdominis sowie der Rückenmuskulatur M. erector trunci und der M. romboideen.

Ausgangsposition für die krankengymnastische Übungsbehandlung ist zunächst die Entlastung der Wirbelsäule in Bauch- und Rückenlage sowie im Vierfüßlerstand. Wirbelsäulen-Mobilisierung im Schlingentisch.
Klapp'sche Kriechübungen und Bauchmuskelübungen aus dem Sprossenwandhang sind ebenfalls angezeigt. Atemübungen mit Betonung der Zwerchfellatmung und krankengymnastische Übungsbehandlungen im Bewegungsbad müssen ebenfalls eingesetzt werden. Gezielte Korrekturübungen im Sitzen und Stehen vor dem Korrekturspiegel sollen das Haltungsgefühl in der Senkrechten verbessern. In die Wirbelsäulenstreckung führende Spielformen, wie Volleyball und Basketball sowie Brust- und Rückenschwimmen, ergänzen die krankengymnastische Behandlung. Bei abgeheilter Scheuermann'scher Erkrankung kann die Hippotherapie ebenfalls eine gute Ergänzung sein. Die krankengymnastische Übungsbehandlung muß über mehrere Jahre, während der Adoleszenz, 2- bis 3 mal in der Woche durchgeführt werden. Reizerholungspausen sind einzulegen. Der Patient soll ein Übungsprogamm als Hausaufgabe täglich durchführen. Das Hausübungsprogramm muß kontrolliert und gegebenenfalls korrigiert werden, damit sich keine fehlerhaften Bewegungsabläufe einschleifen.

Besondere Hinweise

Alle wirbelsäulenstauchenden Übungen müssen unbedingt vermieden werden. Unphysiologische Bewegungen, wie Belastungen in der Beugestellung der Wirbelsäule, schwerathletisches Leistungstraining und extremes Krafttraining, besonders vor dem 20. Lebensjahr, sind ebenfalls schädlich. Dagegen ist eine gemäßigte Kraftarbeit im Liegen, z. B. Bankdrücken erlaubt. Wichtig ist, daß die Lendenwirbelsäule stabilisiert und nicht verstärkt lordosiert wird. Kraft- und Hebearbeit soll vorwiegend mit der Oberschenkelmuskulatur und unter Einsatz der Bauchpresse durchgeführt werden.
Warme Kleidung, sorgfältige Aufwärmarbeit, gezieltes Lockern und Dehnen vor Training und Wettkampf sind sehr wichtig. Auf vielseitiges Üben, Vermeidung von allen einseitigen Übungen und übermäßigen Dauerbelastungen ist zu achten. Ausgleichssportarten, wie Schwimmen und Ballspiele, sollten betrieben werden. – Regelmäßige Röntgenkontrolle sowie permanente Trainingsbeobachtung und Beratung ist erforderlich.

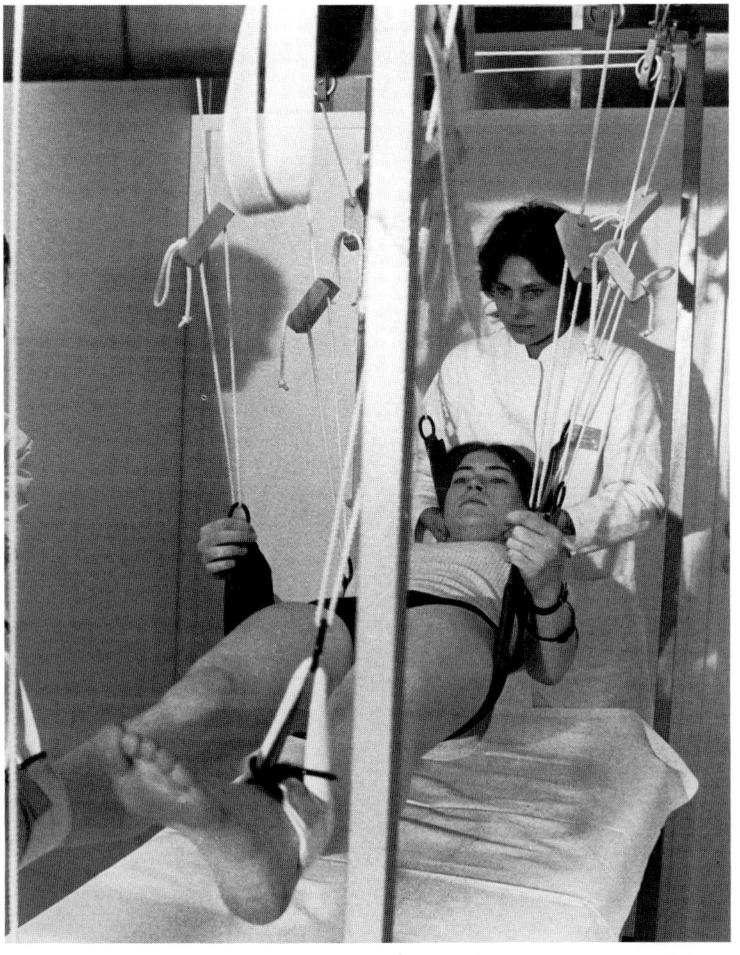

Abb. 305: Krankengymnastische Behandlung im Schlingengerät zur Mobilisierung der ganzen Wirbelsäule in der Entlastung des freien Schwebehangs.

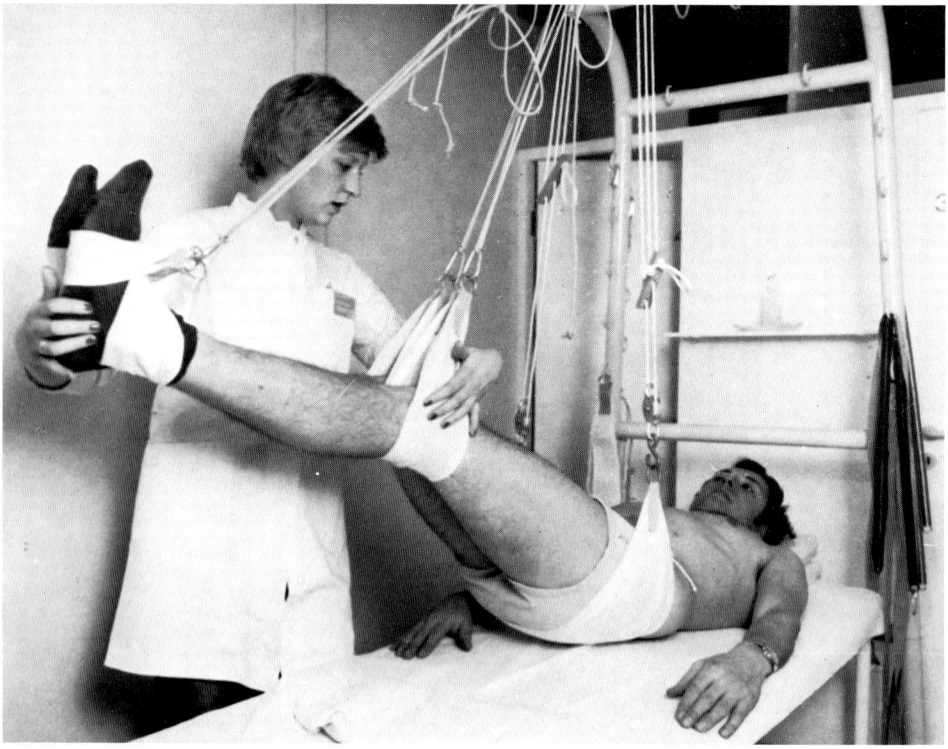

Abb. 306: Teilmobilisierung im Brustwirbel-Lendenwirbel-Übergangsbereich bei Morbus Scheuermann eines Tennisspielers.

Abb. 307: Hippo-Therapie bei abgeheilter Scheuermann'scher Erkrankung.

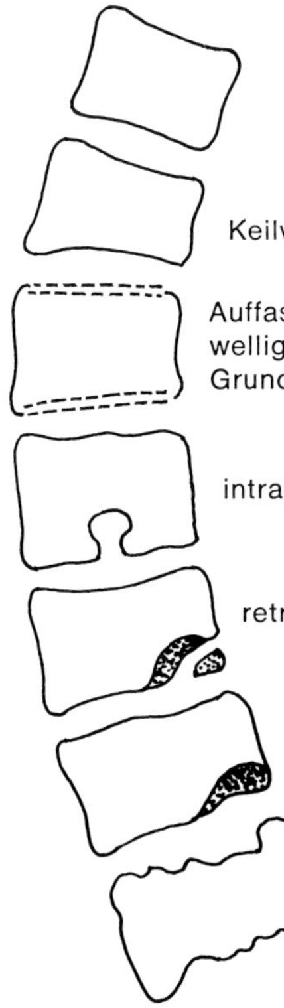

Abb. 308: Schema der röntgenologischen Veränderungen bei Osteochondritis deformans juvenilis dorsalis, Morbus Scheuermann.

Rundrücken

Einführung

Der Rundrücken stellt die am weitesten verbreitete Fehlform der Wirbelsäule dar. Dabei ist die physiologische Brustkyphose in der Sagitalebene verstärkt ausgebildet. Die Brustkyphose ist nach distal verlängert und die Lendenlordose dadurch verkürzt. Diese Fehlform kann auf die LWS und HWS übergreifen, so daß es zu einer total kyphotischen Haltung der Wirbelsäule kommt. Der Brustkorb ist meist flach und eingesunken. Die Atmung und die Vitalkapazität der Lungen können sich nicht voll entfalten. Die statische Leistungsfähigkeit des Rundrückens ist vermindert, da an seinen stärker geneigten Wirbelsäulensegmenten vermehrt Scherkräfte auftreten. Die meisten Rundrücken gehen mit einer Insuffizienz der Rücken- und Bauchmuskulatur einher. Schnelle Ermüdbarkeit und Erschlaffung, aber auch Verspannungen und Myogelosen in der Rückenstreckmuskulatur, kommen nicht selten vor. Der M. pectoralis major neigt zur Verkürzung.
Bei einer Untersuchung von *G. Henke,* bei der eine Kontrollgruppe von 200 Patienten mit chronischen Rückenschmerzen und 100 Rückengesunde gegenübergestellt wurden, wiesen 70% der Schmerzgruppe eine verstärkte Kyphosierung der Wirbelsäule auf.

Dagegen hatten 70% der Kontrollgruppe eine normale Rückenform. Dreiviertel aller Rundrückenfälle hatten bereits Schmerzen vor dem 20sten Lebensjahr.
Man unterscheidet den schlaffen Rundrücken des Jugendlichen vom fixierten Rundrükken des Erwachsenen und den Altersrundrücken des Greisen. – Beim schlaffen Rundrükken des muskel- und skelettschwachen Jugendlichen spielen auch psychische Faktoren eine Rolle. Wie ja Haltung immer ein Ausdruck von seelisch-körperlicher Ganzheit der Persönlichkeit und ein Maßstab ihrer Kraft darstellt, wie es *F. Schede* einmal sinngemäß formulierte. Die aufrechte Haltung des Menschen ist immer ein permanenter Kampf zwischen der Schwerkraft einerseits und der aufrichtenden Muskelkräfte andererseits. Die Aufrichtung des Menschen als einziges Lebewesen aus der Waagerechten des Vierfüßlerstandes in die Senkrechte, bedeutet eine dauernde psycho-physische Kraftleistung.
Sitzzwang in Schule, Beruf (Schreibmaschinenarbeit, Bildschirmtätigkeit, Fließband etc.) und Freizeit (stundenlanges Fernsehen und Plattenhören etc.) können den Rundrücken ebenso verstärken wie falsche Tisch- und Stuhlhöhen und fehlerhaftes Möbeldesign.
Ursächlich sind die angeborenen Kyphosen (Keil, Halb- und Blockwirbel), die Kyphosen bei Systemerkrankungen (z. B. Chondrodystrophie, sog. Muskeldystrophie) und die erworbenen Kyphosen (z. B. Rachitis, kindliche Leukämie, M. Scheuermann) zu unterscheiden.
Schon beim Kleinkind beginnt der circulus vitiosus durch Rückenlagerung statt Bauchlage im Kinderbettchen. Ungünstige Arbeits- und Sportformen bei Jugendlichen im Wachstumsalter fördern die Bildung des Rundrückens. Früher gab es den sogenannten «Bauernrücken» oder «Lehrlingsrücken» bei Jugendlichen, die in früher Jugend schwer arbeiten, heben und tragen mußten. Heute finden wir den Rundrücken auch bei Schwerathleten, bei Radfahrern, Tischtennisspielern, Fußballspielern, Boxern, Bereitern und Langstreckenläufern.
Andererseits gibt es eine Reihe von Sportarten, die sich günstig auf die Streckung der Wirbelsäule und damit auf die Korrektur des Rundrückens auswirken können. Hier sind an erster Stelle eine haltungsschulende Gymnastik und das Schwimmen, vorwiegend Brust- und Kraulschwimmen zu nennen. Dressurreiten kann ebenfalls eine hervorragende Haltungsschule für die Wirbelsäule sein, wenn der Reitlehrer auf die Aufrichtung des Rückens seines Schülers achtet, diese effektiv korrigiert und wenn das Pferd «sitzen läßt», d. h. keine harten Rückenbewegungen (Gänge) hat. Bestimmte Teile des Turnens, die in die Streckung der Wirbelsäule führen, wie Reck, Ringe und Barren, können wirbelsäulenaufrichtend und haltungsverbessernd wirken. Auch Ballspiele, die vorwiegend die Senkrechte betonen, wie Volleyball und Basketball, sind positiv zu beurteilen.
Die Beurteilung, ob ein Rundrückenpatient Sport treiben sollte und welche Disziplinen zu bevorzugen sind, kann nur individuell erfolgen. Zweifellos spielen dabei Trainingsintensität- und Ausmaß jeweils dabei eine wichtige Rolle. – In jedem Fall gehört der Rundrücken in orthopädische Kontrolle, und besonders wenn es sich um einen jugendlichen Leistungssportler handelt, in sportmedizinische Betreuung und in permanente krankengymnastische Behandlung.

Behandlungsziele

Wichtigstes Ziel der krankengymnastischen Behandlung ist die aktive Korrektur des Rundrückens durch Kräftigung der gesamten Rückenstreckmuskulatur. Gleichzeitig muß eine passive und aktive Dehnung des meist verkürzten M. pectoralis major und des gesamten Schultergürtels erfolgen. Dabei darf die Verbesserung der Atmung und die Vergrößerung der Vitalkapazität nicht vernachlässigt werden. – Bei Schmerzen und Verspannungen in der Rückenmuskulatur ist auf die Lockerung und Entspannung von leistungsgeschwächten Muskelbereichen hinzuarbeiten.

Behandlungsbeginn

Sofort nach Erkennen; möglichst Frühdiagnose im frühen Kindesalter.

Therapiemöglichkeiten

Passive Maßnahmen

Lagerung	Auf eine flache Lagerung auf fester Unterlage im Bett ist zu achten. Dehnlagerungen der Brustkyphose sind angezeigt. Kleinkinder sollten vorwiegend in Bauchlage liegen.
Wärme	Glühlicht, Heiße Rolle und Fangopackungen zur Vorbereitung der Rücken- und Brustmuskelmassage.
Massage	Rücken- und Brustmuskelmassage, besonders der verhärteten, verspannten und verkürzten Muskelbereiche (M. erector trunci, M. romboideen, M. pectoralis major). Unterwassermassage des gesamten Rückens und Brustkorbs.

Aktive Maßnahmen

Krankengymnastik und Bewegungstherapie	Von größter Bedeutung ist die Aufrichtung und Streckung der Wirbelsäule, besonders der Brustwirbelsäule durch Kräftigung der gesamten Rückenstreckmuskulatur (M. erector trunci). Dies geschieht am besten durch die sog. Aufspannübungen aus der wirbelsäulenentlastenden Bauchlage. Dabei ist darauf zu achten, daß die Muskelgruppen im oberen und mittleren Abschnitt der Wirbelsäule zum Einsatz kommen und der Patient sich nicht mit den Lendenstreckern ins Hohlkreuz zieht. Durch die Lagerung eines festen Kissens unter den Bauch kann dies verhindert werden. Eine weitere wichtige Muskelgruppe, die gekräftigt werden muß, sind die M. romboideen. Sind sie schlaff, stehen die Schulterblätter ab und die Neigung der Schultern nach vorne und damit die Verkürzung der M. pectorali major wird begünstigt. Aktive und passive Dehn-Übungen für die M. pectorali major sind deshalb zur Ergänzung der Rückenkräftigung von großer Wichtigkeit. Die Kräftigung der geraden und schrägen Bauchmuskulatur und die Korrektur des eventuell vorhandenen Hohlkreuzes (s. Kapitel Hohlkreuz) sind Voraussetzungen für die Aufrichtung des Rundrückens.

Neben den Übungen aus der Bauchlage bieten die Übungen aus dem Vierfüßlerstand gute Möglichkeiten der Rundrückenkorrektur und der Kräftigung in der Wirbelsäulenentlastung. Ebenso Übungen im Hängen an der Sprossenwand. Daneben sollten aber immer wieder freischwebende Lagerungen im Schlingentisch und dabei Übungen der Seitbeugung der BWS erfolgen. Auch die schiefe Ebene eignet sich für Rundrückenübungen aus der Bauch- und Rückenlage. Übungen mit Stäben und Bällen, dem Deuserband und nicht zuletzt das Klapp'sche Kriechen bieten vielfältige Möglichkeiten durch Kräftigung der Rücken- und Bauchmuskulatur, durch Dehnung der Brustmuskeln, die Wirbelsäule aufzurichten und den Rundrücken zu korrigieren. Aber auch Übungen in der WS-Belastung wohldosiert im Sitzen, Stehen und Gehen dürfen in einer fortgeschrittenen Behandlung nicht fehlen. Der Patient muß erlernen, die Aufrichtung der Wirbelsäule von der Waagrechten in die Senkrechte zu übertragen.

Auch die Einübung der Vollatmung mit Vergrößerung der Vitalkapazität und der Betonung der Brustatmung gehören zum krankengymnastischen Rundrückenprogramm.

Die krankengymnastische Behandlung muß bei Kindern und Jugendlichen über mehrere Jahre systematisch 2- bis 3 mal in der Woche durchgeführt werden.

Es müssen täglich gymnastische Hausaufgaben, die durch den Therapeuten kontrolliert werden, gemacht werden. Auch bei Erwachsenen ist eine Dauerbehandlung angezeigt, wenn die Progressivität des Geschehens gestoppt werden soll. – Als Ergänzung der krankengymnastischen Behandlung ist das Schwimmen, besonders das Brustschwimmen, zu empfehlen. Damit die HWS nicht in eine extrem lordotische Haltung dabei kommt, muß mit dem Gesicht im Wasser geschwommen werden.

Besondere Hinweise

Alle, die Wirbelsäule stauchende Sportarten sind gegenindiziert, z. B. Gewichtheben, Weit- und Hochsprung, Sprünge vom Gerät, Trampolinspringen, extremes Krafttraining. Auch torsionsbetonte Sportarten wie Tennis, Golf, Speerwurf und Kugelstoßen etc. werden meist nicht gut vertragen. – Vielseitige, symmetrische, den Rücken streckende und die gesamte Rumpfmuskulatur kräftigende Sportarten sind zu bevorzugen. Bei Laufdisziplinen ist auf weiche, federnde Laufschuhe und auf die Vermeidung von Hartböden in Training und Wettkampf zu achten. Auch auf eine warme Trainingskleidung ist besonderer Wert zu legen. Trainingsbeobachtung und regelmäßige sportärztliche Kontrolluntersuchungen sind erforderlich.

Abb. 309: Streckungs- u. Korrekturbehandlung des Rundrückens.

Abb. 310: Gruppenarbeit zur Aufrichtung der Wirbelsäule.

Flachrücken

Einführung

Der Flachrücken zählt, neben Rundrücken und hohlrundem Rücken, zu den typischen Abweichungen von der normalen Haltung des Menschen. Die physiologischen Krümmungen der Wirbelsäule sind dabei abgeflacht bzw. vermindert ausgebildet. Das Becken steht steiler als normal. Die Lendenwirbelsäule hat eine verminderte lordotische Form oder die natürliche Lendenwirbelsäulen-Lordose ist ganz aufgehoben. Die physiologische nach hinten konvexe, kyphotische Krümmung der Brustwirbelsäule ist ebenfalls vermindert oder aufgehoben und kann in Extremfällen sogar leicht lordotisch werden. Auch die natürliche Lordose der Halswirbelsäule ist vermindert oder aufgehoben. Das Gesamtbild der Wirbelsäule gleicht einem geraden Stab. Der Rücken ist flach wie ein Brett. Bei damit einhergehender allgemeiner Muskel- und Bindegewebsschwäche und besonders bei der Schwäche der M. romboideen stehen nur die Schulterblattwinkel etwas ab. Dieser Haltungstyp tritt oft auch kombiniert mit einer Trichterbrust auf.

Zu finden ist der Flachrücken sowohl bei Kindern und Jugendlichen, wo er meist ohne Schmerzen und Beschwerden verläuft und deshalb auch oft nicht entdeckt wird. Auch beim Erwachsenen wird er oft erst durch auftretende Rückenbeschwerden festgestellt.

Die Ursachen des Flachrückens sind noch umstritten und nicht völlig geklärt. Es kommen konstitutionelle Faktoren, Rachitis im frühen Kindesalter und Lähmungen in Betracht. Ein Zusammenhang mit der frühkindlichen Sitzkyphose wird vermutet. Störungen im Muskelgleichgewicht wie z. B. durch Poliomyelitis oder durch progressive Muskeldystrophie verursacht, können zur Abflachung des Rückens führen. In der Mehrzahl der Fälle geht der Flachrücken mit einer allgemeinen Insuffizienz der Rücken-, Bauch- und Rumpfmuskulatur einher. Bei Sitzkyphosen, die in der Kindheit als Folge von Rachitis erworben wurden, sind Beschwerden im BWS-LWS-Übergang zu beobachten. Eine Vergesellschaftung des Flachrückens mit Skoliosen ist ebenfalls nicht selten.

Als Aufgabe der natürlichen, physiologischen, S-förmigen Krümmung der Wirbelsäule in der Sagitalebene ist die Abfederung gegen Stöße und Stauchungen anzusehen. Entfällt diese Federungsmöglichkeit, wird die Wirbelsäule zu einem starren geraden Stab, ist mit einer stärkeren und früher auftretenden Abnutzung der Gelenkflächen und Zwischenwirbelscheiben im Sinne einer Osteochondrosis vertebralis zu rechnen. Die Zwischenwirbelscheiben müssen dann allein die Aufgabe der Abpufferung der auftretenden Stöße und Belastungen übernehmen. Dies bedeutet eine stärkere und frühere Abnutzung für sie. In jedem Fall ist der Flachrücken prognostisch und funktionell als ungünstig einzustufen, da er bei maximaler Wirbelsäulenbelastung vorzeitig ermüdet.

Hier liegen die Berührungspunkte des Flachrückens zur sportlichen Betätigung und zum Leistungssport. Alle Sportarten, die mit einer vermehrten Belastung der Wirbelsäule in der Senkrechten einhergehen, wie z. B. Gewichtheben, Hebeteile beim Eiskunstlauf, Bodenturnen und Kugelstoßen etc., werden deshalb als Leistungssport nur sehr eingeschränkt toleriert. Noch ungünstiger sind Sportarten, bei denen es zu wiederholten Stauchungen der Wirbelsäule kommt. Es sind dies z. B. der Hoch- und Weitsprung, Sprünge vom Gerät beim Turnen, Trampolinspringen, Fallschirmspringen, Motorradfahren und Reiten im Dressursitz, wenn der Reiter noch nicht in der Lage ist, richtig auszusitzen. Letzeres gilt besonders für die Trabbewegung und für Pferde mit harten

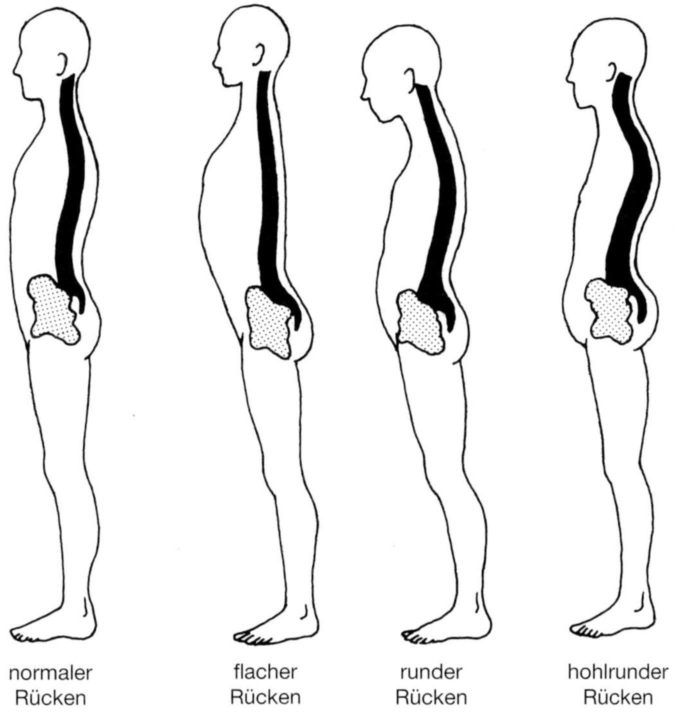

Abb. 311: Haltungstypen.

werfenden Rückenbewegungen. – Vor diesen Sportarten muß beim Flachrücken gewarnt werden. Aber auch Laufen auf harten Pisten, Hürdenlauf oder Tennisspielen auf Hartböden sind ebenfalls nicht zu empfehlen.
Auf alle traumatischen Einwirkungen reagiert der Flachrücken besonders empfindlich. Einseitige sich oft wiederholende Torsionsbewegungen, wie sie beim Tennis- und Golfspielen vorkommen, werden ebenfalls nur selten auf die Dauer ohne Beschwerden vertragen. – Dennoch ist ein allgemeines Sportverbot oder die Befreiung vom Schulsport beim Flachrücken abzulehnen. Wie auch die anderen Formabweichungen der Wirbelsäule (Rundrücken, hohlrunder Rücken) bildet der Flachrücken keinen ausgesprochenen leistungsbegrenzenden Faktor für Sport und Arbeit. Einer orthopädischen Beobachtung bzw. einer krankengymnastischen Behandlung sollte der Flachrücken jedoch unterzogen werden.

Behandlungsziele

Die krankengymnastische Behandlung beim Flachrücken hat in erster Linie die Aufgabe, die Wirbelsäule in allen Bereichen zu mobilisieren und ihre Versteifungstendenz zu bekämpfen. Dabei müssen solche Übungsprogramme angewandt werden, die in der Lage sind, die physiologischen Krümmungen der Wirbelsäule herbeizuführen. Darüber hinaus ist die Kräftigung und Schulung der gesamten Rücken-, Bauch- und Rumpfmuskulatur einschließlich der Atemmuskulatur unbedingt notwendig. Bei Schmerzen sind ergänzend Maßnahmen zur Lockerung verspannter Muskelbereiche angezeigt.

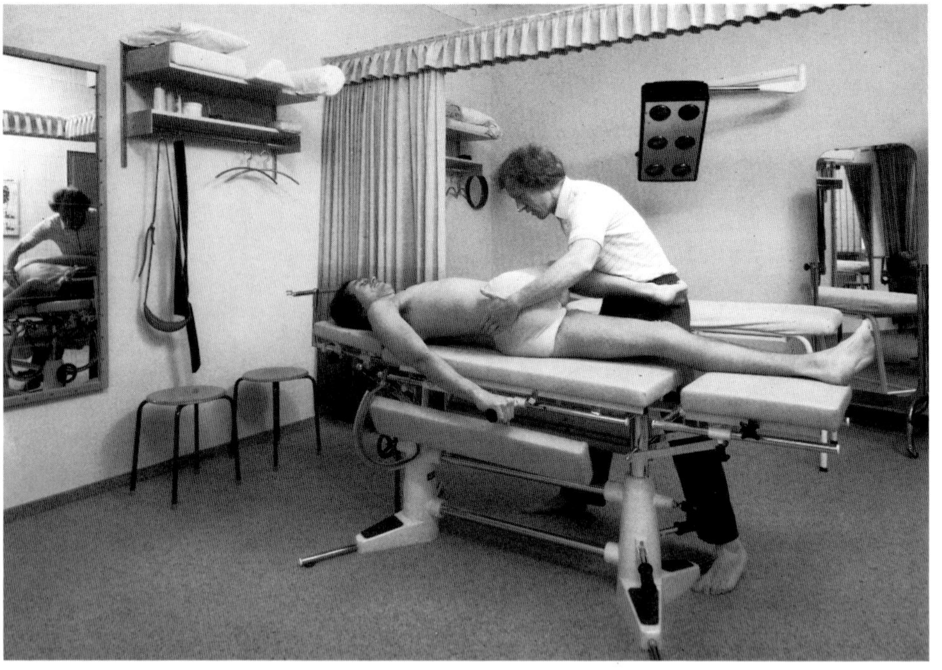

Abb. 312: Manuelle Therapie bei Flachrücken.

Behandlungsbeginn

Sofort nach Diagnosestellung. So früh wie möglich.

Therapiemöglichkeiten

Passive Maßnahmen

Wärme	Glühlicht, Heiße Rolle, Fangopackungen für die gesamte Rükkenmuskulatur zur Vorbereitung von Massage und krankengymnastischer Übungsbehandlung, besonders wenn Schmerzen auftreten.
Massage	Massage der Lendenwirbelsäulen-, Rücken- und Rumpfmuskulatur, sowie der Schulter- und Nackenmuskulatur. Unterwassermassage des ganzen Rückens und Rumpfes zur Vorbereitung der krankengymnastischen Übungsbehandlung.
Elektrotherapie	Im akuten Schmerzstadium Diadynamik, Interferenzstrom, Ultraschall.

Aktive Maßnahmen

Krankengymnastik und Bewegungstherapie	Intensive krankengymnastische Übungsbehandlung im Sinne der Mobilisierung der gesamten Wirbelsäule. Becken-Kreuz-Übungen in der entlastenden Rückenlage mit der Betonung der Lordosierung der LWS.

Rumpfvorbeuge mit Betonung der BWS-Kyphosierung. Seitbeuge- und Drehbeugeübungen in Rücken- und Bauchlage, im Vierfüßlerstand und im Sitzen. Schwungübungen mit eisernen Ringen und Keulen sowie Gymnastik mit Medizinbällen für den Rumpf im Stehen und Gehen. Auch Mobilisationsübungen im Schlingentisch, Klapp'sche Kriechübungen, Übungen aus der Hockergymnastik, mobilisierend durch Wechsel von Beckenkippen und Aufrichten der LWS sowie Übungen auf dem Therapieball und Komplexbewegungen (PNF) sowie manuelle Therapie sind angezeigt. – Besonderer Wert ist auf eine integrierte Atemgymnastik im Sinne der Vollatmung und Vergrößerung der Vitalkapazität sowie die gezielte Brust- und Flankenatmung zu legen. – Schwimmen im Wechsel der Stilarten und unter Betonung des Rückenschwimmens ergänzt die kankengymnastische Übungsbehandlung.

Beim Flachrücken muß die krankengymnastische Übungsbehandlung besonders im Kindes- und Jugendlichenalter über mehrere Jahre 2- bis 3 mal wöchentlich durchgeführt werden. Krankengymnastische Hausaufgaben, die durch den Therapeuten kontrolliert werden müssen, sind durch den Patienten täglich und lebenslang durchzuführen.

Besondere Hinweise

Alle wirbelsäulenstauchende Sportarten müssen vermieden werden. Das Heben und Tragen von schweren Gewichten im Stehen und Gehen ist gegenindiziert. Auf federnde Sportschuhe und weiche federnde Böden bei der Sportausübung ist Wert zu legen. Sorgfältige Aufwärmarbeit, lockern und dehnen vor Training und Wettkampf dürfen nicht vernachlässigt werden. Vielseitige gymnastische Übungsprogramme sind erforderlich. Überlastungen im Trainingspensum sind jedoch zu vermeiden. Röntgenkontrolle sowie permanente Trainingsbeobachtung und Beratung sind ebenfalls erforderlich.

Hohlrunder Rücken

Einführung

Beim hohlrunden Rücken sind alle physiologischen Krümmungen der Wirbelsäule verstärkt ausgebildet. Es handelt sich also um eine Kombination von Hohlkreuz und Rundrücken (s. Kapitel Rundrücken und Hohlkreuz). Besonders die Verstärkung der Brustkyphose bewirkt eine kompensatorische Verstärkung der Lendenlordose und oft auch eine verstärkte Ausprägung der Halslordose.

Die Ursachen werden in Formveränderungen der Lendenwirbel, der Hüftgelenke, deren Streckfähigkeit behindert ist, vermutet. Außerdem spielt die gestörte Funktion und die verminderte Kraft der Bauch-, Gesäß- und Rückenstreckmuskulatur eine Rolle. Der hohlrunde Rücken geht meist mit einer Insuffizienz des Stützgewebes einher. Die Patienten klagen über ihre schlechte Haltung und oft nach Anstrengungen über Rückenschmerzen. Eine vorzeitige degenerative Verformung der Wirbelkörper und Spondylarthrosen sind die Folgen.
Zwar tritt der hohlrunde Rücken wesentlich seltener als der Rundrücken auf. Seine Prognose hängt allgemein von der Beweglichkeit der Wirbelkörper und von der Formveränderung der Wirbelkörper ab.
Für die Ausübung der meisten Sportarten und besonders für leistungssportliche Ambitionen stellt der hohlrunde Rücken ein starkes Handicap dar, da die statische Leistungsfähigkeit der gesamten Wirbelsäule eingeschränkt ist. – Alle Sportarten, die nicht in die Streckung der Wirbelsäule führen und diese durch Gewicht oder Stauchung belasten, sind deshalb als ungünstig zu bezeichnen. Leistungssportler mit hohlrundem Rücken gehören in permanente sportärztlich-orthopädische Kontrolle und sollten einer krankengymnastischen Dauerbehandlung unterzogen werden.

Behandlungsziele

Korrektur der Formabweichungen der gesamten Wirbelsäule insbesondere der Hyperlordose der LWS und der Hyperkyphose der BWS. Kräftigung der gesamten Rücken- und Bauchmuskulatur. Mobilisierung der Wirbelsäule. Bei Rückenschmerzen Schmerzbekämpfung.

Behandlungsbeginn

Sofort nach Diagnosestellung. So früh wie möglich.

Therapiemöglichkeiten

Passive Maßnahmen

Wärme	Glühlicht, Heiße Rolle und Fangopackungen zur Vorbereitung der Massage (s. Kapitel Hohlkreuz und Rundrücken, Seite 340 u. 327).
Massage	Schulter-, Nacken-, Rücken- und Gesäßmuskelmassage, ebenso Massage der verkürzten Brustmuskeln (s. Kapitel Hohlkreuz und Rundrücken, Seite 340 u. 327).
Elektrotherapie	Im akuten Schmerzstadium Diadynamik, Interferenzstrom, Ultraschall (s. Kapitel Hohlkreuz und Rundrücken, Seite 340 u. 327).

Aktive Maßnahmen

Krankengymnastik und Bewegungstherapie

Die aktive krankengymnastische Übungsbehandlung stellt eine sinnvolle Kombination der Behandlung von Hohlkreuz und Rundrücken dar (s. Seite 340 u. 327). Wichtig ist dabei, die Gesamtstatik der Wirbelsäule zu sehen und bei der Behandlung von kaudal nach kranial vorzugehen. Nur auf der Korrektur der Lendenlordose läßt sich die Korrektur der Brustkyphose und der Halslordose aufbauen. Zweifellos ist die krankengymnastische Übungsbehandlung des hohlrunden Rückens ein komplexes und kompliziertes Geschehen, welches langjährige Erfahrung und erhebliches Einfühlungsvermögen in die Gesamtstatik der Wirbelsäule erfordert. – Ebenso wie beim Hohlkreuz und Rundrücken kann man die ganze Skala der krankengymnastischen Übungsgeräte bei der Behandlung des hohlrunden Rückens einsetzen. Die mobilen Geräte wie Bälle, Seile, Keulen sind ebenso geeignet wie Sprossenwand, schiefe Ebene, Kasten und Schlingentisch. Auch weniger bekannte Geräte wie der Schwebeläufer, das Kippbrett und Hängeliegen können bei der Behandlung gute Dienste tun. Der kreativen Phantasie des Therapeuten sind dabei keine Grenzen gesetzt, immer vorausgesetzt, daß die Methoden zielorientiert zur vorwiegend aktiven Korrektur der Hyperlordose der LWS und HWS und der Hyperkyphose in der BWS, zur Streckung der Gesamt-WS und damit zur Verbesserung der Gesamtstatik eingesetzt werden.

Auch die Einbeziehung der die Wirbelsäule entlastenden krankengymnastischen Bewegungstherapie im Wasser ist sowohl im mobilisierenden wie im stabilisierenden Sinne in allen Behandlungsstadien von großem Nutzen. Verfahren wie das Klapp'sche Kriechen und nicht zuletzt die Pflege der Vollatmung als thoraxstabilisierendes Element, sind je nach Fall sinnvoll einzusetzen.

Passive Streckgeräte dagegen versprechen bei der Behandlung des hohlrunden Rückens wenig Erfolg.

Es sollen hier keine einzelnen Übungen aufgezählt und beschrieben werden. Therapeuten mit Einblick und Erfahrung in die anatomisch-funktionellen Zusammenhänge des komplizierten und komplexen «Organs Wirbelsäule» sind in der Lage, die Behandlung in Übungskomplexen je nach Fortschritt bzw. Stadium der Behandlung individuell und dem Alter des Patienten angepaßt aufzubauen. Die krankengymnastische Behandlung des hohlrunden Rückens muß bei Kindern und Jugendlichen über mehrere Jahre 2- bis 3 mal pro Woche durchgeführt werden. Hausarbeitsprogramme müssen immer durchgeführt und durch den Therapeuten kontrolliert werden. Auch bei Erwachsenen ist eine periodische Dauerbehandlung zu empfehlen.

Abb. 313–316: Aktive Streckung und Korrektur der gesamten Wirbelsäule.

Besondere Hinweise

Ebenso wie beim Hohlkreuz und beim Rundrücken müssen beim hohlrunden Rücken alle wirbelsäulenstauchenden Sportarten vermieden werden. Schweres Heben und Tragen oder damit verbundene Sportarten sind gegenindiziert. Auf federnde Sportschuhe und auf elastische Böden ist bei der Sportausübung zu achten. Eine sorgfältige Aufwärmarbeit sowie Lockern und Dehnen für die gesamte Rückenmuskulatur ist vor Training und Wettkampf besonders zu beachten. Vielseitige mobilisierende gymnastische Übungsprogramme sind trainingsbegleitend immer wieder erforderlich. Statische Überlastungen des Rückens aller Art sollten vermieden werden. Röntgenkontrolle und eine permanente Trainingsbeobachtung und Beratung des Leistungssportlers mit hohlrundem Rücken sind besonders anzuraten. Brust-, Rücken- und Kraulschwimmen im Wechsel sind neben der krankengymnastischen Übungsbehandlung zu empfehlen.

Abb. 317: WS-streckende u. -belastende Sportart Volleyball.

Hohlkreuz

Einführung

Das Hohlkreuz oder die Hyperlordose der Lendenwirbelsäule ist eine weitverbreitete Wirbelsäulenfehlhaltung, die zu einer fixierten Fehlform werden kann. Es handelt sich dabei um eine über das normale physiologische Maß gehende Vorwölbung nach ventral, der fünf Lendenwirbel und des Kreuzbeins bei gleichzeitiger Kippstellung des Beckens. Während die Grundhaltung des Menschen vererbt ist, üben äußere Einflüsse wie Alter, Psyche, Sport, Ernährung, Krankheiten und die Arbeits- und Lebensweise einen nicht unbedeutenden Einfluß auf die Haltung und damit auf die Wirbelsäulenstatik aus.
Haltungsformen entstehen meist im Wachstumsalter zwischen 6 und 12 Jahren. Während der Schulzeit, zu stundenlangem Sitzen und zu allgemeiner Bewegungsarmut gezwungen, verdoppeln sich die Haltungsfehler der Jugendlichen. Auch die Akzeleration kann die Haltung ungünstig beeinflussen. Die Entwicklung der Haltemuskulatur der Wirbelsäule hält mit dem raschen knöchernen Längenwachstum nicht Schritt.
Kennzeichnend für das Hohlkreuz sind neben der sichtbaren Fehlform Schmerzen und Ermüdungserscheinungen in der Muskulatur der LWS und oft auch des ganzen Rückens. Die Lendenstreckmuskulatur und die Ansätze des M. gluteus maximus am Beckenrand sowie der M. quadratus lumborum sind tastbar verspannt und verhärtet.
Die Ursachen für das Hohlkreuz können verschieden sein: Angeborene Wirbeldeformität, bindegewebig-muskuläre Haltungsschwäche, statisch bedingte Fehlhaltung, Lähmungen und Trainingsmangel der gesamten Bauchmuskulatur durch sitzende Lebensweise in Beruf und Freizeit. Bei Frauen ist die Hyperlordose vermehrt anzutreffen. Dies dürfte mit der Überdehnung der Bauchmuskulatur in der Schwangerschaft zusammenhängen.
Bei Leistungssportlern findet man das Hohlkreuz und seine Folgen besonders in den Sportdisziplinen, in denen Bewegungs- und Übungsabläufe forciert ins Hohlkreuz führen. Es ist dies vor allem im Geräteturnen, z. B. beim Handstandüberschlag, Salto rückwärts, Flick-Flack, bei den Unterschwüngen am Stufenbarren, in der Wettkampfgymnastik, im Eiskunstlauf bei der Todesspirale, in der Leichtathletik beim Speerwerfen, beim Floppen und im Schwimmen beim Delphin-Stil der Fall. Hier wird das Hohlkreuz durch viele Tausend Wiederholungen des Bewegungsablaufs in Training und Wettkampf geradezu eingeübt.
Wenn auch die genannten Sportarten und Übungen nicht unbedingt ursächlich verantwortlich für die Bildung eines Hohlkreuzes gemacht werden können, so verstärken sie jedoch die Anlage und die bestehenden Beschwerden. Durch die Fehlbelastung der Gelenkflächen und der Zwischenwirbelscheiben führt das Hohlkreuz meist zu vorzeitigen Abnutzungserscheinungen und degenerativen Veränderungen der Wirbelsäule. Hinzukommende Traumatisierungen der LWS, die im Leistungssport nicht ausbleiben, dürften ebenfalls zum vorzeitigen Verschleiß beitragen. Auf der Basis des Hohlkreuzes können sich weitere Fehlformen in Brust- und Halswirbelsäule aufbauen.
Gemeinsam ist allen Hohlkreuzbildungen die Schwäche der Bauchmuskulatur. Sowohl der M. rectus abdominis als auch die schrägen Bauchmuskeln sind geschwächt und nicht in der Lage, die Funktion der Beckenaufrichtung zu erfüllen. Die Lendenwirbelsäulenstrecker dagegen sind verkürzt. Hohlkreuzpatienten fehlt meist auch eine gute Zwerchfellatmung. – Daraus ergeben sich die krankengymnastischen Aufgaben.

Behandlungsziele

Bauchmuskelkräftigung, Korrektur der LWS, Lockerung und Dehnung der Lendenstreckmuskulatur, Einübung einer physiologischen Becken- und Wirbelsäulenhaltung, Erlernung der Zwerchfellatmung und Herstellung des Muskelgleichgewichtes zwischen Bauch- und Rückenmuskulatur.

Behandlungsbeginn

Sofort nach Diagnosestellung.

Therapiemöglichkeiten

Passive Maßnahmen

Lagerung	In der Bauchlage muß ein Kissen unter den Bauch gelegt werden. Die Stärke des Kissens richtet sich nach der Lendenlordose. Sie muß diese ausgleichen bzw. überkorrigieren. – In der Rückenlage werden die Beine angestellt. Stufenbettlagerung, Trapexlagerung und Perl'sches Gerät wirken besonders bei Schmerzzuständen entlastend.
Wärme	Glühlicht, Heiße Rolle, Fangopackungen auf die Lendenstreckmuskulatur als Vorbereitung der Massage und krankengymnastischen Behandlung.
Elektrotherapie	Im akuten Schmerzstadium Diadynamik oder Interferenzstrombehandlung.

Aktive Maßnahmen

Krankengymnastik und Bewegungstherpaie	Intensive Übungen zur Kräftigung der gesamten Bauchmuskulatur, des M. rectus abdominis, des M. externus et internus obliquus abdominis in der Entlastung. Die beste Ausgangsstellung ist zu Beginn der Behandlung die Rückenlage. Daraus erfolgen aktive und passive Korrekturübungen bzw. die Überkorrektur der Lendenwirbelsäule. LWS-kyphosierende Übungen aus dem Vierfüßlerstand, wie z. B. das Heranziehen der Knie zur Nasenspitze und die Katzenbuckelübung, sind ebenso angezeigt wie Bauchmuskelübungen aus dem Sprossenwandhang, wie z. B. das Hochziehen der Knie zum Bauch einzeln und später zusammen. Auch Bauchmuskelübungen auf dem in die Sprossenwand eingehängten Schrägbrett sollten durchgeführt werden. Die Einübung der Zwerchfell- und Kreuzatmung ist sehr wichtig. Passive und aktive Dehnung der verkürzten rückwärtigen Beinmuskulatur, der Ischiocruralmuskeln gehören zum Standardprogramm der Hohlkreuzbehandlung. Der Dehnhang

im Perl'schen Gerät und daraus Seitschwünge dienen der Dehnung und Lockerung der LWS. Weiterhin sind angezeigt: Klapp'sche Kriechübungen, Hohlkreuzkorrektur vor dem Spiegel, Hohlkreuzübungen im Bewegungsbad. Nach der Behandlung in der Entlastung der LWS muß die Übertragung der erworbenen Korrektur auf die LWS in die Senkrechte und damit in die Belastung erfolgen. Dazu dienen Becken-Kreuz-Übungen auf dem Hocker, im Stehen und im Gehen. Dem Patienten sollen Selbstkontrollen vermittelt werden. Man stellt sich z. B. an eine senkrechte Wand und kontrolliert, ob die Wirbelsäule vom Kreuzbein über die LWS, BWS bis zur HWS an jeder Stelle die Wand berührt. Wenn die LWS abweicht, soll sie unter Anspannung von Bauch- und Gesäßmuskulatur an die Wand gedrückt werden, ohne an einer anderen Stelle auszuweichen. Man soll dabei das Gefühl haben, das Becken unter sich zu ziehen. Eine häufige Gangkontrolle vor einem Korrekturspiegel ist erforderlich.

Auch die Hippotherapie mit der Übertragung des dreidimensionalen Schwingungsrhythmus des Pferdes zur Lockerung und zur aktiven Korrektur der LWS eignen sich gut zur Hohlkreuzbehandlung.

Die Hohlkreuzbehandlung muß 2- bis 3 mal wöchentlich durchgeführt werden und kann sich über mehrere Jahre, besonders im Wachstumsalter, ausdehnen. Tägliches selbständiges Üben des Patienten ist unerläßlich.

Abb. 318: Ins Hohlkreuz führende extreme Rückbeuge in der Lendenwirbelsäule bei Wettkampfgymnastinnen.

Abb. 319: Ins Hohlkreuz führende Übungsteile in der Wettkampfgymnastik («Hohlkreuzmuster»).

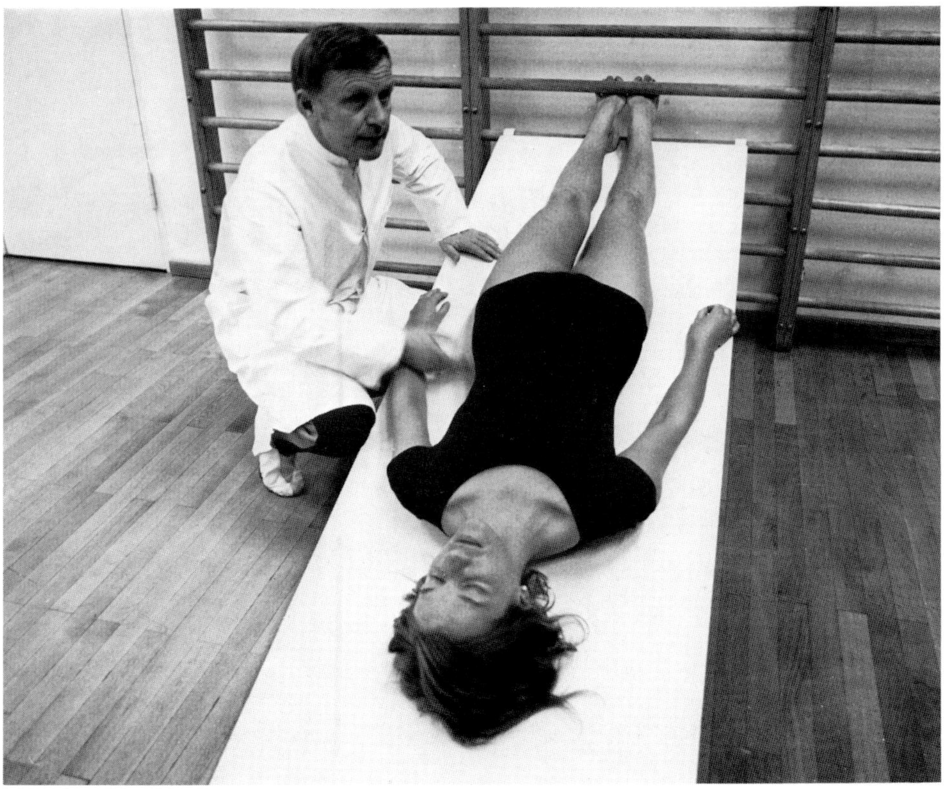

Abb. 320: Krankengymnastische Übungsbehandlung des Hohlkreuzes auf der schiefen Ebene.

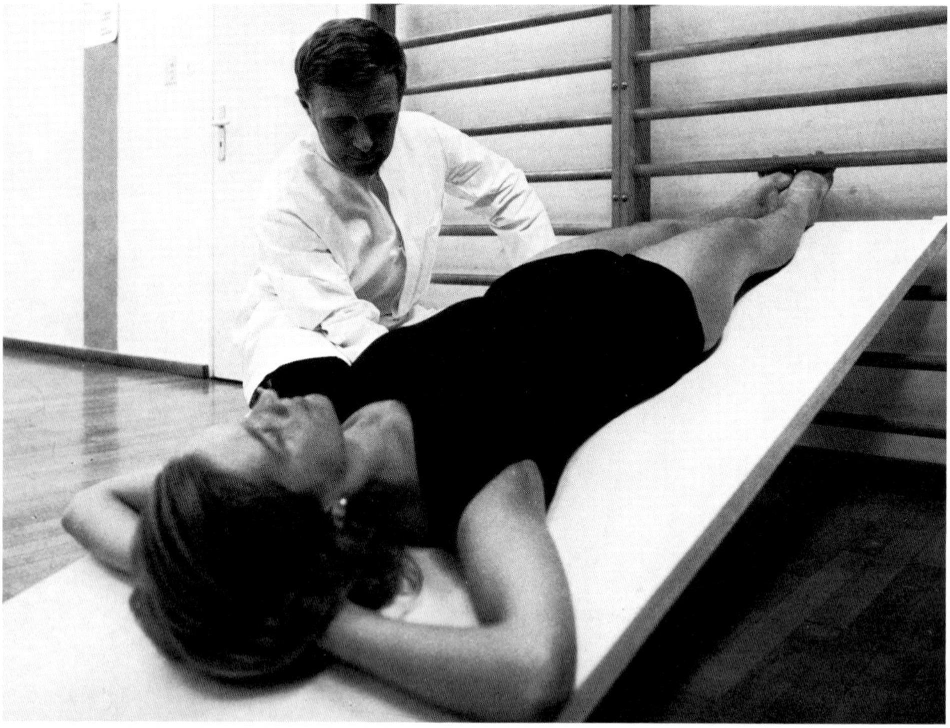

Abb. 321: Lendenwirbelsäule auf die Hand des Therapeuten heruntergedrückt.

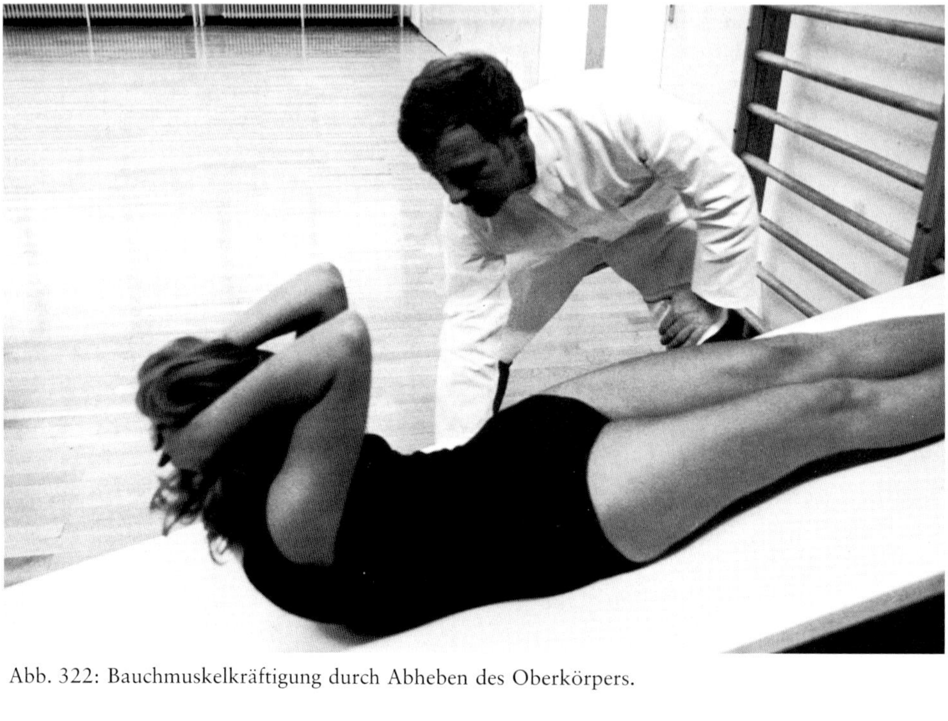

Abb. 322: Bauchmuskelkräftigung durch Abheben des Oberkörpers.

Abb. 323: Überkorrektur des Hohlkreuzes durch weit nach vorne beugen.

Besondere Hinweise

Zu vermeiden, zumindest aber einzuschränken, sind alle ins Hohlkreuz führenden Bewegungsabläufe und Übungsteile, besonders die der als hohlkreuzfördernd genannten Sportarten. Ebenso ist extremes Gewichtheben und Krafttraining im Stehen zu meiden. Dagegen ist vielseitige Bewegung und eine gezielte Ausgleichsgymnastik in der Entlastung, besonders nach dem Training, anzuraten. Als Ausgleichssport ist das Rückenschwimmen zu empfehlen. – Das Tragen von Schuhen mit hohen Absätzen sollte vermieden werden, da es zur Beckenkippung beiträgt. Permanente Lockerung und Dehnung der verspannten und verkürzten LWS-Muskulatur durch Wärme, Massage und Übungen sowie Trainingsbeobachtung und Beratung des betroffenen Athleten und seines Trainers sind erforderlich.

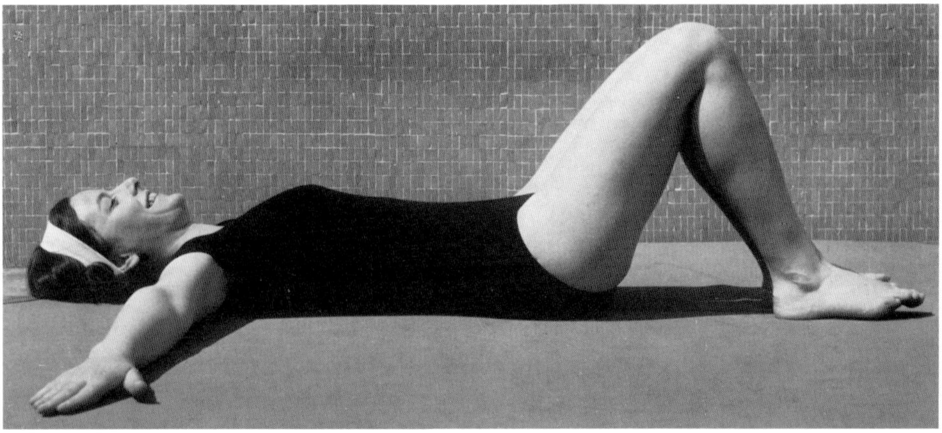

Abb. 324: Hohlkreuzübungen: Rückenlage, beide Beine angestellt.

Abb. 325: Knie abwechselnd links und rechts zum Bauch heranziehen, Kopf abheben und Nasenspitze zum Knie bringen.

Abb. 326: Aus der Rückenlage beide Beine zum Bauch heranziehen, Nasenspitze zwischen die Knie bringen.

Akuter Lumbago

Einführung

Durch eine unkontrollierte, ruckartig ausgeführte Rumpfbewegung, kommt es zu schlagartigen Schmerzen oberhalb des Kreuzbeines im kaudalen Lendenabschnitt. Man spricht von einem akuten Lumbago bzw. im Volksmund vom «Hexenschuß». Es entsteht eine plötzliche Steife der LWS infolge eines akuten Hartspanns der Muskulatur. Diese plötzlich schlagartig auftretenden Kreuzschmerzen werden wahrscheinlich durch ein Andrängen der degenerierten und erweichten Massen der Bandscheibe gegen das hintere Längsband ausgelöst. Einige führen die Schmerzen auf Einklemmung von Disken in den kleinen Wirbelgelenken zurück. Immer mehr Autoren gehen jedoch von der Meinung ab, der Lumbago sei nur ein Muskelschmerz. Der akute Lumbago kann in Verbindung mit den meisten Sportarten auftreten.
Beim Trampolinspringen, Tennis, Turnen, Gehen, Hochsprung, Skilauf und Speerwurf etc. kommt es zu Torsionsbeanspruchungen der LWS und somit zu einer möglichen Auslösung eines «Hexenschusses».
Auch beim Anheben eines schweren Gegenstandes oder bei einer damit verbundenen schnellen Drehung können diese plötzlichen Beschwerden auftreten.
Die Schmerzen des akuten Lumbago treten nur in der Lendengegend auf.
Beim sogenannten Ischias-Syndrom ziehen sie dagegen bis in die Beine hinein.
Wie schon erwähnt, entsteht infolge des akuten Kreuzschmerzes eine Steifheit im Rücken.
Der Sportler nimmt spontan eine Schonhaltung ein. Diese gilt es, durch eine gezielte krankengymnastische Behandlung zu beseitigen und ihn somit wieder wettkampffähig zu machen.

Behandlungsziele

Schmerzfreiheit, Lockerung der verspannten Muskulatur. Kräftigung der Bauch-, Rükken- und Gesäßmuskulatur. Beseitigung der Schonhaltung.
Schulung der Alltagsbewegungen, besonders Heben und Tragen, sowie langsame Wiederaufnahme der Sportdisziplin.

Behandlungsbeginn

Sofort nach Diagnosestellung.

Therapiemöglichkeiten

Passive Maßnahmen

Lagerung und Extension	Die Lagerung muß schmerzfrei erfolgen. Dies wird erreicht, indem der Sportler in Rückenlage auf einer harten, flachen Unterlage liegt. Die Unterschenkel können etwas höher gelagert werden. Bestens geeignet sind Stufenbett, Therapieball, sowie das Perl'sche Gerät.
Kälte	Stufenlagerung mit Coolpac im LWS-Bereich.
Wärme	Wärmeanwendung wie Heiße Rolle, Fango-Packungen oder Glühlicht mit Auflage eines feuchtwarmen Tuches, gelten als Vorbereitung für die nachfolgende Massage.
Massage	In Bauchlage müssen Bauch und Becken gut unterpolstert werden. In Seitenlage werden die Beine in Hüfte und Knie ca. 90° angebeugt. Vornehmlich wird eine gut dosierte Muskelmassage der Rückenmuskulatur, insbesondere im Lendenbereich und Gesäß angewandt. Es werden nur weiche Streichungen, Knetungen und Vibrationen ausgeführt. Tonisierende Griffe sind nicht angezeigt. Ebenfalls zur Linderung der Beschwerden kann eine Bindegewebsmassage beitragen. Eine Unterwassermassage im Lendenbereich, Gesäß und an den Oberschenkeln bewirkt auch den gewünschten Linderungseffekt. Erfolgreich sind Einreibungen mit hyperämisierenden Salben in Kombination mit feucht-heißen Kompressen.
Hydrotherapie	Warme bzw. heiße Vollbäder, Dampfduschen und das Stangerbad kommen zur Anwendung.
Elektrotherapie	Kurzwelle, Mikrowelle, Jontophorese, galvanische Durchströmung des Lenden-Kreuzbeingebietes, Diadynamik, Ultraschall, Interferenzstrombehandlung.

Aktive Maßnahmen

Krankengymnastik und Bewegungstherapie	Die aktive krankengymnastische Übungsbehandlung setzt erst nach einer intensiven Wärme- oder Kältebehandlung, einschließlich der Massage, ein. Mit manueller Therapie, besonders durch Traktionen, können reflektorische Verspannungen gelöst und somit die Schmerzen vermindert werden. Es folgen isometrische Spannungsübungen der Rumpfmuskulatur aus Rücken-, Seit- und Bauchlage. Im gleichen Behandlungszeitraum werden im Bewegungsbad Hüft- und Wirbelsäulenbewegungen durchgeführt. Allerdings vorläufig mit einem geringen Bewegungsausmaß in der Lendenwirbelsäule. Später kommen erweiternde Übungen hinzu. Die krankengymnastische Übungsbehandlung setzt sich mit Übungen aus der Seitlage, wie z. B. die Hüftstreckung des oben-

liegenden Beines, Becken aufrichten und kippen, Hochziehen der Hüfte (M. quadratus lumborum) fort. Es folgen Kräftigungsübungen für die gerade und besonders die schräge Bauchmuskulatur aus Rückenlage mit angestellten Beinen. Kräftigungsübungen aus der Bauchlage erweitern das krankengymnastische Übungsprogramm.
Alle Übungen sollten vorerst mit einem geringen Bewegungsausmaß in der LWS ausgeführt werden. Außerdem dürfen Muskelanspannungen nicht ruckhaft erfolgen und es sollte viel Wert auf die Entspannungsphase mit Pausen gelegt werden.
Wirbelsäulenmobilisierende Übungen können im Schlingentisch, im Hockersitz, an der Sprossenwand und durch Klapp'sches Kriechen Anwendung finden.
Die gleichen Ausgangspositionen sind gegeben für die Dehnung der Muskulatur, besonders im Lendenabschnitt. Die einfachste aktive Dehnübung ist der Sprossenwandhang.
Durch Aufhängen im Schlingentisch oder Dehnung durch den Therapeuten werden die Rückenmuskeln speziell im Lendenbereich gezielt gedehnt. Korrekturübungen aus dem Hockersitz, dem Vierfüßlerstand und dem Stand verbessern die Haltung. Die krankengymnastische Behandlung muß anfangs täglich erfolgen. Nach Schmerzfreiheit soll sie mindestens 3-mal in der Woche weitergeführt werden.

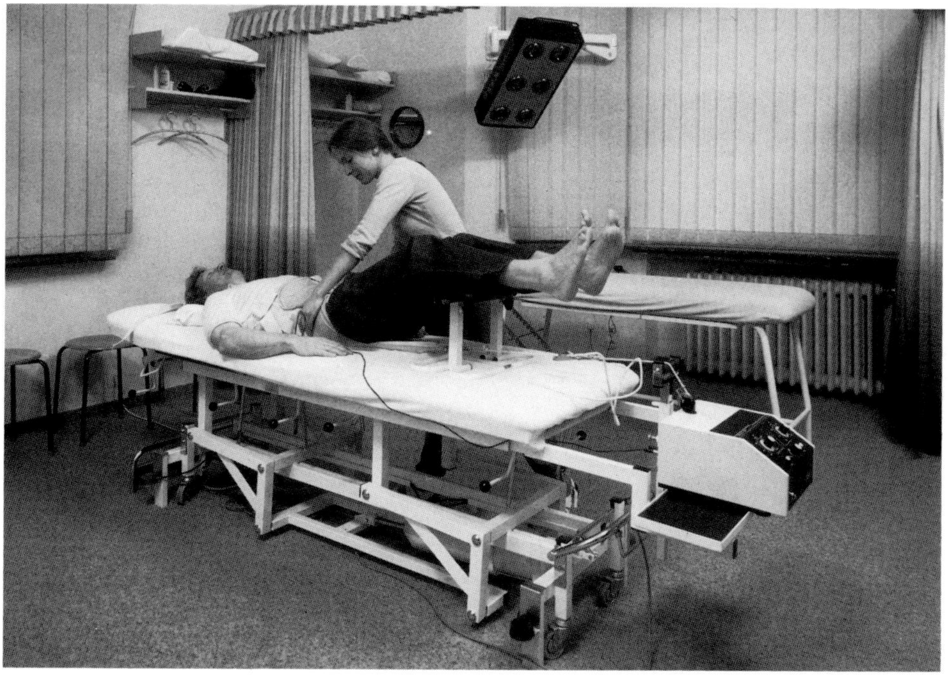

Abb. 327: Traktionsbehandlung im Tru-Trac.

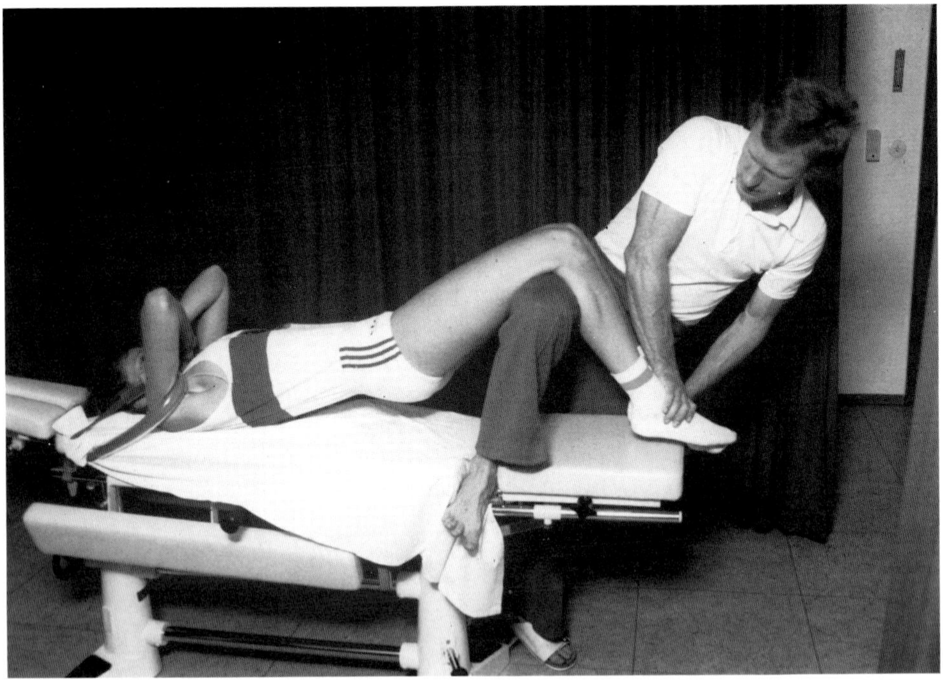

Abb. 328: Manuelle Traktion.

Abb. 329: Klapp'sches Kriechen mit Drehdehnung.

Besondere Hinweise

Während der Schmerzphase müssen schweres Heben und Tragen unterlassen werden. Beim Bücken in die Knie gehen um den Rücken zu entlasten. Es besteht Rezidivgefahr. Wirbelsäulenbelastende Sportarten und Torsionsbeanspruchungen der LWS, wie Speerwurf, Hochsprung, Trampolinspringen oder Turnen sind für einige Wochen zu unterlassen. Rückenschwimmen ist in der Spätphase der Behandlung angezeigt.

Skoliose

Einführung

Als Skoliose wird die Verbiegung der Wirbelsäule in der Frontalebene bezeichnet. Die Seitverbiegung ist meist verbunden mit einer Torsion der Wirbelkörper und einer Rotation mit Fixierung.

Die vielfältigen Ursachen, die Progredienz und die Therapieresistenz, die zu einer völligen Verformung des Rumpfes mit entsprechenden Auswirkungen auf die Lunge und das Herz führen können, haben die Skoliose zu einem der klassischen orthopädischen Leiden gemacht. Die meisten Skoliosen verlaufen – zumindest im Anfangsstadium – schmerzfrei.

Zu unterscheiden sind die Haltungsskoliosen von den strukturellen Skoliosen. Die Haltungsskoliosen oder auch «skoliotische Fehlhaltungen» genannt, sind reversibel und die aktive Aufrichtung ist möglich. Im Gegensatz dazu sind die strukturellen Skoliosen fixiert und nicht mehr aktiv vollständig aufrichtbar.

J. R. Cobb und *H. S. Scheier* unterscheiden nach den Ursachen in myopatische (Muskeldystrophie), neuropatische (Lähmungsskoliosen), osteopatische (Keilwirbelbildung), statische (Beinverkürzung), fibropatische (Narben-, Schwarten-) und idiopatische Skoliosen. Die idiopatische Skoliose, die die anderen Ursachen bei weitem überwiegen, werden von *I. V. Ponseti* in Säuglingsskoliose, infantile Skoliose, juvenile Skoliose und adoleszente Skoliosen eingeteilt.

Eine klinische Klassifikation nach Schweregraden wurde von *K. Lindemann* vorgenommen. Die Skoliose 1. Grades besteht demnach aus einer leichten Krümmung der WS mit geringer aber nachweisbarer Torsion, die ausgleichbar ist.

Die Skoliose 2. Grades ist durch eine auffallende Verkrümmung der WS in S- oder C-Form mit beginnendem Rippenbuckel und Lendenwulst gekennzeichnet. Sie ist nicht mehr ausgleichbar. Die Skoliose 3. Grades bedeutet eine schwere Verformung der WS mit starkem Rippenbuckel und Lendenwulst sowie einem Überhang des Torax auf der Konvexseite der Primärkrümmung.

Die Einteilung nach der Achsenabweichung der Primärkrümmung *(Lippmann, Cobb)* ist heute ebenfalls üblich.

G. Jenschura gibt die durchschnittliche Häufigkeit der Skoliose mit 2% an. – *H. Krahl* und *K. Steinbrück* haben unter 571 Hochleistungssportlern in den Jahren 1974–1977

33,5% leichte und 1,6% schwere Skoliosen bei Untersuchungen festgestellt. Die deutliche Häufung der leichten Skoliosen ergab sich bei Sportarten mit extrem torquierten, formal sich wiederholenden Stellungs-, Schlag-, oder Wurfpositionen, wie z. B. bei Schützen, Speerwerfern, Stabhochspringern und Tischtennisspielern. Es handelt sich aber meist nur um leichte Befunde mit Winkeln unter 20 ° (nach *Cobb*). Sicher kann man nicht von einer durch Sport verursachten Skoliose sprechen. Die Häufung bei jungen Sportlern, besonders in Zeiten beschleunigtem Wachstums, erfordert jedoch eine besondere Aufmerksamkeit, was regelmäßige Kontrolluntersuchungen, Prophylaxe und Frühbehandlung betrifft.
Die Therapie der Skoliose besteht aus aktiver krankengymnastischer Übungsbehandlung, Gipsumkrümmungsschale, Milwaukee-Korsett und in schweren Fällen Operation nach *Harrington*.

Behandlungsziele

Kräftigung der statikerhaltenden Muskulatur, vorwiegend der Rücken- und Bauchmuskulatur, Verbesserung der Haltung des Rumpfes, Kräftigung der Atmung und Vergrößerung der Vitalkapazität, Aufrichtung, Korrektur und Umkrümmung der nicht fixierten Verkrümmung. Verhütung von Progredienz und Muskelatrophie, Schmerzfreiheit und Lockerung der meist verspannten WS-Muskulatur.

Behandlungsbeginn

Sofort nach Diagnosestellung, in der Jugend je früher desto besser.

Therapiemöglichkeiten

Passive Maßnahmen

Lagerung	Im Bett: Flachlagerung auf einer harten Unterlage, mehrere Stunden täglich Bauchlagerung, Seitlagerung, dabei die konkave Seite nach unten durchhängen lassen, Dehnlagerung, Lagerung auf der schiefen Ebene, Extension in der Glissonschlinge, im Schwebehang oder im Schwebeläufer.
Wärme	Glühlicht, Heiße Rolle, Fangopackungen, Moor-Parafin-Packungen des Rückens als Vorbereitung der Massage. Wärmeanwendungen auch während der Lagerung.
Massage	Intensive Massagebehandlung der gesamten Haltungsmuskulatur des Rumpfes, d. h. der Rücken-, Schulter-, Nacken-, Becken- und Bauchmuskulatur zur Vorbereitung der krankengymnastischen Übungsbehandlung. Unterwassermassage. Bei Narbenskoliosen auch Narbenmassage.
Elektrotherapie	Elektrogymnastik, Schwellstrom bei Lähmungsskoliosen, faradisieren.

Aktive Maßnahmen

Krankengymnastik und Bewegungstherapie

Die Skoliose ist seit jeher eine Domäne der aktiven krankengymnastischen Übungsbehandlung. Krankengymnastik ist bei allen Formen von Skoliosen und allen Stadien der Erkrankung, auch während der Gips- und Korsettbehandlung, sowie prä- und postoperativ die wichtigste Behandlungsmaßnahme. Passive Maßnahmen allein haben keinen Behandlungserfolg. Isometrische Übungen für die Rumpfmuskulatur, Übungsverfahren nach *Niederhöfer*, Bauchmuskelkräftigung aus der Rückenlage und Rückenmuskelkräftigung aus der Bauchlage, sog. Aufspannübungen, stehen im Vordergrund. Übungen aus allen weiteren Ausgangsstellungen, die die Wirbelsäule entlasten, wie z. B. der Vierfüßlerstand und das Klapp'sche Kriechen sind angezeigt. Zweckmäßig sind ebenfalls Übungen aus dem Sprossenwandhang, dem Schwebehang und das Hängen an den Ringen. Hier sind Übungen im Seithang, besonders bei großbogigen Skoliosen zu empfehlen. Die symmetrische Kräftigung der Rückenmuskulatur ist bei leichten Skoliosen angebracht. Asymmetrische Übungen kommen in schweren Fällen hinzu. Hier werden besonders die konvexseitigen Muskelgruppen trainiert. Neben den Kräftigungsübungen ist auf Mobilisations- und Lockerungsübungen Wert zu legen. Auch die Manuelle Gelenktherapie, hier besonders die Traktionen, sind in der Skoliosebehandlung einzusetzen. Versteifte Skoliosen sollten jedoch nicht mobilisiert werden.

Ein besonders wichtiges Kapitel in der Skoliosebehandlung stellt die Atemgymnastik dar. Eigene «Systeme» der Atmungsbehandlung von Skoliosen wurden entwickelt und propagiert. Bei objektiver Betrachtung können sie allerdings meist die in sie gesetzten Hoffnungen nicht erfüllen. Die Skoliose ist aber in jedem Fall mit einer mehr oder weniger starken Deformierung sen. Die kräftige Atmung stellt eine Art «inneren Antagonismus» kräfte eine wesentliche Hilfe bei der Korrektur geben. Die Einatmung ist vor allem in die konkave Seite der Skoliose hineinzulenken. Diese ist zu dehnen und zu erweitern. Generell ist die Vergrößerung der Vitalkapazität der Lungen anzustreben um die Toraxentwicklung von «Innen» her günstig zu beeinflussen. Die kräftige Atmung stellt eine Art «innerer Antagonismus» zur äußeren Skelettmuskulatur dar. Wegen der besseren Entspannungsfähigkeit sind die Atemübungen zunächst vorwiegend in Rücken-, Seit- und Bauchlage durchzuführen. Zum späteren Zeitpunkt der Behandlung können sie auch im Sitzen, Stehen und Gehen durchgeführt werden.

Auch wegen der durch eine Brustkorbdeformität ungünstig beeinflußten Atmungs- und Kreislauforgane ist die Verbesserung der Atemfunktion sehr wichtig. Da es sich beim Sportler meist nur um leichte Skoliosen handelt, ist auch ein Lauftraining

oder andere Ausdauersportarten als Ausgleich und zur Verbesserung der Atemfunktion angebracht.
Die krankengymnastische Übungsbehandlung muß 2- bis 3 mal in der Woche als Dauertherapie über längere Zeiträume, unterbrochen durch Reizerholungspausen, durchgeführt werden.

Besondere Hinweise

Alle die Wirbelsäule stauchenden Übungen und Bewegungen sind zu vermeiden. Ebenso sich oft wiederholende Übungsabläufe, die Torsion und Seitverbiegung der Wirbelsäule begünstigen.
Bei statischen Skoliosen, die auf Beinlängenverkürzungen und damit verbundenem Beckenschiefstand zurückzuführen sind, muß an einen Schuhausgleich gedacht werden. Als Ausgleich der Längendifferenz sind Absatz- oder Sohlenerhöhung neben der krankengymnastischen Übungsbehandlung konsequent zu tragen. Als Ausgleichssport ist das Schwimmen, besonders Rückenschwimmen, wegen seiner WS-entlastenden und die Atemorgane kräftigenden Wirkung dringend anzuraten. – Bei leichter Skoliose ist auch eine zusätzlich durchgeführte Hippotherapie angezeigt. Das Therapiepferd muß einen sehr weichen, schwingenden Sitz erlauben und der Therapeut muß besondere Kenntnisse und Erfahrung in dieser Methode besitzen. – Auf Sportschuhe mit weichen Sohlen ist ebenso zu achten wie auf die Vermeidung von Hartböden im Training.
Sicher wird die Ausübung von Leistungssport in bestimmten Sportarten auch schon durch leichte Skoliosen eingeschränkt, wenn ihre Progredienz vermieden werden soll. Dazu gehören z. B. das Speerwerfen, das Kugelstoßen, das Tennisspielen u. a. Ein generelles Sportverbot jedoch ist nicht auszusprechen. Besonders ein vielseitig aufgebauter Schul- oder Hobbysport ist keine Gegenindikation für die Skoliosen, sondern trägt eher dazu bei, Kraft und Beweglichkeit des Rückens zu erhalten und das Fortschreiten der skoliotischen Verkrümmung aufzuhalten. Jeder einzelne Fall muß, je nach Ausprägung und Sportdisziplin sowie der damit verbundenen Trainingsbelastung, individuell entschieden werden. Ständige Beobachtung im Training und regelmäßige sportärztliche Kontrolluntersuchungen sind unbedingt nötig.

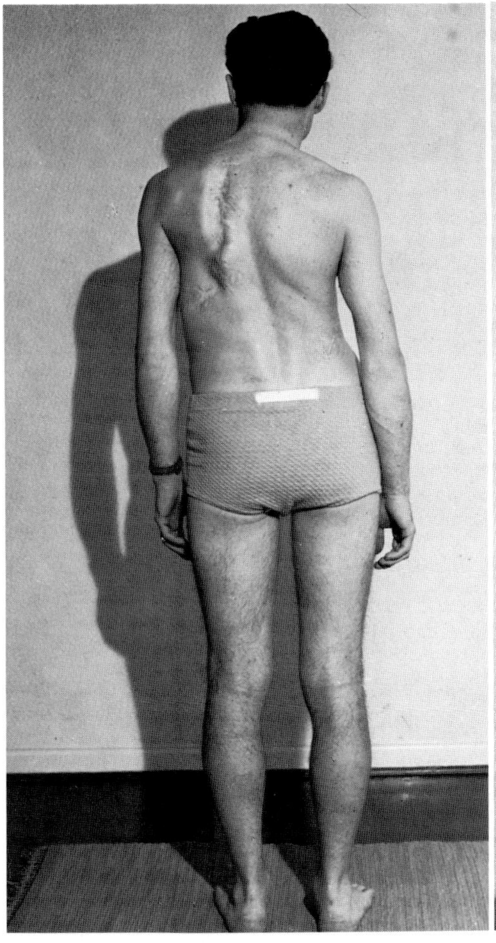

Abb. 330: Schwere Narbenskoliose, linkskonvex in der Brustwirbelsäule nach Verkehrsunfall.

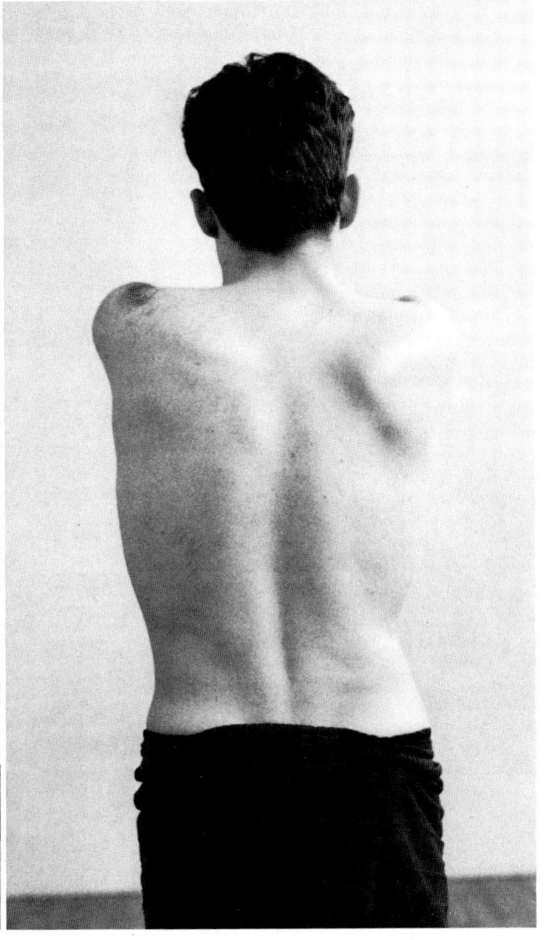

Abb. 331: Linkskonvexe Skoliose im Lendenwirbelsäulen-Brustwirbelsäulen-Übergang.

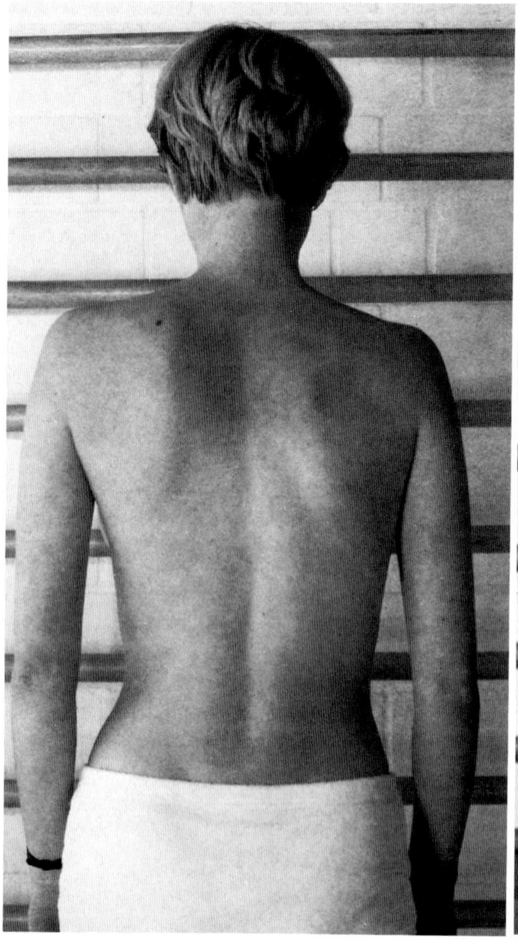

Abb. 332: Rechtskonvexe Skoliose im Lendenwirbelsäulen-Brustwirbelsäulen-Übergang aufgrund von Beckenschiefstand bei einer Gymnastin.

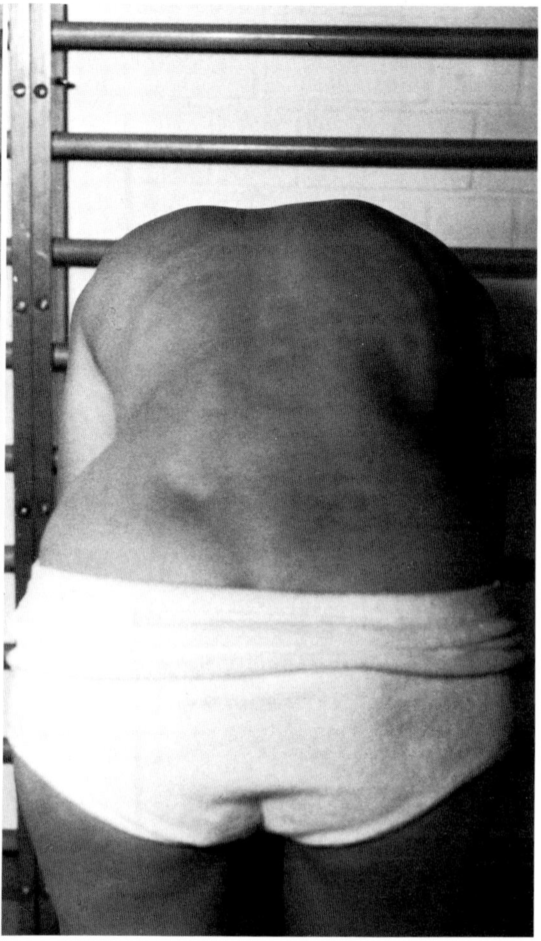

Abb. 333: Bei Vorbeuge rechts der Brustwirbelsäule Rippenbuckel.

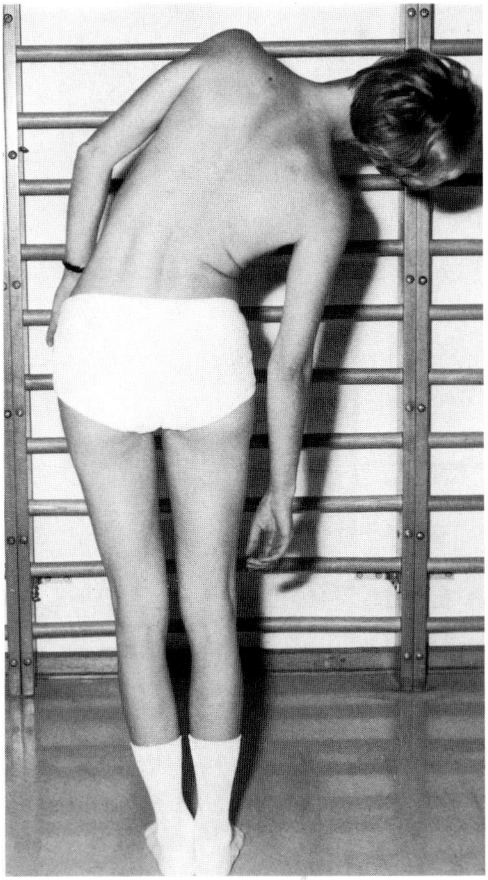

Abb. 334: Wirbelsäulen-Seitbeuge nach rechts eingeschränkt.

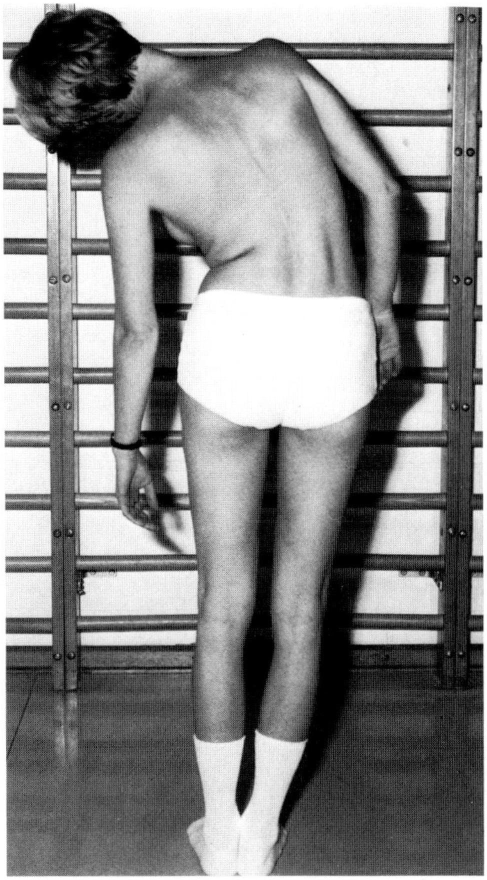

Abb. 335: Wirbelsäulen-Seitbeuge nach links möglich.

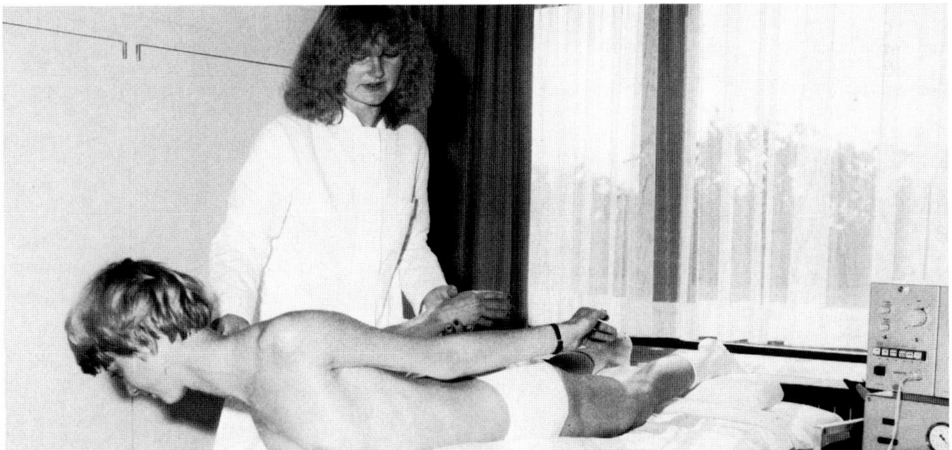

Abb. 336: Aufspannübungen mit Seitbeuge der Wirbelsäule nach rechts in wirbelsäulen-entlastender Bauchlage.

Abb. 337: Skoliosekorrektur und Rückenstreckmuskelkräftigung aus dem Vierfüßlerstand.

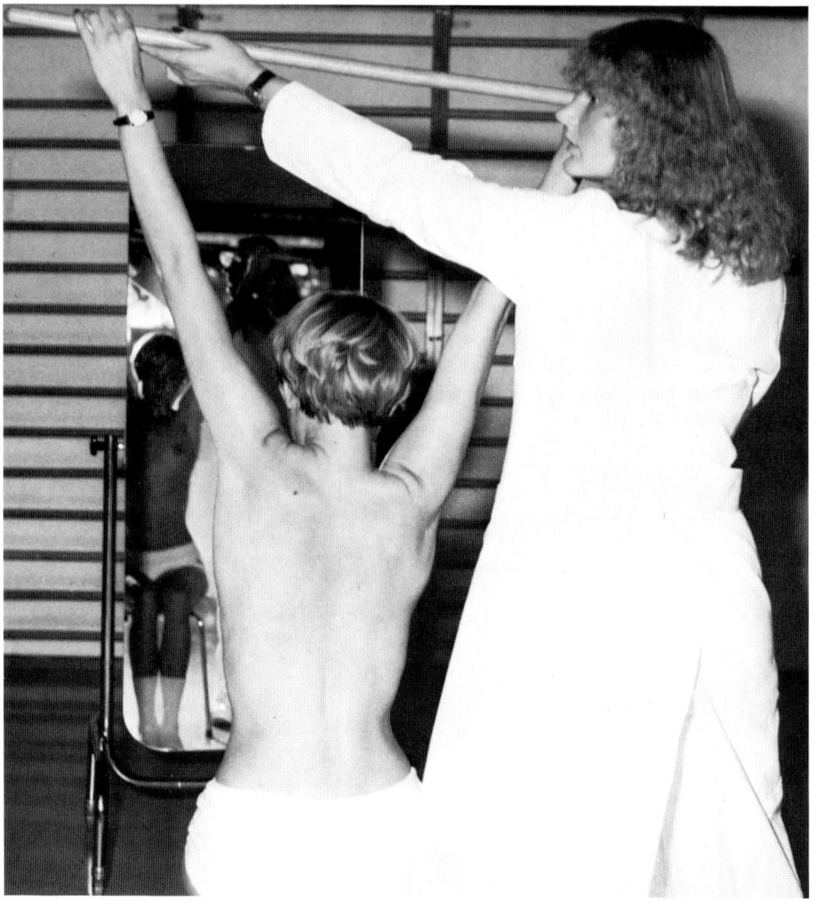

Abb. 338: Skoliosekorrektur mit dem Stab vor dem Spiegel.

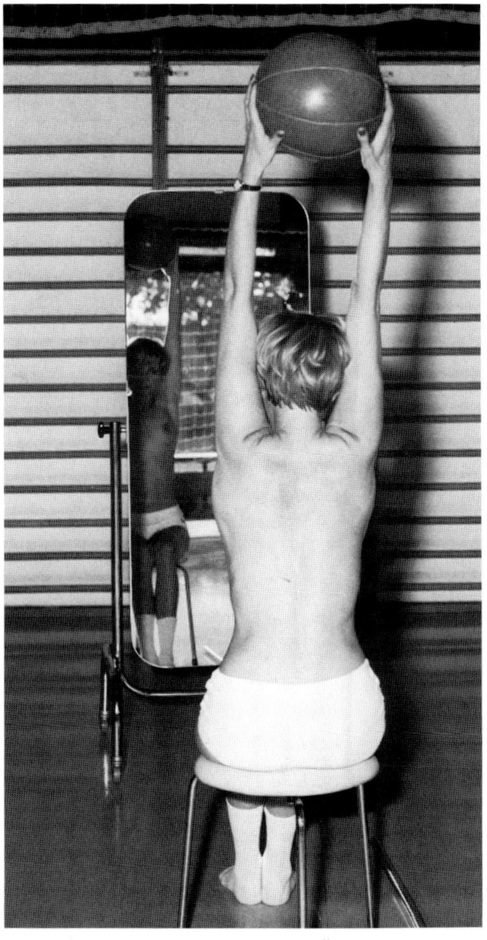

Abb. 339: Streck- und Aufrichte-Übungen für den gesamten Rumpf mit dem Medizinball vor dem Korrekturspiegel.

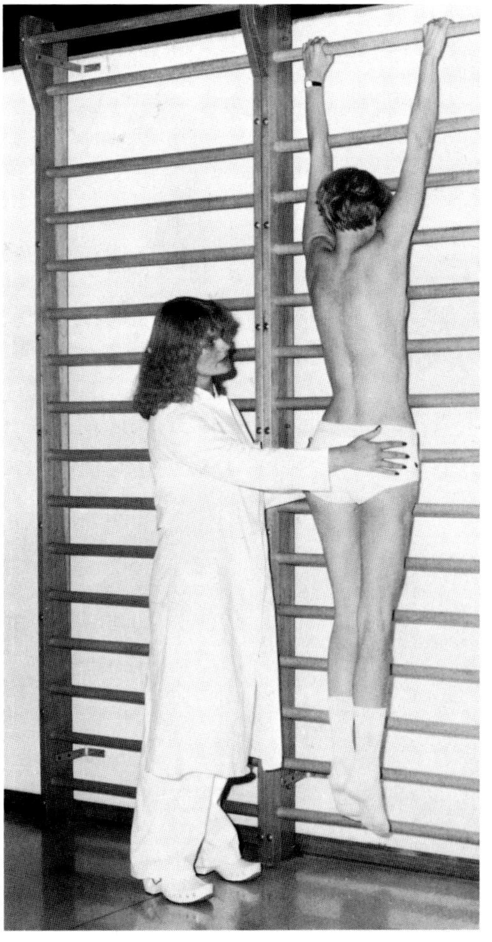

Abb. 340: Streckung der Wirbelsäule durch Hängeübungen an der Sprossenwand.

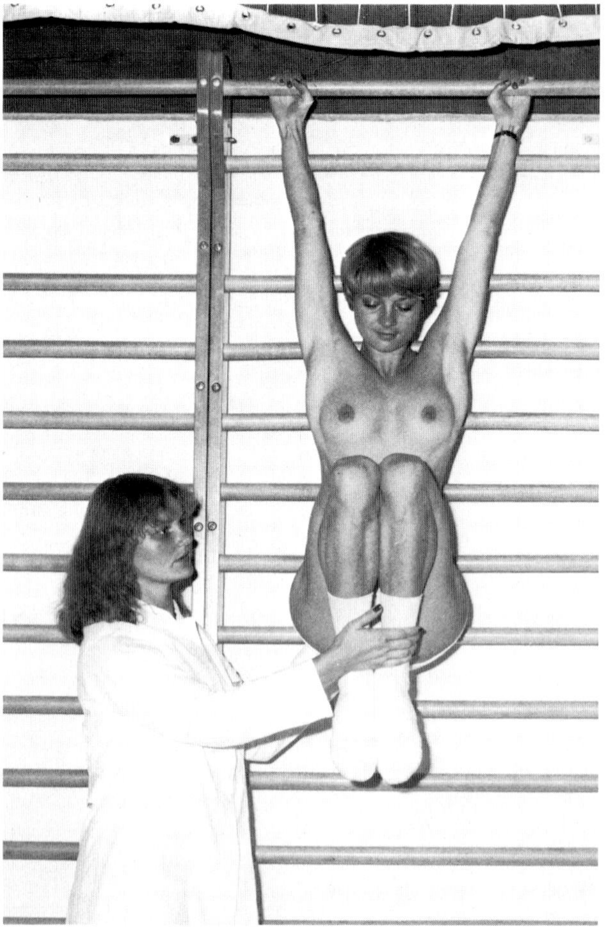

Abb. 341: Streckung der Wirbelsäule bei gleichzeitiger Kräftigung der Bauchmuskulatur an der Sprossenwand.

Spondylolyse-Spondylolisthese

Einführung

Bei der Spondylolyse handelt es sich um eine Spaltbildung im knöchernen Zwischengelenkstück des Wirbelbogens. Bei Verdacht auf Spondylolyse, die sich durch Kreuzschmerzen, Bewegungsschmerzen und Muskelverspannung sowie durch eine fixierte Lordose bemerkbar machen kann, wird bei der Röntgenuntersuchung neben einer a. p. und Seitenaufnahme, einer Schrägaufnahme bei Drehung um 45 ° um die Körperachse angefertigt. Hier ist die spaltförmige Unterbrechung besonders gut ersichtlich.

Abb. 342: Schrägaufnahme der Lendenwirbelsäule (schematisch) mit dem Bild eines Hundes (nach *Lachapèle*).

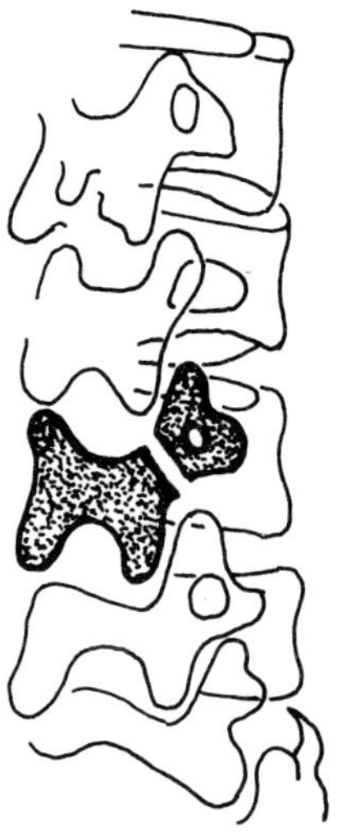

Lachapèle verdeutlichte den Spondylosenspalt auf Schrägaufnahmen am Beispiel eines Hundes. Der Querfortsatz entspricht dem Maul des Hundes, die Ohren den oberen, die Vorderfüße dem unteren Gelenkfortsatz. Der Hals stellt das Interartikulargelenk dar, der Körper den Wirbelbogen.

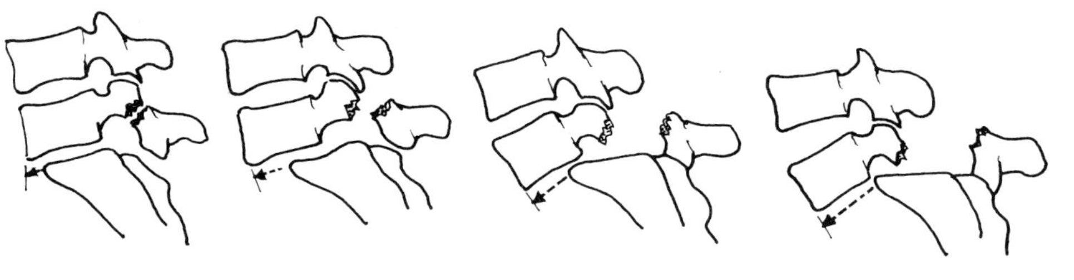

Abb. 343: Grade der Spondylolisthese. 1. Grad – Beginn, 4. Grad – vollzogenes Abgleiten (nach *Meyerding*).

Kommt es zu einer Wirbelverschiebung, wobei ein Wirbelkörper über den unteren nach ventral abgleitet, wird von einer Spondylolisthese gesprochen. Das Abgleiten findet am häufigsten zwischen L_5 und S_1 statt. Klinisch ist die Spondylolisthese durch eine Stufe in der Dornfortsatzreihe palpierbar. Die Rückenstreckmuskulatur ist hyperton verspannt, eine Reaktion zum Schutz gegen Schmerz und gegen eine weitere Verschiebung.
Als Ursachen der Spondylolyse und der Spondylolisthese gelten neben konstitutionellen Momenten der Ermüdungsbruch, sowie die aseptische Nekrose infolge einer Durchblutungsstörung.
Prozentual sind in den einzelnen Sportdisziplinen folgende Werte verschiedener Autoren angegeben:

Speerwerfen	40%	*(Rompe)*
Turmspringen	29%	*(Groher)*
Turnen	26%	*(Schwertner)*
Trampolinturnen	25%	*(Riehle)*

Abb. 344: Bogenartige Reklination mit Torsion.

Wie aus diesen Zahlen ersichtlich, besteht eine Gefährdung besonders in den Sportarten, in denen eine Reklination, also eine Rückwärtsbiegung der Wirbelsäule bei gleichzeitiger Rotation, den sportlichen Übungsablauf umfaßt, z. B. beim Speerwerfer und Stabhochspringer.
Durch die immer komplizierter werdenden Bewegungsabläufe und Übungsteile bei den Sprüngen der Turner, Turm- und Trampolinspringer, ist die Erlangung einer Spondylolyse und eine Spondylolisthese bei 30–50% dieser Athleten wahrscheinlich.

Behandlungsziele

Lockern und Entspannen der meist verspannten Rückenmuskulatur. Kräftigung der Bauch- und Rückenmuskulatur, «Muskelkorsettbildung» im Bereich der Wirbelsäule.

Behandlungsbeginn

Sofort nach Diagnosestellung.

Therapiemöglichkeiten

Passive Maßnahmen

Wärme	Zur Vorbereitung der Massage Fangopackungen, Glühlicht, Heiße Rolle.
Massage	Massage der gesamten Schulter-, Nacken- und Rückenmuskulatur; Unterwassermassage.
Elektrotherapie	Diadynamik, Interferenzstrom, Ultraschall.

Aktive Maßnahmen

Krankengymnastik und Bewegungstherapie	Die für die Wirbelsäulenhaltung verantwortliche Muskulatur muß durch intensive krankengymnastische Übungsbehandlung gekräftigt werden. Kräftigungsübungen für die Bauchmuskulatur, M. rectus abdominis, M. obliquus abdominis externus et internus und M. transversus abdominis. Kräftigungsübungen für den M. erector trunci und die gesamte Rückenmuskulatur. Krankengymnastische Übungsbehandlung im Bewegungsbad. Zu Beginn der Behandlung sollten die Kräftigungsübungen in der Entlastung der Wirbelsäule stattfinden. Vierfüßlerstand, sowie Übungen aus der Rücken- und Bauchlage, Sprossenwandhang und Banküburgen sind dominierend. Krankengymnastische Behandlung im Schlingentisch und Stemmübungen nach *Brunkow* zur Stabilisation. Korrekturübungen im Sitzen und Stehen verbessern das Haltungsgefühl. Eine krankengymnastische Übungsbehandlung muß, um eine Effizienz zu garantieren, mindestens 3 mal wöchentlich erfolgen. An den übungsfreien Tagen sollten vorher abgesprochene Übungen als Hausaufgabe durchgeführt werden. Die krankengymnastische Übungsbehandlung muß mit einer Reizerholungspause über mehrere Jahre erfolgen.

Besondere Hinweise

Sorgfältige Aufwärmarbeit ist eine unerläßliche Vorbereitung für Training und Wettkampf. Dabei sollte eine verstärkte Lordosierung vermieden werden, ohne auf stabilisierende Maßnahmen zu verzichten. Ausgleichssportarten, wie Rückenschwimmen, sind zur Vermeidung von Dauerbelastungen angebracht. Sportarten und Übungsabläufe mit maximaler Reklination bei gleichzeitiger Rotation der Wirbelsäule sollten besonders von Jugendlichen vermieden werden. – Röntgenkontrolle sowie Trainingsbeobachtung und Beratung sind erforderlich.

Leistenschmerz

Einführung

Leistenschmerzen und Beschwerden in der Leistengegend können durch starke Zugwirkungen ausgelöst werden. Zusätzliche Ursachen sind Tendopathien, das sog. Gracilissyndrom. Außerdem können der M. rectus abdominis am tuberculum publicum, der M. adductor longus am pecten ossis pubis und die Flexorengruppe am tuber ossis ischii diese Schmerzen auslösen. Sie strahlen häufig in die Oberschenkel und die Bauchdecke aus. Auslösende Momente sind Drehmechanismen, wie sie beim Turnen, Fußball und bei den Wurfdisziplinen in der Leichtathletik vorkommen. Weitspringer und Sprinter, besonders Hürden- und Hindernisläufer, sind ebenfalls davon betroffen. Eine Überbelastung mit sich häufig wiederholenden Minitraumen besonders der schrägen Bauchmuskeln und der Adduktorenmuskeln, z. B. durch dauerndes schmerzhaftes Weiterspielen und Reingrätschen beim Fußball, ist eine zusätzliche Ursache. Leistenbrüche und Ausstrahlungen bei Irritationen der Lendenwirbelsäule müssen ebenfalls beachtet werden. Die gesamte Muskelkette von Bauchmuskeln mit diagonalem Übergang zu den Muskeln am vorderen Oberschenkel kann bei Schwachstellen ebenfalls zur Auslösung des Leistenschmerzes führen.

Behandlungsziele

Schmerzfreiheit durch Entlastung des betroffenen Gebietes, Ausheilung, Wiederherstellung und Auftrainierung bis zur vollen Sportbelastbarkeit.

Behandlungsbeginn

Sofort nach Auftreten der Beschwerden.

Therapiemöglichkeiten

Passive Maßnahmen

Lagerung, Ruhigstellung und Verbände

Ein Entlastungsverband fixiert den gesamten Beckengürtel einschließlich des mitbetroffenen Oberschenkels. Treten bei Außenrotation und Abduktion des Beines Beschwerden auf, so wird der Verband in Innenrotation und bei adduziertem Bein angelegt. Zusätzlich werden Tapestreifen in die Adduktions- und Innenrotationsrichtung verstärkend angebracht.

Massage	Im Akutzustand leichte ableitende Massage, später Übergang zu Friktionen an den Muskelansatzpunkten. Dabei wird das Bein angestellt und etwas über die Mitte adduziert. So werden die betroffenen Muskelansätze am besten entspannt.
Kälte	Eisanwendungen in der Akutphase, außerdem zur Vorbereitung auf die krankengymnastische Übungsbehandlung im Bereich der Leiste und Umgebung.
Wärme	Fangopackungen und Heiße Rolle, bei chronischen Veränderungen auch im Schmerzgebiet.
Elektrotherapie	Diadynamik und Ultraschall, außerdem Mikro- und Kurzwelle.

Aktive Maßnahmen

Krankengymnastik und Bewegungstherapie	Die krankengymnastische Übungsbehandlung umfaßt die betroffene Muskelkette, hier besonders die schrägen Bauchmuskeln und Adduktoren, außerdem alle schmerzhaften Muskeln. Wir beginnen mit isometrischen Spannungsübungen und großen Muskelmantelanspannungen für Rumpf- und Oberschenkelmuskulatur. Langsamer Übergang zu dynamischen Übungen, zunächst entlastend aus der Seitlage, später mit Widerstand. Es folgen aktive Übungen in Rückenlage bis zur dreidimensionalen Steigerung. Den Abschluß bilden krankengymnastische Übungen mit Komplexbewegungen, wobei wir von den Extremitäten ausgehend Einfluß auf die Rumpfmuskulatur nehmen. Später

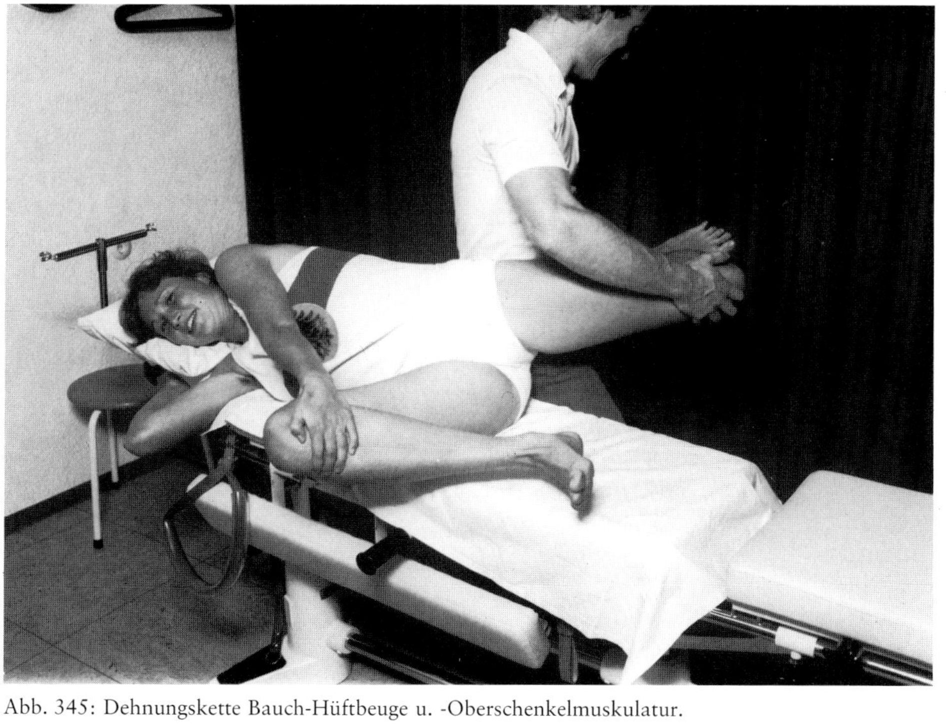

Abb. 345: Dehnungskette Bauch-Hüftbeuge u. -Oberschenkelmuskulatur.

werden Übungen mit beiden Extremitäten auf einer Körperseite, d. h., mit dem rechten Arm und Bein oder mit dem linken Arm und Bein durchgeführt. Eine weitere Steigerung wird in Rückenlage durch die diagonale Richtung ermöglicht. Hierbei werden durch Zusammenführen des rechten Armes und linken Beines oder umgekehrt besonders die diagonalen Muskelschlingen auftrainiert. Zusätzliche Diagonalläufe, Seitwärtsläufe mit Übersetzen des Beines vorn und hinten, Kniehebeläufe mit Betonung der Knieführung nach innen bzw. außen oder beide Beine nach rechts bzw. links in Richtung zu der jeweiligen Schulter. 10–12 Behandlungen sind in der Akutphase erforderlich. Für die Prophylaxe und ein spezielles Auftrainieren empfiehlt sich eine längere Dauerbehandlung.

Besondere Hinweise

Bei der Wiederaufnahme des Trainings sollten prophylaktische Verbände angelegt werden. Nach gründlicher Aufwärmarbeit und neben dem Training der geraden und diagonalen Muskelketten sollte gleichzeitig eine aktive Muskeldehnung erfolgen. Erstversorgung an der Wettkampfstätte: Mit Kälteanwendungen den primären Schmerz betäuben und so eine Hämatomprophylaxe einleiten. Ruhigstellende Verbände mit Annäherung der Muskelköpfe sind ebenfalls angezeigt.

4. Schulter und Arm

Schultergelenkluxation

Einführung

Unter einer Schultergelenkluxation versteht man ein gewaltsames Austreten des Gelenkkopfes aus der Pfanne. Dieses Austreten des Kopfes aus der Pfanne geschieht meist infolge Hebelwirkung. Die Gelenkenden werden dabei über das natürliche Maß hinaus bewegt.

Die Schultergelenkluxation ist charakterisiert durch die Umrißveränderungen des Gelenkes, durch die Fehlstellung mit geänderter Achsenrichtung des verrenkten Armes und seine unnatürliche Haltung. Die freie Bewegung ist somit gehemmt oder ganz aufgehoben. Der Gelenkkopf ist eingeklemmt und wird zwangsweise festgehalten. Beim Versuch, diese elastische Zwangsstellung zu korrigieren durch Annäherung des Armes an den Rumpf, schnellt der Arm federnd zurück; man nennt dies federnde Fixation.
Bei der Schultergelenkluxation treten gelegentlich Nebenverletzungen größeren Ausmaßes ein. So können beispielsweise Zerrungen und Quetschungen des Plexus brachialis bzw. Lähmungen des N. axillaris oder N. musculocutaneus auftreten. Am häufigsten aber ist die Luxation mit Absprengung des Tuberculum major.
Die Reposition der traumatischen Schultergelenkluxation muß frühzeitig und schonend erfolgen. Der günstigste Zeitpunkt liegt innerhalb der ersten Stunde nach Unfalleintritt. Die Reposition sollte jedoch niemals ohne vorausgegangene Röntgenaufnahme durchgeführt werden. Nach gelungener Reposition ist eine Ruhigstellung im Desaultverband in Mittelstellung erforderlich. Je nach Schweregrad der Verletzung kann die Ruhigstellung bis zu vier Wochen ausgedehnt werden. Nur so ist eine Heilung des Reizzustandes des gesamten Kapsel-Band-Apparates sowie der Muskeleinrisse zu erzielen. Die exakte genügend lange Ruhigstellung einer erstmaligen traumatischen Schultergelenkluxation ist zur Verhütung einer daraus eventuell folgenden habituellen Luxation von grundsätzlicher Bedeutung. Schultergelenkluxationen werden im Sport häufig durch Fall auf die Schulter, z. B. bei Stürzen von Springreitern verursacht. Sie kann auch auftreten beim Fall auf den ausgestreckten Arm, durch die Wurfbewegung beim Schleuderball, infolge von Zug beim Turnen, durch kräftigen Anschlag des Balles beim Handball gegen den stark außenrotierten Arm und durch Überstreckungen beim Aushängen am Reck und den Ringen. Bei der Olympiade 1972 in München bekam eine Kanutin bei einer Kenterrolle eine Schultergelenkluxation.

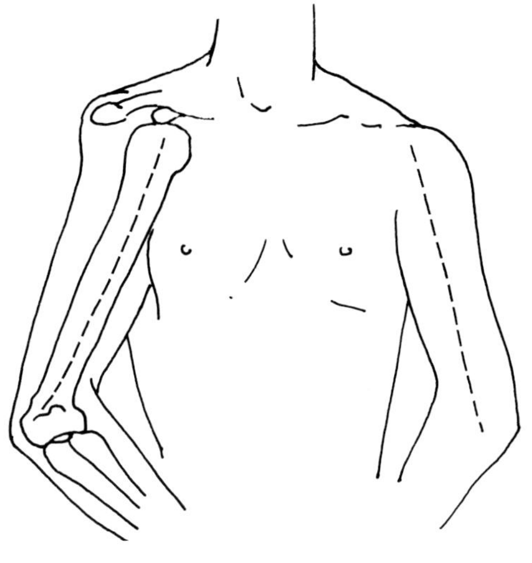

Abb. 346: Schultergelenkluxation.

Behandlungsziele

Beseitigung des Hämatoms, Kräftigung des Muskel-Band-Apparates zur Verhinderung weiterer Luxationen, Mobilisation des Schultergelenkes zur Kontrakturverhütung, Erreichung der Funktion für alle Sport- und Gebrauchsbewegungen.

Behandlungsbeginn

Vorsichtig dosierte isometrische Spannungsübungen mit Kältemaßnahmen werden bereits während der Ruhigstellung auf der Abduktionsschiene oder im Desaultverband durchgeführt. Die sofortige aktive krankengymnastische Übungsbehandlung setzt nach Beendigung der Ruhigstellung ein.

Therapiemöglichkeiten

Passive Maßnahmen

Lagerung	Je nach Art der Luxation erfolgt die Ruhigstellung im Desault'schen Verband oder auf der Abduktionsschiene in Mittelstellung.
Massage	Vorsichtige Massagen im Bereich von Schulter- und Nackenmuskulatur. Das betroffene Schultergelenk ist auszulassen. Durch zu frühzeitiges Massieren kann sich der Zustand sehr bald wieder verschlechtern. Verklebungen werden im späteren Stadium durch tiefe Friktionen und bindegewebige Griffe gelöst.
Kälte	Nach und während der Ruhigstellung Kälteanwendungen, Eispackungen, Eisumschläge und Eismassage.
Elektrotherapie	Diadynamik, bei Nervenschädigungen, wie Plexuslähmungen oder Axillaris-Parese, Elektrogymnastik.

Aktive Maßnahmen

Krankengymnastik und Bewegungstherapie	Nach Beendigung der Ruhigstellung liegt das Schwergewicht auf einer aktiven krankengymnastischen Übungsbehandlung. Schulterluxation ohne knöcherne Verletzung: Die Behandlung beginnt bereits während der Ruhigstellung vorsichtig mit isometrischen Spannungsübungen unter Betonung des M. deltoideus, M. biceps und M. triceps. Aktive Übungen der Hand- und Unterarmmuskulatur sind ebenfalls in dieser Zeit durchzuführen. Es folgen aktive dynamische Übungen für die Abduktion, Anteversion und Flexion. Die Rotationsbewegungen, besonders die Außenrotation, sind noch kontraindiziert. Erst im Endstadium der Behandlung werden auch die Rotationsbewegungen vorsichtig geübt. Besondere Vorsicht ist wegen der Gefahr der Reluxation bei der Außenrotationsbewegung gegeben. Schulter-

luxation mit Abriß des Tuberculum major: Die Therapie beginnt nach Beendigung der Ruhigstellung ebenfalls mit isometrischen Spannungsübungen. Einige Tage später folgen Abduktions-, Anteversions- und Flexionsübungen unter Abnahme der Schwere. Es empfiehlt sich, die ersten Übungen aus Rückenlage mit einer sicheren Gelenkstellung durchführen zu lassen. Die Rotationsnullstellung muß unbedingt erhalten bleiben. Da meist nach der Ruhigstellung eine Adduktions-Extensions-Kontraktur besteht, erfolgt nach Kapselheilung die Mobilisation des Schultergelenkes durch Manuelle Gelenktherapie. Aktive Übungen werden in Rückenlage, im Sitz oder im Stand ausgeführt. Geräte wie Stab, Seilchen, Keule, Schleuderball, Sprossenwand (keine Hängeübungen!) oder kleine Gewichte unterstützen die Bewegungen.

Eine krankengymnastische Übungsbehandlung im Bewegungsbad dient der Verbesserung der aktiven Beweglichkeit. Hier werden anfangs nur leichte Übungen vorgenommen. Brustschwimmen und Kraulen sind jedoch zunächst verboten. Sind die genannten Bewegungen zufriedenstellend, können Komplexbewegungen in der Diagonalen erfolgen. Auch aktive Dehnungen können nun etwas forciert werden. Es folgen Schwung- und Pendelbewegungen mit oder ohne Gerät. Den Abschluß der krankengymnastischen Übungsbehandlung stellen Sport- und Gebrauchsbewegungen dar. Sind diese gefestigt, kann mit sportartspezifischen Bewegungsabläufen begonnen werden. Ca. 20 Behandlungen, oft mehr, sind erforderlich.

Besondere Hinweise

Massagen und Wärmeanwendungen in Gelenknähe sind wegen der Gefahr einer Myositis ossificans verboten. Frühzeitige Schwungübungen und Außenrotationsbewegungen sind wegen der Gefahr einer Reluxation zu vermeiden. Passive Bewegungen sowie auch Zieh- und Stemmübungen und Aushängen an der Sprossenwand sollten unterbleiben.

Sportarten, wie Hand-, Volley-, Basket- oder Wasserball sind für einige Zeit zu meiden und erst nach vollständiger muskulärer Sicherung des Schultergelenkes wieder möglich. Solange Schwächen in der Muskulatur und Kapselüberdehnung im Schultergelenk bestehen, ist eine Reluxation jederzeit möglich. Deshalb ist vor allem im Leistungssport vor Extrembelastungen zu warnen. Erstversorgung an der Wettkampfstätte: Das luxierte Schultergelenk wird gut gepolstert, entlastet gelagert und fixiert. Kälteanwendungen zur Analgesie und Hämatombekämpfung sind angebracht.

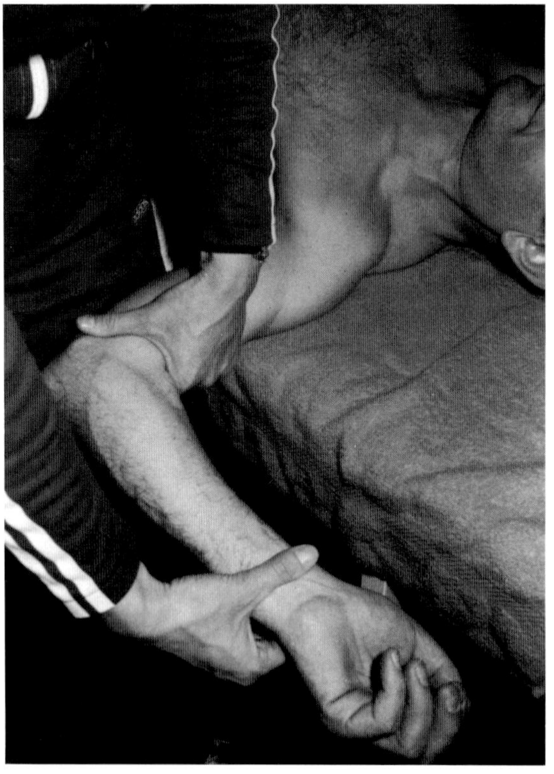

Abb. 347: Stabilisation der Schulter in Außenrotationsstellung. Behandlung im Spätstadium.

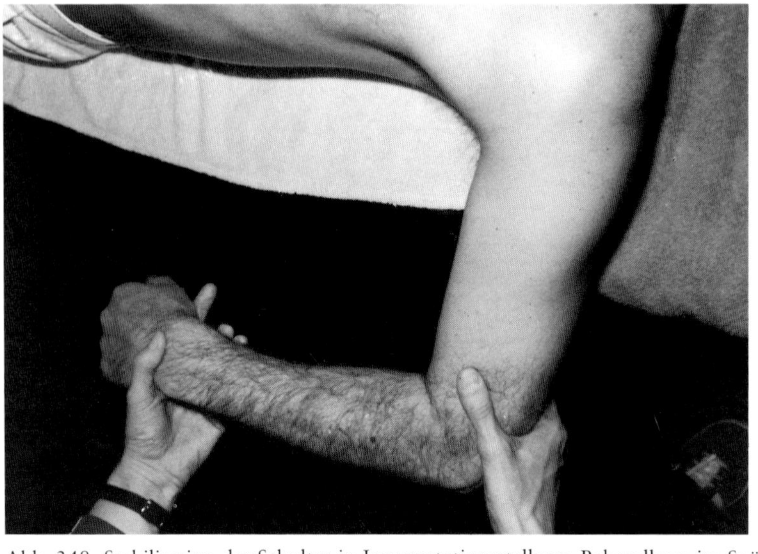

Abb. 348: Stabilisation der Schulter in Innenrotationsstellung. Behandlung im Spätstadium.

Traumatische Periarthritis humeroscapularis

Einführung

Die Funktionstüchtigkeit des Schultergürtels ist bei vielen Sportarten von großer Bedeutung. Direkte Traumen auf das Schultergelenk und seine Umgebung, wie Sturz vom Gerät, vom Pferd oder im Judo und beim Ringen sowie Schlag beim Handball, Boxen oder auch durch Schleuderbewegungen, wie sie in leichtathletischen Wurfdisziplinen vorkommen, führen zum Krankheitsbild der traumatischen Periarthritis humeroscapularis. Sie ist gekennzeichnet durch eine schmerzhafte Bewegungseinschränkung, besonders bei der Abduktion, Innen- und Außenrotation. Das Schultergelenk und die umgebenden Gewebestrukturen sind auch auf Druck schmerzhaft. Die schmerzbedingte Schonhaltung führt zur Schultergelenkkontraktur. Eine sportliche Belastbarkeit des Schultergelenkes ist somit für einige Zeit nicht möglich. Ursächlich kann die traumatische Periarthritis humeroscapularis auch mit degenerativen Halswirbelsäulenschäden, Schleudertraumen der Halswirbelsäule und Kalkablagerungen, besonders an der Supraspinatus- und langen Bizepssehne zusammenhängen. Letzteres ist röntgenologisch nachweisbar.

Behandlungsziele

Schmerzlinderung, Verhütung der Muskelatrophie, Wiederherstellung und Erhaltung der Gelenkbeweglichkeit und Erreichung der vollen Belastbarkeit.

Behandlungsbeginn

Im Akutstadium unmittelbar nach Eintritt des Traumas.

Therapiemöglichkeiten

Passive Maßnahmen

Lagerung, Ruhigstellung und Verbände	Zur Vermeidung einer Kontraktur ist der Oberarm in Abduktionsstellung auf Sandsäcken oder einer Abduktionsschiene zu lagern bei gleichzeitiger Flexion im Ellenbogengelenk. Bei geringeren Traumen mit weniger Schmerzen ist das Anlegen eines ruhigstellenden Schultergelenkverbandes mit Abduktionsunterpolsterung angebracht.
Massage	Massagen der cervicalen Schulter- und Nackenregion unter Auslassung des schmerzhaften Gelenkbereiches, außerdem der gesamten Armmuskulatur.

Kälte	Kältebehandlungen mit Eistuch und Eispackungen zur Dämpfung der Schmerzen und später zur Vorbereitung auf die aktiven krankengymnastischen Übungen, besonders zur Kontrakturbehandlung.
Wärme	Wärmeanwendungen, wie Fangopackungen, Heiße Rolle und Glühlicht zur Beeinflussung über das Segment und im chronischen Stadium für die betroffene Schulterregion.
Elektrotherapie	Diadynamik, Ultraschall und Kurzwelle.

Aktive Maßnahmen

Krankengymnastik und Bewegungstherapie	Einleitend sind Lockerungsübungen für den gesamten Schultergürtel durchzuführen. Im Anschluß daran erfolgt eine aktive krankengymnastische Übungsbehandlung zur Kräftigung der Schulter- und Armmuskulatur, insbesondere des M. deltoideus, des M. biceps und M. triceps brachii und der Außen- und Innenrotatoren des Schultergelenkes. Manuelle Gelenktherapie zur Verbesserung des eingeschränkten Gelenkspiels bei gleichzeitiger aktiver und passiver Dehnung, besonders der geschrumpften Gelenkkapsel, ist ebenfalls angezeigt. Das neugewonnene Bewegungsausmaß muß durch aktive Übungen, auch im Bewegungsbad, gefestigt werden. Im Endstadium der Behandlung ist der Einsatz von Hanteln, Baligerät, Expander, Bällen und Gewichtsstäben angebracht. Das Hängen an der Sprossenwand zur Kapseldehnung und die Arbeit an den Armstationen der Kraftmaschine leiten über zu sportartspezifischen Bewegungsabläufen. Die Behandlung ist langwierig und erfordert mindestens 20 Sitzungen, 3mal wöchentlich durchgeführt.

Besondere Hinweise

Überhitzende Maßnahmen, wie Heißluft, Glühlicht oder Fango, sollten im akuten Stadium am Schultergelenk vermieden werden. Bei chronischem Krankheitsverlauf sind diese Maßnahmen jedoch zur Unterstützung der Gelenkmobilisation und Durchblutungsförderung angezeigt. Die Periarthritis humeroscapularis neigt zum Rezidiv; alle gewaltsamen Mobilisationen und hebelnden Bewegungen müssen vermieden werden. Vorsicht vor Überreizung durch krankengymnastische Behandlung.
Erstversorgung an der Wettkampfstätte: Eisbehandlung und Ruhigstellung mit Schultergelenkverband.

Abb. 349: Schleuderbewegung beim Speerwerfer in der Abwurfphase.

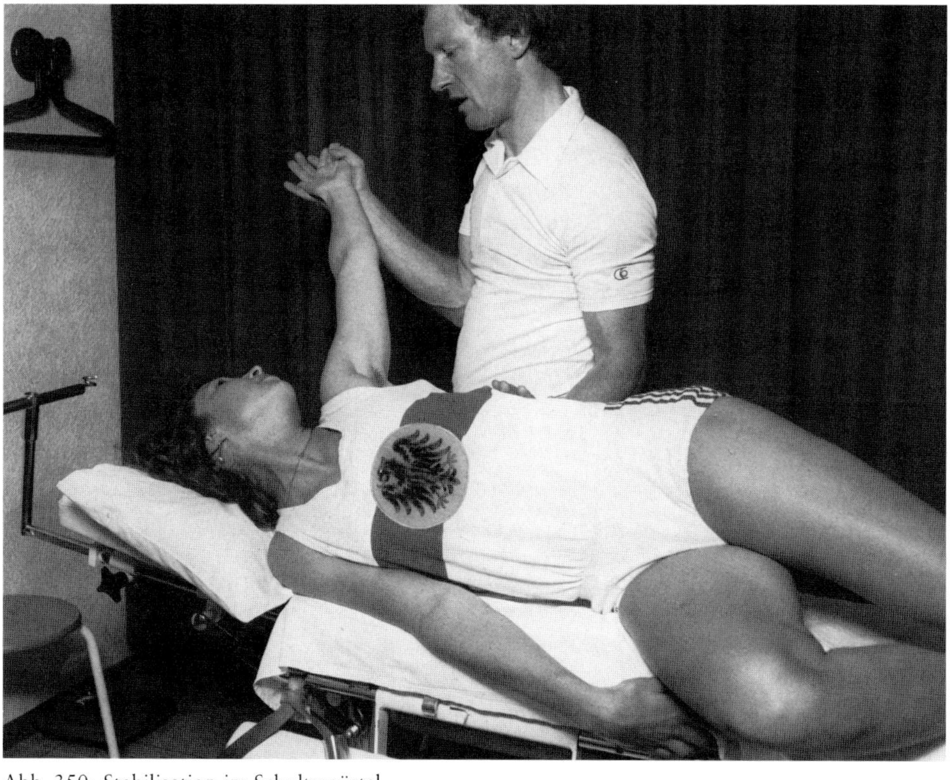

Abb. 350: Stabilisation im Schultergürtel.

Tennisarm und Werferellenbogen

Einführung

Beschwerden im Bereich des Ellenbogens und des Unterarmes treten häufig bei Tennisspielern, Werfern und Golfspielern durch ein Mißverhältnis zwischen Belastung und Belastungstoleranz des betroffenen Muskel-, Sehnen- und Bandapparates auf. Die Ursache ist in einer Überbeanspruchung der Extensoren-Muskulatur, der Sehnen-Ansätze, der Gelenkkapsel und der Bänder zu sehen. Eine Entzündung mit Schwellung und Wärmebildung kann akut eintreten. Dauert der Prozeß länger, so sind Überlastungsschäden durch rezidivierende Mikrotraumen mit klinischen und röntgenologischen Veränderungen oft die Folge. Es wird zwischen der wesentlich häufigeren Epicondylopathia radialis, dem sog. Tennisellenbogen, und einer Epicondylopathia ulnaris, dem sog. Werferellenbogen, wie er beim Speerwurf und anderen Wurfdisziplinen, aber auch beim Skilanglauf, durch Überbeanspruchung beim Stockeinsatz auftritt, unterschieden. Durch das Ausweichen des 7. Halswirbels zur Seite, besonders beim Aufschlag durch Drehung der WS und Bewegung des Kopfes im Tennis, sind Blockierungssyndrome im Bereich der HWS bei diesen Tendopathien zusätzlich häufig. Meist sind die Segmente C 6, C 7 und Th 1 davon betroffen. Ausstrahlende Schmerzen im gesamten Bereich des Wurf- oder Schlagarmes sind zu beobachten. Im Schulter-, Ellenbogen- und Handgelenk treten häufig Bewegungseinschränkungen auf. Im Schultergelenk kommt es zum sog. kapsulären Zeichen, dabei werden Abduktion und Außen- und Innenrotation eingeschränkt. Zusätzliche Verklebungen im Bereich des Schulterblattes und des Rückens können auftreten. Die konservative Behandlung steht im Vordergrund. Nur in schweren Fällen ist ein operativer Eingriff erforderlich.

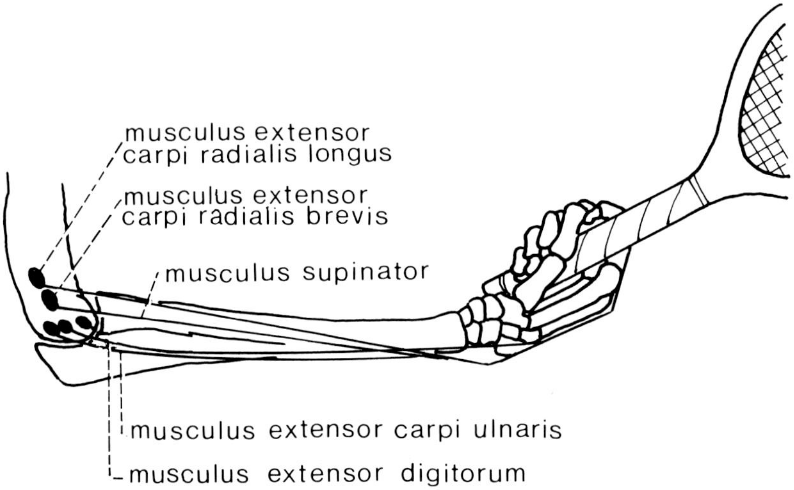

Abb. 351: Exponierte Stellen am Ellenbogen.

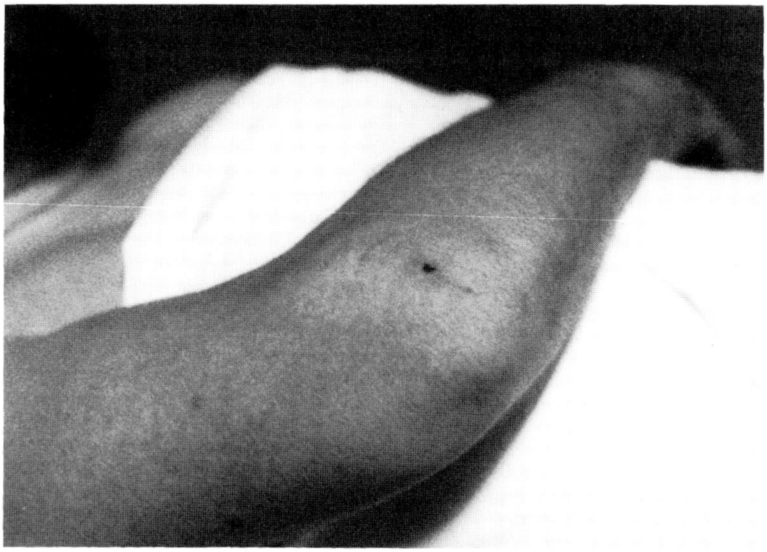

Abb. 352: Akute Epicondylititis.

Behandlungsziele

Abbau des akuten Schmerzzustandes bis zur Schmerzfreiheit, Wiederherstellung der normalen Bewegungsfunktion bis zur vollen Sportfähigkeit.

Behandlungsbeginn

Sofort nach Eintreten der Beschwerden.

Therapiemöglichkeiten

Passive Maßnahmen

Lagerung, Ruhigstellung und Verbände	Der Arm wird im Akutzustand entlastend gelagert bei leichter Ellenbogenflexion und völlig entspannter Unterarmmuskulatur durch Ruhestellung in Hand- und Fingergelenken. Verbände sind geeignet zur Ruhigstellung und Entlastung der schmerzhaften Unterarmmuskulatur.
Massage	Im Akutzustand Massage im Segment; hier besonders den ganzen Schultergürtel und Nacken durcharbeiten. Der schmerzhafte Ellenbogenbereich wird ausgelassen. Später auch Massage des Unterarmes, um eventuelle Ablagerungen in der Unterarmmuskulatur abzubauen. Zunächst leichte, später tiefere Friktio-

	nen, eventuell auch mit dem Massagestäbchen. Die Muskelansatzpunkte am Epicondylus werden mit Querfriktionen behandelt. Weichteiltechniken zur Muskel- und Bindegewebsdehnung können ebenfalls eingesetzt werden.
Kälte	Kälteanwendungen im Akutzustand, wie Eispackungen, Eistuch und Eismassage, später auch als Vorbereitung der krankengymnastischen Übungsbehandlung im Gesamtbereich des Ellenbogens und Unterarms.
Wärme	Fangopackungen und Heiße Rolle im Segment, bei chronischen Zuständen eventuell auch im Ellenbogenbereich.
Elektrotherapie	Ultraschall, Diadynamik und Mikrowelle.

Aktive Maßnahmen

Krankengymnastik und Bewegungstherapie	Manuelle Gelenktherapie für die HWS und für den Übergang zur BWS bei segmentalen Ausstrahlungen. Bewegungseinschränkungen im Schulter-, Ellenbogen- und Handgelenk werden gleichzeitig mit Manueller Gelenktherapie behandelt. Die aktive krankengymnastische Übungsbehandlung beginnt mit isometrischen Übungen für die betroffene Muskulatur. Die Schmerzgrenze darf nicht überschritten werden. Zur Schonung der strapazierten Extensoren- und Flexorenmuskulatur werden zunächst aktive Übungen für alle Bewegungen des Ellenbogengelenkes bei ruhiggestellter Hand durchgeführt. Es folgen Übungen mit dem Handgelenk zur Flexion und Extension, außerdem für Supination und Pronation in ein-, zwei- und dreidimensionaler Form. Später werden aktive Übungen mit dem gesamten Schultergürtel und Arm durchgeführt. Hier stehen Streckbewegungen im Ellenbogengelenk bei vorgedehnter Unterarmmuskulatur durch Flexion oder Extension im Handgelenk im Vordergrund. Einen Übergang zur sportlichen Wiederbelastung stellen die Komplexbewegungen mit steigendem Widerstand und Bewegungsausmaß dar. Dadurch werden die verschiedenen Schlagvariationen imitiert. Treten dabei keine erneuten Beschwerden auf, beginnt das sportspezifische Training. 12 Behandlungen, bei 2 bis 3 Sitzungen pro Woche sind ausreichend.

Besondere Hinweise

Um Beschwerden im Bereich des Ellenbogens zu vermeiden, haben sich präventive Maßnahmen bewährt. Massagen für den gesamten Arm- und Schultergürtel werden durchgeführt, um Ablagerungen zu vermeiden. Eine richtige Schlagtechnik, geeignetes Schlägermaterial, eventuell größere Schläger mit besser weicherer als zu harter Bespannung, wirken entlastend auf das Ellenbogengelenk. Die Daueranspannung der Unterarmmuskulatur durch den Griffschluß um den Schläger wirkt sich negativ auf Muskeldehnbarkeit und Elastizität aus. Durch häufiges Muskelentspannen, d. h. Öffnen der

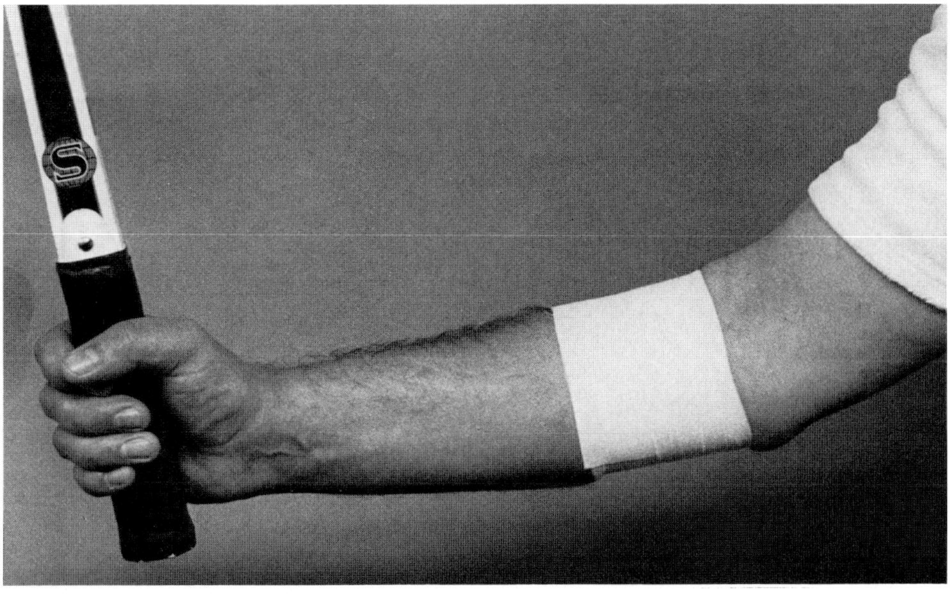

Abb. 353: Pflasterverband bei Tennisellenbogen zur Entlastung der Epicondylen.

Faust, möglichst nach jedem Schlag, kommt es zu einer günstigen Muskelan- und Muskelentspannung. In den Spielpausen haben sich Entspannungen der Unterarmmuskulatur durch Fingerspiel und Ausschütteln des gesamten Armes bewährt. Zur Spielvorbereitung eignet sich neben der allgemeinen Aufwärmarbeit eine vorher durchgeführte Massage mit einem Eiswürfel um das Ellenbogengelenk; außerdem eine Dehnung der Unterarmmuskulatur durch Streckung des Ellenbogengelenkes bei maximaler Extension oder Flexion im Handgelenk. Dies sollte 2 bis 3 Minuten durchgeführt werden. Verbände, die den Zug auf die Muskelansätze an den Epicondylen vermindern, können zusätzlich angelegt werden.
Erstversorgung an der Wettkampfstätte: Bei akut auftretendem Schmerz Kälteanwendungen, Spiel sofort abbrechen und den Ellenbogen mit einem Verband komprimieren und fixieren.

Handgelenk- und Fingergelenkdistorsionen

Einführung

Distorsionen im Bereich des Handgelenkes ereignen sich durch Stürze auf die Hand. Handballer, Volleyballer und Ringer, besonders die Torwarte im Fuß- und Handball, sind gefährdet. Distorsionen der Fingergelenke häufen sich bei den Sportarten Volley-,

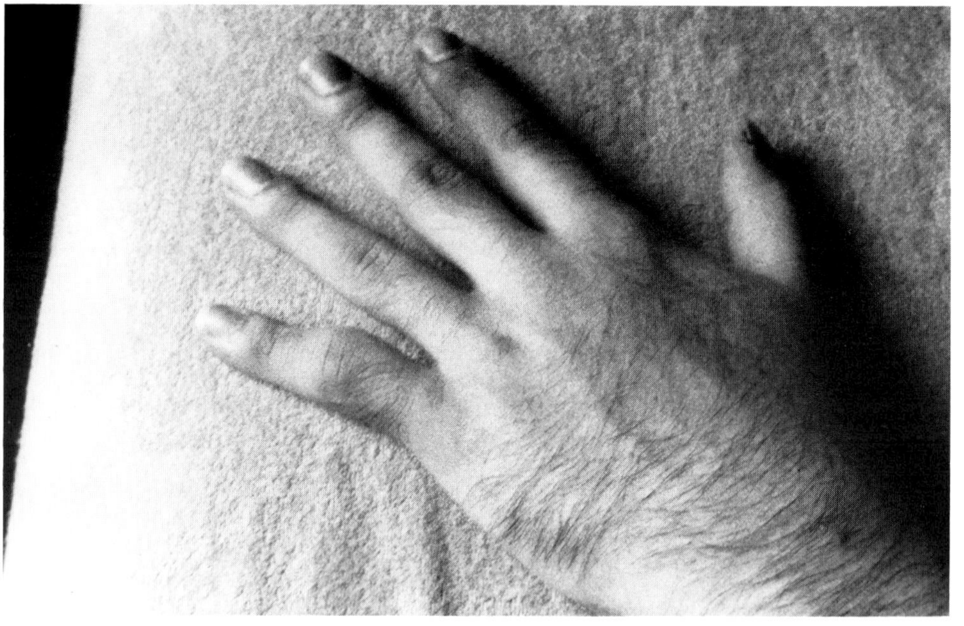

Abb. 354: Kapseldistorsion im Mittelgelenk des kleinen Fingers.

Handball und Skiabfahrtslauf. Neben dem Überschreiten des physiologischen Bewegungsraumes des Gelenkes sind kleine Kapselausrisse häufig. Das betroffene Gebiet schwillt schmerzhaft an.

Behandlungsziele

Wiederherstellung der vollen Funktion und Verhinderung von Kontrakturen im Gelenkbereich.

Behandlungsbeginn

Sofort nach Eintreten der Distorsion. Nach Abschwellen durch Kälteanwendungen verkürzt eine Ruhigstellung für 10 bis 14 Tage die oft sehr lange anhaltenden Beschwerden.

Therapiemöglichkeiten

Passive Maßnahmen

Lagerung, Ruhigstellung und Verbände	Die Hand oder die Finger werden entlastend gelagert. Zur Ruhigstellung der betroffenen Gelenke eignen sich bei Schwellungen Kompressionsverbände; später nach Abschwellung ruhigstellende Verbände.

Kälte	Kälteanwendungen, auch in Kombination mit Kompressionsverbänden, führen zur raschen Resorption des Ergusses und zur Schmerzlinderung.
Elektrotherapie	Ultraschall, Diadynamik und Mikrowelle.

Aktive Maßnahmen

Krankengymnastik und Bewegungstherapie	Manuelle Gelenktherapie für die betroffenen Gelenke. Zunächst nur Traktion, später auch Gleiten im Gelenk. Aktive krankengymnastische Übungen festigen das erreichte Bewegungsausmaß und spielen die Funktion wieder ein. Zunächst nur isometrische Übungen, wenn Bewegungen Schmerzen auslösen; es folgen reine Achsenbewegungen bis zur Steigerung zu den diagonalen Komplexbewegungen. Dazu eignet sich ein Lagerungskissen oder ein Sandsack, damit die Hand überhängen kann. Um die funktionelle Wiederherstellung zu erreichen, werden Greif- und Stützübungen mit und ohne Gerät durchgeführt. 12–20 Behandlungen bei 2–3 Sitzungen pro Woche sind erforderlich.

Besondere Hinweise

Präventive Maßnahmen durch Anlegen eines stützenden Verbandes, am Handgelenk der sog. «Kraftriemen» und an den Fingern Tapeverbände. Fallschulung und Training mit kleinen Handhanteln haben sich bewährt.
Erstversorgung an der Wettkampfstätte: Kälteanwendungen in Kombination mit Kompressionsverbänden und Ruhigstellung.

Skidaumen

Einführung

Eine Luxation oder ein Bruch des ersten Mittelhandknochens oder ein Riß des ulnaren Seitenbandes am Daumengrundgelenk bezeichnet man als Skidaumen. Ein Sturz auf den durch die Skistockschlaufe fixierten Daumen verursacht diese Verletzung. Sie kann vom mikroskopischen Einriß bis zur Durchtrennung reichen.
Hierbei ist die Adduktion und Flexion besonders schmerzhaft.
Bei der gewöhnlichen Daumenverstauchung hingegen kommt es zu Schmerzen bei der Überstreckung und Abduktion.

Der Skidaumen neigt zu Fehlstellung im Grundgelenk, sollte daher von Anfang an sorgfältig behandelt werden. Ohne Behandlung hat der Sportler oft sehr lange an den Folgen zu leiden.
Konservativ wird nur bei Anrissen behandelt. Bei kompletten Zerreißungen wird operiert. Die genaue Diagnose muß selbstverständlich durch eine Röntenaufnahme abgesichert werden.

Behandlungsziele

Wiederherstellen der vollen Gelenkfunktion, Verhinderung von Kontrakturen oder Fehlstellungen, Kapselverklebungen oder Muskelatrophien. Kräftigung der gesamten Hand- und Armmuskeln.

Behandlungsbeginn

Mit den Bewegungen der nicht betroffenen Gelenke kann sofort, mit dem verletzten Gelenk nach Beendigung der Ruhigstellung, begonnen werden.

Therapiemöglichkeiten

Passive Maßnahmen

Lagerung, Ruhigstellung und Verbände	Lagerung des gesamten Handgelenkes in Mittelstellung evtl. unter Zuhilfenahme von Schienen. Die Ruhigstellung erfolgt nach Schweregrad mit Gips- oder Tape-Verband.
Massagen	Weiche Knetungen und Vibrationen am Arm.
Kälte	Eisbehandlung im Akutstadium zur Dämpfung des Gelenkergusses.
Elektrotherapie	Ultraschall, Diadynamik.

Aktive Maßnahmen

Krankengymnastik und Bewegungstherapie	Nach Abklingen des Ergusses werden krankengymnastische Widerstandsübungen unter besonderer Berücksichtigung des M. opponens durchgeführt. Geräte wie Softball oder Plastilin ergänzen die aktive Übungsbehandlung, außerdem Fangokneten. Steigerungen mit dem Gummiball, Tennisball und der Federhantel. Übungen im Handbad, z. B. Zusammendrücken eines Schwammes, können das Behandlungsergebnis verbessern. Später kommt die Feinmotorikschulung hinzu. Die feinen Greifübungen können mit Hilfe von Geldstücken, Knöpfen etc. erfolgen. Trainiert der Sportler wieder, ist es ratsam, in den ersten Wochen den verletzten Daumen zu «tapen». Lockere

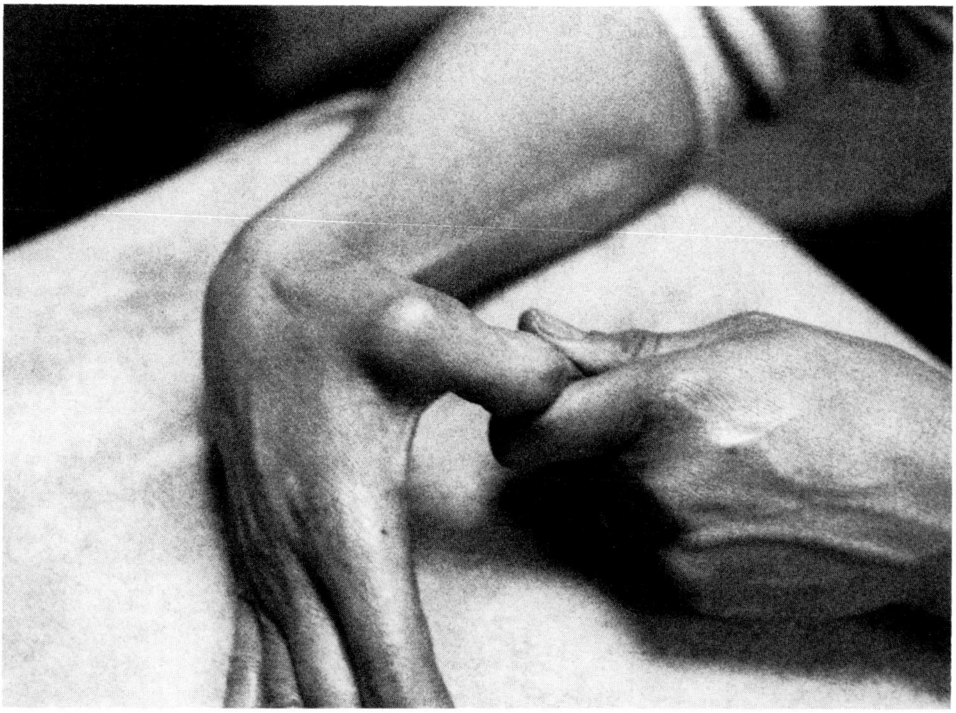

Abb. 355: Skidaumen.

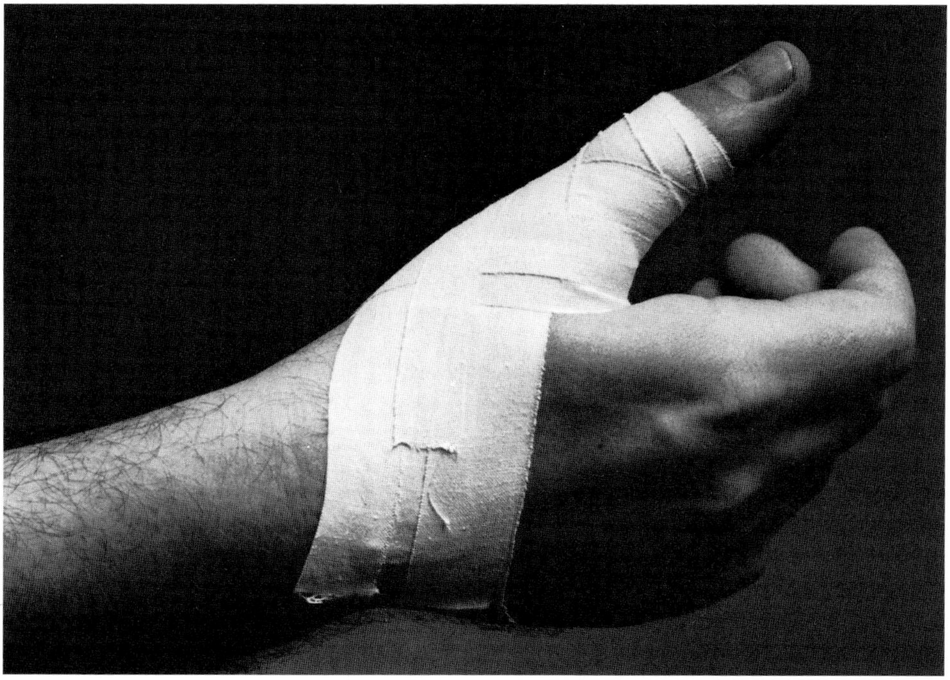

Abb. 356: Pflasterverband «tapen» zur Immobilisation nach Skidaumen.

Fingergymnastik und ein spezielles Krafttraining für Finger sollte in Zukunft in das übliche Trainingsprogramm mit einbezogen werden. (siehe oben)

Erstversorgung an der Wettkampfstätte

Eisanwendung, Kompressionsverband, Ruhigstellung.

Besondere Hinweise

Die Verletzungsgefahr des Skidaumens wird durch das Tragen von Handschuhen und Skistöcken mit Sicherheitsgriffen verringert. Fingergymnastik und das Tragen von Tapeverbänden verhindern ein Rezidiv.

IV. Trainings- und wettkampfbegleitende Maßnahmen – Sportvorbereitung

Einführung

Unter trainings- und wettkampfbegleitenden Maßnahmen sind solche Maßnahmen zu verstehen, die in der Lage sind, die allgemeine Gesundheit und Fitneß des Athleten zu erhalten und zu verbessern, vorbeugend gegen Sportverletzungen und Sportschäden zu wirken, den Sportler nach großen physischen und psychischen Anstrengungen zu «entmüden» und zu rehabilitieren. Nicht zuletzt haben sie auch die Aufgabe, das eigentliche Training zu unterstützen, den Athleten optimal auf den Wettkampf vorzubereiten, nachzubereiten, und ihn mit unschädlichen Mitteln zu einer besseren sportlichen Leistung zu führen. Die trainings- und wettkampfbegleitenden Maßnahmen sind keine Therapie. Sie sind wichtiger Teil eines planmäßigen Trainings und bedienen sich dabei u. a. physikalisch-therapeutischer Mittel und Methoden. Die Sportmassage z. B. will nicht eine Verletzung heilen oder einen krankhaften Zustand verbessern, sondern ihre Zielsetzung ist eindeutig die Leistungssteigerung (s. Kapitel Sportmassage). Diese Zielsetzung haben auch andere trainings- und wettkampfbegleitende Maßnahmen. Neben der Sportmassage gehören dazu das Aufwärmen, das Dehnen, die Zweckgymnastik, das Auslaufen, das Entmüdungsbad, die Selbstmassage, das Saunabad, Ausgleichssport- und Gymnastik und die Rehabilitationstrainingsformen. Dazu sind auch die funktionellen Verbände und die Maßnahmen der Ersten Hilfe zu rechnen. Diese werden in den folgenden Kapiteln dargestellt.
Darüber hinaus gehören zu den trainings- und wettkampfbegleitenden Maßnahmen aber noch weitere Maßnahmen, die in der Lage sind, im Sinne der Steigerung der sportlichen Leistung zu wirken. Zum Beispiel eine biologisch vollwertige Ernährung, Mineraldrinks, Körperhygiene und Hautpflege, funktionelle Kleidung und Schuhwerk und zweckmäßige, optimale Sport- oder Trainingsgeräte. Zuletzt sei in diesem Zusammenhang auf die außerordentlich wichtige psychologische Betreuung von Sportlern und Mannschaften hingewiesen. Sie erfolgt in der Beratung von Trainer und Athlet durch den Sportpsychologen in Einzel- oder Gruppenveranstaltungen zum Zwecke der Psychoregulation, wie z. B. Motivationssteigerung oder Stabilisierung der Persönlichkeit des Athleten in den verschiedenen Streßsituationen. – Gruppendynamik, autogenes und mentales Training, z. B. progressive Muskelentspannung nach *Jacobsen*, können die psychologische Betreuung unterstützen und verbessern. In diesem Bereich ist das Zusammenwirken zwischen Trainer, Sportpsychologen, Sportarzt und Therapeut von zunehmender Bedeutung.
Auf alle zuletzt genannten Maßnahmen soll hier nur hingewiesen werden. Sie sind in vielen sportwissenschaftlichen Publikationen dargestellt. Erfahrene Trainer und Betreuer wissen sie richtig einzusetzen. Es entspricht nicht der Thematik dieses Buches, auf sie im einzelnen einzugehen.

Alle trainings- und wettkampfbegleitenden Maßnahmen zusammen sind in der Lage, die Gesundheit des Athleten zu schützen und seine sportliche Leistung zu verbessern, vorausgesetzt sie werden gut koordiniert, zum richtigen Zeitpunkt und mit den entsprechenden soliden Sachkenntnissen eingesetzt.
Doping, Spritzen, pharmakologische Manipulationen aller Art sowie Anabolika sind als Mittel der Leistungssteigerung unter allen Umständen abzulehnen. Sie sind zwar in der Lage, vorübergehend die Leistung zu verbessern, beseitigen aber künstlich den natürlichen Schutz gegen Überanstrengung und Ermüdung und können damit die Gesundheit des Sportlers schwer schädigen. Die Anwendung von Anabolika kann bei Sportlern zu Mißverhältnissen zwischen Muskeln und Sehnen, zur Impotenz und anderen Schäden führen. Bei Sportlerinnen ist mit einer Störung des Hormonhaushaltes und infolge davon mit einer Veränderung der weiblichen Geschlechtsmerkmale sowie einer Persönlichkeitsveränderung zu rechnen. Die «Muskelpille» kann zu «Muskelmonstern» führen, die mit Gesundheit und Ästhetik im Sport nichts gemein haben. Viele, durch Training zu erlangende Eigenschaften, wie motorisches Geschick, Technik, Taktik u.a. können durch Doping sowieso nicht erreicht werden. Allenfalls kann es zu einer kurzfristigen Verbesserung der Konditions- und Ausdauerleistung kommen, um anschließend zu einem um so schnelleren Abfall und Zusammenbruch zu führen.
Trainings- und wettkampfbegleitende Maßnahmen auf physikalisch-therapeutischer Basis fachgerecht angewandt dagegen sind unschädlich und führen das eigentliche Training begleitend organisch zu einer besseren Leistung.

1. Wettkampf-Sportvorbereitung

Aufwärmen

In den meisten Sportarten bereiten sich die Sportler auf Training und Wettkampf durch Aufwärmen vor. Allgemeines Aufwärmen oder Warmmachen geschieht z. B. in Laufdisziplinen und vielen Spielsportarten durch Einlaufen, im Fuß- und Handball einspielen mit dem Ball, im Schwimmen durch Einschwimmen, beim Reiten durch sog. «Lösen» von Reiter und Pferd. Dabei werden das Ausmaß und die Intensität langsam gesteigert und damit Kreislauf und Stoffwechsel angeregt. Etwa 20–30% der Gesamtdauer des Trainings nimmt das Aufwärmen ein. Zur Vorbereitung auf Wettkämpfe beträgt die Phase des Aufwärmens noch wesentlich mehr an Zeitaufwand. Bei Sprintern oder Dressurreitern sogar ein Vielfaches an Zeit des eigentlichen Wettkampfes.
Nach Anreizen der Muskulatur durch lockeres Aufwärmen, werden in der Entlastung, der Rückenlage, die Gelenkbewegungen in ruhigem Tempo durchgespielt.
Folgender Ablauf hat sich bewährt:

Füße

- Fußspitzen hoch und runter drücken, einzeln, zusammen, im Wechsel, als Steigerung in diagonaler Richtung.

Knie und Hüfte

- Fußspitzen hoch, Knie anbeugen und Fußspitzen runter, Knie strecken, einzeln, zusammen, im Wechsel, als Steigerung Knie gebeugt zur rechten oder linken Schulter führen.

Knie, Hüfte und Rumpf

- Fußspitzen hoch, Knie anbeugen und nach rechts und links im Wechsel bis zum Boden bringen und wieder ablegen, einzeln und zusammen mit beiden Beinen.

Oberkörper

- Hände hinter den Kopf, Kopf und Arme seitlich nach rechts und links im Wechsel führen.
- Hände hinter den Kopf, Kopf und Arme anheben, zusammenführen und wieder ablegen, als Steigerung in diagonaler Richtung.

Ganzkörperbewegung

- Hände hinter den Kopf, rechter Ellenbogen und linkes Knie treffen sich in der Mitte, dann wechseln, einzeln und mit beiden Ellenbogen und Knien.
- Hände hinter den Kopf, Beine angestellt, Kopf und Arme nach rechts drehen, Beine nach links ablegen, dann im Wechsel.
- Hände umfassen ein Knie, das andere Bein strecken, angebeugtes Knie nach rechts und links im Wechsel zum Boden führen, dann mit dem anderen Bein.
- Hände umfassen beide Knie, Körper rollt hin und her, bis Nacken und Füße im Wechsel den Boden berühren, dann Arme und Beine lang ausstrecken, Körper ganz lang machen.

Eine optimale Verfassung vor dem Training oder Wettkampf soll durch das Aufwärmen erreicht werden. Durch Erhöhen der Muskeltemperatur und Einwirken auf das Nervensystem wird die Verletzungsgefahr verringert. Die Kontraktionsgeschwindigkeit der Muskeln wird verbessert, die Muskeldurchblutung wird erhöht, die Muskulatur wird dadurch elastischer, dehnbarer und die Nervenleitgeschwindigkeit nimmt zu. Neben die prophylaktischen Wirkungen des Aufwärmens treten noch leistungsbezogene Aspekte.
Dieser Aufwärmteil soll nicht nur stures Rundenlaufen, Bahnenschwimmen etc. bedeuten. Durch Bewegungen in verschiedene Richtungen werden Bewegung und Koordination verbunden. Gelände, Partner und Geräte werden mit einbezogen.
Das allgemeine Aufwärmen wird durch Dehn- oder Lockerungsübungen ergänzt. Auf das allgemeine Aufwärmen folgt das spezielle Aufwärmen. Es hat das Ziel, durch Steigerung des Ausmaßes und der Intensität, durch Gymnastik und Koordinationsschulung keine Anpassungsschwierigkeiten für die Trainings- und Wettkampfbelastung auftreten zu lassen. Die Übungen werden dabei intensiv und zielgenau durchgeführt. In

Sportarten mit Kurzleistungen muß zeitlich ausgiebiger aufgewärmt werden. Leider werden diese Trainings- und Wettkampfvorbereitungen noch sehr vernachlässigt.
Neben den physiologischen Wirkungen des Aufwärmens und der körperlichen Vorbereitung auf den Wettkampf ist eine möglichst parallel laufende psychische Einstimmung des Athleten wichtig. Sie soll zur inneren Ruhe und Entkrampfung des Sportlers führen. Er muß durch die Leistungsbereitschaft und Leistungserwartung zu folgendem Schluß kommen: «Jetzt kann es losgehen, ich bin optimal eingestellt.» Dieser Zustand wird erreicht, wenn psychische und physische Faktoren zusammenwirken. Ein mentales Training mit Simulation des anstehenden Wettkampfes kann in Verbindung mit der Aufwärmung zu einer Optimierung der Vorbereitungen beitragen. Aufwärmen sollten sich nicht nur Leistungssportler sondern auch Hobbysportler, und hier sind es besonders die Älteren, die eine ausreichende Vorbereitung für ihren Sport benötigen. Warme Kleidung schützt die Muskulatur vor Verletzungen. Sie sollte, um Wärmeverlust und Auskühlen zu vermeiden, unbedingt getragen werden. Zu warme Kleidung allerdings, besonders wenn sie am Oberkörper getragen wird, führt zum Wärmestau und kann die Leistung negativ beeinflussen. Vor dem Wettkampf sollte die schweißnasse Kleidung durch trockene Wettkampfkleidung ersetzt werden. Bei schlechten äußeren Bedingungen in Spielsportarten oder im Mehrkampf kann dieser Kleidungswechsel noch zusätzlich in den Pausen erfolgen.
Bei Wettkämpfen mit mehrmaligen Einsätzen muß der Bewegungsapparat jeweils erneut aufgewärmt werden. Disziplinspezifische Übungen zur Dehnung ergänzen dabei das Aufwärmen. Generelle Prinzipien müssen das Aufwärmprogramm gestalten und zusätzlich sollten disziplinspezifische Aspekte beachtet werden.
Im Fußball ist ein Aufwärmen mit leichtem Traben nicht ausreichend. Erst gymnastische Übungen mit Dehnungen, Wechselläufe in verschiedenen Richtungen, Kreislaufen, Wellenlinienlaufen, Vorwärts- und Rückwärtslaufen, ergänzen die Aufwärmarbeit. Sprints und Stopps, weitere Koordinationsübungen und Ballarbeit sollten den Abschluß bilden.
Die Zeit zum Aufwärmen ist in den verschiedenen Sportdisziplinen unterschiedlich. Sprinter bereiten sich bis zu einer Stunde, Mittelstreckenläufer bis zu 45 Minuten und Fußballer bis zu 30 Minuten auf ihren Einsatz vor.
Passives Aufwärmen durch Wärmeanwendungen, Massage oder Elektrogymnastik kann, wenn überhaupt, nur als Ergänzung des aktiven Aufwärmens angesehen werden. Vor hyperämisierenden «Startölen» sei gewarnt, da sie meist nur die Haut und nicht die tiefgelegenen Muskeln erwärmen. Gezieltes Aufwärmen schützt den Bewegungsapparat vor Verletzungen und bereitet ihn optimal auf Training oder Wettkampf vor.

Dehnen

Neben dem Aufwärmen ist das Dehnen des Muskelbandapparates eine wichtige Vorbereitung auf Training und Wettkampf. Dabei werden durch vorwiegend aktive Dehnungen Muskel und Weichteile erfaßt. Dehnungen entfernen Muskelursprung und Muskelansatz bis zur Dehnungsgrenze. Gutes Dehnen verringert ebenfalls die Verletzungsgefahr in der maximalen Beanspruchung. Verschiedene Ausgangsstellungen beeinflussen die Muskel- und Sehnenübergänge und verbessern den Dehneffekt. Muskelhärten, Muskelverkürzungen und Verspannungen stellen eine besonders zu beachtende

Verletzungsgefahr dar. Hier hat sich das aktive Dehnen gut bewährt. Alle Dehnübungen dürfen niemals die Grenzen der physiologischen Gelenkbewegungsmöglichkeit oder der Muskeldehnbarkeit überschreiten. Passive Dehnungen sollten, wenn überhaupt, nur nach genügend aktiver Aufwärm- und Dehnarbeit erfolgen.
So dürfen Dehnübungen auch als Partnerübungen niemals ruckhaft oder reißend durchgeführt werden. Allgemeines Dehnen ergänzt die sonstigen Trainings- und Wettkampfvorbereitungen. Spezielles Dehnen richtet sich nach den sportartspezifisch belasteten und gefährdeten Muskelgruppen und Bewegungsabläufen. So sollten Sprinter die Oberschenkelbeugemuskulatur, Fußballer die Adduktoren- und Quadrizepsmuskulatur, Gewichtheber die Rückenmuskulatur und Ringer und Judosportler die Bauchmuskulatur durch Dehnen besonders intensiv vorbereiten und elastisch erhalten.

Gehaltene erweiterte Dehnübungen – Stretching

Gehaltene Dehnübungen sind in den verschiedenen krankengymnastischen Techniken seit langem bekannt, hier ist besonders die PNF-Methode zu nennen. Durch die aus den USA zu uns gekommene «Stretching»-Welle wurden Dehnübungen neu entdeckt und einer größeren Personengruppe bekannt.
Dehnen durch gehaltene und erweiterte Dehnübungen gehört beinahe selbstverständlich zum Aufwärmprogramm der verschiedensten Sportarten. Beobachtet man die Praxis, so fällt immer wieder auf, daß dieses «Dehnen» mehr ein Zerren und Reißen an der Muskulatur ist.
«Stretching» ist am besten mit «gehaltene Dehnübungen» zu übersetzen. Dieses anhaltende Dehnen umgeht den Muskeldehnungsreflex, der bei zu schnellem oder zu heftigem Dehnen in Gang gesetzt wird.
Dehnen ja – aber wie?
Zu Beginn der Dehnarbeit sollte jede Dehnstellung zumindest 10 Sekunden beibehalten werden. Man dehnt bis zu dem Punkt, an dem ein leichter Zug entsteht. Kein Wippen! Nur soweit dehnen, bis die Muskulatur mit einem Spannungsgefühl antwortet. Die Dehnstellung darf niemals schmerzen. Schmerzhafte oder verletzte Bewegungsabschnitte nicht dehnen. Ruhig und gleichmäßig weiteratmen. Während man sich in der Dehnstellung befindet, sollte das Spannungsgefühl nachlassen. Ist dies nicht der Fall, etwas nachgeben und den Grad der Dehnung finden, der angenehm ist. Jede Dehnstellung muß ohne Anstrengung 10–20 Sekunden gehalten werden können.
Die erweiterten und gehaltenen Dehnübungen.
Nach einer kurzen Pause von ca. 10 Sekunden begibt man sich in die gleiche Dehnstellung, wobei ein erweiterter Bewegungsraum möglich sein sollte. Wiederum den Gang der Dehnung finden, der angenehm ist und nochmals 10–20 Sekunden halten. Auch in der erweiterten Dehnstellung sollte ein müheloses Atmen möglich sein.
Die gehaltenen Dehnübungen sind ein Übungsprinzip und daher nicht an ein starres Programm gebunden. Dieses Prinzip kann auf alle bisher bekannten Dehnstellungen übertragen werden.
Die zusammengestellten Dehnungen berücksichtigen funktionell zusammengehörige Muskelgruppen und die jeweils zugehörigen Ausgangsstellungen.

Übungsbeispiele

1

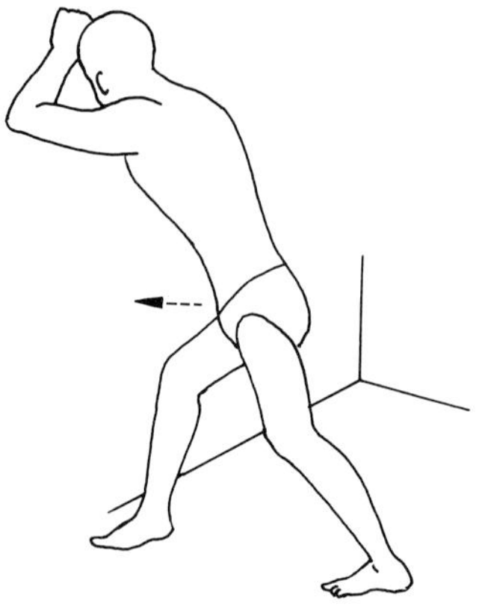

Abb. 357: Die Ferse des zurückgestellten Beines nicht vom Boden lösen; auf parallele Stellung der Füße achten; Hüfte in Richtung Wand schieben.

2

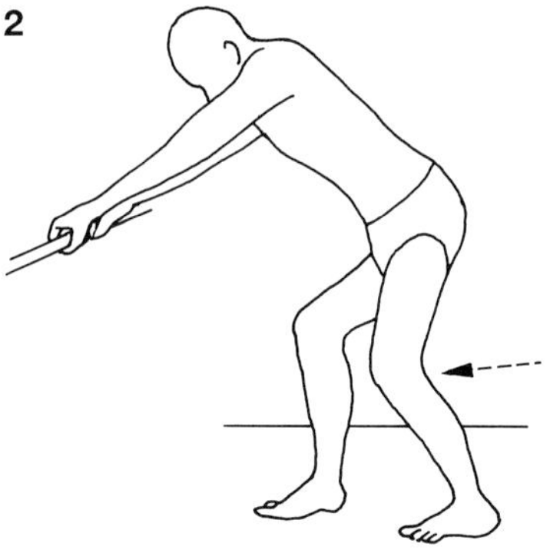

Abb. 358: Wiederum die Ferse nicht vom Boden lösen, Fußstellung parallel; in Kniebeugung absenken, bis das Dehnungsgefühl in der tiefen Muskulatur der Unterschenkelrückseite beginnt.

3

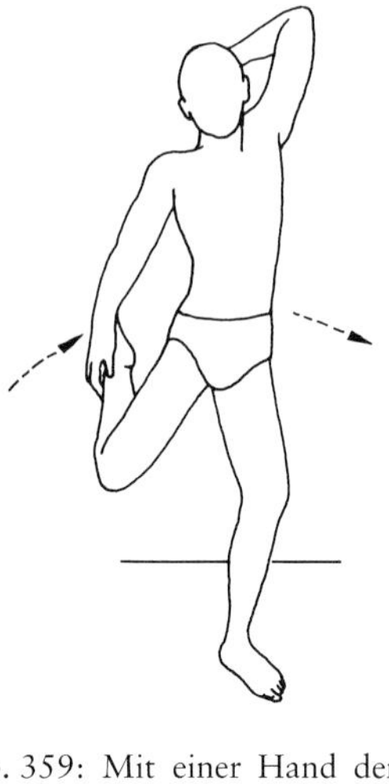

Abb. 359: Mit einer Hand den Fußrücken greifen und in Kniebeugung und Hüftstreckung ziehen; der Dehnungszug ist deutlich in der Oberschenkelvorderseite zu spüren. Standbein leicht beugen.

4

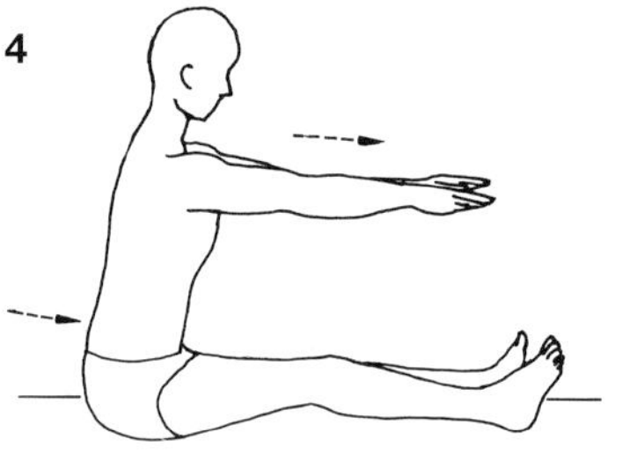

Abb. 360: Nicht den Kopf einrollen und zum Oberkörper sehen; weit nach vorne auf den Boden blicken und die Lendenwirbelsäule aktiv nach vorne bringen, Fußspitzen hochziehen.

5

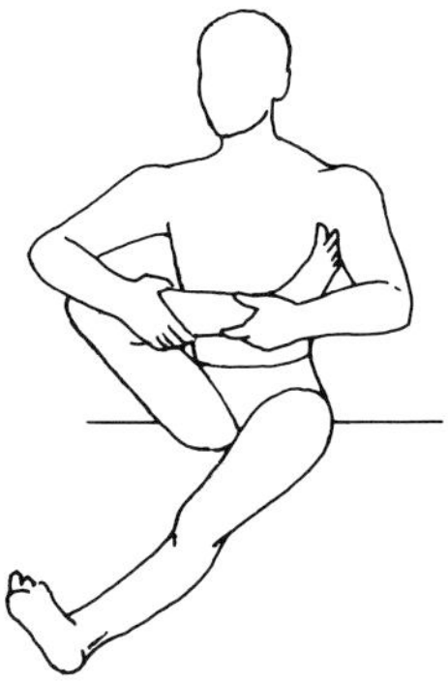

Abb. 361: Möglichst aufrecht sitzen bleiben, den Unterschenkel in Richtung Oberkörper ziehen. Auch im Stand durchzuführen.

6

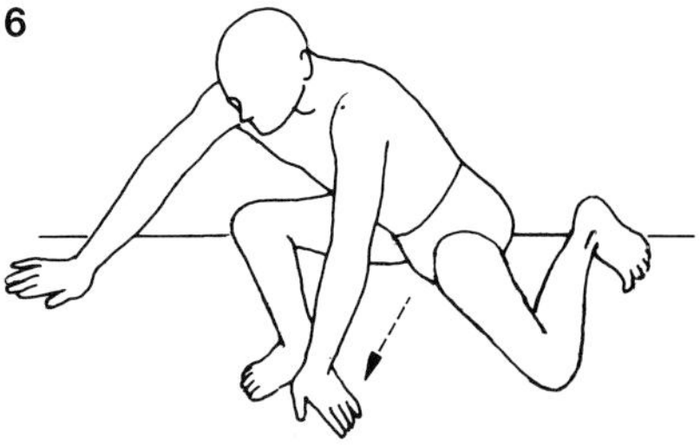

Abb. 362: Der gebeugte Unterschenkel liegt bis zum Kniegelenk auf; die gleichseitige Hüfte aktiv in Richtung Boden drücken.

7

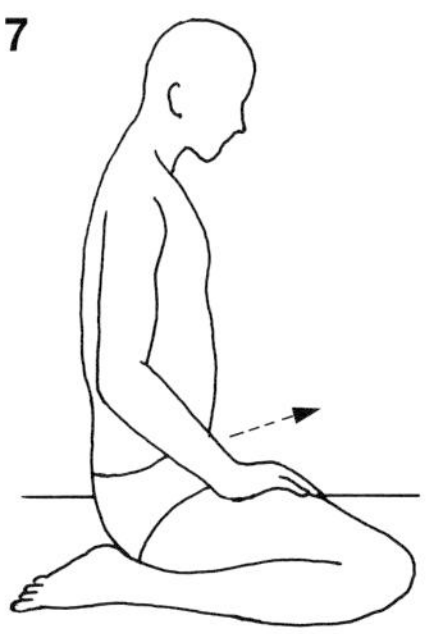

Abb. 363: Unterschenkel liegen parallel – keine X-Bein-Stellung –; auf die Fersen absetzen; reicht diese Position noch nicht für eine Dehnung aus, Hände hinter den Füßen aufstützen und das Becken aktiv nach vorne oben schieben.

8

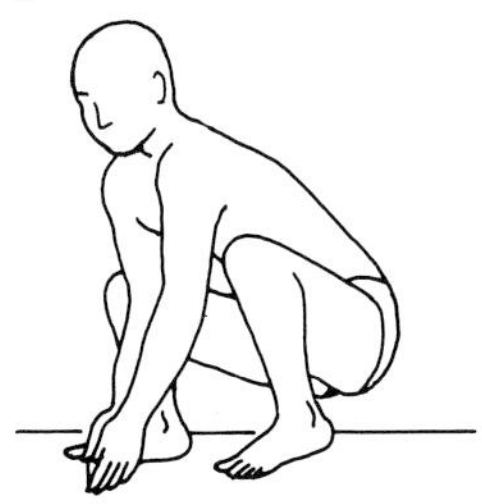

Abb. 364: Aus leichter Grätschstellung – Zehenspitzen nach außen zeigen lassen – den Oberkörper zwischen die Knie absenken; nach vorne sehen, nicht den Kopf hängen lassen; die Position sollte die Atmung nicht behindern.

9

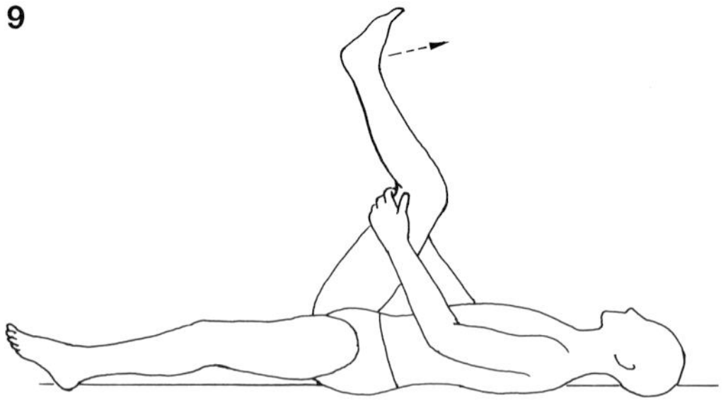

Abb. 365: Mit beiden Händen einen Oberschenkel umfassen, Knie in Richtung Oberkörper ziehen, langsam Knie ausstrecken, Fußspitzen hochziehen.

10

11

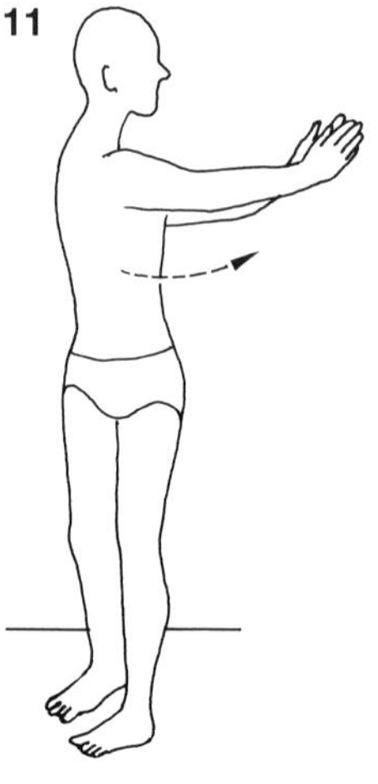

Abb. 366: Im Grätschstand mit einer Hand die andere Hand über dem Kopf fassen; bei der Seitneigung des Oberkörpers den Arm der gedehnten Seite aktiv weiter ziehen. Grätschstand und Seitneigung langsam erweitern.

Abb. 367: Einen Schritt von der Wand entfernt, mit beiden Händen zur Wand greifen; den Rumpf aktiv weiter in Drehrichtung ziehen; die Kniegelenke nicht durchstrecken, ruhig etwas nachgeben; gleiche Übung zur anderen Seite.

12

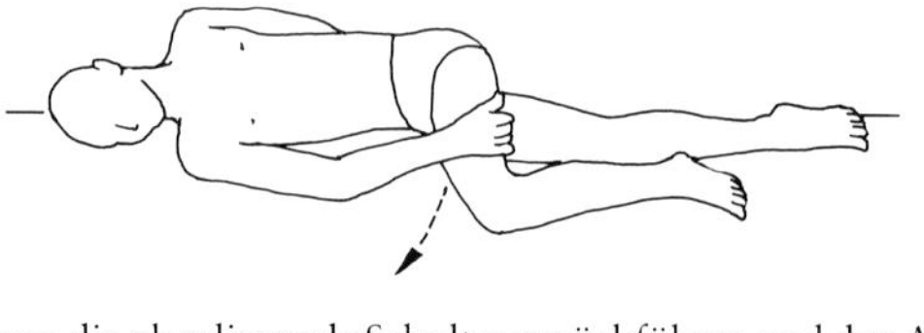

Abb. 368: Aus stabiler Seitenlage die obenliegende Schulter zurückführen und den Arm auf den Boden ablegen; mit der anderen Hand den Oberschenkel des gebeugten Beines fassen und in Richtung Boden führen; sehr effektive Dehnstellung von der Gesäßmuskulatur bis zur diagonalen Brustmuskulatur.

Stretching

Abb. 369:
Ausführung: Großer Ausfallschritt mit dem rechten Bein nach vorn. Linkes Bein weit nach rückwärts strecken. Sich mit den Händen auf das rechte Knie stützen. Position 10 Sekunden halten.
Wirkung: Dehnung der Hüftbeuger und der Oberschenkelstrecker des linken Beines. Man spürt sie auf der Vorderseite des linken Oberschenkels.

Abb. 370:
Ausführung: Kniestand, Oberkörper gestreckt zurücklegen, Becken nach vorne schieben und nach hinten abstützen. Position 10 Sekunden halten.
Wirkung: Dehnung der Hüftbeuger und der Oberschenkelstrecker an beiden Beinen. Man spürt sie auf der Vorderseite beider Oberschenkel.

Abb. 371:
Ausführung: Kniestand, Oberkörper gestreckt zurücklegen, Becken nach vorne schieben, mit dem linken Arm hinten abstützen, den rechten Arm hochstrecken. Position 10 Sekunden halten.
Wirkung: Dehnung der Hüftbeuger, Oberschenkelstrecker und der Bauchmuskulatur.

Abb. 372:
Ausführung: Bauchlage, rechten Arm weit vorne herausstrecken, linken Arm weit hinten herausstrecken. Die linke Hand erfaßt den linken Fuß und hebt den Oberschenkel vom Boden ab. Position 10 bis 30 Sekunden halten.
Wirkung: Dehnung der Hüftbeuger und Oberschenkelstrecker. Sie ist auf der Vorderseite des linken Oberschenkels zu spüren.

Abb. 373:
Ausführung: Rückenlage, beide Beine zum Bauch heranziehen, dann in die Senkrechte strecken, Knie vollständig durchstrecken, Fußspitzen herunterziehen. Position 10 bis 30 Sekunden halten.
Wirkung: Dehnung der gesamten rückseitigen Muskulatur der Beine, Kniebeuger und Wadenmuskeln. Man spürt sie auf den Rückseiten der Oberschenkel, in den Kniekehlen und in der Wadenmuskulatur.

Abb. 372

Abb. 373

Abb. 374:
Ausführung: Stand, rechten Fuß auf eine Stuhllehne legen, rechtes Knie vollständig durchstrekken, rechte Fußspitze hochziehen. Position 10 bis 30 Sekunden halten.
Wirkung: Dehnung der Kniebeuger und der Wadenmuskulatur des rechten Beines. Sie ist auf der Rückseite des gesamten rechten Beines zu spüren.

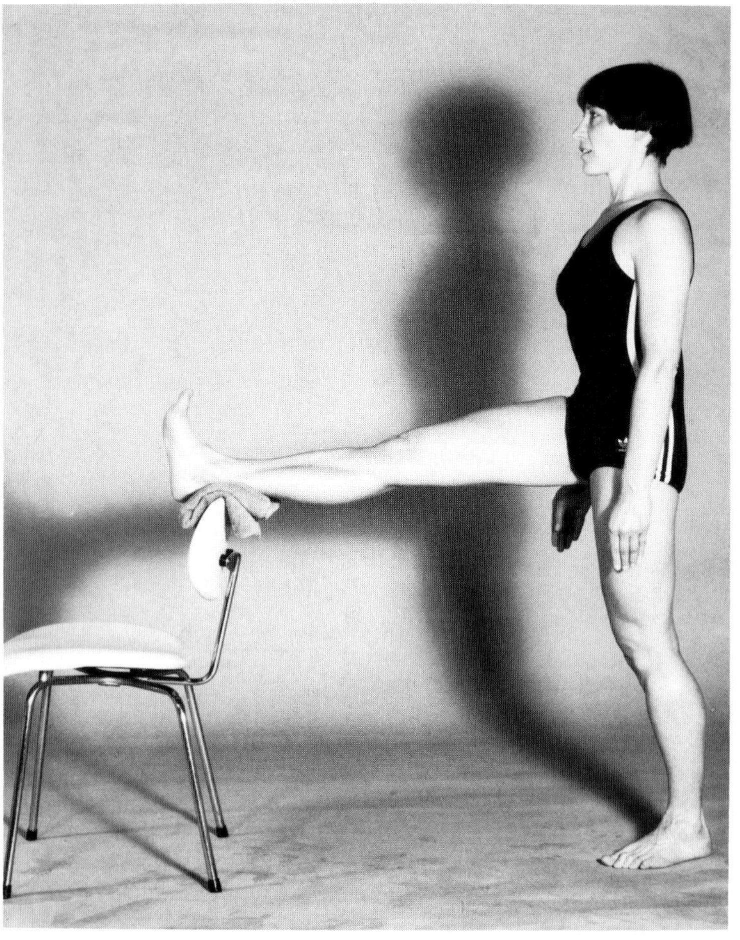

Abb. 375:
Ausführung: Stand, rechtes Bein vollständig durchgestreckt auf eine Stuhllehne legen, Oberkörper nach vorne hinunterbeugen, Nasenspitze berührt rechtes Knie. Position 10 Sekunden halten.
Wirkung: Dehnung der gesamten rückseitigen Beinmuskulatur, der Gesäßmuskulatur und der langen Rückenstrecker der Wirbelsäule. Man spürt sie in diesen Körperregionen.

Abb. 376:
Ausführung: Grätschsitz, linkes Bein gestreckt, rechtes Bein stark angebeugt, rechte Fußsohle an linken Oberschenkel anlegen. Oberkörper aufrichten, Hände auf die Knie legen. Position 10 bis 30 Sekunden halten.
Wirkung: Dehnung der Kniebeuger des linken Beines und der Adduktoren beider Beine. Man spürt die Dehnung auf der Rückseite des linken Beines und an der Innenseite beider Oberschenkel.

Abb. 375

Abb. 376

Abb. 377

Abb. 378

Abb. 379:
Ausführung: Große Grätschstellung, Beine weit auseinander, Oberkörper vorbeugen, Nase soll zwischen die Beine kommen. Kopf hängt lokker herunter, Hände greifen von innen an die Achillessehnen. Position 10 Sekunden halten.
Wirkung: Dehnung der gesamten rückseitigen Beinmuskulatur, der Achillessehnen, der Adduktoren und der gesamten Streckmuskulatur der Wirbelsäule. Man spürt sie auf der Rückseite der Beine, an den Innenseiten der Oberschenkel und in der gesamten Wirbelsäulenstreckmuskulatur.

Abb. 377:
Ausführung: Starker Grätschsitz, beide Beine weit spreizen, Knie durchstrecken, Fußspitzen hochziehen. Oberkörper nach vorne beugen, die angewinkelten Ellenbogen auf den Boden stützen, Hände unter das Kinn. Position 10 Sekunden halten.
Wirkung: Starke Dehnung der Kniebeuger beider Beine, Dehnung der Adduktoren beider Beine, der Wadenmuskulatur und Achillessehnen sowie besondere Dehnung der Streckmuskulatur der Lendenwirbelsäule. Man spürt sie auf der Rück- und Innenseite beider Oberschenkel, in der Kniekehle und in der Streckmuskulatur der Lendenwirbelsäule.

Abb. 378:
Ausführung: Starker Grätschsitz, beide Beine weit spreitzen, Kniegelenke durchdrücken, Fußspitzen hochziehen. Oberkörper nach links zur Seite beugen, linken Ellenbogen und Unterarm aufstützen, rechten Arm nach oben strecken. Position 10 bis 30 Sekunden halten.
Wirkung: Starke Dehnung der Kniebeuger, der Wadenmuskulatur, der Adduktoren, und Achillessehnen beider Beine. Dehnung der Muskulatur der Lendenwirbelsäule und der rechten Flanke. Man spürt sie auf der Rückseite beider Beine, an den Innenseiten der Oberschenkel, in der Lendenwirbelsäulenmuskulatur und im rechten Rippenbereich.

Abb. 380 (s. S. 400)

Abb. 381 (s. S. 400)

Abb. 382:
Ausführung: Sich in großer Schrittstellung gegen eine Wand stellen, linkes Bein vor, rechtes zurück, rechte Ferse zuerst abheben und dann bis zum Boden herunterdrücken. Fußsohle soll voll aufsetzen. Position 10 bis 30 Sekunden halten.
Wirkung: Starke Dehnung der rechten Achillessehne. Man spürt sie in der rechten Wadenmuskulatur und Achillessehne.

Abb. 383:
Ausführung: Knieen auf dem rechten Knie, linkes Bein vorgestellt. Der linke Arm faßt den rechten Fuß, Oberkörper aufrichten und Zug verstärken.
Wirkung: Starke Dehnung der Hüftbeuge- und Kniestreckmuskulatur.

Abb. 380:
Ausführung: Rückenlage, beide Knie anbeugen und weit spreizen. Hände greifen an die Fußgelenke, Fußsohlen aneinanderlegen. Position 10 bis 30 Sekunden halten.
Wirkung: Starke Dehnung der Adduktoren. Man spürt sie an der Innenseite beider Oberschenkel.

Abb. 381:
Ausführung: Grätschsitz, Knie anbeugen, Fußsohlen aneinanderlegen. Unterarme auf die Unterschenkel legen, mit den Ellenbogen die Knie auseinanderdrücken. Position 10 bis 30 Sekunden halten.
Wirkung: Starke Dehnung der Adduktoren. Man spürt sie an der Innenseite der Oberschenkel.

Abb. 384:
Ausführung: Leichte Grätschstellung, vorne herunterbeugen und auf die gestreckten Arme stützen. Dehnung fortführen bis Arme und Oberkörper eine Linie bilden.
Wirkung: Starke Dehnung der Streckmuskulatur der Lendenwirbelsäule und der rückwärtigen Beinmuskulatur.

Abb. 385:
Ausführung: Hockersitz, Oberkörper aufrichten, beide Arme nach oben strecken, Handtuch zwischen beide Hände spannen, dann weit hinter dem Kopf herunterziehen. Position 10 bis 30 Sekunden halten.
Wirkung: Dehnung der beiden großen Brustmuskeln. Man spürt sie in der Brust- und Schultergürtelmuskulatur.

Abb. 386:
Ausführung: Kniestand, Oberkörper mit gestreckten Armen vorne weit herunterbeugen.
Wirkung: Dehnung der beiden großen Brustmuskeln. Man spürt sie im gesamten Brustkorb.

Zweckgymnastik

Gymastische Übungen sind meist zweckgerichtet und als Zweckgymnastik, aber auch als Trainings- oder Konditionsgymnastik, bekannt. Die Zweckgymnastik schließt sich an die Aufwärmarbeit mit Dehnen der Muskulatur als Trainings- oder Wettkampfvorbereitung an. Es kommen dabei zweckgerichtete Übungen, aber auch ausgleichende und rhythmusschulende Bewegungen zum Einsatz. Spezielle Bewegungsabläufe der besonders beanspruchten Muskelgruppen und Muskelketten der verschiedenen Sportarten werden so vorbereitet. Besondere Formen der Zweckgymnastik stellen z. B. die Ski-, Schwimmer-, Hürdenläufer- und Reitergymnastik dar. Hierbei werden Ski-, Schwimm-, Hürden- und Reittechniken durch Imitationsübungen zur speziellen Vorbereitung eingesetzt. Die allgemeine Körperbildung und die spezielle Kondition werden dabei verbessert und die Bewegungsmuster sportartspezifisch trainiert. Auch allgemeine konditionelle Eigenschaften, wie Beweglichkeit, Geschicklichkeit und Kraft, werden dabei geschult.

Die Ganzkörpergymnastik als Aufwärmprogramm ersetzt heute immer häufiger den traditionellen Ablauf der Aufwärmarbeit. Erfahrungen und Beobachtungen haben gezeigt, daß in einem speziellen Gymnastikprogramm viele Vorteile liegen. Zeitgewinn, effektiver Einsatz und günstige Vorbereitung auf Training und Wettkampf seien hier genannt.
Arbeiten von *A. Klümper* und *H. Keydel* auf dem Gebiet der Leichtathletik stellen die Wirkung des traditionellen Aufwärmens mit Laufen, Gymnastik und Spiele nicht nur aufgrund der häufig oberflächlichen Ausführung in Frage. Beide Autoren schlagen mit gezielter Ganzkörpergymnastik Wege und Möglichkeiten der Aufwärmarbeit vor. Da die Herz-Kreislaufanregung durch Gymnastik jedoch nur sehr gering ist, sollten zur allgemeinen Aufwärmung das Einlaufen, Einschwimmen etc. nicht entfallen.
Den Abschluß der Zweckgymnastik sollte die Arbeit mit dem jeweiligen Sportgerät darstellen. Dies geschieht bei Spielern durch Einspielen mit dem Ball, bei Turnern durch Einturnen am Gerät und bei Werfern durch Einwerfen mit Speer, Diskus oder Kugel. So durchgeführt ergibt sich eine optimale Vorbereitung und Einstimmung auf Training und Wettkampf.

Abb. 387: Rumpfdrehung als Partnerübung.

Abb. 388:
Rumpfstreckung als Partnerübung.

Zusammenfassung

Die Wettkampf und Sportvorbereitung mit Aufwärmen – Dehnen – Zweckgymnastik, stellen in ihrer Kombination eine optimale Einstimmung und Verletzungsprophylaxe dar, die allgemein beginnt und sportartspezifisch endet.
Neben den physiologischen Aspekten der richtigen Vorbereitung auf Sport und Wettkampf, ist an dieser Stelle auch auf die psychologischen Komponenten, wie Motivation und soziales Wohlbefinden in der Mannschaft etc. hinzuweisen.

2. Entmüdende Maßnahmen

Aktives Entmüden

Um die Reaktionen des belasteten Bewegungsapparates auf Trainings- und Wettkampfreize zu mindern, hat sich aktives Entmüden in vielen Sportarten bewährt. Lockeres Auslaufen auf weichem Untergrund, Rasen oder Waldboden, baut die Reaktionen ab. Zwischendurch werden aktive Lockerungen und Schüttelungen der Extremitäten und des Rumpfes eingefügt. Bei Mannschaftssportarten und Gruppentraining können Schüttelungen auch gegenseitig durchgeführt werden. Leichte Hopserläufe, Kniehebeläufe und leichte Sprünge verbessern die aktive Entmüdung z. B. von Leichtathleten und Fußballern. Ein Auslaufprogramm von 10 bis 20 Minuten sollte sich an jedes Training oder jeden Wettkampf anschließen. Ballspiele können das aktive Entmüdungsprogramm interessanter gestalten und so gleichzeitig neben der physischen auch zu einer psychischen Entmüdung führen. Eine optimal entmüdete Muskulatur zeigt keine oder nur geringe Reaktionen auf die Trainings- oder Wettkampfbelastung in Form von Muskelkater oder anderen Belastungsreaktionen.
Auch in anderen Sportarten baut man gleichfalls durch leichte Aktivität, wie Ausschwimmen oder Auslaufen im Skilanglauf, die Trainings- oder Wettkampfreaktionen ab. Hier steht gleichfalls der lockernde und entspannende Effekt des aktiven Entmüdens im Vordergrund. Dosiertes Nachdehnen, nicht so intensiv wie beim Dehnen zur Sportvorbereitung, mindert die physiologischen Reaktionen am Bewegungsapparat. Dabei liegen die Schwerpunkte der Dehnungen auf den vorher stark belasteten Bewegungsketten. Ballspiele und andere Sportarten können das aktive Entmüden unterstützen. – Ein gut ausgeführtes aktives Entmüdungsprogramm stellt gleichzeitig eine Vorbereitung auf das nächste Training oder den nächsten Wettkampf dar.

Entmüdungsbad

Das Entmüdungsbad wird, ähnlich wie das Saunabad, nach hartem Training oder Wettkampf, nach starker muskulärer, kreislaufintensiver oder psychischer Beanspruchung zur Entspannung, Lockerung und Stoffwechselausschwemmung eingesetzt.
Lockerungsgymnastik im Wasser sowie gelenk- und wirbelsäulen-entlastende Übungen, einzeln, als Partnerübungen und in der Kleingruppe, kommen dafür in Frage. Auch kleine Spiele sollten eingebaut werden. – Einzelne Athleten können ein Entmüdungsbad auch in einer großen Wanne (z. B. UWA-Wanne) durchführen. Ein Pool, der eine ganze Mannschaft faßt, ist für die gruppendynamischen Aspekte dieser Entmüdungsmaßnahme effektiver.
Ausgenutzt werden bei diesen Übungen im warmen Wasser der Wasserauftrieb und der sanfte Wasserwiderstand. Geräte, wie Wasserbälle, Auftriebskörper, Schwimmringe etc. können dabei verwendet werden. Das Wasser sollte zwischen 28° und 30° C sein. Kälteres Wasser eignet sich dazu nicht. Das Entmüdungsbad soll nicht länger als 15 bis

30 Minuten dauern. Es muß so gestaltet werden, daß es auch eine psychische Entmüdung und Umpolung nach Wettkampfstreß bringt. Spaß, Freude und Entspannung vom Leistungsdruck sollen dabei im Vordergrund stehen.
Im Anschluß soll kurzes kaltes Duschen und eine ausgiebige Ruhepause, möglichst schlafen, erfolgen. Bei warmer Witterung sind auch Kneipp'sche Güsse, auch vor dem Entmüdungsbad zu empfehlen. Ein Wechsel zwischen warmem Bad und kaltem Duschen verstärkt die Entmüdung.

Selbstmassage

Die Selbstmassage, d.h. die Ausführung von Massagegriffen durch den Sportler an Muskelpartien seines eigenen Körpers, kann ebenfalls ein Mittel der Entmüdung sein. Sie eignet sich besonders in Verbindung mit dem Entmüdungsbad oder dem Saunabad. Allerdings kann eine kurze Selbstmassage auch zur Wettkampfvorbereitung in Verbindung mit dem Aufwärmen eingesetzt werden. Wärmevorbereitung, wie heißes Duschen oder ein warmes Wannenbad, unterstützen die Selbstmassage. Während der Selbstmassage darf der Körper nicht auskühlen.
Natürlich gibt es starke Einschränkungen gegenüber der Massage durch einen Therapeuten. Der Sportler muß dabei eigene Muskelkraft, besonders in seinen Armen und im Schultergürtel, aufwenden, was diese Partien nicht zur Entspannung führt.
Vorwiegend kann die Selbstmassage an den großen Muskelgruppen der Oberschenkel, also der Streckmuskulatur auf der Vorderseite, der Beugemuskulatur auf der Rückseite und der Adduktorengruppe auf der Innenseite, durchgeführt werden. Auch die Wadenmuskulatur läßt sich gut selbst massieren. Die günstigste Ausgangsstellung dafür ist das Sitzen auf einer Bank oder dem Boden. Auch im Stehen, ein Bein auf eine Bank gestellt, ist eine Selbstmassage möglich. Die Oberarm-, Unterarm- und Handmuskulatur ist mit einigem Geschick ebenfalls für die Selbstmassage zugänglich. Schwer zu erreichende Körperpartien sind Rücken- und Schultergürtelmuskulatur. – Da es sich immer um eine Teilmassage handelt, genügen 5 bis 10 Minuten dazu.
Als Griffe eignen sich das Streichen der Extremitäten in Richtung Körpermitte, das weiche Kneten, Reibungen und das lockernde Walken. Ein gutes Hautfunktionsöl sollte dabei sparsam angewendet werden. Körperbürsten, Luffahandschuh oder ein Massageband können die Durchblutungsförderung von Haut und Muskulatur, die dabei erzielt wird, verstärken. Auch durch die Trainingskleidung hindurch kann man die genannten Griffe anwenden. – Ein Therapeut sollte den Sportler in die Grundprinzipien der Selbstmassage einführen.
Als Heil- oder Krankenmassage darf die Selbstmassage nicht verstanden werden, sondern ausschließlich als Lockerungsmassage im Sport. Die Heil- oder Krankenmassage muß wegen der Schädigungsmöglichkeit dem geschulten und erfahrenen Therapeuten überlassen bleiben. Bei Verletzungen und Schäden ist von der Selbstmassage dringend abzuraten. Im Bereich von Entmüdung und Vorbereitung auf einen Wettkampf jedoch zählt sie zu den wirkungsvollen pflegerischen Maßnahmen, zu denen der Athlet angeregt werden sollte, und die er selbst, besonders dann, wenn kein Therapeut zur Verfügung steht, durchführen kann. Alkoholische Zusätze wie Franzbranntwein oder Fluide haben bei der Selbstmassage eine angenehme und erfrischende Wirkung, die die Entmüdung steigert.

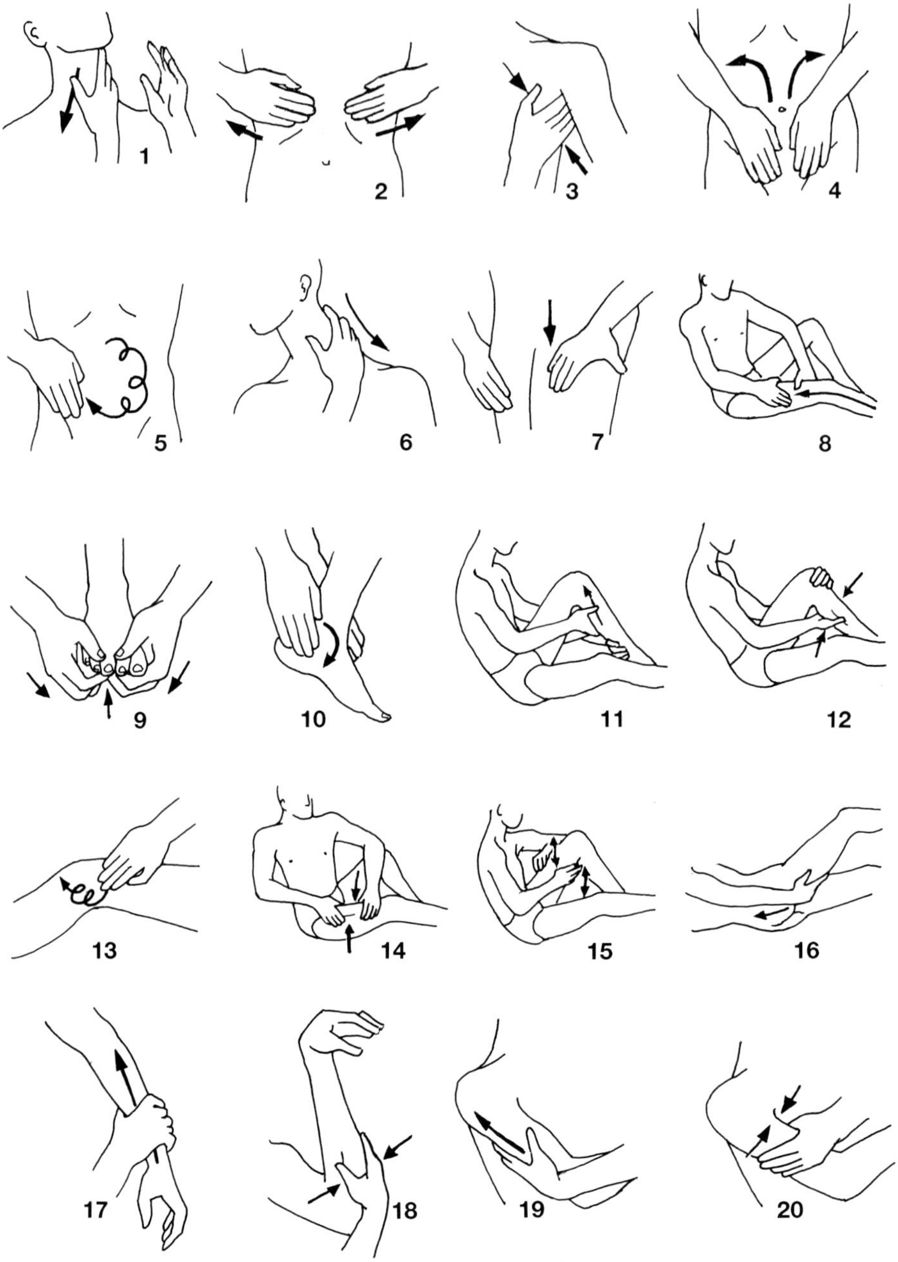

Abb. 389: Typische Handgriffe bei der Selbstmassage für Sportler.

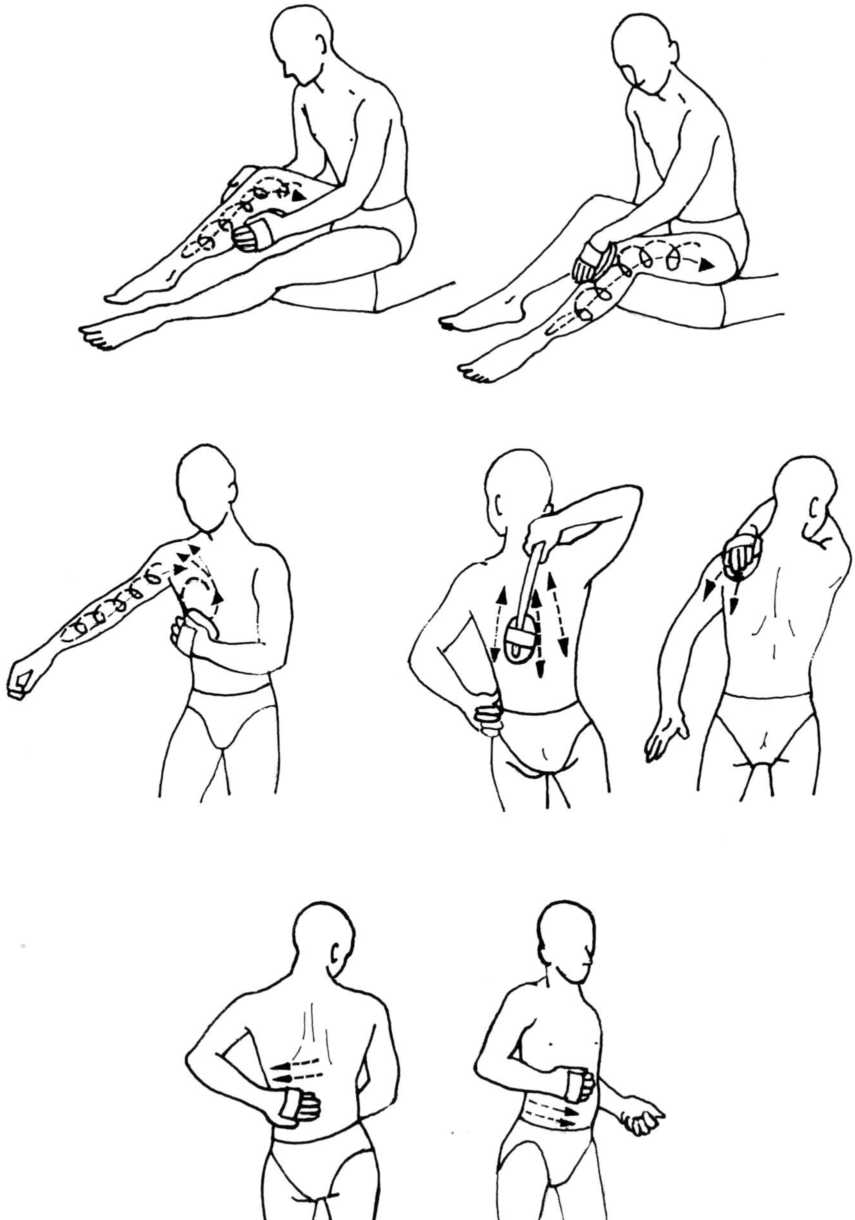

Abb. 390: Bürstenmassage.

Saunabad

Das Saunabad ist aus den trainings- und wettkampfbegleitenden Maßnahmen nicht mehr wegzudenken. Es gehört vorwiegend zu den entmüdenden Maßnahmen, wie sie nach großen Trainings- und Wettkampfbelastungen zur besseren Stoffwechselausschwemmung, zur Entmüdung und Regeneration nötig sind.

Das in den skandinavischen Ländern, besonders in Finnland, beheimatete uralte Volksbad ist im Sport bereits bei der Olympiade in Berlin 1936 eingesetzt worden. 1972 bei der Olympiade in München gab es im Olympischen Dorf mehrere Saunabäder, die den Athleten zur Verfügung standen. Mehrere tausend Saunabäder sind von Athleten verschiedener Nationen dort genommen worden.

Die physiologischen Wirkungen des Saunabades bestehen in der Steigerung der Körpertemperatur («Heilfieber«), einer intensiven Stoffwechsel- und Kreislaufanregung, einer beträchtlichen Schweißabgabe und damit Entschlackung von Stoffwechselprodukten. Entspannung, Lösung und Regeneration, das Gefühl des allgemeinen Wohlbefindens nach dem Saunabad sind die psychischen Komponenten dieses bei vielen Athleten beliebten Gesundheitsbades. Der meditative Charakter des Saunabades läßt nicht nur die verkrampfte Muskulatur, sondern den ganzen Menschen sich lösen und allen Wettkampfstreß vergessen. Damit wirkt es als unspezifische Maßnahme zur Gesunderhaltung, zum Wohlbefinden, zur Regeneration und dient damit auch der Leistungssteigerung. Es erhöht die Abwehr gegen Erkältungskrankheiten und wirkt gegen Infektionen der oberen Luftwege sowie gegen Erkrankungen des rheumatischen Formenkreises.

Beim Sportler werden durch regelmäßiges Saunabaden in Verbindung mit Muskelkrafttraining die kontraktilen Elemente der Muskel zusätzlich günstig beeinflußt. Ebenso das stoffwechselträge Knochen-Bandsystem. Der Abbau des Hartspanns, die bessere Resorption von Verletzungsrückständen und – in der vagotonen Phase – die neue Einlagerung von Glykogen in die Muskulatur sind wichtige Nutzeffekte, die der Sportler aus dem Saunabad ziehen kann. – Vor der Annahme, die Sauna könne das Training ersetzen, muß allerdings gewarnt werden. Die Sauna kann nur in Verbindung mit anderen aktiven Trainingsmaßnahmen helfen, die allgemeine Fitneß und die sportliche Leistung zu steigern.

Im Gegensatz zu den Dampfbädern ist die Sauna ein trockenes Heißluftbad, in dem hohe Lufttemperaturen zwischen 60° und 90° C gut vertragen werden. Der Feuchtigkeitsgehalt der Luft sollte zwischen 5% und 10% relativer Luftfeuchtigkeit liegen. Er entsteht durch kurze Dampfstöße, die durch Aufgießen von Wasser, das mit Fichten-, Kiefer- oder Latschen-Extrakt versetzt ist, auf die heißen Steine des Saunaofens erfolgt. Die ätherischen Öle und die Dampfstöße dienen der Vertiefung der Ventilation.

Das Schwitzbad wird in einem mit Espe, Fichte oder Hemlock-Tanne holzverkleideten Raum durchgeführt. Dieser Raum ist mit drei unterschiedlich hohen Sitz-Liegebänken aus Holz versehen. Die Holzverkleidung des Schwitzraumes nimmt die Feuchtigkeit der Luft und des Aufgusses schnell auf und stellt das trockene Heißluftbad wieder her.

Als Saunaofen verwendete man früher gemauerte holzgeheizte Steinöfen. Heute sind industriell hergestellte Saunaöfen in Gebrauch. Auch diese erhitzen Saunasteine oder Aufgußplatten. – In jedem Saunaschwitzraum sollte für gute Frischluftzufuhr und Durchlüftungsmöglichkeiten gesorgt sein. Zur Ausstattung gehören außerdem ein Thermometer zum Ablesen der Raumtemperatur und ein Hygrometer zur Kontrolle der Luftfeuchtigkeit.

Neben dem Schwitzraum sind Dusch-, Umkleide- und Ruheräume sowie ein Freiluftraum mit Kaltwasserbecken und Gießschlauch erforderlich.
Vor dem Saunabad sollte eine gründliche Körperreinigung mit warmem Wasser wegen der Öffnung der Hautporen erfolgen. Ein zwei- bis dreimaliger Wechsel zwischen den Schwitz- und Abkühlungsvorgängen ist in den meisten Fällen als bekömmlich zu empfehlen.
Die Schwitzphase ist individuell und dauert zwischen 10 und 20 Minuten. Dabei sollte auf der untersten Stufe der Bänke begonnen und nur langsam auf die oberen gewechselt werden. Das entscheidende Kriterium ist ein kräftiger Schweißausbruch, der sich auf der gesamten Körperdecke einstellen soll. Bei den Schwitzprozeduren von zwei bis drei Saunagängen werden etwa zwischen 400 und 1000 Gramm Wasser verloren. Dieser Gewichtsverlust wird aber durch entsprechende Flüssigkeitsaufnahme bald wieder ausgeglichen. Die Meinung, daß durch die Sauna Fettgewebe abgebaut werden könnte, ist ein immer noch weitverbreiteter Irrtum. Deshalb ist auch das bei Boxern, Ringern, Rennreitern u. a. übliche «Gewichtmachen» in der Sauna sehr fragwürdig. Es schadet dem Athleten meist mehr als es nützt. Die Gewichtsregulation des Athleten soll mit

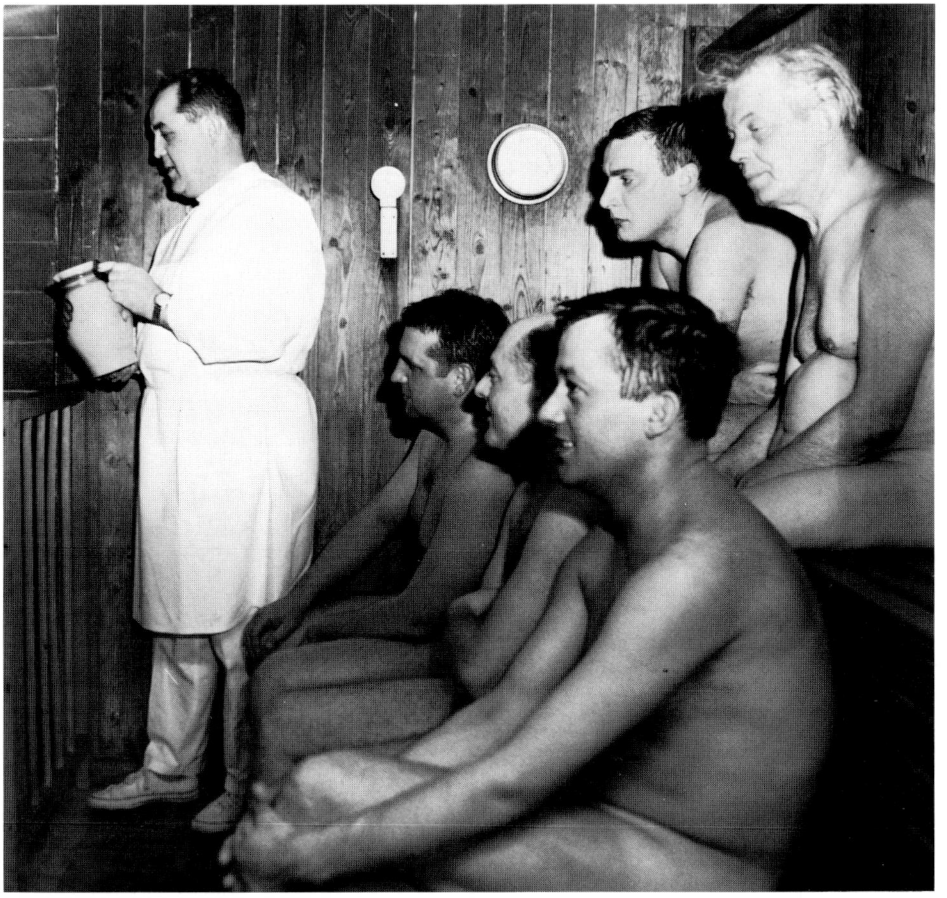

Abb. 391: Im Schwitzraum der Sauna, der Aufguß erfolgt auf die heißen Steine des Saunaofens.

anderen Mitteln erfolgen. Sportler, die nur verzögert bzw. wenig zum Schwitzen in der Sauna kommen, sollten vorher ein Glas heißen Lindenblütentee zur Beschleunigung des Schwitzvorganges trinken.
Auf den Schwitzvorgang folgt die wichtige Abkühlphase. Sie besteht zunächst aus einer Luftabkühlung, dann aus kaltem Duschen und zum Schluß aus einem kurzen Eintauchen in ein Kaltwasserbecken. Dieses sollte sich möglichst in einem Freiluftraum befinden. – Die Abkühlung hat die Aufgabe, die Poren und Gefäße der Haut zu schließen, damit die Wärmestauung im Körper anhält, das Schwitzen aber unterbrochen wird. Die Abkühlung sollte von den Beinen her von unten nach oben, zuletzt am Kopf, erfolgen. Um Kopfschmerzen durch Stauungen im Nacken zu vermeiden, muß der Kopf immer mit abgekühlt werden. Die Abkühlung darf nicht zu lange dauern. Die Länge der Abkühlphase richtet sich nach Jahreszeit und Außentemperatur, wenn sie im Freien erfolgt. Im Winter sind auch kurze Abreibungen mit Schnee eine erfrischende Abkühlung. Kräftiges Trockenfrottieren erfolgt unmittelbar danach. Jede Unterkühlung muß vermieden werden. Wenn es zum Frösteln oder zu kalten Füßen kommt, müssen in den Pausen zwischen den Saunagängen, die ca. 10 Minuten dauern, warme Fußbäder durchgeführt werden. Anstrengende gymnastische Übungen sind in den Pausen zwischen den Saunagängen wegen der Herz-Kreislaufbelastung nicht angebracht. Dagegen können Lockerungs- und Entspannungsübungen gemacht werden. Am besten ist entspannendes Ruhen auf einer Liege, bei der man die Beine hochlegen kann.
Nach einer Pause von ca. 10 bis 15 Minuten erfolgt dann der neue Saunagang. Als Abschluß von zwei bis drei Saunagängen ist eine Ruhe zum Abklingen des physiologischen Reizes von mindestens 30 Minuten unbedingt erforderlich. Jetzt kann auch das Durstgefühl mit Mineralwasser, Kräutertee oder Fruchtsäften gestillt werden. Alkoholi-

Abb. 392: Kaltes Tauchbad nach dem Schwitzvorgang.

sche Getränke sind dabei absolut unangebracht. Ein voller Magen ist für das Saunbad gegenindiziert. Auch nach dem Saunabad sollten keine größeren Mahlzeiten genommen werden, sondern vorwiegend leichtverdauliche Speisen, wie Obst, Salat, Quark, Joghurt etc. Als Entmüdungsmaßnahme ist die Sauna unmittelbar nach anstrengendem Training und Wettkämpfen sehr geeignet. – Wegen der damit verbundenen Kreislaufbelastung sollte normalerweise mindestens drei Tage vor einem Wettkampf keine Sauna mehr genommen werden. Bei heißer Witterung, wenn durch Training oder Wettkampf der Schweißverlust sehr hoch war, kann das Saunabad entfallen.

Abb. 393: Vorschlag für die Saunabenutzung.

3. Ausgleichsgymnastik

Die Ausgleichsgymnastik stellt eine Gymnastik dar, die einseitigen Belastungen entgegenwirken soll. Muskelschwächen, Haltungsschäden, Hyper- und Hypomobilitäten können korrigiert, ausgeglichen oder verbessert werden. Im Leistungssport nehmen die immer wiederkehrenden Bewegungsabläufe mit Steigerung der Trainings- und Wettkampfbelastungen zu. Einseitige Übungen verstärken bestimmte Muskelketten und führen häufig zu einer Muskeldysbalance. Um diese Dysbalance in Grenzen zu halten oder zu normalisieren, sollte eine ausgleichende Gymnastik durchgeführt werden. Im Wechsel werden sämtliche Körperregionen gleichmäßig beansprucht und so der einseitigen Körperbelastung durch Training und Wettkampf entgegengetreten.

Die Rückenlage ist die Ausgangsstellung aller Übungen. Als Unterlage genügt eine Decke. Auch auf dem Rasen oder einer Matte kann geübt werden. Die Bewegungen werden langsam und gleichmäßig durchgeführt. Sie beginnen mit dem Kopf und der Halswirbelsäule und steigern sich bis zur Ganzkörperübung. Bis zu 10 Wiederholungen der einzelnen Übungen sind möglich. Nach jeder Übungsfolge wird eine gleichlange Pause eingelegt, damit Anspannung und Entspannung zeitgleich sind. Die Nachmittags- und Abendstunden sind wegen der Schutzreaktion des Gammasystems der günstigste Zeitpunkt. Um große Bereiche des Körpers zu erfassen, werden seitneigende, rotierende, flektierende und extendierende Bewegungen einander ablösend durchgeführt. So ergibt sich, auch als Steigerung gedacht, eine spiral- und diagonalförmige Durchführung. Entgegengesetzte Bewegungen wechseln sich ab; so erfolgt ein günstiger Kontraktions- und Dehnungseffekt auf die Muskulatur.

Die Durchführung der Ausgleichsgymnastik richtet sich nach der sportartspezifischen Belastung. Bei Sportdisziplinen, die das Hohlkreuz verstärken, wie z. B. Speerwurf und Delphinschwimmen, werden die Beine zur Korrektur der Lendenwirbelsäule angestellt. Bei Sportarten, die zur Überbeweglichkeit der Wirbelsäule neigen, wie z. B. Wettkampfgymnastik und Kunstturnen, wird die Ausgleichsgymnastik in Form von Haltearbeit zur Stabilisation durchgeführt. Für diese Sportarten werden die Übungen unter Anspannung der betroffenen Muskelkette in der jeweiligen Endstellung bis zu 7 Sekunden gehalten. Athleten, die bewegungsarme Sportarten betreiben, wie z. B. Gewichtheber, werden durch Ausgleichsgymnastik zu mehr Beweglichkeit und damit zur Entlastung gebracht. Durch Steigerung des Bewegungsausmaßes wird zu einer allgemeinen Mobilisation beigetragen.

Ausgangsstellung für alle Übungen
Rückenlage

1

Abb. 394: Ausgangsstellung für alle Übungen, Rückenlage: Kopf seitwärts im Wechsel zur rechten oder linken Schulter neigen.

2

Abb. 395: Kopf im Wechsel zur rechten oder linken Schulter drehen.

3 wie Abb. 394 (ohne Skizze)

4

Abb. 396: Kopf im Wechsel anheben (Kinn zur Brust) und ablegen (Kinn rausschieben).

5

Abb. 397: Hände hinter dem Kopf falten, Kopf und Schultergürtel im Wechsel nach rechts oder links neigen.

6

Abb. 398: Hände hinter dem Kopf falten, Kopf und Schultergürtel im Wechsel nach rechts oder links drehen.

7 wie Abb. 397 (ohne Skizze)

8

Abb. 399: Hände hinter dem Kopf falten, Kopf und Schultergürtel im Wechsel anheben (Kinn zur Brust) und ablegen (Kinn rausschieben).

9 wie Abb. 397 (ohne Skizze)

10

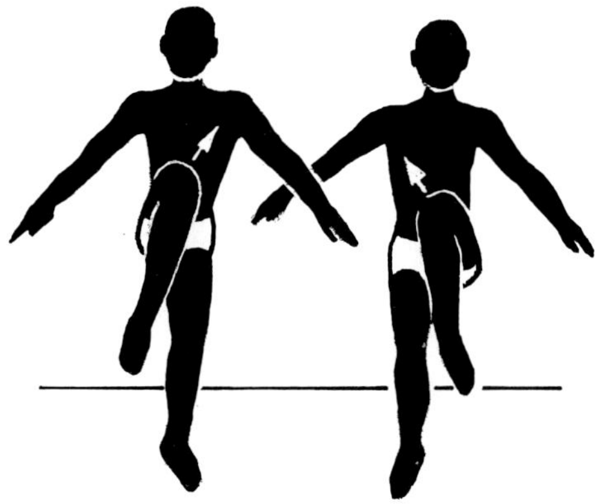

Abb. 400: Rechtes oder linkes Bein im Wechsel diagonal zur entgegengesetzten Schulter anziehen und ablegen.

11

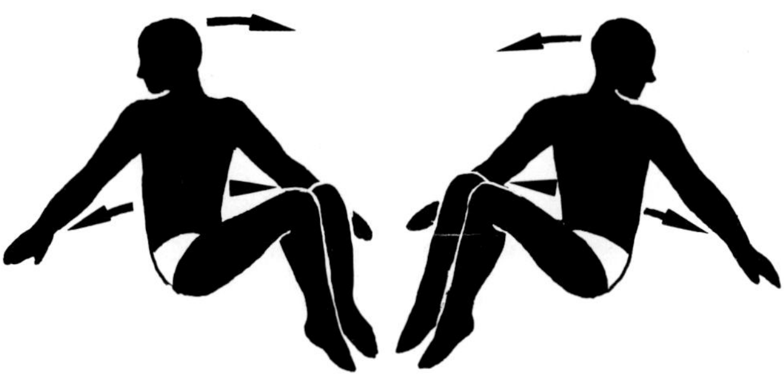

Abb. 401: Beine angebeugt, Füße auf dem Boden nach rechts oder links im Wechsel zur Unterlage drehen, Kopf dreht entgegengesetzt.

12

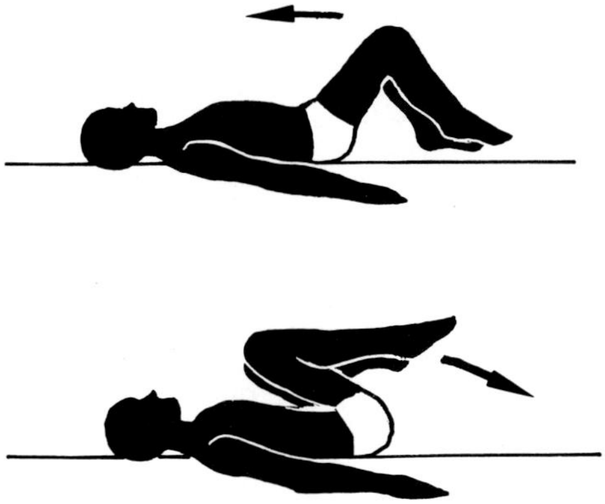

Abb. 402: Beine angebeugt, beide Beine im Wechsel zur rechten oder linken Schulter anziehen und angebeugt abstellen.

13 wie Abb. 401 (ohne Skizze)

14

Abb. 403: Beine angebeugt, beide Unterschenkel pendeln im Wechsel nach rechts oder links.

15 wie Abb. 401 (ohne Skizze)

16

Abb. 404: Beine angebeugt, Gesäß bis zur Hüftstreckung anheben und ablegen.

17 wie Abb. 401 (ohne Skizze)
18 wie Abb. 403 (ohne Skizze)

19

Abb. 405: Hände hinter dem Kopf falten, linker Ellenbogen und rechtes Knie zusammenführen und ablegen, dann entgegengesetzt.

20 wie Abb. 401 (ohne Skizze)

21

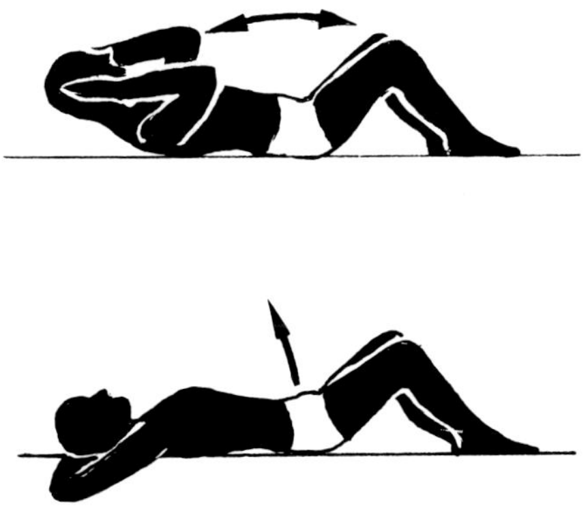

Abb. 406: Hände hinter dem Kopf falten, Beine angebeugt, beide Knie mit beiden Ellenbogen zusammenführen, ablegen und Gesäß bis zur Hüftstreckung anheben und ablegen.

22 wie Abb. 401 (ohne Skizze)
23 wie Abb. 403 (ohne Skizze)

24

Abb. 407: Gestreckter linker Arm und gestrecktes rechtes Bein diagonal zusammenführen, Kopf mit anheben, Körper ablegen, dann entgegengesetzt.

25 wie Abb. 401 (ohne Skizze)

26

Abb. 408: Beine gebeugt, beide Arme und beide Beine gestreckt in der Luft zusammenführen, Beine gebeugt ablegen, Gesäß bis zur Hüftstreckung anheben und ablegen.

27 wie Abb. 401 (ohne Skizze)
28 wie Abb. 403 (ohne Skizze)

29

Abb. 409: Hände hinter dem Kopf falten, rechtes Bein angebeugt, linkes Bein gestreckt, beide Ellenbogen und angebeugtes Knie zusammenführen, ablegen, Gesäß bis zur Hüftstreckung anheben und ablegen, dann entgegensetzt.

30 wie Abb. 401 (ohne Skizze)

31

Abb. 410: Beide Hände umfassen beide Knie, Körper einrollen, beide Arme und Beine weit ausstrecken, Gesäß leicht anheben und ablegen.

4. Stabilisierende Ganzkörperübungen

Entsteht aufgrund mangelnder Beanspruchung oder Überbelastung ein Ungleichgewicht in einem Körperabschnitt, so kann dies, gefördert durch die jeweilige Verkürzungs- bzw. Abschwächungsneigung, zu einer Funktionsstörung des Bewegungsapparates führen. Das folgende Beispiel soll diesen Zusammenhang erläutern:

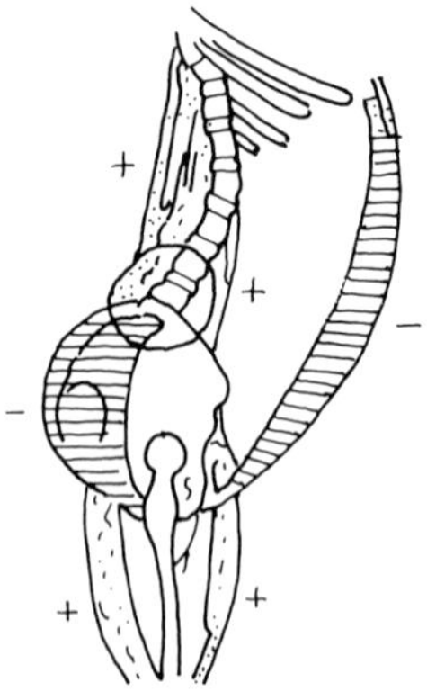

Abb. 411: Verstärkte Beckenkippung entstanden durch muskuläres Ungleichgewicht.
+ = verkürzte Muskeln
– = abgeschwächte Muskeln

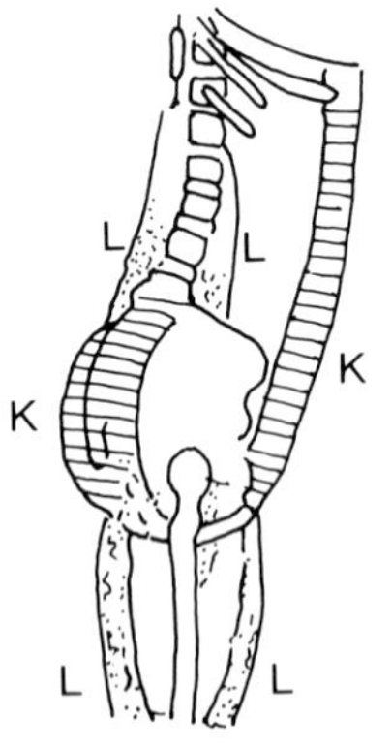

Abb. 412: Empfehlenswerte Übungen zur Verbesserung der Becken-Wirbelsäulenstatik.
L = Lockern und Dehnen
K = Kräftigen

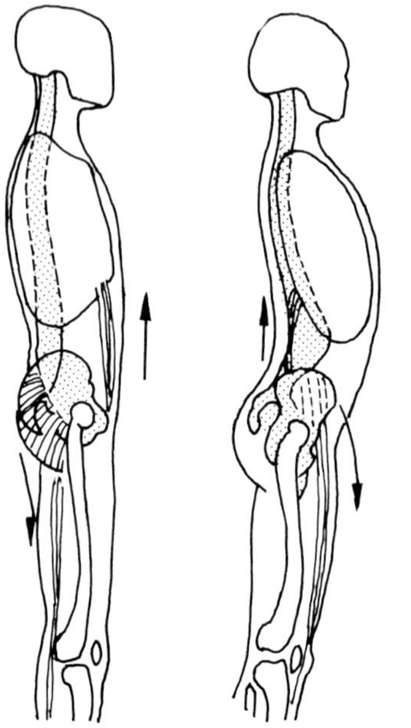

Abb. 413: Veränderung der Wirbelsäulen-Becken-Statik durch muskuläre Dysbalancen (aus *Knebel/Herbeck*).

Abb. 414: Instabiler Skilangläufer.

Das Ziel der funktionellen Muskelkräftigung ist es, eine ausreichende Körperstatik zu fördern, die weitere sportspezifische Belastung möglichst beschwerde- und verletzungsfrei ermöglicht. Sie soll nicht mit einem Krafttraining verwechselt werden, sondern vielmehr die Basis hierfür schaffen. Eine der Grundforderungen ist deshalb auch, zuerst größtmögliche Stabilisationsfähigkeit des eigenen Körpers zu erreichen, bevor mit Zusatzlasten gearbeitet wird.
Die folgenden zusammengestellten Kräftigungsübungen beinhalten stets komplexe Beanspruchungsformen, weshalb auch keine einzelnen Muskelgruppen wie bei Muskeldehnung benannt werden. Alle Übungen haben den großen Vorteil, ohne Gerät und unabhängig von bestimmten Räumlichkeiten durchgeführt werden zu können. Die zunächst nicht sehr attraktiven und manchmal ungewöhnlichen Übungen erfordern Konzentration und Konsequenz in der Durchführung.
Für alle aufgeführten Übungen gilt:

- langsam und genau üben
- nicht Schwung holen oder dem geforderten Bewegungsablauf ausweichen
- jede Position soll 5 bis 20 Sekunden gehalten werden
- die Einzelübung wird bei beginnender Muskelermüdung beendet
- bei jeder Übungseinheit möglichst um ein bis drei Wiederholungen steigern
- die Dauer der gesamten Übungseinheit muß nicht länger als 15–25 Minuten sein. Die Übungen sollten jedoch zu einer möglichst häufigen Gewohnheit werden.

Übungsbeispiele

Abb. 415–424: Stabilisationsprogramm.

1

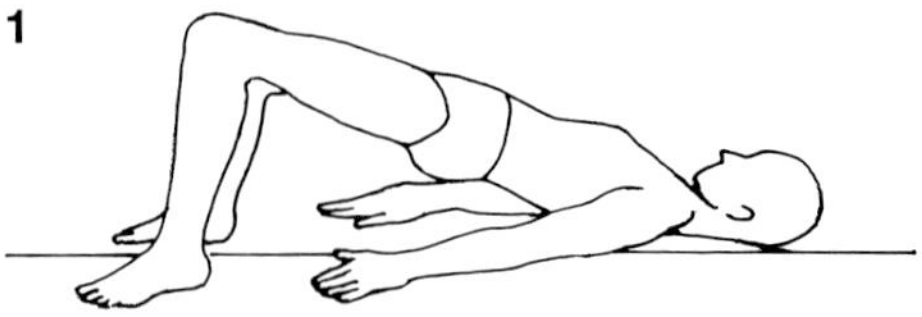

Abb. 415: Rumpfstütz aus der Rückenlage. In Rückenlage werden die Kniegelenke nicht ganz rechtwinklig gebeugt. Aus dieser Position wird das Gesäß angehoben und der gesamte Körper wieder in Spannung gebracht.

2

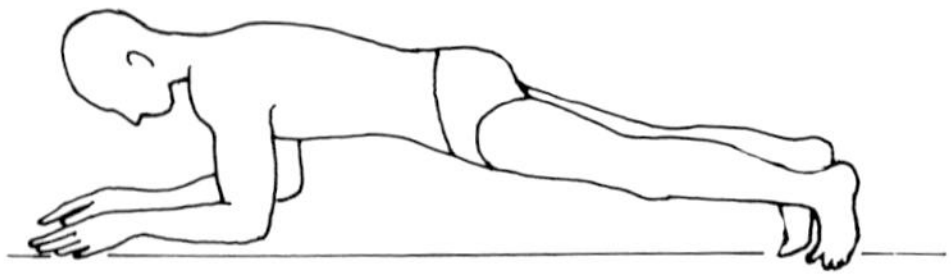

Abb. 416: Liegestütz in erleichterter Form. Der gesamte Körper ist von den Unterschenkeln bis zum Kopf «wie ein Brett» gespannt. Die Ellenbogen bleiben gebeugt. Die Schulterblätter werden in Richtung Wirbelsäule gezogen. Beginnen sie sich vom Rumpf zu lösen, wird die Übung abgebrochen. Bei großer Instabilität werden die Knie auf der Unterlage abgelegt.

3

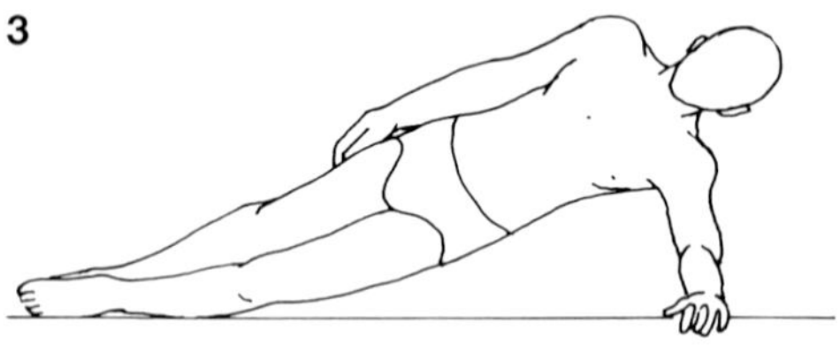

Abb. 417: Seitstütz in erleichterter Form. Wir stützen uns auf die gebeugten Ellenbogen. Den ganzen Körper wieder in Spannung bringen.

4

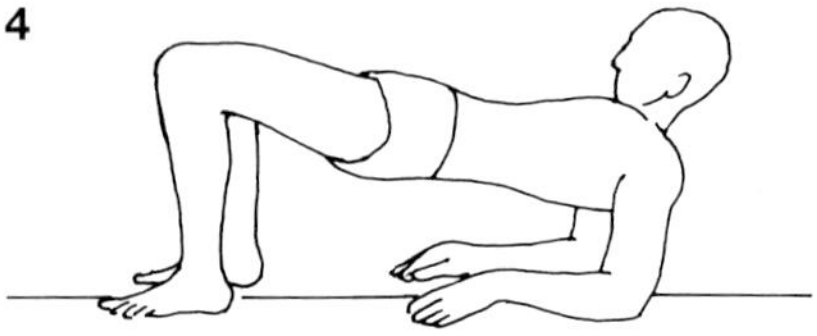

Abb. 418: Rumpfstütz auf den Unterarmen. Die Übung wird wie die Rumpfstütze aus der Rückenlage durchgeführt. Die volle Körperspannung ist nur dann erreicht, wenn die Schultern nicht zwischen den stützenden Armen absinken.

5

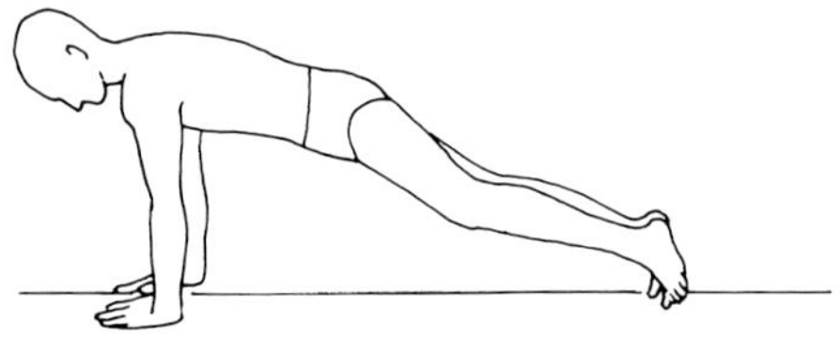

Abb. 419: Liegestütz auf den Handflächen. Bei Beugen der Arme die Körperspannung beibehalten. Die Fingerspitzen sind in einem Winkel von ca. 45 ° zueinander gedreht. Beim Strecken der Arme wird die Ausgangsposition wieder erreicht, d. h. leichte Ellenbogenbeuge.

Abb. 420: Seitstütz auf der Handfläche.
Die Übung kann bei sehr guter Stabilität erreicht werden.
Ausführung wie 3. mit gestrecktem Arm.

6

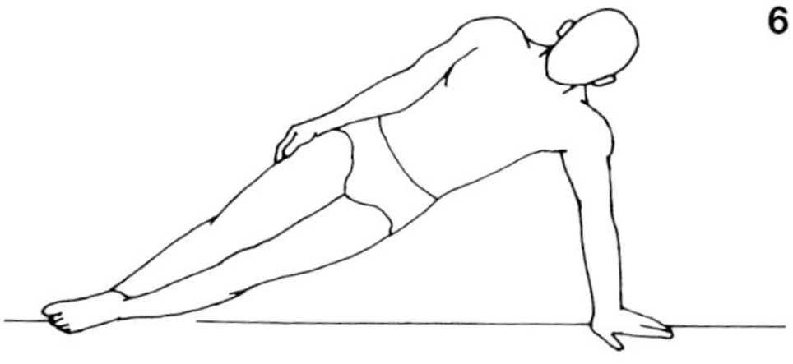

Abb. 421: Rumpfstütz in erschwerter Form.
In Rückenlage werden die Kniegelenke nicht ganz rechtwinklig angebeugt. Aus dieser Position wird das Gesäß angehoben und der gesamte Körper wieder in Spannung gebracht. Zusätzlich wird nun ein Bein angehoben und in Verlängerung des Rumpfes ausgestreckt, daß sich eine Linie mit der Körperlängsachse bildet. Mit dem Abheben des Beines nicht die gleichseitige Beckenseite absinken lassen.

7

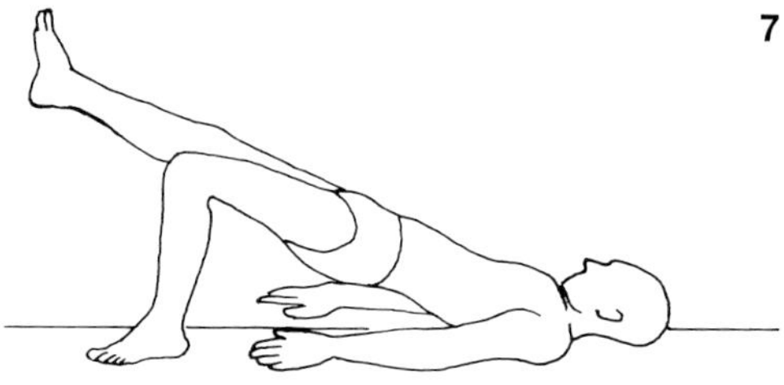

Abb. 422: Rumpfstütz auf den Unterarmen in erschwerter Form.
Siehe Rumpfstütz aus der Rückenlage in erschwerter Form.
Ausführung wie 7. mit Stütz auf den Ellenbogen.

8

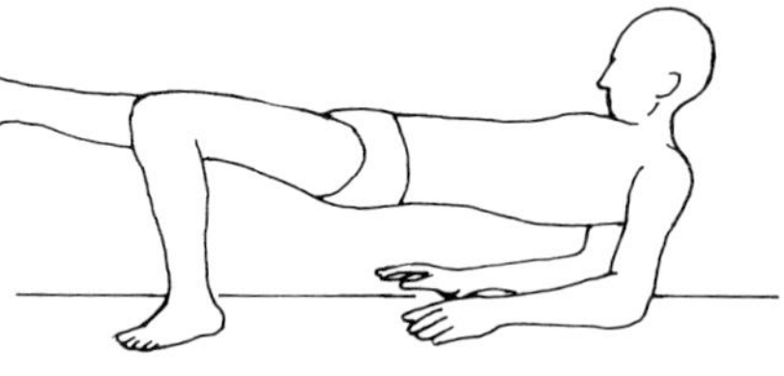

Abb. 243: Liegestütz rücklings in erleichterter Form.
Den ganzen Körper wieder in Spannung bringen.

9

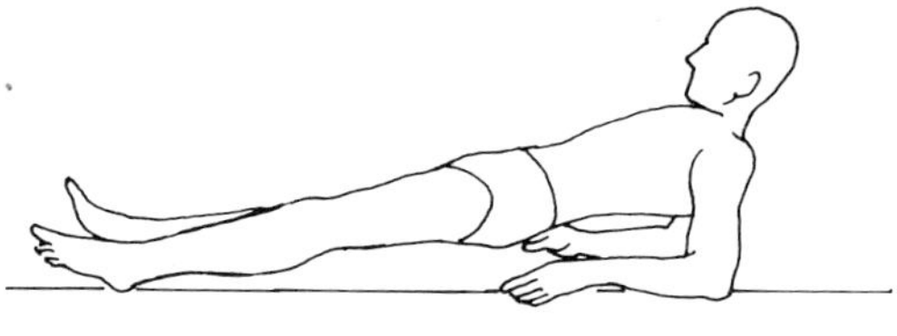

Abb. 424: Liegestütz rücklings.
Den ganzen Körper wieder in Spannung bringen. Die Ellenbogen leicht gebeugt halten.

10

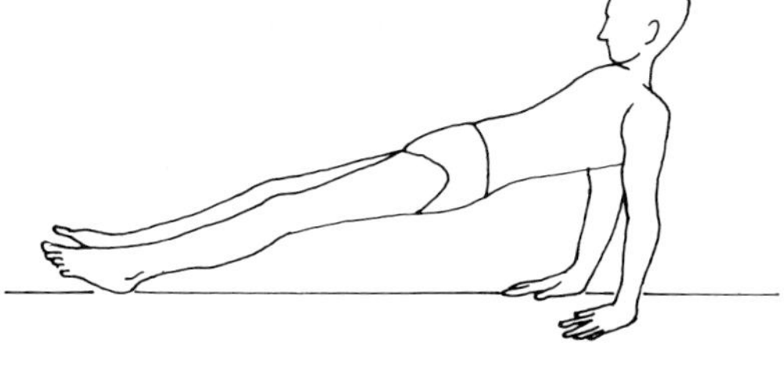

Stabilisation von Körperabschnitten

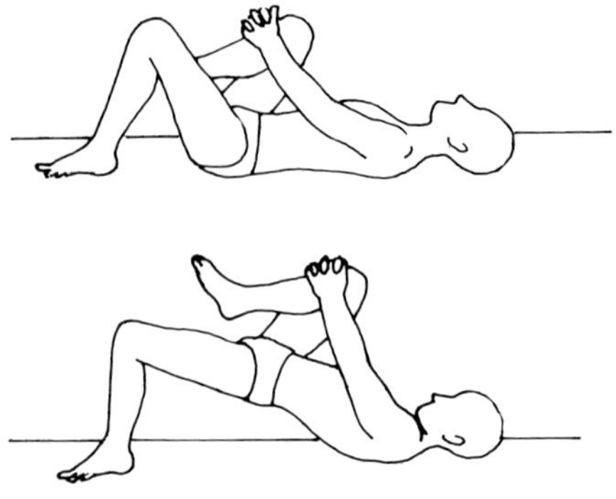

Abb. 425: Beckenstabilisation.

Abb. 426: Schultergürtel- und Beckenstabilisation.

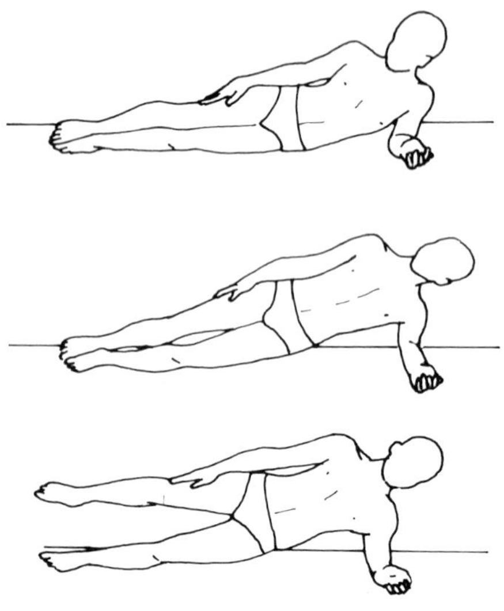

Abb. 427: Rumpfstabilisation.

Abb. 428: Ganzkörperstabilisation.

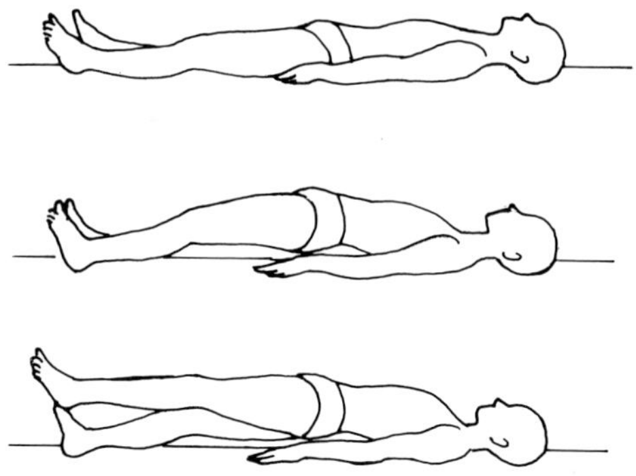

Abb. 429: Ganzkörperstabilisation.

5. Krafttraining mit dem Eigengewicht

Eine weitere Möglichkeit für höhere sportliche Belastungen kann durch ein Krafttraining mit dem Eigengewicht erreicht werden. Diese Basis wird in vier sich steigernden Sequenzen (I–IV) mit jeweils fünf Übungen angeboten. Dabei wird sowohl die Ausdauer mit vielen Wiederholungen, als auch die Kraft durch dynamische Bewegungen mit nur ⅓ der Wiederholungen gesteigert. Mit den fünf Übungen jeder Sequenz werden die wichtigsten Bewegungsabschnitte angesprochen. Dieses Krafttraining ist überall mit wenigen Hilfsmitteln durchzuführen. Zunächst mit nur einer Sequenz beginnen, nach jeweils 10 Trainingseinheiten eine weitere Sequenz dazunehmen.

Übungsbeispiele

Beinmuskulatur

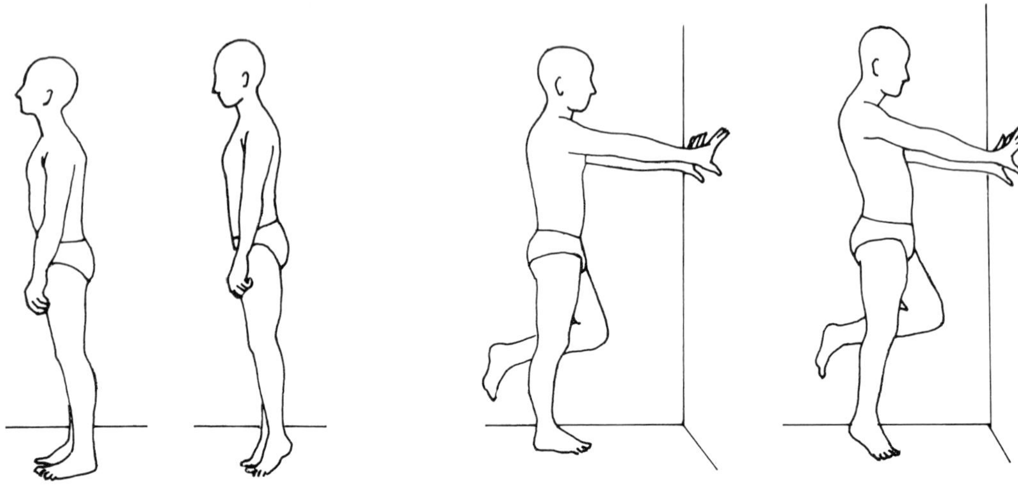

Abb. 430: Zehenstand.
a) beidbeinig (30 ×)
b) einbeinig (je 15 ×)
c) 30 Sekunden auf den Spitzen hin- und hergehen

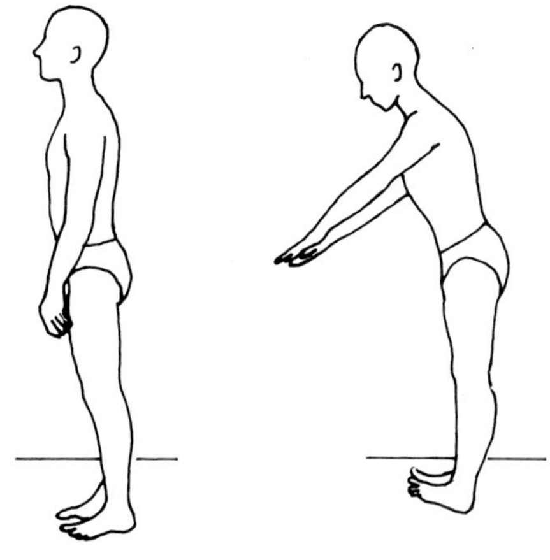

Abb. 431: Fersenstand.
a) beidbeinig (30 ×)
b) einbeinig (je 15 ×)
c) 30 Sekunden auf den Fersen hin- und hergehen (mit gestrecktem und leicht gebeugtem Knie)

Rückenmuskulatur

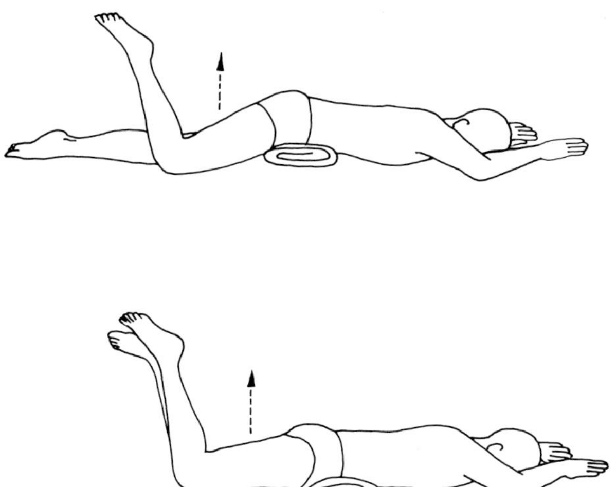

Abb. 432: Beinheber.
a) nur ein Bein anheben (je 15 ×)
b) beide Beine anheben (15 ×)
Anmerkung: Handtuch unter den Bauch legen.

Schultergürtel-Rumpfmuskulatur

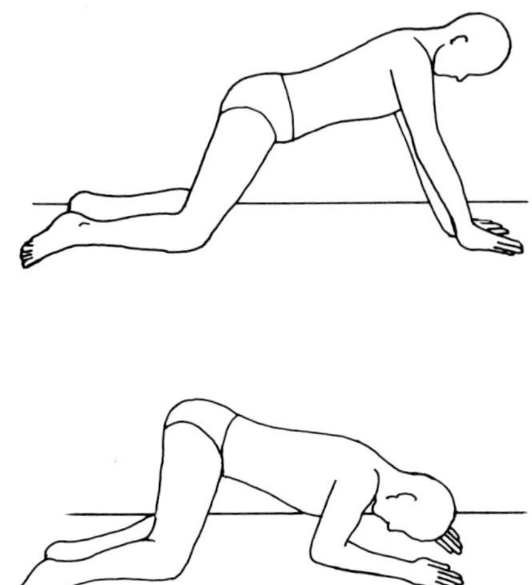

Abb. 433: Kniestütz.
Arme beugen bis Kopf Boden berührt (30 ×)

Bauchmuskulatur

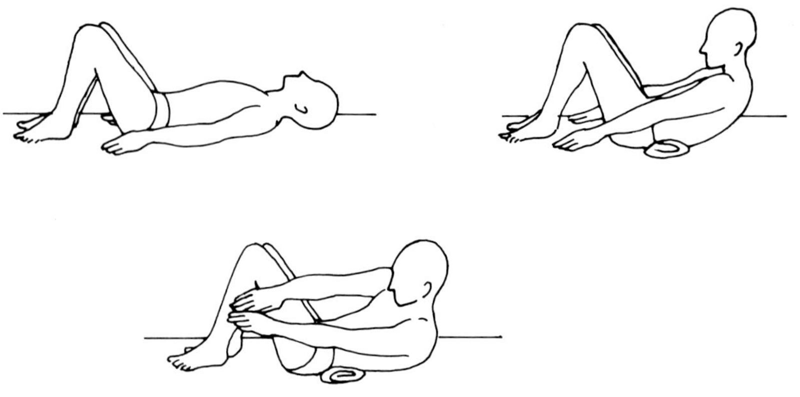

Abb. 434: Einroller.
a) gerade hochkommen (10 ×)
b) schräg hochkommen re. und li. (je 10 ×)
c) Steigerung: Hände hinter den Kopf
Anmerkung: Handtuch unter die LWS legen.

Schultergürtel-Rumpfmuskulatur

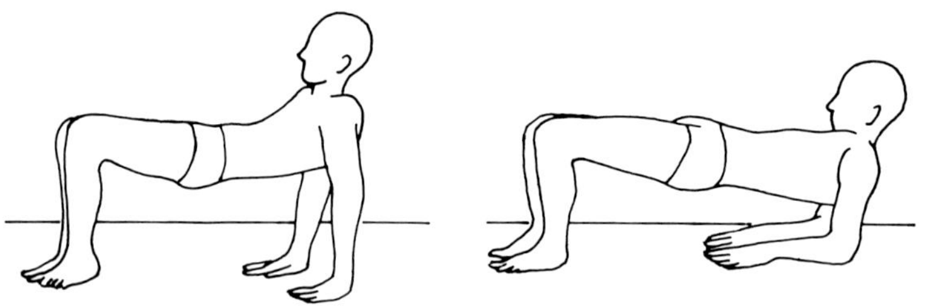

Abb. 435: Rumpfstütz
Arme beugen bis Gesäß den Boden berührt und wieder aufrichten (30 ×)

Beinmuskulatur

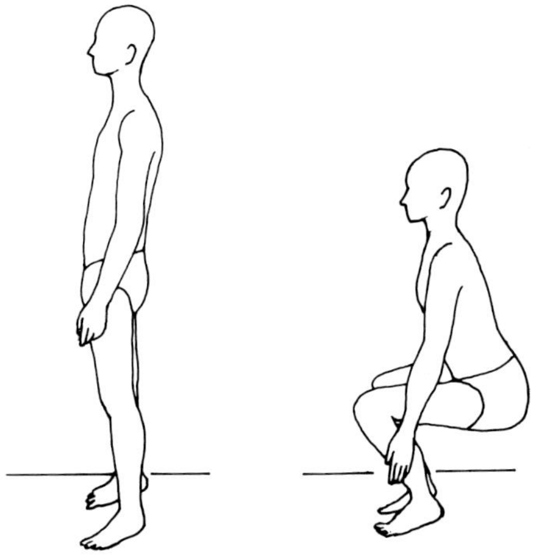

Abb. 436: Kniebeuger (bis 90 °)
Bis zu 30 ×

Schultergürtel-Rumpfmuskulatur

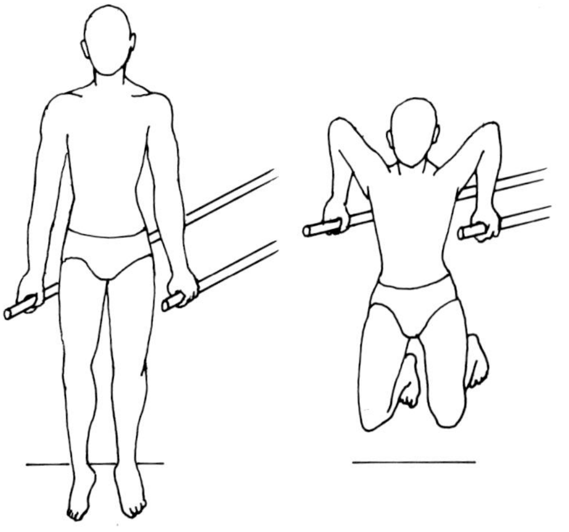

Abb. 437: Armstützer
a) beide Beine am Boden (10 ×)
b) ein Bein am Boden (je 5 ×)
c) Beine in der Luft (10 ×)

Rückenmuskulatur

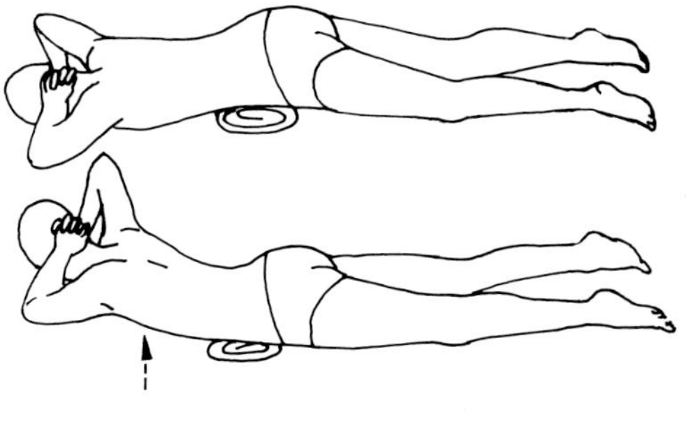

Abb. 438: Oberkörperaufrichter
a) mit den Armen neben dem Körper (15 ×)
b) mit den Händen hinter dem Kopf (15 ×)
Anmerkung: Handtuch unter den Bauch legen.

Schultergürtel-Rumpfmuskulatur

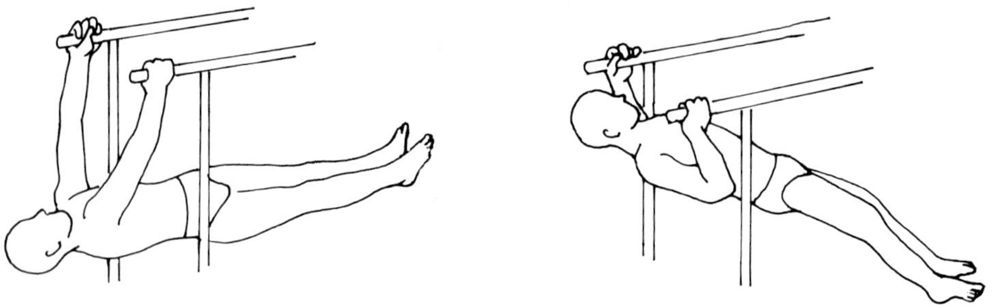

Abb. 439: Armzieher.
Bis zu 15 ×

Bauchmuskulatur

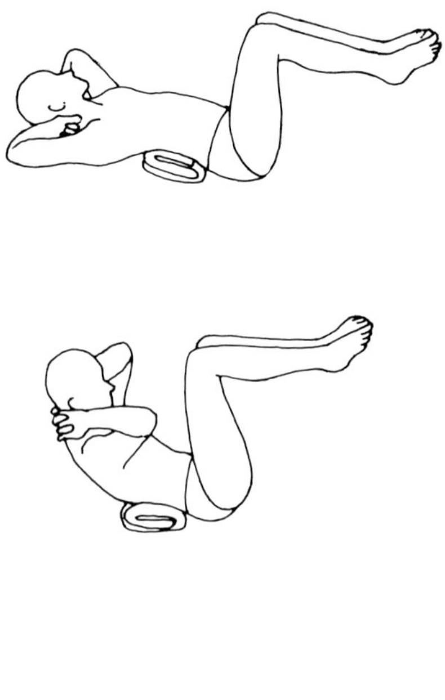

Abb. 440: Aufrichter
a) gerade hochkommen (10 ×)
b) schräg hochkommen (je 10 ×)
Anmerkung: Handtuch unter die LWS legen.

Beinmuskulatur

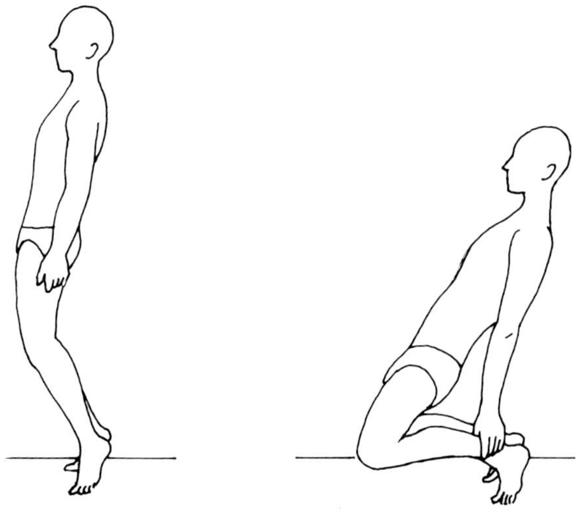

Abb. 441: Erweiterte Kniebeuge
Bis zu 30 ×
Anmerkung: auf den Fußspitzen bleiben.

Bauch-Rumpfmuskulatur

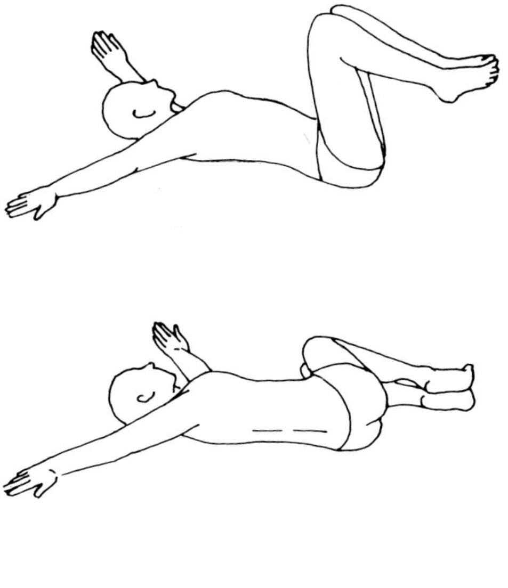

Abb. 442: Beckendreher.
Bis zu 15 ×
Steigerung: mit gestreckten Beinen.

Schultergürtel-Rumpfmuskulatur

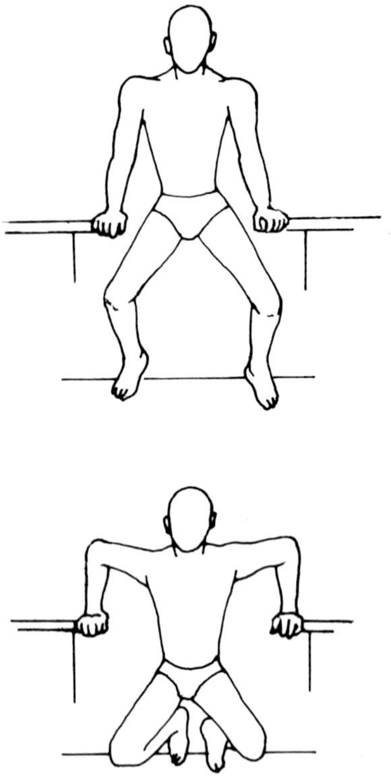

Abb. 443: Armdrücker
a) Fußspitzen auf dem Boden
b) Knie auf dem Boden
bis zu 15 ×

Rückenmuskulatur

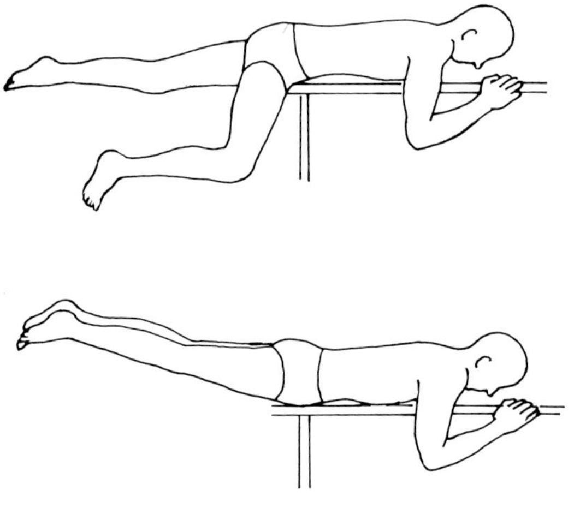

Abb. 444: Beinstrecker
a) nur ein Bein strecken (je 10 ×)
b) beide Beine strecken (10 ×)

Schultergürtelmuskulatur

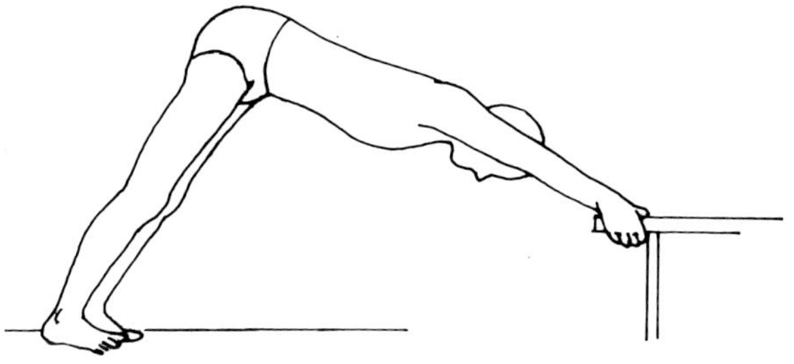

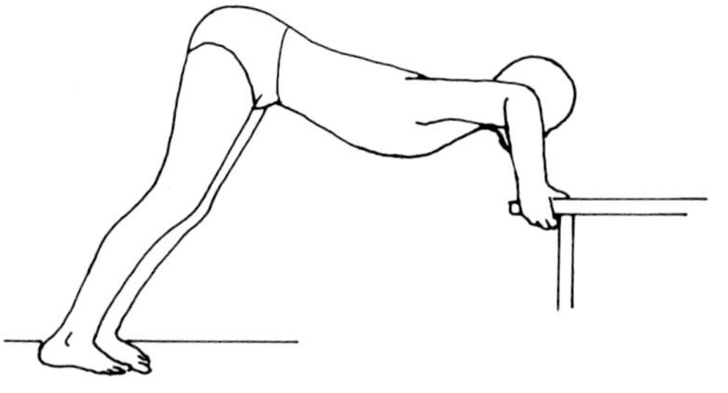

Abb. 445: Bankdrücker.
So weit wie möglich von der Bank wegstehen
15 ×

Beinmuskulatur

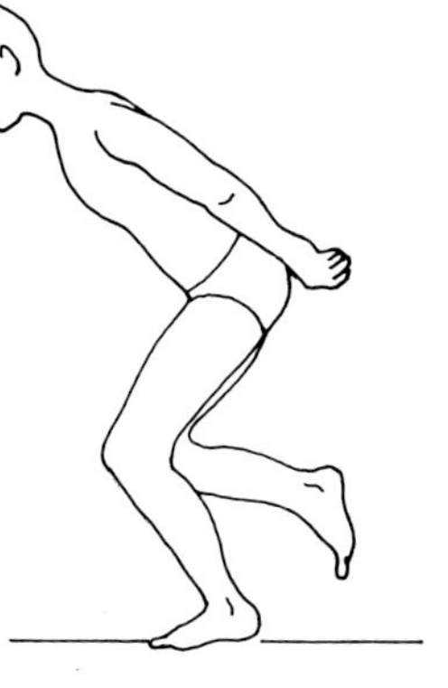

Abb. 446: Einbeinige Kniebeuge.
Jedes Bein 15 ×

Arm-Schultermuskulatur

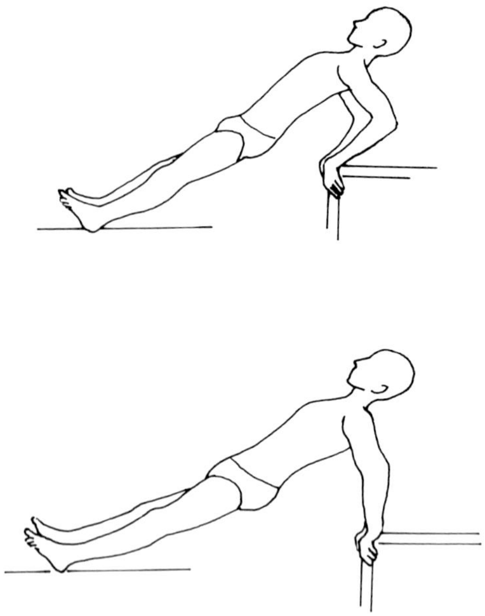

Abb. 447: Liegestütz rücklings.
15 ×

Bauch-Rumpfmuskulatur

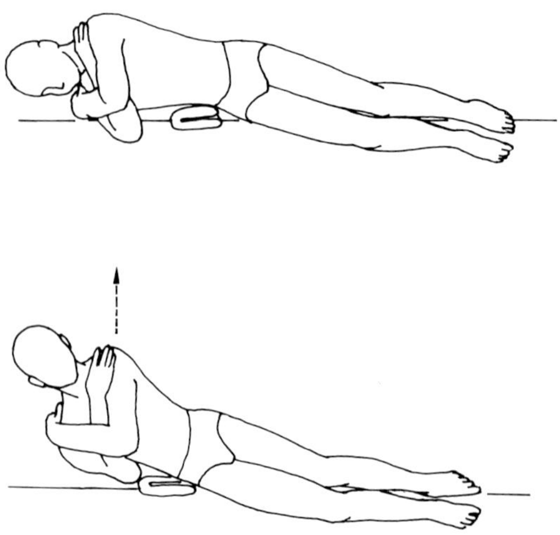

Abb. 448: Seitaufrichter.
15 × jede Seite
Anmerkung: Beine bleiben auf dem Boden. Handtuch in die Taille legen.
Steigerung: Beine leicht anheben und im Wechsel vor- und zurückführen.

Arm-Schultermuskulatur

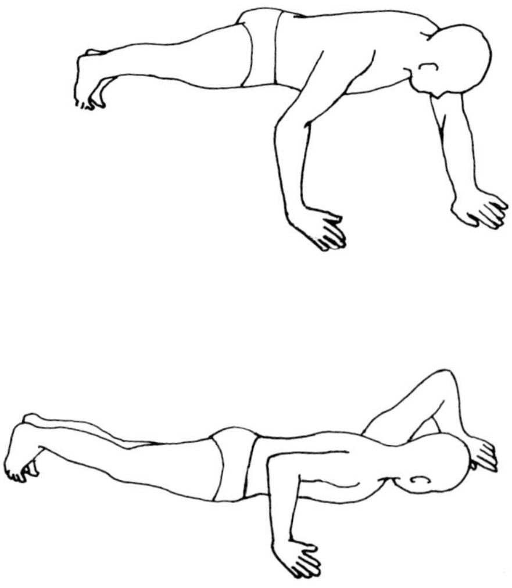

Abb. 449: Liegestütz.
15 ×
Anmerkung: Körper sollte gerade bleiben.

Bauchmuskulatur

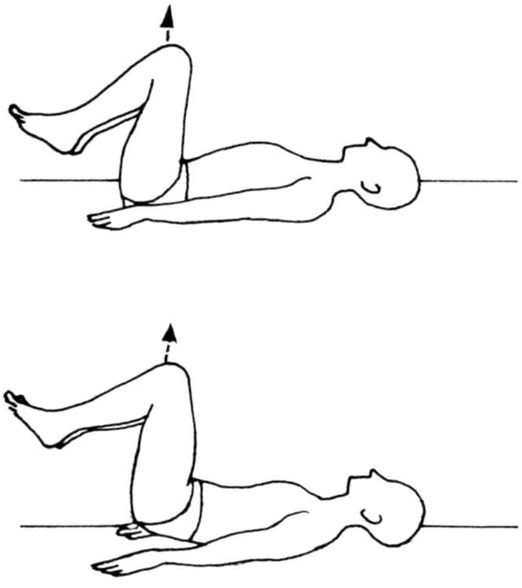

Abb. 450: Knieheber.
15 ×
Anmerkung: Arme fest nach unten drücken.

6. Ausgleichssport

Eine Möglichkeit für den Sportler, sich körperlich fit zu halten ohne spezielle sportartspezifische Trainings- und Wettkampfbelastung, ergibt sich durch Ausgleichssport. In den Phasen der trainings- und wettkampffreien Zeit, nach einer Spiel- oder Turniersaison werden Ausgleichssportarten zur Erhaltung der Organfunktion betrieben. Für Sportdisziplinen, die den Bewegungsapparat stark belasten, wie Kampfsportarten, Ballspiele und Turnen, sind entlastende Ausgleichssportarten, wie Schwimmen, hier besonders das Rückenschwimmen, Radfahren und Skilanglauf zu empfehlen. Dabei werden die Gelenke, die Wirbelsäule und die Muskulatur weniger belastet und ausgleichend, meist symmetrisch, beansprucht. Für Sportarten, die den Bewegungsapparat weniger belasten, wie z. B. Schwimmen und Skilanglauf, sind die Überlastungsschäden gering. Hier sind als Ausgleich Ballspiele, wie Hallenfußball, Basketball oder Volleyball zu empfehlen. Der Einsatz und die Härte dabei sollte aufgrund des Verletzungsrisikos gering gehalten werden.

Der Ausgleichssport stellt für den Athleten und seinen Leistungssport, in dem er sich plagen und schinden muß, auch eine psychische Umpolung dar. So spielen Fußballer, wie Sepp Maier und Gerd Müller, zum Ausgleich Tennis. Die Sprinterin Jutta Heine betrieb zum Ausgleich Reitsport.

Die Idee, durch Sport und Gymnastik einen Ausgleich für einseitige Arbeitsprozesse und Umwelteinflüsse zu schaffen, ist seit langem unter arbeitsmedizinischen und therapeutischen Gesichtspunkten bekannt. So sind aus den Industrieländern Empfehlungen für Manager und Fließbandarbeiter in Form von Ausgleichssport zu erwähnen. Gezielte Bewegungsformen sollen den unterbeanspruchten Funktionsspielraum erhalten oder verbessern. So bietet sich z. B. das Laufen als Ausgleichssport für sitzende Berufe an.

Ein Vergleich mit dem Streß des Leistungs- oder Profisportlers erscheint angebracht. Zum Ausgleich für seine Arbeit, nämlich den Leistungssport, sind auch hier Ausgleichssportarten für sein körperliches und psychisches Gleichgewicht notwendig.

7. Rehabilitationstraining

Das Rehabilitationstraining nach Verletzungen soll den Sportler wieder zur vollen Funktionsfähigkeit führen. Dabei muß sich die Dosierung dem Heilungsprozeß anpassen. Oberstes Gebot ist die Schmerzfreiheit. Die Schmerzgrenze darf nicht überschritten werden. In den Einzeldarstellungen (s. Kapitel III.) werden die verschiedenen Möglichkeiten der physiotherapeutischen Behandlungen und der Krankengymnastik nach Sportverletzungen beschrieben. Parallel dazu kann der Athlet in der Rehabilitationsphase folgende Möglichkeiten ausschöpfen, die seine Wiederherstellung systematisch beschleunigen. Diese können auch bei Wiederaufnahme des Trainings in das Aufbauprogramm eingebaut werden.

Minustraining

Durch Ganz- oder Teilabnahme der Eigenschwere wird ein Minustraining durchgeführt. Diese Entlastung kann in einem Schwebeläufer, einem Schlingentisch, einer Kraftmaschine, im Bewegungsbad oder auf einem Fahrradergometer erfolgen.
Wird nach Ausheilung einer Verletzung die Belastung freigegeben, erfolgt meist eine Rückkehr zur vollen Belastung. Das Training wird in der jeweiligen Sportart zwar dosiert, aber unvorbereitet, für den rekonvaleszenten Sportler wieder aufgenommen.

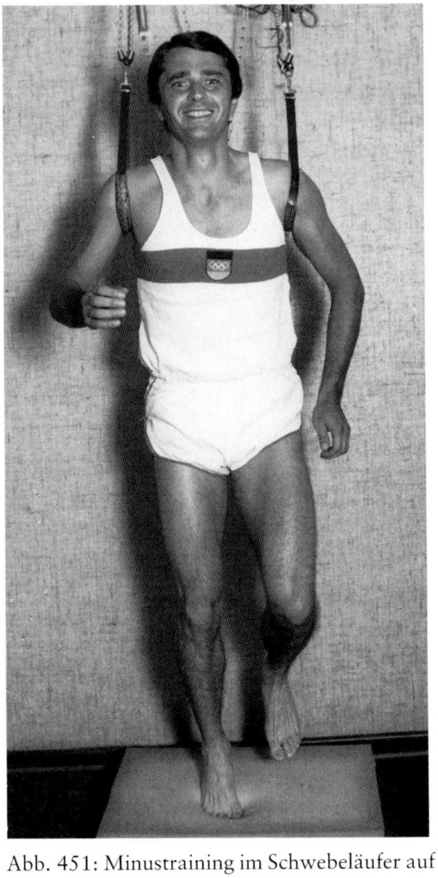

Abb. 451: Minustraining im Schwebeläufer auf der Weichmatte.

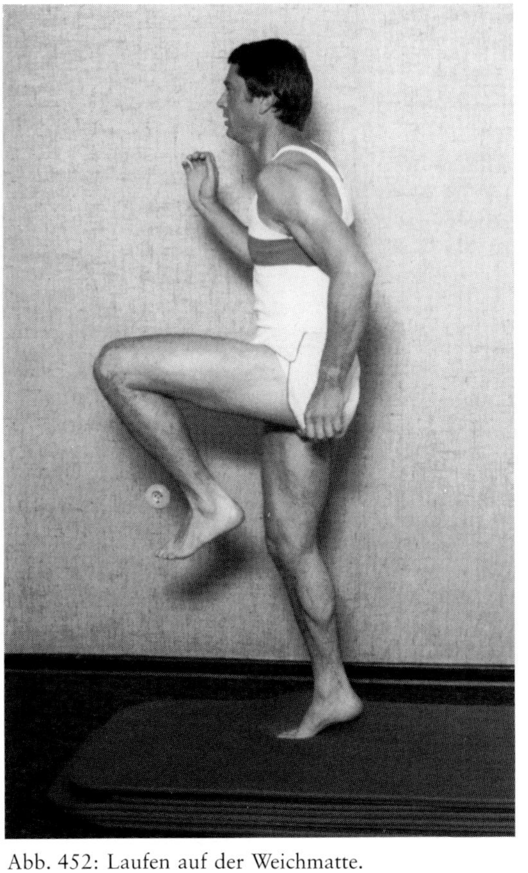

Abb. 452: Laufen auf der Weichmatte.

Hierdurch können Reizerscheinungen, Retraumen und Spätfolgen entstehen, die einen bleibenden Schaden setzen und damit die Karriere des Sportlers beenden.
Folgt man jedoch den Prinzipien einer langsam gesteigerten Belastung durch Minustraining, so bleiben Retraumen und Spätfolgen aus.
Beispiel: Nach einer Distorsion im Sprunggelenk wurde der verletzte Athlet versorgt und später nachbehandelt. Die Funktion des verletzten Fußes wurde durch physiotherapeutische Maßnahmen und Krankengymnastik wieder eingespielt. In der Entlastung war der Fuß beschwerdefrei. Jedoch traten schon beim Gehen Beschwerden auf.

Folgender Plan ist zur langsamen Belastungssteigerung gedacht. Er kann auch bei anderen Sportverletzungen als Richtlinie gelten:
1. Tag – Gehen im Wasser – Wasserhöhe bis zum Hals
2. Tag – Gehen im Wasser – Wasserhöhe bis zu den Schultern
3. Tag – Gehen im Wasser – Wasserhöhe bis zur Brust
4. Tag – Gehen im Wasser – Wasserhöhe bis zum Bauch
5. Tag – Gehen im Wasser – Wasserhöhe bis zu den Hüften.

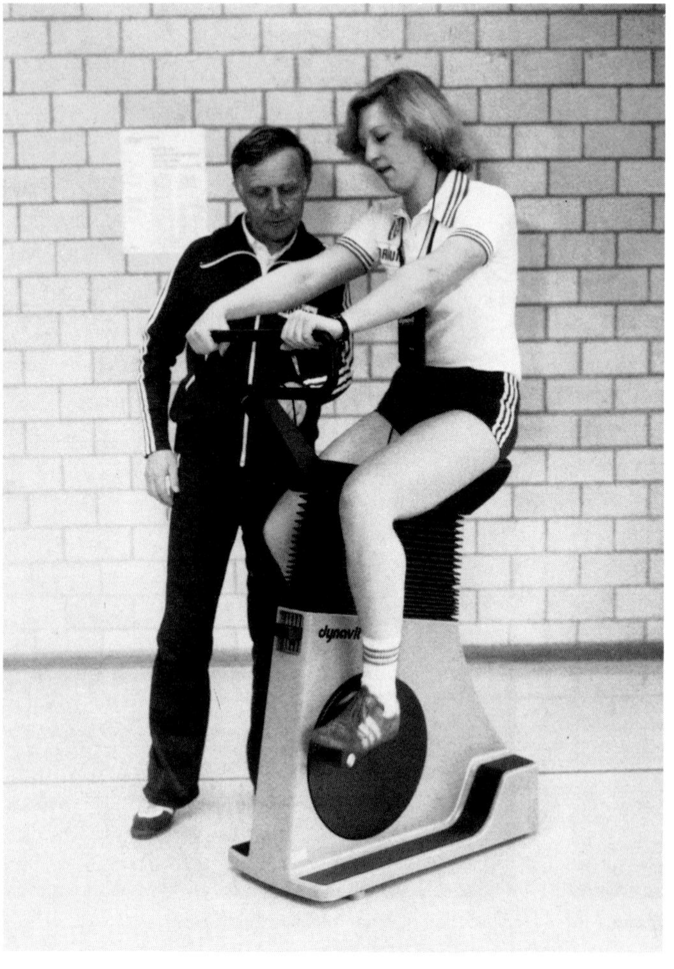

Abb. 453: Ausdauer- u. Beinmuskeltraining auf dem Fahrradergometer.

Ab 6. Tag – Gehen im Schwebeläufer mit ⅓ Gewichtsabnahme und Radfahren im Wechsel.
Ab 10. Tag – Laufen im Schwebeläufer mit ⅓ Gewichtsabnahme und Radfahren im Wechsel.
Ab 14. Tag – Laufen auf 6–8 Weichmatten und Radfahren im Wechsel, täglich eine Matte weniger.
Ab 21. Tag – Normalbelastung und Lauftraining.
Die Belastung wird täglich um eine Minute gesteigert, Beginn mit zwei Minuten.

Komplextraining

Das Komplextraining stellt ein Spezialtraining dar. Es wird sowohl in der Rehabilitations- als auch in der Präventionsphase angewandt. Die Grundgedanken entstanden aus den «Komplexbewegungen – Bewegungsbahnung nach Dr. Kabat» (s. Kapitel II. – 2. Propriozeptive Neuromuskuläre Fazilitation – PNF).
Dabei werden dreidimensionale Bewegungsformen durch Ausnützen besonderer Bodenbeschaffenheiten, Lauftechniken und unter Zuhilfenahme von Zusatzgeräten, wie Bällen, Weichmatten, Trampolin und ähnlichem, besonders trainiert.
Die Übungen sollen Trainings- und Wettkampfbelastungen und extreme Situationen simulieren und den Körper darauf speziell trainieren.

Beispiele:

Figurenlaufen	– Wellenlinienlaufen, Kreislaufen, Achtertourlaufen, Verbesserungen noch durch Vorwärts-, Rückwärts- und Seitwärtslaufen möglich. Dies stellt die einfachste Form des Komplextrainings dar. Durcheinanderlaufen mit Ballarbeit, als Steigerung für Fuß- oder Handballer.
Barfußlaufen	– Auf einer dicken Weichmatte laufen, springen und federn auf einem Trampolin, stehen auf einem Medizinball.
Laufen im unterschiedlichen Gelände	– Strandlauf, vom losen in den festen Sand laufen, dann ins knietiefe Wasser und wieder zurücklaufen, Bachbettlaufen oder laufen und springen über Steine.
Hanglaufen	– Am Schräghang hin- und herlaufen, hoch- und herunterlaufen, Wellenlinienlaufen, Kreislaufen, Achtertourlaufen, auch vorwärts-, rückwärts- oder seitwärts. Auch mit Ballarbeit als Steigerung für Spielsportarten.
Partnerübungen	– Zur Stabilisation, Koordination und Gleichgewichtsschulung stoßen sich die Partner gegenseitig an und versuchen, sich aus den verschiedenen Ausgangsstellungen, z. B. Stand auf einem Bein, Kniestand, Sitz oder Liegen, besonders geeignet die Seitlage, zu bringen.
Pezziballübungen	– Sie dienen zur Verbesserung von Stabilisation, Koordination und Gleichgewicht und können einzeln und als Partnerübungen ausgeführt werden.

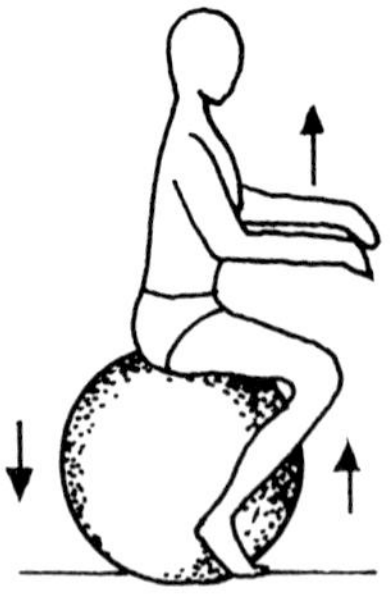

Abb. 454

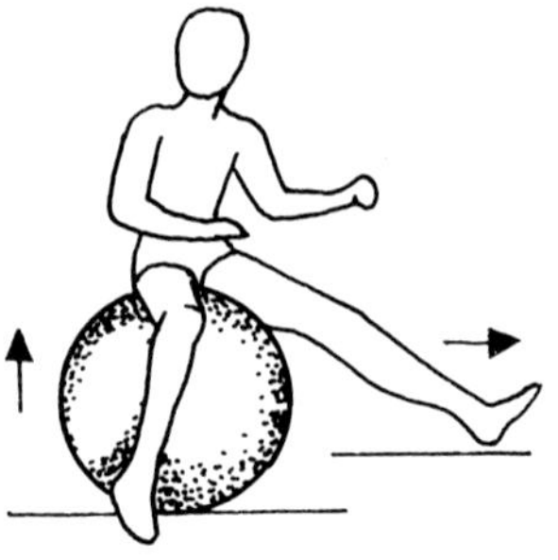

Abb. 455

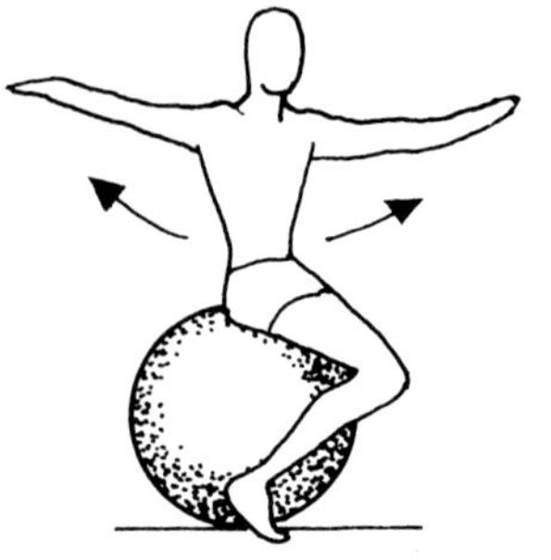

Abb. 456

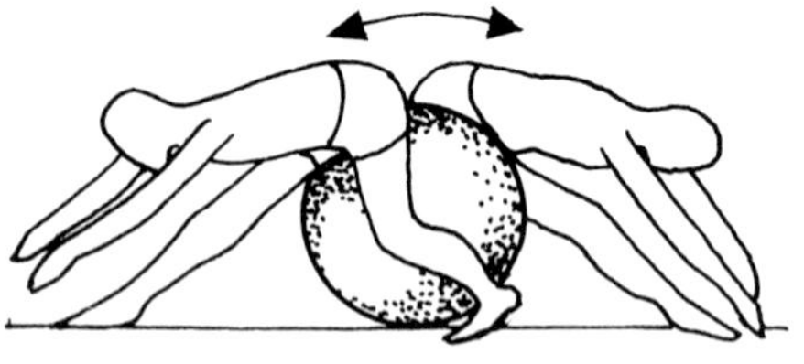

Abb. 457

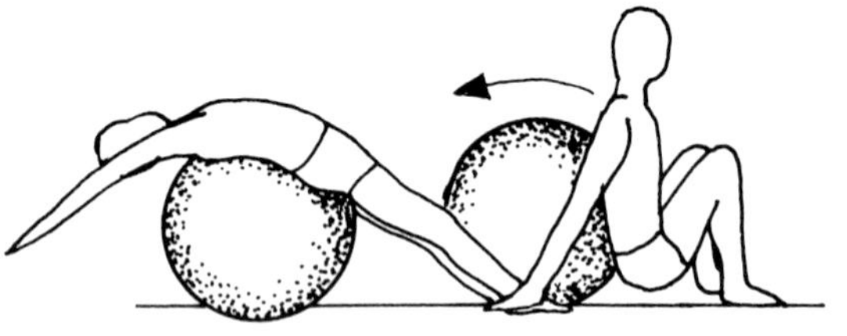

Abb. 458

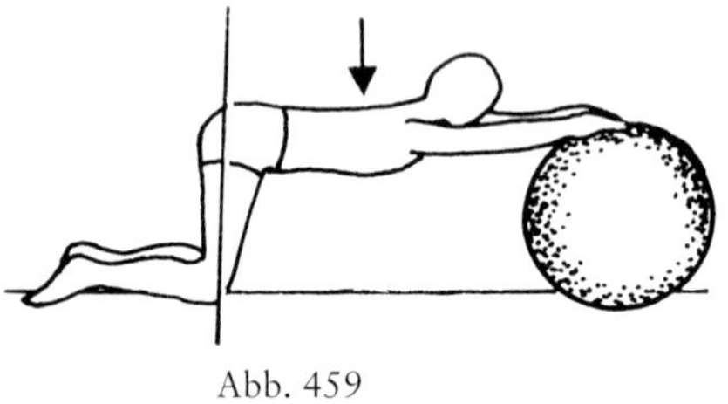

Abb. 459

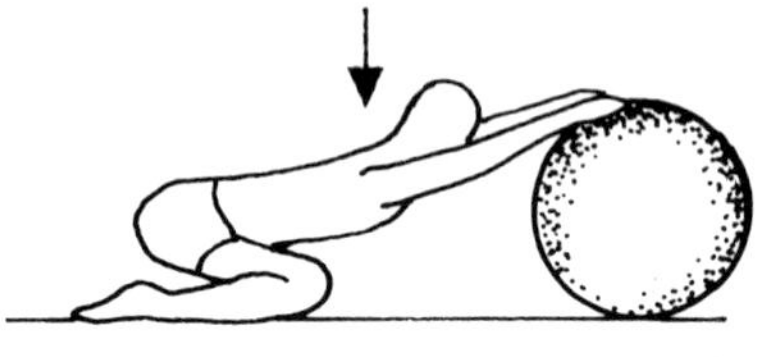

Abb. 460

Abb. 461

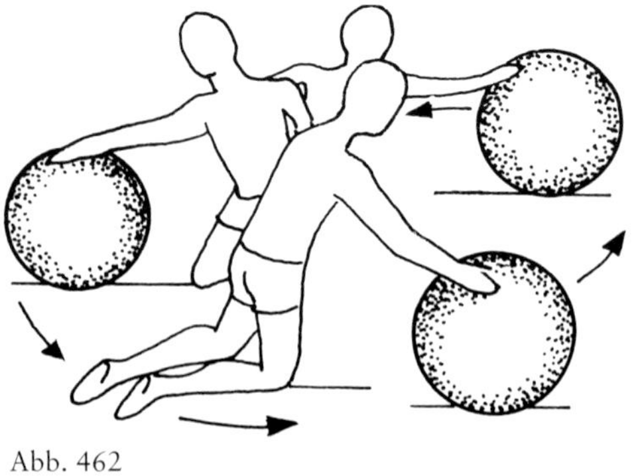

Abb. 462

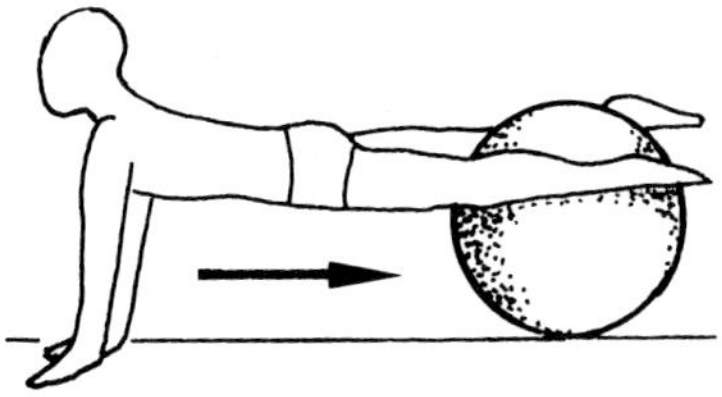

Abb. 463

Abb. 464

Abb. 465

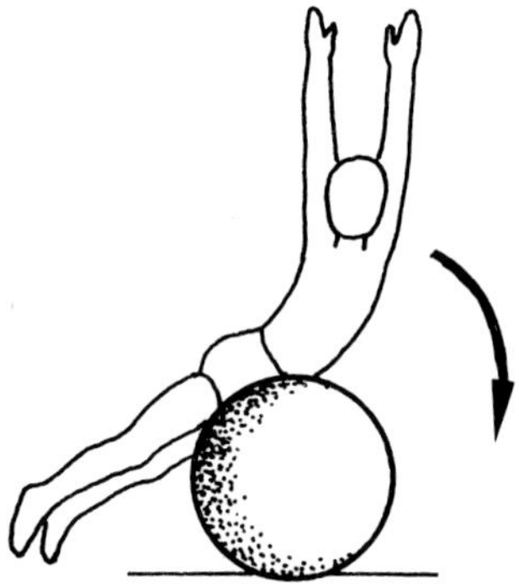

Abb. 466

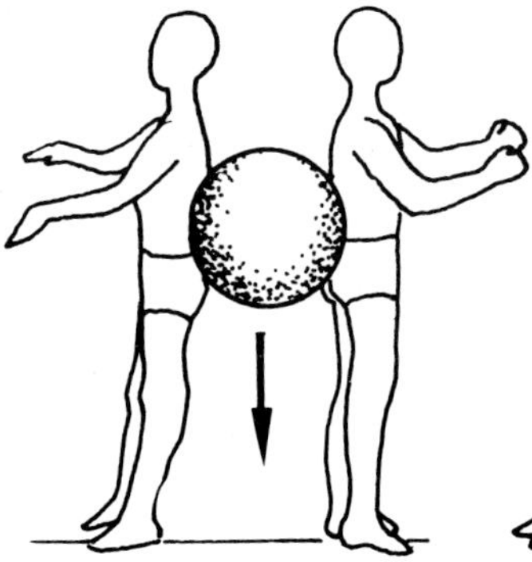

Abb. 467

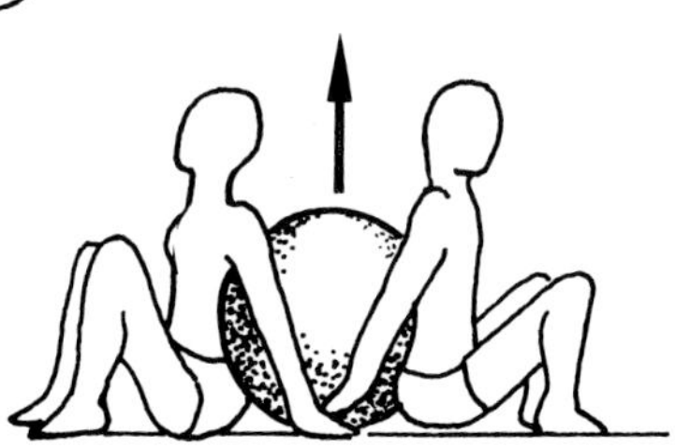

Abb. 468

Abb. 469

Abb. 454–469: Komplextraining mit dem Pezziball.

Funktionelle, gymnastische Übungen zur Vorbereitung im Fußballtraining

Abb. 470 und 471: Wechsel zwischen Stabilisation in Flexion und Mobilisation in Extension.

Abb. 472 und 473: Hüftbeuge- und Streckübungen im Wechsel.

Abb. 474: Mobilisation durch Flankendehnung.

Abb. 475: Koordination und Gleichgewichtsschulung.

Abb. 476: Wadendehnung.

Abb. 477: Koordinations- und Stabilisationsübungen mit dem Partner.

Abb. 478: Stabilisation und Dehnung mit Ganzkörperdrehung als Partnerübung unter Korrektur des Trainers.

Abb. 479 und 480: Widerstandsübungen mit Partner.

Abb. 481 und 482: Mobilisation der Wirbelsäule.

8. Erste Hilfe

Geschichte

Zur Wundversorgung in prähistorischer Zeit wurden Naturprodukte, wie Pflanzen, Blätter, Bast, Wurzeln, Fasern, Erde, Rinde, Harze und ähnliches verwendet. Aus der Bronzezeit wurde eine Dose gefunden, die beweist, daß Wunden mit Blättern bedeckt und mit zerfaserter Leinwand verbunden wurden.
Die ersten bekannten Dokumente aus ägyptischer Zeit über Wundversorgung geben Aufschluß über Behandlungsanweisungen, die auch heute noch Gültigkeit haben: «Wunden ruhigstellen und mit präparierten Binden versorgen.» In dieser Zeit tat sich der Priester, Baumeister, Arzt, Schriftsteller und Astronom Imhotep (um 2600 v. Chr.) besonders hervor.
Mit den Techniken des Spinnens und Webens wurden schon früh Binden zur Wundbehandlung hergestellt. Leinenverbände, wie sie an Mumien gefunden wurden, lassen vermuten, daß ähnliche Verbände auch bei den Behandlungen von Verletzten benutzt wurden. Hippokrates (460–377 v. Chr.) schildert in seinen Werken detailliert die Wundbehandlung. Seine Grundsätze zum Verbandsmaterial haben bis heute Gültigkeit behalten: «Das Material des Verbandes soll rein, leicht, weich und dünn sein sowie in Breite und Dicke dem zu verbindenden Körperteil entsprechen.»
Die berühmten Ärzte der römischen Kaiserzeit wie Galen (129–199 n. Chr.) und Celsus übernahmen von der griechischen Lehre die Wundversorgung und schrieben auf der Basis der Werke des Hippokrates, mit neuem Wissen angereichert, ihre Anweisungen zur Wundversorgung nieder.
Im Mittelalter wurde die Wundbehandlung von Barbieren, Badern und Scherern mit Tinkturen vorgenommen; auch Zauber und Magie wurden eingesetzt. Erst Paracelsus (1493–1541) gab 1527 neue Anstöße für die Heilkunst. Er erkannte den infektiösen Charakter der Wundkrankheiten.
Neue Methoden wurden durch Felix Wirtz und Ambroise Parè im 16. Jahrhundert bekannt. Ihnen gelang erstmals eine Primärheilung von Wunden durch gewisse aseptische Substanzen.
Aus der modernen Verbandslehre sind *Heister, Bass, Bernstein, Moore, Hunter* und *Cooper* mit ihren Arbeiten bekannt. Professor *Victor von Bruns* (1812–1883) aus Heidelberg und der Chirurg *Joseph Lister* (1827–1912) aus Edingburg leiteten eine neue Entwicklung der modernen Verbandstechnik ein. Mit *Lister* begann sich Antisepsis durchzusetzen, nachdem *Pasteur* die Grundlage der Asepsis geschaffen hatte. *Ernst von Bergmann* (1836–1907), ein deutsch-baltischer Arzt, setzte *Listers* Werk fort. Aus dem Verfahren der Keimvernichtung entstand eine keimfreie Arbeitsweise, wie sie bis heute praktiziert wird.

Einführung

Unfallgefahren, gerade im Sport, machen es notwendig, Erste Hilfe leisten zu können. Dies bedeutet, durch gezielte Maßnahmen dem Verletzten zu helfen. Bei Verletzungen im

Sport sind selten lebensrettende Maßnahmen, wie nach Verkehrs- oder Arbeitsunfällen notwendig. Im Sport gilt, Wunden und Verletzungen optimal zu versorgen. Das heißt, bei schweren Verletzungen nach Bergung des Athleten die Schmerzzustände durch fachgerechte Lagerung, Versorgung und andere Maßnahmen, z. B. Kälteanwendungen, zu beheben oder zu lindern. Eine Unterbrechung oder ein Abbruch des Trainings oder Wettkampfes ist angezeigt, wenn zusätzliche Gefahren und Schäden nicht auszuschließen sind. Eine endgültige Wundversorgung muß innerhalb von etwa sechs Stunden erfolgen. Prophylaktisch sollte sich jeder Sportler einer Schutzimpfung gegen Wundstarrkrampf (Tetanus) unterziehen.
Hier soll keine umfangreiche Erste-Hilfe dargestellt werden, da genügend einschlägige Literatur vorhanden ist. Nur die häufigsten Maßnahmen und Anwendungen werden aufgeführt.

Erstversorgung von Wunden

Wunden

Eine Wunde entsteht durch äußere Einwirkung. Wegen der Infektionsgefahr die Wunde keimfrei bedecken. Wunden nicht berühren, nicht auswaschen, nicht mit Salbe, Puder oder Desinfektionsmittel behandeln, Fremdkörper nicht entfernen. Kleine Blutungen stehen von allein. Starke Blutungen sind lebensgefährdend. Genügend starker manueller Druck oder ein Druckverband stoppt diese Blutungen.

Sprühpflaster

Zur schnellen und unkomplizierten Versorgung von kleinen Wunden eignet sich das Sprühpflaster. Es schützt vor Infektion und schafft einen hochelastischen, luftdurchlässigen Schutzfilm. Es ist wasserfest und löst sich nach einigen Tagen von selbst ab. Das Sprühpflaster wird dort angewandt, wo andere Klebepflaster schlecht haften, z. B. bei starker Schweißbildung, am Ellenbogen, zwischen den Fingern und am Knie.

Pflasterverband

Kleine Wunden mit keimfreiem Pflaster bedecken. Verletzungen an den Fingerkuppen und Fingernägeln, wie sie im Handball und Basketball vorkommen, werden mit einem pilzförmigen Fingerkuppenverband versorgt. Fehlt dieser, wird ein normales Pflaster beidseitig in der Mitte eingeschnitten, der verletzte Finger wird auf den unteren Pflasterteil gelegt, die überstehende Pflasterhälfte an beiden oberen Ecken angefaßt und über die verletzte Fingerkuppe gezogen und angeklebt.

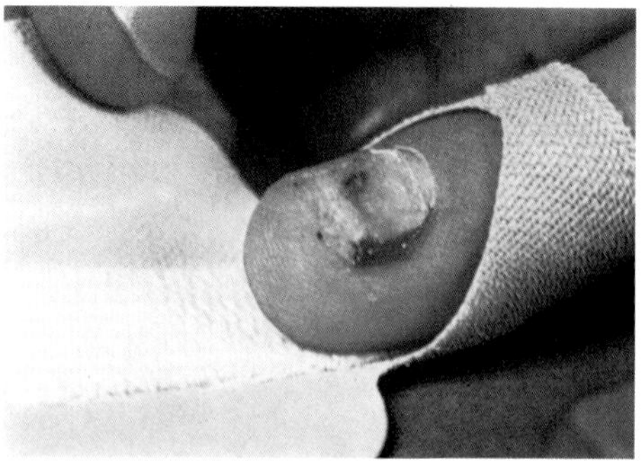

Abb. 483: Fingerkuppenverband.

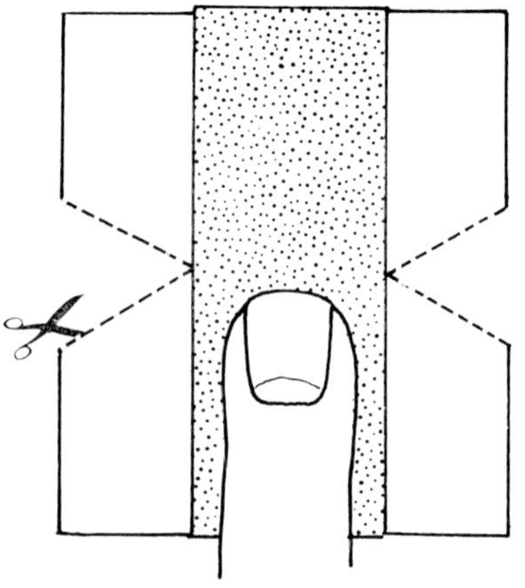

Abb. 484: Selbstgefertigter Fingerkuppenverband.

Wundverband

Ein Wundverband besteht aus einer keimfreien Wundauflage, wie Mull und aus Polstermaterial, wie Zellstoff oder Watte. Hiermit werden größere Wunden versorgt. Zum Fixieren werden Pflasterstreifen, Binden, Netzverbände oder Tücher benutzt. Ein steriles Verbandspäckchen vereint alle notwendigen Materialien. Bei der Erstversorgung von Sportverletzungen haben sich neben Netzverbänden auch Schlauchbinden zum Befestigen von Wundauflagen, besonders am Kopf, Arm und Bein, bewährt. Sie sitzen fest und verrutschen auch unter Belastung nicht. Bei einem Kieferverband das gesamte Schlauchstück mit beiden Händen vordehnen, über den Kopf bis zum Hals stülpen, dann Einschnitte für das Gesicht vornehmen. Unter dem Netzverband oder der Schlauchbinde ist ein Verbandswechsel problemlos möglich. Die Wundauflage wird beim Kopfverband ersatzweise mit einem Dreiecktuch fixiert.

Abb. 485: Netzverband am Arm.

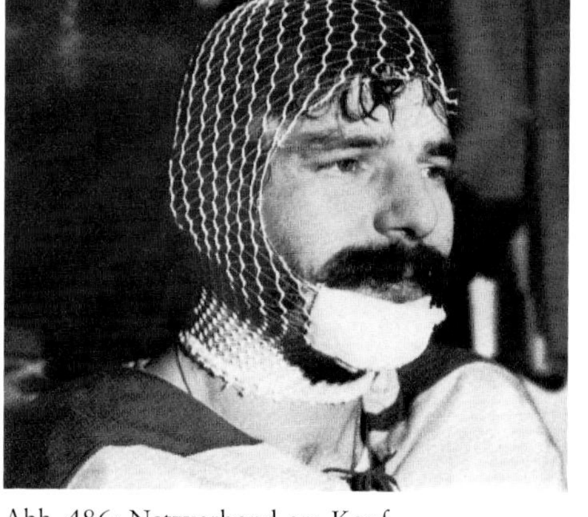

Abb. 486: Netzverband am Kopf.

Arterielle Blutungen

Starke arterielle Blutungen aus offenen Wunden sind lebensgefährdend. Im allgemeinen droht nach Verlust von etwa 1 Liter Blut die Gefahr des Verblutens. Dabei kann ein Schock eintreten. Mit genügend starkem, manuellem Druck muß das zur Wunde führende Blutgefäß abgedrückt werden. Die betroffene Extremität wird hochgelagert oder hochgehalten, dann wird der Druckverband angelegt. Die meisten arteriellen Blutungen sind so zum Stillstand zu bringen. Nur wenn der Druckverband immer wieder stark durchblutet, soll die zuführende Arterie mit einem Dreiecktuch oder einer Krawatte, niemals mit Schnur oder Draht, abgebunden werden. Die Abbindung muß von Zeit zu Zeit gelöst werden, damit Durchblutungsstörungen vermieden werden. Eine Mitteilung über Abbindungszeit und Personalien des Verletzten müssen für den weiterversorgenden Arzt mitgegeben werden.

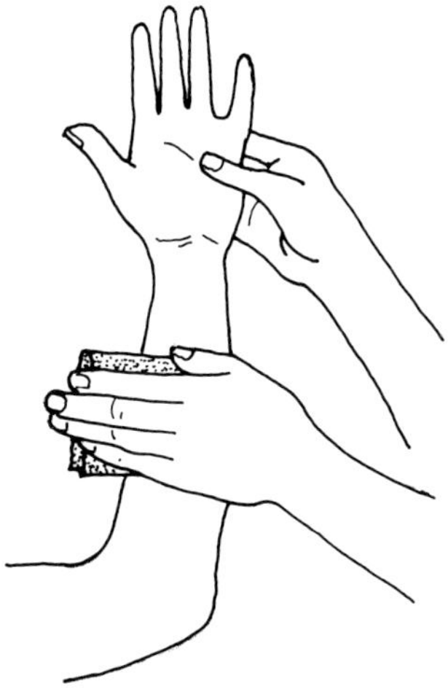

Legen Sie den Verband auf die Wunde und drücken Sie mit der Handfläche dagegen

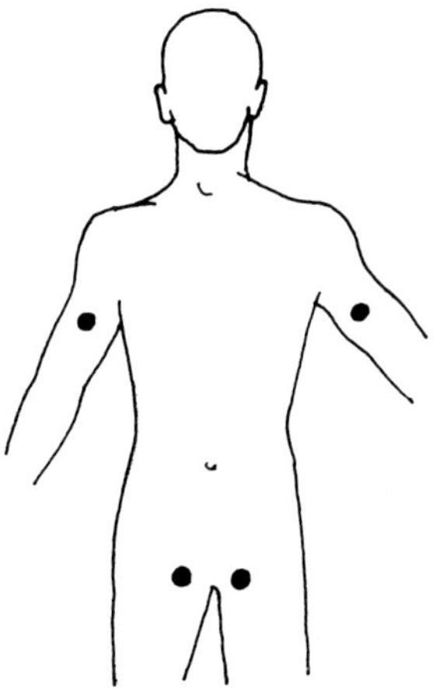

Die vier wichtigsten Stellen zum Abdrücken einer Schlagader

Abb. 487

Nasenbluten

Bei geringem Nasenbluten wird der Betroffene im Sitzen mit zurückgelegtem Kopf gelagert, der Nacken mit kalten Umschlägen oder Eis gekühlt. Bei starkem Nasenbluten wird der Kopf leicht nach vorn geneigt, die Stirn in die Hände gestützt, um ein Ersticken zu vermeiden.

Fremdkörper im Auge

Mit der Ecke eines sauberen Tuchs oder besser mit einer sterilen Kompresse den Fremdkörper abtupfen. Bei Verätzungen ausgiebig das Auge mit Wasser spülen.

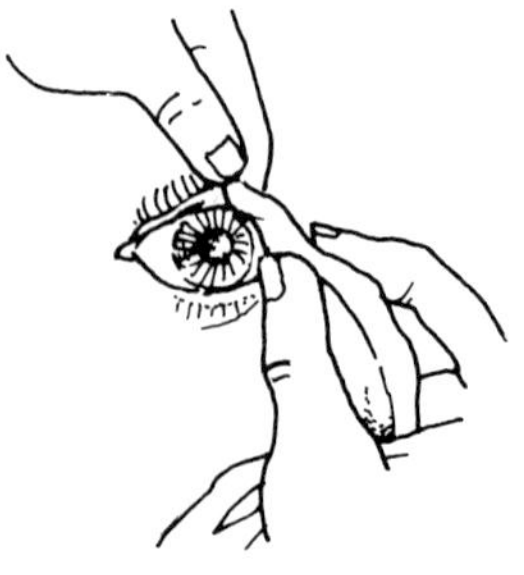

Abb. 488: Saubere Tuchecke verwenden.

Versorgung von Hautschäden

Wundsein der Haut

Durch scheuernde Sportbekleidung und gegeneinander reibende Körperteile wird die Haut wund gerieben. Wunde Hautstellen werden mit Hautfunktionsöl, Massagebalsam, Penatencreme, Hirschtalg oder Lebertransalbe abgedeckt, auch als Prophylaxe. Sportkleidung aus Kunstfasermaterial fördert das Wundsein. Für Sportlerinnen empfiehlt es sich, einen gutsitzenden BH zu tragen. Empfindliche Brustwarzen neben Einreiben mit einem dünnen Pflaster überkleben.

Blasenbildung

Am Fuß und der Hand entstehen durch mechanischen Druck oder Reibung Blasen. Geschlossene Blasen werden mit Leukoplast- oder Tapestreifen als Schutz überklebt. Offene Blasen werden abgetragen und wie eine Wunde versorgt. Geschlossene oder offene Blasen mit einem Filzring umlegen und so die Druckstelle entlasten. Der Filzring muß fixiert werden, z. B. mit Pflasterstreifen; andere selbstklebende Materialien aus Schaumstoff haben sich ebenfalls bewährt. Kleine, geschlossene Blasen trocknen von allein. Eine Fortsetzung des Trainings oder Wettkampfes wird durch diese Versorgung möglich. Zur Vorbeugung werden die Füße und Fußnägel gut gepflegt, das Schuhwerk verbessert, gutsitzende Wollsocken getragen, bei starker Schweißbildung Socken und Füße vor dem Training oder Wettkampf eingepudert und reibende Schuhstellen kräftig mit Lederfett oder Vaseline eingerieben. Bei Blasen an der Ferse wird der Fuß durch Einlagen mit Schaumstoff oder Zellstoff in eine höhere Stellung gebracht. Bei langen Läufen können Blätter, Gras, Moos oder Papier bis zum Trainingsende andere Einlagen ersetzen. Blasen an oder zwischen den Zehen werden mit zirkulär angelegtem Leukoplast oder Tape vermieden bzw. versorgt. Bei Blasenbildung am Handteller, z. B. am Kleinfingerballen, wird die betroffene Stelle mit Leukoplast oder Tape zirkulär umwikkelt, nicht zu straff. Bei fast geschlossener Hand werden die Pflasterstreifen angelegt, um ein Abbinden zu vermeiden.

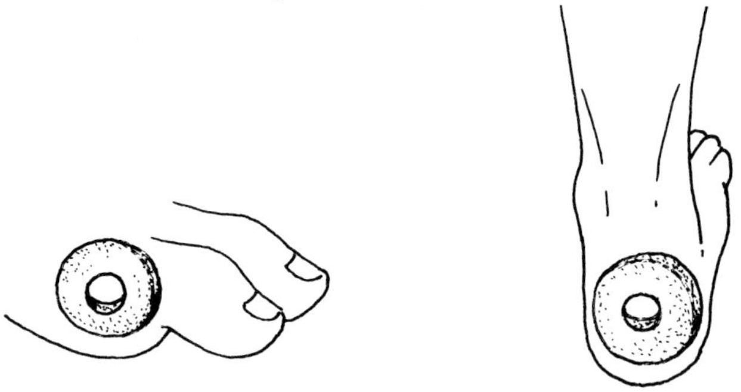

Abb. 489: Hohllegen an der Kleinzehe und an der Ferse als Blasenschutz.

Hautabschürfungen

Zum Abledern der Haut kommt es durch Stürze in Sporthallen, auf Laufbahnen oder Hartplätzen. Die Hautabschürfung wird wie eine Wunde behandelt, evtl. mit Nebacetin-Puder versorgt und einem luftdurchlässigen Wundverband abgedeckt.

Blutunterlaufene Nägel

Es bildet sich unter dem Nagel eine Blutung. Mit einer Spritzenkanüle oder einem feinen Bohrer wird der Nagel an mehreren Stellen geöffnet. Durch die feinen Löcher kann sich die Blutung entleeren. Anschließend den Nagel mit Desinfektion und einem Druckverband versorgen.

Sonnenbrand

Durch intensive Sonnenbestrahlung entsteht ein Sonnenbrand. Die Haut rötet sich stark. Betroffene Körperteile werden mit Sonnenschutzmittel betupft. Leichte Kleidung, eine Kopfbedeckung, Einreiben mit Sonnenschutzmittel und Aufenthalt im Schatten schützen vor Sonnenbrand. Eine intensive Sonnenbestrahlung wirkt negativ auf die sportliche Leistung und soll vor Wettkämpfen vermieden werden.

Andere Erste-Hilfe-Maßnahmen

Sonnenstich

Durch starke Sonneneinstrahlung auf den unbedeckten Kopf entsteht ein Sonnenstich. Der Kopf wird heiß und hochrot. Kopfschmerzen, Übelkeit, Erbrechen und Schwindel sind häufige Folgen. Eine Bewußtlosigkeit kann eintreten. Der Betroffene wird an einen kühlen und schattigen Ort gebracht und mit etwas erhöhtem Kopf gelagert. Die Kleidung wird weit geöffnet, der Nacken und Brustkorb mit Eis oder kaltem Wasser abgerieben. Eine leichte Kopfbedeckung schützt den Sportler vor zu starker Sonneneinstrahlung.

Hitzschlag

Durch mangelnde Schweißbildung kommt es zum Wärmestau, ein Hitzschlag entsteht. Der Kreislauf wird gestört. Die Folgen sind ein hochroter Kopf, hohe Temperatur und Schwindel. Eine Bewußtlosigkeit kann folgen und bedeutet Todesgefahr. Der Betroffene muß sofort an einen kühlen, schattigen Ort gebracht und bei Bewußtlosigkeit in stabile Seitenlage gelagert werden. Die Kleidung ist zu öffnen, Tücher mit kaltem Wasser tränken und dem Betroffenen auflegen. Dem Hitzegeschädigten wird Luft zugefächelt.
Bei leichtathletischen Sportveranstaltungen werden häufig folgende Fehler beobachtet: Die Läufer wärmen sich trotz hoher Außentemperatur mit zu warmer Kleidung, teils sogar mit Schwitzanzügen auf. Dabei gerät das Wärmeregulationszentrum in Unordnung. Leichte und luftdurchlässige Kleidung wirkt dem entgegen.

Unterkühlung

Körperliche Überanstrengung mit naßgeschwitzten oder regennassen Kleidern bei längerer Kälteeinwirkung führt zur Unterkühlung. Begünstigend sind unzweckmäßige Kleidung und falsches Schuhwerk. Der Betroffene wird in einen Raum mit Zimmertemperatur gebracht, trocken frottiert, die Kleidung gewechselt und gut warm gehalten. Er sollte warme Getränke, z. B. Tee, niemals Alkohol, trinken.

Erschöpfungszustand

Bei sportlichen Wettkämpfen kann es zu Erschöpfungszuständen kommen. Hitze und Überschreiten der Leistungsgrenze sind beeinflussende Faktoren. Zur Erholung mit dem Athleten, von einem oder zwei Betreuern unterstützt, in der frischen Luft und im Schatten auf und ab gehen. Den Nacken und Brustkorb, aber auch die Beine mit kaltem Wasser einreiben und zur betonten Atmung auffordern. Bei Hitzeerschöpfung infolge starken Wasser- und Kochsalzverlustes, Mineralwasser ohne Kohlensäure mit einem Teelöffel

Salz auf 1 Liter Wasser, trinken lassen. Versagt der Kreislauf, wird Sauerstoff zugeführt. Bei Bewußtlosigkeit und Atemstillstand müssen weitere Maßnahmen ergriffen werden.

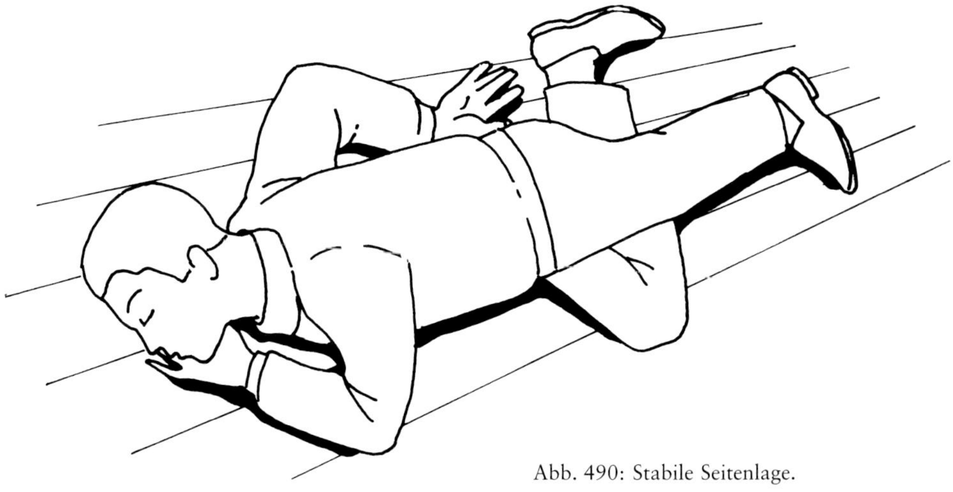

Abb. 490: Stabile Seitenlage.

Bewußtlosigkeit

Als Folge von Gewalteinwirkung auf den Kopf, Hitzeeinfluß oder Überanstrengung kann eine Bewußtlosigkeit auftreten. Es besteht Lebensgefahr. Der Betroffene wird geborgen und in stabile Seitenlage gebracht. Dabei wird der Mund zum tiefsten Punkt, damit Flüssigkeit abfließen kann. Durch Mund-zu-Mund- oder Mund-zu-Nase-Beatmung wird versucht, den Atemstillstand aufzuheben. Der Verletzte wird in Rückenlage gebracht und sein Hals überstreckt. Der Helfer kniet seitlich neben dem Verletzten, eine Hand legt er auf die Stirn, die andere auf das Kinn. Die Nase oder der Mund des Verletzten wird je nach Beatmungsausführung geschlossen. Es folgt die Beatmung im eigenen Rhythmus des Bewußtlosen bis zur Wiedererlangung des Bewußtseins.

Schock

Eine häufige Begleiterscheinung bei schweren Verletzungen mit Blutverlust ist der Schock. Es besteht Todesgefahr. Je größer der Blutverlust ist, um so geringer ist die noch kreisende Blutmenge. Dieser Vorgang verstärkt den Schock. Der Puls wird schwächer und schneller. Der Verletzte wird flach auf dem Rücken gelagert, Blutrückstromförderung wird durch die angehobenen Beine bis zur Senkrechten, sog. Schocklage, erreicht. Puls und Atmung werden ständig kontrolliert. Bei Atemstillstand muß die Atemspende (s. Bewußtlosigkeit) einsetzen. Der Wärmeverlust des Verletzten wird durch Unterziehen und Auflegen von Tüchern oder Decken verhindert. Bei Ansprechbarkeit reichlich Flüssigkeit zuführen.

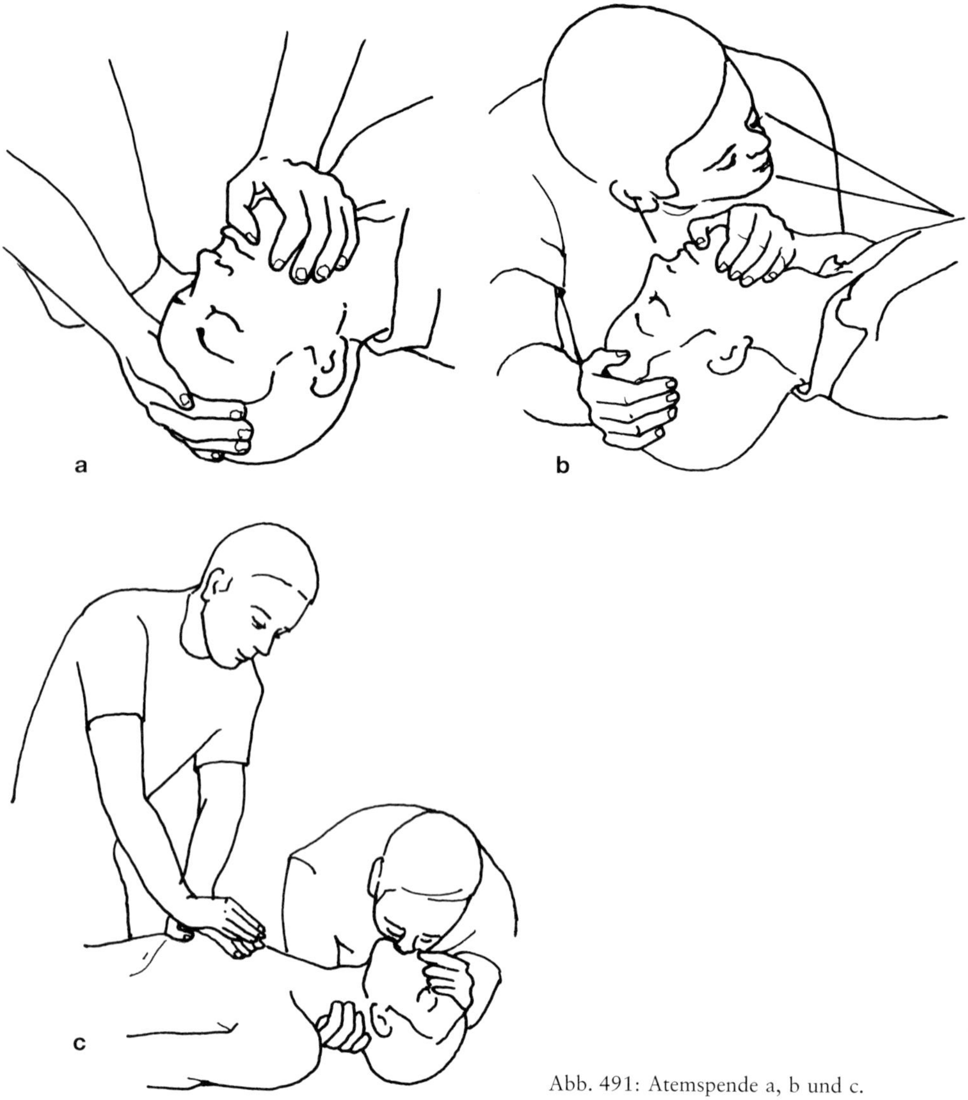

Abb. 491: Atemspende a, b und c.

Seitenstiche

Im Bereich der unteren Rippen können beidseitig stechende, krampfartige Schmerzen auftreten. Häufige Ursachen sind Verkrampfungen der Bauchmuskulatur oder des Zwerchfells, Milz- oder Leberverkrampfungen. Zu schnelles Laufen oder zu hartes Training, zu starke Wettkampfbelastung oder falsche Atmung kommen als Ursachen in Betracht. Ungenügende Wettkampfvorbereitung und Training kurz nach den Mahlzeiten spielen ebenfalls eine Rolle. Das Lauftempo oder die Trainingsbelastung müssen

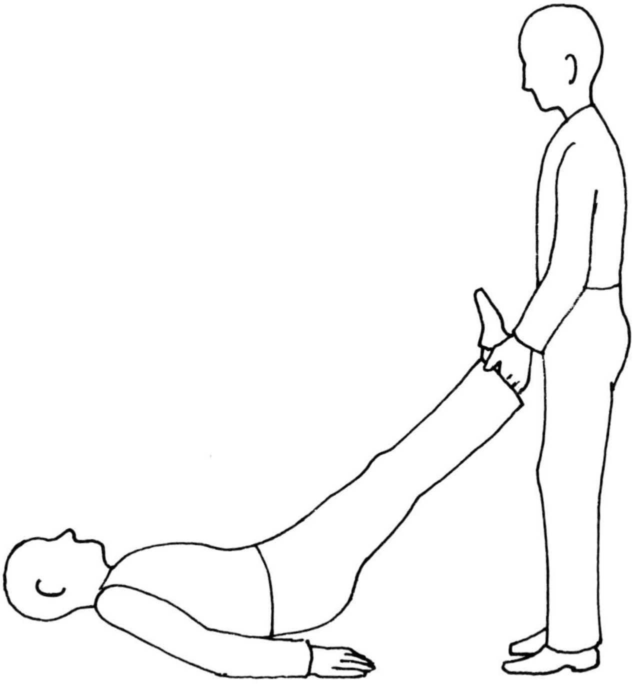

Abb. 492: Schocklage.

verringert und oft muß eine Pause eingelegt werden. Durch forcierte Atmung, dabei wird beim Einatmen der Oberkörper aufgerichtet und beim Ausatmen nach vorn geneigt, muß versucht werden, das betroffene Gebiet zu entspannen. Bei starken Seitenstichen wird der Betroffene in Rücken- oder Seitlage gelagert, die Beine werden angebeugt und durch Atmung und Massagegriffe das verkrampfte Gebiet zur Entspannung gebracht.

Schwere Verletzungen

Brüche und Organverletzungen

Verletzte mit Brüchen oder Organverletzungen werden geborgen, gelagert, mit Schienen oder anderen Maßnahmen der Ersten Hilfe versorgt und schnellstmöglich zur ärztlichen oder klinischen Weiterversorgung gebracht. Rippen- und Schlüsselbeinfrakturen werden durch entsprechende Verbände versorgt.

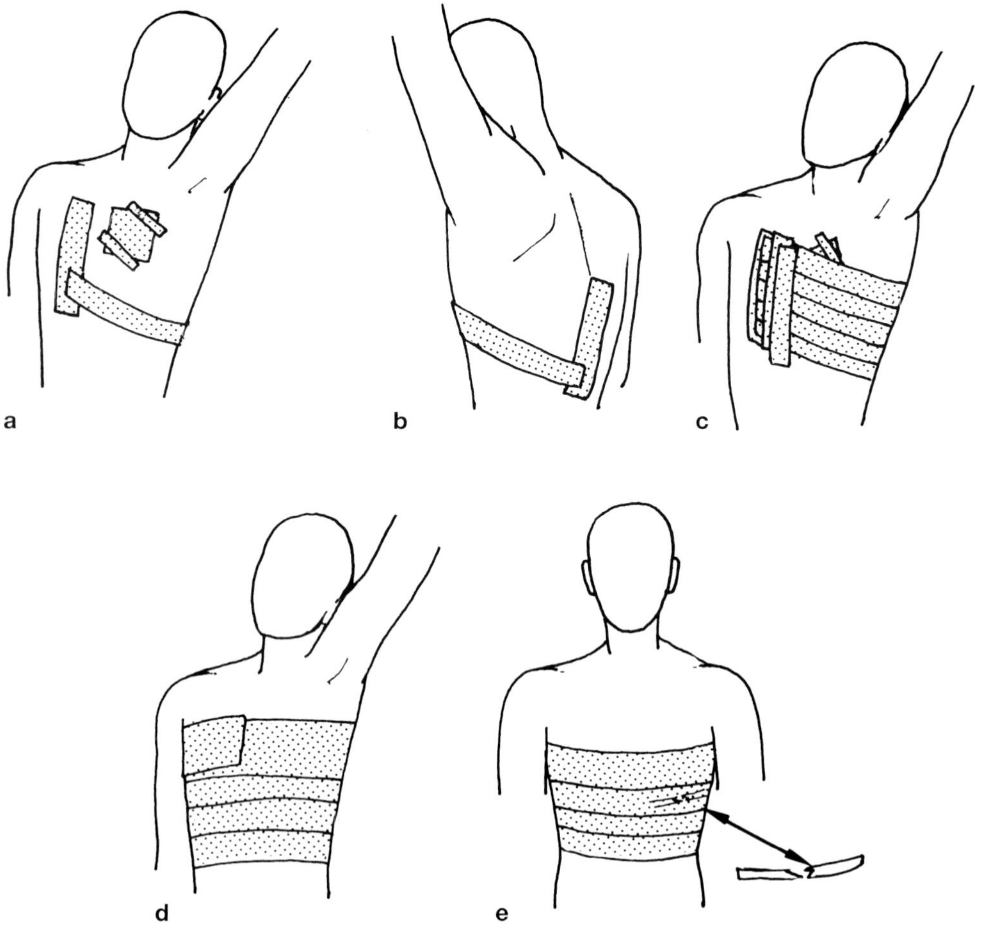

Abb. 493: Verbände zur Ruhigstellung am Brustkorb. a–e.

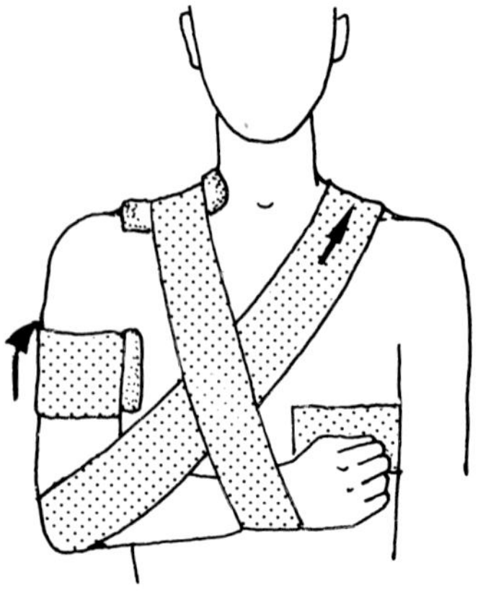

Abb. 494: Schultergürtel. Sayre'scher Verband zur Ruhigstellung nach Schlüsselbeinfraktur oder nach Schulterluxation.

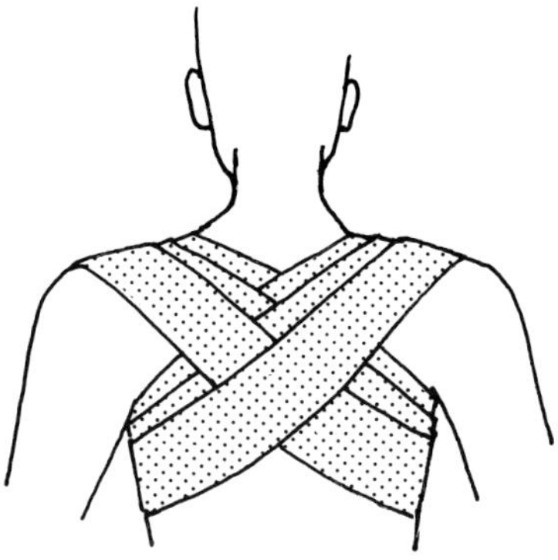

Abb. 495: Spica dorsi. Verband zur Ruhigstellung nach Schlüsselbeinfraktur.

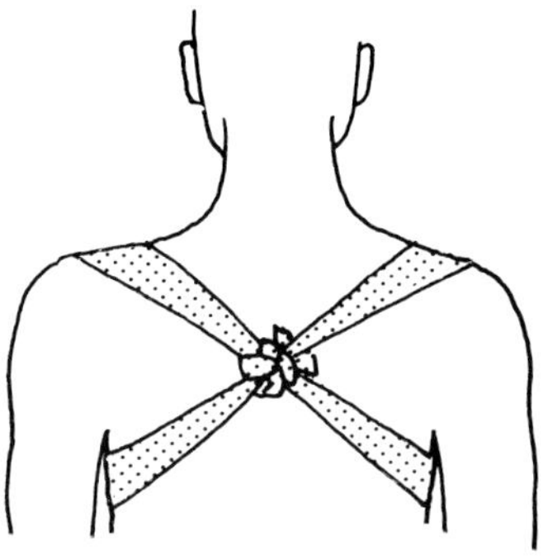

Abb. 496: Rucksackverband zur Ruhigstellung nach Schlüsselbeinfraktur.

Erste-Hilfe-Tasche

Folgende Grundausstattung sollte jeder Sportler, Trainer oder Betreuer zur Erst-Versorgung mitführen:
Hansaplast
Leukoplast
Verbandsmull
Verbandspäckchen
Zellstoff oder Einwegtaschentücher
Verbandsschere
Sicherheitsnadeln
Elastische Binden aus Stoff
Alkoholische Einreibmittel (Franzbranntwein, Fluid etc.)
Massageöl
Massagebalsam
Eis-Coolpac

9. Funktionelle Verbände

Geschichte

Verbände zur Wundversorgung, als Stütze oder zur Entlastung von Körperteilen sind so alt wie die Heilkunst selbst. Die Anwendung von Verbänden bei Sportverletzungen beginnt mit der Zeit des klassischen Griechenlands. Viele Techniken zum Komprimieren, Stabilisieren oder Ruhigstellen haben im Prinzip unverändert ihre Gültigkeit. Noch heute gebräuchliche Bezeichnungen wie Schildkrötenverband, Testudo oder Kornährenverband, Spica u. a., zeugen von Tradition und Herkunft. Von jeher wurden Verbände, meist Stoffbinden, teils mit Harz, Honig oder Klebemitteln, fest auf die Haut des Verletzten angelegt. Alte Verbandslehren zeigen, daß scheinbar moderne Techniken schon von den klassischen medizinischen Schulen gelehrt wurden.

Abb. 497: Achilles verbindet Patroklos, um 500 v. Chr.

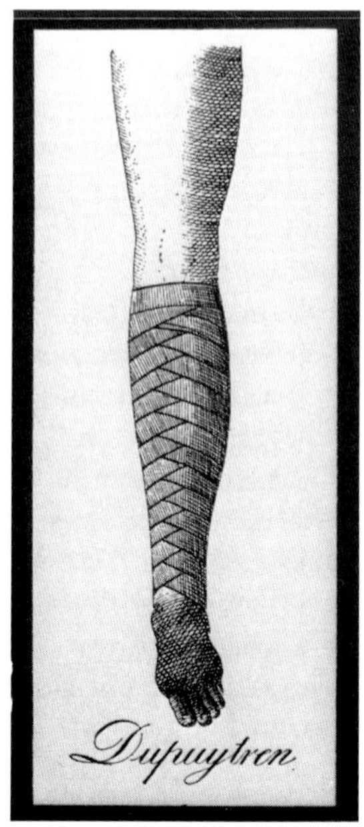

Abb. 498: Klassischer Unterschenkelverband, Kornährenverband – Spica ascendens.

Einführung

Funktionelle Verbände bei Sportverletzungen und Sportschäden entwickelten sich in den letzten Jahren durch verbessertes Verbandsmaterial und verfeinerte Techniken weiter. Die Erfahrungen, die dabei gemacht wurden, zeigen, daß Verbände zur Kompression, Immobilisation oder Stabilisation mit zusätzlichen Maßnahmen der physikalischen

Abb. 499: Pflasterverbände bei Volleyballspielerinnen.

Therapie kombiniert, geeignet sind, Verletzungen schneller und besser ausheilen zu lassen und den Sportler prophylaktisch vor Traumen oder Rezidiven zu bewahren. Verbände als trainings- und wettkampfunterstützende Maßnahme fixieren, stützen, entlasten und führen Bewegungen von Gelenken und Muskeln. Veröffentlichungen und Seminare von *H. J. Montag, P. D. Asmussen, D. Reese* und *B. v. Wingerden* haben Tape- und Bandagetechniken als funktionelle Verbände am Bewegungsapparat weiter verbessert. Einfache bis sehr komplizierte Verbände werden vorgestellt. Die Tapetechniken werden dabei oft überbewertet. Ob z. B. eine Rotationsinstabilität im Knie durch Tapeverbände verhindert werden kann, ist nicht bewiesen. Auch dürfen die durch Klebeverbände erzwungenen Bewegungseinschränkungen eines Gelenkes nicht zu Überlastungen der benachbarten Gelenke führen. Zweifellos aber haben funktionelle Verbände ihren festen Platz in der Sportphysiotherapie, insbesondere, wenn man auch ihre psychologische Wirkung berücksichtigt.

Einteilung nach zeitlicher Anwendung

Folgende Einteilungen werden nach zeitlicher Anwendung, nach Verbandsarten, nach Verbandstechniken und nach Verbandsmaterialien vorgenommen.

1. Erstverband	Bei Wunden zur Erstversorgung durch einen Wundverband (s. Kapitel IV. 8. Erste Hilfe). Bei Hämatomen zur Erstversorgung durch einen Kompressionsverband.
2. Folgeverband	Nach Wundheilung, Abschwellung oder Resorption des Hämatoms wird zur Verbesserung des Heilungsprozesses ein weiterversorgender Verband angelegt.
3. Spätverband	Dieser Verband wird zur Stütze und Entlastung angelegt.
4. Prophylaktischer Verband	Durch diesen Verband werden Traumen, Rezidive und Sportschäden vermieden oder gemindert.

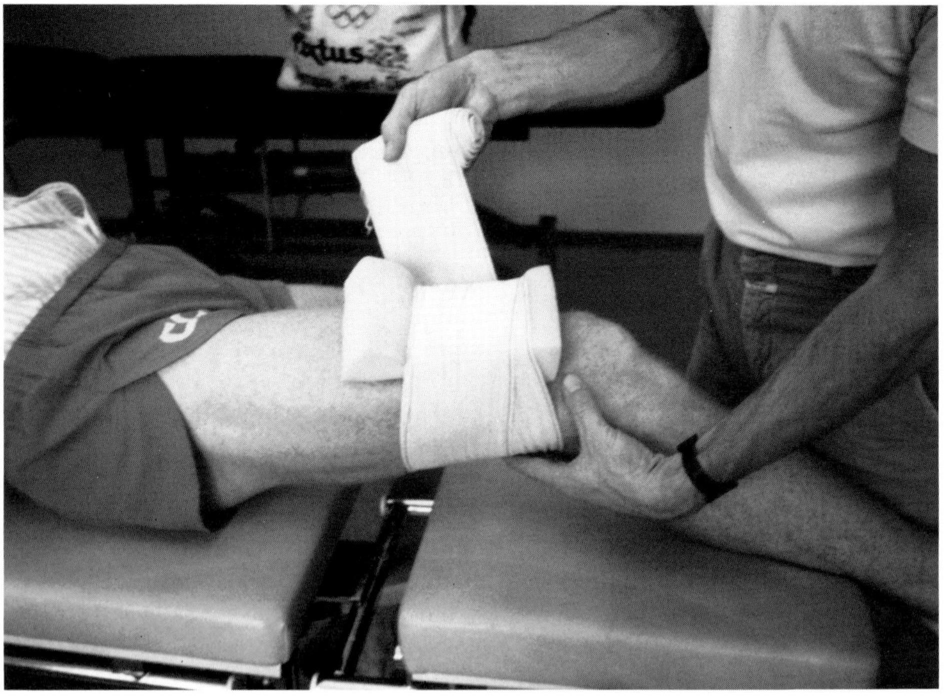

Abb. 500: Kompreßionsverband zur Erstversorgung.

Einteilen nach Verbandsarten

1. Wundverband — Wunden werden mit Erste-Hilfe-Maßnahmen versorgt (s. Kapitel IV. 9. Erste-Hilfe-Wundversorgung).
2. Kompressionsverband — Durch kräftige Kompression wird eine Schwellung und/oder Hämatombildung verhindert oder gemindert. Kälteanwendungen, Schaumgummi und resorptionsfördernde Mittel verbessern die Wirkung. Großflächige Schwellungen, z. B. am Unterschenkel, werden mit einer zirkulär angelegten Rundtourschaumgummibinde vollständig komprimiert. Dazu eignen sich sogenannte «Varizenbinden». An den Fingern, Zehen und auch auf dem Hand- und Fußrücken haben sich Kompressionsverbände, mit Seilen angelegt, bewährt. Dabei lassen vorher in kaltes Wasser getauchte Seile sich optimal anmodellieren und noch zusätzlich günstig vereisen.
3. Ruhigstellender Verband — Durch Immobilisation von Verletzungen an Gelenken oder Muskeln wird eine bessere und schnellere Heilung erreicht. Die Möglichkeit der statischen Belastung bleibt erhalten.
4. Stützender Verband — Durch Stützen und Entlasten werden Bewegungsausmaße von Gelenken und Muskeln beeinflußt, Extrembewegungen vermieden und prophylaktisch Rezidive verhindert.

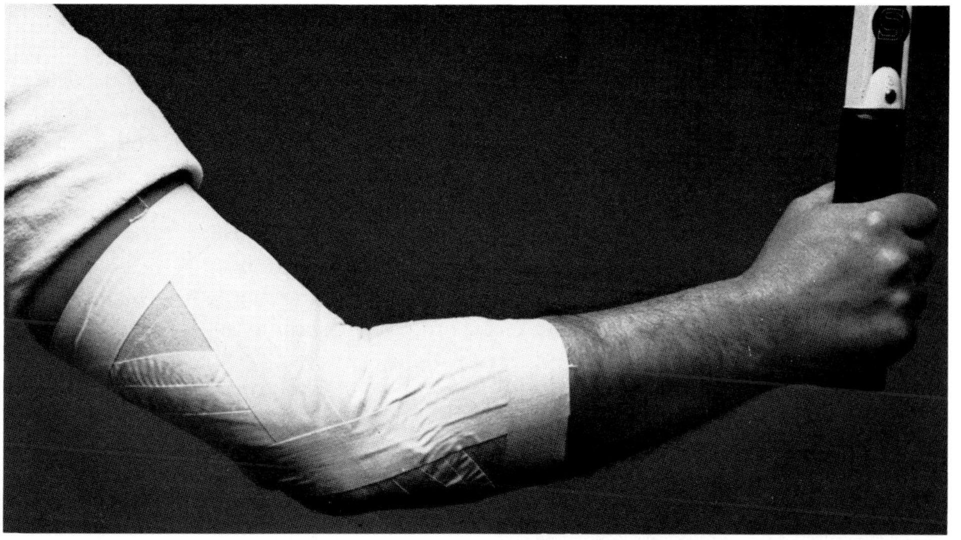

Abb. 501: Ellbogenverband mit Pflasterstreifen.

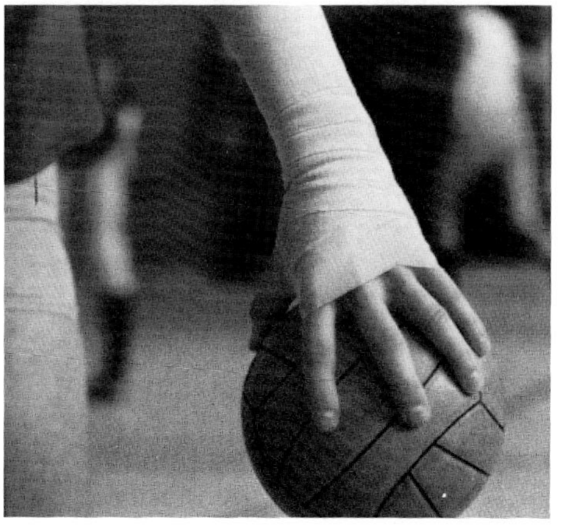

Abb. 502: Handgelenksverband beim Handball.

Einteilung nach Verbandstechniken

1. Rundtourverband Dolabra ascendens oder descendens
   Dieser aufsteigende oder absteigende Verband wird zirkulär an Hals, Rumpf, Oberschenkel, Unterschenkel, Oberarm oder Unterarm angelegt.
2. Schildkrötenverband Testudo reversa oder inversa
   Dieser außen oder innen beginnende Knie- oder Ellenbogenverband wird in Achtertouren um das Gelenk gewikkelt.
3. Kornährenverband Spica ascendens oder descendens
   Dieser aufsteigende oder absteigende Verband fixiert große Bereiche, z. B. um das Schulter-, Hüft- oder Fußgelenk.
4. Haubenverband Mitra reversa oder inreversa
   Dieser außen oder innen beginnende Kopfverband wird wie eine Haube um den Kopf gewickelt.

Einteilung nach Verbandsmaterial

1. Elastischer Verband	Elastische Binden mit verschiedener Zugwirkung und Dehnbarkeit (50–200%) verwenden. Je weniger Dehnbarkeit eine Binde besitzt, um so stärker ist die Kompressionsmöglichkeit. Kurzzug – starke Kompression Mittelzug – normale Kompression Langzug – weiche Kompression. Hauptsächliche Anwendung zur Kompression.
2. Klebeverband	Klebebinden mit Längsdehnung (60%) und Querdehnung (30%) verwenden. Hauptsächliche Anwendung zur Stütze, Entlastung und Bewegungsführung
3. Pflasterverband	Unelastisches, zugfestes und reißbares Tape und/oder Leukoplast verwenden. Hauptsächliche Anwendung zur Immobilisation.
4. Selbsthaftende Verbände	Rutschfeste, in sich haftende Binden verwenden. Geeignet bei leichten Verletzungen, wenn eine weitere Sportbelastung vertretbar ist. Dieser hautfreundliche Verband haftet auf geschwitzen Körperteilen. Hauptsächliche Anwendung bei geringen Verletzungen, zur Prophylaxe, als Unterbinde für Klebe- und Pflasterverbände.

Mit den verschiedenen Materialien lassen sich kombinierte Verbände mit verbesserter Wirkung erstellen. So erhöhen Pflasterstreifen bei elastischen Verbänden die Kompressionswirkung. Ein Klebeverband, mit Pflasterstreifen verstärkt, verbessert gleichfalls seine Wirkung.

Indikation

Funktionelle Verbände werden angewendet als Sofortmaßnahme, Nachfolgebehandlung, Nachsorge oder als Prävention.
Folgende Sportverletzungen, Sportschäden oder Veränderungen können mit funktionellen Verbänden versorgt werden:

Kontusionen
Distorsionen
Muskelverletzungen
Sehnenverletzungen
Kapselverletzungen
Bandverletzungen
Gelenkverletzungen
Knochenverletzungen
Deformitäten
Luxationen
Frakturen

Kontraindikation

Eine Kontraindikation besteht bei:
Frischen, kompletten Frakturen
Kompletten Bandrupturen
Kompletten Sehnenrupturen
Großflächigen, offenen Verletzungen
Wunden

Grundsätze bei der Anwendung von funktionellen Verbänden

Wunden versorgen	Offene Wunden mit Erste-Hilfe-Maßnahmen versorgen. Erst dann erfolgt eventuelle Weiterversorgung mit einem Verband.
Polsterung	Knochenvorsprünge, Sehnen und Nerven oder andere Druckpunkte mit Polsterbinden abdecken.
Hohllegen	Kniescheibe, Fußknöchel und andere exponierte Körperstellen mit formgerecht zugeschnittenem Schaumstoff umgeben und dadurch hohllegen.
Hautschutz	Die Haut durch eine leichte, selbsthaftende, rutschfeste Unterbinde schützen. Diese fixiert gleichzeitig die eventuell notwendige Polsterung oder den Wundverband und erleichtert das Anlegen des Verbandes und die Verbandsabnahme.
Lagerung	Gelenke werden in der entlastendsten, schmerzfreiesten Stellung gelagert und dann mit dem entsprechenden Verband versorgt. Muskeln werden so gelagert, daß sich Ursprung und Ansatz annähern. So werden Zugschmerzen und weitere Dehnungen vermieden sowie die Narbengröße verringert. Verbände zur Prophylaxe werden an den Beinen im Stehen und an den Armen im Sitzen angelegt.
Wirkungsverbesserung	Untergelegte Watte, Mulltupfer oder Schaumgummi sowie eine Muskelvordehnung verstärken die Kompressionswirkung. Zusätzlich übergeklebte Pflasterstreifen verbessern dazu die Stabilität des Verbandes.
Fixationsdauer	Starre Klebe- oder Pflasterverbände zur Prävention werden nur für Training und Wettkampf angelegt und dann wieder entfernt. Verbände zur Rehabilitation werden ständig kontrolliert und häufig gewechselt, wenn dadurch keine erneute Schädigung eintritt. Treten Schwellungen distal des Verbandes oder Durchblutungsstörungen auf, wird der Verband gelockert, eventuell seitlich eingeschnitten oder entfernt und erneuert. Die Gesamtfixationsdauer richtet sich nach dem Verletzungsausmaß und dem Heilungsverlauf.

Verbandsentfernung

Das Anlegen einer leichten Unterbinde vereinfacht die Verbandsentfernung. Klebe- und Pflasterverbände lösen sich im Bad oder unter der Dusche besser ab. Verbandsentfernung oder Verbandswechsel werden durch Andrükken der Haut (Bugwelle) erleichtert.

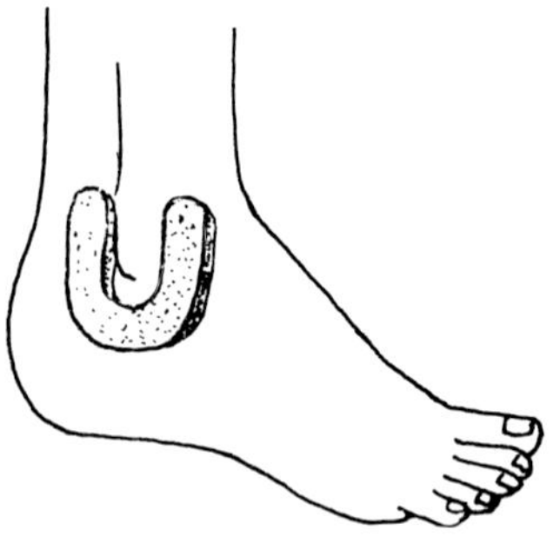

Abb. 503: Hohllegen des Außenknöchels.

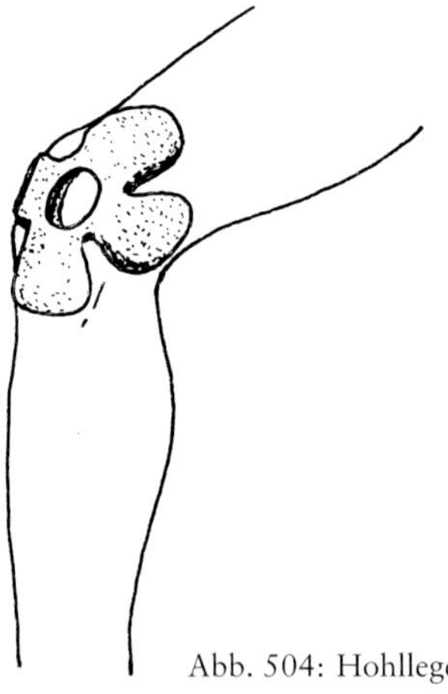

Abb. 504: Hohllegen des Knies.

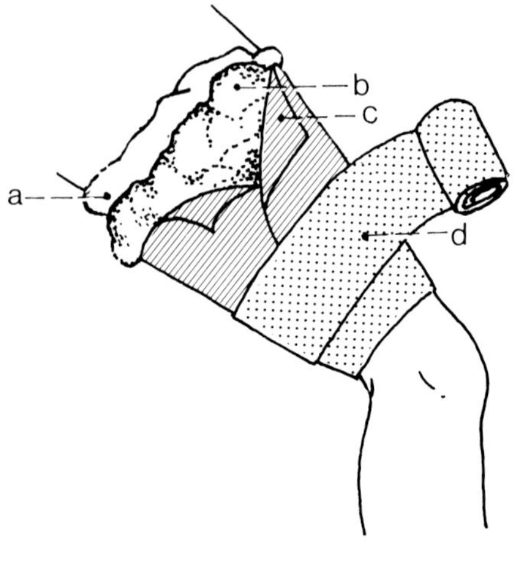

Abb. 505: Schema eines Verbandes. a Wundauflage; b Polsterung; c Fixierbinde; d Elastische Binde.

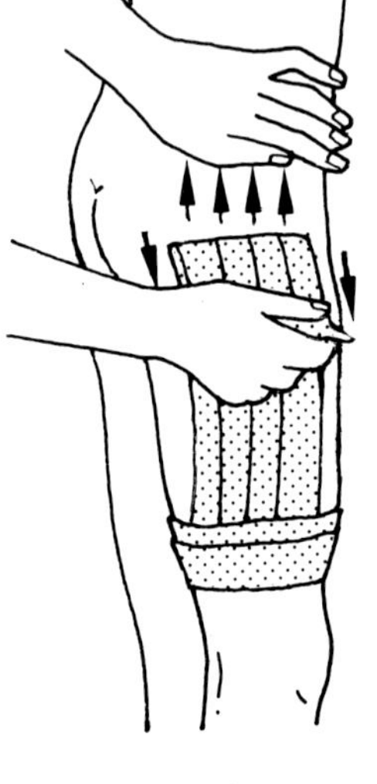

Abb. 506: Entfernung eines Tapeverbandes durch Zug und Druck.

Erstversorgung

Bei der Erstversorgung von kleineren Sportverletzungen hat sich folgende Vorgehensweise bewährt:

Pause	– Herausnahme aus dem Wettkampf
Eis	– Langzeitkälteanwendung
Compression	– Angepaßter Druckverband
Hochlagerung	– Ruhigstellung und Entlastung

Am Beispiel einer Verletzung des Außenknöchels wird die vorgenannte Erstversorgung nochmals verdeutlicht. Nach dem Trauma wird der Sportler sofort aus dem Wettkampf herausgenommen. Die verletzte Extremität wird hochgelagert, dabei wird der Fuß zum höchsten Punkt. Danach wird ein Druckverband, in Kombination mit einer Dauerkühlung, angelegt und das Gelenk in der aktuellen Ruhestellung fixiert.

Abb. 507: Vorgehensweise nach *D. Böhmer*.

Beispiele von Kompressionsverbänden am Sprunggelenk

1. Kompressionsverband mit Coolpac oder Kühlgelkompresse
2. Feucht-kühler Kompressionsverband mit Schaumgummibinde, Polsterbinde, Schwamm oder Venenbinde (Autosana) – eventuell auch in Kombination mit Alkohol- oder Salbenauflagen.

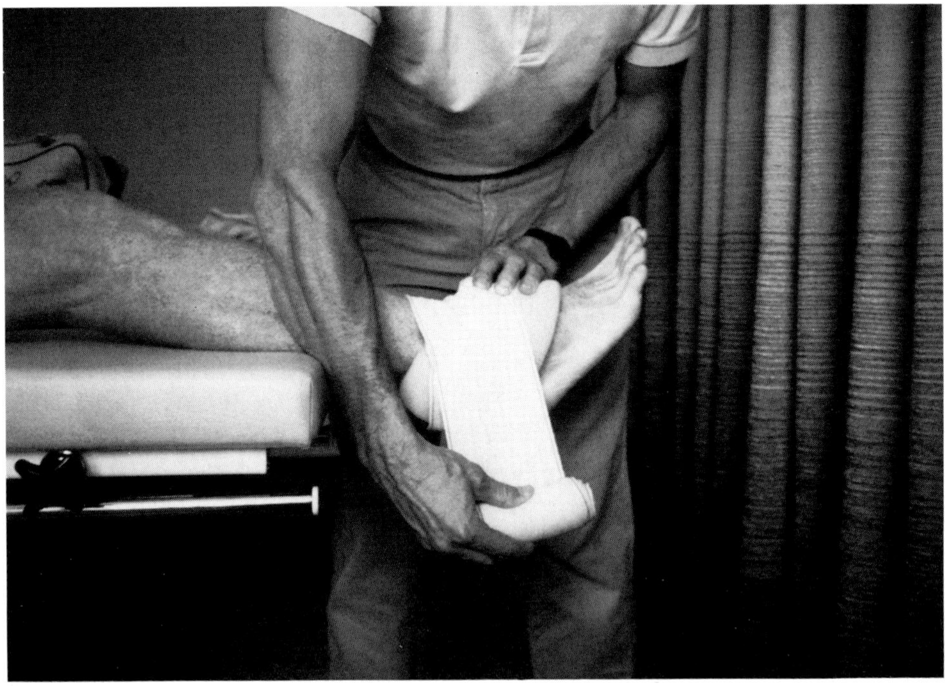

Abb. 508: Kompressionsverband mit Schwamm.

Klebeverbände – Tape

Die Tapingtechnik stellt die am häufigsten angewendete Form von Verbänden dar. Dabei ergeben sich noch zusätzlich folgende Grundsätze:

Hautvorbereitung: Starke Behaarung entfernen, auf trockener Haut tapen, Sprühkleber zur besseren Haftung aufsprayen, empfindliche Haut mit leichter Unterbinde schützen.

Haltestreifen: Erste Tapestreifen zur Aufhängung weiterer Streifen. (Anker)

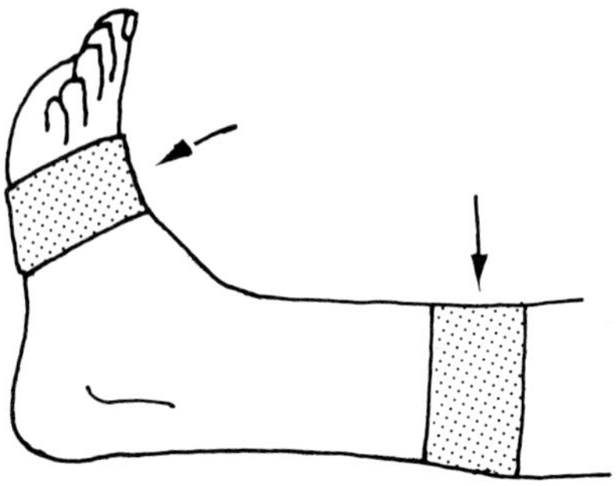

Abb. 509

Basistour: Grundverband, mit evtl. darunterliegender Polsterung.

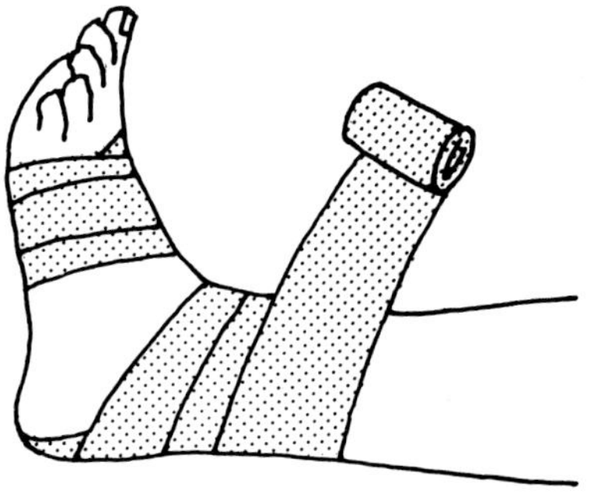

Abb. 510

Zügel: Tragende Teile eines Tapeverbandes.

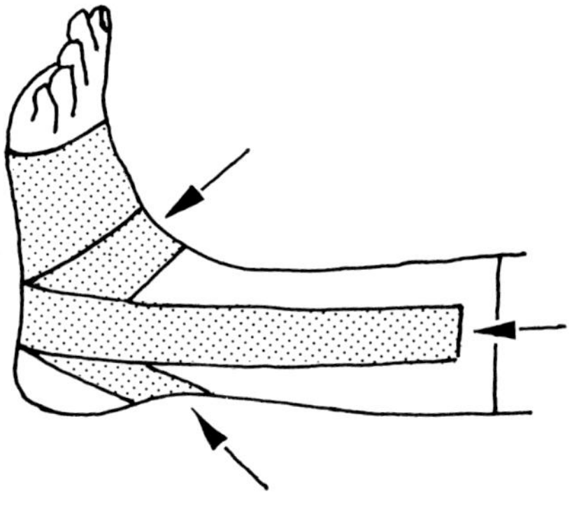

Abb. 511

Fixierstreifen: Fixieren den vorher aufgebrachten Verband

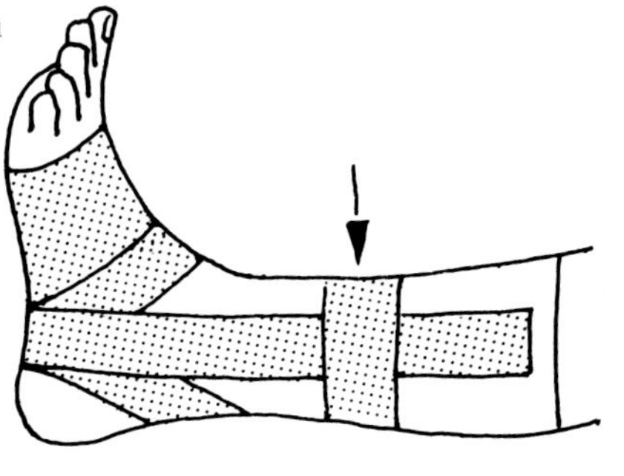

Abb. 512

Verschalung: Schließt den Verband ab.

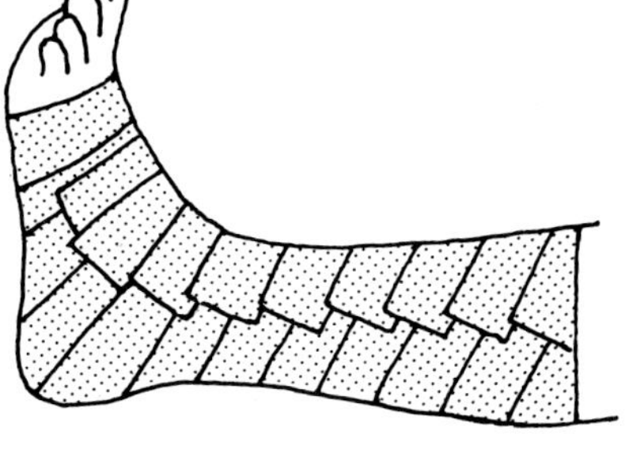

Abb. 513

Unterschenkelverbände

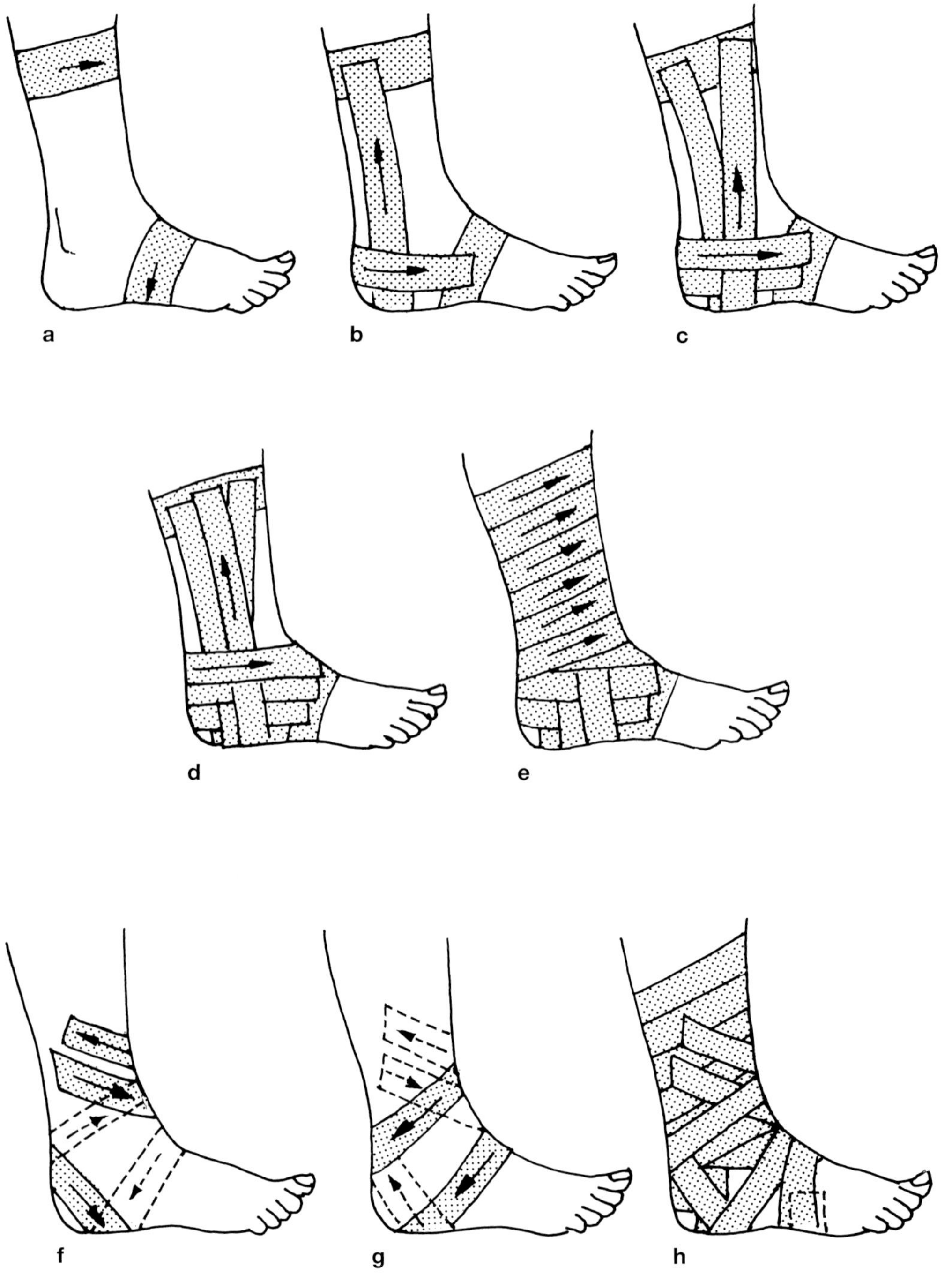

Abb. 514: Tapeverband des oberen Sprunggelenks a–h.

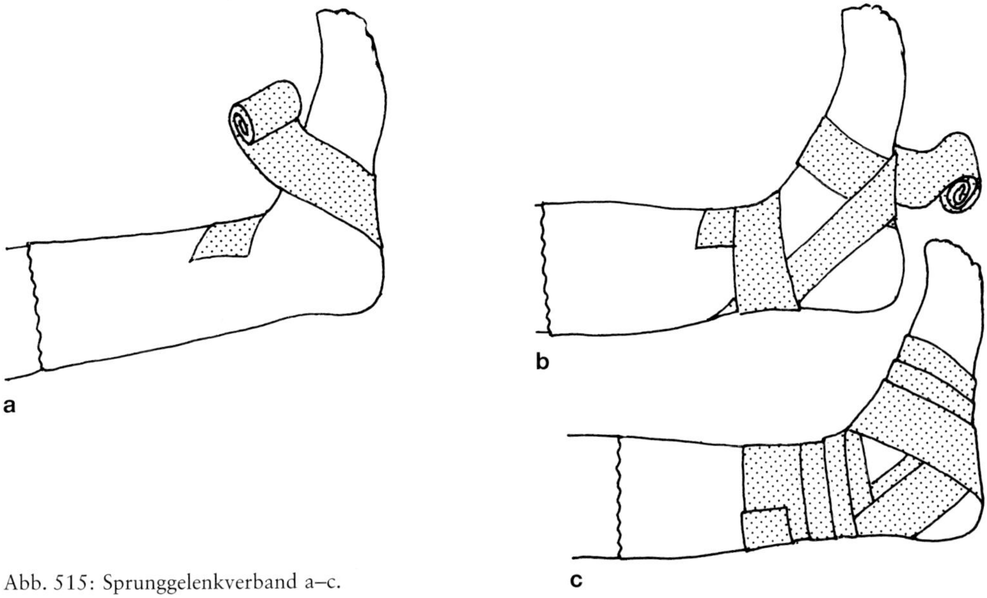

Abb. 515: Sprunggelenkverband a–c.

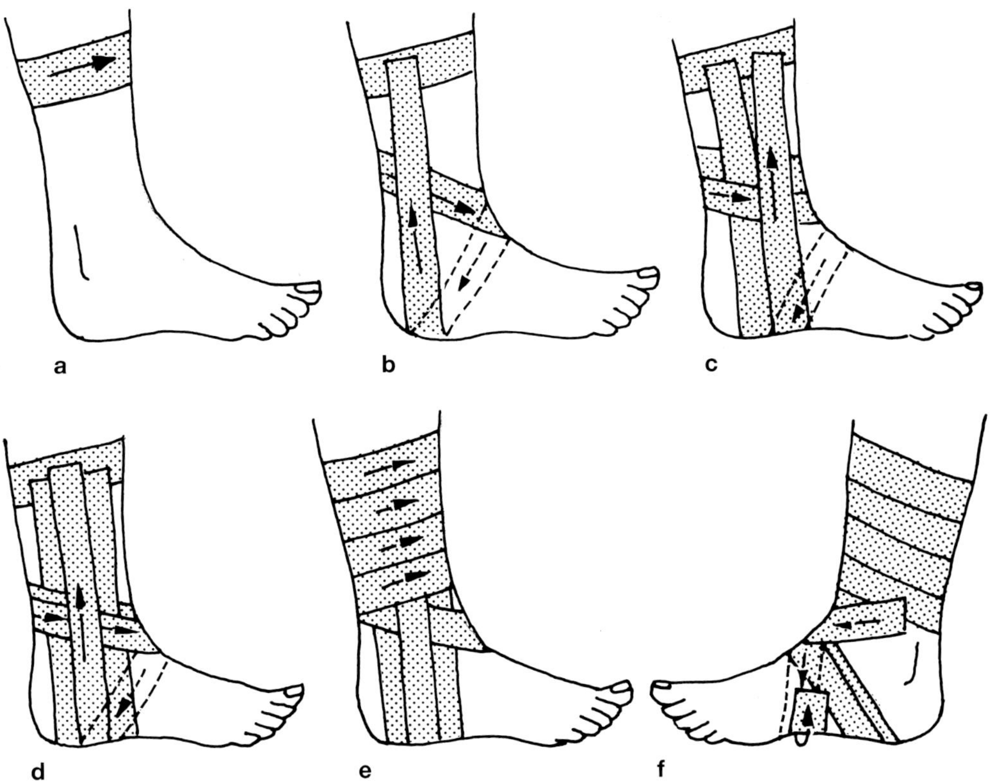

Abb. 516: Sprunggelenkverband a–f.

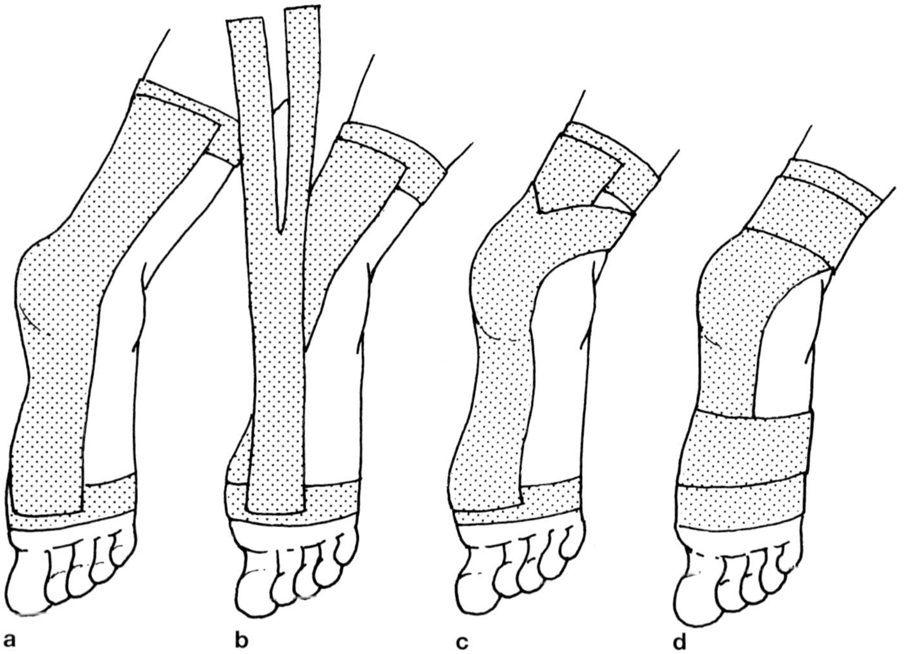

Abb. 517: Verbände zur Ruhigstellung am Fuß und zur Entlastung der Achillessehne a–d.

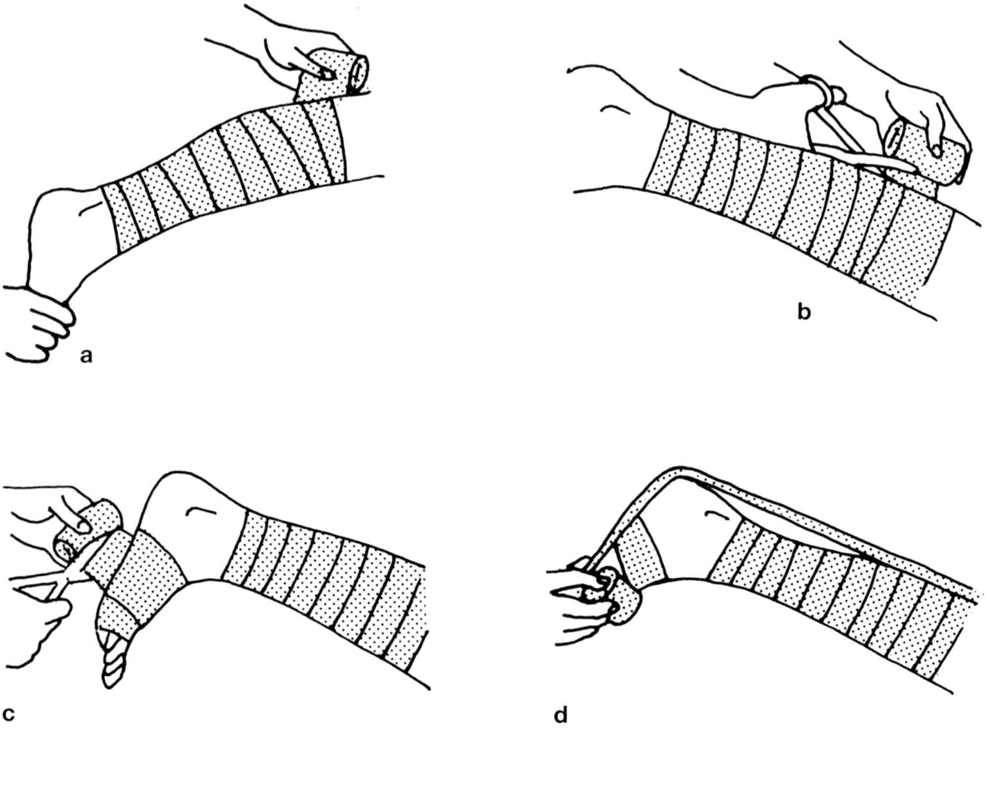

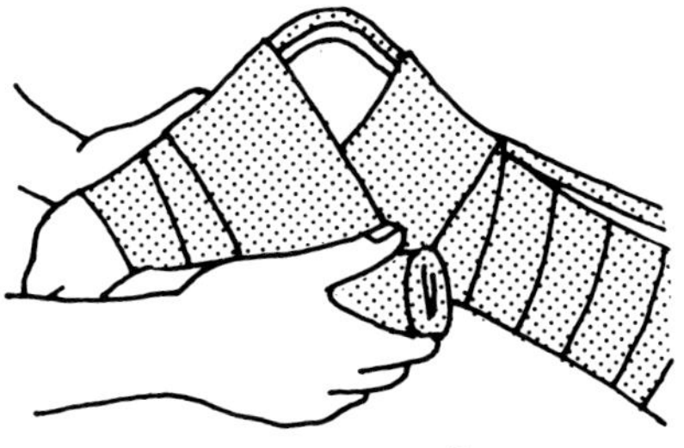

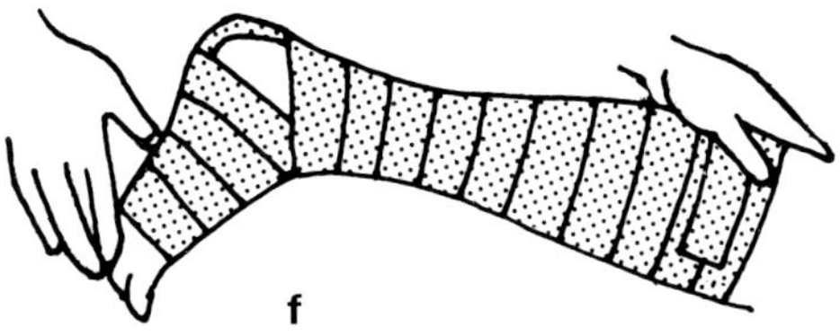

Abb. 518: Achillessehnenverband a–f.

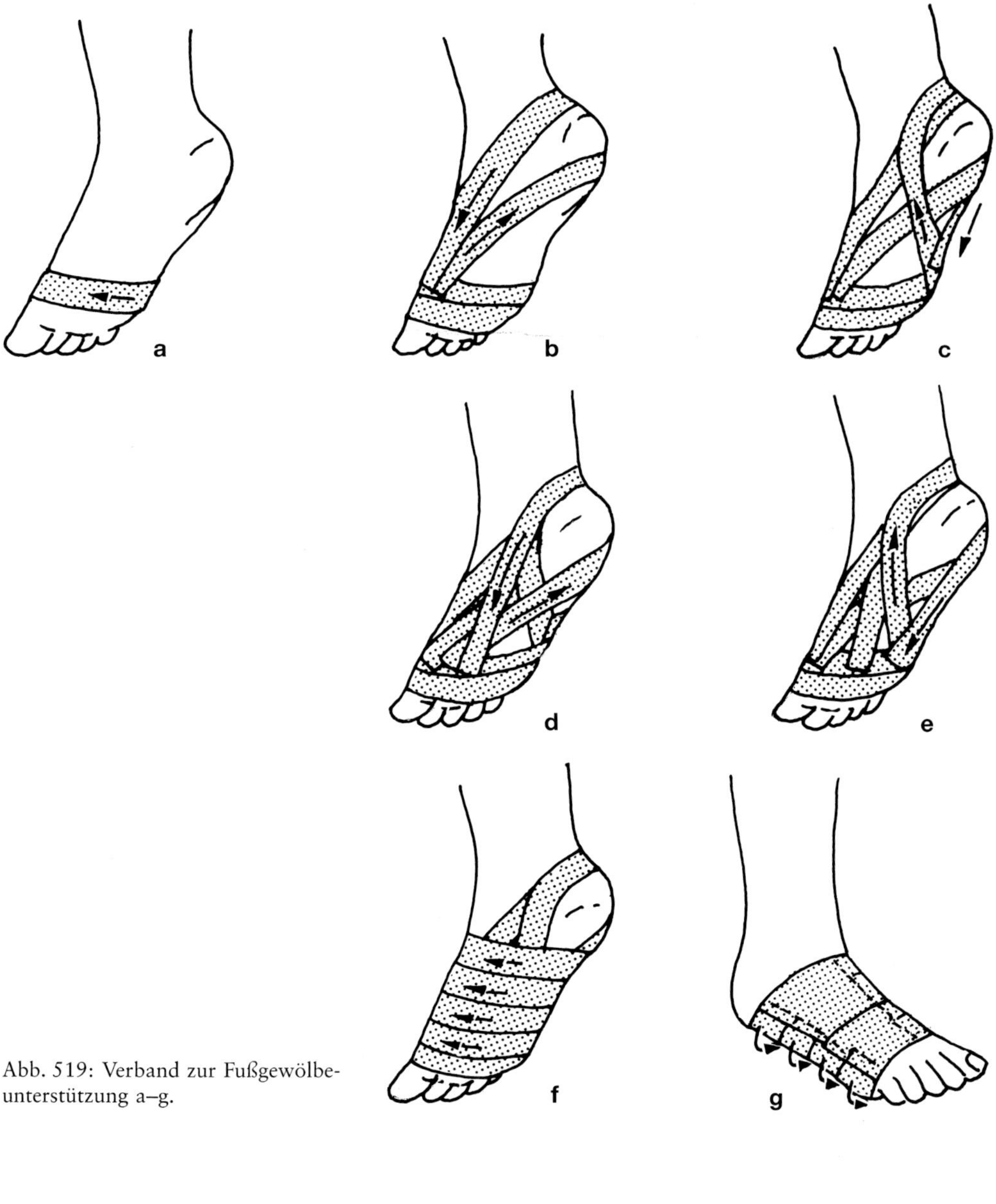

Abb. 519: Verband zur Fußgewölbe-unterstützung a–g.

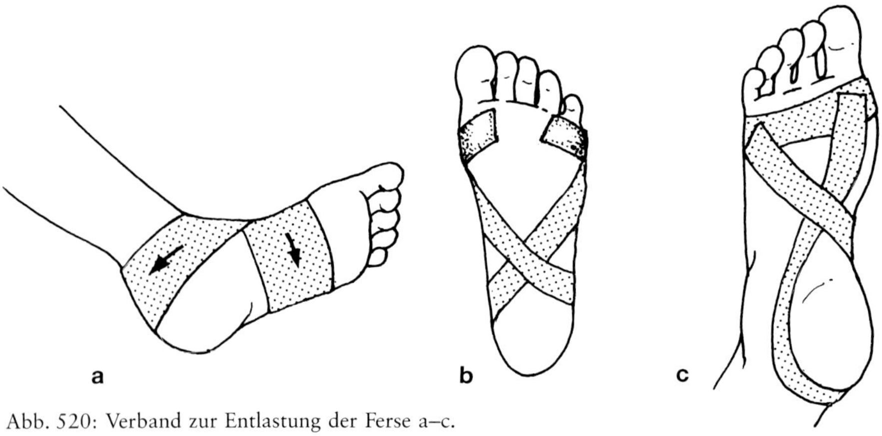

Abb. 520: Verband zur Entlastung der Ferse a–c.

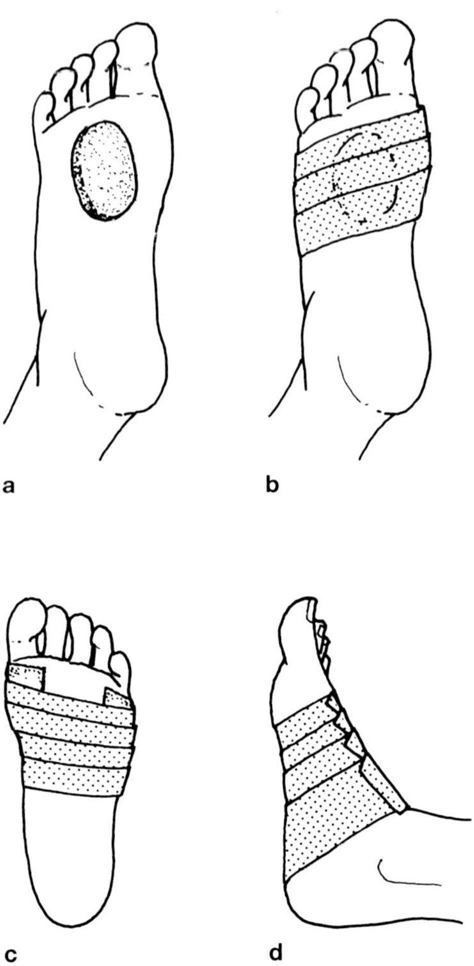

Abb. 521: Verbände zur Korrektur von Fußdeformitäten. a–d bei Spreiz-, Senk- und Plattfuß.

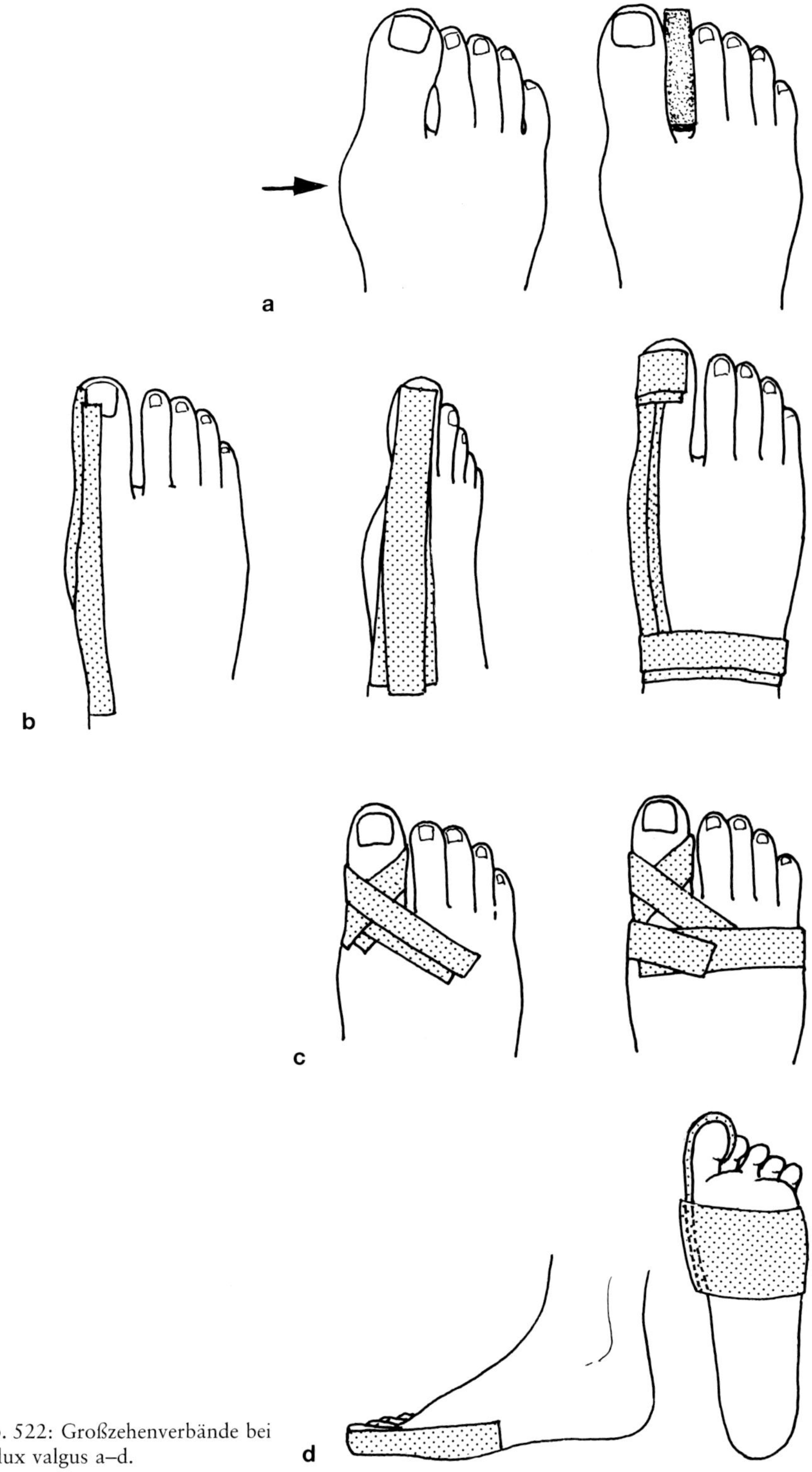

Abb. 522: Großzehenverbände bei Hallux valgus a–d.

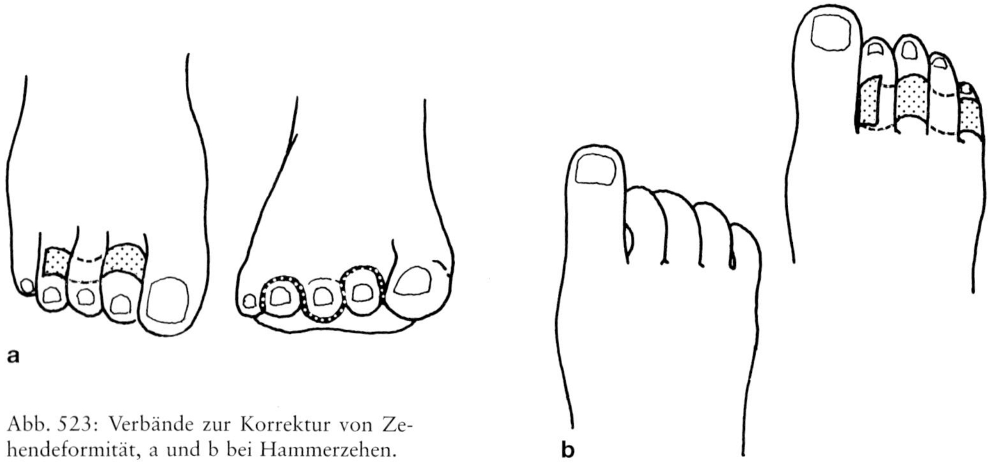

Abb. 523: Verbände zur Korrektur von Zehendeformität, a und b bei Hammerzehen.

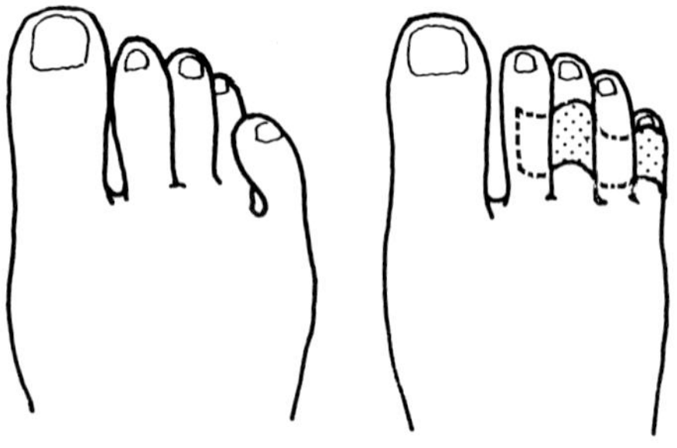

Abb. 524: Verband zur Korrektur bei überliegender Kleinzehe.

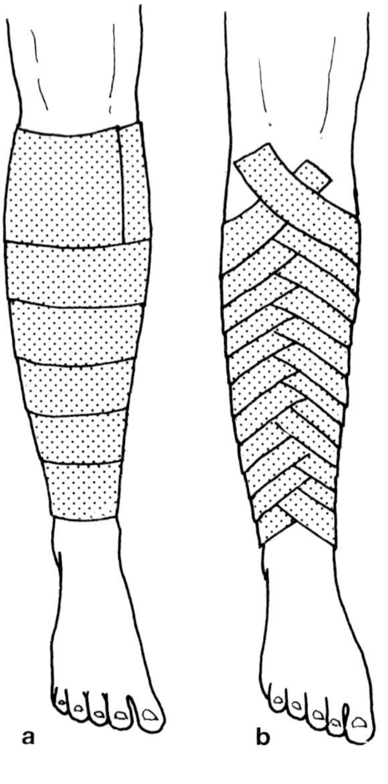

Abb. 525: Verbände zur Ruhigstellung am Unterschenkel. a Rundtour; b Spica.

Knieverbände

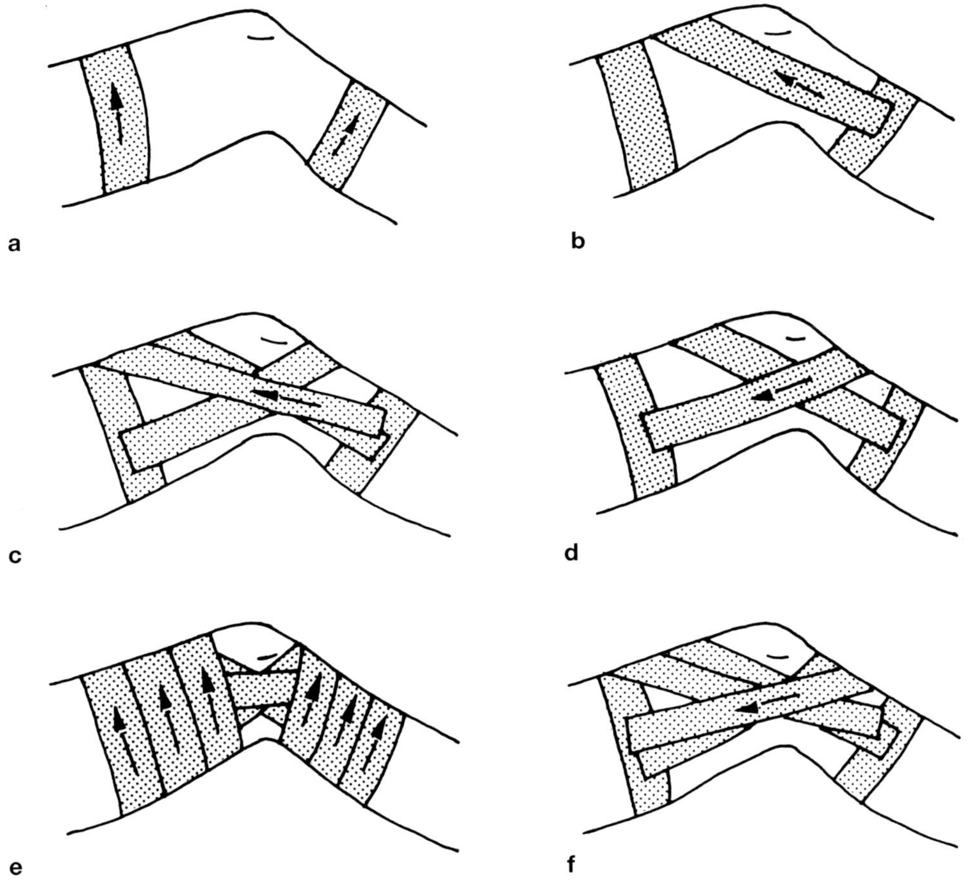

Abb. 526: Verband zur Entlastung des Bandapparates a–f.

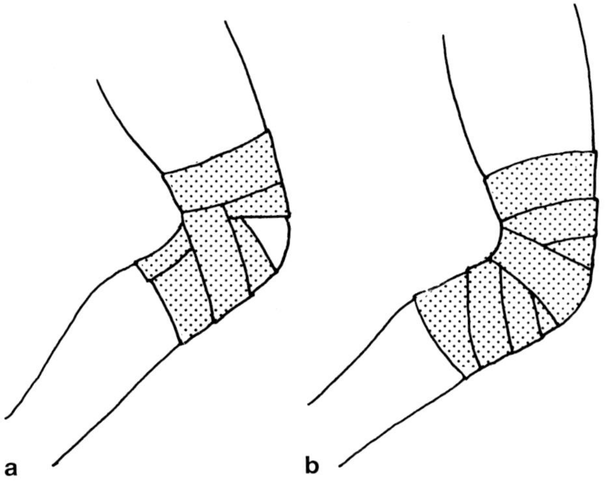

Abb. 527: Testudo am Kniegelenk.
a reversa; b inversa.

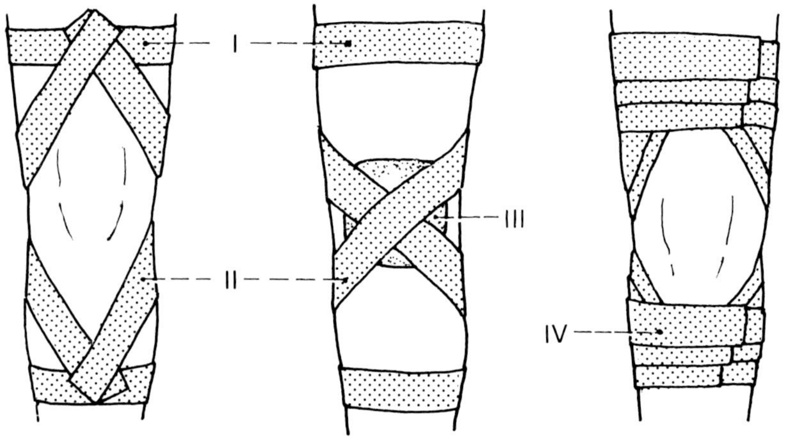

Abb. 528: Verband zur Ruhigstellung am Kniegelenk (Rückseite).
I Haltestreifen; II Diagonalstreifen; III Polsterung; IV Fixierstreifen

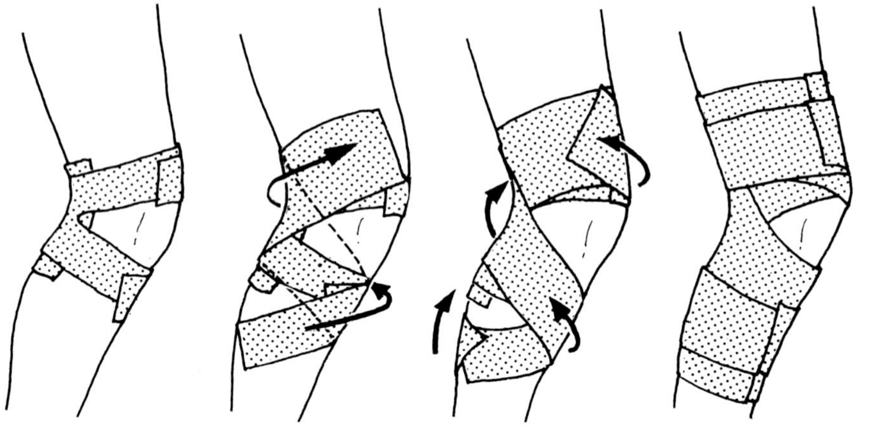

Abb. 529: Verband zur Ruhigstellung am Kniegelenk bei Rotationsverletzungen. Züge werden bei Innenbandverletzungen von außen nach innen und bei Außenbandverletzungen von innen nach außen geführt.

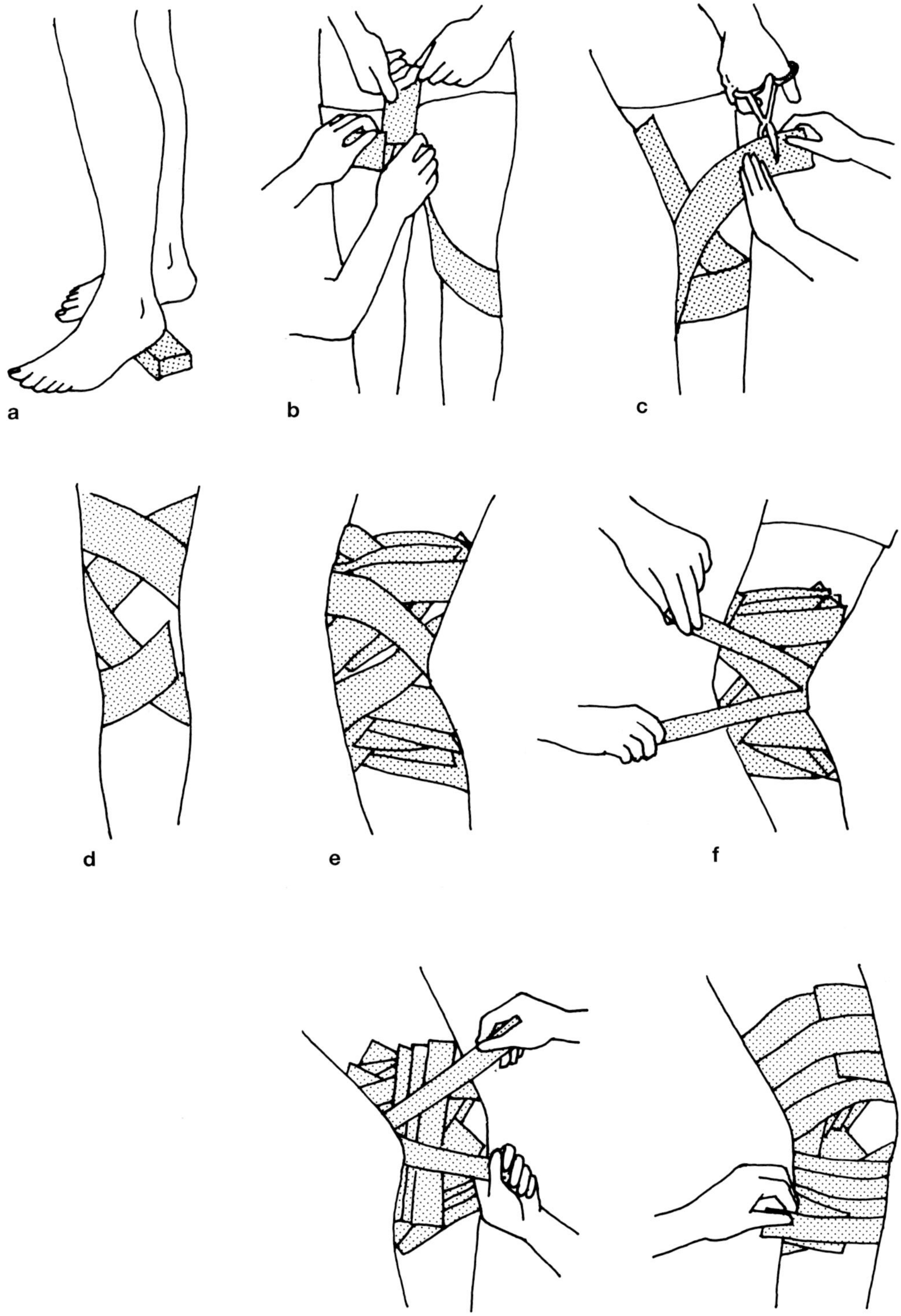

Abb. 530: Kniegelenkverband a–h.

Oberschenkelverbände

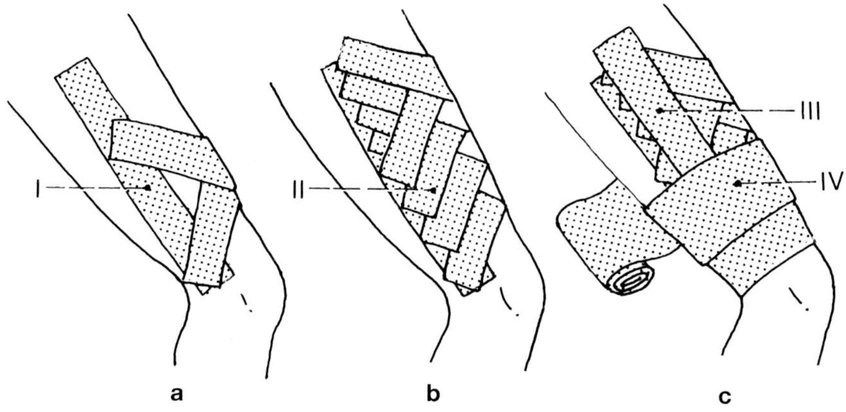

Abb. 531: Kompressionsverband ohne und mit Coolpac. Oberschenkelvorderseite a–c.

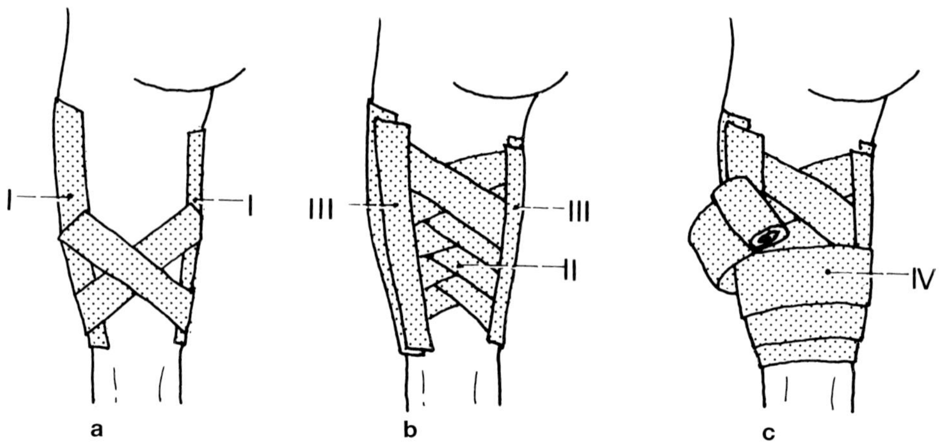

I Haltestreifen
II Diagonalstreifen
III Fixierstreifen
IV Rundtour

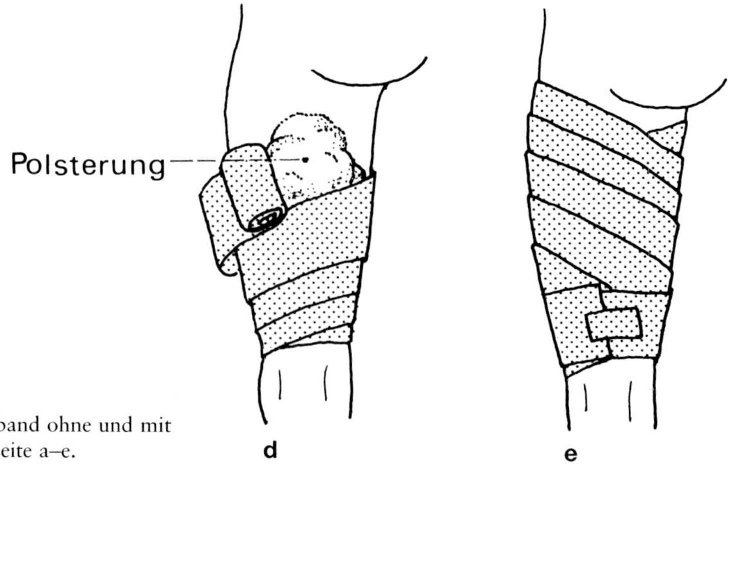

Abb. 532: Kompressionsverband ohne und mit Coolpac. Oberschenkelrückseite a–e.

Lenden-Becken-Hüftverbände

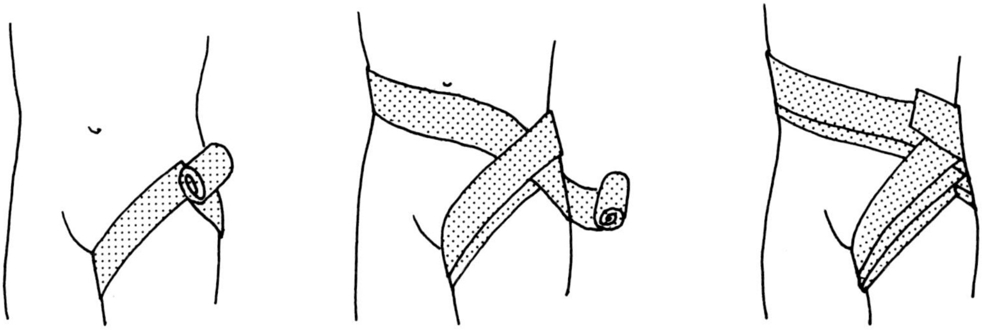

a b c

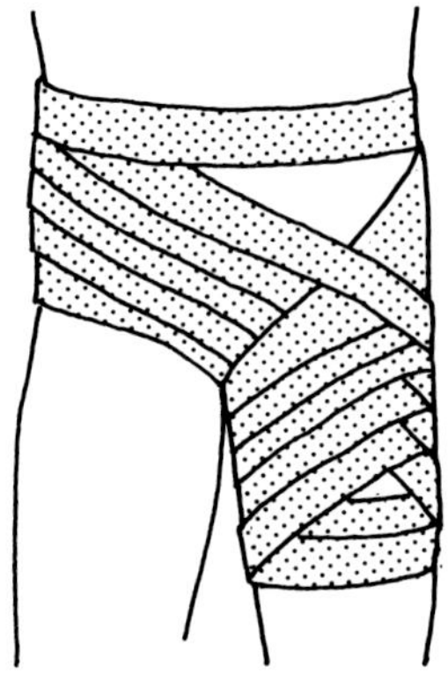

d

Abb. 533: Verband zur Ruhigstellung im Hüftbereich, bei Leistenbeschwerden a–d.

I Haltestreifen
II Längsstreifen
III Fixierstreifen
IV Rundtour

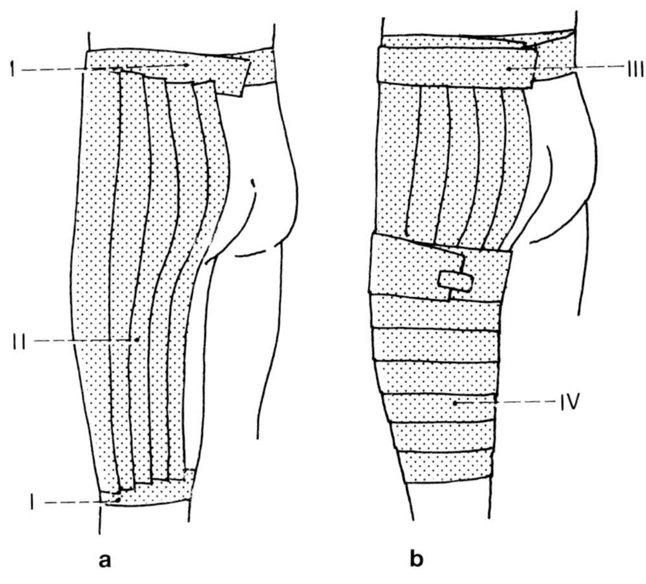

a b

Abb. 534: Verband zur Ruhigstellung im Hüftbereich a–b.

Wirbelsäulen-Rumpfverbände

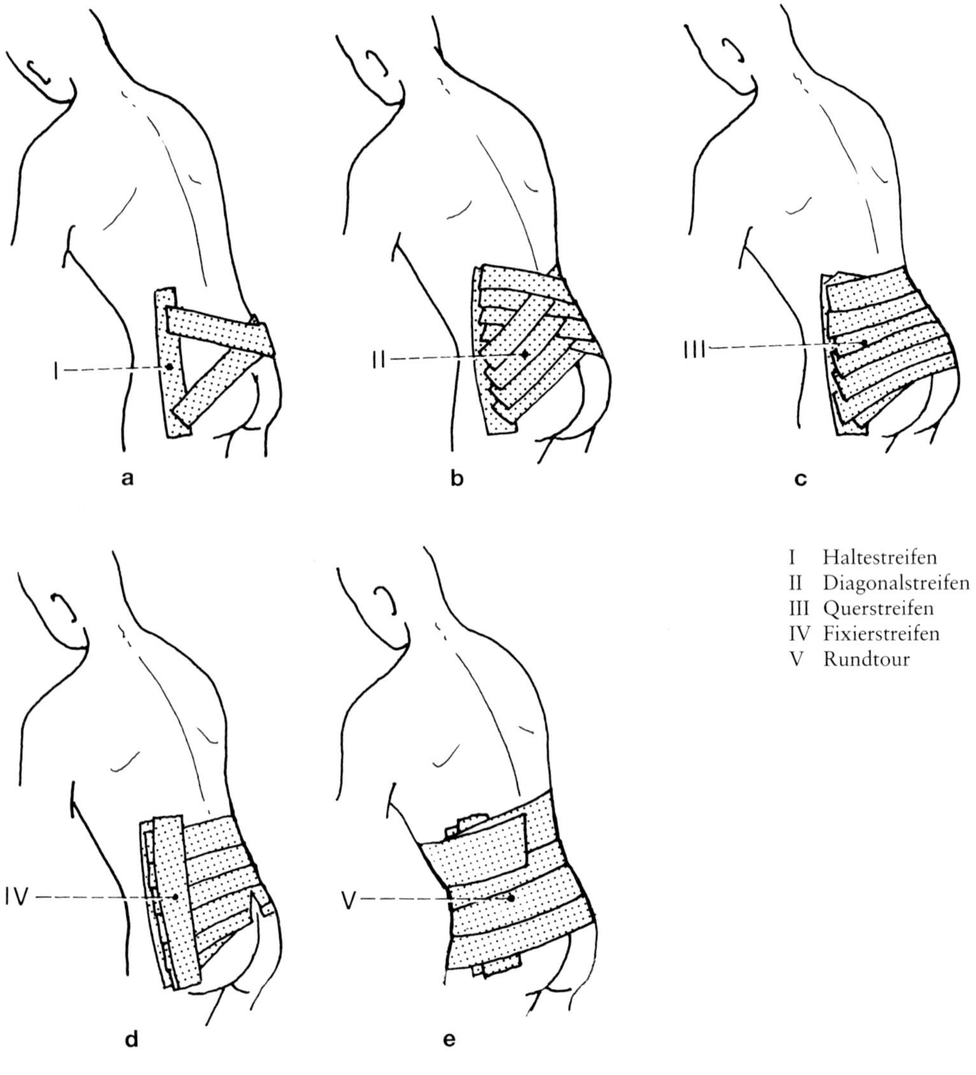

Abb. 535: Verband zur Ruhigstellung im Lendenwirbelsäulenbereich a–e.

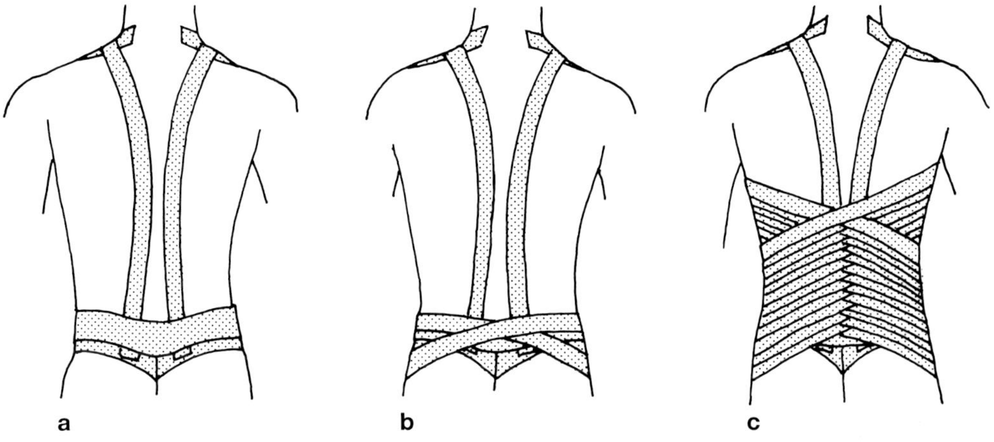

Abb. 536: Verband zur Ruhigstellung im Lenden-Brustwirbelsäulenbereich a–c.

Schultergürtelverbände

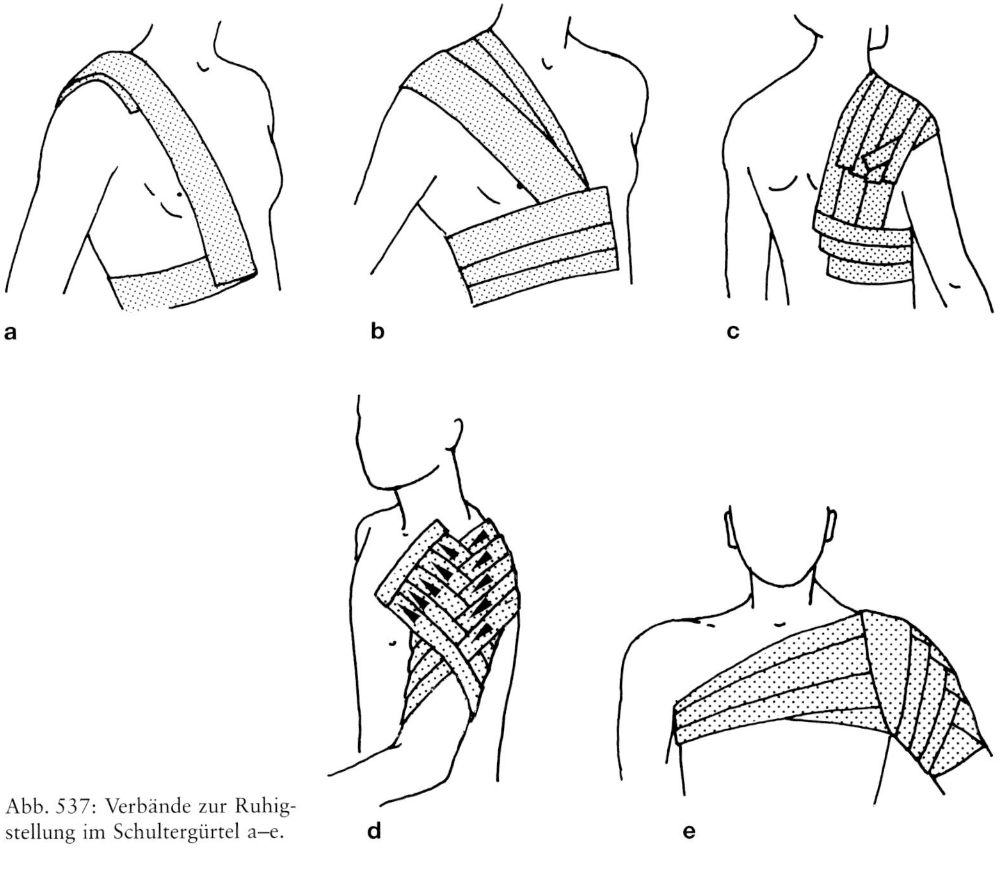

Abb. 537: Verbände zur Ruhigstellung im Schultergürtel a–e.

Armverbände

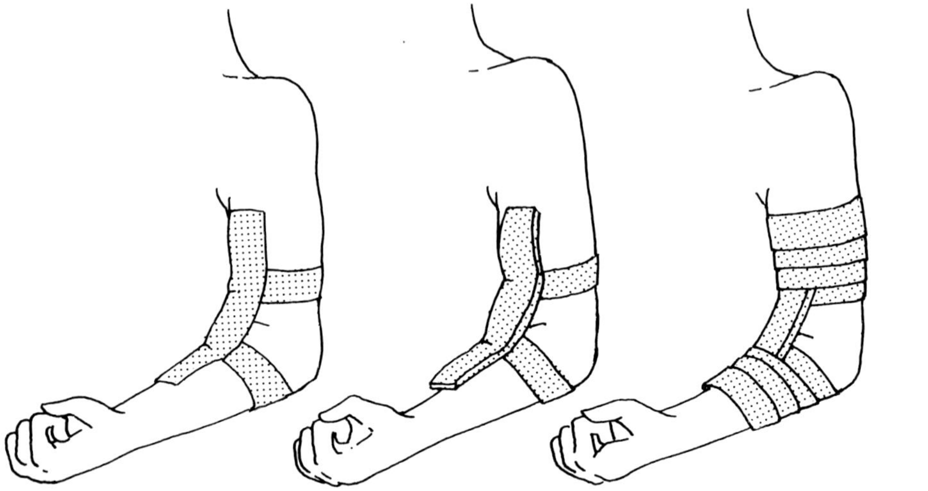

a b c

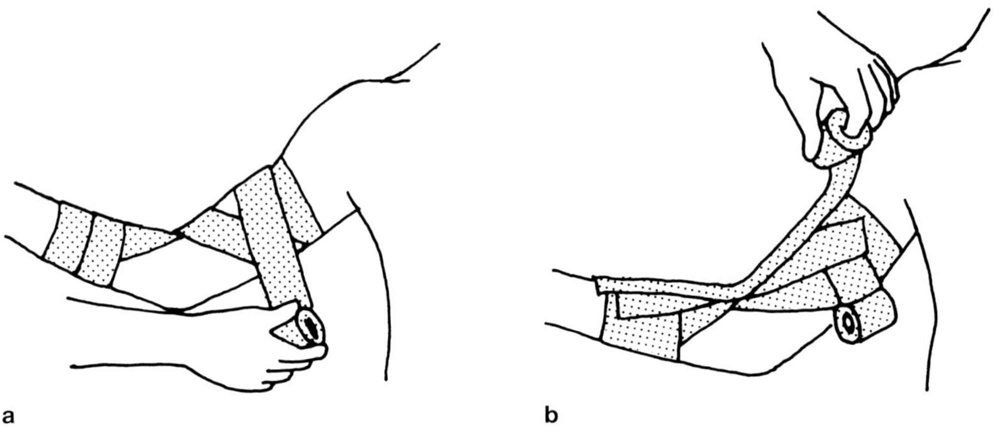

a b

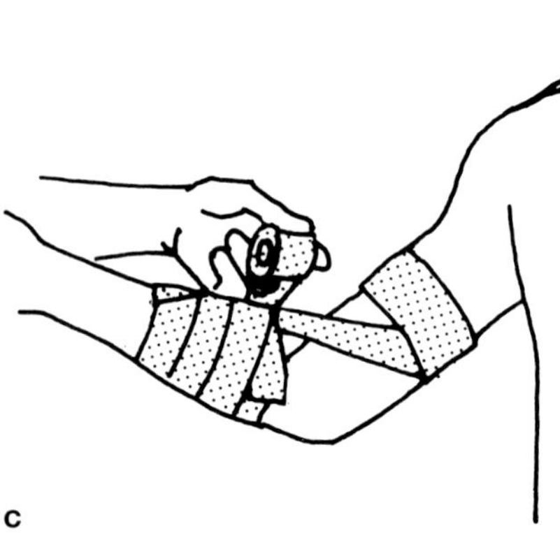

c

Abb. 538: Verbände zur Ruhigstellung des Ellenbogengelenks. – Zwei Varianten jeweils a–c.

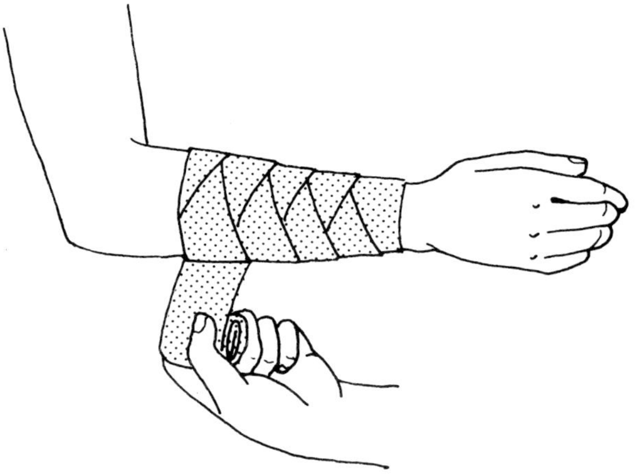

Abb. 539: Verband des Unterarmes.

Handverbände

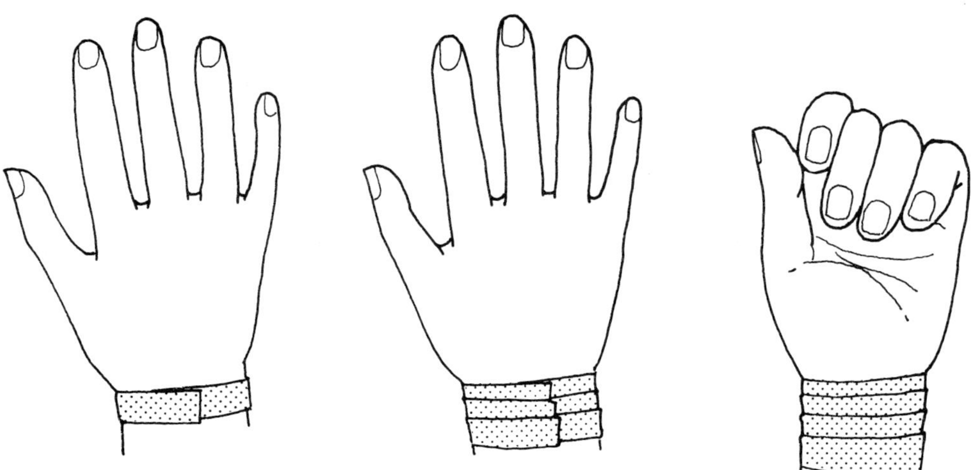

a b c

Abb. 540: Verband zur Ruhigstellung des Handgelenkes, sog. «Kraftriemen» a–c.

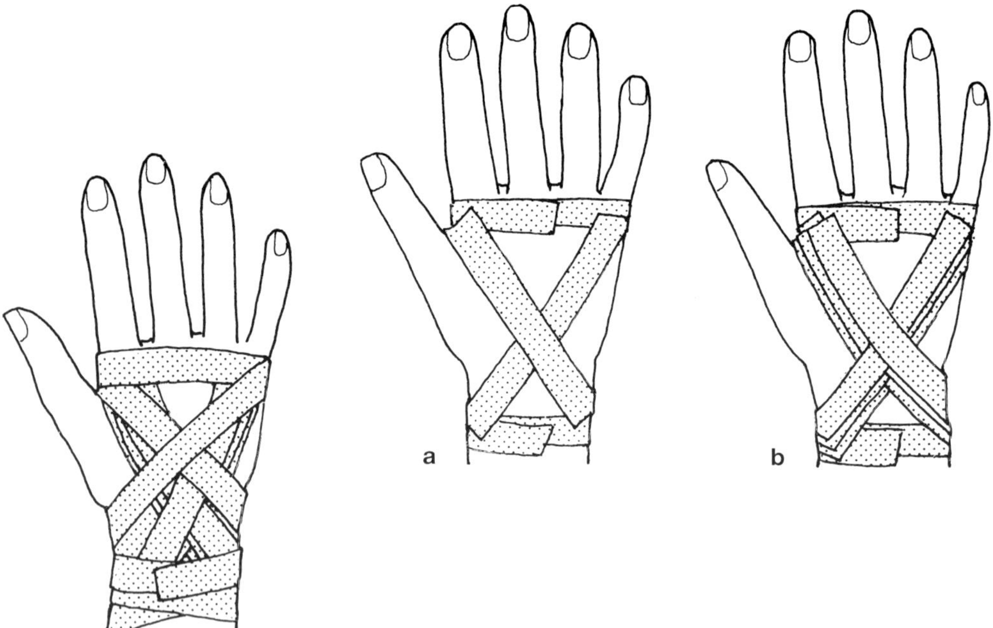

Abb. 541: Verband zur Ruhigstellung der Hand a, b, c.

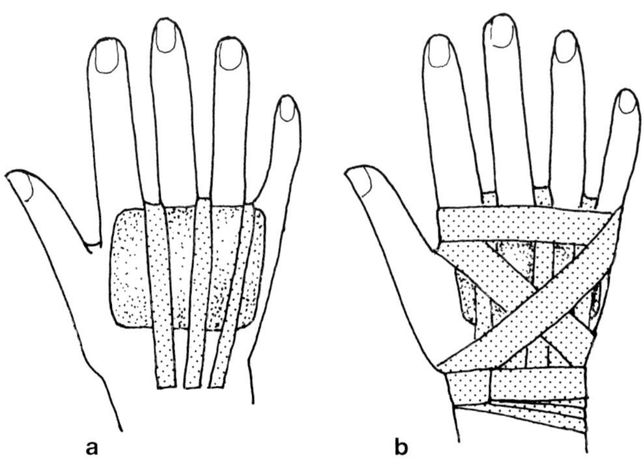

Abb. 542: Kompressionsverband der Hand a, b.

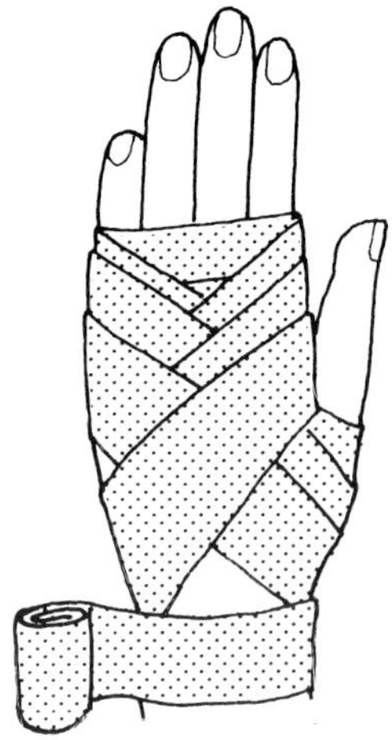

Abb. 543: Verband zur Ruhigstellung des Handgelenkes und der Hand.

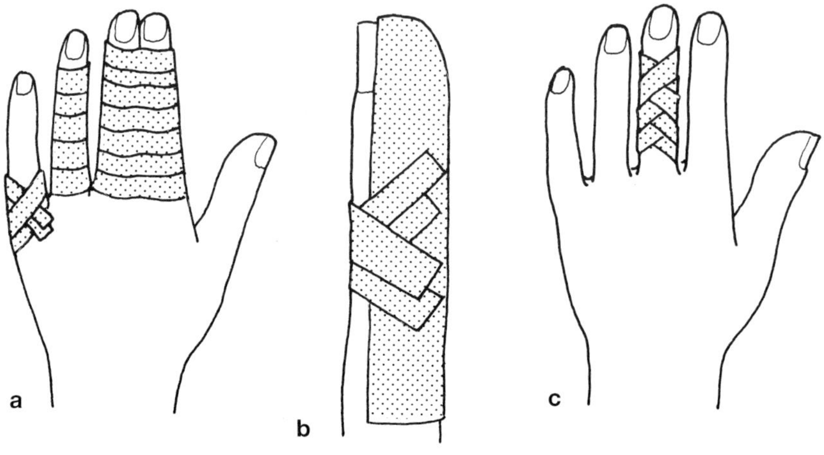

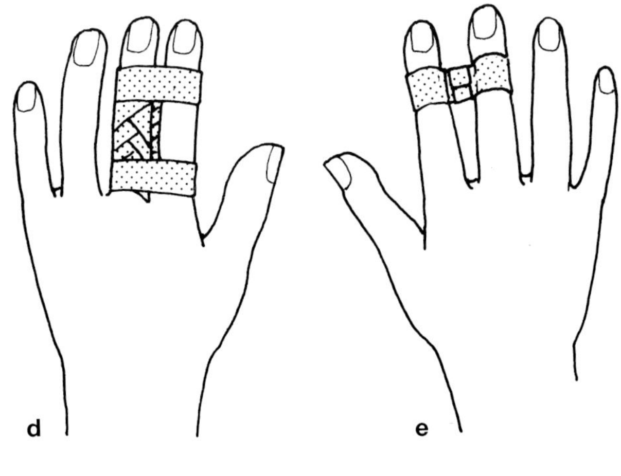

Abb. 544: Verbände zur Ruhigstellung der Finger a–e.

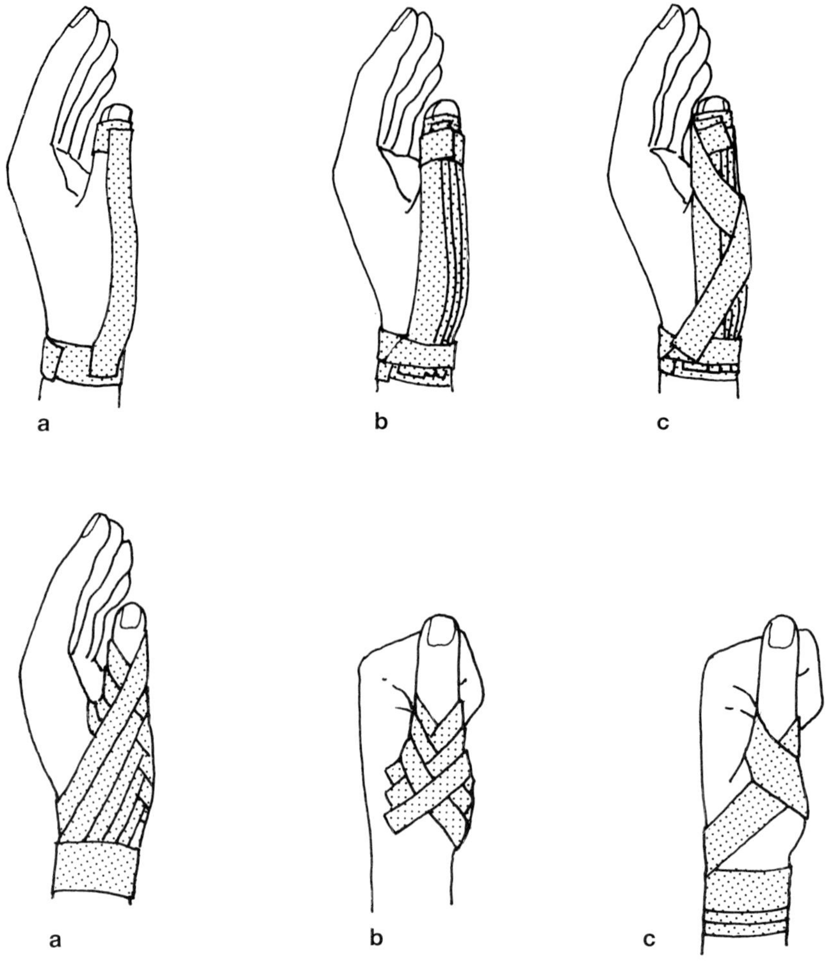

Abb. 545: Verbände zur Ruhigstellung des Daumens a–c.

Material

Verbandsstoffe	Pflaster und Binden zur Wundversorgung
Polsterbinden	Wattebinden
	Vliesbinden
	Schaumgummibinden
	Varizenbinden
Unterbinden	Mullbinden
	Gazofixbinden
	Haftelastbinden
	Snöggbind-Bandage
	Sporty Quick-Bandage
	Underwrapbind (USA)
Fixierbinden	Mullbinden
	Netzbinden
	Schlauchbinden
	Gazofixbinden
	Haftelastbinden
Elastische Binden	Kurzzugbinden
	Mittelzugbinden
	Langzugbinden
Klebebinden	Binden mit Längs- (60%) und Querdehnung (30%)
Pflasterbinden	Tape unelastisch, zugfest, längs und quer reißbar
	Leukoplast – unelastisch
Selbsthaftende Binden	Gazofixbinden
	Haftelastbinden
	Snöggbind-Bandage
	Sporty Quick-Bandage
Hilfsmittel	Schere
	Sprühkleber
	Seile in verschiedenen Stärken
	Reinigungsbenzin
	Vaseline
	Einmalrasierer
	Tapecutter

Durchführung

Funktionelle Verbände haben dann den besten Wirkungsgrad, wenn Wundversorgung, Kompression, Stütz- und Haltefunktion, Entlastung, Führung und Schmerzfreiheit erreicht werden. Ist ein Bewegungsabschnitt schmerzhaft, so muß der funktionelle Verband das betroffene Gelenk und/oder die betroffene Muskulatur so unterstützen, daß alle vorgenannten Eigenschaften eintreten. Bei Tapeverbänden werden meist zunächst Haltestreifen auf die Unterbinde geklebt, um die nachfolgenden Längs- oder Diagonalstreifen besser haften zu lassen.

Beispiele:

Treten bei Hüftbeugung Schmerzen auf, wird das betroffene Gebiet mit einem Verband fixiert, so daß eine Hüftbeugung nur bis unter die Schmerzgrenze möglich ist.
Treten bei Abduktion und Außenrotation des Beines Schmerzen auf, wird das betroffene Gebiet mit einem Verband in Adduktions -und Innenrotationsrichtung fixiert, so daß eine Abduktion und Außenrotation des Beines nur bis unter die Schmerzgrenze möglich ist.
Nach einer Distorsion im oberen Sprunggelenk treten bei Supinationsbewegungen des Fußes häufig Schmerzen auf. Der Fuß wird in Mittelstellung mit einem Verband fixiert, so daß Flektion und Extension erhalten bleiben und die Supination nur bis zur Schmerzgrenze möglich ist. Die Binden werden von innen nach außen gewickelt, und der Fuß so in Pronationsstellung gebracht.

Zusammenfassung

Ein indikationsbezogener Einsatz von funktionellen Verbänden im Sport hängt nicht nur von Kenntnissen über Sportverletzungen und Sportschäden ab, sondern auch vom Wissen über die Beschaffenheit, Funktion und Wirkungsweise der einzelnen Verbandsmaterialien.

10. Der Einsatzkoffer

Der Therapeut, der Athleten und Mannschaften betreut, benötigt einen gut ausgestatteten und übersichtlich gestalteten Einsatzkoffer mit folgendem Inhalt.

Verbandsmaterialien

Hansaplast
Wundpflaster
Klammerpflaster
Sprühpflaster
Fingerkuppenverband

Leukoplast
Tape
Verbandsmull
Verbandspäckchen (Kompressen)
Schnellverband
Gaze
Zellstoff
Second skin
Steril strips
Einwegtaschentücher
Wundreinigungstücher
Tupfer
Watte
Snögg-Allzweckverband
Schaumgummi (kaschiert)
Netzverband
Dreiecktuch
Schienen (auch aufblasbare)
selbstklebender Schaumstoff, beliebig zuschneidbar

Binden

Elastische Binden
Idealbinden
Mullbinden
Polsterbinden-Wattebinden, Vliesbinden, Schaumgummibinden
Gazofixbinden
Haftelastbinden
Varizenbinden
Underwrapbind (aus den USA)
Klebebinden
Netzbinden
Schlauchbinden
Kompressionsbinden
Snöggbind-Bandage
Sporty Quick-Bandage

Pharmaka

Massageöl
Massagebalsam
Franzbranntwein
Fluid
Eispackungen

Coolpac
Kältekissen
Kühlgelkompresse
Vereisungsspray
Chloraethyl
Puder
Vaseline
Sonnenschutzmittel
Desinfektionsspray
Reinigungsbenzin
Sprühkleber
Salben zur Resorptionsförderung (auch flüssig)
Kühlgel
Wund- und Heilsalbe
Durchblutungssalbe
wärmende Salbe
Wärmepackungen
Abführmittel
Tabletten gegen Schmerzen
Fieber
Durchfall
Halsschmerzen
Kopfschmerzen
Muskelschmerzen – Antirheumatikum
Zäpfchen gegen Fieber
Schmerzen
Tropfen für Augen
Ohren
Beruhigung
Belebung – Riechampullen
Stryphnonasal-Nasenstift
Magen – Darm
Elektrolyte – Mineralstoffzusätze

Zusätze

Tapecutter
Verbandsschere
Kleiderschere
Taschenmesser
Sicherheitsnadeln
Nagelzange
Pinzette
Nadel
Spatel
Einweghandschuhe

Massagestäbchen
Gelenkstützen
kleiner Eimer
Schwamm
Eisbox
Eisbeutel
Wärmflasche
Seife
Flaschenöffner
Seile (verschiedene Längen und Stärken)
Handtuch
Aludecke

Den Einsatzkoffer zur Kontrolle mit einem Inhaltsverzeichnis versehen. Die Verbandsmaterialien und Binden werden in unterschiedlichen Längen, Breiten und Stärken benötigt.

Nachwort

Die AG Sportmedizin im Deutschen Verband für Physiotherapie – Zentralverband der Krankengymnasten (ZKV) e. V. ist ein Zusammenschluß von Krankengymnasten, die sich mit sportmedizinischen Problemen befassen. In Klinik, freier Praxis, in Sportverbänden und -vereinen sammeln sie Erfahrungen in der Behandlung von Sportverletzungen und Sportschäden. Die Anfänge dieser Arbeit auf sportmedizinischem Gebiet gehen auf das Jahr 1969 zurück. In diesem Jahr wurde im Zentralverband Krankengymnastik e. V. ein Olympiaausschuß gebildet, der in Zusammenarbeit mit dem Organisations-Komitee der XX. Olympischen Spiele den Einsatz von Krankengymnasten organisierte. Im Jahr 1972 erfolgte zum ersten Mal der Einsatz einer geschlossenen Gruppe von Krankengymnasten bei den Olympischen Spielen in München. Dabei wurden von 23 Krankengymnasten über 7000 Behandlungen an sportverletzten Athleten aller Nationen durchgeführt.
In den Jahren 1970 bis 1980 veranstaltete die AG Sportmedizin 30 Fortbildungslehrgänge. Über 500 Krankengymnasten nahmen daran teil. Die Lehrgänge befaßten sich mit der Prophylaxe, Therapie und Rehabilitation von Verletzungen und Schäden in verschiedenen Sportdisziplinen sowie mit den Möglichkeiten der Leistungssteigerung des Sportlers. Neben den Disziplinen Leichtathletik, Sportspiele, Turnen, Trampolinturnen, Schwimmen u. a., die an verschiedenen Leistungszentren, Landessportschulen und Fachkliniken stattfanden, standen Wintersport und Skilauf in Wochenlehrgängen auf der Winklmoosalm und in Klosters/Schweiz auf dem Programm.
Neue sportwissenschaftliche Erkenntnisse sowie die Theorie und Praxis der einzelnen Sportdisziplinen, wurden in diesen Lehrgängen gelehrt und erarbeitet. Die Mitglieder der AG Sportmedizin verfügen über vielseitige eigene leistungssportliche Praxis und erwarben außerdem die Übungsleiterlizenz des DSB.
Namhafte deutsche Sportmediziner, Sportpädagogen und Trainer nahmen an diesen Lehrgängen als Referenten und Dozenten teil. Die Autoren dieses Buches sind mit der Arbeit der AG Sportmedizin im ZVK eng verbunden. Sie danken allen Referenten, Dozenten und den Athleten, die sich an diesen sportmedizinischen Fortbildungslehrgängen beteiligt haben. Insbesondere ist Prof. Dr. D. Böhmer, dem Vorsitzenden des Sportärztebundes Hessen e. V., Prof. Dr. W. Heipertz, dem Direktor der Orthop. Uni-Klinik «Friedrichsheim», Frankfurt am Main, Dr. W. Pfeifer, dem Vorsitzenden des Sportärztebundes Rheinland-Pfalz e. V., Prof. Dr. H. Schoberth, dem Direktor der Ostseeklinik Damp und Prof. Dr. H. Stoboy von der Orthop. Klinik der Freien Universität «Oskar Helene Heim», Berlin, für ihr Engagement und ihre Unterstützung zu danken. – Nicht zuletzt danken die Autoren der Lehranstalt für Krankengymnastik und Massage der Orthop. Uni-Klinik «Friedrichsheim», Frankfurt am Main, der Lehranstalt für Krankengymnastik der Orthop. Uni-Klinik, Köln, und der Lehranstalt für Krankengymnastik und Massage, Berlin-Charlottenburg, für die Möglichkeit, die Grundlagen von Physiotherapie und Krankengymnastik zu erlernen.

Seit dem Erscheinen der 1. Auflage des Buches «Sportphysiotherapie» 1981 hat sich die AG-Sportmedizin im Deutschen Verband für Physiotherapie – Zentralverband der Krankengymnasten (ZVK) e. V. weiterentwickelt.
Die Lehrinhalte der Weiterbildungskurse wurden neu geordnet und immer wieder durch neueste Erkenntnisse ergänzt.
Insgesamt haben bis 1990 über 3000 Krankengmynasten an Kursen und Seminaren teilgenommen. Ziel dieser Weiterbildung bleibt, dem Athleten qualifizierte Therapeuten mit vertieftem Wissen und Können und zugleich vielseitiger eigener sportlicher Praxis zur Seite zu stellen.
Dies kann eine Chance sein, dem Athleten, auch ohne gesundheitsgefährdendes Doping im Prophylaxe, Therapie und Rehabilitation, im Team mit Trainer und Sportarzt, Wege zu weisen, wie seine Gesundheit erhalten und seine Leistungsfähigkeit verbessert werden kann.

Die Autoren

DORIS EITNER

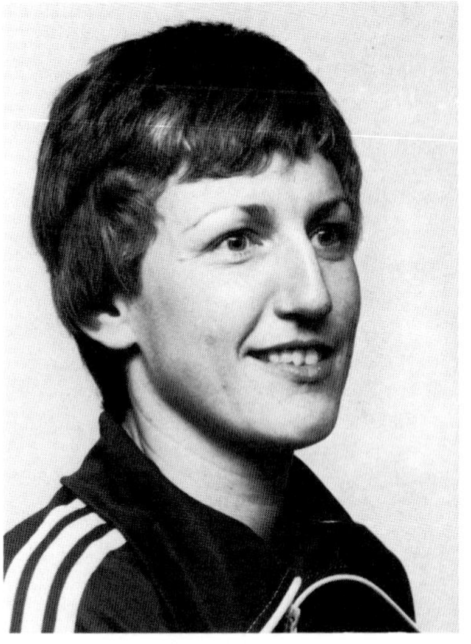

Jahrgang 1949, Ausbildung und staatliche Anerkennung als Krankengymnastin an der Lehranstalt für Krankengymnastik der Orthop. Uni.-Klinik Köln, Tätigkeit am Zentrum für operative Medizin des Städt. Krankenhauses Leverkusen und in freier Praxis. 1972 Einsatz als Krankengymnastin bei den Olympischen Spielen in München, Mitglied der AG Sportmedizin im Deutschen Verband für Physiotherapie – Zentralverband der Krankengymnasten (ZVK) e.V. Von 1973 bis 1979 Betreuerin der Deutschen Damen-Basketball-Nationalmannschaft sowie zeitweise des Leichtathletik-A-Kaders des DLV. Behandlung und Betreuung von Sportlern in freier Praxis. – Aktive Fünfkämpferin, Basketballspielerin und Leichtathletik-Übungsleiterin. Mehrfache Landesmeisterin im Speerwurf, 2. Platz in der Jugendbestenliste der Bundesrepublik Deutschland im Speerwurf.

WERNER KUPRIAN

Jahrgang 1929, Ausbildung und Examen als Sport- und Gymnastiklehrer in Frankfurt am Main, Ausbildung und staatl. Anerkennung als Krankengymnast an der Lehranstalt für Krankengymnastik der Orthop.-Uni.-Klinik Frankfurt am Main. Examen als Berufsreitlehrer FN an der Westfälischen Reit- und Fahrschule Münster. Erwerb des silbernen Reiterabzeichens. Langjährige Tätigkeit als Sportlehrer, Trainer, Reitlehrer und Krankengymnast. Nach klinischer Tätigkeit und freier Praxis Direktor des Gesundheitswesens der BRAUN AG. 1972 Leiter des Einsatzes der Gruppe der Krankengymnasten bei den Olympischen Spielen in München; Gründer und Leiter der AG Sportmedizin und Mitglied des Gesamtvorstandes des Deutschen Verbandes für

Physiotherapie – Zentralverband der Krankengymnasten (ZVK) e. V. von 1972 – 1983. Mitglied im Vorstand und stellvertretender Vorsitzender des Kuratorium für therapeutisches Reiten e. V.; 1978 Verleihung der Bundesverdienstmedaille durch den Bundespräsidenten; Lehrtätigkeit und Veröffentlichungen auf dem Gebiet der Krankengymnastik, des Sports, des Reitens und der Hippotherapie. Leiter des Kuprian-Instituts für Krankengymnastik, Sportphysiotherapie, Bewegungserziehung und angewandte Psychologie in Königstein im Taunus.

LUTZ MEISSNER

Jahrgang 1948, Ausbildung und staatliche Anerkennung als Krankengymnast an der Lehranstalt für Krankengymnastik und Massage in Berlin-Charlottenburg. Tätigkeit als Krankengymnast an der Rheumaklinik, Leukerbad/Schweiz, am Kabat-Kaiser-Institut, Valleyo/Kalifornien (USA), in Bergen/Norwegen und in freier Praxis. 1972 Einsatz als Krankengymnast bei den Olympischen Spielen in München; Mitglied der AG Sportmedizin im Deutschen Verband für Physiotherapie – Zentralverband der Krankenymnasten (ZVK) e. V. Seit 1983 Leiter der AG Sportmedizin im Deutschen Verband für Physiotherapie – Zentralverband der Krankengymnasten (ZVK) e. V.

DSB-Sportphysiotherapeut, DSB-Übungsleiterlizenz, Trainertätigkeit im Mittelstreckenlauf und im alpinen und nordischen Skilauf, langjähriger Betreuer der Hallenhandball-Regionalliga-Mannschaft von Borussia Fulda. Medizinischer Co-Trainer beim 1. FC Kaiserslautern, bei der Eintracht Frankfurt, Betreuer im DLV. Aktiver Leichtathlet, Tennisspieler und Skiläufer, mehrfacher hessischer Landessieger im Skilanglauf, zweimal Berliner Meister im Mittel- und Langstreckenlauf, Hessischer Vizemeister im 800-m-Lauf und Hessischer Vizemeister im Slalom. Lehrtätigkeit im In- und Ausland und Veröffentlichungen auf dem Gebiet der Krankengymnastik und des Sports.

HELMUT ORK

Jahrgang 1947, Ausbildung und staatl. Anerkennung als Krankengymnast an der Lehranstalt für Krankengymnastik der Orthop. Uni.-Klinik Köln, Tätigkeit am Zentrum für operative Medizin des Städt. Krankenhauses in Leverkusen und in freier Praxis. 1972 Einsatz als Krankengymnast bei den Olympischen Spielen in München, Mitglied der AG Sportmedizin im Deutschen Verband für Physiotherapie – Zentralverband der Krankengymnasten (ZVK) e. V., Behandlung und Betreuung von Sportlern im Verein und Praxis. Betreuung von Leichtathleten und Handballern vom SV Bayer 04 Leverkusen; Versehrtensportwart im Behindertensportbund Nordrhein-Westfalen, aktiver Leichtathlet.

Aus der Fachpresse über die 1. Auflage

«Das vorliegende Buch ist von Krankengymnasten geschrieben. Dieses Autorenteam vereinigt in sich die langjährige praktische Erfahrung in der Betreuung und Behandlung verletzter Sportler mit einer langfristig andauernden Weiterbildung in verschiedenen Sparten des Fachgebietes.»
Prof. Dr. H. Krahl, FAZ, 8. 12. 1981.

«Sollte (hoffentlich!) einmal die Zeit kommen, in der die Zusatzbezeichnung ‹Sportmedizin› ernsthaften Kriterien vor ihrer Vergabe unterzogen wird als jetzt, dann sollte dies Buch für die dann fällige Propädeutik eigentlich nicht wegzudenken sein.»
Prof. Dr. U. Pförringer, Münchner medizinische Wochenschrift, 1981.

«Der Fischer-Verlag legt mit diesem Lehr- und Handbuch eine ausgezeichnete, für Experten und Laien gleichermaßen ansprechende Darstellung sportphysiotherapeutischer Grundlagen und Anwendungen vor, die besonderes Gewicht durch die reichhaltige, prägnante Bebilderung, instruktive Fotos und die zahlreichen schematischen Zeichnungen erhält.»
Prof. Dr. K. Jung, Ärztezeitschrift für Naturheilverfahren, 9/1982.

«Dieses Buch ist nicht nur dem Physiotherapeuten sondern sicher auch dem sportmedizinisch interessierten Arzt zu empfehlen.»
Prof. Dr. Hansjörg Keller, Magglingen, Schweizer Zeitschrift für Sportmedizin, 2/1982.

«Der Herausgeber, Werner Kuprian, ein seit langen Jahren im Sportgeschehen gut bekannter und erfahrener Physiotherapeut, unter anderem auch leitender Krankengymnast bei den Olympischen Spielen in München, wird in diesem Buch neue Maßstäbe setzen.»
«Das Buch ist – wenn auch nicht ganz billig – für den angesprochenen Personenkreis, aber auch für jeden Sportarzt ohne Einschränkung sehr zu empfehlen.»
Dr. H. P. Schwerdtner, Orthopäde und Sportarzt, Deutsches Turnen 12/1981.

«Alles ist sehr übersichtlich und leicht verständlich dargelegt, sodaß sich dieses Buch sehr zum Nachschlagen eignet und hinsichtlich des Inhaltes und seiner Brauchbarkeit keine Wünsche offen läßt. Das Werk kann daher Sportärzten und Sportphysiotherapeuten bestens empfohlen werden.»
Prof. Dr. O. Ventruba, Wien, Mitteilungen der österreichischen Sanitätsverwaltung, 7–8/1983.

Literaturverzeichnis

I. Abschnitt

Passive Behandlungsmaßnahmen

Bear, K. H.: Beobachtungen in Mexiko, Ausblick auf die Olympischen Spiele 1972, München. Der deutsche Badebetrieb, Otto Haase Verlag, Lübeck

Birjukow, A. A., Kafarow, K. A.: Mittel zur Wiederherstellung der Leistungsfähigkeit des Sportlers. PHYSIKALISCHE THERAPIE 8/1980

Böhmer, D.: Sportverletzungen – Sportschäden Thieme Verlag, Stuttgart 1986

Brauchle, A.: Naturheilkunde, Bertelsmann Verlag 1965

Brecht, D.: Die heiße Rolle. KRANKENGYMNASTIK 11/1980. Richard Pflaum Verlag, München

Brügger, A.: Die Erkrankungen des Bewegungsapparates und seines Nervensystems, Gustav Fischer Verlag, Stuttgart 1980

Bruhin, A.: Elektrotherapie. ORTHOPÄDIE 7/78. Springer Verlag

Bühring, M.: Theoretische Grundlagen der Bindegewebsmasse. KRANKENGYMNASTIK 5/1983. Richard Pflaum Verlag, München

Büttner, Findeklee: Peterstaler Elektrofibel, Bad Peterstal 1983

Callies, R.: Differenzierte Ultraschalltherapie und ihr Einsatz in der Sportmedizin

Cyriax, J.: Textbook of Orthopaedic Medicine Volume 2 – Bailliere u. Tindall, London 1977

Deuser, E.: Schnell wieder fit. Verlag Bintz/Dohany, Offenbach 1973

Deuser, E.: Das japanische Massagestäbchen. Verlag: Fitness Vertrieb, Olpe 1971

Deuser, E.: Die Gesundheit des Sportlers. Econ Verlag, Düsseldorf–Wien 1977

Diem, C.: Weltgeschiche des Sports und der Leibeserziehung. Cotta Verlag, Stuttgart 1960

Dicke, E., Schliack, H., Wolff, A.: Bindegewebsmassage. Gustav Fischer Verlag, Stuttgart 1982

Dirschauer, A.: Die gute Nachricht. Merckle Sportsymposium, Artikelserie 1–6, 1987

Drexel, Becker-Casademont, Seichert: Elektro- und Lichttherapie Band IV. Hippokrates Verlag, Stuttgart 1988

Drexel, Hildebrandt, Schlegel, Weimann: Elektro- und Lichttherapie. Physikalische Medizin. Hippokrates Verlag, Stuttgart 1988

Edel, H.: Fibel der Elektrodiagnostik und Elektrotherapie. Verlag Steinkopff, Dresden 1977

Einsingbach, T.: Kryotherapie in der Sportphysiotherapie. KRANKENGYMNASTIK 5/1986. Richard Pflaum Verlag, München

Einsingbach, T., Klümper, A., Biedermann, L.: Sportphysiotherapie und Rehabilitation. Georg Thieme Verlag, Stuttgart 1988

Eitner, D.: Sportverletzungen. Sonderdruck zur KRANKENGYMNASTIK. 29. Jg/77. Richard Pflaum Verlag, München

Eltze, C.: Über Muskelkater und seine Behandlung mit Vibrationsmassage. SPORTMEDIZIN 9/1983

Enderlein, K.: Die Heiße Rolle. PHYSIKALISCHE THERAPIE 10/1982

Ernst, H.: Erstversorgung von kleineren Sportverletzungen aus: Sport und Gesundheit 2, LSB Hessen 1987

Fabri, F.: Magnetfeldtherapie. Rehageria Verlag, Wachtberg 1979

Földi, M. u. E.: Das Lymphödem. Gustav Fischer Verlag, Stuttgart 1987

Gadomski, M.: Elektrotherapie bei Sportverletzungen. KRANKENGYMNASTIK 73/8. Richard Pflaum Verlag, München

Gierlich, K.: Elektrotherapie im Sport. ELEKTROMEDICA 3/72

Gierlich, K., A. Jung: Die kombinierte Anwendung von Ultraschall und Reizströmen, Sonderdruck Physikalische Medizin und Rehabilitation 9/68. Medizinisch-Literarische Verlagsgesellschaft, Uelzen

Gillert, O.: Niederfrequente Reizströme. Aus Theorie und Praxis der Krankengymnastik 1974. Richard Pflaum Verlag, München
Gillmann, H.: Physikalische Therapie. Georg Thieme Verlag, Stuttgart 1981
Grober, J., Stiere, F. E.: Handbuch der Physikalischen Therapie Band 1, 2/1, 4, Gustav Fischer Verlag Stuttgart 1966–1971
Groh, H., Groh, P.: Sportverletzungen und Sportschäden. Luitpold-Werk, München 1975
Günther, R., Jantsch, M.: Physikalische Medizin. Springer Verlag, Berlin 1987
Hamann, A.: Massage in Bild und Wort. Gustav Fischer Verlag, Stuttgart–New York 1983
Heipertz, W.: Sportmedizin. Georg Thieme Verlag, Stuttgart 1980
Heipertz, W.: Die Sportmassage unter dem Gesichtspunkt der Muskeldurchblutung. SPORTARZT UND SPORTMEDIZIN, Heft 3/1964
Heipertz, W.: Massage gestern, heute und morgen. PHYSIKALISCHE THERAPIE 6/1983
Hentschel, H.-D.: Alte und neue Wege der Massagetherapie. PHYSIKALISCHE THERAPIE 2/1982
Hentschel, H.-D.: Zur Wirkungsweise und Indikation der klassischen Massage. PHYSIKALISCHE THERAPIE 9/1981
Hess, H., Montag, H.-J.: Sportverletzungen. Luitpold Werke, München
Hochmuth, O.: Die Betreuung des Sportlers durch den Masseur. Diagnostik- und Therapieverlag H. Reinheimer, Worms 1979
Hoffa, A., Gocht, H., Storck, U., Lüdke, H. S.: Technik der Massage. Ferdinand Enke Verlag, Stuttgart 1978
Huber, E.: Wann ist eine Massage indiziert? Hippokrates Verlag, Stuttgart 1981
Hüllemann, K.-D.: Leistungsmedizin – Sportmedizin. Thieme Verlag, Stuttgart 1976
Hüter, A.: Deutscher Verband für Physiotherapie – Zentralverband der Krankengymnasten ZVK e. V. KRANKENGYMNASTIK 5/1979. Richard Pflaum Verlag, München
Janssen, G.: Der Wirkungsbereich der Kryotherapie. KRANKENGYMNASTIK 2/1980. Richard Pflaum Verlag, München
Kern, H., Trnavsky, G., Bochdansky, T., Salem, P.: Nutzen und Gefahren der Kryotherapie. PHYSIKALISCHE THERAPIE 4/1982
Kirchberg, F.: Sportmassage. Weidemann Verlag, Berlin
Koppelmann, J.: Eisanwendung als Ergänzung zur krankengymnastischen Behandlung. Zentralverband Krankengymnastik e. V., München Juli 1974
Koppelmann, J.: Die Eisbehandlung orthopädischer Erkrankungen. KRANKENGYMNASTIK 3/1972. Richard Pflaum Verlag, München
Kraeff, T.: Die Kryotherapie bei traumatischen Schulterkontrakturen. KRANKENGYMNASTIK 2/1980. Richard Pflaum Verlag, München
Kraus, H.: Periostbehandlung. V. P. Vogler, Leipzig 1953
Krummrei, J.: Kälteanwendungen bei Sportverletzungen. Vortrag beim Deutschen Sportärztebund – Landesverband Rheinland-Pfalz
Kuprian, W.: Krankengymnasten im Einsatz bei den XX. Olympischen Spielen in München. KRANKENGYMNASTIK 11/1972. Richard Pflaum Verlag, München
Kuprian, W.: Sportmassage. KRANKENGYMNASTIK 7/1972. Richard Pflaum Verlag, München
Kuprian, W., Hendrikoff, Gräfin L.: Gruppendynamik, Skilauf und Sportmedizin. KRANKENGYMNASTIK 1977, S. 483–490. Richard Pflaum Verlag, München
Kuprian, W., Süßmeyer, G.: Wintersportlehrgang des Deutschen Sportärztebundes in Klosters 1979. KRANKENGYMNASTIK 6/1979. Richard Pflaum Verlag, München
Kuprian, W.: Fortbildung auf sportmedizinischem Gebiet. KRANKENGYMNASTIK 5/1971. Richard Pflaum Verlag, München
Kuprian, W.: 10 Jahre AG Sportmedizin im ZVK e. V. KRANKENGYMNASTIK 12/1980. Richard Pflaum Verlag, München
Kurz, I. u. W.: Einführung in die Manuelle Lymphdrainage nach Dr. Vodder. Haug Verlag, Heidelberg 1979
Lambiris, E.: Veränderungen der Hautdurchblutung nach verschiedenen Massagearten. SPORTMEDIZIN 10/1983
Lampert, H.: Physikalische Therapie. Verlag Theodor Steinkopff, Dresden–Leipzig 1954
Lampert, H.: Physikalische Therapie in Forschung und Praxis. Verlag für Medizin Dr. Ewald Fischer 1976
Lange, H.: Eis zur Unterstützung krankengymnastischer Behandlung. KRANKENGYMNASTIK 4/69. Richard Pflaum Verlag, München
Lenhart, P.: Muskelphysiologische Grundlagen der Sportmassage und deren Wirkungsweise. Pinothek 2 Physiotherapie 1982

Lewitt, K.: Manuelle Medizin im Rahmen der medizinischen Rehabilitation. Urban-Schwarzenberg Verlag, München 1984
List, M.: Eisbehandlung in der Krankengymnastik. Zentralverband Krankengymnastik e. V., München April 1978
List, M.: Krankengymnastische Behandlungen in der Traumatologie. Springer Verlag, Berlin–Heidelberg–New York 1978
Lindemann, K., Teirich-Leube, H., Heipertz, W.: Lehrbuch der Krankengymnastik Band I, II, III und IV 1959–1965. Georg Thieme Verlag, Stuttgart
Marnitz, H.: Ungenutzte Wege der Manuellen Therapie
Matera, R.: Kälte – Kryotherapie. PHYSIKALISCHE THERAPIE 8/1983
Markworth, P.: Sportmedizin 1 – Physiologische Grundlagen. rororo – Sportbücher
Meissner, L.: Aufgaben und Möglichkeiten der Krankengymnastik in der Sportmedizin. Fachblatt Austria-Wien 1984
Meissner, L.: Die Arbeitsgemeinschaft Sportmedizin im ZVK. Jahrbuch Krankengymnastik 1985/86
Müller, E.: Massage – Aufgaben und Grenzen. SPORTARZT UND SPORTMEDIZIN, Heft 8/1970
Müller-Wohlfahrt, H. W., Montag, H. J.: Süße Pille Sport – Verletzt, was nun? Verlag medical concept, München 1984
Mülmann, A. v.: Krankengymnastik bei Verletzungsfolgen am Bewegungsapparat. Richard Pflaum Verlag, München 1970
Muschinsky, B.: Massagelehre in Theorie und Praxis. Gustav Fischer Verlag, Stuttgart 1984
Noelle, B.-M.: Kälte im Therapieverband. Jahn Ernst Verlag 1985
Petersmann, Dr. K.: Praktische Hinweise für die Behandlung mit diadynamischen Strömen nach BERNARD. Siemens AG, Erlangen 1983
Prokop, L.: Einführung in die Sportmedizin. Gustav Fischer Verlag, Stuttgart 1983
Pulc, W.: Die Kryotherapie. KRANKENGYMNASTIK 11/1975. Richard Pflaum Verlag, München
Read, M., Wade, P.: Sportverletzungen. Hippokrates Ratgeber 1987
Richardt, B.: Die gezielte Tiefenmassage korrespondierender Zonen im Bereich der Halswirbelsäule und der Schulter nach Dr. Marnitz. PHYSIKALISCHE THERAPIE 2/1981
Richardt, B.: Die klassische Massage wirkt reflektorisch! PHYSIKALISCHE THERAPIE 1/1981
Sachse, J.: Manuelle Untersuchungen und Mobilisationsbehandlung der Extremitätengelenke. Gustav Fischer Verlag, Stuttgart 1987
Schmidt-Kersen, W., Adam, A.: Wirkungsmechanismus der Heißen Rolle. KRANKENGYMNASTIK 11/1980. Richard Pflaum Verlag, München
Schoberth, H.: Sportmedizin. Fischer Taschenbuch-Verlag, Frankfurt am Main 1977
Schuh, I.: Bindegewebsmassage. Gustav Fischer Verlag, Stuttgart 1986
Science Products Trading GmbH: Die Auswahl richtiger Geräte zur Dauerschmerztherapie. TENS – Geräte. Hamburg 1988
Senn, E.: Die gezielte Wiedereinführung der Wechselstrom-Therapie. Eular Verlag, Basel 1980
Siemens AG: Physikalische Medizin – Hochfrequenztherapie, Ultraschalltherapie, Reizstromdiagnostik, Reizstromtherapie. Siemens AG, Erlangen 1983
Sperling, O. K.: Indikationen zur medizinischen Massage und deren Wirkung. DER KASSENARZT 18/78
Steinbach, M.: Medizinisch-psychologische Probleme der Wettkampfvorbereitung. Verlag Bartels & Wernitz KG, Berlin 1971
Steuernagel, O.: Skripten zur Elektrotherapie Band V. Boppard 1985
Storch, U.: Technik und Massage. Ferdinand Enke Verlag, Stuttgart 1978
Strohal, R.: Grundbegriffe der Massage. U+S Fachbuch. München–Berlin–Wien 1975
Suden tum, A.: Kryotherapie in der Orthopädie – Praktische Anwendung in der Krankengymnastik. KRANKENGYMNASTIK 2/1980. Richard Pflaum Verlag, München
Süßmeyer, G.: Basislehrgang Sportmedizin 1980. KRANKENGYMNASTIK 12/1980. Richard Pflaum Verlag, München
Teirich-Leube, H.: Grundriß der Bindegewebsmassage. Gustav Fischer Verlag, Stuttgart 1983
Terrier, J. C.: Manipulationsmassage. Hippokrates Verlag, Stuttgart
Thomsen, W.: Lehrbuch der Massage und manuellen Gymnastik. Georg Thieme Verlag, Stuttgart 1949
Tittel, K.: Beschreibende und funktionelle Anatomie des Menschen. Gustav Fischer Verlag, Stuttgart–New York 1985
Trnavsky, G.: Kryotherapie. KRANKENGYMNASTIK 4/1978. Richard Pflaum Verlag, München
Trnavsky, G.: Kryotherapie. Richard Pflaum Verlag, München 1979

Trnavsky, G., Kern, M.: Aufgabe und Behandlung der Physikalischen Therapie im Gesamtkonzept der medizinischen Behandlung. PHYSIKALISCHE THERAPIE 3/1982
Treumann, F.: Die Behandlung der Peratenonitis Achillae. ORTHOPÄDISCHE PRAXIS 10/1971
Vogler, P.: Physiotherapie. Georg Thieme Verlag, Stuttgart 1964
Weineck, J.: Optimales Training. Perimed Verlag, Erlangen 1983
Winkel, D., Vleeming, A., Fischer, S., Meijer, O. G., Vroege, C.: Nichtoperative Orthopädie, Teil 1, 2, 3. Gustav Fischer Verlag, Stuttgart 1985–1987
Wyss, Senn, Lenzi: Die Wymoton-Behandlung. Univers.-Spital, Zürich 1982
Zielke, K.: Taschenbuch für krankengymnastische Verordnungen. Gustav Fischer Verlag, Stuttgart 1969

II. Abschnitt

Aktive Behandlungsmaßnahmen

Anderson, B.: Stretching. Felicitas Hübner Verlag, Waldeck 1982
Bartmess-Kohlhaußen, B.: Propriozeptive Neuromuskuläre Fazilitation – PNF – ein Grundelement der Krankengymnastik. KRANKENGYMNASTIK 10/1979. Richard Pflaum Verlag, München
Baumeister, H.: In der Badewanne fängt es an. Copress-Verlag, München 1972
Beineke, H.: Nutzen komplexer Bewegungsmuster zur gezielten krankengymnastischen Behandlung. KRANKENGYMNASTIK 1/1979. Richard Pflaum Verlag, München
Beitel, H.: Komplexe Bewegungsübungen bei Schmerzzuständen der Wirbelsäule. KRANKENGYMNASTIK 10/1979. Richard Pflaum Verlag, München
Beckers, D., Buck, M.: PNF in der Praxis, Springer Verlag, Berlin 1988
Berlin, I.: Die Behandlung nach Kabat-Praxis und Grundlagen. KRANKENGYMNASTIK 10/1975. Richard Pflaum Verlag, München
Böhmer, D.: Sportverletzungen – Sportschäden. Thieme Verlag, Stuttgart 1986
Bold, R. M. A.: Grossmann: Stemmführung nach Brunkow. Enke Verlag, Stuttgart 1978
Brenke, H., J. Weber, L. Dietrich: Rehabilitationstraining nach operativ behandelter Achillessehnenruptur bei Sportlern. MEDIZIN UND SPORT 12/1974. VEB Verlag Volk und Gesundheit, Berlin
Brenke, H., Dietrich, L., Berthold, F.: Trainingsmethodische Hinweise zur Vermeidung von Schäden am Stütz- und Bewegungsapparat. MEDIZIN UND SPORT 25 (1985), Heft 2
Brokmeier, A. A.: Einführung in die Orthopädische – Manuelle Medizin. KRANKENGYMNASTIK 4/1979. Richard Pflaum Verlag, München
Brokmeier, A.-A.: Die Behandlung der Hypermobilität. KRANKENGYMNASTIK 5/1980. Richard Pflaum Verlag, München
Brügger, A.: Die Erkrankungen des Bewegungsapparates und seines Nervensystems. Gustav Fischer Verlag, Stuttgart 1980
Büttner, K.: Differentialdiagnosen – Klinische Symptome – Laborwerte. Hurrle GmbH, Durbach 1986
Bundesausschuß Leistungssport: Das sportmedizinische Untersuchungssystem. DEUTSCHER SPORTBUND 4/1975
Carstens, T.: Krankengymnastik und der Schlingentisch. Verlag der Wiederaufbau, Bremen 1981
Clasing, D., Siegfried, I.: Sportärztliche Untersuchung und Beratung. Perimed Verlag, Erlangen 1986
Conesa, H. S., Argote, M. L.: A visual aid to the examination of Nerve Roots. Bailliere Tindall, London 1976
Cotta, H., Güßbacher, A.: Zum Krafttraining in der posttraumatischen und postoperativen Rehabilitation. KRANKENGYMNASTIK 5/1986. Richard Pflaum Verlag, München
Cyriax, J.: Textbook of Orthopaedic Medicine. Volume 2 – Bailliere u. Tindall, London 1977
Dangel, G., Reichard, H.: Funktionelle Gymnastik zur Verbesserung der tennisspezifischen Beweglichkeit und Kraft aus: Konditionstraining im Tennis. Verlag Czwalina, Ahrensburg 1986
Daniels, L., Williams, M., Worthingham, C.: Muskelfunktionsprüfung. Gustav Fischer Verlag, Stuttgart 1982
Debrunner, H. M.: Gelenkmessung (Neutral-O-Methode). Bern 1971
Debrunner, H. M.: Orthopädie. Verlag Huber, Bern 1985
Derbolowsky, U.: Manuelle Medizin und Chirotherapie. Verlag für Medizin. Dr. Ewald Fischer, Heidelberg
Deutscher Sportbund – Bundesausschuß Leistungssport: Das sportmedizinische Untersuchungssystem. Limpert Verlag, Frankfurt am Main, 4. Okt. 1975

Droste, H., W. Miehle, u. Droste: Krankengymnastik im Wasser bei rheumatischen Erkrankungen. Richard Pflaum Verlag, München 1985
Dumont, W.: Die Behandlung von Wirbelsäulenbeschwerden durch den Krankengymnasten. KRANKENGYMNASTIK 10/1977. Richard Pflaum Verlag, München
Dumont, W.: Die krankengymnastische Behandlung der Schulter. KRANKENGYMNASTIK 9/1977. Richard Pflaum Verlag, München
Dvorak, J., Vadar, D.: Manuelle Medizin – Diagnostik. Thieme Verlag, Stuttgart 1983
Eberlein, G.: Wasser – Gymnastik 1971. Lebenskund Verlag, Düsseldorf
Eggli, D.: Isokinetik – Fortgeschrittener Schlager oder schlagender Fortschritt?, Zürich
Eggli, D.: Wieviel Kräfte braucht der Mensch. Zürich
Ehrich, D., Gebel, R.: Aufbautraining nach Sportverletzungen. Philippka-Verlag, Münster 1985
Einsingbach, T.: Propriozeptive neurosmuskuläre Fazilitation in der Orthopädie und Traumatologie. Richard Pflaum Verlag, München 1988
Einsingbach, T., Klümper, A., Biedermann, L.: Sportphysiotherapie und Rehabilitation. Georg Thieme Verlag, Stuttgart 1988
Einsingbach, T.: Möglichkeiten der Anwendung von PNF-Techniken nach übungsstabiler Osteosyntheseversorgung. KRANKENGYMNASTIK 10/1983. Richard Pflaum Verlag, München
Einsingbach, T.: Trainingsmethoden in der Rehabilitation Sportverletzter. KRANKENGYMNASTIK 6/1980. Richard Pflaum Verlag, München
Eitner, D.: Sportverletzungen. KRANKENGYMNASTIK 6/1977. Richard Pflaum Verlag, München
Ernst, H., Albracht, W., Preibsch, M.: Muskelfunktionsprüfung. Eigenverlag 1985
Evjenth, O., Hamberg, J.: Muskeldehnung – warum und wie? Teil 1 und 2. Remed Verlag, Zug/Schweiz 1981
Fetz, F.: Bewegungslehre. Limpert Verlag, Frankfurt am Main
Forstreuter, H.: Gymnastik. Limpert Verlag, Frankfurt am Main
Frisch, H. 5 mal 5 – Untersuchungsschema nach H. Frisch
Frisch, H.: Manuelle Therapie in der Krankengymnastik. KRANKENGYMNASTIK 3/1976. Richard Pflaum Verlag, München
Frisch, H.: Programmierte Untersuchung des Bewegungsapparates. Springer Verlag, Berlin 1985
Funk, R., Rößler, W.: Manuelle Therapie und Schlingentischbehandlung in Kombination. Kursunterlagen, Wildbad 1985
Gardiner, M. D.: Grundlagen der Übungstherapie. Georg Thieme Verlag, Stuttgart 1979
Gekeler, I.: Schwimm- und Wassertherapie. J. McMillan, Theorie und Praxis. KRANKENGYMNASTIK 11/1974. Richard Pflaum Verlag, München
Gillert, O.: Hydrotherapie und Balneologie in Theorie und Praxis. Richard Pflaum Verlag, München 1971
Graff, K.-H.: Beurteilung der Sporttauglichkeit aus der orthopädischen Sicht. SPORTMEDIZIN 1/1987
Grisogono, V.: Sportverletzungen erkennen und behandeln. BLV, München 1986
Groh, H., P. Groh: Sportverletzungen und Sportschäden. Luitpold-Werk, München 1975
Grosser, M.: Zweckgymnastik des Leichtathleten. Verlag Karl Hofmann, Schorndorf
Groves, R., D. N. Camaione: Bewegungslehre in Krankengymnastik und Sport. Gustav Fischer Verlag, Stuttgart
Güßbacher, A.: Krafttraining in der Krankengymnastik, aus: Frau und Sport III. Perimed Verlag, Erlangen 1988
Gunnari, H., Evjenth, O., Brady, M. M.: Sequence exercise. Dreyer, Oslo 1983
Gustavsen, R.: Trainingstherapie. Thieme Verlag, Stuttgart 1984
Harre, O.: Trainingslehre. Sportverlag, Berlin 1978
Heipertz, W.: Sportmedizin. Georg Thieme Verlag, Stuttgart 1976
Herbeck, B.: Der Nutzen apparativer Methoden zur Objektivierung des Trainingserfolges in der Rehabilitation. KRANKENGYMNASTIK 5/1986. Richard Pflaum Verlag, München
Hettinger, Th., Kaminsky, G., Schmale, H.: Ergonomie am Arbeitsplatz. Kiehl Verlag, Ludwigshafen 1976
Hettinger, Th.: Isometrisches Muskeltraining. Georg Thieme Verlag, Stuttgart 1983
Hettinger, Th.: fit sein – fit bleiben. Georg Thieme Verlag, Stuttgart 1965
Hirschfeld, P.: Die Sportverletzung und ihre Behandlung. I. Das Knie. Schwarzeck-Verlag, München 1976
Hirschfeld, P.: Die Bedeutung der Anamnese in der klinischen Basisuntersuchung des Kniegelenkes. KRANKENGYMNASTIK 9/1983. Richard Pflaum Verlag, München
Hirschfeld, P.: Die Sportverletzung und ihre Behandlung – II. Der Fuß. Schwarzeck-Verlag, München 1979
Hollmann, W.: Muskelkraft und Krafttraining aus sportmedizinischer Sicht. SPORTMEDIZIN 10/1987
Hollmann, W. Sportmedizin. Springer Verlag, Berlin–Heidelberg–New York 1977

Hoppenfeld, S.: Klinische Untersuchung der Wirbelsäule und der Extremitäten. Gustav Fischer Verlag, Stuttgart 1982
Hort, W., Flöthner, R.: Die Muskulatur des Leistungssportlers. Perimed Verlag, Erlangen 1983
Hüllemann, K.-D.: Leistungsmedizin – Sportmedizin. Thieme Verlag, Stuttgart 1976
Janda, V.: Muskelfunktionsdiagnostik. Verlag für Medizin Dr. Ewald Fischer, 1979
Jonath, U.: Die biologische Grundlage des Trainings. APC – Obernkirchen
Jonath, U.: Circuit-Training. Verlag Bartels & Wernitz KG, Berlin
Jonath, U.: Die biologischen Grundlagen des Trainings. RK Sportgeräte Vertriebe GmbH, Stadthagen
Jörger, L.: Manuelle Therapie in Kombination mit PNF. KRANKENGYMNASTIK 7/1985. Richard Pflaum Verlag, München
Kapandji, I. A.: Funktionelle Anatomie der Gelenke, Band 1, 2, 3. Enke Verlag, Stuttgart 1984
Kaltenborn, F. M.: Manuelle Therapie der Extremitätengelenke. Olaf Norlis Bokhandel, Oslo 1979
Kemmer, V.: Sinn und Bedeutung der Manuellen Therapie – Ausführung und Anwendung zur Mobilisation von Gelenkkontrakturen. KRANKENGYMNASTIK 4/1979. Richard Pflaum Verlag, München
Kendall, H. O. und F. P., G. E. Wadsworth: Muscles Testing and Function. Williams and Wilkins Company, Baltimore 1971
Kendall, P., Kendall, E., McCreary: Muskeln – Funktion und Test. Gustav Fischer Verlag, Stuttgart 1985
Keul, J., Reindell, H.: Der sporttreibende Bürger – Gefährdung oder Gesundheit? Perimed Verlag, Erlangen 1983
Klein-Vogelbach, S.: Funktionelle Bewegungslehre. Springer Verlag, Berlin 1977
Knebel, K.-P., Herbeck, B.: Computergesteuerte Muskelfunktionsdiagnostik und ihre Verwendung im Training. LEICHTATKLETIK 15/1986
Knebel, K.-P., Herbeck, B.: Funktionsgymnastik. rororo 1985
Knebel, K.-P., Herbeck, B., Schaffner, S.: Tennisfunktionsgymnastik, rororo 1988
Knebel, K.-P., Herbeck, B., Hansen, G.: Fußballfunktionsgymnastik, rororo 1988
Knott, M., Voss, D. E.: Komplexbewegungen. Bewegungsbahnung nach Dr. Kabat. Fischer Verlag, Stuttgart 1962
Krahmann, H., Haag, G.: Die Progressive Relaxation in der Krankengymnastik. Richard Pflaum Verlag, München 1987
Krejci, V., Koch, P.: Muskelverletzungen und Tendopathien der Sportler. Georg Thieme Verlag, Stuttgart 1982
Kucera, M.: Gruppengymnastik. Gustav Fischer Verlag, Stuttgart 1979
Kucera, M.: Krankengymnastische Übungen mit und ohne Geräte. Gustav Fischer Verlag, Stuttgart 1984
Kuprian, W.: Muskelfunktionstest bei Lehrlingen. DIE LEIBESERZIEHUNG 2/1964. Verlag K. Hofmann, Schorndorf
Kuprian, W.: Krankengymnastik und XX. Olympische Spiele München 1972. KRANKENGYMNASTIK 7/1972. Richard Pflaum Verlag, München
Kuprian, W.: Fortbildung auf sportmedizinischem Gebiet. KRANKENGYMNASTIK 5/1971. Richard Pflaum Verlag, München
Kuprian, W., Süßmeyer, G.: Wintersportlehrgang des Deutschen Sportärztebundes in Klosters 1979. KRANKENGYMNASTIK 6/1979. Richard Pflaum Verlag, München
Laabs, W.: Atlas Chiro-Gymnastik. Haug Verlag, Heidelberg
Laabs, W.: Bewegungstherapie Chiro-Gymnastik. Deutsche Nemectron GmbH, Karlsruhe
Laabs, W.: Chiro-Gymnastik mit Geräten (Teil 1 und 2). Haug Verlag, Heidelberg
La Piz, L.: Propriozeptive neuromuskuläre Fazilitation. KRANKENGYMNASTIK 7/1983. Richard Pflaum Verlag, München
Lehmann, G.: Praktische Arbeitssphysiologie. Georg Thieme Verlag, Stuttgart 1953
Letzelter, M.: Trainingsgrundlagen. rororo 1984
Lewitt, K.: Manuelle Medizin im Rahmen der medizinischen Rehabilitation. Urban Schwarzenberg Verlag, München 1984
Lilienfein, W.: Funktionelle Schlingentischtherapie, Band 1. Eigenverlag
Lindemann, K., Teirich-Leube, H., Heipertz, W.: Lehrbuch der Krankengymnastik, Band I. Georg Thieme Verlag, Stuttgart
List, M.: Krankengymnastische Behandlungen in der Traumatologie. Springer Verlag, Berlin–Heidelberg–New York 1978
List, M.: Systematische Befunderhebung des kontrakten Gelenkes am Beispiel von Sprunggelenkkontrakturen. KRANKENGYMNASTIK 6/1980. Richard Pflaum Verlag, München
List, M.: Untersuchung und Behandlung von Schultergürtel und Schultergelenk, KRANKENGYMNASTIK 7/1984. Richard Pflaum Verlag, München

List, M.: Untersuchung des Handgelenks nach Behandlung mit PNF-Technik, KRANKENGYMNASTIK 7/1984. Richard Pflaum Verlag, München
Lodewich, L.: Die körperliche Untersuchung. Gustav Fischer Verlag, Stuttgart 1981
Lüchtenberg, D.: Laufspezifisches Krafttraining. LEICHTATHLETIK Nr. 2–4/1988
Maitland, G. D.: Peripheral Manipulation. Butterworths 1977
Maitland, G. D.: Vertebrale Manipulation. Butterworths 1977
Maitland, G. D.: Manipulation der peripheren Gelenke. Springer Verlag, Berlin 1988
Mc Millan, J.: Schwimmtherapie. Scriptum
McRae, R.: Klinisch-orthopädische Untersuchung. Gustav Fischer Verlag, Stuttgart 1982
Marées, H. de: Medizin von heute. Sportphysiologie. Troponwerke, Köln
Meinel, K.: Bewegungslehre. VEB Verlag, Berlin
Meissner, L.: Aufgaben und Möglichkeiten der Krankengymnastik in der Sportmedizin. Fachblatt Austria-Wien 1984
Meissner, L.: Grundprinzipien der Sportvorbereitung durch eine funktionelle Gymnastik. Hofmann Verlag, Schorndorf 9/1988
Meissner, L.: Grundprinzipien der Sportvorbereitung. KRANKENGYMNASTIK 3/1988. Richard Pflaum Verlag, München
Meissner, L.: Manuelle Therapie bei Hypomobilität des Gelenkes. Krankengymnastik Aktuell. Richard Pflaum Verlag, München 1980
Meissner, L.: PNF und Sport unter Berücksichtigung des Frauensport aus: Frau und Sport. Perimed Verlag, Erlangen 1983
Meissner, L.: PNF und Sport. KRANKENGYMNASTIK 12/1980. Richard Pflaum Verlag, München
Meissner, L., Reichardt, H.: Sportverletzungen sind vermeidbar – Der Beitrag der Krankengymnastik zur Gesundheitsvorsorge im Sport. Jahrbuch Krankengymnastik 1987/88
Meissner, L.: Sportabzeichen – Ein Fitnesstest für Jeden? – Risiken aus der Sicht des Sportphysiotherapeuten und Krankengymnasten. LSB Hessen 1988
Meissner, L.: Trainingsbegleitende Maßnahmen aus der Sicht des Sportphysiotherapeuten und Krankengymnasten. LSB Hessen 1986
Meissner, L.: Trainings- und Wettkampfvorbereitung im Frauensport aus: Frau und Sport III. Perimed Verlag, Erlangen 1988
Meissner, L.: Die krankengymnastische Betreuung im Hallenhandball. KRANKENGYMNASTIK 11/1975. Richard Pflaum Verlag, München
Meissner, L.: Gründung der krankengymnastischen Arbeitsgruppe für Manuelle Therapie (AGMT). KRANKENGYMNASTIK 2/1978. Richard Pflaum Verlag, München
Mellerowicz, H., Meller, W.: Training. Springer Verlag, Berlin 1980
Mellerowicz, H., Noack, W.: Training und Sport zur Prävention und Rehabilitation in der technisierten Umwelt. Springer-Verlag, Berlin 1985
Melzer, J.: Der Einsatz des Sportphysiotherapeuten im Bereich der Regeneration. LEICHTATHLETIK 27/1987
Milz, H.: Gymnastik im Wasser. Kneipp-Verlag GmbH, Bad Wörishofen 1977
Müller-Wohlfahrt, H. W., Montag, H. J.: Süße Pille Sport – Verletzt, was nun? Verlag medical concept, München 1984
Mülmann, A. v.: Krankengymnastik bei Verletzungsfolgen am Bewegungsapparat. Richard Pflaum Verlag, München 1975
Neumann, G. D.: Scriptum zum Informationskurs der Deutschen Gesellschaft für Manuelle Medizin, 2. Aufl. 1978
Neumann, H.-D., Wolff, H.-D.: Theoretische Fortschritte und praktische Erfahrungen der Manuellen Medizin. Konkordia Verlag, Bühl 1980
Nöcker, J.: Die biologischen Grundlagen der Leistungssteigerung durch Training. Hoffmann Verlag, Schorndorf
Nöcker, J.: Physiologie der Leibesübungen. F. Enke Verlag, Stuttgart
Ow, D. von, Hüni, G.: Muskuläre Rehabilitation. Perimed Verlag, Erlangen 1987
Ozarck, L., Brod, C.: Zum Tode von Margaret Knott. KRANKENGYMNASTIK 7/1972. Richard Pflaum Verlag, München
Papadopulos, J. S.: Holotopmeter. Byk Gulden Pharmazeutika. Konstanz 1973
Peterson, L., Renström, P.: Verletzungen im Sport. Deutscher Ärzte Verlag, Köln 1987
Plas, F., Hagron, E.: Die aktive Krankengymnastik. Gustav Fischer Verlag, Stuttgart 1981
Politzer, A.: Verletzungsrückstände und ihre krankengymnastische Behandlung. KRANKENGYMNASTIK 7/1972. Richard Pflaum Verlag, München

Preibsch, M., Ernst, H.: Der Krankengymnast als medizinischer Co-Trainer, Jahrbuch der Krankengymnastik 1988/89
Reichardt, H.: Dehnen ja – aber wie? STB Nr. 6/85
Reichardt, H.: Aktive Erholung nach körperlicher Leistung aus: Training und Sport zur Prävention und Rehabilitation in der technischen Umwelt. Springer-Verlag, Berlin 1985
Reichardt, H.: Funktionelle Muskelkräftigung durch stabilisierende Ganzkörperübungen. STB Nr. 8/85
Reichardt, H.: Krafttraining in der Krankengymnastik. Tübingen 1984
Reichel, H.-S.: Grundsätzliche Aspekte zur Anwendung von neuromuskulären Prinzipien in der Behandlung von Funktionsstörungen am Bewegungsapparat. PHYSIKALISCHE THERAPIE 9/1984
Reutherborg, U.: Gruppenübungen in der Krankengymnastik und Gymnastik. Gustav Fischer Verlag, Stuttgart 1980
Rolf, G., Kaeppel, G.: Arbeit mit dem Schlingengerät. Sonderdruck der Zeitschrift KRANKENGYMASTIK
Rolf, G.: Untersuchung für den Stütz- und Bewegungsapparat und Notierungsanleitung. Fortbildungszentrum Hermitage, Bad Ragaz 1984
Rumler, H., Urban, D.: Der Muskelfunktionszustand bei trainierenden Kindern. MEDIZIN UND SPORT 26 (1986), Heft 2
Sachse, J.: Manuelle Untersuchungen und Mobilisationsbehandlung der Extremitätengelenke. Gustav Fischer Verlag, Stuttgart 1987
Scharf, H.-P., Noack, W.: Die Bedeutung isokinetischer Kraftmessung in Sport und Rehabilitation aus: Sportverletzung Sportschaden. Thieme Verlag Stuttgart, September 1987
Schauer, U.: Manuelle Therapie an Extremitätengelenken im Rahmen der krankengymnastischen Behandlung. KRANKENGYMNASTIK 7/1975. Richard Pflaum Verlag, München
Schmid, H. J.: Seminar für Medizinische Trainingstherapie in Moss/Norwegen 8/1978. KRANKENGYMNASTIK 11/1978. Richard Pflaum Verlag, München
Schmidt, K.: Sonder- und Heilschwimmen. Verlag Theodor Steinkopff, Dresden 1975
Schmidt, H.: Orthopädie im Sport. Joh. Ambrosius Barth, Leipzig
Schneider, W., Dvorak, J., Dvorak, V., Tritschler, T.: Manuelle Medizin – Therapie. Thieme Verlag, Stuttgart 1986
Schoberth, H.: Modernes Krafttraining als Ergänzung zur Rehabilitation, RK-Stadthagen 1978
Schoberth, H.: Sportmedizin. Fischer Handbücher 1977
Schüler, H.: Schwimm- und Wassertherapie bei mehrfach behinderten Kindern. KRANKENGYMNASTIK 11/1973. Richard Pflaum Verlag, München
Schulz-Kohlrausch, L.: Badewannengymnastik. Gustav Fischer Verlag, Stuttgart 1976
Schwerdtner, H. P.: Wirbelsäulenveränderungen nach langjährigen Kunstturmtraining – Eine Verlaufskontrolle röntgenologisch erhobener Wirbelsäulenbefunde. SPORTMEDIZIN 11/1981
Sölveborn, S. A.: Stretching. Mosaik Verlag, München 1983
Soppart, A.: PNF – Die speziellen Techniken. KRANKENGYMNASTIK 3/1985. Richard Pflaum Verlag, München
Soppart, A.: Was ist PNF? KRANKENGYMNASTIK 8/1981. Richard Pflaum Verlag, München
Spitz, L., Schnell, J.: Krafttraining im Freizeitsport. Deutscher Sportbund 1980
Spring, H., Illi, U., Kunz, H.-R., Röthlin, K., Schneider, W., Tritschler, T.: Dehn- und Kräftigungsgymnastik. Thieme Verlag, Stuttgart 1986
Spring, H., Schneider, W., Tritschler, T.: Erkennung und Verhütung muskulärer Dysbalancen. KRANKENGYMNASTIK-Intern 4/1988
Stoboy, H.: Das Muskeltraining und seine Bedeutung für den atrophierten und normalen Muskel. SPORTMEDIZIN 9/1987
Stoboy, H.: Physiologische Grundlagen des Muskeltrainings. KRANKENGYMNASTIK 12/1980. Richard Pflaum Verlag, München
Stoboy, H.: Neurophysiologische Grundlagen der Krankengymnastik. DER KASSENARZT 18/1978, Heft 35
Strohal, R.: Manuelle Therapie bei Wirbelsäulenerkrankungen. Urban-Schwarzenberg Verlag, München 1973
Suden tum, A.: Unterwassergymnastik. KRANKENGYMNASTIK 8/1972. Richard Pflaum Verlag, München
Sullivan, P. E., Prudence, D. M., Minor, M. A. D.: PNF – Ein Weg zum therapeutischen üben. Gustav Fischer Verlag, Stuttgart 1985
Surburg, P. R.: Neuromuscular Facilitation Techniques in Sportsmedicine. THE PHYSICAN AND SPORTSMEDICIN 8/1981
Tauchel, U., Müller, B.: Untersuchungen zu Muskelfunktionsstörungen im Kindesalter und die Bedeutung des arthromuskulären Gleichgewichts für die sportliche Belastung. MEDIZIN UND SPORT 26 (1986), Heft 4
Tittel, K.: Bescheibende und funktionelle Anatomie des Menschen. Gustav Fischer Verlag, Stuttgart 1985

Tittel, K.: Funktionell-anatomische und biochemische Grundlagen für die Sicherung des «arthro-muskulären Gleichgewichts» im Sport, ein Beitrag zur Erhöhung der Belastbarkeit bindegewebiger Strukturen. MEDIZIN UND SPORT 26 (1986), Heft 1

Voss, E. D., Jonta, M. K., Myers, B. J.: Propriozeptive Neuromuskuläre Fazilitation. 4. Auflage, Gustav Fischer Verlag, Stuttgart 1988

Weber, J., Berthold, F., Brenke, H., Dietrich, L.: Die Bedeutung muskulärer Dysbalancen für die Störung der arthromuskulären Beziehungen. MEDIZIN UND SPORT 25 (1985), Heft 5

Weber, J.: Die Bedeutung der Manuellen Therapie für die sportmedizinische Betreuung. MEDIZIN UND SPORT 26 (1986), Heft 3

Weineck, J.: Optimales Training. Perimed Verlag, Erlangen 1983

Weineck, J.: Sportanatomie. Perimed Verlag, Erlangen 1981

Weineck, J.: Sportbiologie. Perimed Verlag, Erlangen 1988

Winkel, D., Fisher, S.: Schematisches Handbuch für die Untersuchung und Behandlung von Weichteilerkrankungen des Bewegungsapparates. Delft 1981

Winkel, D., Vleeming, A., Fisher, S., Meijer, O. G., Vroege, C.: Nichtoperative Orthopädie. Teil 1, 2, 3. G. Fischer Verlag, Stuttgart 1985–87

Wirhed, R.: Sport-Anatomie und Bewegungslehre. Schattauer Verlag, Stuttgart 1984

Wolf, G.: Stabilisiertes Axisorgan – optimale Voraussetzungen für sportliche Bewegung. Frau und Sport III. Perimed Verlag, Erlangen 1988

Wolf-Massarweh, D.: Fußgymnastik. G. Fischer Verlag, Stuttgart 1984

Wolff, H.-D.: Neurophysiologische Aspekte der Manuellen Medizin (Chirotherapie). Verlag für Medizin Dr. Ewald Fischer 1978

Zielke, K.: Taschenbuch für krankengymnastische Verordnungen. G. Fischer Verlag, Stuttgart 1969

III. Abschnitt

Behandlungsmöglichkeiten mit Physiotherapie und Krankengymnastik bei ausgewählten Sportverletzungen und Sportschäden

Einzeldarstellungen

Apel, J., Metze, R.: Ermüdungsfrakturen bei Gewichthebern. MEDIZIN UND SPORT 10/1975. VEB Verlag Volk und Gesundheit, Berlin

Ahlers, J., Meyer, U., Walde, H.-J.: Die Therapie des Meniskusschadens und seine funktionelle Nachbehandlung. KRANKENGYMNASTIK 9/1977. Richard Pflaum Verlag, München

Baetzner, W.: Sportunfall und erste Hilfe. Ruhrländische Verlagsgesellschaft mbH, Essen, Band 5/1965

Barham, J. N.: Mechanische Kinesiologie. Georg Thieme Verlag, Stuttgart–New York 1982

Becker, W., Krahl, H.: Tendopathien. Georg Thieme Verlag, Stuttgart 1978

Beineke, H., Funke, E.: Begleitende Krankengymnastik nach operativer Behandlung von Knieband-Instabilitäten, insbesondere kombinierter Kniebandverletzungen. KRANKENGYMNASTIK 6/1988. Richard Pflaum Verlag, München

Best, S.: Konservative Therapie der Instabilität im Lendenwirbelbereich. THERAPIEWOCHE 34, 2/1984

Biedert, R.: Insertionstendinosen im Beckenbereich beim Fußballer. SPORTMEDIZIN 11/1987

Böhmer, D., Ambrus, P., Szögy, A., Haralambie, G.: Die Chondropathia patellae des jungendlichen Sportlers. THERAPIE-WOCHE Oktober 1982

Böhmer, D.: Physiotherapie bei Sportverletzungen im Schulterbereich. KRANKENGYMNASTIK 2/1980. Richard Pflaum Verlag, München

Böhmer, D.: Sportverletzungen – Sportschäden. Thieme Verlag, Stuttgart 1986

Böhmer, D.: Wirbelsäule und Sport. KRANKENGYMNASTIK 12/1980. Richard Pflaum Verlag, München

Breitung, K.: Die postoperative krankengymnastische Behandlung nach Kapsel-Bandverletzungen des Kniegelenks bei Sportlern. KRANKENGYMNASTIK 9/1983. Richard Pflaum Verlag, München

Brenke, H.: Rehabilitationstraining nach operativ behandelter Achillessehnenruptur bei Sportlern. MEDIZIN UND SPORT 12/1974. VEB Verlag Volk und Gesundheit, Berlin

Brügger, A.: Die Erkrankungen des Bewegungsapparates und seines Nervensystems. Gustav Fischer Verlag, Stuttgart 1980

Burri, C., A. Rüter: Verletzungen des oberen Sprunggelenkes. Springer Verlag 1978

Cailliet, R.: Neck and Arm Pain. F. A. Davis Company, Philadelphia

Caviezel, H.: Tortikollis akutus. MANUELLE MEDIZIN 4/1977

Cotta, H., Heipetz, W., Hüter-Becker, A., Rompe, G., Hrsg.: Krankengymnastik Taschenlehrbuch Band 1, 2, 4, 5, 6. 1981

Cotta, H.: Orthopädie. Georg Thieme Verlag, Stuttgart

Cotta, H., H. Krahl: Das verletzte Kniegelenk des Sportlers – moderne diagnostische und therapeutische Verfahren. Deutsches Ärzteblatt 15, April 1978

Cotta, H.: Der Mensch ist so jung wie seine Gelenke. München–Zürich 1983

Cyriax, J.: Testbooks of Orthopaedic Medicine, Volume 1 and 2. Bailliere Tindall and Cassel, London

Ehricht, H.-G.: Die Wirbelsäule in der Sportmedizin. Barth Verlag, Leipzig 1984

Einsingbach, T.: Funktionelle Behandlung bei Knieinstabilitäten. KRANKENGYMNASTIK 6/86. Richard Pflaum, Verlag München

Einsingbach, T., Klümper, A., Biedermann, L.: Sportphysiotherapie und Rehabilitation. Georg Thieme Verlag, Stuttgart 1988

Einsingbach, T.: Trainingsmethoden in der Rehabilitation Sportverletzter. KRANKENGYMNASTIK 6/1988. Richard Pflaum Verlag, München

Einsingbach, T.: Propriozeptive neuromuskuläre Fazilitation in der Orthopädie und Traumatologie. Richard Pflaum Verlag, München 1988

Einsingbach, T.: Sportphysiotherapie und Rehabilitation. Georg Thieme Verlag, Stuttgart 1988

Eltze, C.: Über Muskelkater und seine Behandlung mit Vibrationsmassage. SPORTMEDIZIN 8/1983

Exel, W., W. Dungl: Zerrung, Prellung, Tennisarm. ORAC-Verlag, Wien 1984

Exner, G.: Kleine Orthopädie. Georg Thieme Verlag, Stuttgart

Faran, H. F.: Biomechanik der Lendenwirbelsäule. Hippokrates Verlag, Stuttgart 1979

Feldmeier, C., Rieck, B., Bernett, P.: Kapselbandverletzungen des oberen Sprunggelenkes (OSG) beim Sport. Praktische Sport-Traumatologie und Sportmedizin 2/85

Franke, K.: Indikationen und Methoden der operativen Behandlung von Sportverletzungen und Sportschäden am Bewegungsapparat. MEDIZIN UND SPORT 7/1974. VEB Verlag Volk und Gesundheit, Berlin

Franke, K.: Muskelverletzungen und Überlastungsfolgen am Oberschenkel. MEDIZIN UND SPORT 6/1975. VEB Verlag Volk und Gesundheit, Berlin

Franke, K.: Traumatologie des Sports. Georg Thieme Verlag, Stuttgart 1980

Garbe, G.: Die Wertigkeit muskulärer Dysbalancen im Sport, bei Beschwerden am Bewegungsapparat und ihre trainingstherapeutische Beeinflussung. KRANKENGYMNASTIK 3/1988. Richard Pflaum Verlag, München

Garbe, G.: Therapeutische Maßnahmen bei der myogenen dysbalancierten Lymbalgie. SPORTMEDIZIN 1/1988

Göhner, U.: Verletzungsrisiken und Belastung im Kunstturnen. Hoffmann Verlag, Schorndorf

Godt, P., Malin, J.-P., Wittenborg, A.: Das Schulter-Arm-Syndrom. Georg Thieme Verlag, Stuttgart 1981

Graff, K. H., Krahl, H.: Überlastungsschäden im Fußbereich beim Leichtathleten. LEICHTATHLETIK 3/1984

Graff, K.-H., Prager, G.: Der Kreuzschmerz des Leichtathleten. LEICHTATHLETIK 47/1985

Graff, K.-H., Prager, G.: Der Kreuzschmerz des Leistungssportlers. LEISTUNGSSPORT 16 (1986), Heft 4 und 6

Grisogono, V.: Sportverletzungen erkennen und behandeln. BLV, München 1986

Groh, H., P. Groh: Sportverletzungen und Sportschäden. Luitpold-Werk, München 1975

Groher, W.: Der menschliche Fuß seine Belastung im Hochleistungssport. LEISTUNGSSPORT 1/76

Groher, W.: Überlastungserscheinungen im Bereich der Lendenwirbelsäule im Sport. PHYSIKALISCHE THERAPIE 4/1981

Gustavsen, R.: Trainingstherapie. Georg Thieme Verlag, Stuttgart 1984

Hackenbruch, W., P. M. Karpf: Kapselband-Verletzungen des Sprunggelenkes. Fortschritt der Medizin. 95. Jahrg. 6/1977

Hadank, V.: Krankengymnastische Behandlung des Tortikollis. KRANKENGYMNASTIK 6/1981. Richard Pflaum Verlag, München

Hartogh, M.: Prävention und Rehabilitation im Sport. Perimed Fachbuch Verlagsgesellschaft, 1986

Haupt, P. R., Duspiva, W.: Krankengymnastische Behandlung bei Kniebandverletzungen. KRANKENGYMNASTIK 9/1987. Richard Pflaum Verlag, München

Heers, H.: Posttraumatische Instabilitäten des Kniegelenks. KRANKENGYMNASTIK 9/1983. Richard Pflaum Verlag, München

Heipertz, W., Zichner, L.: Die Sportschäden des Kniegelenkes. KRANKENGYMNASTIK 12/1980. Richard Pflaum Verlag, München
Heisel, J., Feuerstake, G.: Der medizinische Schuh Caldyn als therapeutisches Konzept der Muskelkräftigung und Gelenkmobilisation. KRANKENGYMNASTIK 5/1987. Richard Pflaum Verlag, München
Heiss, F.: Unfallverhütung beim Sport. Karl Hofmann Verlag, Schorndorf Band 57
Henke, Günther: Rückenverkrümmungen bei Jugendlichen. Verlag Hans Huber, Bern–Stuttgart–Wien
Herbeck, B.: Und überall wacht Cybex II. TENNIS MAGAZIN 1984
Hess, H., Montag, H.-J.: Sportverletzungen. Luitpold Werke, München
Hess, H.: Sportverletzungen an Knie- und Sprunggelenken, pmi Verlag, Frankfurt 1986
Hettinger, T.: Isometrisches Muskeltraining. Georg Thieme Verlag, Stuttgart–New York 1983
Hille, E.: Verletzungen beim Jogging. SPORTMEDIZIN 10/1981
Hinrichs, H.-U.: Skoliotische Wirbelsäulenveränderungen im Kanusport. SPORTMEDIZIN 12/1985
Hirschfeld, P.: Die Sportverletzungen und ihre Behandlung – II. Der Fuß. Schwarzeck-Verlag, München 1979
Hirschfeld, P.: Der Schulterschmerz und seine Behandlung. Schwarzeck-Verlag, München
Hirschfeld, P.: Sportverletzungen und ihre Behandlung. Teil I: Das Knie. Schwarzeck-Verlag, München
Hohmann, G., Jegel-Stumpf, L.: Orthopädische Gymnastik. Georg Thieme Verlag, Stuttgart–New York 1957
Holz, U.: Achillessehnen-Ruptur und Achillodynie. Fortschritte der Medizin 1980/Nr. 39
Hort, W., Flöthner, R.: Die Muskulatur des Leistungssportlers. Perimed Verlag, Erlangen 1983
Hort, W.: Ursache, Klinik, Therapie und Prophylaxe der Schäden auf Leichtathletik-Kunststoffbahnen. LEISTUNGSSPORT 1/1976
Hüllemann, K.-D.: Leistungsmedizin, Sportmedizin. Georg Thieme Verlag, Stuttgart 1976
Janke, P.: Die Kreuzbandruptur – eine häufige Sportverletzung. Sportmedizin 9/1983
Jonas, B.: Meniskus- und Kreuzbandverletzungen. Luitpold Information 29/1977
Kaltenborn, F. M.: Manuelle Therapie der Extremitätengelenke. 5. Aufl. Olaf Norlis Bokhandel, Oslo 1979
Kapandji, I. A.: Funktionelle Anatomie der Gelenke. Band 1, 2, und 3. Enke Verlag, Stuttgart 1984
Kolb, M., Scheven, L.: Die konventionelle Weiterbehandlung operativ versorgter anteromedialer Knieinstabilitäten. KRANKENGYMNASTIK 7/1985. Richard Pflaum Verlag, München
Krämer, J.: Bandscheibenbedingte Erkrankungen. Georg Thieme Verlag, Stuttgart 1978
Kreijci, V., P. Koch: Muskelverletzungen und Tendopathien der Sportler. Georg Thieme Verlag, Stuttgart 1982
Krüger, A.: Kleiner Ratgeber für Leichtathletik-Verletzungen. Verlag Bartels und Wernitz KG, Berlin, 1. Aufl. 1975
Kuprian, W.: Postoperative krankengymnastische Behandlung der Achillessehnenruptur. KRANKENGYMNASTIK 10/1973. Richard Pflaum Verlag, München
Kuprian, W., Hendrikoff, Gräfin L.: Gruppendynamik, Skilauf, Sportmedizin. KRANKENGYMNASTIK S. 483–490. Richard Pflaum Verlag, München
Kuprian, W.: Das Hohlkreuz. KRANKENGYMNASTIK 9/1979. Richard Pflaum Verlag, München
Kuprian, W.: Die postoperative krankengymnastische Behandlung der Meniskusverletzung. KRANKENGYMNASTIK 12/1980. Richard Pflaum Verlag, München
Laabs, W.: Über Wirbelsäulenbeschwerden und Chiro-Gymnastik. KNEIPP-BLÄTTER Heft 9 und 10/1967
Lasch, W., Treumann, F., Holzgraefe, M.: Das LWS-Syndrom als Sportschaden beim Volleyball. SPORTMEDIZIN 11/1984
Lewit, K.: Manuelle Medizin im Rahmen der medizinischen Rehabilitation. 2. Aufl. 1977. Urban & Schwarzenberg, München–Wien–Baltimore
Lindemann, K., Teirich-Leube, H., Heipertz, W.: Lehrbuch für Krankengymnastik, Band III. Georg Thieme Verlag, Stuttgart
List, M.: Krankengymnastik in der Traumatologie. Springer Verlag, Berlin
List, M.: Untersuchung und Behandlung von Schultergürtel und Schultergelenk. KRANKENGYMNASTIK 7/1984. Richard Pflaum Verlag, München
List, M.: Untersuchung des Handgelenks nach Behandlung mit PNF-Technik. KRANKENGYMNASTIK 7/1984. Richard Pflaum Verlag, München
Maitland, G. D.: Vertebral Manipulation. Butterworths, London
Mang, W., P. M. Karpf: Scheibenmeniskus. Fortschritte der Medizin. 96. Jahrg. 10/1978
Marées, H. de: Sportphysiologie. Medizin von heute. Troponwerk Köln 1976
Meissner, L.: Krankengymnastische Behandlungsmethoden nach konservativ bzw. operativ behandelten Bandverletzungen, aus: Training und Sport zur Prävention und Rehabilitation in der technisierten Umwelt, Springer Verlag, Berlin 1985
Meissner, L.: Manuelle Therapie bei Hypomobilität des Gelenkes. Krankengymnastik Aktuell. Richard Pflaum Verlag, München 1980

Meissner, L., Reichardt, H.: Sportverletzungen sind vermeidbar – Der Beitrag der Krankengymnastik zur Gesundheitsvorsorge im Sport. Jahrbuch Krankengymnastik 1987/88

Mellerowicz, H., Noack, W.: Training und Sport zur Prävention und Rehabilitation in der technisierten Umwelt. Springer Verlag, Berlin 1985

Miehle, W.: Gelenk- und Wirbelsäulenrheuma. Eular Verlag, Basel 1987

Mucha, C., Bauer, J. v., Lenk, C., Mucha, E.: Zur differenzierten Übungsbehandlung in der postoperativen Rehabilitation der Chondropathia patellae. KRANKENGYMNASTIK 9/1982. Richard Pflaum Verlag, München

Müller: Das Knie. Springer Verlag, Berlin–Heidelberg 1982

Müller-Wohlfahrt, H. W., Montag, H. J.: Süße Pille Sport – Verletzt, was nun? Verlag medical concept, München 1984

Mülmann, A. v.: Krankengymnastik bei Verletzungsfolgen am Bewegungsapparat. Richard Pflaum Verlag, München

Münch, E. O., Gärtner, U.: Die frühfunktionelle Weiterbehandlung operativ versorgter anteromedialer Knieinstabilitäten. KRANKENGYMNASTIK 7/1985. Richard Pflaum Verlag, München

Munsinger, U.: Die funktionelle Nachbehandlung des Kniegelenks nach Bandplastiken bei globaler vorderer Instabilität. KRANKENGYMNASTIK 9/1983. Richard Pflaum Verlag, München

Nirschl, R. P.: Diagnose und Behandlung des Tennisellenbogen. Zeitschrift TENNIS

Peterson, L., Renström, P.: Verletzungen im Sport. Deutscher Ärzte Verlag, Köln 1987

Petracie, B.: Postoperative Behandlung nach Verletzungen des Schultereckgelenkes. KRANKENGYMNASTIK 2/1980. Richard Pflaum Verlag, München

Pförringer, W., Rosemeyer, B., Bär, H.-W.: Sporttraumatologie. Perimed Verlag, Erlangen 1981/82

Pförringer, W., Rosemeyer, B., Bär, H.-W.: Sport-Trauma und Belastung. Perimed Verlag, Erlangen 1985

Pförringer, W.: Sportartspezifische Schulterläsion. SPORTMEDIZIN 5/1985

Pitzen, P.: Kurzgefaßtes Lehrbuch der orthopädischen Krankheiten. Urban & Schwarzenberg, München–Berlin–Wien 1957

Posner, P.: Der Tennisarm. PHYSIKALISCHE THERAPIE 11/1981

Posner, P.: Die Achillessehnenreizung – Hintergründe und Therapie. PHYSIKALISCHE THERAPIE 2/1982

Preibsch, M., Ernst, H.: Der Krankengymnast als medizinischer Co-Trainer. Jahrbuch Krankengymnastik 1988/89

Prokop, L., Jelinek, R., Suckert, R.: Sportschäden. Gustav Fischer Verlag, Stuttgart 1980

Read, M., Wade, P.: Sportverletzungen. Hippokrates Ratgeber 1987

Renström, P.: Verletzungen im Sport. Deutscher Ärzte Verlag GmbH, Köln 1981

Rettig, H., O. Oest, J. Eichler: Wirbelschäden-Fibel. Georg Thieme Verlag, Stuttgart

Rettig, H., Oest, O., Eichler, J.: Wirbelsäulen-Fibel. Thieme Verlag, Stuttgart 1974

Reuter, L.: Therapie und Prophylaxe bei Verletzungen und Überlastungsschäden im Langstreckenlauf. Verlag Czwalina, Ahrensburg 1987

Riemer, R., Graff, K.-H., Krahl, H.: Das lumbale Facettensyndrom bei Leistungssportlern. SPORTMEDIZIN 4/1984

Rolf, G., Kaeppel, G.: Das Schlingengerät in der Praxis der Krankengymnastik. Verlag W. Kohlhammer, Stuttgart 1971

Sachse, J.: Manuelle Untersuchungen und Mobilisationsbehandlung der Extremitätengelenke. Gustav Fischer Verlag, Stuttgart 1987

Scharn, M., Kleylein, M.: Die krankengymnastische Behandlung der HWS nach funktionellen Gesichtspunkten. KRANKENGYMNASTIK 5/1988. Richard Pflaum Verlag, München

Schlepchow, P.: Richtlinien der krankengymnastischen Behandlung nach Kreuzbandersatzoperationen. KRANKENGYMNASTIK 12/1987. Richard Pflaum Verlag, München

Schmid, H. J. A.: Übungstherapie bei Erkrankungen des Rückens und der großen Gelenke. ZEITSCHRIFT FÜR PHYSIKALISCHE MEDIZIN 6/1981

Schmidt, H.: Orthopädie im Sport. Joh. Ambrosius Barth, Leipzig 1983

Schneider, P. G.: Orthopädie und Leistungssport. THERAPIEWOCHE 30 (1980)

Schönberger, M.: Diskussionsbemerkungen: Die «Epicondylitis humeri» und andere Insertions-Tendopathien von der Manuellen Medizin her gesehen. MANUELLE MEDIZIN 3/1977. Verlag für Medizin, Dr. E. Fischer GmbH, Heidelberg

Schoberth, H.: Funktionelle Verbände

Schoberth, H.: Sportmedizin. Fischer Taschenbuch Verlag 1978

Schoberth, H.: Die kleine Sportverletzung und ihre Behandlung. KRANKENGYMNASTIK 7/1972. Richard Pflaum Verlag, München

Schoberth, H.: Die Leistungsprüfung der Bewegungsorgane. U+S 1972
Schwarz, B., Heisel, J., Mittelmeier, H., Bieder, R.: Achillodynien. SPORTMEDIZIN 11/1987
Schwerdtner, H. P.: Wirbelsäulenveränderungem nach langjährigen Kunstturntraining – Eine Verlaufskontrolle röntgenologisch erhobener Wirbelsäulenbefunde. SPORTMEDIZIN 11/1981
Segesser, B., Jeroure, P., Feinstein, R., Vogt-Sartorri: Wirkung äußerer Stabilisationshilfen (Tape/Bandage/Stabilschuh) bei fibulärer Distorsion. Sonderdruck, aus: Orthopädie-Schuhtechnik 7/1986
Segesser, B., Stacoff, A.: Belastung der Wirbelsäule im Sport. PHYSIKALISCHE THERAPIE 19/1981
Sommer, H. M.: Analyse der indirekten Verletzung der rückwärtigen Oberschenkelmuskulatur im Sport. LEICHTATHLETIK 13/1983
Sommer, H. M.: Disposition zur Sprunggelenksverletzung beim Basketballspiel. SPORTMEDIZIN 8/1983
Sonderdruck: Das Sportlerbein. Kongreßbericht Ärztliche Praxis 1983
Sonderdruck: Der Sportlerarm. Kongreßbericht Ärztliche Praxis 1984
Sonderdruck: Wirbelsäule – Kopf – Rumpf. Kongreßbericht Ärztliche Praxis 1985
Stein, N.: Nachwuchstraining im Sprint: Fehlstellung, Bewertung und gymnastische Korrekturen von Fußschwächen. LEICHTATHLETIK 33/1982
Stein, W., Krahl, H.: Die funktionelle Anatomie als Schlüssel zur Diagostik und Therapie von Kapselbandverletzungen des Kniegelenkes. KRANKENGYMNASTIK 5/1979. Richard Pflaum Verlag, München
Steinbrück, K.: Der Tennisellenbogen. PHYSIOTHERAPIE. 67. Jahrg. 11/1976
Steinbrück, K., Krahl, H.: Sportschäden und Sportverletzungen an der Wirbelsäule. DEUTSCHES ÄRZTEBLATT 19/1978
Steinbrück, K., Rompe, G.: Sportschäden am Ellenbogen. Luitpold Informationen 29/1977
Steinbrück, K., Kühnel, W.: Sportverletzungen am Kniegelenk. Troponwerke, Köln 1985
Steinbrück, K., Stein, W.: Sportverletzungen und ihre Prophylaxe aus orthopädischer Sicht. KRANKENGYMNASTIK 6/1980. Richard Pflaum Verlag, München
Steininger, K., Kraus, W.: Zum Sport mit schwacher oder geschädigten Sprunggelenken. PHYSIKALISCHE THERAPIE 2/1986
Strohal, R.: Manuelle Therapie bei Wirbelsäulenerkrankungen. Urban-Schwarzenberg, München 1973
Stohr, A., Jelinek, W., Wilkens, D.: Intraartikuläre Injektionsbehandlung bei Chondropathie des Kniegelenkes. MEDIZIN UND SPORT 11/1979. VEB Verlag Volk und Gesundheit, Berlin
Suden tum, A.: Krankengymnastische Behandlung bei Sportverletzungen im Schulter-Ellenbogen-Bereich. KRANKENGYMNASTIK 2/1980. Richard Pflaum Verlag, München
Süßmeyer, G.: Tennisellenbogen – Werferellenbogen. KRANKENGYMNASTIK 12/1980. Richard Pflaum Verlag, München
Terrier, J. C.: Manipulativmassage im Rahmen der physikalischen Therapie. Hippokrates Verlag, Stuttgart
Teuber, L.: Trainingsformen aus der Krankengymnastik. Jahrbuch der Krankengymnastik 1988/89
Thiel, A.: Achillessehnenschmerzen – Ein Vorschlag zur Prophylaxe und Therapie. LEICHTATHLETIK 38, 30. Jahrg. 9/1979
Thörner, W.: Biologische Grundlagen der Leibeserziehung. Ferd. Dümmler Verlag, Bonn
Treumann, F.: Die Behandlung der Paratenonitis Achillae. ORTHOPÄDISCHE PRAXIS 10/1971
Weh, L.: Der spontane Kniescheibenschmerz – eine neurogene Insertionstendopathie. SPORTMEDIZIN 11/1983
Werding, M.: Tennisarm. PHYSIOTHERAPIE. 70. Jahrg. Heft 10/1979
Wietoska, B.: Was ist eigentlich Muskelkater. SPORTMEDIZIN 12/1979. Deutscher Ärzte Verlag, Köln
Wilhelm, K.: Beschwerden im Bereich der Achillessehne. PHYSIKALISCHE THERAPIE 4/1981
Wilhelm, K.: Die Epicondylitis humeri lateralis oder der Tennisarm. PHYSIKALISCHE THERAPIE 12/1981
Wilhelm, K.: Genese, Therapie und Nachbehandlung der Achillessehnenruptur. KRANKENGYMNASTIK 6/1980. Richard Pflaum Verlag, München
Williams, J. G. P.: Farbatlas der Sportverletzungen. Schlütersche Verlag, Hannover 1983
Winkel, D., Vleeming, A., Fischer, S., Meijer, O. G., Vroege, C.: Nichtoperative Orthopädie, Teil 1, 2, 3. Gustav Fischer Verlag, Stuttgart 1985–87
Winkel, D., Fischer, S. Schematisches Handbuch für die Untersuchung und Behandlung von Weichteilerkrankungen des Bewegungsapparates
Wirth, C. J., Schmidt, J.: Die Therapie frischer und veralteter anteromedialer Knieinstabilitäten und generelle Aspekte zur postoperativen Weiterbehandlung. KRANKENGYMNASTIK 7/1985. Richard Pflaum Verlag, München
Wolf-Massarweh, D.: Fußgymnastik. Gustav Fischer Verlag, Stuttgart 1984
Zielke, W.: Sport und Krankengymnastik – Möglichkeiten und Grenzen bei chronischen Wirbelsäulenleiden. KRANKENGYMNASTIK 2/1980. Richard Pflaum Verlag, München
Zielke, K.: Taschenbuch für krankengymnastische Verordnungen. Gustav Fischer Verlag, Stuttgart

IV. Abschnitt

Trainings- und wettkampfbegleitende Maßnahmen

Arndt, K.-H.: Sportmedizinische Betreuung bei Sportveranstaltungen. Barth Verlag, Leipzig 1986
Anderson, B.: Stretching. Felicitas Hübner Verlag, Waldeck 1982
Badtke, G. et al.: Sportmedizinische Grundlagen der Körpererziehung und des sportlichen Trainings. Leipzig 1987
Baetzner, W.: Sportunfall und Erste Hilfe. Ruhrländische Verlagsgesellschaft mbH, Essen, 6. Aufl.
Baumann, S., K. Zieschang: Handbuch der Sportpraxis. BLV Verlagsgesellschaft, München–Bern–Wien
Beiersdorf AG: Elastofix Netzverbände. Verbandstechnik. Medical-Programm
Beiersdorf AG: Geschichte, Herstellung, Eigenschaften, Anwendungsgebiete, Ausgabe 1978. Medical-Programm
Berger, Dietz et al.: Haltung und Bewegung beim Menschen. Berlin 1984
Bernstein, Borkovec: Entspannungs-Training – Handbuch der progressiven Muskelentspannung. München 1982
Berthold, F., Brenke, H.: Muskeldehnung aus sportmethodischer Sicht. MEDIZIN UND SPORT 25/1985, Heft 2
BG-Ausgabe: Anleitung zur Ersten Hilfe bei Unfällen. 10/1973
Blum, B.: Regeneration: Optimale Erholung nach Training und Wettkampf. Sportinform Verlag 1986
Blum, B., Wöllzenmüller, F.: Stretching: Bessere Leistung in allen Sportarten. Sportinform Verlag 1985
Böhm. B., Lück, B.: Krankengymnastische Übungspläne. Thieme Verlag, Stuttgart 1979
Böhmer, D.: Sportverletzungen – Sportschäden. Thieme Verlag, Stuttgart 1986
Bottke, M., W. Günthner: Atemgymnastische Übungen und abhärtende Maßnahmen zu Hause. Boehringer Mannheim
Brauchle, A.: Naturheilkunde. Bertelsmann Verlag 1965
Brenke, H., Dietrich, L., Berthold, F.: Trainingsmethodische Hinweise zur Vermeidung von Schäden am Stütz- und Bewegungsapparat. MEDIZIN UND SPORT 25 (1985), Heft 2
Buchmeier, W., Zieschang, K.: Aufwärmen vor dem Wettkampf. LEISTUNGSSPORT 32–33/1982
Clasing, D.: Sportärztliche Ratschläge. Bartels u. Wernitz Verlag, Berlin 1981
Dam, B. v., Groth, K.-H.: Tapen zum Laufen. Eigenverlag, Aachen 1983
Deuser, E.: Schnell wieder fit. 6. Aufl. Bintz-Verlag GmbH, Offenbach/Main
Deutsches Rotes Kreuz: Erste Hilfe Fibel. Ausgabe 1973
Diem, C.: Wesen und Lehre des Sports. Weidmann'sche Verlagsbuchhandlung, Berlin 1960
DLV (Sprung-Trainer): Das Kraft- und Beweglichkeitstraining des Springers. LEICHTATHLETIK 7/1987
Dumont, W.: Die Behandlung von Wirbelsäulenbeschwerden durch den Krankengymnasten. KRANKENGYMNASTIK 10/1977. Richard Pflaum Verlag, München
Einsingbach, T., Klümper, A., Biedermann, L.: Sportphysiotherapie und Rehabilitation. Georg Thieme Verlag, Stuttgart 1988
Einsingbach, T.: Trainingsmethoden in der Rehabilitation Sportverletzter. KRANKENGYMNASTIK 6/1988. Richard Pflaum Verlag, München
Einsingbach, T., Wojtowicz, A.: Stretching aus der Sicht der Krankengymnastik. KRANKENGYMNASTIK 3/1985. Richard Pflaum Verlag, München
Eitner, D.: Die Betreuung der Deutschen Baskettball-Nationalmannschaft. KRANKENGYMNASTIK 12/1980. Richard Pflaum Verlag, München
Ernst, H.: Erstversorgung bei kleinen Sportverletzungen aus der Sicht des Physiotherapeuten, aus: Sport und Gesundheit 2, LSB Hessen 1987
Fabian, D.: Bader. Verlag G. D. W. Callwey, München 1960
Fetz, F.: Allgemeine Methodik der Leibesübungen. Limpert Verlag, Frankfurt
Fetz, F.: Bewegungslehre. Limpert Verlag, Frankfurt
Fixx, J. F.: Laufen. Fischer Verlag, Frankfurt 1983
Flöthner, R., Hort, W.: Sportmedizin im Mannschaftssport. Perimed Verlag, Erlangen 1983
Fresenius, H.: Sauna. Rowohlt Sachbuch 1974
Fritzsche, T. u. W.: Die wissenschaftliche Grundlage des Saunabades. Sauna-Archiv 4/1980
Garbe, G.: Die Wertigkeit muskulärer Dysbalancen im Sport, bei Beschwerden am Bewegungsapparat und ihre trainingstherapeutische Beeinflussung. KRANKENGYMNASTIK 3/1988. Richard Pflaum Verlag, München

Gehlen, S.: Yoga für Sportler. Sportinform Verlag 1986
Graff, K.-H.: Beurteilung der Sporttauglichkeit aus orthopädischer Sicht. SPORTMEDIZIN 1/1987
Graff, K.-H., Prager, G.: Der Kreuzschmerz der Leichtathleten. LEICHTATHLETIK 47/1985
Graff, K.-H.: Systematischer mit Talenten in der Leichtathletik umgehen. LEICHTATHLETIK 50/1987
Grosser, M., Herbert, F.: Konditionsgymnastik. Pohl Verlag, Celle 1979
Grumler, B., Lardry, J.-M.: Flexible Retentions. Applications in Physical Education and Functional Reeducation Laboratories Fournier – Urgo 1986
Gunnari, H., Evjenth, O., Brady, M. M.: Sequence excercise. Dreyer, Oslo 1983
Gunnarsson, J. I.: Stretching – eine Alternative zur herkömmlichen Gymnastik. HANDBALL 6/83
Guter, H.: Erfahrungsbericht über die Betreuung der deutschen Damen-Basketball-Nationalmannschaft. Frau und Sport, Perimed Verlag, Erlangen 1983
Haas, V., Hess, H., Flörkemeier, V.: Der kleine Unfall in Alltag und Sport. Verlag Medical Tribune 1984
Hanafi, H., Kurschilgen, T., Lange, G., Pahlke, K. H., Schmidt, P., Siddig, M.: Ausgewählte Stretchingübungen für Mittel- und Langstreckenläufer(innen) zur Optimierung der sportlichen Leistung. LEICHTATHLETIK 36–37/1986
Hanebuth, O.: Grundschule zur sportlichen Leistung. Limpert-Verlag, Frankfurt am Main 1956
Hart, A., Murphey, P.: Muskellänge auf dem Prüfstand. Volleyball Training 4/Juli 1987
Hartmann, P. AG: Verbandstoffe und moderne Wundversorgung. Schriftenreihe der Paul Hartmann AG, 1–5. Ausgabe 10/1977
Heipertz, W.: Sportmedizin. Georg Thieme Verlag, Stuttgart 1980
Heisel, J., Feuerstake, G.: Muskel-, Sehnen- und Gelenkverletzungen. ZFA, Sonderdruck April 1984
Hess, H.: Sportverletzungen. Luitpold München, 4. Auflage
Hochmutz, D.: Die Betreuung des Sportlers durch den Masseur. Diagnostik- und Therapieverlag H. Reinheimer GmbH, Worms 1979
Hort, W., Flöthner, R.: Die Muskulatur des Leistungssportlers. Perimed Verlag, Erlangen 1983
Hoster, M.: Zur Bedeutung verschiedener Dehnungsarten bzw. Dehntechniken in der Sportpraxis. Leichtathletik Nr. 31/1987
Jensen, H. P.: Bewegungsübungen für die Wirbelsäule. Friedrich & Kaufmann, Hannover
Johnson u. Johnson: 79 Athletic Products Information, Catalog – 501 George Street. New Brunswick–08903 New Jersey
Johnson + Johnson: Adhesive Plaster Bandaging in Athletics. USA 1980
Johnson + Johnson: Das Tapen von Sportverletzungen. Pino Sport Dienst, Hamburg
Jonath, W.: Die biologische Grundlage des Trainings. APC Obernkirchen
Kaganas, G.: Physiotherapie bei degenerativ-rheumatischen Erkrankungen der Wirbelsäule. DOCUMENTA Geigy – Acta Rheumatologica Nr. 23, Basel
Kalinke, H.: Einsatz der Autosana-Kompressionsbinde in der Sportmedizin als fest-elastischer Stützverband. Therapiewoche Heft 24, Juni 1986
Keydel, H.: Ganzkörpergymnastik als Aufwärmprogramm. Leichtathletik 1/2, 8. Jan. 1980/31. Jahrg. Verlag Bartels & Wernitz, Berlin
Klafs, C. E., Arnheim, D. D.: Modern Principles of Athletic. Training. Fourth Edition. The C. V. Mosby Company. Saint Louis 1977
Klaus, E. J., Noack, H.: Frau und Sport. Georg Thieme Verlag, Stuttgart 1961
Klein-Vogelbach, S.: Ballgymnastik zur funktionellen Bewegungslehre. Springer Verlag, Berlin 1981
Klein-Vogelbach, S.: Funktionelle Bewegungslehre. Springer Verlag, Berlin 1977
Klein-Vogelbach, S.: Therapeutische Übungen zur funktionellen Bewegungslehre. Springer Verlag, Berlin 1978
Klümper, A.: Wirbelsäulengymnastik. Briefreihe: Tip für den Athleten
Knebel, K. P., Herbeck, B.: Funktionsgymnastik. rororo 1985
Knebel, K.-P., B. Herbeck, G. Hansen: Fußballfunktionsgymnastik. rororo 1988
Knebel, K. P., Herbeck, B., Schaffner, S.: Tennisfunktionsgymnastik. rororo 1988
Kötschau, K.: Leistung und Gesundheit. Verlag Wissenschaft, Wirtschaft, Technik, Bad Harzburg 1963
Krämer, J.: Bandscheibenschäden. Heyne Verlag, München 1986
Krahl, H.: Tape-Verbände. LEICHTATHLETIK 29/1985
Krejci, V., Koch, P.: Muskelverletzungen und Tendopathien der Sportler. Thieme Verlag, Stuttgart 1982
Kraus, H.: Rückenschmerzen. Goldmanns Gelbe Taschenbücher, Band 1887
Krüger, A., H. Oberdieck: Kleiner Ratgeber für Leichtathletikverletzungen. Verlag Bartels & Wernitz, Berlin–München–Frankfurt 1975
Kuprian, W.: Arbeitsbewegungsuntersuchungen in einem Betrieb der Elektroindustrie 1959/60. KRANKENGYMNASTIK 12/1961. Richard Pflaum Verlag, München

Kuprian, W.: Erfahrungen aus dem Saunabad eines Industriebetriebes. Der Deutsche Badebetrieb, 8/1965. Verlag O. Haase, Lübeck
Kuprian, W., Süßmeyer, G.: Wintersportlehrgang des Deutschen Sportärztebundes in Klosters 1979. KRANKENGYMNASTIK 6/1979. Richard Pflaum Verlag, München
Kuprian, W.: Stretching. FARBENPOST 8/88
Kuprian, W.: Auch für das Prägealter von 18–30, FARBENPOST 4/88
Kurz, H.: Muskuläres Ungleichgewicht. LEICHTATHLETIK 29–30/1987
Laabs, W.: Selbstbehandlung bei Rückenschmerzen und Bandscheibenbeschwerden. Haug Verlag, Heidelberg
Lampert, H.: Physikalische Therapie. Verlag Theodor Steinkopff, Dresden-Leipzig 1954
Lang, E., Mair, V.: Sport und Freizeit. SANDOZ
Lauff, O.: Kompressionsverbände in der Phlebologie. Perimed Fachbuch Verlag, Erlangen 1981
Lechner, W.: Varizen – Was tun? Perimed Fachbuch Verlag, Erlangen 1985
Lenk, H., Moser, S., Beyer, E.: Philosophie des Sports. Verlag K. Hoffmann, Schorndorf 1973
Lewit, K.: Manuelle Medizin im Rahmen der medizinischen Rehabilitation. Urban-Schwarzenberg Verlag, München 1984
Lindemann, K., Teirich-Leube, H., Heipertz, W.: Lehrbuch der Krankengymnastik, Band I. Georg Thieme Verlag, Stuttgart
Lohmann, KG: Stütz- und Entlastungsverbände. 1968, 3. Aufl. Lohmann KG Fahr/Rhein
Lüchtenberg, D.: Laufspezifisches Krafttraining. LEICHTATHLETIK Nr. 2–4/1988
Maehl, O., Höhnke, O.: Aufwärmen. Verlag I. Czwalina, Ahrensburg 1988
Maehl, O.: Beweglichkeitstraining. Verlag Czwalina, Ahrensburg 1986
Mallow, J., Papst, H.: Alles übers Laufen. Moderne Verlags GmbH, München 1979
Martin, D. E., Borra, M.: Was ist Beweglichkeit. LEICHTATHLETIK 23/1983
Meinel, K.: Bewegungslehre. VEB Verlag Berlin
Meissner, L.: Körperstabilisationsübungen und Spannungsvermittlung durch Ganzkörperübungen, aus: Rückenschule, Perimed Verlag, Erlangen 1988
Meissner, L.: Dehnübungen im Fußballsport. FUSSBALL 6/1983
Meissner, L.: Grundprinzipien der Sportvorbereitung. KRANKENGYMNASTIK 3/1988. Richard Pflaum Verlag, München
Meissner, L.: Grundprinzipien der Sportvorbereitung durch eine funktionelle Gymnastik. Hofmann Verlag, Schorndorf 9/1989
Meissner, L., Reichardt, H.: Sportverletzungen sind vermeidbar – Der Beitrag der Krankengymnastik zur Gesundheitsvorsorge im Sport. Jahrbuch Krankengymnastik 1987/88
Meissner, L.: Schnelles Fitmachen ist sehr gefährlich. EINTRACHT FRANKFURT MAGAZIN 3/1986
Meissner, L.: Sportabzeichen – Ein Finesstest für Jeden? – Risiken aus der Sicht des Sportphysiotherapeuten und Krankengymnasten. LSB Hessen 1988
Meissner, L.: Trainingsbegleitende Maßnahmen aus der Sicht des Sportphysiotherapeuten und Krankengymnasten. LSB Hessen 1986
Meissner, L.: Trainings- und Wettkampfvorbereitung im Frauensport. Frau und Sport III, Perimed Verlag, Erlangen 1988
Meissner, L.: Wirbelsäulenbeschwerden – Übungen als Behandlungsergänzung. Eigenverlag, Fulda 1982
Mellerowicz, H., Noack, W.: Training und Sport zur Prävention in Rehabilitation in der technisierten Umwelt. Springer Verlag, Berlin 1985
Melzer, J.: Der Einsatz des Sportphysiotherapeuten im Bereich der Regeneration. LEICHTATHLETIK 27/1987
Mengershausen, J. v.: Bewegungsübungen und Selbstmassage. Quellen der Gesundheit, Bircher-Benner-Verlag, Bad Homburg
Miller, L., Thompson, W.: Erste Hilfe von A–Z. Das Beste aus Reader's Digest, August 1987
Montag, H.-J., Asmussen, P. D.: Funktionelle Verbände am Bewegungsapparat. Beiersdorf Medical Bibliothek, 7. Auflage 1986
Montag, H.-J., Asmussen, P. D.: Taping-Seminar. Beiersdorf Medical Bibliothek, Perimed Fachbuch Verlag, Erlangen 1988
Montag, H. J., Pabst, H., Selzle, D., Näher, M.: Sportmedizinische und sportphysiotherapeutische Betreuung des Sportlers in Wettkampf und Training. PHYSIOTHERAPIE 5/1981
Müller, C.: The basic principles of athletic taping. Wisconsin 1979
Müller-Wohlfahrt, H. W., Montag, H. J.: Süße Pille Sport – Verletzt, was nun? Verlag medical concept, München 1984

Nöcker, J.: Die biologischen Grundlagen der Leistungssteigerung durch Training. Verlag K. Hoffmann, Schorndorf 1960
Peterson, L., Renström, P.: Verletzungen im Sport. Deutscher Ärzte Verlag, Köln 1987
Pöttinger, P., Mensing, E.: Tennissport. CD-Verlag, Böblingen 1986
Preibsch, M., Ernst, H.: Der Krankengymnast als medizinischer Co-Trainer. Jahrbuch Krankengymnastik 1988/89
Prokop, L.: Einführung in die Sportmedizin. Gustav Fischer Verlag, Stuttgart 1983
Read, M., Wade, P.: Sportverletzungen. Hippokrates Ratgeber 1987
Reichardt, H.: Beweglichkeit und ihre Einflußgrößen. Wissenschaftliche Arbeit, Universität Tübingen 1987
Reinhardt, B.: Die stündliche Bewegungspause. Hippokrates Ratgeber, Stuttgart 1983
Ringopharm Sportverzorging: Tapen-Wolphaertsbocht 276 Postbus, 51100 Rotterdam
Röder, H.: Salbenverbände bei Sportverletztungen sport + enelbin 7-Cassella-Riedel. Pharma GmbH, Frankfurt am Main
Roth, A.: Aufwärmen im Fußball – Untersuchungen zur Effektivität eines Stretching-Programmes. Universität Frankfurt 1985
Rozhig, P.: Sportwissenschaftliches Lexikon. Verlag K. Hoffmann, Schorndorf/Stuttgart
Rütten, L. u. M.: Der elastische Klebeverband. Enke Verlag, Stuttgart 1981
Scharfenstein, A.: Progressive Muskelentspannung nach Jacobsen – Methodik und klinische Anwendung. KRANKENGYMNASTIK 8/1988. Richard Pflaum Verlag, München
Scheid, K. P.: Sauna. Verlag G. D. W. Callwey, München 1962
Schilling/Bichlmeier: Gymnastische Bewegungsübungen für Ihre Rheumapatienten. Siegfried GmbH, Säckingen
Schlevogt, E.: Sauna. Hippokrates Verlag, Stuttgart 1966
Schmid, H. J. A.: Übungstherapie bei Erkrankungen des Rückens und der großen Gelenke. ZEITSCHRIFT FÜR PHYSIKALISCHE MEDIZIN 6/1981
Schmidt, H., Frauendorf, V., Asmussen, U., Kraft, W.: Der Muskeltest nach Janda für die sportmedizinische Praxis. MEDIZIN UND SPORT 23/1983
Schoberth, H.: Mehr Freude am Sport. Wilhelm Heyne Verlag, München 1980
Schoberth, H.: Funktionelle Verbände, Indikationen, Anwendung, Verbandstechnik – 4. Aufl. Verlag Beiersdorf AG, Hamburg
Schulz, H.: Stretching. Falkenverlag 1983
Schwarz, R. (DLV): Gmynastische Ausbildung im Grundlagentraining. LEICHTATHLETIK Nr. 19–21/1988
Segesser, B.; Jeroure, P. Feinstein, R., Vogt-Sartorri: Wirkung äußerer Stabilisationshilfen (Tape/Bandage/Stabilschuh) bei fibulärer Distorsion. Sonderdruck aus Orthopädie-Schuhtechnik 7/1986
Sölveborn, S. A.: Das Buch vom Stretching. Mosaik Verlag, München 1983
Sommer, H.-M.: Richtiges Training ist besser als Abschmieren. FAZ – 15. Oktober 1987, Nr. 239
Sommer, H. M., Rohrscheidt, C. v., Arza, D.: Leistungssteigerung und Prophylaxe von Überbelastung und Verletzung des Haltungs- und Bewegungsapparates im Sport durch ‹Alternative› Gymnastik. LEICHTATHLETIK Nr. 51–52/1987
Sommer, H. M., Rohrscheidt v., C.: Zentrale Fehlsteuerung als Ursache von Bewegungsstörungen im Leistungssport. SPORTVERLETZUNGEN, SPORTSCHÄDEN Heft 1–3/1988
Sparrer, M.: Yoga-Stretching. Moewig Verlag, Rastatt 1985
Spring, H., Illi, U., Kunz, H. R., Röthlin, K., Schneider W., Tritschler, T.: Dehn- und Kräftigungsgymnastik. Thieme Verlag, Stuttgart 1986
Steffan, P. A. C.: Notfälle in der Allgemeinpraxis. MVP Medizinische Verlagsanstalt Paleski, Eggenfelden
Stiefel, M.: Krankengymnastik für Muskelkranke. Dt. Gesellschaft «Bekämpfung der Muskelkrankheiten» e. V. Freiburg, Schriftreihe 4
Stolzenberg, G.: Gesund durch Sport und Lebensreform. H. G. Müller Verlag, Krailling/München
Süßmeyer, G.: Gefahren durch Bodybuilding aus krankengymnastischer Sicht. KRANKENGYMNASTIK 3/1988. Richard Pflaum Verlag, München
Teuber, L.: Trainingsformen aus der Krankengymnastik. Jahrbuch der Krankengymnastik 1988/89
Thiel, A.: Belastbarkeit des Bewegungsapparates durch Krafttraining im Kindes- und Jugendalter. LEICHTATHLETIK 14/1985
Tross, R., Koch, S., Teuber, L.: Zur Verbesserung individueller Bewegungstechniken. LEISTUNGSSPORT 1/1986
Unen v., J.: Partielles Immobilisieren mit Hilfe von Bandagen und Tapes. Lohmann, Neuwied 1983
Vogler, P.: Physiostherapie. Georg Thieme Verlag, Stuttgart 1964
Wallace, L.: Introduction to Sports Medicine. Ohio 1975

Wecherle, K.: Lästige Zerrungen in der hinteren Oberschenkelmuskulatur können verhindert werden. LEICHTATHLETIK 29–30/1987

Wellmann, P. H., Ruth, W., Hentschel, P.: Bewährte Dehn- und Lockerungsübungen für den Bereich des Mittel- und Langstreckenlaufes. LEICHTATHLETIK

Wendler, H. J.: Ausgewählte Gymnastikprogramme zur Vorbereitung und Unterstützung sportlichen Trainings und sportmedizinischer Rehabilitation. MEDIZIN UND SPORT 23 (1983) 4, S. 118–126

Wingerden v., B.: Tape- und Bandagetechniken. Richard Pflaum Verlag, München 1986

Winkel, D., Vleeming, A., Fischer, S., Meijer, O. G., Vroege, C.: Nichtoperative Orthopädie, Teile 1, 2, 3. Gustav Fischer Verlag, Stuttgart 1985–87

Wöllzenmüller, F., B. Grünewald: Die Gesundheitskarriere durch Ausgleichssport. Bertelsmann Ratgeber, München

Zylmann, E.: Helfen kann jeder! DAK Gesundheits-Dienst 1986

Register

T